Andreas Splittgerber (Hrsg.)
Praxishandbuch Rechtsfragen Social Media
De Gruyter Praxishandbuch

Praxishandbuch Rechtsfragen Social Media

Herausgegeben von
Dr. iur. Andreas Splittgerber, Rechtsanwalt, Olswang LLP, München

Bearbeitet von
Johannes Droste, Referendar OLG München; **Dr. iur. Ulrich Fülbier**, Rechtsanwalt und Fachanwalt für Arbeitsrecht, Orrick, Herrington & Sutcliffe LLP, München; **Daniel Kaiser**, Rechtsanwalt, licencié en droit, Ernst & Young Law GmbH, München; **Dr. iur. Peter Katko**, Rechtsanwalt, licencié en droit, Ernst & Young Law GmbH, München; **Jochen Klein**, Hundert Grad KOMMUNIKATION GmbH, Frankfurt am Main; **Sebastian Rockstroh**, Rechtsanwalt, Orrick, Herrington & Sutcliffe LLP, München; **Dr. iur. Andreas Splittgerber**, Rechtsanwalt, Olswang LLP, München; **Dr. iur. Ulrich Wahlers**, Rechtsanwalt und Fachanwalt für Arbeitsrecht, Orrick, Herrington & Sutcliffe LLP, Düsseldorf

DE GRUYTER

Zitiervorschlag: Splittgerber/*Bearbeiter*, Kap. 3 Rn 25.

Hinweis:
Alle Angaben in diesem Werk sind nach bestem Wissen unter Anwendung aller gebotenen Sorgfalt erstellt worden. Trotzdem kann von dem Verlag und den Autoren keine Haftung für etwaige Fehler übernommen werden.

ISBN 978-3-11-028726-4
e-ISBN 978-3-11-028735-6

Bibliografische Information der Deutschen Nationalbibliothek
Die Deutsche Nationalbibliothek verzeichnet diese Publikation in der Deutschen Nationalbibliografie; detaillierte bibliografische Daten sind im Internet über http://dnb.d-nb.de abrufbar.

Datenkonvertierung/Satz: jürgen ullrich typosatz, 86720 Nördlingen
Druck: Hubert & Co. GmbH & Co. KG, Göttingen
♾ Gedruckt auf säurefreiem Papier
Printed in Germany

www.degruyter.com

Vorwort

Von Kindesbeinen an lernen wir, dass Teilen Freude macht. Unser Sozialtrieb führt dazu, dass wir Kontakt mit anderen Menschen aufnehmen und sie an unserem Leben teilhaben lassen wollen. Mit Social Media wird diese Verhaltensweise ins Technische übersetzt. In einer kalifornischen Universität fing all das an, was nun aus dem Leben vieler und auch aus der Wirtschaft nicht mehr wegzudenken ist. Mittlerweile ist Facebook börsennotiert und auch Twitter ist nachgezogen. Ein Trend hat sich verfestigt. Jeden Tag werden neue Plattformen und Funktionen entwickelt. Selbst die Pioniere wie Facebook, Twitter oder XING müssen sich ständig weiterentwickeln, um ihre Vorreiterrolle nicht aufs Spiel zu setzen.

Aus rechtlicher Sicht stellen technische Neuentwicklungen immer wieder eine Herausforderung dar. Die Technik kommt zuerst. Sie wird sofort ausprobiert und genutzt. Erst dann kommen die ersten rechtlichen Probleme. Eines ist aber klar: Irgendwo gibt es einen rechtlichen Rahmen. So war es bei Internet und E-Mail und so ist es nun bei Social Media. Es ist daher die Aufgabe und Herausforderung von Social Media-Anwälten und -Juristen, die bestehenden Gesetze auf diese neuen technischen Entwicklungen anzuwenden. Dies haben die Autoren auch in diesem Werk getan. Zwar gibt es schon heute einige Gesetze, die auf Social Media oder zumindest das Internet zugeschnitten sind. Es gibt auch die ersten behördlichen Stellungnahmen (vor allem im datenschutzrechtlichen Bereich) und erste Gerichtsurteile (vor allem im Bereich Arbeitsrecht und Wettbewerbsrecht) zu Social Media. Die meisten rechtlichen Fragen sind aber noch nicht geklärt.

Dieses Werk soll es Unternehmen, die eine Social Media-Präsenz betreiben oder betreiben wollen, ermöglichen, sich über diesen rechtlichen Rahmen zu informieren, um ihn einhalten zu können. Dies können Unternehmen sein, die eine Präsenz auf einer Drittplattform (z.B. Facebook oder Twitter), einen Social Media-Auftritt auf einer eigenen Website oder auch eine unternehmensinterne Social Media-Plattform betreiben. Dieses Buch richtet sich dabei an eine juristisch vorgebildete Leserschaft und gleichermaßen an Unternehmensführungen und Marketingabteilungen.

Das Praxishandbuch beschreibt die Rechtslage abstrakt, aber anschaulich. Die Beschreibungen werden anhand konkreter Beispiele erläutert und mit Mustern untermalt. So behält das Werk auch in nächster Zukunft noch seine Aktualität, auch wenn zwischen dem Verfassen dieses Vorworts und der Veröffentlichung sich sicherlich die eine oder andere besprochene Social Media-Funktion geändert haben oder das eine oder andere Urteil dazu gefällt worden sein wird. Stand der Rechtslage und letzter Abruf der zitierten Internetlinks ist der 15.10.2013.

Die mitwirkenden Autoren sind sämtlich Experten im Bereich Social Media-Marketing bzw. Social Media-Recht. Die Autoren beraten in ihrer täglichen Praxis zum einen die Betreiber von Social Media-Plattformen und zum anderen Unternehmen, die sich auf Social Media bewegen. Auf diese Weise sind sie mit allen Sichtweisen vertraut und die Kenntnis der aktuellsten Entwicklungen und Themen ist gewährleistet. Besonders hervorzuheben sind die internationalen Anwaltskollegen, die sich im letzten Kapitel des Werkes in die Situation eines deutschen Unternehmens versetzt haben, um beschreiben zu können, wann deren internationale Rechtsordnung für deutsche Unternehmen relevant werden könnte.

Besonderer Dank gilt allen Autoren, deren professionellen Unterstützern sowie den Mitarbeitern des De Gruyter Verlages, ohne deren unermüdlichen Einsatz die Veröffentlichung des Buches nicht möglich gewesen wäre. Dieser Dank gilt mindestens in gleichem Maße den Familien und Nahestehenden der Autoren und des Herausgebers, die die Letztgenannten in den entscheidenden Momenten unterstützt haben. Herzlich danken möchte ich zudem Herrn Lars Wöhning und seinem Team für die Unterstützung bei der Literaturrecherche, Frau Stephanie Simokat für die Hilfe bei der Recherche von Fußnoten und die Erstellung des Literaturverzeichnisses sowie Frau Johanna Klingen für die Unterstützung bei der Erstellung des Stichwortverzeichnisses.

Ich wünsche allen Lesern viel Freude bei der Lektüre und hoffe, dass die gesuchten Antworten im Werk gefunden werden. Über Fragen, Anmerkungen oder Anregungen freuen wir – die Autoren und der Herausgeber – uns sehr. Die jeweils aktuellen Kontaktadressen finden Sie beim „googeln“ oder in den gängigen Social Media-Kanälen.

München, im November 2013 — Dr. Andreas Splittgerber

Inhaltsübersicht

Kapitel 8
FAQs in ausgewählten Jurisdiktionen (in englischer Sprache)

Inhaltsverzeichnis

Kapitel 4
Immaterialgüterrechte

Kapitel 5
Social Media-Marketing-Recht

Kapitel 6
Rechtsschutz und Gerichtsverfahren

Kapitel 8
FAQs in ausgewählten Jurisdiktionen (in englischer Sprache)

Abkürzungsverzeichnis

%	Prozent
€	Euro
§	Paragraph
a.A.	anderer Ansicht
a.E.	am Ende
Abs.	Absatz
AD	Advertisement
AEPD	Agencia Española de Protección de Datos
AEUV	Vertrag über die Arbeitsweise der Europäischen Union
AfP	Zeitschrift für Medien- und Kommunikationsrecht
AG	Aktiengesellschaft; Arbeitsgericht; Arbeitgeber
AGB	Allgemeine Geschäftsbedingungen
AGG	Allgemeines Gleichbehandlungsgesetz
AktG	Aktiengesetz
Alt.	Alternative
AN	Arbeitnehmer
Anm.	Anmerkung
AnwZert ITR	AnwaltZertifikat Online IT-Recht (Zeitschrift)
API	Application Programming Interface
ArbG	Arbeitsgericht
ArbRAktuell	Arbeitsrecht Aktuell (Zeitschrift)
arg. e contr.	argumentum e contrario
B2B	Business-to-business
B2C	Business-to-consumer
BAG	Bundesarbeitsgericht
BayObLG	Bayerisches Oberstes Landesgericht
BB	Betriebs-Berater (Zeitschrift)
BBS	Bulletin Board System
BDSG	Bundesdatenschutzgesetz
BDSG-E	Bundesdatenschutzgesetz-Entwurf
BeckRS	Beck-Rechtsprechung
BetrVG	Betriebsverfassungsgesetz
BGB	Bürgerliches Gesetzbuch
BGH	Bundesgerichtshof
BITKOM	Bundesverband Informationswirtschaft, Telekommunikation und neue Medien e.V.
BReg.	Bundesregierung
BSI	Bundesamt für Sicherheit in der Informationstechnik
BSIG	Gesetz über das Bundesamt für Sicherheit in der Informationstechnik
BT-Drucks.	Bundestags-Drucksache
bzw.	beziehungsweise
CAN-SPAM	Controlling the Assault of Non-Solicited Pornography And Marketing Act
CC-BY	Creative Commons Attribution License
CC-BY-NC	Creative Commons Attribution License – Non-Commercial
CC-BY-ND	Creative Commons Attribution License – No Derivatives

CC-BY-SA	Creative Commons Attribution License – Share Alike
CCZ	Corporate Compliance Zeitschrift
CDA	Communications Decency Act
CDPA	Copyright, Designs and Patents Act
cert.	certiorari
Cir.	circuit
CNIL	Commission Nationale de l'Informatique et des Libertés
CPUTR	Consumer Protection from Unfair Trading Regulations
CR	Computer und Recht (Zeitschrift)
CRM	Customer Relationship Management
ct	Cent
DB	Der Betrieb (Zeitschrift)
DDOW	Deutscher Datenschutzrat Online-Werbung
DENIC	Deutsches Network Information Center
DIN	Deutsches Institut für Normung
DM	Deutsche Mark
DMCA	Digital Millennium Copyright Act
DPA	Data Protection Act
DPMA	Deutsches Patent- und Markenamt
DRSI	Deutsche Stiftung für Recht und Informatik
DSB	Datenschutz-Berater (Zeitschrift)
DSV-E	Datenschutzverordnung-Entwurf
DuD	Datenschutz und Datensicherheit (Zeitschrift)
DVD	Digital Versatile Disc
e.g.	for example
EC	European Commission
EEA	European Economic Area
EGBGB	Einführungsgesetz zum Bürgerlichen Gesetzbuch
EGMR	Europäischer Gerichtshof für Menschenrecht
engl.	englisch
etc.	et cetera
et seq.	and the following
EU	Europäische Union
EuGH	Europäischer Gerichtshof
EuGVVO	Verordnung (EU) Nr. 1215/2012 über die gerichtliche Zuständigkeit und die Anerkennung und Vollstreckung von Entscheidungen in Zivil- und Handelssachen
EWR	Europäischer Wirtschaftsraum
EWS	Europäisches Wirtschafts- und Steuerrecht (Zeitschrift)
f./ff.	folgende
FTC	Federal Trade Commission
gem.	gemäß
gesetzl.	gesetzlich
GewO	Gewerbeordnung
gez.	gezeichnet

GG	Grundgesetz
ggf.	gegebenenfalls
GKG	Gerichtskostengesetz
GmbH	Gesellschaft mit beschränkter Haftung
GPS	Global Positioning System
GRUR	Gewerblicher Rechtsschutz und Urheberrecht (Zeitschrift)
GRUR Int	Gewerblicher Rechtsschutz und Urheberrecht Internationaler Teil (Zeitschrift)
GRUR-RR	Gewerblicher Rechtsschutz und Urheberrecht-Rechtsprechungs-Report
h	Stunde
h.M.	herrschende Meinung
HABM	Harmonisierungsamt für den Binnenmarkt
HansOLG	Hanseatisches Oberlandesgericht
HGB	Handelsgesetzbuch
HR	Human Ressources
HTML	Hypertext Markup Language
i.S.d.	im Sine der/des
i.S.v.	im Sinne von
i.V.m.	in Verbindung mit
IAS	International Accounting Standards
ID	Identification
IFRS	International Financial Reporting Standards
Inc.	Incorporated
inkl.	inklusive
InsO	Insolvenzordnung
IP	Internetprotokoll; intellectual property
ISP	Internet Service Provider
ISS	Information Society Service
ITRB	Der IT-Rechts-Berater (Zeitschrift)
JMStV	Jugendmedienschutzstaatsvertrag
jurisPR-ITR	juris PraxisReport IT-Recht (Zeitschrift)
JuSchG	Jugendschutzgesetz
K&R	Kommunikation und Recht (Zeitschrift)
Kap.	Kapitel
KfZ	Kraftfahrzeug
KG	Kammergericht; Kommanditgesellschaft
km	Kilometer
KSchG	Kündigungsschutzgesetz
KUG	Kunsturheberrechtsgesetz
KV GKG	Kostenverzeichnis Gerichtskostengesetz
KWG	Kreditwesengesetz
LAG	Landesarbeitsgericht
lat.	lateinisch
LG	Landgericht
Ltd.	Limited

m.w.N.	mit weiteren Nachweisen
MarkenG	Markengesetz
max.	maximal
min	Minute
Mio.	Million
MMR	MultiMedia und Recht (Zeitschrift)
MMR-Aktuell	MultiMedia und Recht-Aktuell (Newsdienst)
Mrd.	Milliarde
MüKo-BGB	Münchener Kommentar zum BGB
MwSt.	Mehrwertsteuer
NJOZ	Neue Juristische Online Zeitschrift
NJW	Neue Juristische Wochenschrift
NJW-RR	Neue Juristische Wochenschrift-Rechtsprechung-Report
No.	Number
Nr.	Nummer
NZA	Neue Zeitschrift für Arbeitsrecht
NZA-RR	Neue Zeitschrift für Arbeitsrecht-Rechtsprechungs-Report
o.ä.	oder ähnlich
OLG	Oberlandesgericht
OSP	Online Service Provider
OWiG	Gesetz über Ordnungswidrigkeiten
PAngV	Preisangabenverordnung
para	paragraph
PatG	Patentgesetz
PC	Personal Computer
PD(P)O	Personal Data (Privacy) Ordinance
PDF	Portable Document Format
PECR	Privacy and Electronic Communications Regulation
PLZ	Postleitzahl
PR	Public Relations
RDV	Recht der Datenverarbeitung (Zeitschrift)
Reg.	Regulation
RegE	Regierungsentwurf
RL	Richtlinie
Rn	Randnummer
Rom I-VO	Verordnung über das auf vertragliche Schuldverhältnisse anzuwendende Recht
Rom II-VO	Verordnung über das auf außervertragliche Schuldverhältnisse anzuwendende Recht
RStV	Rundfunkstaatsvertrag
RVG	Rechtsanwaltsvergütungsgesetz
s.	siehe
S.	Satz
S.A.	Société Anonyme (= Aktiengesellschaft)
Sch.	Schedule
SigG	Gesetz zur digitalen Signatur

SMTP	Simple Mail Transfer Protocol
sog.	so genannte/r
StGB	Strafgesetzbuch
StPO	Strafprozessordnung
TKG	Telekommunikationsgesetz
TMG	Telemediengesetz
TMG-E	Telemediengesetz-Entwurf
TRIPS	Trade Related Aspects of Intellectual Property Rights
u.ä.	und ähnlich
u.a.	unter anderem
u.U.	unter Umständen
UEMO	Unsolicited Electronic Messages Ordinance
UGP	Unlautere Geschäftspraktiken
UK	United Kingdom
ULD	Unabhängiges Landeszentrum für Datenschutz Schleswig-Holstein
UrhG	Urheberrechtsgesetz
URL	Uniform Resource Locator
US	United States
US-$	US-Dollar
USA	United States of America
USt-IdNr.	Umsatzsteuer-Identifikationsnummer
usw.	und so weiter
UWG	Gesetz gegen den unlauteren Wettbewerb
v	versus
v.	von/vom
VG	Verwaltungsgericht
Vorbem.	Vorbemerkung
VPN	Virtual Private Network
VuR	Verbraucher und Recht (Zeitschrift)
WIPO	World Intellectual Property Organization
WLAN	Wireless Local Area Network
WPR	Wettbewerb in Recht und Praxis (Zeitschrift)
WuB	Wirtschafts- und Bankrecht (Zeitschrift)
z.B.	zum Beispiel
ZD	Zeitschrift für Datenschutz
Ziff.	Ziffer
ZPO	Zivilprozessordnung
ZRP	Zeitschrift für Rechtspolitik
ZUM-RD	Zeitschrift für Urheber- und Medienrecht Rechtsprechungsdienst
zzgl.	zuzüglich

Literaturverzeichnis

Artikel-29-Datenschutzgruppe der EU, WP 48, Stellungnahme 8/2001 zur Verarbeitung personenbezogener Daten von Beschäftigten, abrufbar unter http://ec.europa.eu/justice/policies/privacy/docs/wpdocs/2001/wp48de.pdf (zit.: Artikel-29-Datenschutzgruppe, WP 48 zur Verarbeitung personenbezogener Daten von Beschäftigten)

Artikel-29-Datenschutzgruppe der EU, WP 114, Arbeitspapier über eine gemeinsame Auslegung des Artikels 26 Absatz 1 der Richtlinie 95/46/EG vom 24. Oktober 1995, abrufbar unter http://ec.europa.eu/justice/policies/privacy/docs/wpdocs/2005/wp114_de.pdf (zit.: Artikel-29-Datenschutzgruppe, WP 114 über eine gemeinsame Auslegung des Art. 26 Abs. 1 der RL 95/46/EG vom 24.10.1995)

Artikel-29-Datenschutzgruppe der EU, WP 136, Stellungnahme 4/2007 zum Begriff „personenbezogene Daten", abrufbar unter http://ec.europa.eu/justice/policies/privacy/docs/wpdocs/2007/wp136_de.pdf (zit.: Artikel-29-Datenschutzgruppe, WP 136 zum Begriff „personenbezogene Daten")

Artikel-29-Datenschutzgruppe der EU, WP 148, Stellungnahme 1/2008 zu Datenschutzfragen im Zusammenhang mit Suchmaschinen, abrufbar unter http://ec.europa.eu/justice/policies/privacy/docs/wpdocs/2008/wp148_de.pdf (zit.: Artikel-29-Datenschutzgruppe, WP 148 zu Suchmaschinen)

Artikel-29-Datenschutzgruppe der EU, WP 153, Arbeitsdokument mit einer Übersicht über die Bestandteile und Grundsätze verbindlicher unternehmensinterner Datenschutzregelungen (BCR), abrufbar unter http://ec.europa.eu/justice/policies/privacy/docs/wpdocs/2008/wp153_de.pdf (zit.: Artikel-29-Datenschutzgruppe der EU, WP 153)

Artikel-29-Datenschutzgruppe der EU, WP 154, Arbeitsdokument „Rahmen für verbindliche unternehmensinterne Datenschutzregelungen (BCR)", abrufbar unter http://ec.europa.eu/justice/policies/privacy/docs/wpdocs/2008/wp154_de.pdf (zit.: Artikel-29-Datenschutzgruppe der EU, WP 154)

Artikel-29-Datenschutzgruppe der EU, WP 155, Working Document on Frequently Asked Questions (FAQs) related to Binding Corporate Rules, abrufbar unter http://ec.europa.eu/justice/policies/privacy/docs/wpdocs/2008/wp155_en.pdf (zit.: Artikel-29-Datenschutzgruppe der EU, WP 155)

Artikel-29-Datenschutzgruppe der EU, WP 163, Stellungnahme 5/2009 zur Nutzung sozialer Online-Netzwerke, abrufbar unter http://ec.europa.eu/justice/policies/privacy/docs/wpdocs/2009/wp163_de.pdf (zit.: Artikel-29-Datenschutzgruppe, WP 163 zur Nutzung sozialer Online-Netzwerke)

Artikel-29-Datenschutzgruppe der EU, WP 169, Stellungnahme 1/2010 zu den Begriffen „für die Verarbeitung Verantwortlicher" und „Auftragsverarbeiter", abrufbar unter http://ec.europa.eu/justice/policies/privacy/docs/wpdocs/2010/wp169_de.pdf (zit.: Artikel-29-Datenschutzgruppe der EU, WP 169 zu „Verantwortlicher" und „Auftragsverarbeiter")

Artikel-29-Datenschutzgruppe der EU, WP 171, Stellungnahme 2/2010 zur Werbung auf Basis von Behavioural Targeting, abrufbar unter http://ec.europa.eu/justice/policies/privacy/docs/wpdocs/2010/wp171_de.pdf (zit.: Artikel-29-Datenschutzgruppe der EU, WP 171 zur Werbung auf Basis von Behavioural Targeting)

Artikel-29-Datenschutzgruppe der EU, WP 174, Stellungnahme 4/2010 zum europäischen Verhaltenskodex von FEDMA zur Verwendung personenbezogener Daten im Direktmarketing, abrufbar unter http://ec.europa.eu/justice/data-protection/article-29/documentation/opinion-recommendation/files/2010/wp174_de.pdf (zit.: Artikel-29-Datenschutzgruppe der EU, WP 174 zum Verhaltenskodex von FEDMA im Direktmarketing)

Artikel-29-Datenschutzgruppe der EU, WP 185, Stellungnahme 13/2011 zu den Geolokalisierungsdiensten von intelligenten mobilen Endgeräten, abrufbar unter http://ec.europa.eu/justice/data-protection/article-29/documentation/opinion-recommendation/files/2011/wp185_de.pdf (zit.: Artikel-29-Datenschutzgruppe der EU, WP 185 zu Geolocation Services)

Artikel-29-Datenschutzgruppe der EU, WP 188, Stellungnahme 16/2011 zur Best-Practice-Empfehlung von EASA und IAB zu verhaltensorientierter Online-Werbung, abrufbar unter http://ec.europa.eu/justice/data-protection/article-29/documentation/opinion-recommendation/files/2011/wp188_de.pdf (zit.: Artikel-29-Datenschutzgruppe der EU, WP 188 zu Best Practice bei Online-Werbung)

Artikel-29-Datenschutzgruppe der EU, WP 194, Stellungnahme 04/2012 zur Ausnahme von Cookies von der Einwilligungspflicht, abrufbar unter http://ec.europa.eu/justice/data-protection/article-29/documentation/opinion-recommendation/files/2012/wp194_de.pdf (zit.: Artikel-29-Datenschutzgruppe der EU, WP 194 zur Ausnahme von Cookies von der Einwilligungspflicht)

Artikel-29-Datenschutzgruppe der EU, WP 202, Stellungnahme 02/2013 zu Apps auf intelligenten Endgeräten, abrufbar unter http://ec.europa.eu/justice/data-protection/article-29/documentation/opinion-recommendation/files/2013/wp202_de.pdf (zit.: Artikel-29-Datenschutzgruppe der EU, WP 202 zu Apps auf Smartphones)

Artikel-29-Datenschutzgruppe der EU, WP 203, Opinion 03/2013 on purpose limitation, abrufbar unter http://ec.europa.eu/justice/data-protection/article-29/documentation/opinion-recommendation/files/2013/wp203_en.pdf (zit.: Artikel-29-Datenschutzgruppe der EU, WP 203 zur Zweckbindung)

Ascheid, Reiner/Preis, Ulrich/Schmidt, Ingrid, Kündigungsrecht, 4. Aufl., München 2012 (zit.: Ascheid/Preis/Schmidt/*Bearbeiter*)

Auer-Reinsdorff, Astrid/Conrad, Isabell, Beck´sches Mandatshandbuch IT-Recht, München 2011 (zit.: Auer-Reinsdorff/Conrad/*Bearbeiter*)

Bauer, Jobst-Hubertus/Diller, Martin, Wettbewerbsverbote, 6. Aufl., München 2012 (zit.: *Bauer/Diller*)

Baumbach, Adolf/Lauterbach, Wolfgang/Albers, Jan/Hartmann, Peter, Zivilprozessordnung: ZPO, 71. Aufl., München 2013 (zit.: *Baumbach/Lauterbach/Albers/Hartmann*)

Baumgartner, Ulrich/Ewald, Konstantin, Apps und Recht, München 2013 (zit.: *Baumgartner/Ewald*)

Besgen, Nicolai/Prinz, Thomas, Handbuch Internet.Arbeitsrecht, 3. Aufl., Bonn 2012 (zit.: Besgen/Prinz/*Bearbeiter*)

Besgen, Nicolai/Prinz, Thomas, Neue Medien und Arbeitsrecht, Bonn 2006 (zit.: *Besgen/Prinz*)

Däubler, Wolfgang, Internet und Arbeitsrecht, 3. Aufl., Frankfurt/Main 2004 (zit.: *Däubler*)

Däubler, Wolfgang/Klebe, Thomas/Wedde, Peter/Weichert, Thilo, Bundesdatenschutzgesetz, 4. Aufl., Frankfurt/Main 2013 (zit.: Däubler/Klebe/Wedde/Weichert/*Bearbeiter*)

Dornbusch, Gregor/Fischermeier, Ernst/Löwisch, Manfred, 5. Aufl., Köln 2013 (zit.: Dornbusch/Fischermeier/Löwisch/*Bearbeiter*)

Dreier, Thomas/Schulze, Gernot, Urheberrechtsgesetz, Kommentar, 4. Aufl., München 2013 (zit.: *Dreier/Schulze*)

Düsseldorfer Kreis, Analyseverfahren zur Reichweitenmessung, Beschluss vom 26./27.11.2009, abrufbar unter http://www.bfdi.bund.de/SharedDocs/Publikationen/Entschliessungssammlung/DuesseldorferKreis/Nov09Reichweitenmessung.pdf?__blob=publicationFile (zit.: Düsseldorfer Kreis, Analyseverfahren zur Reichweitenmessung)

Düsseldorfer Kreis, Datenschutz in Sozialen Netzwerken, Beschluss vom 8.12.2011, abrufbar unter http://www.bfdi.bund.de/SharedDocs/Publikationen/Entschliessungssammlung/DuesseldorferKreis/08122011DSInSozialenNetzwerken.pdf?__blob=publicationFile (zit.: Düsseldorfer Kreis, Datenschutz in Sozialen Netzwerken)

Düsseldorfer Kreis, Datenschutzkonforme Gestaltung sozialer Netzwerke, Beschluss vom 17./18.4.2008, abrufbar unter http://www.bfdi.bund.de/SharedDocs/Publikationen/Entschliessungssammlung/DuesseldorferKreis/170408DatenschutzkonformeGestaltungSozNetzwerke.pdf?__blob=publicationFile (zit.: Düsseldorfer Kreis, Gestaltung Sozialer Netzwerke)

Düsseldorfer Kreis, Minderjährige in sozialen Netzwerken wirksamer schützen, Beschluss vom 24./25.11.2010, abrufbar unter http://www.bfdi.bund.de/SharedDocs/Publikationen/Entschliessungssammlung/DuesseldorferKreis/24112010-MinderjaehrigeInSozialenNetzwerken.pdf?__blob=publicationFile (zit.: Düsseldorfer Kreis, Minderjährige in Sozialen Netzwerken)

Erfurter Kommentar zum Arbeitsrecht, 13. Aufl., München 2013 (zit.: ErfK/*Bearbeiter*)

Fezer, Karl-Heinz, Markenrecht, 4. Aufl., München 2009 (zit.: *Fezer*)

Fitting, Karl, Betriebsverfassungsgesetz, 26. Aufl., München 2012 (zit.: *Fitting*)

Fitzner, Julia, Von Digital-Rights-Management zu Content Identification, Dissertation, Baden-Baden 2011 (zit.: *Fitzner*)

Gloy, Wolfgang/Loschelder, Michael/Erdmann, Willi, Handbuch des Wettbewerbsrechts, 4. Aufl., München 2010 (zit.: Gloy/Loschelder/Erdmann/*Bearbeiter*)

Gola, Peter/Schomerus, Rudolf, Bundesdatenschutzgesetz, 11. Aufl., München 2012 (zit.: Gola/Schomerus/*Bearbeiter*)

Graf, Jürgen Peter, Beck'scher Online-Kommentar Strafprozessordnung, Stand: 1.2.2013 (zit.: BeckOK StPO/*Bearbeiter*)

Grobys, Marcel/Panzer, Andrea, Stichwortkommentar Arbeitsrecht, Baden-Baden 2012 (zit.: SWK/*Bearbeiter*)

Hahn, Werner/Vesting, Thomas, Beck'scher Kommentar zum Rundfunkrecht, 3. Aufl., München 2012 (zit.: Hahn/Vesting/*Bearbeiter*)

Hanau, Peter/Hoeren, Thomas/Andres, Dirk, Private Internetnutzung durch Arbeitnehmer, München 2003 (zit.: *Hanau/Hoeren/Andres*)

Harte-Bavendamm, Henning/Henning-Bodewig, Frauke, Gesetz gegen den unlauteren Wettbewerb, 3. Aufl., München 2013 (zit.: Harte-Bavendamm/Henning-Bodewig/*Bearbeiter*)

Härting, Niko, Internetrecht, 4. Aufl., Köln 2010 (zit.: *Härting*)

Heidrich, Jörg/Forgó, Nikolaus/Feldmann,Thorsten, Heise Online-Recht, Loseblatt, Hannover 2010 (zit.: Heidrich/Forgó/Feldmann/*Bearbeiter*)

Hoeren, Thomas/Sieber, Ulrich, Handbuch Multimedia-Recht, Loseblatt, München 2012 (zit.: Hoeren/Sieber/*Bearbeiter*)

Ingerl, Reinhard/Rohnke, Christian, Markengesetz, 3. Aufl., München 2010 (zit.: *Ingerl/Rohnke*)

Kilian, Wolfgang/Heussen, Benno, Computerrechts-Handbuch, Loseblatt, 31. Aufl., München 2012 (zit.: Kilian/Heussen/*Bearbeiter*)

Köhler, Helmut/Bornkamm, Joachim, Gesetz gegen den unlauteren Wettbewerb, Kommentar, 31. Aufl., München 2013 (zit.: Köhler/Bornkamm/*Bearbeiter*)

Küttner, Wolfdieter, Personalbuch 2013, 20. Aufl., München 2013 (zit.: Küttner/*Bearbeiter*)

Lange, Paul, Marken- und Kennzeichenrecht, 2. Aufl., München 2012 (zit.: *Lange*)

Lehmann, Michael/Meents, Jan-Geert, Handbuch des Fachanwalts Informationstechnologierecht, 2. Aufl., Köln 2011 (zit.: Lehmann/Meents/*Bearbeiter*)

Leupold, Andreas/Glossner, Silke, Münchner Anwaltshandbuch IT-Recht, 3. Aufl., München 2013 (zit.: Leupold/Glossner/*Bearbeiter*)

Loewenheim, Ulrich, Handbuch des Urheberrechts, 2. Aufl., München 2010 (zit.: Löwenheim/*Bearbeiter*)

Lorenz, Bernd, Die Anbieterkennzeichnung im Internet, Stuttgart 2007 (zit.: *Lorenz*)

Moll, Wilhelm, Münchener Anwaltshandbuch Arbeitsrecht, 3. Aufl., München 2012 (zit.: Moll/*Bearbeiter*)
Müller-Broich, Jan, Telemediengesetz, Kommentar, Baden-Baden 2012 (zit.: *Müller-Broich*)
Münchener Kommentar zum BGB, Band 1, Allgemeiner Teil, §§ 1–240, ProstG, AGG, 6. Aufl., München 2012 (zit.: MüKo-BGB/*Bearbeiter*)
Münchener Kommentar zum BGB, Band 3: Schuldrecht, Besonderer Teil I, §§ 433-610, Finanzierungsleasing, HeizkostenV, BetriebskostenV, CISG, 6. Aufl., München 2012 (zit.: MüKo-BGB/*Bearbeiter)*
Münchener Kommentar zum BGB, Band 10, Internationales Privatrecht, Rom I-Verordnung, Rom II-Verordnung, Einführungsgesetz zum Bürgerlichen Gesetzbuche (Art. 1–24), 5. Aufl., München 2010 (zit.: MüKo-BGB/*Bearbeiter*)
Münchener Kommentar zum Strafgesetzbuch, Band 6, München 2010 (MüKo-StGB/*Bearbeiter*)
Palandt, Otto, Bürgerliches Gesetzbuch, 71. Aufl., München 2012 (zit.: Palandt/*Bearbeiter*)
Piper, Henning/Ohly, Ansgar/Sosnitza, Olaf, Gesetz gegen den unlauteren Wettbewerb, 5. Aufl., München 2010 (zit.: Piper/Ohly/Sosnitza/*Bearbeiter*)
Plath, Kai-Uwe, Bundesdatenschutzgesetz, Köln 2013 (zit.: Plath/*Bearbeiter*)
Redeker, Helmut, IT-Recht, 5. Aufl., München 2012 (zit.: *Redeker*)
Richter, Bruno/Stoppel, Wolfgang, Die Ähnlichkeit von Waren und Dienstleistungen, 15. Aufl., Köln 2011 (zit.: *Richter/Stoppel*)
Saenger, Ingo, Zivilprozessordnung: ZPO, 2. Aufl., Baden-Baden 2012 (zit.: Saenger/*Bearbeiter*)
Schaub, Günter, Arbeitsrechts-Handbuch, 15. Aufl., München 2013 (zit.: Schaub/*Bearbeiter*)
Schricker, Gerhard/Loewenheim, Ulrich, Urheberrecht, Kommentar, 4. Aufl., München 2010 (zit.: Schricker/Löwenheim/*Bearbeiter*)
Schulze, Reiner/Grziwotz, Herbert/Lauda, Rudolf, Bürgerliches Gesetzbuch, Baden-Baden 2010 (zit.: Schulze/Grziwotz/Lauda/*Bearbeiter*)
Schuschke, Winfried/Walker, Wolf-Dietrich, Vollstreckung und Vorläufiger Rechtsschutz, 5. Aufl., Köln 2012 (zit.: Schuschke/Walker/*Bearbeiter*)
Schwarze, Jürgen/Becker, Ulrich/Hatje, Armin/Schoo, Johann, EU-Kommentar, 3. Aufl., Baden-Baden 2012 (zit.: Schwarze/Becker/Hatje/Schoo/*Bearbeiter*)
Simitis, Spiros, Bundesdatenschutzgesetz, 7. Aufl., Baden-Baden 2011 (zit.: Simits/*Bearbeiter*)
Spindler, Gerald/Schuster, Fabian, Recht der elektronischen Medien, Kommentar, 2. Aufl., München 2011 (zit.: Spindler/Schuster/*Bearbeiter*)
Staudinger, Julius von, Kommentar zum Bürgerlichen Gesetzbuch, Band 2: Recht der Schuldverhältnisse, 15. Aufl., Berlin 2011 (zit.: Staudinger/*Bearbeiter*)
Taeger, Jürgen, Die Welt im Netz – Folgen für Wirtschaft und Gesellschaft, Tagungsband DSRI-Herbstakademie, Edewecht 2011 (zit.: Taeger/*Bearbeiter*, 2011)
Taeger, Jürgen, IT und Internet – mit Recht gestalten, Tagungsband DSRI-Herbstakademie, Edewecht 2012 (zit.: Taeger/*Bearbeiter*, 2012)
Taeger, Jürgen/Gabel, Detlev, Kommentar zum BDSG, Frankfurt/Main 2010 (zit.: Taeger/Gabel/*Bearbeiter*)
Teplitzky, Otto, Wettbewerbsrechtliche Ansprüche und Verfahren, 10. Aufl., Köln 2012 (zit.: *Teplitzky*)
Thomas, Heinz/Putzo, Hans, Zivilprozessordnung: ZPO, 34. Aufl., München 2013 (zit.: Thomas/Putzo/*Bearbeiter*)
Ulbricht, Carsten, Social Media und Recht, Freiburg 2012 (zit.: *Ulbricht*)
Wandtke, Artur-Axel/Bullinger, Winfried, Praxiskommentar zum Urheberrecht, 3. Aufl., München 2009 (zit.: Wandtke/Bullinger/*Bearbeiter*)

Bearbeiterverzeichnis

Johannes Droste, Jg. 1986; Referendar am OLG München. Er hat in München an der Ludwig-Maximilians-Universität studiert und praktische Erfahrungen in Unternehmen und Kanzleien in München und in Buenos Aires gesammelt. Als Rechtsreferendar bei Orrick, Herrington & Sutcliffe LLP in München war Herr Droste im IT- und Social Media-Recht tätig.

Ulrich Fülbier, Dr. iur., Jg. 1971; Rechtsanwalt und Fachanwalt für Arbeitsrecht bei Orrick, Herrington & Sutcliffe LLP in München. Dr. Fülbier berät vorwiegend mittelständische Unternehmen und internationale Konzerne in sämtlichen Bereichen des Arbeitsrechts und Vertriebsrechts, vertritt Mandanten seit mehr als zehn Jahren als Prozessanwalt in komplexen Gerichtsverfahren und hält regelmäßig Fachvorträge, insbesondere zu aktuellen Themen des Arbeitsrechts und zum Bereich Social Media.

Daniel Kaiser, licencié en droit, Jg. 1977; Rechtsanwalt in München und Manager im Bereich IP-/IT-Recht Deutschland von Ernst & Young Law GmbH. Seine Tätigkeit umfasst unter anderem die Beratung und Vertretung im Urheber-, Wettbewerbs-, Medien- und Markenrecht sowie dem Datenschutz. Seine Beratungsschwerpunkte sind (Software)Lizensierung, E-Commerce, Payment Services, IT-Outsourcing und Social Media.

Peter Katko, Dr. iur., licencié en droit, Jg. 1967; Studium in München und Montpellier, Promotion am Münchener Max-Planck-Institut für Geistiges Eigentum; Rechtsanwalt in München und Leiter der deutschen IP-/IT-Praxis von Ernst & Young Law GmbH. Ferner ist Dr. Katko nationaler und europäischer Datenschutzsachverständiger (ULD und EuroPrise). Sein besonderer Schwerpunkt liegt auf ganzheitlicher Beratung zusammen mit Experten aus IT sowie prozessorientierter Wirtschafts- und Organisationsberatung.

Jochen Klein, Jg. 1967; begann seine Karriere 1990 als Texter bei der amerikanischen Werbeagentur J. W. Thompson in Frankfurt. Nach weiteren Agenturstationen als fester und freier Konzeptioner und Texter arbeitete Jochen Klein Ende der 90er Jahre als freier Kreativ Direktor und gründete 2000 die Agentur Hundert Grad, die er heute als einer von drei geschäftsführenden Gesellschaftern führt.

Sebastian Rockstroh, Jg. 1980; Studium der Rechtswissenschaften in Dresden. Er absolvierte sein Referendariat in Potsdam, Berlin und Singapur. Er ist Rechtsanwalt bei Orrick, Herrington & Sutcliffe LLP in München mit den Schwerpunkten Gewerblicher Rechtsschutz, Technologie-, Medien- und Domainrecht.

Andreas Splittgerber, Dr. iur., Jg. 1975; Rechtsanwalt im IT- und Datenschutzrecht in der Media & Technology Group der Olswang LLP in München (bis Ende 2013 bei Orrick, Herrington & Sutcliffe LLP). Er berät seit mehr als zehn Jahren Unternehmen in den Bereichen Internetrecht, IT-Recht, IT-Outsourcing, Marketingrecht und Datenschutzrecht. Zum Mandantenkreis von Dr. Splittgerber zählen große internationale Unternehmen auf Provider- und Kundenseite, aber auch innovative Start-Ups. Nach einer Auswahl des Magazins Wirtschaftswoche vom Juli 2012 ist er deutschlandweit einer der 25 Top-Anwälte für IT-Recht.

Ulrich Wahlers, Dr. iur, Jg. 1976; Rechtsanwalt und Fachanwalt für Arbeitsrecht ist Mitglied der Praxisgruppe Arbeitsrecht bei Orrick, Herrington & Sutcliffe LLP in Düsseldorf. Er berät nationale und internationale Unternehmen und Konzerne in allen Bereichen des Arbeitsrechts. Einen Schwerpunkt seiner Tätigkeit bilden arbeitsrechtliche Aspekte der Social Media-Nutzung sowie Fragen des Arbeitnehmerdatenschutzes. Er ist Autor des juris-Praxisreports IT-Recht und veröffentlicht regelmäßig Fachartikel zu aktuellen arbeitsrechtlichen Fragen der IT-Nutzung.

Kapitel 1
Einführung Social Media

A. Was bedeutet Social Media?

Der Begriff Social Media darf frei mit „Soziale Medien" übersetzt werden. Social Media kann auch begriffen werden als alle Marketing-Kommunikationsmaßnahmen in sozialen Netzwerken des digitalen Raums. 1

Mit Social Media hat ein neues Denken und strategisches Arbeiten in der Marketing-Kommunikation Einzug gehalten. Ein Denken, das die Mechanismen und Prinzipien eines offenen, nicht kontrollierbaren und sich ständig verändernden Kommunikationsraums berücksichtigen muss, in dem sich Menschen weltweit vernetzen und Informationen miteinander teilen – 365 Tage im Jahr, rund um die Uhr, in Echtzeit. 2

In der klassischen Marketing-Kommunikation wurde seit je her nach dem **Sender-Empfänger-Prinzip** gearbeitet: Werbebotschaften wurden mittels der klassischen Medien (Print, TV, Funk) über Werbedruck (Mediabudgets in mehrstelliger Millionenhöhe) in den Markt gedrückt; ein wirklicher Dialog zwischen den werbetreibenden Unternehmen und den Konsumenten bzw. potenziellen Kunden fand nicht statt. 3

Mit Beginn des digitalen Zeitalters sorgte Ende der 1990er Jahre ein Thesenpapier für Aufsehen: das **ClueTrain Manifesto,** welches 1999 von den US-Amerikanern Rick Levine, Christopher Locke, Doc Searls und David Weinberg veröffentlicht wurde.[1] Das Manifest, eine Sammlung von 95 Thesen über das Verhältnis von Unternehmen und Kunden im Zeitalter des Internets, beginnt mit der viel zitierten These **„Märkte sind Gespräche".** Dem Verständnis nach werden Märkte nicht mehr von klassischen Zielgruppen geprägt, sondern von Menschen bzw. einzelnen Individuen, die dort menschlich, emotional und sozial miteinander umgehen und sich im permanenten Gespräch befinden. 4

Bereits diese Erkenntnis hat Marketing-Kommunikationsexperten in den letzten Jahren zu einem Umdenken gezwungen – weg von Zielgruppen, die durch demoskopische und demografische Eckdaten kategorisiert und geclustert werden, hin zu einem Denken in **atmosphärischen Lebensräumen,** in denen Menschen ihre Lifestyles leben und soziale Beziehungen pflegen: Beziehungen zwischen einzelnen Individuen (Familienmitgliedern, Freunden, Bekannten, Kollegen, anderen Konsumenten usw.) sowie Beziehungen mit Unternehmen, Marken und Produkten. 5

Durch das Internet sind ganz individuelle, **digitale Räume** entstanden, in denen diese Beziehungen online rund um die Uhr ausgelebt und gepflegt werden. Das 6

1 Siehe http://www.cluetrain.com.

Internet wird heute nicht mehr als Medium oder gar als ein Kanal verstanden, sondern es stellt lediglich eine **technische Infrastruktur** dar, die uns täglich neue, innovative Möglichkeiten gibt, diese Beziehungen durch unterschiedlichste Formen der Interaktion weiterzuentwickeln. Die sozialen Netzwerke eröffnen Unternehmen völlig neue Chancen, erstmals direkt und **„auf Augenhöhe"** mit Menschen zu kommunizieren, seien es bestehende und potenzielle Kunden oder bestehende und zukünftige Mitarbeiter.

7 Durch diese Tatsache werden Kommunikationsfachleute, die noch in klassischen Formaten denken (1/1-Anzeige, 30-Sekünder-TV-Spot, 1-Seite-Mailing-Anschreiben usw.) herausgefordert, denn: Das Social Web besteht nicht aus Kanälen und Formaten, die man einfach buchen kann, wie man es aus der klassischen Werbung kennt. Es geht vielmehr darum, das Social Web als einen gigantisch großen, weltumspannenden, offenen, transparenten, sich ständig verändernden **Kommunikationsraum** zu verstehen, in dem Milliarden von Menschen vernetzt sind und Informationen miteinander teilen. Dieser Kommunikationsraum ist aufgeteilt in unzählige verschiedene Plattformen für jede noch so kleine Nische an Themen und Interessen. Und genau über diese Themen und Storys werden die **Beziehungen** zwischen Menschen und die Beziehungen zwischen Menschen und Unternehmen gepflegt, am Leben erhalten und ständig neu befeuert.

8 Der Begriff Social Media könnte an dieser Stelle auch als **„Beziehungspflege"** übersetzt werden. Eine Beziehungspflege, die zunächst in den digitalen Räumen initiiert wird, die dann aber auch außerhalb des Netzes weiter bearbeitet werden möchte. Social Media als Begriff wirkt zunächst einschränkend, weil er sich primär auf digitale Kommunikation beschränkt. Wir müssen heute jedoch mehr denn je in **atmosphärischen Gesamtlösungen** der Kommunikation denken, in denen der digitale und der reale Lebensraum als ein **gemeinsamer Lebensraum** verstanden wird. Es geht also nicht mehr um Trennung von Kommunikation – es geht vielmehr um Vereinigung und **Verschmelzung von Kommunikation** mittels sozialer Mechanismen. Um dies neu verstehen zu lernen, bietet das Social Web ein **grenzenloses Erfahrungsfeld.**

B. Die wichtigsten Social Media-Plattformen

I. Facebook – die weltweit bedeutendste Social Media-Plattform

9 **Facebook**[2] ist mit über 1,06 Mrd. registrierten Nutzern die weltweit größte, bekannteste und **bedeutendste Social Media-Plattform.** In Deutschland sind 26 Mio. Nut-

2 Siehe https://www.facebook.com.

zer aktiv,[3] die primär Infos zu privaten Themen und Interessen miteinander teilen, seien es Partys, Urlaube oder Sportereignisse. Neben den Privatpersonen nutzen immer mehr Unternehmen und Marken Facebook als Social Media-Plattform, um dort Informationen über ihre Produkte und Aktivitäten zu posten und mit ihren Kunden und „Fans" in Dialog zu treten. Auch Gruppen zu speziellen Themen und Initiativen können auf Facebook gegründet werden.

II. Google+ – der direkte Konkurrent von Facebook

Google+[4] ist das von Google Mitte 2011 gegründete soziale Netzwerk, welches im Oktober 2012 weltweit über 500 Mio. registrierte Nutzer zählte, von denen 135 Mio. Accounts monatlich aktiv sind.[5] Google+ ist eine Social Media-Plattform sowohl für Privatpersonen und Familien als auch für Firmen, Vereine und andere Institutionen. Im Vergleich zu anderen sozialen Netzwerken kann der Nutzer seine Kontakte in Kreisen bzw. sog. Circles organisieren. Zudem definiert Google+ im Vergleich zu Facebook ein Nutzerprofil nicht alleine über die Präsenz des jeweiligen Nutzers, sondern auch über dessen fünf persönliche Seiten (Tabs). Google+ bietet seinen Nutzern über eine spezielle Funktion einen schnellen Kontowechsel, eine bequemere Verwaltung und einen komfortablen Zugang zu allen übrigen Google-Produkten an. Mit dem Foto-Dienst Snapseed verfügt Google über ein integriertes Bildbearbeitungsprogramm. Schnappschüsse können durch verschiedene Filter verschönert werden. Die gestylten Werke werden direkt auf Google+ veröffentlicht. 10

III. XING – das soziale Business-Netzwerk im deutschsprachigen Raum

XING[6] wurde 2003 unter dem Namen OpenBC gegründet und ist neben LinkedIn eines der **bedeutendsten Business-Netzwerke.** XING zählt aktuell über 12,5 Mio. Nutzer weltweit, davon ca. 5,9 Mio. Mitglieder im deutschsprachigen Raum. Weltweit waren Ende des dritten Quartals 2012 795.000 zahlende Mitglieder mit einem sog. Premium-Account registriert.[7] Zudem versammeln sich auf XING über 55.000 Gruppen zu speziellen Themen und Interessengebieten. Wie auch bei den anderen Social Media-Plattformen verfügt jeder Nutzer, der mit anderen Nutzern verbunden ist, über ein Kontaktnetz und kann darüber sehen, wer mit wem verlinkt ist. XING 11

3 Siehe http://allfacebook.de/userdata.
4 Siehe http://de.wikipedia.org/wiki/Google%2B.
5 Siehe http://www.socialmediastatistik.de/category/google.
6 Siehe https://www.xing.com.
7 Siehe http://www.socialmediastatistik.de/category/xing.

wird von seinen Nutzern primär für Personal-, Job- und Projektsuche, aber auch für die Akquisition von Neukunden genutzt.

IV. LinkedIn – das größte Business-Netzwerk weltweit

12 **LinkedIn**[8] ist das **größte, international aufgestellte Business-Netzwerk.** Ende 2012 wurden 202 Mio. Nutzer weltweit registriert.[9] LinkedIn bietet ganz ähnliche Funktionen wie XING: Erstellung eines Profils mit Lebenslauf, Verlinkung auf die eigene Website, Erstellung von Unternehmensprofilen. LinkedIn-Mitglieder können neue Business-Kontakte knüpfen und andere Mitglieder empfehlen. Zudem bietet LinkedIn die Möglichkeit, Produkte auf dem Unternehmensprofil zu bewerben.

V. Twitter – Mikroblogging-Plattform zur Verbreitung von Kurznachrichten

13 Mitte 2012 wurden nach einer Untersuchung des französischen Marktforschungsinstituts Smiocast 517 Mio. Twitter-Accounts weltweit registriert, davon ca. 600.000 Accounts in Deutschland.[10] Die im März 2006 in den USA gegründete Mikroblogging-Plattform **Twitter**[11] wird primär zur Versendung von telegrammartigen Kurznachrichten mit maximal 140 Zeichen genutzt, sog. Tweets. Auf Twitter folgen Nutzer anderen Nutzern, deren Themen bzw. Tweets ihnen interessant erscheinen. Meist hängen die Versender einen Internet-Link an ihre Kurznachricht, der auf einen Artikel, ein Video o.ä. verweist.

14 Twitter wird von einigen Nutzern, wie z.B. Selbstständigen u.a. auch zur Vermarktung von Geschäftsideen und Dienstleistungen eingesetzt.

VI. YouTube – die weltweit größte Video-Plattform

15 **YouTube**[12] ist das wohl schönste Beispiel dafür, dass immer mehr Konsumenten im Netz zu Produzenten avancieren. So wird YouTube, seit Oktober 2006 eine Marke von Google, als **weltweit größtes Internet-Videoportal** primär von Privatpersonen genutzt, die dort ihre eigens produzierten Videos posten. Doch auch immer mehr Unternehmen entdecken YouTube als Plattform, um ihre Unternehmens- und Produktvide-

8 Siehe http://de.linkedin.com.
9 Siehe http://www.socialmediastatistik.de/category/linkedin.
10 Siehe http://www.socialmediastatistik.de/category/tag/twitter-nutzerzahlen.
11 Siehe https://twitter.com.
12 Siehe http://www.youtube.com/?hl=de&gl=DE.

os ihrem Markt und ihren Zielgruppen zugänglich zu machen. YouTube verzeichnet ca. 4 Mrd. Video-Aufrufe pro Tag[13] und wächst weiterhin überaus dynamisch.

VII. Pinterest – schnell wachsendes Bilder-Netzwerk

Eine der jüngeren Social Media-Präsenzen ist das soziale Netzwerk **Pinterest**[14] aus 16
den USA, welches Nutzern die Möglichkeit gibt, Bilderkollektionen an virtuelle Pinnwände zu posten und diese mit anderen Nutzern zu teilen. Ziel des Netzwerks ist es, den gemeinsamen Austausch der Nutzer über Hobbys, Einkaufstipps und andere Freizeitinteressen mittels Fotos und Videos zu befeuern – ein Konzept, das von der Internet-Community sofort angenommen wurde. So konnte Pinterest in Bezug auf Traffic im April 2012, knapp zwei Jahre nach seiner Gründung, bereits mehr als 307.000 Visits in Deutschland registrieren.[15]

VIII. The Best of all Worlds – das Netzwerk für Anspruchsvolle

Das erst 2012 vom schwedischen Internetpionier Erik Wachtmeister gegründete so- 17
ziale Netzwerk **The Best of all Worlds**[16] repräsentiert eine neue Generation von Social Networks, die sich zukünftig stärker an spezielle Zielgruppen mit individuellen Interessen und Nischen richten. The Best of all Worlds spricht anspruchsvolle Menschen an, die Interesse an Trends, Design, Innovation usw. haben. Hierzu zählt Erik Wachtmeister ein Zielgruppenpotenzial von ca. 3 Mio. Personen, u.a. aus den Kreisen der Medienleute, Werber, Architekten, Banker, Politiker usw. Mitglieder kommen nur auf Empfehlung auf die Plattform. Das Netzwerk selbst ist anders als Facebook (Chronik) nach vorne Richtung Zukunft gerichtet.

C. Der Einsatz von Social Media in der Marketing-Kommunikation

Weshalb kann Social Media als integrativer Bestandteil der **Marketing-Kommuni- 18
kationsstrategie** für Unternehmen interessant und auch sinnvoll sein? Das ist eine Frage, die in einem größeren Kontext beantwortet werden muss.

Der zunehmend **aufgeklärte Bürger** erhält durch das Internet die Möglichkeit, 19
zu jeder Zeit an jedem Ort die für ihn relevanten Informationen zu bekommen.

---

13 Siehe http://de.statista.com/themen/162/youtube.
14 Siehe https://pinterest.com.
15 Siehe http://www.socialmediastatistik.de/tag/pinterest.
16 Siehe http://www.netzschnipsel.de/best-of-all-worlds-das-netzwerk-mit-klasse-11381.

Durch die soziale Vernetzung im digitalen Raum verbreiten sich Informationen, aber auch Stimmungen und Meinungen über Unternehmen, Marken und Produkte rasend schnell und fließen in täglich stattfindende Gespräche der **Internet-Communities** ein.

20 Wir erinnern uns an die wohl wichtigste These des ClueTrain Manifesto: Märkte sind Gespräche. Diese Gespräche müssen von Unternehmen und der werbungtreibenden Industrie ernst genommen werden, denn sie finden statt – ganz gleich, ob man sich als Unternehmen daran beteiligt oder nicht. In den letzten Jahren haben einige Markenartikler live erleben dürfen, welche Auswirkungen eine durch die Internet-Community ausgelöste **Empörungswelle,** ein sog. **Shitstorm,** haben kann.

21 Einer der bekanntesten Shitstorm-Klassiker ist die durch Greenpeace im Frühjahr 2010 initiierte Kitkat-Aktion[17] gegen den Nestlé-Konzern, der damals aufgrund seiner Palmölproduktion in Südostasien einen erheblichen Anteil an der Abholzung der dortigen Regenwälder leistete. Mit einem eigens kreierten Kitkat-Viral machte Greenpeace damals auf die Misere aufmerksam – und entfachte damit einen Shitstorm gegen die Nestlé AG. Auch Vodafone[18] musste die Auswirkungen eines Shitstorms verkraften: 2012 löste ein einziger Pinnwandeintrag einer Kundin auf Facebook eine Welle der Empörung aus: Die Kundin beschwerte sich über den schlechten Kundenservice des Mobilfunkanbieters und erhielt in nur wenigen Tagen von 70.000 Mitgliedern Zustimmung.

22 Durch das Netz kommt nahezu alles ans Tageslicht und wird öffentlich diskutiert – **unkontrollierbar!** Dies ist eine gesellschaftliche Entwicklung, der sich alle Unternehmen und Institutionen des öffentlichen Raums stellen müssen. Mehr noch: Immer mehr Unternehmen suchen nach Antworten darauf, wie sie auf diese Entwicklung reagieren sollen. Und auch wenn der mittlerweile inflationär gebrauchte Begriff Web 2.0 für **„Mitmach-Web“** steht, ist „einfach nur mitmachen“ keine adäquate Lösung für die Marketing-Kommunikation und PR. Denn: Social Media ist nichts für unüberlegten Aktionismus. Ein Engagement in Social Media muss strategisch geplant und kulturell sauber vorbereitet werden. Die frühzeitige Entwicklung einer sog. **Social Media-Policy** ist somit unerlässlich für Unternehmen. Die Policy ist ein Manifest, in dem genau definiert wird, wie man sich als Unternehmen im Social Web verhält, welche Regeln für die Verantwortlichen dort gelten und wie man vor allem im Krisenfall vorgeht.

23 Voraussetzung für den Einstieg in den strategischen Prozess ist das Beantworten folgender Frage: „Haben wir als Unternehmen die Mechanismen des Social Web verstanden und verstehen wir Social Networking bereits als einen Teil des gesell-

---

17 Siehe http://webcommunitymarketing.wordpress.com/2011/02/24/die-vier-grossten-social-media-disaster-2-von-4-kitkat.

18 Siehe http://www.handelsblatt.com/unternehmen/handel-dienstleister/vodafone-shitstorm-anni-verzweifelt-gesucht/6948072.html.

schaftlichen Lebens?“ Diese Auseinandersetzung ist elementar wichtig, denn Social Media ist nicht ausschließlich in der PR, in der Marketing-Kommunikation oder im **Beschwerdemanagement** eines Unternehmens angesiedelt. Mit einem Engagement in den sozialen Netzwerken ist man als Gesamtunternehmen vertreten und dies kann nur dann gelingen, wenn Social Media von der Geschäftsleitung bzw. auf Vorstandsebene verstanden und mitgetragen, ja im besten Fall gelebt wird.

Checkliste: Die wichtigsten Fragen einer Social Media-Strategie lauten: !

- Wie sehen die **strategischen Ziele** aus bzw. was möchte man als Unternehmen durch sein Engagement in den sozialen Netzwerken erreichen? Möchte man sein Image und seine Bekanntheit steigern? Möchte man Social Media für eine Produkteinführung nutzen? Möchte man den Vertrieb zusätzlich unterstützen? Soll der Helpdesk von Telefon auf Internet umgestellt werden? Oder soll das Social Web für Recruitingzwecke eingesetzt werden?
- Ist das Social Web zur Erreichung der Marketing-Kommunikationsziele für das Unternehmen wirklich **relevant?**
  Viele Unternehmen haben den Eindruck, dass der Social Media-Zug an ihnen vorbeifährt, wenn sie dort nicht so schnell wie möglich irgendwie aktiv werden. Doch für manche Unternehmen sind Aktivitäten in den sozialen Netzwerken überhaupt nicht zielführend. Ein **Monitoring** kann ein erster Schritt sein, um herauszufinden, ob die definierten Ziele durch ein Engagement im Social Web erreichbar sind.
- Wie sehen meine **Zielpersonen** aus und finde ich diese im Social Web überhaupt?
  Nicht alle Menschen sind digital vernetzt! Und für manche Branchen wie z.B. im B2B-Umfeld ist das Social Web vielleicht gerade einmal ein Raum für den HR-Bereich, nicht aber für die Produktvermarktung. Hier muss genau analysiert werden, ob die definierten Ziele und Zielgruppen durch Kommunikation in den sozialen Netzwerken erreicht werden können.
- Verfügt das Unternehmen über die **internen Strukturen und Ressourcen,** um im Social Web selbst aktiv werden zu können oder muss eine mögliche Redaktion ausgelagert werden?
  Das Managen von Social Media aus dem Unternehmen heraus ist zu empfehlen, da es authentisch ist und die Kompetenz, z.B. durch das **Produktmanagement,** am ehesten gewährleistet ist.
- Wird ein ausreichendes **Budget** für Social Media zur Verfügung gestellt?
  Aktivitäten im Social Web, die wirklich ernsthaft betrieben werden und die zielführend sein sollen, kosten Geld, weil ein entsprechender Aufwand dahintersteht. Das beginnt schon beim sog. Monitoring – der **softwarebasierten Analyse** des Ist-Zustandes eines Unternehmens im Social Web, dessen professionelle Auswertung von Profis mehrere Manntage beanspruchen kann. Die Ergebnisse dieses Monitorings fließen in das Strategiepapier ein, auf dessen Basis die Konzeption erstellt wird. Gestaltung und vor allem die Reaktion sind kontinuierliche Leistungsbausteine, die berücksichtigt werden müssen. Und das fortlaufende Monitoring gibt Aufschluss darüber, ob die eingesetzten Maßnahmen auch wirklich die gewünschten Effekte bewirken. So sind sechsstellige Budgets für Strategie, Konzeption und Implementierung von Social Media-Engagements keine unrealistische Größenordnung.
- Hat man den Atem, um eine Community im Web aufzubauen und langfristig zu pflegen? Eine Social Media-Präsenz z.B. auf Facebook kann nach einer bestimmten Zeit nicht einfach wieder „abgeschaltet“ werden. Jeder Fan ist ein Mensch, der kontinuierlich betreut und informativ versorgt werden möchte. Kein Wunder, dass der Job des **Community-Managers** mittlerweile ein viel gefragtes Berufsbild geworden ist.
- Welche **rechtlichen Parameter** gibt es und was muss man im Rahmen seiner Social Media-Aktivitäten beachten?

---

24 Wenn Sie sich diesen Fragen und Anforderungen in der Checkliste widmen, haben Sie eine realistische Chance, Ihre Social Media-Aktivitäten auf eine professionelle und solide Basis zu stellen. Mehr noch: Sie werden auf Dauer erkennen, dass Social Media nicht nur ein rein operatives Feld im Sinne der redaktionellen Arbeit mit Ihrer Community ist, sondern dass hinter jedem Nutzer Ihrer Social Media-Präsenz ein Mensch mit Charakter, Bedürfnissen, Wünschen und Stimmungen steht; und dass alles, was dieser Mensch im Social Web unternimmt, Daten hinterlässt.

25 Diese Daten sind für die werbetreibende Wirtschaft von großer Bedeutung. Die Analyse und strategische Verarbeitung dieser **Nutzerprofile** lassen sich z.B. für die Kundengewinnung und die Steigerung des **Kundenwerts,** den **Lifetime-Value** nutzen. Denn wenn man als Unternehmen weiß, was welche Nutzer wann und wo unternehmen, kann man diese gezielter ansprechen.

26 Auch das aktive Einbeziehen der Nutzer in die Optimierung oder Entwicklung eigener Produkte, Stores oder Werbemaßnahmen kann ein Weg sein, um aus dem direkten, ungefilterten Dialog mit der Community Mehrwerte zu erzielen. **Feedback-Management** war an dieser Stelle noch nie so spannend und das Nachvollziehen der **Consumer Decision Journey** – dem Entscheidungsprozess eines Konsumenten bis zum Kaufabschluss – wird durch das Auswerten der **individuellen Touchpoints** von Nutzern im Netz deutlich erleichtert.

27 Fazit: Social Media bietet ein weites Feld an unterschiedlichsten Marketing- und Kommunikationsmaßnahmen. Nur über eine intensive und kontinuierliche analytische, strategische und unternehmenskulturelle Auseinandersetzung haben Unternehmen eine Chance, sich diesem überaus spannenden Feld anzunähern und die für ihre Ziele geeigneten Maßnahmen zu qualifizieren.

D. Welche Grundregeln für Social Media-Aktivitäten sind zu beachten?

28 Es gibt fünf **klassische Regeln,** die man bei seinen Aktivitäten im Social Web berücksichtigen sollte:
- Erst zuhören, dann antworten;
- erst geben, dann nehmen;
- Relevanz statt Präsenz zeigen;
- authentisch sein und
- langfristig denken.

29 Während des Lesens dieser fünf Regeln werden Sie feststellen, dass diese Regeln nicht neu sind; dass es letztendlich die Regeln eines **guten sozialen Miteinanders** sind. Wer in einem Gespräch mit seinem Partner oder seinen Freunden nicht zuhören kann und nur von sich erzählt, gilt per se als ignorant und selbstbezogen und erfährt nicht, was sein Gegenüber wirklich bewegt und interessiert. Nur zu gut ken-

nen wir den Spruch „Kleine Geschenke erhalten die Freundschaft". Wenn man als Mensch zunächst einmal etwas bekommt, sei es ein nettes Wort, ein Lob oder eine gut gemeinte Geste, fühlt man sich wohl, öffnet sich dem anderen gegenüber und ist ebenfalls bereit, etwas von sich preiszugeben.

Im Social Web haben Unternehmen erstmals die Möglichkeit, ihren Kunden o- 30 der potenziellen Bewerbern **„auf Augenhöhe"** zu begegnen. Und genau das macht vielen Unternehmensverantwortlichen Angst. Denn eine Begegnung auf Augenhöhe ist eben auch mit Risiken verbunden wie z.B. dem Entgegennehmen von Kritik oder dem Eingestehen von Fehlern. Je ehrlicher, **authentischer** und offener man sich als Unternehmen im digitalen Kommunikationsraum verhält, desto sympathischer wird man wahrgenommen; und desto schneller hat man einen vermeintlichen Kritiker in einen Fan umgewandelt. Klar ist auch, dass die Beziehungen, die man mittels Social Media mit Menschen aufbauen möchte, nicht von heute auf morgen entwickelt werden. Auch hier ist es wie in einer Partnerschaft zwischen Menschen: Vertrauen braucht Zeit und muss wachsen.

Deshalb ist **langfristiges Denken** im Social Web so wichtig. Wer sich einmal 31 dafür entschieden hat, eine Community aufzubauen, der hat auch die Verpflichtung, sich um diese Menschen zu kümmern, ihre Fragen zeitnah und kompetent zu beantworten und sie kontinuierlich mit relevanten Themen zu versorgen. Kurz: Die gewünschten Effekte von Social Media sind niemals kurzfristig zu erwarten – sie werden meist erst nach längeren Zeiträumen von ein, zwei Jahren erzielt.

E. Machen Sie Ihr Unternehmen Social Media-fit

Das Social Web muss als Teil unseres **gesellschaftlichen und realen Lebens** ak- 32 zeptiert werden. Unternehmen, Marken und Produkte sind bereits Bestandteil des ständig wachsenden digitalen Kommunikationsraums – ganz gleich, ob sich Unternehmen dort selbst aktiv mit einbringen oder nicht. Es geht heute also gar nicht so sehr um die Frage, ob man als Unternehmen ins Social Web einsteigen möchte oder nicht – es geht um die Frage, wie geht man mit dieser Entwicklung und Realität um.

Wie aber machen Sie Ihr Unternehmen wirklich **Social Media-fit?** Bevor Sie 33 hierzu einen möglichen Lösungsweg aufgezeigt bekommen, sollten Sie sich mit folgenden Fragen auseinandersetzen: Sind wir als Unternehmen wirklich authentisch und gehen wir ehrlich miteinander um? Sind wir nach innen und außen wirklich **transparent?** Wie gehen wir als Unternehmen mit Krisen und Kritik um? Geben wir Fehler zu?

Ein erster Schritt, um Ihr Unternehmen Social Media-fit zu machen, ist eine 34 **Workshop-Reihe** mit der Geschäftsleitung und den verantwortlichen Managern aus Marketing-Kommunikation, PR, Vertrieb, Produktion, Einkauf, IT, Recht und Personal. In diesem Workshop sollte ein Teil der oben genannten strategischen Fragen beantwortet werden. Erst wenn alle Verantwortlichen eines Unternehmens ein gemeinsames Verständnis für den Wandel unserer Gesellschaft und unserer Wirtschaft im digitalen Zeitalter gewonnen haben, hat das Unternehmen eine Chance, das Social Web als einen Teil seiner **Unternehmenskultur** anzuerkennen und somit auch erfolgreich ins Unternehmen zu integrieren.

35 Ist man zu der Erkenntnis gekommen, dass Social Media relevant für das Unternehmen ist und ist dies mit der **Absichtserklärung** verbunden, im Social Web aktiv zu werden, folgt der zweite Schritt: Hier geht es im Rahmen von **Change-Management-Prozessen** darum, die organisatorischen, prozessualen und wirtschaftlichen Weichen zu stellen. Wo innerhalb des Unternehmens ist Social Media am sinnvollsten angesiedelt? Wer ist für die Aktivitäten im Social Web verantwortlich? Müssen bestehende Mitarbeiter hinsichtlich der neuen Anforderungen geschult oder müssen neue, bereits qualifizierte Mitarbeiter eingestellt werden? Wie sehen die internen Reportings und Auswertungen aus? Wie gestalten sich die Prozesse? Wer kommuniziert an wen in welcher Frequenz?

36 Im dritten Schritt wird die **Social Media-Marketing-Kommunikationsstrategie** entwickelt.[19]

37 Im vierten Schritt wird das kreative und inhaltliche Konzept entwickelt. Hierbei geht es neben der Gestaltung möglicher grafischer Elemente, die der Social Media-Präsenz einen visuellen Rahmen verleihen (Branding/CD), vor allem um die Aufbereitung redaktioneller Inhalte (Content). Oftmals wird im Vorfeld der redaktionellen Arbeit ein **Redaktionsplan** für einen entsprechenden Zeitraum mit entsprechenden Inhalten versehen.

38 Im fünften Schritt schließlich sollten **Erfahrungen durch Live-Gänge** im Social Web gesammelt werden. Der digitale Kommunikationsraum ist jung, wenig erforscht und kaum kontrollierbar. Jedes Unternehmen muss seine eigenen, ganz individuellen Erfahrungswerte sammeln und die Erkenntnisse und Feedbacks daraus in einen fortwährenden, **iterativen Optimierungsprozess** einfließen lassen. Das Wissen um die **rechtlichen Anforderungen** und Rahmenbedingungen bei Aktivitäten im Social Web prägen die zentrale Grundlage für ein sicheres und erfolgreiches Handeln im Netz entscheidend mit. Deshalb gibt es dieses Buch.

---

19 Anforderungen siehe in der Checkliste oben in Rn 23.

Kapitel 2
Die Social Media-Präsenz von Anfang bis Ende – rechtliche Grundlagen

A. Erstellen der Social Media-Präsenz auf einer Social Media-Plattform

I. Vorüberlegungen

Unternehmen, die den Einstieg in den Bereich Social Media beabsichtigen, sollten sich zunächst einen Überblick verschaffen, welche Plattformen für sie relevant sind. Anschließend ist in Erfahrung zu bringen, ob der eigene **Unternehmensname** oder die eigene **Marke** auf der gewählten Social Media-Plattform noch verfügbar ist oder bereits durch einen Dritten genutzt wird. Hierfür bieten sich Werkzeuge wie **namecheck.com**[1] an. Ist der gewünschte Name bereits vergeben, ist zu prüfen, ob dessen Löschung oder Herausgabe erzwungen werden kann.[2] 1

II. Möglichkeit der kommerziellen Nutzung

1. Allgemein

Die meisten Anbieter gestatten die Nutzung ihrer Plattform zu **kommerziellen Zwecken.** Anbieter wie **Facebook** oder **XING** stellen sogar besondere Präsenzen für eine solche Nutzung zur Verfügung. **Google+** kann seit Ende 2011 über **Google+-Seiten** kommerziell genutzt werden.[3] Eine kommerzielle Nutzung der Blogging-Plattform **Blogger.de** ist jedoch nur nach vorheriger Absprache mit dem Betreiber möglich.[4] Nutzt man die Social Media-Plattform dennoch kommerziell, droht die Sperrung der erstellten Social Media-Präsenz. 2

Praxistipp !

Unternehmen sollten vor Erstellen einer Social Media-Präsenz unbedingt prüfen, ob eine Nutzung der Plattform zu kommerziellen Zwecken zulässig ist.

---

1 Siehe http://namecheck.com.

2 Hierzu unter Rn 36 ff. unten.

3 Hierzu der Artikel von Golem.de v. 7.11.2011, abrufbar unter http://www.golem.de/1111/87588.html.

4 Nutzungsbedingungen für „Blogger.de" – Stand 11.7.2008, abrufbar unter http://info.blogger.de/stories/98.

2. Kommerzielle Kommunikation auf den einzelnen Plattformen

a) Facebook

3 **Facebook** gestattet die **Nutzung** seines Dienstes zu **kommerziellen Zwecken** über sog. **Facebook-Seiten.**[5] Die Chronik eines persönlichen Facebook-Kontos darf gem. Ziff. 4.4. der Erklärung der Rechte und Pflichten[6] nicht „primär" für **kommerzielle Kommunikation** genutzt werden.[7]

b) XING

4 **XING** ermöglicht Unternehmen die Nutzung der Plattform über sog. Unternehmensprofile. XING bietet derzeit sowohl eine kostenlose als auch zwei kostenpflichtige Varianten seiner **Unternehmensprofile** an.[8]

c) Twitter

5 Auch **Twitter** erlaubt die Nutzung seines Dienstes für kommerzielle Zwecke. Eine ausdrückliche Regelung hierzu findet sich zwar weder in den AGB[9] noch in den Twitter-Regeln.[10] Twitter selbst bietet jedoch bestimmte Dienstleistungen ausdrücklich für Unternehmen an[11] und geht in seinen AGB ganz selbstverständlich davon aus, dass die Plattform auch kommerziell genutzt werden kann.[12]

3. Kenntlichmachen der kommerziellen Nutzung

6 **Kommerzielle Kommunikation**[13] muss klar als solche für jedermann erkennbar sein. Dieses seit langem aus dem **Wettbewerbsrecht** (§ 4 Nr. 3, Nr. 11 UWG sowie Nr. 11 der Anhangs zu § 3 Abs. 1 UWG) bekannte Gebot ist auch in § 6

---

5 Informationen zu den Facebook-Seiten unter http://www.facebook.com/help/search/?q=seiten#!/help/pages.

6 Erklärung der Rechte und Pflichten abrufbar unter https://www.facebook.com/legal/terms.

7 Zum rechtlich erforderlichen Kenntlichmachen kommerzieller Kommunikation siehe unter Rn 6 und Rn 173ff.

8 Eine Übersicht zu den XING-Unternehmensprofilen ist abrufbar unter https://www.xing.com/companies/contract/select_package.

9 Abrufbar unter https://twitter.com/tos.

10 Abrufbar unter https://support.twitter.com/articles/87137-die-twitter-regeln#.

11 Diese Leistungen sind abrufbar unter https://business.twitter.com/index_de.html.

12 So heißt es etwa in Ziff. 1 der AGB: „*Falls Sie sich im Namen einer Firma, Organisation, Regierung oder einer anderen juristischen Person mit den vorliegenden Bedingungen und der Nutzung der Dienste einverstanden erklären [...]*".

13 Vgl. hierzu die Definition in § 2 Nr. 5 TMG, wonach „*kommerzielle Kommunikation jede Form der Kommunikation [ist], die der unmittelbaren oder mittelbaren Förderung des Absatzes von Waren, Dienstleistungen oder des Erscheinungsbilds eines Unternehmens [...] dient, [...]*".

TMG[14] und § 58 Abs. 1 RStV enthalten. Der durchschnittliche Nutzer muss kommerzielle Kommunikation als solche ohne größere Anstrengungen erkennen können. Er soll vor einer Täuschung über die **fehlende Neutralität** der Informationen geschützt werden. Nutzer sind daher nicht schutzbedürftig, wenn sie sich des **werbenden Charakters** der Informationen bewusst sind. Social Media-Präsenzen, auf denen das Unternehmen ganz offen sich und seine Produkte und/oder Dienstleistungen darstellt, haben meist einen klar erkennbaren kommerziellen Charakter.[15] Dies gilt insbesondere dann, wenn die Social Media-Präsenz im dafür vorgesehenen kommerziellen Bereich der Social Media-Plattform angelegt wird.[16] Aus dem Präsenznamen sollte ersichtlich sein, um welches Unternehmen es sich handelt.

Praxistipp !

Marketing ist **kommerzielle Kommunikation,** die gewissen gesetzlichen Restriktionen und Informationspflichten unterliegt. Unternehmen sollten stets den vom Plattformbetreiber vorgegebenen Bereich für Unternehmen nutzen. Die Social Media-Präsenz sollte einen aussagekräftigen Namen tragen, damit Interessenten das Unternehmen schnell und einfach finden können. Es muss für jedermann erkennbar sein, welches Unternehmen über die Präsenz Inhalte anbietet. Dies gilt nicht nur, aber ganz besonders für Social Media-Präsenzen auf **Twitter.** Twitter bietet keine besonderen Unternehmensprofile an. Es muss daher deutlich aus dem Auftritt heraus ersichtlich sein, dass es sich um kommerzielle Kommunikation handelt.

III. Verwaltung der Social Media-Präsenz

1. Die Registrierung

Vor dem **Erstellen der Social Media-Präsenz** stellt sich zunächst die Frage, auf 7
wen diese registriert werden soll. **Inhaber** eines persönlichen Kontos auf einer Social Media-Plattform kann regelmäßig nur eine natürliche Person sein.[17] Als Inhaber eines Unternehmenskontos kommen eigene **Mitarbeiter** oder etwa Mitarbeiter einer **Agentur,** die die Social Media-Präsenz im Auftrag des Unternehmens erstellt und verwaltet, infrage. Unternehmen sollten unbedingt vertragliche Regelungen sowohl zu den **Berechtigungen** als auch zu **Übergabe** und **Zugriffssicherung** für den Fall der Beendigung des Vertrages mit der **Agentur** oder dem Ausscheiden des Mitarbeiters treffen.[18]

---

14 Hierzu ausführlich Rn 173ff.

15 Spindler/Schuster/*Micklitz/Schirmbacher*, § 6 TMG Rn 26 zu Unternehmenswebsites.

16 Daher sollten Unternehmen stets die soeben unter Rn 2 angesprochenen Unternehmensseiten nutzen (Facebook-Seiten, XING-Unternehmensseiten oder Google+ Seiten).

17 So bei LinkedIn oder Google+. Facebook-Seiten können abhängig oder unabhängig von einem privaten Nutzerkonto erstellt werden. Twitter bietet derzeit nur eine Kontoart an.

18 Hierzu auch *Auer-Reinsdorff*, ITRB 2011, 81, 82.

Praxistipp
Unternehmen sollten insbesondere Regelungen treffen zur Inhaberschaft an sämtlichen Rechten an der Präsenz sowie zu Möglichkeiten des Zugriffs auf E-Mail-Adressen (oder Nutzernamen) und Passwörter. Weiterhin sollten Berechtigungen zum Verfassen von Beiträgen und Zustimmungs- oder Freigabeerfordernisse bei der Veröffentlichung von Beiträgen festgelegt werden.

2. Wahl des Namens der Social Media-Präsenz

8 Der **Name der Social Media-Präsenz** sollte aussagekräftig sein und diese für Kunden und Interessenten leicht auffindbar machen. Vergibt die Plattform einen Namen nur ein einziges Mal, gewährt dieser dem Inhaber **Exklusivität** und ein **Alleinstellungsmerkmal.** Neben Präsenznamen sind für Unternehmen insbesondere auch **Vanity-URLs,** also „beschreibende Adressen", von Bedeutung. Im Gegensatz zu den normalen URLs, die aus kryptischen Zahlenkombinationen bestehen (z.B. www.plus.google.com/b/12345678910111213), sind Vanity-URLs (z.B. www.plus.google.com/+UNTERNEHMEN) wesentlich einfacher zu merken.

9 **Twitter** vergibt Präsenznamen nur ein einziges Mal. **Facebook** lässt Seiten mit identischen Namen zu, bietet jedoch zusätzlich die Möglichkeit an, einen Nutzernamen zu wählen. Der **Nutzername** (z.B. UNTERNEHMEN) ist Bestandteil der URL der Facebook-Seite (www.facebook.com/UNTERNEHMEN) sowie der **Facebook** E-Mail-Adresse (UNTERNEHMEN@facebook.com).[19] Diese Nutzernamen werden einmalig vergeben. XING bietet Vanity-URLs an, die ebenfalls nur einmalig vergeben werden.[20]

10 Bei der Wahl von **Präsenznamen, Nutzernamen** oder **Vanity-URLs** sind neben etwaig bestehenden **Namens- oder Markenrechten** Dritter auch die Zulässigkeit der Namenswahl nach dem **Wettbewerbsrecht** sowie die Bedingungen des Betreibers der Social Media-Plattform zu beachten. Dabei gilt bei Plattformen, die Präsenz- oder Nutzernamen einmalig vergeben, bei der Vergabe von Vanity-URLs zunächst der Grundsatz „first-come – first-served" (Prioritätsprinzip). Die Rechtsgrundsätze ähneln denen, die bei der Wahl eines Domainnamens zu beachten sind.[21] Da Social Media-Präsenzen weltweit abrufbar sind, kann es zur Anwendbarkeit von Gesetzen verschiedener Rechtsordnungen kommen.[22] Im Folgenden wird lediglich die Zulässigkeit nach deutschem Recht dargestellt.

---

19 Hierzu und zu Nutzernamen bei Facebook im Allgemeinen http://www.facebook.com/help/?ref=pf#!/help/211813265517027/?q=nutzernamen&sid=0vnpq8iBPeMC9gHWd; hierzu auch gleich in Rn 62.

20 Ziff. 5.4. der AGB für die Nutzung von XING-Unternehmensprofilen.

21 *Krieg*, K&R 2010, 73, 74; *Auer-Reinsdorff*, ITRB 2011, 81, 82.

22 Zu internationalen Aspekten der Anwendbarkeit des Markenrechts vgl. Kap. 4 Rn 216.

a) Präsenznamen und Markenrechte Dritter

Bei der Wahl des Präsenznamens sind **Markenrechte** Dritter zu beachten. Im Verletzungsfalle drohen Abmahnungen und Klagen wegen Unterlassungs-, Beseitigungs- und Schadensersatzansprüchen. 11

Die Nutzung eines Präsenznamens muss nach deutschem Markenrecht unterbleiben, wenn 12

- die Nutzung des Zeichens als Präsenzname eine Benutzung im geschäftlichen Verkehr darstellt,
- entweder
  - der **Präsenzname** und die **Marke** des Dritten als auch die unter der Marke geschützten und die auf der Präsenz angebotenen Waren und/oder Dienstleistungen identisch sind (sog. **Doppelidentität**),
  - der Präsenzname und die Marke des Dritten als auch die unter der Marke geschützten und die auf der **Präsenz** angebotenen Waren und/oder Dienstleistungen zueinander ähnlich sind und dadurch beim Verkehr die **Gefahr von Verwechslungen** besteht oder
  - der Präsenzname zu einer im Inland **bekannten Marke** identisch oder ähnlich ist; und
- keine **berechtigte Nutzung** vorliegt.

aa) Handeln im geschäftlichen Verkehr

Im Markenrecht stellt, anders als im **Namensrecht,**[23] nicht bereits die bloße **Registrierung** bzw. jedwede Benutzung eines Zeichens eine Markenrechtsverletzung dar. Eine **Markenrechtsverletzung** durch Nutzung eines Zeichens erfordert vielmehr ein **Handeln im geschäftlichen Verkehr** sowie die Benutzung des Zeichens für Waren und/oder Dienstleistungen.[24] 13

Beispiele

- An der erforderlichen Benutzung für Waren oder Dienstleistungen kann es z.B. fehlen, wenn der Präsenzname registriert, die Präsenz jedoch nicht mit Inhalt gefüllt wird.[25]
- An einem Handeln im geschäftlichen Verkehr kann es fehlen, wenn Fans einer Unterhaltungssendung eine Präsenz betreiben, auf der sie (nicht kommerziell) Neuigkeiten zur Sendung zusammenstellen.[26]

---

23 Hierzu unter Rn 25 ff.

24 Näher hierzu in Kap. 4 Rn 177 ff.

25 Zu Domains siehe *Ingerl/Rohnke*, nach § 15 Rn 112 m.w.N.

26 OLG Köln, Urt. v. 19.3.2010 – 6 U 180/09 – GRUR-RR 2010, 220; vgl. hierzu ausführlich Kap. 4 Rn 179.

bb) Identische Waren/ Dienstleistungen und identische Zeichen (Doppelidentität)

14 Besitzt ein Dritter Rechte an einer **Marke,** die zu dem gewünschten **Präsenznamen** identisch ist und erfasst diese Marke Waren und/oder Dienstleistungen, die auch auf der **Social Media-Präsenz** angeboten bzw. beworben werden sollen, muss eine Nutzung unterbleiben.[27] Auf das Vorliegen von **Verwechslungsgefahr** kommt es hier nicht an, § 14 Abs. 2 Nr. 1 MarkenG.

cc) Verwechslungsgefahr

15 Die Nutzung eines **Präsenznamens** ist ebenfalls unzulässig, wenn bei Identität oder Ähnlichkeit des Präsenznamens mit einer Marke und Identität oder Ähnlichkeit der durch die Marke erfassten und über die **Social Media-Präsenz** angebotenen Waren oder Dienstleistungen für das Publikum die **Gefahr von Verwechslungen** besteht, § 14 Abs. 2 Nr. 2 MarkenG.

16 Ob **Verwechslungsgefahr** gegeben ist, muss im Einzelfall unter Berücksichtigung aller maßgeblichen Faktoren beurteilet werden.[28] Es ist im Rahmen einer Gesamtabwägung die Ähnlichkeit der sich gegenüberstehenden Zeichen (Marke und Präsenzname) und der in Rede stehenden Waren oder Dienstleistungen zu beurteilen und zu bewerten, ob diese Ähnlichkeit im Verkehr zur Gefahr von Verwechslungen führt.[29]

! **Praxistipp**
Ist der Präsenzname zur Marke eines Dritten zumindest ähnlich, liegt dennoch grundsätzlich keine Markenrechtsverletzung vor, wenn auf der Social Media-Präsenz Waren angeboten werden, die zu den unter der Marke geschützten Waren vollkommen verschieden sind.[30]

---

dd) Ausnutzung und Beeinträchtigung bekannter Marken

17 Die Benutzung einer **bekannten Marke** als Präsenzname ist, unabhängig von einer möglicherweise auftretenden Verwechslungsgefahr, in den meisten Fällen unzulässig, § 14 Abs. 2 Nr. 3 MarkenG. Meist ist von einer unlauteren Ausnutzung der Wertschätzung der bekannten Marke auszugehen, da der Social Media-Präsenz allein aufgrund der Verwendung der bekannten Marke gesteigerte Aufmerksamkeit zuteil wird.[31] Eine solche Nutzung verwässert zudem die Unterschei-

27 Ausführlich Kap. 4 Rn 195.

28 Vgl. EuGH, Urt. v. 13.9.2007 – C-234/06 P – WRP 2007, 1322, 1328; BGH, Beschl. v. 3.4.2008 – I ZB 61/07 – WRP 2008, 1342.

29 Anhaltspunkte für eine Bewertung können bei *Richter/Stoppel* gefunden werden; siehe ausführlich zur Verwechslungsgefahr Kap. 4 Rn 180.

30 Abgesehen vom Fall der bekannten Marke, hierzu gleich unter Rn 17.

31 Zu Domains siehe *Ingerl/Rohnke*, nach § 15 Rn 143.

dungskraft der bekannten Marke.[32] Nutzer vermuten unter einem solchen Social Media-Auftritt Informationen zu Produkten, die unter der bekannten Marke vertrieben werden.

ee) Berechtigte Nutzung nach § 23 MarkenG

§ 23 MarkenG stellt die Benutzung von **Namen und Adressen** (Nr. 1), **produktbeschreibenden Angaben** (Nr. 2) sowie **Bestimmungsangaben** (Nr. 3) vom Verbie- 18
tungsrecht des § 14 MarkenG frei, sofern die Benutzung nicht in sittenwidriger Weise erfolgt.[33]

Hiernach ist insbesondere die Benutzung der Marke als Hinweis auf die Be- 19
stimmung als **Zubehör oder Ersatzteil** zulässig, § 23 Nr. 3 MarkenG. Werden auf oder über die **Social Media-Präsenz Ersatzteile** und **Zubehör für Markenartikel** angeboten, können potenzielle Kunden besser erreicht werden, wenn der Präsenzname die entsprechende Marke enthält (z.B. X®-Zubehörteile). Hier ist allerdings Vorsicht geboten. § 23 Nr. 3 MarkenG gestattet die Aufnahme der Marke in den Namen der Social Media-Präsenz nur, soweit diese Benutzung notwendig ist. An der erforderlichen Notwendigkeit der Nennung im Präsenznamen kann es fehlen, wenn eine Nennung innerhalb der Social Media-Präsenz ausreichend ist.[34] Dies ist meist der Fall.

Beispiel
Das LG Düsseldorf[35] hatte einen Fall zu entscheiden, in dem ein Online-**Ersatzteilehändler** seine Leistungen unter dem Domainnamen www.cat-ersatzteile.de anbot. Das Leistungsangebot umfasste sowohl **Maschinen** und **Originalteile** des Unternehmens Caterpillar, die Inhaberin der Marke „CAT" ist, als auch Teile anderer Hersteller. Das Landgericht sah die Nutzung der Marke „CAT" als Teil des Domainnamens nicht mehr als **notwendig** i.S.d. § 23 Nr. 3 MarkenG an. Ein Hinweis auf der Website selbst genüge. Die Wiedergabe des Kennzeichens im Domainnamen gehe über das erforderliche und zulässige Maß hinaus.

Diese Grundsätze gelten entsprechend für **Social Media-Präsenzen** auf Social Me- 20
dia-Plattformen.

Ist die fremde Marke der einzige **kennzeichnungskräftige Bestandteil** des 21
Präsenznamens, ist deren Benutzung wohl regelmäßig nicht notwendig und damit unzulässig.[36]

32 LG Hamburg, Urt. v. 1.8.2000 – 312 O 328/00 – MMR 2000, 620, 622.
33 Hierzu ausführlich Kap. 4 Rn 184.
34 Für eine Website: LG Düsseldorf, Urt. v. 19.7.2006 – 2a O 32/06 – CR 2007, 118.
35 LG Düsseldorf, Urt. v. 19.7.2006 – 2a O 32/06 – CR 2007, 118.
36 OLG Düsseldorf, Urt. v. 21.11.2006 – 20 U 241/05 – K&R 2007, 101, 103.

Praxistipp 1

Die Benennung der **Social Media-Präsenz** als „X®-Ersatzteile" ist daher in den meisten Fällen nur mit Zustimmung des Inhabers der Markenrechte an „X®" zulässig. Ein Hinweis auf X®-Ersatzteile innerhalb der Social Media-Präsenz dürfte hingegen grundsätzlich auch ohne Zustimmung der X-AG zulässig sein, soweit X®-Ersatzteile tatsächlich auf oder über die Social Media-Präsenz vertrieben/beworben werden. Im Zweifel sollte eine Nutzung der **Marke** unterbleiben bzw. mit deren Inhaber abgestimmt werden.

Praxistipp 2

Unternehmen sollten zunächst den gewünschten Namen für ihre **Social Media-Präsenz** über Dienste wie **namecheck.com**[37] recherchieren. Anschließend kann eine **Markenrecherche** in den Online-Registern des **Deutschen Patent- und Markenamtes,**[38] des **Harmonisierungsamtes für den Binnenmarkt**[39] und/oder der Weltorganisation für Geistiges Eigentum (WIPO)[40] durchgeführt werden. Zudem gibt es Dienstleister, die professionelle Markenrecherchen anbieten.

b) Unternehmenskennzeichen (§ 15 MarkenG)

22 Die Benutzung eines **Präsenznamens** kann auch Rechte Dritter an **Unternehmenskennzeichen** verletzen. Zu den Unternehmenskennzeichen zählen insbesondere die **Firma** oder die besondere **Bezeichnung eines Geschäftsbetriebs,** § 5 Abs. 2 Nr. 1 MarkenG. Nach § 15 Abs. 2 MarkenG ist es Dritten untersagt, das Unternehmenskennzeichen oder ein ähnliches Zeichen im geschäftlichen Verkehr unbefugt in einer Weise zu benutzen, die geeignet ist, Verwechslungen mit der geschützten Bezeichnung hervorzurufen.

23 Die Grundsätze bezüglich der rechtverletzenden Benutzung, der **Benutzung im geschäftlichen Verkehr** und dem Vorliegen von **Verwechslungsgefahr** sind ähnlich wie bei der Verletzung von **Marken.** Entsprechend kann grundsätzlich[41] auf die Darstellungen oben[42] verwiesen werden.

Praxistipp

Recherchen nach Unternehmenskennzeichen Dritter können z.B. in der Datenbank bei www.unternehmensregister.de durchgeführt werden. Auch hier gibt es Anbieter, die eine professionelle Suche zu **Unternehmensnamen** anbieten und über eine **Firmendatenbank** verfügen.

24 Die Ausnahmen nach § 23 MarkenG gelten auch für Unternehmenskennzeichen.

37 Siehe http://namecheck.com.
38 Siehe http://register.dpma.de/DPMAregister/marke/einsteiger.
39 Siehe http://oami.europa.eu/ows/rw/pages/QPLUS/databases/searchCTM.de.do.
40 Siehe http://www.wipo.int/romarin.
41 Für Domains ausführlich *Ingerl/Rohnke*, nach § 15 Rn 145 ff.
42 Rn 13 ff.

c) Namensrechte (§ 12 BGB)

Bei der Wahl des Präsenznamens sind gem. § 12 BGB auch **Namensrechte** Dritter zu beachten. § 12 BGB gilt auch für Namen von juristischen Personen. Unter den Schutz des § 12 BGB fallen zudem **Geschäftsbezeichnungen** und Kennzeichen, wenn sie **Namensfunktion** besitzen.[43] 25

Eine unberechtigte **Namensanmaßung** nach § 12 BGB liegt vor, wenn ein Dritter unbefugt den gleichen Namen gebraucht, dadurch eine **Zuordnungsverwirrung** eintritt und schutzwürdige Interessen des Namensträgers verletzt werden.[44] 26

Regelmäßig ist bereits in der Registrierung des Präsenznamens ein **Namengebrauch** zu sehen, der zu einer **Zuordnungsverwirrung** führt.[45] Dies gilt auch dann, wenn der Nutzer beim Betrachten der **Social Media-Präsenz** merkt, dass diese nicht vom Namensinhaber betrieben wird.[46] Hat der Präsenzinhaber keine eigenen Rechte an dem Namen, ist die Benutzung stets unbefugt. Im Rahmen einer Interessenabwägung ist sodann zu prüfen, ob schutzwürdige Interessen des Namensträgers verletzt werden. Geschützt ist insbesondere das Interesse, nicht mit anderen Unternehmen verwechselt zu werden und die Aufrechterhaltung des **guten Rufes.**[47] Wird der **Präsenzname** oder der **Nutzername** einmalig vergeben, wie im Fall der **Vanity-URL,** liegt die Interessenverletzung bereits in der **Blockadewirkung,** die durch die **Registrierung** eintritt.[48] 27

Steht auch dem Betreiber der Social Media-Präsenz ein Recht an dem Namen zu **(Gleichnamigkeit),** ist der Gebrauch des Namens grundsätzlich befugt. Nur in ganz besonderen Fällen stößt die Nutzung des eigenen Namens an Grenzen. Der wohl bekannteste Fall in diesem Bereich ist der Streit zwischen der Shell Deutschland GmbH, einem Tochterunternehmen des weltweit bekannten Mineralölunternehmens Shell, und Herrn Andreas Shell bezüglich des Domainnamens „shell.de".[49] Der BGH entschied, dass aufgrund der Bekanntheit des Unternehmens **Shell** und aufgrund der Tatsache, dass der Verkehr unter **„shell.de"** zwingend den Internetauftritt des Unternehmens erwarte, das **Namensrecht** des Herrn Shell gegenüber dem Namensrecht des Unternehmens Shell zurücktreten müsse. Shell konnte daher von Herrn Shell verlangen, dass dieser gegenüber der Denic auf „shell.de" verzichtet. 28

Diese Grundsätze gelten für die Namen von Social Media-Präsenzen entsprechend. 29

---

43 Hierzu ausführlich Palandt/*Ellenberger*, § 12 Rn 9 ff. m.w.N.

44 BGH, Urt. v. 22.11.2001 – I ZR 138/99 – CR 2002, 525, 526 f.

45 Für die Registrierung von Domains: BGH, Urt. v. 22.11.2001 – I ZR 138/99 – CR 2002, 525, 527.

46 Für die Registrierung von Domains: BGH, Urt. v. 22.11.2001 – I ZR 138/99 – CR 2002, 525, 527.

47 Palandt/*Ellenberger*, § 12 Rn 32.

48 *Ingerl/Rohnke*, nach § 15 Rn 88 f.

49 BGH, Urt. v. 22.11.2001 – I ZR 138/99 – CR 2002, 525.

Praxistipp
Vor der Wahl des **Präsenznamens** ist stets zu prüfen, ob **Namensrechte** Dritter entgegenstehen könnten. Diese Frage bringt besondere Brisanz mit sich, da – anders als im Markenrecht[50] – bereits mit Registrierung des Präsenznamens eine Verletzung von Namensrechten vorliegen kann. Überdies kann der Inhaber des Namensrechts vom Präsenzinhaber verlangen, dass dieser den Präsenznamen löscht.[51]

d) Wettbewerbsrecht

30 Bei der Wahl des Präsenznamens ist auch aus **wettbewerbsrechtlicher** Sicht Vorsicht geboten.[52] Im Verletzungsfalle drohen Abmahnungen und Klagen wegen Unterlassungs-, Beseitigungs- und Schadensersatzansprüchen.

aa) Verwendung von Gattungsbegriffen

31 Die Nutzung von **Allgemein- oder Gattungsbegriffen** im Namen von Social Media-Präsenzen, ohne dass ein Kennzeichenrecht verletzt wird, ist grundsätzlich nicht **wettbewerbswidrig.**

Beispiel
Die Social Media-Präsenz kann Namen wie „Mitwohnzentrale" tragen, soweit ein entsprechender Dienst erbracht wird, auch wenn dadurch andere, die ebenfalls einen solchen Dienst anbieten, von der Nutzung dieses Namens ausgeschlossen werden.[53]

32 Allerdings kann im Einzelfall eine **irreführende Werbung** vorliegen. Dies ist insbesondere dann der Fall, wenn bei Nutzern der Anschein erweckt wird, es handele sich bei dem Betreiber der **Social Media-Präsenz** um den einzigen Anbieter in diesem Bereich (sog. **Alleinstellungsbehauptung**). Ob eine solch **irreführende Werbung** vorliegt, ist im Einzelfall zu entscheiden.

bb) Irreführende Präsenznamen

33 Der Präsenzname darf nicht irreführend sein. § 5 Abs. 1 UWG untersagt die Vornahme **irreführender geschäftlicher Handlungen.** Eine geschäftliche Handlung ist **irreführend,** wenn sie unwahre Angaben enthält oder sonstige zur **Täuschung** geeignete Angaben über die in § 5 Abs. 1 UWG aufgelisteten Umstände, wie etwa die Person, Eigenschaften oder Rechte des Unternehmers enthält.

50 Hierzu Rn 13.
51 Hierzu unter Rn 37.
52 Zur Anwendbarkeit deutschen Wettbewerbsrechts unter Kap. 4 Rn 234.
53 BGH, Urt. v. 17.5.2001 – I ZR 216/99 – CR 2001, 777.

Das OLG München[54] untersagte z.B. die Nutzung des Domainnamens „www.rechtsanwaelte-dachau.de", weil er den (unzutreffenden) Eindruck vermittele, es werde Zugang zu allen oder den meisten Anwälten in Dachau gewährt. Hingegen erwarte der Internetzbenutzer von einem Internetauftritt unter dem Begriff „Autovermietung" keinen vollständigen Überblick über die in dieser Branche tätigen Unternehmen, sodass die Nutzung durch ein einzelnes Unternehmen, das in dieser Branche tätig ist, grundsätzlich zulässig ist.[55] Ebenso kann die Wahl des Domainnamens, der das Angebot einer Leistung im Namen enthält (im Fall: www.steuererklaerung.de), gegen § 5 UWG verstoßen, wenn die Leistung vom Domaininhaber gar nicht erbracht wird oder nicht erbracht werden kann.[56] 34

Praxistipp

Das Gleiche gilt für die Wahl des **Präsenznamens.** Enthält dieser den Hinweis auf eine Leistung, muss diese Leistung auf der **Social Media-Präsenz** auch angeboten bzw. zumindest beworben werden. Zudem ist zu vermeiden, dem Nutzer einen falschen Eindruck über die auf der Social Media-Präsenz angebotenen Leistungen zu vermitteln. !

cc) Account Grabbing

Wird auf **Social Media-Plattformen,** die **Präsenznamen** nur einmalig vergeben, ein bestimmter Begriff als Präsenzname lediglich registriert, um ihn anschließend teuer weiterzuverkaufen **(Account-Grabbing),** kann eine gezielte Behinderung gem. § 4 Nr. 10 UWG vorliegen.[57] Dasselbe gilt für die Inanspruchnahme von **Vanity-URLs** und **Nutzernamen** auf **Social Media-Plattformen,** die Marken Dritter enthalten. Das aus dem Domainrecht bekannte „Grabben" ist im Bereich von Social Media jedoch unwahrscheinlich, da Social Media-Präsenzen bzw. Vanity-URLs bei **Facebook** und **XING** nicht ohne Zustimmung der Plattformanbieter und bei **Twitter** gar nicht übertragen werden dürfen. Twitter verbietet bereits das „Belegen" von Benutzernamen und löscht entsprechende Nutzernamen bei Verdacht.[58] 35

54 OLG München, Urt. v. 18.4.2002 – 29 U 1573/02 – CR 2002, 757.
55 OLG München, Urt. v. 19.4.2001 – 29 U 5725/00 – CR 2001, 463.
56 OLG Nürnberg, Urt. v. 6.11.2001 – 3 U 2393/01 – K&R 2002, 155, 156.
57 Umfangreiche Darstellung bei Köhler/Bornkamm/*Köhler*, § 4 Rn 10.94.
58 Siehe hierzu die Twitter-Regeln, abrufbar unter http://support.twitter.com/articles/87137-die-twitter-regeln#; unter „Spam und Missbrauch", zweiter Bullet „Benutzernamen belegen".

3. Anspruch auf Löschung oder Herausgabe des Präsenznamens

a) Mögliche Ansprüche

36 Bei einer Verletzung der dargestellten Rechte hat der Verletzte grundsätzlich einen Anspruch gegen den Verletzer auf Unterlassen des Gebrauchs seines **Namens** und/oder der Nutzung der **Marke** bzw. des **Unternehmenskennzeichens** im **geschäftlichen Verkehr.** Vergibt der Plattformbetreiber **Präsenznamen** exklusiv (wie etwa bei Twitter), stellt sich jedoch vordergründig die Frage, inwiefern die Herausgabe des Präsenznamens bzw. des Kontos oder dessen Löschung verlangt werden kann. Dasselbe gilt für **Nutzernamen** und **Vanity-URLs.**

37 Werden **Kennzeichenrechte** verletzt, besteht grundsätzlich nur ein Anspruch auf Unterlassen der Nutzung im geschäftlichen Verkehr[59] und kein Anspruch auf **Löschung** oder **Übertragung.**[60] Ein Anspruch auf Löschung kann sich jedoch aus dem **Namensrecht** (§ 12 BGB) ergeben.[61] Ein Anspruch auf Einwilligung in die **Löschung eines Präsenznamens** kommt nach diesen Grundsätzen nur in Betracht, wenn die Interessen einer Seite an der Benutzung des Namens in dem Präsenznamen eindeutig hinter den Interessen der anderen Seite zurücktreten müssen.[62]

38 Zusätzlich kann ein Anspruch auf **Herausgabe des Präsenznamens** gegen einen **Beauftragten** bestehen.[63] Registriert ein Arbeitnehmer oder sonstiger Dritter (etwa die Agentur) im Auftrag des Unternehmens für dieses eine Social Media-Präsenz und gibt sie anschließend nicht heraus, kann in der Regel nach § 667 BGB **Herausgabe** und nicht nur **Löschung/Umbenennung** der Präsenz verlangt werden.[64] Es empfiehlt sich zudem, entsprechende vertragliche Regelungen mit den beauftragten Personen zu treffen, da diese im Zweifelsfall einfacher durchsetzbar sind.

39 Daneben können Ansprüche auf **Beseitigung** oder **Schadensersatz** bestehen.

! **Praxistipp**
Vor Erstellen der Social Media-Präsenz ist zu prüfen, ob Rechte Dritter der **Namenswahl** entgegenstehen. Vermieden werden sollten zudem **Präsenznamen,** die geeignet sind, Verbraucher irrezuführen. Es drohen nicht nur Schadensersatzansprüche Dritter, sondern auch ein teures und zeitaufwändiges **Rebranding** des Social Media-Auftritts.

---

59 Zu Domains *Ingerl/Rohnke*, nach § 15 Rn 203.
60 Zu den Ausnahmen BGH, Urt. v. 9.11.2011 – I ZR 150/09 – K&R 2012, 204; vgl. hierzu *Lange*, § 9 Rn 5785-5788.
61 BGH, Urt. v. 9.11.2011 – I ZR 150/09 – K&R 2012, 204, 206; vgl. hierzu *Lange*, § 9 Rn 5785–5788.
62 BGH, Urt. v. 9.11.2011 – I ZR 150/09 – K&R 2012, 204, 207.
63 BGH, Urt. v. 25.3.2010 – I ZR 197/08 – K&R 2010, 660.
64 BGH, Urt. v. 25.3.2010 – I ZR 197/08 – K&R 2010, 660.

b) Gerichtliche Geltendmachung

Ist die Identität des Verletzers bekannt, kann gegen diesen oder aber auch gegen den Betreiber der **Social Media-Plattform** gerichtlich vorgegangen werden. Nähere Ausführungen hierzu finden Sie in Kap. 6. 40

c) Vorgehen gemäß den Nutzungsbedingungen der Präsenzbetreiber

Viele Betreiber von **Social Media-Plattformen** bieten die Möglichkeit an, **Rechtsverletzungen** zu **melden.**[65] 41

Praxistipp

Es empfiehlt sich zunächst die von der Plattform bereitgestellten Verfahren zum **Melden von Rechtsverstößen** zu nutzen, bevor Ansprüche gegen die andere Seite oder den Betreiber der **Social Media-Plattform** außergerichtlich oder gerichtlich geltend gemacht werden. In den meisten Fällen dürfte dies der kostengünstigste und gleichzeitig effektivste Weg sein, den **Präsenznamen** löschen zu lassen oder zumindest eine rechtlich unzulässige Nutzung zu unterbinden. In der Praxis hat sich zudem gezeigt, dass die Plattformbetreiber sehr an einer Nutzung ihrer Plattform interessiert sind und daher auch ohne großen Aufwand versuchen, einen praktischen Lösungsansatz für beide Parteien zu finden.

---

4. Verwendung eines Seitenbildes

Gewisse Regeln sind auch bei der Wahl des **Seitenbildes** zu beachten.[66] Bilder können als **Lichtbildwerke** oder einfache **Lichtbilder** geschützt sein. Der Inhaber der **Social Media-Präsenz** muss daher über die entsprechenden Rechte verfügen, um diese Bilder benutzen zu dürfen. Diese Rechte müssen insbesondere auch die Nutzung des **Bildes** auf **Social Media-Plattformen** umfassen. 42

Praxistipp

Es ist jeweils sorgfältig zu prüfen, welche Rechte dem eigenen Unternehmen an einem Bild zustehen. So darf das **Bild** auf einer **Social Media-Präsenz** nur genutzt werden, wenn dem Betreiber die entsprechenden (Online-)Rechte, insbesondere das **Recht zur öffentlichen Zugänglichmachung** und der Unterlizenzierung an den Betreiber der Plattform, auch zustehen.[67]

Überdies sind auch bei **Seitenbildern** die oben angesprochenen Grundsätze zum Marken-, Namens- und Wettbewerbsrecht zu beachten. So dürfen **Präsenzfotos** oder Logos keine Marken- oder Namensrechte Dritter verletzen. Sind auf dem Bild 43

---

65 Siehe hierzu gleich Rn 44.

66 Vgl hierzu auch Kap. 4 Rn 30.

67 Vgl. zu den erforderlichen Nutzungsrechten auch die ausführlichen Erläuterungen unter Kap. 4 Rn 51.

Personen abgebildet, sind zudem das aus dem KUG resultierende **Recht am eigenen Bild** und das **Persönlichkeitsrecht** des Abgebildeten zu beachten.[68]

5. Vorgaben der jeweiligen Plattform

44 Im Rahmen der Erstellung einer Social Media-Präsenz auf einer von einem Dritten betriebenen Plattform sind neben den anwendbaren gesetzlichen Regelungen die unterschiedlichen **Nutzungsbedingungen der Plattformbetreiber** zu beachten. Ein Verstoß gegen die Bedingungen kann insbesondere die vorübergehende oder gar endgültige Deaktivierung der **Social Media-Präsenz** zur Folge haben.[69]

a) XING

aa) Vorgaben von XING

45 **XING** generiert **Unternehmensprofile** zum Teil automatisch aus Nutzerdaten von Mitgliedern und Statistiken.[70] Melden sich etwa zwei Nutzer bei XING an und geben die X-AG als Arbeitgeber an, erstellt XING ein Unternehmensprofil für die X-AG mit den Daten, welche die Nutzer angegeben haben.[71] Das Unternehmen kann sich und seine Produkte oder Dienstleistungen auf dem Unternehmensprofil präsentieren (Ziff. 1.2. der XING-AGB für Unternehmen).

46 Die Erstellung (soweit noch kein Unternehmensprofil automatisch generiert wurde), Beanspruchung, Bearbeitung und Nutzung von Unternehmensprofilen bei XING erfolgt durch sog. **Editoren.** Editoren müssen als **XING-Mitglied** registriert sein und das Unternehmen, für das sie als Editor tätig werden wollen, in ihrem Profil angegeben haben (Ziff. 2.1. der XING-AGB für Unternehmen). Editoren müssen von dem jeweiligen Unternehmen autorisiert werden.

47 Beendet ein Editor seine Mitgliedschaft bei XING, darf er das Unternehmensprofil nicht mehr bearbeiten. Hat ein Unternehmensprofil keinen Editor, wird es vorübergehend deaktiviert (Ziff. 2.2. S. 2 der XING-AGB für Unternehmen). Das Unternehmen kann die Autorisierung eines Editors widerrufen und einen neuen Editor als Ersatz bestimmen (Ziff. 2.3. der XING-AGB für Unternehmen).

---

68 Vgl. zu den erforderlichen Nutzungsrechten auch die ausführlichen Erläuterungen unter Kap. 4 Rn 51.

69 Zur Wirksamkeit der Nutzungsbedingungen der Social Media-Plattformen siehe Rn 74 ff.

70 Ziff. 1.1. der AGB für die Nutzung von XING-Unternehmensprofilen, abrufbar unter http://www.xing.com/app/user?op=tandc&what=cp.

71 Vgl. hierzu auch den Fall des LG Nürnberg-Fürth, in dem ein Unternehmen auf Löschung seines automatisch erstellten Profils geklagt hatte. Ein solcher Anspruch dürfte sich aus § 823 Abs. 1 i.V.m. § 1004 BGB ergeben. Das Verfahren endete mit einem Vergleich, in dem sich XING zur Löschung verpflichtete, MMR-Aktuell 2011, 318514; hierzu Hoeren/Sieber/*Solmecke*, Teil 21.1. Rn 14 f.

Im Rahmen der Nutzung der Unternehmensprofile sind die anwendbaren Gesetze und alle Rechte Dritter zu beachten (Ziff. 5.2. der XING-AGB für Unternehmen). 48

XING fordert in Ziff. 5.2. der XING-AGB für Unternehmen, dass die Inhalte von Unternehmensprofilen im Zusammenhang mit dem Unternehmen stehen müssen. Nicht erlaubt sind z.B.: 49

- übertriebene Großschreibung und Zeichensetzung,
- unzulänglicher Inhalt,
- URLs, die zu externen Websites führen, die in keinem Zusammenhang mit dem Unternehmen stehen.

XING bietet Unternehmen überdies an, den **Unternehmensnamen** in die URL der Unternehmensseite aufzunehmen (sog. **Vanity-URL**). In der Vanity-URL darf ausschließlich der eigene Unternehmensname verwendet werden. Insbesondere die Verwendung von **Namen, Marken** oder sonstigen **Kennzeichen** anderer Unternehmen ist untersagt (Ziff. 5.7. der XING-AGB für Unternehmen). 50

Zugangsdaten wie Benutzernamen und Passwörter sind vor dem unbefugten Zugriff Dritter zu schützen (Ziff. 6.1. der XING-AGB für Unternehmen). 51

bb) Folgen bei Verstößen

XING behält sich das Recht vor, bereits bei Beschwerden von XING-Mitgliedern, **Unternehmensprofile** vorübergehend zu deaktivieren (Ziff. 5.5. der XING-AGB für Unternehmen). 52

Für den Fall, das Pflichten aus dem Vertrag mit XING, gesetzliche Vorschriften oder Rechte Dritter verletzt werden oder XING ein sonstiges berechtigtes Interesse hat, kann XING: 53

- Inhalte löschen,
- das Unternehmensprofil vorübergehend oder sogar endgültig deaktivieren,
- den Vertrag zur Nutzung des Unternehmensprofils kündigen.

XING behält sich das Recht vor, die **Vanity-URL** zurückzusetzen, wenn das Unternehmen gegen die Regelungen zur Vanity-URL, gesetzliche Regelungen oder Rechte Dritter verstößt; ebenso, wenn die URL einen generischen Begriff enthält und XING diesen Begriff in einer eigenen URL verwenden möchte (Ziff. 5.7. der XING-AGB für Unternehmen). 54

cc) Melden von Rechtsverstößen

XING-Nutzer können eine gesetzes- oder vertragswidrige Nutzung der XING-Website über das **Kontaktformular** melden (Ziff. 7.2. der AGB für die Nutzung von XING). 55

b) Facebook

aa) Vorgaben von Facebook

56 **Facebook** regelt die Bedingung für die Erstellung und Verwaltung von **Facebook-Seiten** in den Nutzungsbedingungen für Facebook-Seiten.[72] Gewisse Bedingungen ergeben sich zudem aus der Erklärung der Rechte und Pflichten.[73]

57 Ziff. 5.1. der **Erklärung der Rechte und Pflichten** sieht ganz allgemein das Verbot vor, keine Inhalte auf Facebook zu posten oder Handlungen auf Facebook durchzuführen, welche die Rechte einer anderen Person oder das Gesetz verletzen. Hierunter fällt auch die Namenswahl.

58 Nur autorisierte Vertreter einer Marke, einer Organisation, eines Unternehmens, eines Prominenten oder einer Band dürfen eine **Facebook-Seite** erstellen und verwalten (Abschnitt I. A. der **Nutzungsbedingungen für Facebook-Seiten**). Die Person, dic die Seite erstellt hat, kann weitere Vertreter bestimmen, die die Seite mit ihr verwalten.

59 Seitennamen müssen die Seiteninhalte genau wiedergeben. Seitennamen
- dürfen nicht nur aus Gattungsbegriffen wie „Bier“ oder „Fotografie“ bestehen,
- müssen eine korrekte Großschreibung verwenden und dürfen nicht ausschließlich aus Großbuchstaben bestehen, es sei denn, es handelt sich um Akronyme,
- dürfen keine Zeichen oder Symbole wie beispielsweise überflüssige Handelsmarkenbezeichnungen verwenden und
- dürfen keine überflüssigen Beschreibungen oder unnötigen Vermerke enthalten (Abschnitt II. A. der Nutzungsbedingungen für Facebook-Seiten).

60 Namensänderungen sind nur in besonderen Fällen möglich und stehen im Ermessen von **Facebook** (Abschnitt II. B. der **Nutzungsbedingungen für Facebook-Seiten**).

61 Titelbilder dürfen nicht täuschend oder irreführend sein und auch nicht die Urheberrechte Dritter verletzen (Abschnitt III. B. der Nutzungsbedingungen für Facebook-Seiten).

62 Facebook bietet überdies die Möglichkeit an, einen **Nutzernamen** zu wählen. Dieser wird in der URL direkt hinter https://www.facebook.com/ angezeigt (z.B. https://www.facebook.com/UNTERNEHMEN). Es handelt sich dann um eine **„Vanity-URL“.** Der Nutzername kommt überdies in der Facebook-E-Mail-Adresse vor (z.B. UNTERNEHMEN@facebook.com). Nutzernamen werden nur einmalig vergeben.

---

72 Nutzungsbedingungen für Facebook-Seiten, abrufbar unter http://www.facebook.com/legal/terms#!/page_guidelines.php.

73 Die Erklärung der Rechte und Pflichten sind abrufbar unter https://www.facebook.com/legal/terms.

bb) Folgen bei Verstößen

Erfüllen Seitennamen die oben genannten Bedingungen nicht, kann **Facebook** dem Nutzer die administrativen Rechte entziehen und/oder verlangen, den Seitennamen für die entsprechende Seite zu ändern. 63

Wählt ein Nutzer einen **Nutzernamen** für eine Seite aus, behält sich Facebook das Recht vor, diesen zu entfernen oder zurückzufordern, wenn Facebook das für notwendig erachtet. Facebook behält sich ein Entfernen bzw. Zurückfordern insbesondere für den Fall vor, dass der Inhaber einer Marke eine Beschwerde über einen Nutzernamen einreicht, welcher nicht dem echten Namen dieses Nutzers entspricht (Ziff. 4.10. der Erklärung der Rechte und Pflichten). 64

Facebook behält sich überdies das Recht vor, 65

- Seiten aus beliebigem Grund abzulehnen oder zu entfernen (Abschlusssatz der **Nutzungsbedingungen für Facebook-Seiten**);
- Inhalte und Informationen, die auf Facebook gepostet wurden, zu entfernen, wenn Facebook der Ansicht ist, dass diese gegen die Erklärung der Rechte und Pflichten oder eine der Facebook-Richtlinien verstoßen (Ziff. 5.2. der Erklärung der Rechte und Pflichten);
- ein Konto zu sperren, wenn wiederholt Rechte am geistigen Eigentum anderer verletzt werden (Ziff. 5.5. der **Erklärung der Rechte und Pflichten**); oder
- bei Vorliegen eines wichtigen Grundes, den Plattformvertrag zu kündigen (Ziff. 15 der Erklärung der Rechte und Pflichten i.V.m. Ziff. 4 der Besonderen Bedingungen für Nutzer aus Deutschland).[74]

cc) Melden von Rechtsverstößen

Facebook stellt ein Online-Formular zur **Meldung eines Verstoßes** gegen Urheber- oder Markenrechte allgemein[75] und ein Formular für die Anzeige von Verletzung von **Markenrechten** speziell durch **Nutzernamen**[76] zur Verfügung. 66

---

74 Bei Nutzern außerhalb von Deutschland behält sich Facebook das Recht vor, die Bereitstellung der Präsenz ganz oder teilweise einzustellen, wenn gegen den Inhalt oder den Geist der Erklärung der Rechte und Pflichten verstoßen oder anderweitig ein mögliches rechtliches Risiko für Facebook erzeugt wird. Das LG Berlin entschied, dass diese Klausel mit deutschem Recht unvereinbar ist; die Entscheidung des LG Berlin wird in Rn 86ff. dargestellt.

75 Das Formular ist abrufbar unter http://www.facebook.com/help/contact/?id=208282075858952.

76 Das Formular ist abrufbar unter http://www.facebook.com/help/contact/?id=360358877344441.

c) Twitter

aa) Vorgaben von Twitter

67 **Twitter** stellt Regeln rund um die Erstellung und die Nutzung von Accounts sowohl in den AGB[77] als auch den Twitter-Regeln[78] auf.

68 Twitter untersagt es, sich auf Twitter als jemand anderes auszugeben, um (zu versuchen) andere zu täuschen, fehlzuleiten oder zu hintergehen (Twitter-Regeln, erster Bullet „Identitätsbetrug" unter „Inhaltliche Einschränkungen und Twitter-Nutzung").

69 Ferner untersagt Twitter das „Belegen" von Benutzernamen. Dabei genügen Twitter bereits Indizien, um anzunehmen, dass ein solches „Belegen" von Nutzernamen erfolgt. Indizien sind z.B. die Anzahl angelegter Accounts, das Anlegen von Accounts mit dem Ziel, andere Nutzer von der Nutzung dieses Accounts abzuhalten oder das Anlegen von Accounts, um diese zu verkaufen (Twitter-Regeln, dritter Bullet „Benutzernamen belegen" unter „Missbrauch und Spam").

70 Verifizierte Accounts werden bei Twitter mit einem kleinen weißen Haken auf blauem Grund gekennzeichnet.[79] Dieses „verifizierter Account"-Kennzeichen darf erst genutzt werden, wenn es von Twitter zu Verfügung gestellt wird (Twitter-Regeln, siebter Bullet „Missbrauch von Twitter Kennzeichen" unter „Inhaltliche Einschränkungen und Twitter-Nutzung").

bb) Folgen bei Verstößen

71 **Twitter** behält sich das Recht vor,

- die **Freigabe von Nutzernamen** zu fordern, wenn **Twitter** von Unternehmen kontaktiert wird, die einen Rechtsanspruch auf diese Nutzernamen haben oder deren **Marke** dem Nutzernamen entspricht (Twitter-Regeln, zweiter Bullet „Markenzeichen" unter „Inhaltliche Einschränkungen und Twitter-Nutzung"). Weitere Voraussetzungen enthält die Richtlinie **„Markenverletzung".**[80]
- Inhalte zu löschen oder deren Verbreitung zu verweigern, **Benutzer** zeitweilig **auszuschließen** oder ihnen zu kündigen und den Benutzernamen zu entziehen (Ziff. 8 der AGB);
- Accounts, die Namen und/oder Logos von Unternehmen mit dem Ziel verwenden, andere zu täuschen, dauerhaft zu löschen (Twitter-Regeln, zweiter Bullet „Markenzeichen" unter „Inhaltliche Einschränkungen und Twitter-Nutzung");

---

77 Abrufbar unter https://twitter.com/tos.

78 Abrufbar unter http://support.twitter.com/articles/87137-die-twitter-regeln#.

79 Ein Beispiel ist dargestellt bei *Auer-Reinsdorff*, ITRB 2011, 81, 82.

80 Die Richtlinie ist abrufbar unter https://support.twitter.com/groups/56-policies-violations/topics/236-twitter-rules-policies/articles/84341-markenverletzung#.

- Accounts, auf denen seit mehr als sechs Monaten keine Aktivität mehr verzeichnet wurde, wegen des Verdachts des unzulässigen Belegens von Accounts ohne vorherige Ankündigung zu löschen (Twitter-Regeln, zweiter Bullet „Benutzernamen belegen“ unter „Missbrauch und Spam“).

cc) Melden von Rechtsverstößen

Twitter bietet seinen Nutzern ein Verfahren zum **Melden** diverser **Verstöße** an. Das „Melden von Verletzungen der AGB oder Twitter-Regeln“ ist ebenso möglich wie das „Melden von Accounts, die einen Identitätsbetrug darstellen“ oder „Verstöße durch Bilder“.[81] 72

6. Checkliste zum Anmelden der Social Media-Präsenz

Im Rahmen der **Erstellung einer Social Media-Präsenz** sollte Folgendes beachtet werden: 73

Checkliste !
- **Wahl der Plattform** (**kommerzielle Nutzung** möglich?);
- Wahl des Namens für die Social Media-Präsenz **(Corporate Identity);**
- Überprüfen der **Verfügbarkeit des Präsenznamens** (z.B. bei namecheck.com);
- **Wahl eines Bildes** für die **Social Media-Präsenz;**
- Prüfen entgegenstehender Rechte Dritter;
- Bestimmen, von wem und auf wen die Social Media-Präsenz registriert[82] werden soll;
- Treffen entsprechender vertraglicher Regelungen, z.B. mit einer Agentur zu Rechten an Präsenz und deren Nutzung;
- Vorgaben in den Nutzungsbedingungen der Plattformen beachten.[83]

B. Nutzungsbedingungen

I. Nutzungsbedingungen von Social Media-Plattformen

Die Plattformanbieter regeln die Benutzung der Plattform in ihren **Nutzungsbedingungen** (auch Plattformbedingungen) sehr umfangreich. 74

81 Die Übersicht ist hier abrufbar: http://support.twitter.com/groups/33-report-abuse-or-policy-violations#topic_122.
82 Siehe hierzu *Auer-Reinsdorff*, ITRB 2011, 81, 82.
83 Zu den Nutzungsbedingungen gleich in Rn 74ff.

75 Diese **Nutzungsbedingungen der Social Media-Plattformen** sind unabhängig von ihrer Bezeichnung als „Allgemeine Geschäftsbedingungen“,[84] „Nutzungsbedingungen“ oder „Erklärung der Rechte und Pflichten“[85] stets vorformulierte Vertragsbedingungen i.S.d. § 305 Abs. 1 S. 1 BGB.[86] Sie müssen sich daher, soweit deutsches Recht Anwendung findet, an der AGB-Kontrolle der §§ 305ff. BGB messen lassen.

1. Vorliegen Allgemeiner Geschäftsbedingungen (AGB)

a) Anwendbares Recht

76 Den Parteien des **Plattformvertrages,** bei denen es sich um Unternehmer i.S.d. § 14 BGB handelt, steht es zunächst offen, das anwendbare Recht zu wählen. Die Möglichkeit der **Rechtswahl** ergibt sich aus Art. 3 **Rom I-VO.**[87] Eine **Rechtswahl** ist grundsätzlich auch in AGB zulässig.[88] Die Wahl des anwendbaren Rechts muss ausdrücklich erfolgen oder sich eindeutig aus den Bestimmungen des Vertrages oder den Umständen des Einzelfalls ergeben.[89] Ist die Vereinbarung zur Rechtswahl unwirksam, bestimmt sich das anzuwendende Recht nach Art. 4 Rom I-VO. Ordnet man den Vertrag als Dienstleistungsvertrag ein,[90] ist das Recht des Staates anwendbar, aus dem heraus der Plattformbetreiber seinen Dienst erbringt, Art. 4 Abs. 1 lit. b) Rom I-VO.

77 Facebook[91] und XING[92] erklären deutsches Recht für anwendbar auf ihre Nutzungsbedingungen. Twitter unterstellt seine AGB dem Recht des US-Bundesstaates Kalifornien.[93]

---

84 Twitter, http://twitter.com/tos und XING, https://www.xing.com/terms.

85 Facebook gebraucht die Terminologie nicht einheitlich; „Nutzungsbedingungen für Seitenbetreiber“ http://www.facebook.com/#!/page_guidelines.php oder „Erklärung der Rechte und Pflichten“ http://www.facebook.com/#!/legal/terms.

86 Umfangreich zum Thema AGB-Kontrolle der Rechteeinräumung an nutzergenerierten Inhalten *Berberich*, MMR 2010, 736.

87 VO (EG) Nr. 593/2008 des Europäischen Parlamentes und des Rates v. 17.6.2008 über das auf vertragliche Schuldverhältnisse anwendbare Recht (Rom I), ABl. EG Nr. L 177/6 v. 7.7.2008.

88 Zu Cloud-Diensten allgemein *Splittgerber/Rockstroh*, BB 2011, 2179, 2184 m.w.N.

89 Zum alten Recht ausführlich Lehmann/Meents/*Fritzemeyer/Krone/Splittgerber*, Teil 8 Kap. 25 Rn 9ff.

90 Zur Einordnung siehe im Folgenden Rn 79.

91 Ziff. 16.1. i.V.m. Ziff. 17.3. der Erklärung der Rechte und Pflichten und Ziff. 5. der Besonderen Bestimmungen für Nutzer mit Wohnsitz in Deutschland, abrufbar unter https://www.facebook.com/legal/terms. Die Erklärung der Rechte und Pflichten gelten auch für Facebook-Seiten (Einführungssatz der Nutzungsbedingungen für Facebook-Seiten).

92 Ziff. 14.4. der AGB für die Nutzung von XING-Unternehmensprofilen, abrufbar unter http://www.xing.com/app/user?op=tandc&what=cp#paragraph-14.

93 Ziff. 12. B. der AGB, abrufbar unter https://twitter.com/tos.

b) Vorliegen von AGB

Die **Nutzungsbedingungen der Plattformbetreiber** sind **AGB.** Zwischen dem Betreiber der **Social Media-Plattform** und dem Betreiber der **Social Media-Präsenz** kommt mit Registrierung der Präsenz ein Vertrag zustande.[94] 78

c) Vertragsnatur des Plattformvertrages

Die Bereitstellung der Social Media-Präsenz ist als **Software-as-a-Service („SaaS")-Dienst** zu qualifizieren.[95] Vertragsgegenstand ist insbesondere die Gewährung der Nutzung der Infrastruktur der Plattform. Im Rahmen dieses Vertrages schuldet der Plattformbetreiber unterschiedliche Leistungen, die sowohl Miet-, Werk- als auch Dienstvertragscharakter haben können.[96] Es handelt sich dabei um typengemischte Verträge, deren Schwerpunkt[97] regelmäßig in den mietrechtlichen (zur Verfügung stellen der Software, Speicherplatz etc.)[98] und dienstvertraglichen Leistungen zu finden ist. Dies gilt jedenfalls dann, wenn der Dienst, wie bei **XING,**[99] kostenpflichtig angeboten wird. Wird der Dienst kostenlos zur Verfügung gestellt, kann grundsätzlich von einem Leihvertrag ausgegangen werden.[100] 79

d) Einbindung der AGB in den Vertrag

Die AGB müssen wirksam in diesen Vertrag einbezogen werden. Eine ausdrückliche Einbeziehung von **AGB** gegenüber Unternehmern ist selbst dann wirksam, wenn diese dem Vertragspartner bei Vertragsschluss nicht unmittelbar vorliegen und er keine Kenntnis von ihrem Inhalt hat.[101] § 305 BGB ist nicht anwendbar (§ 310 Abs. 1 BGB). Eine **Einbeziehung** kann sogar durch schlüssiges Verhalten erfolgen, wenn der Betreiber der Plattform auf seine AGB verweist und der andere Teil der Geltung nicht widerspricht.[102] Der Betreiber der **Social Media-Plattform** muss dem Ver- 80

---

94 Zur Vertragsnatur siehe im Folgenden Rn 79.

95 *Bräutigam*, MMR 2012, 635, 636; *Redeker*, Rn 1124 ff.

96 Vgl. hierzu *Redeker*, Rn 1124 ff.; *Splittgerber/Rockstroh*, BB 2011, 2179.

97 Hierzu *Splittgerber/Rockstroh*, BB 2011, 2179; *Wicker*, MMR 2012, 783, 784.

98 Zu Cloud-Diensten, *Wicker*, MMR 2012, 783, 785 ff. sowie *Splittgerber/Rockstroh*, BB 2011, 2179; anders Hoeren/Siebert/*Redeker*, Teil 12 Rn 420 f. (Werkvertragsrecht).

99 Eine Übersicht zu den XING-Unternehmensprofilen ist abrufbar unter https://www.xing.com/companies/contract/select_package.

100 *Schulz/Rosenkranz*, ITRB 2009, 232, 233; *Pohle/Ammann*, CR 2009, 273, 275; *Wicker*, MMR 2012, 783, 785 ff.; Hoeren/Siebert/*Redeker*, Teil 12 Rn 423; im Übrigen wohl aber auf einen Auftrag abstellend; der BGH, Beschl. v. 15.11.2006 – XII ZR 120/04 – CR 2007, 75, hat einen ASP-Vertrag als Mietvertrag eingeordnet; vgl. zur Frage der Entgeltlichkeit: *Bräutigam*, MMR 2012, 635.

101 BGH, Urt. v. 30.6.1976 – VIII ZR 267/75 – NJW 1976, 1886, 1887; Palandt/*Grüneberg*, § 310 Rn 50.

102 Palandt/*Grüneberg*, § 310 Rn 51.

tragspartner jedoch die Möglichkeit verschaffen, vom Inhalt der AGB in zumutbarer Weise Kenntnis zu nehmen.[103]

e) Verbot überraschender Klauseln

81 Ist eine **Klausel** der Nutzungsbedingungen für den Nutzer **überraschend,** wird sie gem. § 305c Abs. 1 BGB nicht Vertragsinhalt. Eine **Klausel** ist **überraschend,** wenn sie objektiv ungewöhnlich ist und ihr zusätzlich ein Überraschungsmoment innewohnt. Eine Klausel ist ungewöhnlich, wenn sie mit dem Leitbild des Vertrages im Übrigen unvereinbar ist.[104] Eine Klausel ist überraschend, wenn der andere Teil mit dieser Klausel „nicht zu rechnen braucht".[105]

f) Inhaltskontrolle

82 **Plattformbedingungen** müssen inhaltlich den Anforderungen des § 307 BGB genügen.

83 Nach § 307 Abs. 1 S. 1 BGB sind Bestimmungen in **AGB** unwirksam, wenn sie den Vertragspartner des Verwenders entgegen den Geboten von **Treu und Glauben** unangemessen benachteiligen. Besonders zu beachten ist dabei das **Transparenzgebot** (§ 307 Abs. 1 S. 2 BGB). Nach dieser Vorschrift kann sich eine **unangemessene Benachteiligung** auch daraus ergeben, dass die Bestimmung nicht klar und verständlich ist.

84 § 307 Abs. 2 BGB konkretisiert in gesetzlichen Regelbeispielen, worin eine **unangemessene Benachteiligung** zu sehen sein kann.[106] So ist im Zweifel von einer unangemessenen Benachteiligung auszugehen, wenn eine Bestimmung mit **wesentlichen Grundgedanken der gesetzlichen Regelung,** von der abgewichen wird, nicht zu vereinbaren ist oder wesentliche Rechte oder Pflichten, die sich aus der Natur des Vertrages ergeben, so einschränkt, dass die **Erreichung des Vertragszwecks gefährdet** ist. Wie soeben dargelegt,[107] handelt es sich bei **Plattformverträgen** um typengemischte Verträge, deren Schwerpunkt regelmäßig in den mietrechtlichen und dienstvertraglichen Leistungen zu finden ist. Wird der Dienst kostenlos angeboten, kann grundsätzlich von einem Leihvertrag ausgegangen werden.

---

103 Palandt/*Grüneberg*, § 310 Rn 53.

104 Palandt/*Grüneberg*, § 305c Rn 3.

105 Palandt/*Grüneberg*, § 305c Rn 4; Beispiele für überraschende Klauseln bei *Härting*, Rn 456 ff.; siehe sogleich zur Entscheidung des LG Berlin Rn 86 ff.

106 Palandt/*Grüneberg*, § 307 Rn 28.

107 Hierzu Rn 79.

g) Beispiele aus der Rechtsprechung

Die meisten **Plattformbedingungen** enthalten (auch heute noch) Regelungen, die gegen **deutsches AGB-Recht** verstoßen. Hierzu gehören insbesondere Gerichtsstandvereinbarungen gegenüber Verbrauchern, die Untersagung der Nutzung von Pseudonymen,[108] das Speichern von Inhalten auch nach Beendigung des Plattformvertrages oder die Vereinbarung von zu weitgehenden Kündigungsrechten, Rechte-Klauseln oder Haftungsbegrenzungen. 85

Das **LG Berlin**[109] hatte sich bereits im Jahre 2010 mit einer Reihe von Klauseln aus der „Erklärung der Rechte und Pflichten" von **Facebook** auseinanderzusetzen. Das Landgericht beanstandete sämtliche der überprüften Klauseln, insbesondere die folgenden: 86

aa) Beendigungsklausel

Die **„Erklärung der Rechte und Pflichten"** sah eine **Beendigungsklausel** mit folgendem Wortlaut vor: 87

„Wenn du gegen den Inhalt oder den Geist dieser Erklärung verstößt oder anderweitig mögliche rechtliche Risiken für uns erzeugst, können wir die Bereitstellung von Facebook für dich ganz oder teilweise einstellen. Wir werden dich per E-Mail oder wenn du dich das nächste Mal für dein Konto anmeldest darüber informieren."[110]

Das LG Berlin beurteilte die Klausel als unwirksam gem. § 307 Abs. 2 Nr. 1 BGB. Die Klausel sehe ein **außerordentliches Kündigungsrecht** ohne Abmahnung und wichtigen Grund vor, was dem Kern des § 314 BGB zuwiderlaufe. Facebook verwendet inzwischen für deutsche Nutzer eine andere Klausel (Ziff. 15, 17 der Erklärung der Rechte und Pflichten i.V.m. Ziff. 4 der Bedingungen für Nutzer mit Wohnsitz in Deutschland). Für Nutzer aus allen anderen Ländern gilt weiterhin die oben aufgeführte Klausel. 88

bb) IP-Rechte

Ferner war nach Ansicht des LG Berlin die folgende Rechte-Klausel der „Erklärung der Rechte und Pflichten" gem. § 307 Abs. 2 Nr. 1 BGB unwirksam: 89

„Für Inhalte, die unter die Rechte an geistigem Eigentum fallen, wie Fotos und Videos („IP-Inhalte"), erteilst du uns vorbehaltlich deiner Privatsphäre- und Anwendungs-

---

108 Hierzu im Teil Datenschutz Kap. 3 Rn 35 ff.

109 Urt. v. 6.3.2012 – 16 O 551/10 – BeckRS 2012, 05714, nicht rechtskräftig.

110 LG Berlin, Urt. v. 6.3.2012 – 16 O 551/10 – BeckRS 2012, 05714, Tenor unter II. 1.4.

einstellungen die folgende Erlaubnis: Du gibst uns eine nichtexklusive, übertragbare, unterlizenzierbare, unentgeltliche, weltweite Lizenz für die Nutzung aller IP-Inhalte, die du auf oder im Zusammenhang mit Facebook postest („IP-Lizenz").“

In den Besonderen Bedingungen für deutsche Nutzer heißt es weiter:

„Ziffer [...] gilt mit der Maßgabe, dass unsere Nutzung dieser Inhalte auf die Verwendung auf oder in Verbindung mit Facebook beschränkt ist.“[111]

90 Nach Ansicht des **LG Berlin** sieht die Klausel eine ihrer Art nach unbeschränkte **Nutzungsrechteeinräumung** vor. Dies verstoße gegen den § 31 Abs. 5 UrhG zugrunde liegenden Gedanken der **Zweckübertragung.**

91 § 31 Abs. 5 UrhG bestimmt, dass in dem Fall, dass eine ausdrückliche Vereinbarung über die einzeln zu bezeichnenden Nutzungsarten nicht vorliegt, sich der Umfang des Nutzungsrechts nach dem mit seiner Einräumung verfolgten Zweck bestimmt.[112] Der **Urheber** räumt im Zweifel keine weitergehenden Nutzungsrechte ein, als es der Zweck des Vertrages erfordert.

92 Das **LG Berlin** führt aus, dass der Grundsatz der **Zweckübertragung** auf dem Leitgedanken einer möglichst weitgehenden Beteiligung des Urhebers an der wirtschaftlichen Verwertung seines Werks und einer möglichst geringen Aufgabe bzw. Übertragung seiner Ausschließlichkeitsrechte beruhe. Eine derart weitgehende Übertragung, wie sie in den Facebook-Nutzungsbedingungen zum Ausdruck komme, widerspreche dem Kern des **Zweckübertragungsgedankens.**[113]

93 Facebook nutzt derzeit in Ziff. 2.1. der Erklärung der Rechte und Pflichten folgende, geringfügig veränderte Klausel:

„Für Inhalte wie Fotos und Videos, die unter die Rechte an geistigem Eigentum (sog. IP-Inhalte) fallen, erteilst du uns durch deine Privatsphäre- und Anwendungseinstellungen die folgende Erlaubnis: Du gibst uns eine nicht-exklusive, übertragbare, unterlizenzierbare, gebührenfreie, weltweite Lizenz zur Nutzung jeglicher IP-Inhalte, die du auf oder im Zusammenhang mit Facebook postest (IP-Lizenz).“

94 In Ziff. 1 der Besonderen Bedingungen für Nutzer mit Wohnsitz in Deutschland heißt es weiter:

„Ziffer 2 gilt mit der Maßgabe, dass unsere Nutzung dieser Inhalte auf die Verwendung auf oder in Verbindung mit Facebook beschränkt ist.“

---

111 LG Berlin, Urt. v. 6.3.2012 – 16 O 551/10 – BeckRS 2012, 05714, Tenor unter II. 1.1.

112 Wandtke/Bullinger/*Wandtke/Grunert*, § 31 Rn 39.

113 LG Berlin, Urt. v. 6.3.2012 – 16 O 551/10 – BeckRS 2012, 05714, Entscheidungsgründe, B. unter II. 1.

Zuvor hatte bereits das **Landgericht Nürnberg-Fürth**[114] über die Wirksamkeit folgender von Amazon verwendeten IP-Klausel zu entscheiden: 95

„Hiermit gewähren Sie Amazon, seinen verbundenen Unternehmen und Lizenznehmern die nicht-exclusive, weltweite und gebührenfreie Lizenz zur Verwendung aller eingetragenen Markenzeichen, Handelsnamen und der Namen und Darstellungen aller im Material auftretenden Personen. Sie gewähren Amazon, seinen verbundenen Unternehmen und Lizenznehmern das Recht zur Verwendung des Namens, den Sie i.V.m. dem Material übergeben haben.“[115]

Das **Landgericht Nürnberg-Fürth** entschied, dass diese Klausel so ungewöhnlich weitgehend sei, dass der Nutzer nicht mit ihr zu rechnen brauche. Sie werde daher gem. § 305c BGB schon nicht Vertragsbestandteil. Die Klausel verstoße überdies gegen das **Transparenzgebot** des § 307 Abs. 1 S. 2 BGB und benachteilige den Vertragspartner entgegen **Treu und Glauben** unangemessen, da sie erheblich in dessen Rechte eingreife, ohne dass hierfür eine Notwendigkeit bestehe.[116] 96

cc) Einseitige Änderungsrechte

Facebook behielt sich überdies vor, die Erklärung der Rechte und Pflichten zu ändern. Das Prozedere hierzu sah vor, dass Facebook den Nutzer über die bevorstehende Änderung informiert. Löscht der Nutzer seinen Account vor in Kraft treten der Änderung nicht, sollte dies als Annahme der Änderungen gelten.[117] 97

Das **LG Berlin** sah auch hierin eine unangemessene Benachteiligung und damit einen Verstoß gegen § 307 Abs. 1 BGB. Klauseln, die den Verwender zur Änderung der **AGB** ohne Einverständnis des Kunden berechtigen, seien nur wirksam, wenn sie das Recht zur **Änderung der Bedingungen** auf das nachträgliche Entstehen von Störungen des Gleichgewichts der gegenseitigen Leistungspflichten oder Regelungslücken beschränken. Desweiteren müssen Änderungsklauseln inhaltlich so bestimmt sein, dass sie dem **Transparenzgebot** genügen.[118] 98

Für deutsche Nutzer gilt nunmehr die leicht modifizierte Klausel in Ziff. 3 der Besonderen Bedingungen für Nutzer mit Wohnsitz in Deutschland. 99

114 LG Nürnberg-Fürth, Urt. v. 4.2.2011 – 4 HK O 9301/10 – MMR 2011, 588.

115 LG Nürnberg-Fürth, Urt. v. 4.2.2011 – 4 HK O 9301/10 – MMR 2011, 588.

116 LG Nürnberg-Fürth, Urt. v. 4.2.2011 – 4 HK O 9301/10 – MMR 2011, 588, 589.

117 LG Berlin, Urt. v. 6.3.2012 – 16 O 551/10 – BeckRS 2012, 05714, Tenor unter II. 1.3.

118 LG Berlin, Urt. v. 6.3.2012 – 16 O 551/10 – BeckRS 2012, 05714, Entscheidungsgründe, B. unter II. 3.; vgl. hierzu auch OLG Koblenz, Urt. v. 30.9.2010 – 2 U 1388/09 – CR 2011, 471.

Praxistipp
Unabhängig von der Wirksamkeit der einzelnen Regelungen empfiehlt es sich, die Spielregeln der Plattformbetreiber einzuhalten und den eigenen Auftritt an den entsprechenden Nutzungsbedingungen auszurichten.

II. Nutzungsbedingungen für Social Media-Präsenzen

100 Mit der Eröffnung der **Social Media-Präsenz** auf einer Plattform eines Drittanbieters oder auch auf einer eigenen Website entstehen bestimmte rechtliche und tatsächliche Risiken für deren Betreiber. So können von Nutzern eingestellte Inhalte (sog. User Content) Rechte Dritter wie Persönlichkeits- oder Urheberrechte verletzen. Zudem sind negative Erfahrungsberichte von Kunden auf Social Media-Präsenzen keine Ausnahme. Kritisch wird es dann, wenn es zu einer Anhäufung **negativer Nutzerbeträge** kommt und sich sachliche Kritik mit zahlreichen unsachlichen oder gar **beleidigenden Beiträgen** vermischt. Dieses Phänomen nennt man **Shitstorm.**[119]

101 Die spezifischen rechtlichen Risiken, die dem Betreiber einer **Social Media-Präsenz** drohen, hängen maßgeblich davon ab, was auf der Präsenz angeboten wird. Eine informative Präsenz ist rechtlich weitaus weniger riskant als ein Forum, an dem Nutzer partizipieren können. Jeder Betreiber einer Social Media-Präsenz sollte daher vorab prüfen, ob er die Nutzung seiner Social Media-Präsenz über **Nutzungsbedingungen** regelt.

1. Nutzungsbedingungen/Netiquetten

102 Der Betreiber der Social Media-Präsenz kann in Nutzungsbedingungen sowohl seine als auch die Rechte und Pflichten der Nutzer regeln. Voraussetzung ist, dass ein Vertrag zwischen Betreiber und Nutzer zustande kommt und die **Nutzungsbedingungen** wirksam in diesen Vertrag einbezogen werden.

103 Das Vorhalten von „Nutzungsbedingungen" ist jedoch auch dann sinnvoll, wenn kein Vertrag mit dem Nutzer zustande kommt oder die Nutzungsbedingungen nicht wirksam in einen solchen **Vertrag** einbezogen werden können. In solchen **„Nutzungsbedingungen"** (oft als **Netiquette** bezeichnet) kann Inhalt und Zweck der Präsenz einseitig beschrieben werden. Die Netiquette kann zumindest als Grundlage für die Auslegung des Verhältnisses von Nutzer und Betreiber der **Social Media-Präsenz** dienen. Auch lassen sich Streitigkeiten u.U. mit Verweis auf die **Netiquette** vermeiden.

119 Hierzu Sascha Lobo, *How to survive a shit storm*, Vortrag auf der re:publica 2010, abrufbar unter http://saschalobo.com/2010/04/22/how-to-survive-a-shitstorm; sowie am Beispiel der ING-Diba, *Schwenke*, K&R 2012, 305.

a) Regelungsbefugnis auf vertraglicher Grundlage

Der Betreiber kann die Nutzung seiner **Social Media-Präsenz** über **Nutzungsbedingungen** regeln. Hierfür muss ein Vertrag mit dem Nutzer zustande kommen. Es bedarf eines entsprechenden **Rechtsbindungswillens** der Parteien. 104

In diesen **Vertrag** müssen die Nutzungsbedingungen wirksam einbezogen werden, § 305 Abs. 2 BGB.[120] Der Betreiber muss den Nutzer „bei **Vertragsschluss**" ausdrücklich darauf hinweisen, dass der Vertrag unter Verwendung der Nutzungsbedingungen abgeschlossen werden soll.[121] Er muss dem Nutzer zudem vor Vertragsschluss Möglichkeit der **Kenntnisnahme von den Nutzungsbedingungen** verschaffen.[122] Für ein solches **Verschaffen der Kenntnismöglichkeit** genügt es nicht, wenn die Nutzungsbedingungen auf der unteren Ebene eines Internetauftritts wiedergegeben werden.[123] Die Nutzungsbedingungen müssen vielmehr zumindest auf der Seite, auf der der Vertragsschluss stattfinden soll, über einen gut sichtbaren und eindeutig bezeichneten Link aufgerufen werden können.[124] Eine ausreichende Kenntnisnahme ist jedenfalls dann anzunehmen, wenn der Nutzer vor Vertragsschluss die Einbeziehung der **AGB** über eine **Check Box** bestätigt.[125] 105

Praxistipp !

In unmittelbarer Nähe zur entsprechenden Schaltfläche/Funktion sollte auf Folgendes hingewiesen werden:

> *„Mit Bestätigen/Upload des [Kommentars] akzeptieren Sie unsere Nutzungsbedingungen [Link zu den Nutzungsbedingungen]."*

aa) Social Media-Präsenz auf Social Media-Plattform

Auf Plattformen wie **Facebook** kommt in der Regel wohl kein **Vertrag** zwischen Nutzer und Betreiber der Präsenz zustande. Es mangelt beiden Parteien am erforderlichen **Rechtsbindungswillen.** Der Nutzer hat bereits einen Nutzungsvertrag mit dem Plattformbetreiber geschlossen. Er hat beim Klicken der Schaltfläche **„Gefällt mir"** oder **„Follow"** oder dem Verfassen und Einstellen eines jeden Beitrags nicht den Willen, einen weiteren Vertrag mit dem Betreiber der Social Media-Präsenz abzuschließen. Auch der Betreiber der Präsenz hat nicht den Willen, mit jedem Nutzer 106

---

120 Diese Nutzungsbedingungen wären für eine Vielzahl von Verträgen vorformulierte Vertragsbedingungen und damit AGB.
121 Palandt/*Grüneberg*, § 305 Rn 27.
122 Palandt/*Grüneberg*, § 305 Rn 31.
123 MüKo-BGB/*Basedow*, § 305 Rn 69.
124 Palandt/*Grüneberg*, § 305 Rn 36.
125 MüKo-BGB/*Basedow*, § 305 Rn 69.

einen Vertrag zu schließen.[126] Kommt kein **Vertrag** zwischen Präsenzbetreiber und Nutzer zustande, können **Nutzungsbedingungen** nicht in einen solchen einbezogen werden. Anders kann es sich natürlich auf den Unterseiten verhalten, die der Präsenzbetreiber selbst geschaffen hat und die unter den „Tabs" abrufbar sind. Hier ist der Präsenzbetreiber in der Gestaltung frei.

107 Stellt man sich auf den Standpunkt, dass durch bestimmte Handlungen des Nutzers, wie z.B. das Einstellen eines Beitrags oder das Klicken der **„Gefäll mir"**-Schaltfläche, doch ein **Vertrag** zwischen Nutzer und Präsenzbetreiber zustande kommt, müssen zusätzlich die unter Rn 105 dargestellten Voraussetzungen für eine wirksame **Einbeziehung der Nutzungsbedingungen** vorliegen. So muss der Präsenzbetreiber dem Nutzer z.B. vor Vertragsschluss Kenntnis von den **Nutzungsbedingungen** verschaffen. Die Nutzungsbedingungen müssen zumindest auf der Seite, auf der der Vertragsschluss stattfinden soll, über einen gut sichtbaren und eindeutig bezeichneten Link aufgerufen werden können.[127] Wie in Rn 105 dargestellt, genügt es gerade nicht, wenn die Nutzungsbedingungen auf einer Unterseite der **Social Media-Präsenz** abrufbar sind. Diese Voraussetzungen für eine wirksame Einbeziehung von eigenen Nutzungsbedingungen sind auf den großen Plattformen wie Facebook oder Google+ derzeit jedoch weder technisch noch tatsächlich umsetzbar. Anders wiederum auf den selbst geschaffenen Unterseiten: Hier ist der Präsenzbetreiber in der Gestaltung frei.

bb) Social Media-Präsenz auf eigener Website

108 Einfacher ist die Einbeziehung von **Nutzungsbedingungen** bei einer **Social Media-Präsenz,** die auf der eigenen **Website** angeboten wird. Der Betreiber einer solchen Präsenz hat bei deren Ausgestaltung deutlich mehr Gestaltungsspielraum als auf einer **Social Media-Plattform.** Ein Vertrag mit dem Nutzer kommt jedenfalls dann zustande, wenn sich dieser auf der Social Media-Präsenz oder auf der Website, auf der sich die Social Media-Präsenz befindet, registriert.[128]

109 Zum **Vertragsschluss** kann es zudem durch das Einstellen von Inhalten durch Nutzer in die Social Media-Präsenz kommen, wenn dem Nutzer hinreichend deutlich wird, dass er durch Einstellen seines Inhalts eine **Willenserklärung** abgibt.[129] Dies ist z.B. der Fall, wenn der Nutzer zum Einstellen des User Contents eine hinreichend deutlich beschriftete Schaltfläche betätigen muss. In einen solchen Vertrag können die **Nutzungsbedingungen,** die die Rechte und Pflichten zwischen den Parteien regeln, entsprechend den unter Rn 105 dargestellten Grundsätzen einbezo-

126 Hierzu *Schwenke*, K&R 2012, 305, 306.
127 Palandt/*Grüneberg*, § 305 Rn 36.
128 MMR 2007, 620, 621.
129 *Feldmann/Heidrich*, CR 2006, 406, 409 f.

gen werden. Dabei ist zu beachten, dass es sich bei den **Nutzungsbedingungen** in der Regel um **AGB** handelt. Die Nutzer sind regelmäßig **Verbraucher.** Entsprechend sind die Vorgaben der §§ 308f. BGB zu beachten. Auch in Bezug auf eine **Rechtswahl** ergeben sich insofern Besonderheiten. Diese bleibt zwar grundsätzlich möglich. Dem Verbraucher bleibt jedoch der aus zwingendem Verbraucherrecht folgende Schutz erhalten, Art. 6 Abs. 2 S. 2 Rom I-VO.[130] **Gerichtsstandvereinbarungen** sind grundsätzlich unzulässig, § 38 Abs. 1 ZPO arg. e contr.

b) Bei fehlendem Vertragsschluss: „Netiquette"

Fehlt es am **Vertragsschluss** zwischen Präsenzbetreiber und Nutzer oder der wirk- 110
samen Einbeziehung von **Nutzungsbedingungen** in einen solchen Vertrag, werden die Nutzungsbedingungen nicht zur vertraglichen Grundlage für die Nutzung der **Social Media-Präsenz.** Dennoch empfiehlt es sich, sog. Netiquetten (oder **House Rules**) vorzuhalten. In solchen **Netiquetten** kann Inhalt und Zweck der Social Media-Präsenz beschrieben werden. Kommt etwa durch den Upload eines urheberrechtlich geschützten Textes (formlos) ein Vertrag zwischen Präsenzbetreiber und Nutzer zustande,[131] wird die Netiquette zwar nicht Vertragsbestandteil. Der Inhalt der Netiquette kann jedoch für die Bestimmung des Umfangs der Rechteeinräumung nach § 31 Abs. 5 UrhG **(Zweckübertragungsgrundsatz)** zumindest ergänzend herangezogen werden.

Überdies kann die **Netiquette** der Information des Nutzers über sonstige dem 111
Betreiber der **Social Media-Präsenz** außervertraglich zustehenden Rechte dienen oder einseitig Bedingungen zum Ausdruck bringen, unter denen die Präsenz genutzt werden darf (z.B. Angebot nur an Nutzer, die das 18. Lebensjahr vollendet haben).

Solche außervertraglichen Rechte können sich aus dem **Hausrecht** des Prä- 112
senzbetreibers oder aus dem Gesetz ergeben.

aa) Regelungsbefugnis aufgrund virtuellen Hausrechts

Der Betreiber der **Social Media-Präsenz** verfügt über ein **Hausrecht.** Die Social 113
Media-Präsenz ist ein eigenständiges, abgrenzbares Unterangebot innerhalb der

130 Hierzu *Splittgerber/Rockstroh*, BB 2011, 2179, 2184 m.w.N.

131 Die Einräumung von Nutzungsrechten bedarf des Abschlusses eines Vertrages, vgl. Wandtke/Bullinger/*Wandtke/Grunert*, Vorbem. vor §§ 31ff. Rn 22. Der Wille zur Einräumung urheberrechtlicher Nutzungsbefugnisse kann auch dem schlüssigen Verhalten des Berechtigten unter Berücksichtigung der gesamten Begleitumstände entnommen werden, Wandtke/Bullinger/*Wandtke/Grunert*, Vorbem. vor §§ 31ff. Rn 45; BGH, Urt. v. 20.11.1970 – I ZR 50/69 – GRUR 1971, 362, 363.

Social Media-Plattform oder auf der Website. Sie unterliegt hinsichtlich Zweck, Inhalt und Gestaltung der Herrschaft des Betreibers der Social Media-Präsenz.[132] Schafft der Betreiber der Social Media-Präsenz Zugangsmöglichkeiten zu diesem Medium, muss er im Umkehrschluss auch grundsätzlich berechtigt sein, den Zugriff auf diese nach seinen Vorstellungen zu begrenzen.[133] Die sich aus dem Hausrecht ergebenden Rechte des Präsenzbetreibers sowie die damit korrespondierenden Verhaltenspflichten des Nutzers können in einer **Netiquette** dargestellt und konkretisiert werden. Eine gesonderte vertragliche Vereinbarung ist nicht erforderlich.

(1) Social Media-Präsenz auf Social Media-Plattform

114 Bei einer **Social Media-Präsenz,** die sich auf einer **Social Media-Plattform** befindet, besteht das **Hausrecht** des Betreibers nicht auf sachrechtlicher[134] oder haftungsrechtlicher[135] Grundlage. Vielmehr überträgt der Betreiber der Social Media-Plattform dem Betreiber der **Social Media-Präsenz** den für ihn erforderlichen Teil dieses dem Plattformbetreiber auf vertraglicher und gesetzlicher Basis zustehenden **Haurechts.**[136]

115 Das **Hausrecht** der Plattformbetreiber wiederum ergibt sich aus den **Plattformbedingungen,** die die Rechte und Pflichten der Nutzer umfassend regeln. Hierneben tritt das Hausrecht auf sachrechtlicher Grundlage. Der Plattformbetreiber kann als Eigentümer des Servers tatsächlich auf die gespeicherten Inhalte einwirken.[137] Er kann andere grundsätzlich von der Einwirkung auf sein Eigentum ausschließen (§ 903 BGB).[138] Steht der Server nicht im Besitz/Eigentum des Plattformbetreibers, leitet sich dessen (Haus-)Recht wiederum vom Besitzer/Eigentümer des Servers ab.

---

132 *Schwenke*, K&R 2012, 305, 306.

133 Vgl. etwa LG Hamburg, Urt. v. 28.8.2008 – 315 O 326/08 –, Spindler/Schuster/*Spindler*/*Anton*, § 1004 BGB Rn 2 m.w.N.

134 § 903 bzw. §§ 858, 862 i.V.m. § 1004 BGB analog, hierzu *Schwenke*, K&R 2012, 305, 306. Der Betreiber der Social Media-Präsenz nutzt „virtuellen" Speicherplatz, der vom Plattformbetreiber zur Verfügung gestellt wird. Hieran hat er allenfalls eine Nutzungsberechtigung, jedoch keinen Besitz, *Redeker*, CR 2007, 264, 266.

135 Hierzu: LG München, Urt. v. 25.10.2006 – 30 O 11973/05 – CR 2007, 264. Letztlich kann sich ein solches Recht aus dem Haftungsrisiko des Betreibers jedoch nur auf die konkrete, rechtsverletzende Äußerung beziehen und gewährt kein ausführliches Hausrecht, so auch *Redeker*, CR 2007, 264, 266.

136 Zu den einzelnen Plattformen gleich unter Rn 119 ff.

137 *Schwenke*, K&R 2012, 305, 306.

138 LG Bonn, Urt. v. 16.11.1999 – 10 O 457/99 – CR 2000, 245; bestätigt durch OLG Köln, Beschl. v. 25.8.2000 – 19 U 2/00 –.

(2) Social Media-Präsenz auf eigener Website

Wird die **Social Media-Präsenz** auf eigenen Servern betrieben, besteht das **Hausrecht** aus dem Sachrecht (§ 903 bzw. §§ 858, 862 i.V.m. § 1004 BGB analog),[139] anderenfalls leitet es sich vom Sachrecht des jeweiligen Hostproviders ab. 116

(3) Umfang und Grenzen des Hausrechts

Das **Hausrecht** des Betreibers der **Social Media-Präsenz** gilt nicht schrankenlos. So kann der Präsenzbetreiber z.B. den Kommentar eines Nutzers entfernen, wenn dieser gegen die Plattformbedingungen oder das Gesetz verstößt, z.B. weil er einen gesetzeswidrigen Inhalt hat. Er darf Kommentare jedoch nicht löschen, wenn sie sich im Rahmen des nach den Plattformbedingungen Zulässigen bewegen. Bei der Frage, ob ein Kommentar gelöscht oder ein Nutzer geblockt werden darf, sind auch dessen **Grundrechte,** insbesondere sein Recht auf **Meinungsäußerungsfreiheit,** zu berücksichtigen.[140] Die Schranken sind jeweils im Einzelfall zu bestimmen. 117

bb) Rechte aus Gesetz

Daneben ergeben sich sowohl für den Betreiber der Social Media-Präsenz als auch für den Nutzer diverse Rechte und Pflichten aus dem Gesetz. So dürfen die Handlungen des Nutzers auf der **Social Media-Präsenz** keine Rechte Dritter verletzen. Hierfür könnte der Betreiber der Social Media Präsenz u.U. als **Störer** haften.[141] Überdies hat der Betreiber der Social Media-Präsenz z.B. bestimmte, sich aus dem Datenschutzrecht ergebende Pflichten zu beachten.[142] Auch diese Rechte können in der **Netiquette** beschrieben werden. 118

c) Die Plattformen im Einzelnen

Im Folgenden wird dargestellt, inwiefern die Einbindung von **Nutzungsbedingungen** auf den einzelnen Plattformen möglich ist bzw. woraus sich das **Hausrecht** des Präsenzbetreibers jeweils ergibt. 119

---

139 Hierzu *Schwenke*, K&R 2012, 305, 306; *Maume*, MMR 2007, 620, 623.
140 *Schwenke*, K&R 2012, 305, 307.
141 Hierzu Kap. 4 Rn 314 ff.
142 Siehe hierzu Kap. 3.

aa) Facebook

120 Bei **Facebook** gilt das unter Rn 106 ff. Gesagte. Allein durch Betrachten der Seite oder Kommentieren von Beiträgen kommt kein **Vertrag** zwischen dem Betreiber der **Social Media-Präsenz** und dem Nutzer zustande.

121 Auch durch das Betätigen der Schaltfläche **„Gefällt mir"** kommt grundsätzlich kein Vertrag mit dem Nutzer zustande. „Gefällt" einem Nutzer ein Unternehmen bei Facebook, bekommt er bestimmte Beiträge, die das Unternehmen teilt, in seinem **Nachrichtenstrom** angezeigt. In den meisten Fällen handelt es sich dabei um eine Zusammenstellung von unternehmenseigenen Informationen. Bei solchen unentgeltlichen Diensten, die einem Newsletter-Dienst ähnlich sind, wird es regelmäßig am **Rechtsbindungswillen** des Nutzers und damit am Vertragsschluss fehlen.[143]

122 Zudem bietet **Facebook** grundsätzlich keine Möglichkeit an, Schaltflächen zu verändern. Es besteht dementsprechend auch keine Möglichkeit, eigene Nutzungsbedingungen, wie in Rn 105 dargestellt, in einen etwaigen Vertrag mit dem Nutzer einzubeziehen. Selbst wenn ein **Vertrag** mit dem Nutzer zustande kommen sollte, mangelt es mithin an der wirksamen Einbeziehung von **Nutzungsbedingungen.**

123 Dafür ermächtigt Facebook den Präsenzbetreiber, das Hausrecht wahrzunehmen. In Ziff. I. D. der Nutzungsbedingungen für **Facebook-Seiten** heißt es:

> *„Du musst erforderlichenfalls den Zugriff auf Seiten (über unsere Schutzfunktion) einschränken, damit alle geltenden Gesetze sowie Richtlinien von Facebook, einschließlich unserer Werberichtlinien und Gemeinschaftsstandards, eingehalten werden."*

124 Facebook gibt dem Präsenzbetreiber sodann einige Werkzeuge zur Durchsetzung seines **Hausrechts** an die Hand. Der Betreiber der **Social Media-Präsenz** kann etwa die Sichtbarkeit der Facebook-Seite auf bestimmte Länder oder auf Nutzer mit einem bestimmten Mindestalter beschränken. Es besteht die Möglichkeit, bestimmte Schlüsselwörter zu blocken und Nutzer, die auffällig geworden sind, auszuschließen.

125 Eine **Netiquette** sollte entsprechend dem oben Gesagten[144] genutzt werden, um Inhalt und Zweck der Facebook-Seite zu beschreiben. Weiterhin können der Inhalt des **Hausrechts** und die dem Präsenzbetreiber gesetzlich zustehenden Rechte dargestellt werden. Eine **Netiquette** kann über eine Facebook-App eingebunden werden. Es gilt jedoch zu beachten, dass **Facebook-Apps** derzeit nicht auf jedem mobilen Gerät angezeigt werden. Alternativ kann die Netiquette auch unter dem Reiter „Info" vorgehalten werden.

---

143 Spindler/Schuster/*Micklitz/Schirmbacher*, § 312b BGB Rn 27.
144 Rn 110 ff.

bb) XING

Die Möglichkeit der Interaktion zwischen Betreiber und Nutzer der **Social Media-Präsenz** ist auf **XING** lediglich eingeschränkt möglich. Auf dem **Unternehmensprofil** werden Informationen zu dem Unternehmen bereitgehalten. Es besteht die Möglichkeit, „Neuigkeiten" zu verfassen. Diese Neuigkeiten kann der Nutzer „interessant finden", „kommentieren" oder „empfehlen". Der Nutzer hat die Möglichkeit, „Neuigkeiten" des Unternehmens zu abonnieren. Diese bekommt er dann in seinem **Nachrichtenstrom** angezeigt. Hier hat er dann dieselben Möglichkeiten wie oben: Er kann die Neuigkeiten „interessant finden", „kommentieren" oder „empfehlen". Im Paket „BASIS" kann der Editor die Möglichkeit für Nutzer, Neuigkeiten zu kommentieren, ein- und ausstellen. 126

Allein durch das Abonnieren von Neuigkeiten des Unternehmens kommt kein Vertrag mit dem Nutzer zustande.[145] Zudem besteht keine Möglichkeit, eigene Nutzungsbedingungen, wie in Rn 105 dargestellt, in einen etwaigen Vertrag mit dem Nutzer einzubeziehen. 127

XING verpflichtet den Betreiber der **Social Media-Präsenz,** alle anwendbaren Gesetze sowie alle Rechte Dritter zu beachten. Durch das Unternehmen in XING eingestellte eigene oder fremde Inhalte dürfen nicht gegen geltendes Recht verstoßen oder **Rechte** Dritter verletzen (Ziff. 5.1. der XING-AGB für Unternehmen). Dieses „Hausrecht" kann das Unternehmen etwa dadurch ausüben, dass Mitarbeiter (sog. Editoren) Kommentare über die Schaltfläche „Entfernen" (kleines „x") löschen. 128

Der Betreiber des Unternehmensprofils kann eine **Netiquette** im Reiter „Über uns" vorhalten oder über einen Link dort einbinden. Vor dem Hintergrund, dass XING lediglich eingeschränkte Interaktionsmöglichkeiten bietet, ist eine Netiquette in der Regel jedoch nicht erforderlich. Das Recht, einzelne Kommentare zu löschen, die eigene Rechte oder Rechte Dritter verletzen, dürfte sich bereits aus dem Hausrecht ergeben. 129

cc) Twitter

Twitter bietet derzeit nicht die Interaktionsmöglichkeiten über die **Social Media-Präsenz** wie **Facebook** oder **Google+**. Nutzer haben bei Twitter nicht die Möglichkeit, Bilder einzustellen oder Beiträge auf der Social Media-Präsenz selbst zu kommentieren. Das Vorhalten einer **Netiquette** ist daher nicht unbedingt erforderlich. Inhalt und Zweck der Social Media-Präsenz können im „Bio" beschrieben werden. 130

---

145 Hier gelten die Ausführungen zu Facebook (Rn 121) entsprechend.

2. Inhalt einer Netiquette

a) Allgemeines

131 Da bezüglich der Nutzung der Social Media-Präsenz auf den meisten Plattformen zwischen Nutzer und Betreiber kein Vertrag zustande kommt bzw. die Einbeziehung von **Nutzungsbedingungen** nicht möglich ist, soll im Folgenden lediglich der Inhalt einer Netiquette dargestellt werden.

132 In einer **Netiquette** sollte zunächst Inhalt und Zweck der Präsenz beschrieben werden. Zudem können die dem Nutzer bereits durch den Plattformbetreiber auferlegten Pflichten sowie die dem Präsenzbetreiber ohnehin gesetzlich zustehenden Rechte wiederholt und konkretisiert werden. Der Betreiber der **Social Media-Präsenz** sollte sich eng an den **Nutzungsbedingungen** des Plattformbetreibers orientieren.

b) Einzelne Regelungen

133 Die nachfolgenden Ausführungen sollen lediglich die inhaltlichen Grundzüge von Netiquetten auf Social Media-Präsenzen wie Facebook oder Google+ aufzeigen. **Netiquetten** sollten stets auf den jeweiligen Einzelfall angepasst werden und können die folgenden Regelungen enthalten:

- Beschreibung des Zwecks der **Social Media-Präsenz;**
- Regelungen zum **User Content;**
- Anhalten der Nutzer zu Sachlichkeit, Toleranz und gegenseitigem Respekt;
- Fordern von korrekter Rechtschreibung und Interpunktion (Einfügen von Absätzen, erlaubte Links etc.);
- Verbot des Zusendens von Spam;
- Verbot von Fremdwerbung auf der Social Media-Präsenz;
- Achtung der Rechte anderer wie Persönlichkeits-, Urheber- oder Markenrechte;
- Hinweis, dass in dem Einstellen des User Contents in die Präsenz eine Einwilligung in dessen Nutzung auf der Präsenz gesehen wird;
- Konkretisierung des Rechts auf **Löschen von Inhalten** und dem **Ausschluss von Nutzern;**
- Verweis auf **Plattformbedingungen;**
- Hinweis auf die datenschutzrechtlichen Bestimmungen.

! **Muster Netiquette**

Die Nutzung dieser Social Media-Präsenz von [UNTERNEHMEN] (die **„Präsenz“**) unterliegt den folgenden Bedingungen:

1. Die Präsenz dient der Information über [UNTERNEHMEN] und soll Menschen vernetzen. Die Inhalte der Präsenz stellen kein rechtlich bindendes Angebot über den Verkauf oder Vertrieb der Produkte und Dienstleistungen von [UNTERNEHMEN] dar. Ausführliche Informationen zu [UNTERNEHMEN] und seinen Produkten und Dienstleistungen erhalten Sie auf unserer offiziellen Website unter [WEBSITE DES UNTERNEHMENS] oder indem Sie uns direkt kontaktieren.

2. Kommentare, Dateien, Hyperlinks und andere Inhalte **(„User Content“)**, die Sie auf der Präsenz einstellen, dürfen
   - ausschließlich in einer angemessenen, offenen, aber zugleich respektvollen Art und Weise geäußert werden,
   - weder [UNTERNEHMEN] oder andere diffamieren, herabsetzen, bedrohen, belästigen oder ihnen nachstellen, noch datenschutzrechtlich geschützte Informationen (etwa die Namen Dritter) enthalten,
   - kein geistiges Eigentum Dritter, wie etwa Urheber-, Marken-, Namensrechte oder anderweitig geschützte Inhalte verletzen,
   - nicht für Spam, Werbung jeglicher Art oder andere kommerzielle Interessen oder für Aufrufe zu politischen Protesten missbraucht werden;
   - nicht gegen die [BEDINGUNGEN DES PLATTFORMBETREIBERS] verstoßen.
3. Durch das Einstellen von User Content bestätigen Sie, dass Sie die erforderliche Erlaubnis dazu besitzen. Mit dem Einstellen des User Contents willigen Sie zudem in dessen Nutzung durch [UNTERNEHMEN] auf der Präsenz ein. Sie bestätigen, dass Sie persönliche Backups Ihres User Contents gemacht haben.
4. Sollten wir begründeten Verdacht zur Annahme haben, dass Sie die vorliegenden Bedingungen nicht beachten, behalten wir uns vor, den betroffenen User Content zu entfernen und Sie – im Falle wiederholten Auftretens – von der Präsenz zu blockieren und/oder auszuschließen.
5. [UNTERNEHMEN] ist nicht verantwortlich für die Korrektheit, Rechtmäßigkeit, Vollständigkeit und Genauigkeit von User Content auf der Präsenz. [UNTERNEHMEN] befürwortet nicht zwangsläufig den Inhalt von User Content oder die dort geäußerten Meinungen oder macht sich diese zu Eigen. Gleiches gilt für die Inhalte Dritter, die möglicherweise auf der Präsenz oder über angegebene Links abgerufen werden können.
6. [UNTERNEHMEN] ist nicht für den Verfügbarkeit und die Erreichbarkeit von User Content oder der Präsenz selbst verantwortlich und hat als Anbieter der Präsenz möglicherweise keinen Einfluss auf diesen.
7. Personenbezogene Daten im Sinne des deutschen Telemediengesetzes (TMG) erheben, verarbeiten und nutzen wir gemäß unserer datenschutzrechtlichen Hinweise [Link auf datenschutzrechtliche Hinweise].
8. Lesen Sie diese Nutzungsbedingungen bei jedem erneuten Besuch der Präsenz, da wir sie von Zeit zu Zeit aktualisieren.

III. Nutzungsbedingungen für die unternehmensinterne Social Media-Präsenz

1. Social Media-Präsenz bei Drittanbietern wie Yammer, Podio & Co.

Nutzen Unternehmen besondere **Unternehmensnetzwerke** wie **Yammer**[146] oder 134
Podio,[147] ist die Rechtslage zu **Nutzungsbedingungen/Netiquetten** vergleichbar

146 Siehe https://www.yammer.com/?locale=de.

mit der unter Rn 114f. beschriebenen Situation. Ein **Hausrecht** nach sachrechtlichen Grundsätzen scheidet aus, weil der Betreiber der **Social Media-Präsenz** weder Eigentum noch Besitz am Server hat.

135 Der Arbeitnehmer meldet sich bei dem Dienst selbst an. Ein Vertrag mit dem Arbeitgeber kommt durch oder im Rahmen der Nutzung der Präsenz regelmäßig nicht zustande. Es bietet sich daher an, die Nutzung mit den Arbeitnehmern im Rahmen von Social Media-Guidelines oder im **Arbeitsvertrag** zu regeln.[148]

2. Eigene Social Media-Plattform

136 Betreibt das Unternehmen intern eine **eigene Social Media-Plattform,** verfügt es entsprechend dem unter Rn 113ff. Gesagten regelmäßig über ein sachrechtliches **Hausrecht,** wenn es den Server selbst betreibt. Es kann überdies, entsprechend dem unter Rn 131ff. Gesagten, vertraglich Nutzungsbedingungen für die Plattform aufstellen. Es bietet sich jedoch an, die Nutzung durch eigene Mitarbeiter arbeitsvertraglich zu regeln.[149]

137 Dabei ist jedoch zu beachten, dass in diesem Verhältnis der Mitarbeiter im Regelfall Verbraucher i.S.d. § 13 BGB ist.[150] Da es sich bei den Nutzungsbedingungen regelmäßig um AGB handelt,[151] müssen sich diese an den Voraussetzungen der §§ 307ff. BGB messen lassen (§ 310 Abs. 1 BGB).

C. Kennzeichnungs- und Informationspflichten

138 Der Betreiber der **Social Media-Präsenz** unterliegt, je nach Inhalt seines Angebots, diversen **Kennzeichnungs- und Informationspflichten** wie der **Anbieterkennzeichnung** nach § 5 TMG, den Informationspflichten im Fernabsatzrecht oder denen der Preisangabenordnung.

I. Impressumspflicht

139 Die Pflicht zur **Anbieterkennzeichnung** ist in § 5 TMG sowie in § 55 RStV geregelt. § 5 TMG regelt die **Impressumspflicht** für Anbieter von geschäftsmäßigen, in der

147 Siehe https://company.podio.com/de/product.
148 Näher hierzu siehe Kap. 7 Rn 252.
149 Hierzu unter Kap. 7.
150 Palandt/*Ellenberger*, § 13 Rn 3.
151 Die Klauseln sind für eine Vielzahl von Verträgen vorformuliert und werden dem Mitarbeiter vom Arbeitgeber gestellt (vgl. hierzu die Vermutung des § 310 Abs. 3 Nr. 1 BGB).

Regel gegen Entgelt angebotenen **Telemedien.** § 55 Abs. 1 RStV betrifft die Impressumspflicht für Anbietern von Telemedien, die nicht ausschließlich persönlichen oder familiären Zwecken dienen. Diese Pflicht wird in § 55 Abs. 2 RStV für Telemedien mit journalistisch-redaktionell gestalteten Angeboten um die Benennung eines Verantwortlichen erweitert.

1. Impressumspflicht nach § 5 TMG

Nach § 5 TMG haben Diensteanbieter für geschäftsmäßige, in der Regel gegen Entgelt angebotene Telemedien, die in § 5 Abs. 1 TMG näher bestimmten Informationen leicht erkennbar, unmittelbar erreichbar und ständig verfügbar zu halten. 140

a) Diensteanbieter

Der Betreiber einer Social Media-Präsenz ist, neben dem Plattformbetreiber, **„Diensteanbieter“** i.S.d. § 2 Nr. 1 TMG. Er bietet ein eigenes **Telemedium** i.S.d. § 1 Abs. 1 TMG an. Anbieter von eigenen Inhalten auf einer Plattform sind impressumspflichtig, wenn das Angebot gegenüber der Plattform eine hinreichende kommunikationsbezogene Eigenständigkeit aufweist.[152] So ist anerkannt, dass Nutzer, die geschäftsmäßig Waren bei eBay anbieten,[153] Makler, die Immobilien auf entsprechenden Plattformen offerieren[154] oder Kfz-Händler, die auf einer Gebrauchtwagenplattform Autos inserieren,[155] auf der entsprechenden Unterseite ein Impressum vorzuhalten haben.[156] Auch die Social Media-Präsenz auf einer Social Media-Plattform verfügt über ein ausreichendes Maß an kommunikationsbezogener Eigenständigkeit.[157] Der Betreiber ist bei der inhaltlichen Gestaltung seiner Präsenz grundsätzlich frei.[158] Zudem verfügt er – zum Teil – über die Möglichkeit, Länder- oder Altersbeschränkungen für seine Präsenz einzurichten, Nutzer zu blocken oder Kommentare zu löschen.[159] Aufgrund dieser faktischen Einwirkungsmöglichkeiten ist der Betreiber der Social Media-Präsenz als eigenständiger Diensteanbieter anzusehen.[160] 141

---

152 OLG Frankfurt, Urt. v. 6.3.2007 – 6 U 115/06 – CR 2007, 454, 455.

153 OLG Düsseldorf, Urt. v. 18.12.2007 – I-20 U 17/07 – MMR 2008, 682; Brandenburgisches OLG, Urt. v. 13.6.2006 – 6 U 121/05 – WRP 2006, 1035; OLG Frankfurt, Urt. v. 21.3.2007 – 6 W 27/07 – CR 2007, 682; a.A. *Lorenz*, VuR 2008, 322.

154 LG München, Urt. v. 3.9.2008 – 33 O 23089/07 – CR 2009, 62.

155 OLG Düsseldorf, Urt. v. 18.12.2007 – I-20 U 17/07 – MMR 2008, 682.

156 *Schröder*, ITRB 2012, 230.

157 Hierzu auch *Schröder*, ITRB 2012, 230.

158 Die tatsächlichen und durch die Nutzungsbedingungen gesetzten Grenzen stehen dem nicht entgegen.

159 Hierzu beispielsweise oben unter Rn 124.

160 Zum Ganzen auch *Rockstroh*, MMR 2013, 627.

b) Geschäftsmäßig, in der Regel gegen Entgelt angebotene Telemedien

142 Die Informationspflichten nach § 5 TMG gelten jedoch nur für geschäftsmäßig, in der Regel gegen Entgelt angebotene Telemedien.

aa) Social Media-Präsenzen auf Social Media-Plattformen

143 Ein **geschäftsmäßiges Handeln** liegt vor, wenn der **Telemediendienst** mit oder ohne Gewinnerzielungsabsicht über einen längeren Zeitraum angeboten wird bzw. angeboten werden soll.[161]

144 Das Merkmal der Geschäftsmäßigkeit wird konkretisiert durch die Angabe **„in der Regel gegen Entgelt“.** Dieses Merkmal wird im TMG nicht näher bestimmt. Mit der Aufnahme dieses Zusatzes wollte der Gesetzgeber den Anforderungen der **E-Commerce-Richtlinie**[162] gerecht werden.[163] Die E-Commerce-Richtlinie gilt für Dienste der Informationsgesellschaft, d.h. jede in der Regel gegen Entgelt elektronisch im Fernabsatz und auf individuellen Abruf eines Empfängers erbrachte Dienstleistung.[164] Der hier verwendete Begriff „Dienstleistung“ meint den Begriff der Dienstleistung, wie er in Art. 57 AEUV[165] definiert ist.[166] Der EuGH hat den Begriff in zahlreichen Entscheidungen konkretisiert. Das Merkmal „in der Regel gegen Entgelt“ erfordert demnach, dass die Leistungen einen wirtschaftlichen Charakter im weitesten Sinne aufweisen müssen.[167] Der Charakter des Entgelts als Gegenleistung ist nur im weitesten Sinne erforderlich und schließt auch Umwegrentabilitäten ein.[168] Erfolgt die Leistungserbringung ohne Ertragsabsicht, sondern wird ausschließlich aus sozialen, politischen etc. Motiven erbracht, fehlt es an der Entgeltlichkeit.[169] Nicht „entgeltlich“ werden daher Dienste staatlicher Stellen angeboten,

161 So statt aller Spindler/Schuster/*Micklitz/Schirmbacher*, § 5 TMG Rn 8.

162 RL 2000/31/EG des Europäischen Parlaments und des Rates v. 8.6.2000 über bestimmte rechtliche Aspekte der Dienste der Informationsgesellschaft, insbesondere des elektronischen Geschäftsverkehrs, im Binnenmarkt, ABl. Nr. L 178/1 v. 17.7.2000.

163 BT-Drucks. 16/3078, S. 14.

164 Vgl. Erwägungsgrund 17 der E-Commerce-RL und Art. 2 a) E-Commerce-RL i.V.m. Art. 1 2) der RL 98/48/EG sowie BT-Drucks. 16/3078, S. 14.

165 Vertrag über die Arbeitsweise der Europäischen Union v. 9.5.2008, ABl. Nr. C 115/47 (ex-Art. 50 EGV).

166 Vgl. hierzu Erwägungsgrund 2 der RL 98/34/EG; Art. 2 a), der für die Definition von „Dienste der Informationsgesellschaft“ auf die „Dienste“ i.S.d. RL 98/34/EG in der Fassung der RL 98/48/EG verweist; umfassend hierzu *Rockstroh*, MMR 2013, 627.

167 Schwarze/Becker/Hatje/Schoo/*Holoubek*, Art. 57 AEUV Rn 19.

168 Schwarze/Becker/Hatje/Schoo/*Holoubek*, Art. 57 AEUV Rn 19.

169 Schwarze/Becker/Hatje/Schoo/*Holoubek*, Art. 57 AEUV Rn 20.

wenn die Leistung vom staatlichen Auftrag umfasst, aus öffentlichen Mitteln finanziert und ohne Gegenleistung erbracht wird.[170]

Danach unterfallen der Pflicht zu Anbieterkennzeichnung nach § 5 TMG solche Dienste, **145**

- die über einen längeren Zeitraum und
- (in der Regel) vor dem Hintergrund einer wirtschaftlichen Tätigkeit angeboten werden.

Hierzu gehören z.B. Informationsportale, auch wenn diese über Dritte (wie Werbepartner) finanziert werden, zu **Marketingzwecken** genutzte **Social Media-Präsenzen** oder Präsenzen, über die direkt Waren oder Dienstleistungen bezogen werden können. Nach der Begründung des Gesetzesentwurfs unterfallen private Angebote, die keine Dienste bereitstellen, die sonst nur gegen Entgelt verfügbar sind, und Idealvereine nicht der Kennzeichnungspflicht nach § 5 TMG.[171] Auch Informationsangebote staatlicher Stellen unterfallen nicht der Pflicht zur Anbieterkennzeichnung nach § 5 Abs. 1 TMG, soweit der Staat nicht doch unternehmensähnlich am Wirtschaftsleben teilnimmt. **146**

In diesem Sinne entschied das **LG Regensburg,** dass Diensteanbieter, die ihre angebotenen Leistungen letztlich gegen Entgelt erbringen, der Pflicht zur Anbieterkennzeichnung unterliegen.[172] Der Betreiber einer **Facebook-Seite** habe auf dieser ein Impressum vorzuhalten, wenn er die Facebook-Seite als Eingangskanal in seine Website benutzt, auf der er Interessenten seine entgeltlichen Leistungen darstelle. Das **LG Aschaffenburg** urteilte, dass Nutzer von Social Media-Angeboten wie Facebook-Accounts eine eigene Anbieterkennung vorhalten müssen, wenn diese zu Marketingzwecken benutzt werden und nicht nur eine rein private Nutzung vorliegt.[173] Mit Beschluss vom 28.3.2013 hat das LG Berlin nunmehr festgestellt, dass auch auf kommerziell genutzten Google+-Seiten ein Impressum vorzuhalten ist.[174] **147**

Praxistipp **!**

Unternehmen, die eine Social Media-Präsenz im Rahmen ihrer wirtschaftlichen Tätigkeit betreiben, haben ein Impressum nach § 5 Abs. 1 TMG vorzuhalten. Vielen Unternehmen dient die **Social Media-Präsenz** zur Präsentation des Unternehmens und/oder der eigenen Produkte oder Dienstleistungen, sodass von einer wirtschaftlichen Tätigkeit auszugehen ist.

---

170 Schwarze/Becker/Hatje/Schoo/*Holoubek*, Art. 57 AEUV Rn 20, allerdings nur, solange die staatliche Stelle nicht „unternehmerisch" tätig wird; vgl. auch *Hoeren*, MMR 1999, 192, 193; umfassend hierzu *Rockstroh*, MMR 2013, 627.

171 BT-Drucks. 16/3078, S. 14.

172 LG Regensburg, Urt. v. 31.1.2013 – 1 HK O 1884/12 – CR 2013, 197 (unter Verweis auf Spindler/Schuster/*Micklitz*/*Schirmbacher*, § 5 TMG Rn 8 ff.).

173 LG Aschaffenburg, Urt. v. 19.8.2011 – 2 HK O 54/11 – CR 2012, 57.

174 LG Berlin, Beschl. v. 28.3.2013 – 16 O 154/13 –.

bb) Unternehmensinterne Social Media-Präsenzen

148 Geschäftsmäßigkeit liegt allerdings nur dann vor, wenn sich das Angebot an Dritte richtet. Das Angebot muss Außenwirkung entfalten.[175] Unternehmensinterne Social Media-Präsenzen erfüllen dieses Merkmal gerade nicht. Sie unterliegen daher nicht der Impressumspflicht des § 5 Abs. 1 TMG. Dadurch entstehen auch keine Schutzlücken. Sinn und Zweck der Anbieterkennzeichnung, den Diensteanbieter zu identifizieren, erfordern das zur Verfügung stellen dieser Informationen gerade nicht: Den Mitarbeitern ist ihr Arbeitgeber bekannt.[176]

cc) Social Media-Präsenz auf Unternehmenswebsite

149 Wird eine **Social Media-Präsenz auf der eigenen Unternehmenswebsite** angeboten, wird es regelmäßig an der Eigenständigkeit des Dienstes fehlen.[177] Allerdings wird in der Regel auf der Website selbst ein Impressum vorzuhalten sein.

c) Anforderungen

150 Laut § 5 Abs. 1 TMG sind die Pflichtangaben *„leicht erkennbar, unmittelbar erreichbar und ständig verfügbar"* zu halten.

aa) Leicht erkennbar

151 Die Pflichtangaben müssen einfach und effektiv optisch wahrnehmbar sein. **Leicht erkennbar** sind die Angaben, wenn Schriftform, Schriftfarbe und Schriftgröße so gewählt sind, dass die Angaben stets gut lesbar sind. Die Angaben sollten in der Sprache wiedergegeben werden, in der auch die Social Media-Präsenz angeboten wird.[178] Ist das Impressum über einen Link erreichbar,[179] sollte dieser Link mit **„Kontakt", „Impressum"** oder im Englischen „Legal Notice" bezeichnet werden. Das LG Aschaffenburg[180] hat die Bezeichnung „Info" für unzureichend erachtet.[181]

---

175 *Lorenz*, S. 96 f.

176 Hierzu *Lorenz*, S. 96 f.

177 Hierzu oben Rn 141.

178 Spindler/Schuster/*Micklitz/Schirmbacher*, § 5 TMG Rn 23.

179 Zur Zulässigkeit der Verlinkung siehe Rn 152.

180 LG Aschaffenburg, Urt. v. 19.8.2011 – 2 HK O 54/11 – CR 2012, 57.

181 Kritisch hierzu *Spindler*, WuB V B § 4 UWG 1.12; *Dramburg/Schwenke*, K&R 2011, 811; Spindler/Schuster/*Micklitz/Schirmbacher*, § 5 TMG Rn 21.

Praxistipp
Aufgrund der Entscheidung des **LG Aschaffenburg** sollte der Link zum Impressum – unabhängig davon, wo sich dieses befindet – „Impressum" oder „Kontakt" benannt werden.

bb) Unmittelbar erreichbar

Unmittelbar erreichbar ist das **Impressum,** wenn es ohne langes Suchen auffindbar und von jeder Unterseite mit maximal **zwei Klicks** erreichbar ist.[182] Ausreichend ist, wenn das Impressum über einen direkten Link, auch an einer anderen Stelle wie z.B. der eigenen Unternehmenswebsite, erreichbar ist.[183] Wird aus der **Social Media-Präsenz** heraus an eine andere Stelle verlinkt, sollte allerdings klar sein, auf welche Telemedien sich das angesteuerte Impressum bezieht.[184] So sollte etwa in dem Impressum auf der eigenen Unternehmenswebsite klargestellt werden, dass diese Anbieterkennzeichnung auch für die Social Media-Präsenz auf den Plattformen X, Y und Z gilt. Das Impressum muss stets aktuell sein.[185] 152

Der Betreiber der Social Media-Präsenz ist dafür verantwortlich, dass die Informationspflichten erfüllt werden, unabhängig davon, von welchem Gerät der Nutzer die Social Media-Präsenz aufruft. Dies hat das OLG Hamm für eine **iPhone-App** entschieden.[186] Seit der Entscheidung des **LG Aschaffenburg** halten viele Unternehmen auf ihrer **Facebook-Seite** ein Impressum mittels einer **Impressum-App** bereit. Nach der Entscheidung des OLG Hamm sind solche Apps nur dann zu nutzen, wenn sicher ist, dass das Impressum auf sämtlichen Endgeräten angezeigt wird. 153

Praxistipp
Unternehmen müssen darauf achten, dass sämtliche Pflichtangaben auf sämtlichen Geräten, auf denen die **Social Media-Präsenz** abrufbar ist, angezeigt werden. Das Unternehmen haftet für die Erfüllung der Informationspflichten. Auf die Kenntnis, wie die Social Media-Präsenz auf einzelnen **mobilen Endgeräten** dargestellt wird, kommt es nach Ansicht des OLG Hamm nicht an. Auch ein Verschulden ist nicht erforderlich.[187]

---

182 BGH, Urt. v. 20.7.2006 – I ZR 228/03 – CR 2006, 850, 851.
183 LG Aschaffenburg, Urt. v. 19.8.2011 – 2 HK O 54/11 – CR 2012, 57 unter Verweis auf Spindler/Schuster/*Micklitz/Schirmbacher*, § 5 TMG Rn 28a.
184 LG Aschaffenburg, Urt. v. 19.8.2011 – 2 HK O 54/11 – CR 2012, 57 unter Verweis auf Spindler/Schuster/*Micklitz/Schirmbacher*, § 5 TMG Rn 28a.
185 LG Leipzig, Urt. v. 15.12.2009 – 01 HK O 3939/09 –.
186 OLG Hamm, Urt. v. 20.5.2010 – I-4 U 225/09 – CR 2010, 609.
187 OLG Hamm, Urt. v. 20.5.2010 – I-4 U 225/09 – CR 2010, 609, 611.

cc) Ständig verfügbar

154 Das **Impressum** muss ständig, also rund um die Uhr, **verfügbar** sein. Dies gilt auch für den Zeitraum, in der sich die **Social Media-Präsenz** im Aufbau befindet. Die Nichterreichbarkeit des Impressums für wenige Minuten stellt zumindest keinen (abmahnfähigen) Wettbewerbsverstoß dar.[188] Das **Impressum** darf nicht als **Grafik** auf der Social Media-Präsenz eingebunden werden.[189]

! **Praxistipp**
Können diese Vorgaben aufgrund der Voreinstellungen des Plattformbetreibers nicht umgesetzt werden, kann die Präsenz nicht rechtskonform eingesetzt werden.[190]

---

d) Erforderliche Angaben

155 Im Rahmen der Anbieterkennzeichnung hat der Betreiber der Social Media-Präsenz u.a. seinen Namen und die Anschrift, unter der er niedergelassen ist, bei juristischen Personen zusätzlich die Rechtsform und den Vertretungsberechtigten anzugeben.[191] Erforderlich sind weiterhin Angaben, die eine schnelle **elektronische Kontaktaufnahme** und unmittelbare Kommunikation ermöglichen einschließlich der E-Mail-Adresse. Eine E-Mail-Adresse ist daher zwingend anzugeben. Eine technische Vorrichtung, wie etwa ein **Kontaktformular** mit dem Feld „Abschicken", wobei die **E-Mail-Adresse** nicht einsehbar ist, genügt hingegen für die „Angabe" E-Mail-Adresse nicht.[192] Die Angabe einer **Telefonnummer** ist nicht in allen Fällen zwingend, ihre Angabe allerdings empfehlenswert.

! **Praxistipp**
Soweit praktisch umsetzbar, empfiehlt sich stets die Angabe einer **E-Mail-Adresse** und einer **Telefonnummer.** Dies wirkt seriös und schafft beim Nutzer/Kunden Vertrauen.

---

188 OLG Düsseldorf, Urt. v. 4.11.2008 – I-20 U 125/08 – CR 2009, 267.

189 *Müller-Broich*, § 5 Rn 19 m.w.N; LG Berlin, Urt. v. 24.6.2008 – 16 O 894/07 – für fernabsatzrechtliche Widerrufsbelehrung, da nicht jeder Browser Grafiken anzeigt, sei das in der Grafik enthaltene Impressum nicht „ständig verfügbar"; *Ott*, MMR 2007, 354, 357, der darauf abstellt, dass Grafiken von Softwareprogrammen, die Blinden Websites vorlesen, nicht erkannt werden, was bei grundrechtskonformer Interpretation (Art. 3 Abs. 3 S. 2 GG) gegen Art. 5 TMG verstoße.

190 LG Hamburg, Urt. v. 24.11.2011 – 327 O 196/11 – K&R 2012, 66, 67; zum Anspruch gegen den Portalbetreiber, wenn keine Möglichkeit angeboten wird ein Impressum einzubinden: OLG Düsseldorf, Urt. v. 18.6.2013 – I-20 U 145/12 – BeckRS 2013, 10877.

191 Zu den erforderlichen Angaben ausführlich Spindler/Schuster/*Micklitz*/*Schirmbacher*, § 5 TMG Rn 31 ff.; *Müller-Broich*, § 5 Rn 4 ff.

192 LG Essen, Urt. v. 19.9.2007 – 44 O 79/07 – MMR 2008, 196.

Bedarf die Tätigkeit des Betreibers der **Social Media-Präsenz** einer behördlichen Zulassung, müssen Angaben zur zuständigen Aufsichtsbehörde[193] erfolgen. Daneben können Informationen zu Registerangaben/Umsatzsteuer- und Wirtschaftsidentifikationsnummer oder berufsrechtliche Angaben erforderlich sein.[194] 156

Musterimpressum GmbH

Impressum nach § 5 TMG für unsere Unternehmenswebsite (www.muster.de) sowie unseren Social Media-Auftritt unter www.facebook.de/muster

Musterfirma GmbH
Musterstraße 1
12345 Musterstadt

Geschäftsführer:
Max Mustermann
Umsatzsteueridentifikationsnummer: 123456789

Kontakt:
Telefon: +49 89 555 555 – 0
E-Mail: info@musterfirma.com

Registergericht: Amtsgericht Musterstadt
(HRB 0815)

---

e) Gestaltungsmöglichkeit auf den einzelnen Plattformen

aa) Facebook

Bei **Facebook** sollte das **Impressum** in der Infobox als Link auf das **Impressum** auf der Unternehmenswebsite platziert werden. 157

Beispiel

Beratung/Dienstleistungsunternehmen
Ein Angebot der Muster GmbH; Impressum www.mustergmbh.de/impressum

---

Alternativ hierzu kann in der Infobox ein Hinweis auf das **Impressum** im Infobereich erfolgen. In diesem Fall ist darauf zu achten, dass das Impressum im Infobe- 158

---

193 Wichtig: nicht zur Zulassungsbehörde.

194 Zu den erforderlichen Angaben ausführlich Spindler/Schuster/*Micklitz*/*Schirmbacher*, § 5 TMG Rn 31 ff.; *Müller-Broich*, § 5 Rn 4 ff.

reich nicht derart tief platziert wird, dass es nur mittels des Links „mehr anzeigen" erreichbar ist.[195]

bb) Twitter

159 Bei **Twitter** sollte das **Impressum** in den „Bio" eingefügt werden.

Beispiel

160 Alternativ könnte im „Bio" ein Hinweis darauf erfolgen, dass das **Impressum** unter dem Feld „Website" zu finden ist. Das Einfügen des Impressums als **Hintergrundgrafik** genügt nach dem oben Gesagten[196] nicht den Voraussetzungen des § 5 Abs. 1 TMG.

cc) XING

161 **XING** empfiehlt, ein vollständiges **Impressum** oder einen Link zum Impressum auf der Website am Ende des Teils „Über uns" aufzunehmen. Dies dürfte nur dann ausreichend sein, wenn zumindest der Beginn des Impressums auf der Hauptseite von „Über uns" zu finden ist. Ist das Impressum nur über die Schaltfläche „Alles anzeigen" erreichbar, sind die Voraussetzungen des § 5 TMG nicht erfüllt. Geht man mit

195 Vgl. zur Impressum-App oben Rn 153.
196 Rn 154.

dem **LG Aschaffenburg**[197] davon aus, dass der Nutzer unter „Info" kein Impressum vermutet, muss dies wohl auch für den Reiter „Über uns" gelten. Hinzu kommt, dass verschiedene Unternehmensdaten bereits im Kopf des Unternehmensprofils vorgehalten werden. Hier ist also Vorsicht geboten, da Nutzer nicht notwendigerweise unter „Über uns" ein Impressum erwarten. Es bietet sich an, die Daten im Kopf des Unternehmensprofils um die fehlenden Informationspflichten, nämlich Vertreter, USt-IdNr. und Handelsregister plus Registernummer zu ergänzen. Wichtig ist in diesem Fall, im Kopf eine ladungsfähige Anschrift anzugeben.

Beispiel

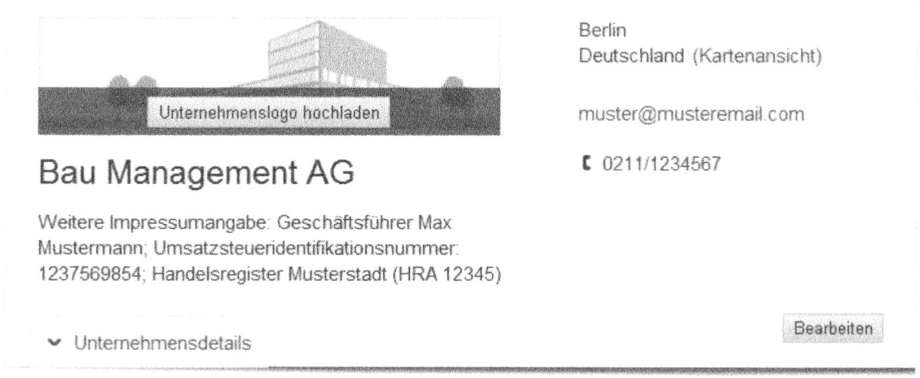

2. Impressumspflicht nach § 55 Abs. 1 RStV

a) Anwendbarkeit

Nach § 55 Abs. 1 **RStV** haben Anbieter von **Telemedien,** die nicht ausschließlich persönlichen oder familiären Zwecken dienen, den Namen und die Anschrift sowie bei juristischen Personen auch Namen und Anschrift des Vertretungsberechtigten leicht erkennbar, unmittelbar erreichbar und ständig verfügbar zu halten. 162

Aus der Formulierung „nicht ausschließlich persönlichen oder familiären Zwecken dienen" folgt, dass nur natürliche Personen von der Impressumspflicht nach § 55 Abs. 1 TMG ausgenommen sind.[198] Damit unterliegen auch **gemeinnützige Einrichtungen** oder **Vereine** der Impressumspflicht nach § 55 Abs. 1 RStV. 163

197 Hierzu Rn 151.
198 Vgl. hierzu *Rockstroh*, MMR 2013, 627.

Praxistipp
Unternehmen haben auf ihrer **Social Media-Präsenz**[199] immer ein **Impressum** nach § 55 Abs. 1 RStV vorzuhalten. Sind die Voraussetzungen nach § 5 Abs. 1 TMG und/oder § 55 Abs. 2 RStV erfüllt,[200] sind die dort aufgeführten Informationen zusätzlich anzugeben. Für Unternehmen empfiehlt es sich ohnehin, stets ein vollständiges Impressum entsprechend § 5 Abs. 1 TMG vorzuhalten.

b) Anforderungen/Angaben

164 Die in § 55 Abs. 1 RStV genannten Pflichtangaben sind *„leicht erkennbar, unmittelbar erreichbar und ständig verfügbar"* zu halten. Dies entspricht den Anforderungen von § 5 TMG, sodass auf die dortigen Ausführungen verwiesen werden kann.[201] Anzugeben sind der Name und eine **ladungsfähige Anschrift** des Anbieters. Eine Postfachadresse genügt nicht. Bei juristischen Personen ist zusätzlich Name und Anschrift des Vertretungsberechtigten zu nennen.

3. Journalistisch-redaktionelle Angebote (§ 55 Abs. 2 RStV)

a) Anwendbarkeit

165 Betreiber einer **Social Media-Präsenz** mit **journalistisch-redaktionell gestalteten Angeboten** haben zusätzlich zu den Angaben nach den § 5 TMG bzw. § 55 Abs. 1 RStV einen Verantwortlichen mit Angabe des Namens und der Anschrift zu benennen.

166 Den Pflichtangaben nach § 55 Abs. 2 RStV unterliegen zunächst Social Media-Präsenzen, auf denen Texte zur Verfügung gestellt werden, die periodischen **Druckerzeugnissen** entnommen wurden (§ 55 Abs. 2 Alt. 1 RStV). Hauptanwendungsfall sind Online-Ausgaben von **Zeitungen** oder **Zeitschriften,** die identische oder modifizierte Inhalte der zugehörigen gedruckten Version enthalten.[202] Die zweite Alternative des § 55 Abs. 2 RStV erfasst Textangebote, zu denen kein Offline-Pendant existiert, die also ausschließlich auf der **Social Media-Präsenz** in periodischer Folge erscheinen. Werden über die Social Media-Präsenz mithin regelmäßig journalistische Texte zur Verfügung gestellt, ist ein Verantwortlicher zu benennen.

Beispiel
Der Pflicht zur Benennung eines Verantwortlichen nach § 55 Abs. 2 RStV unterliegt z.B. das Social Media-Angebot (wie eine **Facebook-Seite**) eines Nachrichtenmagazins. Doch auch kleinere Anbie-

199 Hier werden nur Social Media-Präsenzen von Unternehmen behandelt.
200 Hierzu im Folgenden.
201 Rn 150 ff.
202 Spindler/Schuster/*Micklitz/Schirmbacher*, § 55 RStV Rn 14c.

ter von Social Media-Präsenzen, auf denen regelmäßig journalistische Texte veröffentlicht werden, können unter § 55 Abs. 2 RStV fallen.[203] Hierzu gehört etwa der Medienblog „Flurfunk Dresden".[204]

b) Verantwortlicher

Als **Verantwortlicher** darf nur benannt werden, wer 167

- seinen ständigen Aufenthalt in Deutschland hat,
- nicht infolge Richterspruchs die Fähigkeit zur Bekleidung öffentlicher Ämter verloren hat,
- voll geschäftsfähig ist und unbeschränkt strafrechtlich verfolgt werden kann.

Werden mehrere Verantwortliche benannt, so ist kenntlich zu machen, für welchen Teil des Dienstes der jeweils Benannte verantwortlich ist. Auch hier sind Name und Anschrift zu nennen.

4. Rechtsfolgen fehlerhafter/fehlender Impressen

a) Wettbewerbsverstoß

Ein Verstoß gegen die Impressumspflicht ist wettbewerbswidrig und damit abmahnfähig, wenn die verletzte Informationspflicht auf Unionsrecht basiert.[205] Dies gilt gleichermaßen für Impressen auf Websites wie für Impressen in Social Media-Präsenzen.[206] 168

Der Verstoß gegen Informationspflichten, die über **Unionsrecht** hinausgehen,[207] ist weder über § 4 Nr. 11 UWG noch über § 5a UWG **wettbewerbswidrig.**[208] Die Angabe falscher oder unvollständiger Daten kann eine **irreführende geschäftliche Handlung** darstellen, die nach § 5 Abs. 1 S. 2 Nr. 3 UWG wettbewerbswidrig sein kann.[209] Die 169

203 Spindler/Schuster/*Micklitz/Schirmbacher*, § 55 RStV Rn 14d für journalistische Blogs; *Weiner/Schmelz*, K&R 2006, 457, 458.

204 Abrufbar unter http://www.facebook.com/flurfunkdd.

205 KG, Urt. v. 6.12.2011 – 5 U 144/10 – MMR 2012, 240; KG, Beschl. v. 21.9.2012 – 5 W 204/12 – CR 2012, 803; LG Ingolstadt, Beschl. v. 6.2.2012 – 1 HK O 105/12 – (fehlende Handelsregisternummer, Eintragungsbehörde und Sitz der Eintragungsbehörde); OLG Hamm, Urt. v. 4.2.2009 – 4 U 213/08 – MMR 2009, 552 (fehlende Handelsregister- und USt-IdNr.), eine Übersicht zu den einzelnen Angaben findet man bei Taeger/*Lorenz*, S. 1, 11.

206 LG Frankfurt/Main, Beschl. v. 19.10.2011 – 3-08 O 136/11 –, LG Regensburg, Urt. v. 31.1.2013 – 1 HK O 1884/12 – CR 2013, 197.

207 Hierher gehört etwa die Angabe des Vertretungsberechtigten bei juristischen Personen; bei Fehlen der Angabe verneint das OLG München den Anspruch, Beschl. v. 14.7.2009 – 6 W 1774/09 – BeckRS 2010, 29549.

208 KG, Beschl. v. 21.9.2012 – 5 W 204/12 –.

209 Hierzu *Lorenz*, WRP 2010, 1224, 1227.

Pflicht zur **Benennung eines Verantwortlichen** nach § 55 Abs. 2 RStV ist keine Marktverhaltensregelung i.S.d. § 4 Nr. 11 UWG.[210]

170 Die **Wettbewerbsverletzung** kann überdies Ansprüche auf Unterlassen und Schadensersatz gem. § 8f UWG auslösen.

Praxisbeispiel
In dem oben unter Rn 147 angeführten Verfahren vor dem **LG Regensburg** machte die Antraggegnerin den Einwand des Rechtsmissbrauchs gem. § 8 Abs. 4 UWG geltend. Das den Antrag auf Erlass einer einstweiligen Verfügung stellende Unternehmen hatte innerhalb einer Woche über 180 Abmahnungen wegen fehlender Impressen auf **Social Media-Plattformen** an Mitbewerber versandt. Das LG Regensburg sah hierin kein rechtsmissbräuchliches Verhalten, insbesondere da die Antragstellerin in den Abmahnungen – nach Ansicht des Gerichts – keine überzogenen Rechtsanwaltskosten geltend gemacht hatte.[211] In den beiden bisher veröffentlichten Entscheidungen zur Impressumspflicht auf Facebook-Seiten haben die Gerichte einen Streitwert von 2.000 € bzw. 3.000 € festgesetzt, was vorgerichtliche Abmahnkosten in Höhe von ca. 200 € bzw. 300 € bedingt.

---

b) Sonstige zivilrechtliche Ansprüche

171 Neben die wettbewerbsrechtlichen Ansprüche kann ein **Schadensersatzanspruch** nach § 5 TMG i.V.m. § 823 Abs. 2 BGB treten, soweit durch die fehlenden Informationen ein Schaden entstanden ist.[212] Hierneben sind Ansprüche aus § 311 BGB denkbar, wenn die Information im Rahmen der **Vertragsverhandlung** unterblieben ist.[213]

c) Bußgeld

172 Zusätzlich hat die zuständige Behörde die Möglichkeit, **Bußgelder** bis zu einer Höhe von 50.000 € zu verhängen, wenn die oben genannten Informationen nicht, nicht richtig oder nicht vollständig zur Verfügung gestellt werden, § 16 Abs. 3 TMG.

II. Informationspflichten im Rahmen kommerzieller Kommunikation (§ 6 Abs. 1 TMG)

173 Im Rahmen **kommerzieller Kommunikation** haben die Betreiber von **Social Media-Präsenzen** zusätzlich die in § 6 Abs. 1 TMG festgelegten Voraussetzungen zu beachten.

---

210 *Lorenz*, S. 311; *Lorenz*, K&R 2008, 340, 345.
211 LG Regensburg, Urt. v. 31.1.2013 – 1 HK O 1884/12 – MMR 2013, 246, 247.
212 Spindler/Schuster/*Micklitz*/*Schirmbacher*, § 5 TMG Rn 73.
213 Palandt/*Grüneberg*, § 311 Rn 55.

1. Kommerzielle Kommunikation

Der Begriff der **kommerziellen Kommunikation** ist in § 2 Nr. 5 TMG definiert. Er ist weit zu verstehen. Umfasst sind insbesondere der Selbstdarstellung dienende Aktivitäten eines Unternehmens.[214] Damit unterfallen neben Unternehmenswebsites[215] auch sämtliche Social Media-Präsenzen und kommerzielle Mitteilungen den Informationspflichten nach § 6 Abs. 1 TMG. Nicht der kommerziellen Kommunikation dient die unternehmensinterne Social Media-Plattform. Im Fokus steht vielmehr der Austausch von Wissen, das Teilen und Bearbeiten von Dokumenten sowie die unternehmensinterne Kommunikation. 174

2. Erkennbarkeit

Kommerzielle Kommunikation muss klar als solche erkennbar sein. Bietet die **Social Media-Plattform** besondere Präsenzen für Unternehmen wie Facebook-Seiten oder XING-Unternehmensprofile an, sind diese zwingend zu nutzen. Ist aufgrund der Gestaltung der **Social Media-Präsenz** der **werbliche Charakter** dem Nutzer offenbar, bedarf es keiner weitergehenden Kennzeichnung.[216] In diesen Fällen kann der Nutzer bereits nicht mehr auf die Neutralität des Angebots vertrauen. 175

3. Werbender muss identifizierbar sein

Zudem ist es gem. § 6 Abs. 1 Nr. 2 TMG erforderlich, dass die natürliche oder juristische Person, in deren Auftrag **kommerzielle Kommunikation** erfolgt, klar identifizierbar ist. Für eine klare Identifizierbarkeit genügt es, den Namen, die Firma oder ein sonstiges Unternehmenskennzeichen der werbenden Person zu nennen.[217] 176

Praxistipp !

Die Social Media-Präsenz sollte einen aussagekräftigen Namen tragen, aus dem sich ergibt, um welches Unternehmen es sich handelt.

Das werbende Unternehmen muss nicht unmittelbar mit der kommerziellen Kommunikation genannt werden. Es genügt, wenn die Informationen jederzeit und ohne großen technischen Aufwand, z.B. über einen Link auf die Unternehmenswebsite, erreichbar sind.[218] 177

---

214 *Kitz*, ZUM 2007, 368, 372.
215 *Leitgeb*, ZUM 2009, 39, 43.
216 *Leitgeb*, ZUM 2009, 39, 43; Spindler/Schuster/*Micklitz/Schirmbacher*, § 6 TMG Rn 26.
217 BT-Drucks. 14/6098, S. 22.
218 BT-Drucks. 14/6098, S. 22.

Beiträge eines Unternehmens erscheinen im Nachrichtenstrom der Nutzer, die Fans des Unternehmens sind, diesem folgen oder dessen Neuigkeiten abonniert haben. Bereits aus dem Präsenznamen sollte daher klar werden, um wen es sich bei dem werbenden Unternehmen handelt.

4. Angebote zur Verkaufsförderung

178 Angebote zur **Verkaufsförderung** wie Preisnachlässe, Zugaben und Geschenke müssen klar als solche erkennbar sein. Die Bedingungen, unter denen sie in Anspruch genommen werden können, müssen leicht zugänglich sowie klar und eindeutig angegeben werden.[219]

5. Gewinnspiele

179 **Preisausschreiben** oder **Gewinnspiele** mit Werbecharakter müssen als solche klar erkennbar sein. Die **Teilnahmebedingungen** für solche Preisausschreiben oder andere Gewinnspiele mit **Werbecharakter** müssen leicht zugänglich sowie klar und eindeutig angegeben werden.[220]

6. Sonstiges

180 Werben über die **Social Media-Präsenz** auch andere Unternehmen (etwa verbundene Unternehmen), ist dies gesondert kenntlich zu machen. Die Regelung soll insbesondere Werbung als solche erkennbar machen, damit hohe Transparenz gewährleistet und die Entscheidungsfreiheit des Empfängers geschützt ist. Eine weitere spezialgesetzliche Regelung findet sich in § 58 Abs. 1 RStV.

7. Sanktionen

181 Es bestehen dieselben zivilrechtlichen Ansprüche (insbesondere Unterlassung und Schadensersatz) wie bei § 5 TMG.[221] Verstöße gegen § 6 Abs. 1 TMG können aber nicht mit einem Bußgeld belegt werden.[222]

---

219 BT-Drucks. 14/6098, S. 22.
220 BT-Drucks. 14/6098, S. 22.
221 Siehe oben Rn 168 ff.
222 Hierzu auch Spindler/Schuster/*Micklitz*/*Schirmbacher*, § 6 TMG Rn 121.

III. Datenschutzerklärung

Die Frage, ob die Social Media-Präsenz eine eigene Datenschutzbestimmung vorhalten muss und in welchem Verhältnis diese zu den Datenschutzbestimmungen der Plattform steht, wird in Kap. 3 behandelt. 182

IV. Informationspflichten beim Social Shopping

1. Preisangabenverordnung

Für den Betreiber der **Social Media-Präsenz** können sich weitere Informations- 183
pflichten aus der **Preisangabenverordnung** (PAngV) ergeben. Die PAngV regelt Art und Weise der Preisangabe im geschäftlichen Verkehr. Sie ist auf jedes Unternehmen anwendbar, das Letztverbrauchern gewerbs- oder geschäftsmäßig oder regelmäßig in sonstiger Weise Waren oder Leistungen anbietet oder ihnen gegenüber als Anbieter unter Angabe von Preisen wirbt.[223]

a) Anbieten und Werben

Der Begriff des **Anbietens** umfasst jedes Angebot eines Unternehmens gegenüber 184
einem Letztverbraucher, das gezielt auf den Verkauf einer Ware gerichtet ist.[224] Dabei genügt jede Ankündigung, die so konkret gefasst ist, dass sie nach der Auffassung des Verkehrs den Abschluss eines Geschäfts auch aus der Sicht des Kunden ohne Weiteres zulässt.[225] Von bloßem **Werben** ist hingegen auszugehen, wenn es noch ergänzender Angaben und weiterer Verhandlungen bedarf, um ein Geschäft zum Abschluss zu bringen.[226]

Beispiel

Können Nutzer Waren direkt auf der oder über die **Social Media-Präsenz** erwerben, ist von einem „Anbieten" der Waren auszugehen. Die Vorgaben der PAngV sind einzuhalten, ohne dass weitere Voraussetzungen hinzutreten müssen. Werden Waren auf der Social Media-Präsenz lediglich dargestellt, sind aber weitere Schritte erforderlich, um den Kauf abzuschließen (z.B. Aufrufen des Webshops, Legen der Ware in den Warenkorb, Bezahlvorgang etc.), ist von einem bloßen „Werben" auszugehen.[227] Die Vorgaben der PAngV sind in diesem Fall nur zu erfüllen, wenn unter Angabe von Preisen geworben wird.

---

223 Hierzu ausführlich Köhler/Bornkamm/*Köhler*, § 1 PAngV Rn 1ff.
224 Köhler/Bornkamm/*Köhler*, § 1 PAngV Rn 5.
225 BGH, Urt. v. 3.7.2003 – I ZR 211/01 – CR 2003, 816.
226 BGH, Urt. v. 9.6.2004 – I ZR 187/02 – WRP 2004, 1359.
227 Weitere Beispiele bei Köhler/Bornkamm/*Köhler*, § 1 PAngV Rn 7.

b) Erforderliche Angaben

185 Soweit die PAngV anwendbar ist, hat der Betreiber der Social Media-Präsenz
- die Preise anzugeben, die einschließlich der Umsatzsteuer und sonstiger Preisbestandteile zu zahlen sind (Endpreise) sowie,
- soweit es der allgemeinen Verkehrsauffassung entspricht, die Verkaufs- oder Leistungseinheit und die Gütebezeichnung anzugeben, auf die sich die Preise beziehen.[228]

186 Der Begriff **Endpreis** meint das tatsächlich zu zahlende Gesamtentgelt. „Circa"-Angaben sind unzulässig. Der Endpreis muss die Umsatzsteuer und sonstige Preisbestandteile enthalten. Angaben wie „zzgl. **Mehrwertsteuer**" sind unzulässig.[229]

c) Zusätzliche Angaben im Fernabsatz

187 Im **Fernabsatz** ist zusätzlich anzugeben,
- dass die für Waren oder Leistungen geforderten Preise die **Umsatzsteuer** und sonstige Preisbestandteile enthalten und
- ob zusätzlich Liefer- und Versandkosten anfallen und, wenn Lieferkosten anfallen, deren Höhe.

188 Sämtliche Angaben nach der **PAngV** sind dem entsprechenden Angebot oder der **Werbung** eindeutig zuzuordnen sowie leicht erkennbar und deutlich lesbar oder sonst gut wahrnehmbar zu machen. Bei der Aufgliederung von Preisen sind die **Endpreise** hervorzuheben. Es genügt jedoch, wenn die fraglichen Informationen alsbald sowie leicht erkennbar und gut wahrnehmbar auf einer gesonderten (Internet-)Seite angegeben werden, wenn der Verbraucher gezwungen ist, diese Seite vor Einleitung des Bestellvorgangs aufzurufen. Der Verbraucher benötigt diese Angaben, wenn er sich mit dem Angebot näher befasst; nicht erst im Bestellprozess.[230]

! **Praxistipp**
Die vorstehenden Informationen sind dem Nutzer zur Verfügung zu stellen, bevor er den Bestellvorgang einleitet, z.B. indem er die Ware in den **Warenkorb** legt. Spätestens in diesem Moment hat der Kunde seine Kaufentscheidung getroffen. Es genügt jedoch die Angabe über einen Sternchenhinweis und einen Link, soweit dieser ausreichend deutlich bezeichnet ist. Sämtliche Informationen müssen auch auf **mobilen Endgeräten** bereitgehalten werden.[231]

---

228 Hierzu Köhler/Bornkamm/*Köhler*, § 1 PAngV Rn 17 ff.
229 Hierzu ausführlich mit weiteren Nachweisen Köhler/Bornkamm/*Köhler*, § 1 PAngV Rn 15 ff.
230 Zum Vorstehenden BGH, Urt. v. 4.10.2007 – I ZR 143/04 – CR 2008, 108.
231 OLG Hamm, Urt. v. 20.5.2010 – I-4 U 225/09 – CR 2010, 609; vgl. hierzu auch schon oben Rn 153.

Beispiel
Gesamtpreis*: 499,00 €

Preise inkl. gesetzl. MwSt. zzgl.* ***Service- und Versandkosten.*
[**Anm.**: Unterstrichen = Link]

2. Fernabsatzinformationspflichten

Weitere Informationspflichten finden sich im Anwendungsbereich des **Fernabsatzes** (§ 312c BGB i.V.m. Art. 246 §§ 1, 2 EGBGB). Im Rahmen der Umsetzung der Europäischen Verbraucherrichtlinie 2011/83/EU[232] in deutsches Recht wird es dabei voraussichtlich im Juni 2014 zu umfangreichen Änderungen insbesondere im Bereich des Widerrufsrechts kommen. **189**

a) Anwendbares Recht

Deutsches **Fernabsatzrecht** findet auf Verträge mit deutschen Verbrauchern immer **190**
dann Anwendung, wenn
- der Unternehmer seine berufliche oder gewerbliche Tätigkeit ebenfalls in Deutschland ausübt oder
- eine solche Tätigkeit auf irgendeine Weise auf Deutschland ausrichtet und der Vertrag in diesen Bereich der Tätigkeit fällt (§ 6 Abs. 1 Rom I-VO).[233]

Für ein „Ausrichten" der Tätigkeit reicht allein die Zugänglichkeit einer (passiven) **191**
Social Media-Präsenz nicht aus. Vielmehr ist erforderlich, dass auf dieser auch der Vertragsabschluss im Fernabsatz angeboten wird und dass tatsächlich ein **Vertragsabschluss im Fernabsatz** erfolgt ist.[234] Über die Social Media-Präsenz muss eine irgendwie geartete Interaktionsmöglichkeit bestehen.[235] Die Sprache, in der die **Social Media-Präsenz** angeboten wird, und die **Währung**, in der gezahlt werden kann, sind nicht relevant, können aber als Indiz für ein „Ausrichten" der Präsenz herangezogen werden.[236]

---

232 RL 2011/83/EU des Europäischen Parlaments und des Rates v. 25.10.2011 über die Rechte der Verbraucher, zur Abänderung der RL 93/13/EWG des Rates und der RL 1999/44/EG des Europäischen Parlaments und des Rates sowie zur Aufhebung der RL 85/577/EWG des Rates und der RL 97/7/EG des Europäischen Parlaments und des Rates, ABl. 2011 Nr. L 304/64.

233 VO (EG) Nr. 593/2008 des Europäischen Parlamentes und des Rates v. 17.6.2008 über das auf vertragliche Schuldverhältnisse anwendbare Recht (Rom I), ABl. L 177/6 v. 7.7.2008.

234 MüKo-BGB/*Martiny*, VO (EG) 593/2008 Art. 6 Verbraucherverträge Rn 33.

235 BGH, Beschl. v. 17.9.2008 – III ZR 71/08 – CR 2009, 174.

236 Erwägungsgrund 24 der Rom I-VO; hierzu auch MüKo-BGB/*Martiny*, VO (EG) 593/2008 Art. 6 Verbraucherverträge Rn 33.

Beispiel
Deutsches Recht ist daher für **ausländische Unternehmen** immer dann anzuwenden, wenn deren **Social Media-Präsenz** für deutsche Nutzer erreichbar ist, die Möglichkeit des Vertragsschlusses über diese angeboten wird und es tatsächlich zum **Vertragsabschluss** mit Nutzern kommt. Umgekehrt ist das Recht eines anderen Staates anwendbar, wenn die Präsenz eines deutschen Unternehmens für Verbraucher aus anderen Staaten erreichbar ist und es mit diesen zum Vertragsabschluss kommt.[237] Bietet der Betreiber auf seiner Social Media-Präsenz einen Shop an, kann es daher zu einer **kumulierten Anwendung** diverser **Verbraucherschutzvorschriften** kommen. Der Unternehmer kann sich selber schützen, indem er mit Verbrauchern außerhalb seines räumlichen Geschäftsfelds keine Verträge schließt.[238] **Disclaimer** allein genügen nicht, um die Anwendbarkeit der entsprechenden **Verbrauchschutzvorschriften** auszuschließen.[239]

192 Auch Rechtswahlklauseln helfen an dieser Stelle nicht weiter. Zwar ist eine solche **Rechtswahl** grundsätzlich möglich.[240] Doch bleibt dem Verbraucher der Schutz der auf ihn anwendbaren nationalen **Verbrauchschutzvorschriften** nach Art. 6 Abs. 2 Rom I-VO und Art. 46b EGBGB erhalten.

b) Die Voraussetzungen im Einzelnen

aa) Vorliegen eines Fernabsatzvertrages

193 Ein **Fernabsatzvertrag** liegt vor, wenn ein Unternehmer mit einem Verbraucher einen Vertrag unter ausschließlicher Verwendung von **Fernkommunikationsmitteln** über die Lieferung von Waren oder über die Erbringung von Dienstleistungen, einschließlich Finanzdienstleistungen, abschließt, es sei denn, dass der Vertragsschluss nicht im Rahmen eines für den Fernabsatz organisierten Vertriebs- oder Dienstleistungssystems erfolgt (§ 312b Abs. 1 S. 1 BGB).

194 Gerade bei kostenlosen Angeboten kann die Abgrenzung, ob zwischen Anbieter und Nutzer ein Vertrag zustande kommt, schwierig sein.[241]

Beispiel
Wie bereits in Rn 106 dargestellt, kommt allein durch das Betätigen der Schaltfläche **„Gefällt mir“**, **„Follow“** oder **„Neuigkeiten abonnieren“** grundsätzlich **kein Vertrag** mit dem Nutzer zustande.

237 Hierzu auch ausführlich für Internetsachverhalte Spindler/Schuster/*Pfeiffer*/*Weller*/*Nordmeier*, Rom I Art. 6 Verbraucherverträge Rn 13ff.
238 Spindler/Schuster/*Pfeiffer*/*Weller*/*Nordmeier*, Rom I Art. 6 Verbraucherverträge Rn 15.
239 BGH, Urt. v. 30.3.2006 – I ZR 24/03 – CR 2006, 539, 540.
240 Art. 6 Abs. 2 S. 1 Rom I-VO.
241 Hierzu ausführlich Spindler/Schuster/*Micklitz*/*Schirmbacher*, § 312b BGB Rn 26, 28; sowie oben Rn 121.

bb) Rückausnahmen

Vom Anwendungsbereich des § 312b Abs. 1 BGB sind laut § 312b Abs. 3 BGB bestimmte Verträge ausgenommen. Nicht erfasst sind insbesondere Lieferdienste (§ 312b Abs. 3 Nr. 5 BGB) oder Ticketdienste (§ 312b Abs. 3 Nr. 6 BGB).[242] 195

Beispiel

Bietet ein Ticketdienst über seine **Facebook-Seite** den Kauf von Konzerttickets an, unterfällt der Kauf eines Tickets nicht dem Fernabsatzrecht (§ 312b Abs. 3 Nr. 6 BGB). Die Informationspflichten nach § 312g Abs. 2 BGB wären jedoch einzuhalten.[243]

---

c) Vorvertragliche Informationspflichten

Bei **Fernabsatzverträgen** hat der Unternehmer den Verbraucher rechtzeitig vor 196
Abgabe seiner Vertragserklärung bestimmte Informationen wie

- die Identität des Unternehmers,
- das Unternehmensregister und die zugehörige Registernummer,
- die Identität des Vertreters,
- eine ladungsfähige Anschrift,
- wesentliche Leistungsmerkmale,*
- die Umstände des Zustandekommens des Vertrages,
- die Mindestlaufzeit des Vertrages,*
- Liefervorbehalte,
- Preisangaben,*
- Liefer- und Versandkosten,*
- Steuern und Abgaben,*
- eine **Widerrufsbelehrung**,
- Fernkommunikationskosten und
- Einzelheiten hinsichtlich Zahlung, Lieferung und Erfüllung[244]

in einer dem eingesetzten Fernkommunikationsmittel entsprechenden Weise klar sowie verständlich und unter Angabe des geschäftlichen Zwecks zur Verfügung zu stellen.

Hinweis

Wird mit dem Nutzer über die **Social Media-Präsenz** ein Vertrag geschlossen, der eine entgeltliche Leistung zum Gegenstand hat, können zusätzlich die Informationspflichten nach § 312g Abs. 2 BGB

---

242 Auf die ausgenommenen Unternehmen können jedoch die Informationspflichten nach § 312g BGB (hierzu unter Rn 204) Anwendung finden.

243 Hierzu unter Rn 204.

244 Zu den Informationspflichten im Einzelnen MüKo-BGB/*Wendehorst*, § 312c BGB Rn 17 ff.

Anwendung finden. Betroffen hiervon sind die oben mit einem * gekennzeichneten Informationen.[245]

197 Dem Verbraucher sollen vor Abschluss eines Vertrages die erforderlichen Vorabinformationen zugehen, damit er die ihm angebotene Leistung entsprechend beurteilen und folglich seine Entscheidung in Kenntnis aller Umstände treffen kann.[246] Es genügt, wenn die Informationen auf der Seite der Social Media-Präsenz bereitgehalten werden, aufgrund der sich der Verbraucher zur Bestellung entschließt.[247] Das zur Verfügung stellen über einen Link genügt. Dafür muss der Link so bezeichnet sein, dass für den Nutzer klar ist, welche Informationen dort hinterlegt sind. Es genügt, wie bei den **Informationspflichten** nach § 5 Abs. 1 TMG, die Erreichbarkeit der Informationen über maximal **zwei Klicks.**[248]

198 Wie bei allen sonstigen Informationspflichten gilt auch hier: Kann über ein **mobiles Endgerät** ein Vertrag geschlossen werden, müssen auch die entsprechenden Pflichtinformationen abrufbar sein.[249] Probleme bei der Darstellbarkeit schränken die Informationspflichten nicht ein.[250]

Praxistipp
Wird die Social Media-Präsenz in deutscher Sprache angeboten und unterliegt der abzuschließende Vertrag deutschem Recht, sind die Informationen in deutscher Sprache zu erteilen.

d) Nachvertragliche Informationen

199 Zudem sind die Informationen nach Art. 246 § 2 EGBGB grundsätzlich nach **Vertragsschluss** in Textform zu erbringen. Es genügt insoweit die Übermittlung per E-Mail.[251] Die Darstellung auf der **Social Media-Präsenz** genügt nicht.[252] Der Inhalt der Informationspflicht ergibt sich aus Art. 246 § 2 EGBGB.[253]

245 Ausführlich hierzu Rn 204.
246 Erwägungsgrund 21 der RL 2002/65/EG.
247 RegE BT-Drucks. 14/2658, S. 38.
248 BGH, Urt. v. 20.7.2006 – I ZR 228/03 – GRUR 2007, 159, 160.
249 Spindler/Schuster/*Micklitz/Schirmbacher*, § 312c BGB Rn 62b f.
250 OLG Hamm Urt. v. 16.6.2009 – 4 U 51/09 – VuR 2009, 431; LG Hamburg, Urt. v. 24.11.2011 – 327 O 196/11 – K&R 2012, 66, 67.
251 Spindler/Schuster/*Micklitz/Schirmbacher*, § 312c BGB Rn 160.
252 Für Websites Spindler/Schuster/*Micklitz/Schirmbacher*, § 312c BGB Rn 160a m.w.N.
253 Weiterführend Spindler/Schuster/*Micklitz/Schirmbacher*, § 312c BGB Rn 156 ff.

e) Rechtsfolge

Verstöße gegen die Informationspflichten können sowohl vertragliche als auch gesetzliche Ansprüche auslösen.[254] Wird die **Widerrufsbelehrung** nicht übersandt, beginnt die Frist für den Widerruf gem. § 355 Abs. 2 BGB nicht zu laufen. 200

f) Widerrufs- und Rückgaberecht

Bei Fernabsatzverträgen steht dem Verbraucher ein Widerrufsrecht nach § 355 BGB zu. Besonderheiten im Bereich **Social Media** ergeben sich nicht. Es wird insofern auf die einschlägige Literatur verwiesen.[255] 201

3. Informationspflichten im elektronischen Geschäftsverkehr (§ 312g BGB)

a) Allgemeines

Können über die **Social Media-Präsenz Verträge** über die Lieferung von Waren oder über die Erbringung von Dienstleistungen geschlossen werden, sind zudem die Vorgaben des § 312g Abs. 1 BGB zu beachten. Dies gilt sowohl für B2B- als auch für B2C-Geschäfte. Zur **Anwendbarkeit deutschen Rechts** siehe Rn 190. 202

aa) Informationspflichten

Dem Nutzer sind die Informationen nach Art. 246 § 3 EGBGB rechtzeitig vor Abgabe von dessen Bestellung klar und verständlich mitzuteilen (Abs. 1 Nr. 2 BGB). Der Betreiber muss den Nutzer insbesondere über die einzelnen technischen Schritte informieren, die zu einem **Vertragsschluss** führen (Art. 246 § 3 Nr. 1 EGBGB). Die Mitteilung der entsprechenden Informationen ist „rechtzeitig" i.S.d. § 312g Abs. 1 Nr. 2 BGB, wenn sie im Rahmen des Bestellvorgangs auf der Bestellseite erfolgt.[256] Es genügt, die Informationen in die **AGB** zu integrieren, solange die Integrierung klar und verständlich erfolgt und auf die Informationen besonders hingewiesen wird. Das Zurverfügungstellen der Informationen über einen Link genügt, wenn dieser ausreichend bestimmt bezeichnet ist. 203

Praxistipp !

Es genügt, wenn die Informationen als gesonderter Block in die AGB eingebunden werden, solange auf der **Social Media-Präsenz** im Rahmen des Bestellprozesses auf diese ausdrücklich hingewiesen wird:

*„Informationen zum Vertragsschluss finden Sie **hier**.*

---

254 Hierzu ausführlich Spindler/Schuster/*Micklitz/Schirmbacher*, § 312c BGB Rn 201 ff.
255 Spindler/Schuster/*Micklitz/Schirmbacher*, § 312d BGB.
256 Spindler/Schuster/*Spindler/Anton*, § 312e BGB Rn 11.

[**Anm.**: Unterstrichen = Link]

Der Link verweist direkt auf den entsprechenden Abschnitt in den **AGB**, der die Pflichtinformationen enthält.

bb) Weitere Vorgaben nach § 312g Abs. 1 BGB

204 Nach § 312g Abs. 1 Nr. 1 BGB hat der Betreiber **der Social Media-Präsenz** dem Nutzer angemessene, wirksame und zugängliche technische Mittel zur Verfügung zu stellen, mit deren Hilfe **Eingabefehler** vor Abgabe einer Bestellung erkannt und berichtigt werden können. Der Zugang der Bestellung ist dem Nutzer unverzüglich auf elektronischem Wege zu bestätigen (§ 312g Abs. 1 Nr. 3 BGB). Dem Nutzer ist die Möglichkeit zu geben, die Vertragsbestimmungen einschließlich der **AGB** bei **Vertragsschluss** abzurufen und in wiedergabefähiger Form zu speichern (§ 312g Abs. 1 Nr. 4 BGB).

Praxistipp
Die Plattformen bieten derzeit nur an wenigen Stellen die tatsächlichen und technischen Voraussetzungen, dass die hier dargestellten Vorgaben eingehalten werden können.[257]

b) Button-Lösung zum Schutz vor Abofallen

205 Nach der sog. **Button-Lösung** haben Unternehmer bei einem Vertrag im elektronischen Geschäftsverkehr, der eine entgeltliche Leistung des Unternehmers zum Gegenstand hat, dem Verbraucher unmittelbar vor **Vertragsschluss** bestimmte Informationen klar und verständlich unmittelbar über dem **Bestellbutton** zur Verfügung zu stellen. Die Bestellsituation ist so zu gestalten, dass der Verbraucher mit seiner **Bestellung** ausdrücklich bestätigt, dass er sich zu einer Zahlung verpflichtet (§ 312g Abs. 3 BGB). Diese Pflichten treffen auch Betreiber von **Social Media-Präsenzen,** wenn es zum **entgeltlichen Vertragsschluss** kommt.

Beispiel
Ein Ticketdienst bietet die Möglichkeit, direkt über seinen Facebook-Shop Tickets für Veranstaltungen zu kaufen. Eine Bereichsausnahme[258] existiert hier nicht.

257 Grundsätzlich möglich z.B. in Anwendungen wie die Facebook-App, die selbst gestaltet werden kann.
258 Wie oben Rn 195.

aa) Die Gestaltung der Schaltfläche

Die Schaltfläche ist so zu beschriften, dass der Verbraucher im Zeitpunkt der Abga- 206
be seiner vertragsrelevanten Erklärung eindeutig und unmissverständlich darüber informiert wird, dass seine Bestellung eine finanzielle Verpflichtung auslöst. Formulierungen wie „zahlungspflichtig bestellen", „kostenpflichtig bestellen" oder „kaufen" sollen möglich sein.[259] Nicht ausreichend sind Formulierungen wie: „Anmeldung", „weiter" oder „bestellen".

Praxistipp

Für die Schaltfläche müssen aussagekräftige Formulierungen wie „kostenpflichtig bestellen" oder „kaufen" verwendet werden. Anderenfalls kann es passieren, dass kein Vertrag mit dem Kunden zustande kommt.[260]

Die Beschriftung der Schaltfläche muss gut lesbar sein. Hier sind entsprechende 207
Anforderungen an Schriftart und -größe sowie eine ausreichend kontrastreiche Gestaltung der Schaltfläche zu stellen.

Ausweislich der Gesetzesbegründung sind nicht nur Schaltflächen, sondern 208
auch andere Bedienelemente zulässig, die es einem Anwender erlauben, eine Aktion in Gang zu setzen oder dem System eine Rückmeldung zu geben. Die Schaltfläche kann dementsprechend auch als Hyperlink oder Checkbox ausgestaltet sein.[261]

Praxistipp

Auch die in Rn 206 ff. dargestellten Voraussetzungen können derzeit auf den gängigen Social Media-Plattformen nur in besonderen Anwendungen, wie z.B. in Facebook-Apps, eingehalten werden.

---

bb) Die zur Verfügung zu stellenden Informationen

Dem Nutzer müssen gem. § 312g Abs. 2 BGB folgende Informationen klar und ver- 209
ständlich in hervorgehobener Weise zur Verfügung gestellt werden:

- die wesentlichen Merkmale der Ware oder Dienstleistung;
- die Mindestlaufzeit des Vertrages, wenn dieser eine dauernde oder regelmäßig wiederkehrende Leistung zum Inhalt hat;
- den Gesamtpreis der Ware oder Dienstleistung einschließlich aller damit verbundenen Preisbestandteile sowie alle über den Unternehmer abgeführten Steuern oder, wenn kein genauer Preis angegeben werden kann, seine Berechnungsgrundlage, die dem Verbraucher eine Überprüfung des Preises ermöglicht; und
- Versand- und Zusatzkosten.

---

259 BT-Drucks. 17/7745, S. 12.
260 Hierzu gleich in Rn 213.
261 BT-Drucks. 17/7745, S. 12.

cc) Bereitstellen der Informationen

210 Die Informationen müssen in räumlicher Nähe über[262] dem **Button** angezeigt werden. Der Button und sämtliche Informationen müssen bei üblicher Bildschirmauflösung gleichzeitig zu sehen sein. Zwischen den Informationen und der Schaltfläche dürfen sich keine trennenden Gestaltungselemente befinden.[263] Es genügt nicht, wenn die Informationen erst über einen Link erreichbar sind oder gesondert heruntergeladen werden müssen.[264] Auch das Bereithalten der Informationen per **„Mouse-Over"** soll nicht genügen.[265] Die Informationen sind, etwa durch Fettdruck, eine andere Schriftgröße, Schriftart, Farbe oder auf ähnliche Weise, hervorzuheben.[266] In diesen Block aus hervorgehobenen Informationen dürfen keine sonstigen Informationen (wie AGB oder Widerrufsbelehrung) aufgenommen werden.[267]

Praxistipp
Soweit ersichtlich, bietet bisher lediglich **Facebook** die Möglichkeit, Shops auf der **Social Media-Präsenz** einzubinden. Dieser wird dann als zusätzlicher Tab angezeigt. Diese Anwendung lässt sich individuell gestalten, sodass das Erfüllen der Voraussetzungen möglich sein sollte. Nutzen Sie Shops eines Anbieters oder lassen sich einen Shop von einem Dienstleister programmieren, dann achten Sie darauf, dass sämtliche Pflichtangaben auf sämtlichen Geräten, auf denen die **Social Media-Präsenz** abrufbar ist, angezeigt werden. Sie haften für die Erfüllung der Informationspflichten. Auf die Kenntnis, wie die Social Media-Präsenz auf einzelnen **mobilen Endgeräten** dargestellt wird, kommt es nicht an. Auch ein Verschulden ist nicht erforderlich.[268] Können die Voraussetzungen nicht eingehalten werden, ist eine Nutzung zu unterlassen.

---

c) Bereichsausnahme „individuelle Kommunikation"

211 Eine partielle Bereichsausnahme von den vorgenannten Pflichten gilt nach § 312g Abs. 5 BGB, wenn der **Vertrag** mit dem Nutzer ausschließlich durch individuelle Kommunikation geschlossen wird. Diese Ausnahmevorschrift findet vor allem Anwendung auf Verträge, die unter Verwendung wechselseitiger E-Mails zustande kommen.

---

262 Zu diesem Erfordernis, *Bergt*, NJW 2012, 3541; *Buchmann*, K&R 2012, 549, 550; Gegenäußerung der Bundesregierung, BT-Drucks. 17/7745, S. 18.

263 Zur Schwierigkeit, diese Vorgaben umzusetzen, *Bergt*, NJW 2012, 3541; *Buchmann*, K&R 2012, 549.

264 Begründung zum RegE, BT-Drucks. 17/7745, S. 11.

265 *Bergt*, NJW 2012, 3541.

266 Begründung zum RegE, BT-Drucks. 17/7745, S. 11.

267 *Buchmann*, K&R 2012, 549, 550.

268 OLG Hamm, Urt. v. 20.5.2010 – I-4 U 225/09 – CR 2010, 609, 610.

d) Konsequenzen bei Verstößen

Verstöße gegen die Informationspflichten werden in der Regel als **Wettbewerbsverstoß** der Abmahnung von Wettbewerbern zugänglich sein. 212

Gestaltet der Unternehmer seine Schaltfläche nicht entsprechend den Vorgaben 213 aus § 312g Abs. 3 BGB, kommt kein Vertrag zwischen ihm und dem Verbraucher zustande (§ 312g Abs. 4 BGB).

D. Gewinnspiele/Glücksspiele

I. Einführung

Gewinnspiele erfreuen sich auf Social Media-Plattformen größter Beliebtheit. 214 Häufig ist einzige Voraussetzung für die Teilnahme das Klicken der Schaltflächen „Gefällt mir", „Re-Tweet" oder „+1". Gewinnspiele auf Social Media-Plattformen sind besonders effizient: Der Betreiber der Social Media-Präsenz bindet seine Kunden, gewinnt deren Daten und erlangt Reichweite bei deren Freunden. Allerdings gilt es, bei Gewinnspielen auf Social Media-Plattformen neben den umfangreichen gesetzlichen Regelungen noch die Bedingungen der Plattformbetreiber zu beachten.

II. Gesetzlicher Rahmen

1. Allgemeines

Betreiber von Social Media-Präsenzen müssen bei der Veranstaltung von **Gewinnspielen** neben den Plattformbedingungen eine Vielzahl von gesetzlichen Vorschriften beachten. 215 Ausdrückliche Erwähnung finden Gewinnspiele dabei im TMG,[269] dem UWG,[270] der **Gewinnspielsatzung**[271] und dem RStV.[272] Weitere Regelungen, die nicht explizit den Begriff **„Gewinnspiel"** gebrauchen, finden sich im TMG, im UWG und dem BGB.[273]

---

269 § 6 Abs. 1 Nr. 4 TMG.

270 §§ 4 Nr. 5 und Nr. 6 UWG; Nr. 17 und Nr. 20 zu § 3 Abs. 3 UWG.

271 Satzung der Landesmedienanstalten über Gewinnspielsendungen und Gewinnspiele (Gewinnspielsatzung) v. 12.11.2008.

272 § 8a RStV, der gem. § 58 Abs. 4 RStV auch für Telemedien gilt, die sich an die Allgemeinheit richten. Hierzu zählen insbesondere Angebote im Internet, Hahn/Vesting/*Ladeur*, § 58 RStV Rn 5a).

273 Wichtig z.B. § 661a BGB Gewinnzusagen.

2. Abgrenzung zum unerlaubten Glücksspiel

216 Abzugrenzen ist das **Gewinnspiel** vom **Glücksspiel.** Beiden Spielen ist gemein, dass der Gewinn vom Zufall abhängt. Im Gegensatz zum Gewinnspiel ist beim Glücksspiel aber für die Gewinnchance ein nicht unerhebliches Entgelt zu zahlen. Dies kann auch in versteckter Form geschehen. Der Schwellenwert zur Erheblichkeit dürfte dabei grundsätzlich bei über 50 ct liegen.[274] Animiert die konkrete Ausgestaltung des Spiels die Spieler dazu, mehr als ein Los zu kaufen – z.B. weil dies die Gewinnchancen erhöhen soll –, kann bereits ein Glücksspiel vorliegen, wenn der Einsatz 50 ct oder weniger beträgt.[275]

217 Besondere Bedeutung gewinnt die Abgrenzung dadurch, dass Glücksspiele der behördlichen Erlaubnis bedürfen. Ohne behördliche Erlaubnis ist die Veranstaltung und auch die Teilnahme an Glücksspielen auf **Social Media-Präsenzen** in Deutschland nach § 284 StGB strafbar. Dieses Verbot gilt auch für Anbieter außerhalb Deutschlands, deren Angebote sich an deutsche Nutzer richten.

3. Zulässigkeit von Gewinnspielen und Rahmenbedingungen

218 Zu Gewinnspielen findet sich eine Vielzahl von Regelungen in verschiedenen Gesetzen.

a) Vorgaben des UWG

aa) Irreführung (§ 5 Abs. 1 S. 2 Nr 1 UWG)

219 Angaben zu **Gewinnspielen,** etwa zur Höhe der **Gewinnchance,** dürfen nicht irreführend sein.

bb) Gewinnspiele mit werbendem Charakter (§§ 4 Nr. 5 und 6 Abs. 1 Nr. 4 TMG)

220 Gewinnspiele auf oder über Social Media-Präsenzen haben zumeist werbenden Charakter.[276] Nach § 4 Nr. 5 UWG sind bei solchen Gewinnspielen die **Teilnahmebedingungen** klar und eindeutig anzugeben. Laut § 6 Abs. 1 Nr. 4 TMG müssen sie klar als solche erkennbar und die Teilnahmebedingungen leicht zugänglich sein.

---

274 Vgl. hierzu § 8a Abs. 1 S. 6 RStV.

275 LG Köln, Urt. v. 7.4.2009 – 33 O 45/09 – MMR 2009, 485.

276 Hierzu Spindler/Schuster/*Micklitz*/*Schirmbacher*, § 6 TMG Rn 59, nach denen dem Tatbestandsmerkmal „mit Werbecharakter" jede einschränkende Bedeutung abgesprochen werden solle.

(1) Teilnahmebedingungen

221 Der Begriff **„Teilnahmebedingungen“** meint sämtliche Voraussetzungen, die ein Interessent zu erfüllen hat, um an dem beworbenen Gewinnspiel teilnehmen zu können. Er ist weit zu verstehen und bezieht sich nicht nur auf die Teilnahmeberechtigung, sondern auch auf die Modalitäten der Teilnahme.[277]

(2) Informationen

222 Dem Interessenten sind sämtliche Informationen zur Verfügung zu stellen, die er benötigt, um eine „informierte geschäftliche Entscheidung” treffen zu können, ob er an dem Gewinnspiel teilnimmt oder nicht. Hierzu zählen:[278]

- Angabe darüber, dass es sich um ein Gewinnspiel handelt;
- Identifizierung des Veranstalters;
- der zur Teilnahme berechtigte Personenkreis (eventuelle Einschränkungen aufgrund des Wohnorts, Alters etc.);
- Aktionszeitraum (Beginn und Einsendeschluss);
- Angaben darüber, was der Teilnehmer tun muss;
- Gewinnermittlung (z.B. Losverfahren);
- Gewinnbenachrichtigung;
- genaue Angaben zum Gewinn und dessen Inanspruchnahme (etwa bei einer Reise der Zeitraum, indem die Reise stattfindet);
- Kosten der Teilnahme;
- eventuelle Kosten, die durch Entgegennahme oder Inanspruchnahme des Gewinns entstehen können und
- Kopplung des **Gewinnspiels** an den Kauf einer Ware.

(3) Klar und eindeutig

223 Die **Teilnahmebedingungen** müssen klar und eindeutig sein. Es kommt entscheidend auf die Form und den Inhalt der mitgeteilten Informationen an. Der Angesprochene muss die Teilnahmebedingungen ohne Schwierigkeiten erfassen können. Es dürfen keine Zweifel bleiben, welche Bedingungen im Einzelnen gelten. Beurteilungsmaßstab ist dabei das Verständnis des durchschnittlich informierten, situationsadäquat aufmerksamen und verständigen Verbrauchers oder sonstigen Marktteilnehmers.[279]

277 BGH, Urt. v. 14.4.2011 – I ZR 50/09 – GRUR 2011, 629, 630.
278 Umfangreiche Darstellung bei Köhler/Bornkamm/*Köhler*, § 4 Rn 5.10f.
279 BGH, Urt. v. 14.4.2011 – I ZR 50/09 – CR 2011, 513, 514.

(4) Leicht zugänglich

224 **Teilnahmebedingungen** müssen leicht zugänglich sein. Hierfür genügt das zur Verfügung stellen über einen Hyperlink. Dieser muss bestimmt genug bezeichnet sein.[280] Teilnahmebedingungen müssen ständig und nicht nur temporär zur Verfügung stehen.[281]

! **Praxistipp**
Es empfiehlt sich, die Kern-Teilnahmebedingungen, insbesondere unerwartete Beschränkungen, direkt zu benennen und im Übrigen auf die Teilnahmebedingungen im Ganzen wie folgt zu verweisen:

> *„Gewinne einen [Beschreibung des Gewinns]. Teilnahmezeitraum von [...] bis [...]. Teilnahme ab 18 und nur für Nutzer mit Wohnsitz in Deutschland. Das Los entscheidet. Es gelten unsere Teilnahmebedingungen.“*

[**Anm.**: Unterstrichen = Link]

---

(5) Zeitpunkt

225 Es ist erforderlich und ausreichend, dem Teilnehmer die **Teilnahmebedingungen** so rechtzeitig mitzuteilen, dass ein durchschnittlich informierter, aufmerksamer und verständiger **Verbraucher** sie bei seiner Entscheidung über die Teilnahme an dem **Gewinnspiel** berücksichtigen kann. Eine umfassende Information muss danach spätestens im Zeitpunkt der Teilnahme erfolgen.[282]

226 Wird für das auf der **Social Media-Präsenz** stattfindende **Gewinnspiel** an anderer Stelle geworben, müssen auch dort schon die wichtigsten Teilnahmebedingungen, insbesondere unerwartete Beschränkungen oder sonstige überraschende Bedingungen, genannt werden.[283] Bestehen aus Sicht eines durchschnittlich informierten Verbrauchers keine solchen **unerwarteten Beschränkungen,** genügt es, in der Werbung den Teilnahmezeitraum sowie die Art und Weise der Gewinnermittlung mitzuteilen und auf eine etwaig bestehende Beschränkung des Teilnehmerkreises hinzuweisen.[284]

! **Praxistipp**
Bei Social Media-Präsenzen, die in englischer Sprache angeboten werden, kann es sich empfehlen, den Zugriff auf bestimmte Länder zu beschränken, um nicht den Bestimmungen diverser Jurisdiktionen unterworfen zu sein.

---

280 Spindler/Schuster/*Micklitz/Schirmbacher*, § 6 TMG Rn 68.
281 BT-Drucks. 14/6098, S. 22.
282 BGH, Urt. v. 9.7.2009 – I ZR 64/07 – CR 2010, 266, 267 f.
283 BGH, Urt. v. 9.7.2009 – I ZR 64/07 – CR 2010, 266, 267 f.
284 Köhler/Bornkamm/*Köhler*, § 4 Rn 5.14.

b) Kopplungsverbot

§ 4 Nr. 6 UWG verbietet, die Teilnahme von Verbrauchern an einem **Preisausschreiben** oder **Gewinnspiel** von dem Erwerb einer Ware oder der Inanspruchnahme einer Dienstleistung abhängig zu machen, es sei denn, das Gewinnspiel ist naturgemäß mit der Ware oder der Dienstleistung verbunden. Diese Norm hat der EuGH 2010 in ihrer Absolutheit für unvereinbar mit der UGP-Richtlinie[285] erklärt. Eine Anpassung dieser Norm hat bislang noch nicht stattgefunden. 227

Der Anwendungsbereich der §§ 3, 4 Nr. 6 UWG ist daher in richtlinienkonformer 228
Auslegung auf die Fälle zu beschränken, in denen ein derartiges **Kopplungsangebot** gegen die Erfordernisse der beruflichen Sorgfalt i.S.d. Art. 5 II lit. a) der UGP-Richtlinie verstößt und geeignet ist, das wirtschaftliche Verhalten von Verbrauchern wesentlich zu beeinflussen.[286] Von einem solchen Verstoß gegen die berufliche Sorgfalt ist auszugehen, wenn der Unternehmer **Kopplungsangebote** einsetzt, um Verbraucher von einer informierten geschäftlichen Entscheidung abzuhalten oder deren mangelnde Fähigkeit zu einer solchen Entscheidung auszunutzen.[287] Hier hat jeweils eine Betrachtung im Einzelfall stattzufinden, ob der durch das Gewinnspiel gesetzte Anreiz eine entsprechend informierte Entscheidung ausschließt. Verstößt das Gewinnspiel gegen die berufliche Sorgfalt, ist es auch regelmäßig geeignet, das wirtschaftliche Verhalten der Verbraucher zu beeinflussen.

c) Vorgaben des § 8a RStV

§ 8a RStV[288] stellt zunächst klar, dass **Gewinnspiele** grundsätzlich zulässig sind. Sie 229
unterliegen allerdings dem Gebot der Transparenz und des Teilnehmerschutzes. Sie dürfen nicht irreführend sein und den Interessen der Teilnehmer schaden. Zudem sind die für das Spiel relevanten Bedingungen anzugeben und die Belange des Jugendschutzes zu wahren. Nach § 8a Abs. 1 S. 5 RStV darf für die Teilnahme nur ein Entgelt bis zu 50 ct verlangt werden.

---

285 RL 2005/29/EG v. 11.5.2005 über unlautere Geschäftspraktiken im binnenmarktinternen Geschäftsverkehr zwischen Unternehmen und Verbrauchern und zur Änderung der RL 84/450/EWG des Rates, der RL 97/7/EG, 98/27/EG und 2002/65/EG des Europäischen Parlaments und des Rates sowie der Verordnung (EG) Nr. 2006/2004 des Europäischen Parlaments und des Rates (RL über unlautere Geschäftspraktiken), ABl. L 149/22 v. 11.6.2005.

286 Köhler/Bornkamm/*Köhler*, § 4 Rn 6.13.

287 *Köhler*, GRUR 2011, 478.

288 § 8a RStV ist über § 58 Abs. 4 RStV auf Gewinnspiele in „vergleichbaren Telemedien (Telemedien, die an die Allgemeinheit gerichtet sind)" entsprechend anwendbar; zur Verfassungsmäßigkeit von § 8a RStV und der Gewinnspielsatzung, Heidrich/Forgó/Feldmann/*Jaschinski*, Kap. IV. Rn 116 ff.

d) Gewinnspielsatzung

230 Auch die **Gewinnspielsatzung**[289] sieht für Telemedien, die an die Allgemeinheit gerichtet sind, umfangreiche Regelungen zu Gewinnspielen vor. Enthalten sind etwa Bestimmungen zum **Jugendschutz,**[290] zum Ausschluss einzelner Spieler von der Teilnahme (§ 4), zur Transparenz (§ 5), zur Irreführung (§ 6), zum Verbot von Manipulationen (§ 7), zum Schutz der Nutzer vor übermäßiger Teilnahme (§ 8) oder zum Spielablauf (§ 9). § 10 Gewinnspielsatzung gibt Pflichtinformationen, § 11 deren Umsetzung vor.

e) AGB

231 Die Regelungen der §§ 305 ff. BGB schränken den Gestaltungsspielraum bei **Teilnahmebedingungen** ein.[291]

III. Vorgaben der Plattformen

232 Die **Nutzungsbedingungen der Plattformen** unterwerfen **Gewinnspiele** bzw. deren Durchführung gewissen Restriktionen.

1. Facebook

233 **Facebook** reglementiert die Durchführung von Gewinnspielen auf Facebook in III. E. der **Nutzungsbedingungen für Facebook-Seiten.**[292]

- Der Unternehmer ist für den ordnungsgemäßen Ablauf des Gewinnspiels verantwortlich (Ziff. 1). Dies schließt u. U. **Teilnahmebedingungen** ein.
- **Gewinnspiele** können auf Seiten oder in Apps organisiert werden; persönliche Chroniken dürfen nicht genutzt werden (Ziff. 3).
- Ihm Rahmen des Gewinnspiels ist Facebook von jedem Teilnehmer freizustellen (Ziff. 2a).
- Es ist anzuerkennen, dass das Gewinnspiel in keinem Zusammenhang mit Facebook steht und nicht von Facebook gesponsert, unterstützt und organisisert wird (Ziff. 2b).

---

289 Satzung der Landesmedienanstalten über Gewinnspielsendungen und Gewinnspiele (Gewinnspielsatzung) v. 12.11.2008.

290 Hierzu Rn 235 ff.

291 OLG Köln, Urt. v. 29.4.2009 – 6 U 218/08 – CR 2009, 783; OLG Dresden, Urt. v. 16.11.2010 – 8 U 210/10 –; KG, Urt. v. 26.8.2010 – 23 U 34/10 – NJW 2011, 466.

292 Siehe http://www.facebook.com/page_guidelines.php; instruktiv zum Thema Gewinnspiele auf Facebook der Artikel „Illegale Gewinnspiele bei Facebook. (K)ein Ende in Sicht?" auf FUTUREBIZ http://www.futurebiz.de/artikel/illegale-gewinnspiele-auf-facebook-kein-ende-in-sicht/.

Klauselmuster
Die nachfolgend dargestellte Klausel könnte beispielsweise Bestandteil von **Teilnahmebedingungen** zu einem Gewinnspiel in einer App auf Facebook sein. Solche Klauseln sind jedoch auf jeden Einzelfall anzupassen.

1. Facebook
Die folgenden Regelungen zu Facebook gem. Ziff. E der Nutzungsbedingungen für Facebook-Seiten (http://www.facebook.com/page_guidelines.php) gelten im Zusammenhang mit der Durchführung des Gewinnspiels auf unserer Facebook -App:

1.1. [UNTERNEHMEN] stellt Facebook Ireland Ltd. im Rahmen der Verantwortlichkeit von [UNTERNEHMEN] für das Gewinnspiel von einer Haftung von Ansprüchen der Teilnehmer des Gewinnspiels frei.

1.2. Das Gewinnspiel steht in keiner Verbindung zu Facebook und wird in keiner Weise von Facebook gesponsert, unterstützt oder organisiert.

1.3 Sie stellen Ihre personenbezogenen Daten und sonstigen Informationen im Rahmen des Gewinnspiels [UNTERNEHMEN] und nicht Facebook bereit. Die Regelungen zum Datenschutz in Ziff. [X] der Teilnahmebedingungen bleiben unberührt.

2. XING/Twitter

Weder die **Nutzungsbedingungen** von **XING** noch die Nutzungsbedingungen von **Twitter** enthalten gesonderte Regelungen zu **Gewinnspielen.** 234

E. Jugendschutz

I. Jugendschutz in Social Networks

Jugendliche nutzen das Internet und im speziellen **Social Media-Plattformen,** um miteinander zu kommunizieren. Kommunikationsplattformen wie **Facebook** werden dabei insbesondere auch durch **Minderjährige** genutzt. Die gesellschaftliche Verantwortung zum Schutz von Kindern und Jugendlichen trifft dabei nicht nur den Betreiber der Plattform, sondern auch die Betreiber der **Social Media-Präsenzen.** Viele Plattformbetreiber haben sich dabei neben den gesetzlichen Regelungen auch **Verhaltenskodizes** unterworfen. Diese geben sie in ihren Bedingungen auch an die Betreiber der Social Media-Präsenzen weiter. Die Betreiber der Präsenzen haben demnach neben den gesetzlichen Regelungen insbesondere die Bedingungen der Plattformbetreiber zu beachten. 235

II. Gesetzliche Vorgaben

Anforderungen an Betreiber von **Social Media-Präsenzen** als Anbieter von Telemedien ergeben sich insbesondere aus dem **Jugendmedienschutzstaats-** 236

vertrag (JMStV),[293] aber auch aus Sondervorschriften wie der **Gewinnspielsatzung.**[294]

1. Anforderungen nach dem MStV

a) Unzulässigkeit bestimmter Angebote

237 Nach § 4 Abs. 1 JMStV dürfen bestimmte Inhalt auf der Präsenz weder zugänglich gemacht, noch dargestellt werden. Hierzu gehören etwa Propagandamittel und Kennzeichen verfassungswidriger Organisationen, Gewaltdarstellungen, Aufforderungen oder Anleitungen zu Straftaten oder kriegsverherrlichende Inhalte.

238 **Pornografische Inhalte** sind gem. § 4 Abs. 2 S. 2 JMStV nur zulässig, wenn von Seiten des Betreibers sichergestellt ist, dass sie nur Erwachsenen zugänglich gemacht werden **(geschlossene Benutzergruppen).** Die Rechtsprechung fordert, dass eine effektive Barriere zwischen der **pornografischen Darstellung** und dem **Minderjährigen** besteht. Die Verlässlichkeit eines Altersverifikationssystems setzt danach voraus, dass es einfache, naheliegende und offensichtliche Umgehungsmöglichkeiten ausschließt. Eine Altersprüfung kann nur durch eine persönliche Identifikation mit Altersüberprüfung – etwa im Postident-Verfahren – sichergestellt werden.[295]

Praxistipp
Entsprechende Methoden/**Altersverifikationssysteme** für **Social Media-Präsenzen** auf Social Media-Plattformen haben sich in der Praxis noch nicht durchgesetzt.[296] Keinesfalls ausreichend sind die Beschränkungsmöglichkeiten, die die Plattformbetreiber derzeit den Präsenzbetreibern zur Verfügung stellen. Die Kontrollen der Plattformbetreiber selbst sind unzureichend. Nutzer können sich einfach unter Angabe eines falschen Geburtsjahrs anmelden.[297] Solche Umgehungsmöglichkeiten der Altersverifikation sind naheliegend im Sinne der Vorgaben des BGH. Entsprechende Dienste können daher derzeit nicht rechtskonform auf **Social Media-Plattformen** angeboten werden. Zusätzlich kann zudem der Straftatbestand des § 184 StGB, Verbreitung pornografischer Schriften, verwirklicht sein.

---

293 Im Gegensatz zu den Offline-Medien, die grundsätzlich im JuSchG geregelt sind.

294 Satzung der Landesmedienanstalten über Gewinnspielsendungen und Gewinnspiele (Gewinnspielsatzung) v. 12.11.2008.

295 BGH, Urt. v. 18.10.2007 – I ZR 102/05 – ZUM 2008, 511, 514. Eine Übersicht über die von der Kommission für Jugendmedienschutz der Landesmedienanstalten positiv bewerteten Konzepte für geschlossene Nutzergruppen kann hier abgerufen werden: http://www.kjm-online.de/files/pdf1/AVS-bersicht_fr_kjm-online_Stand_Okt2012.pdf.

296 Siehe hierzu aus datenschutzrechtlicher Sicht Kap. 3 Rn 155.

297 Nach Angaben von Spiegel Online sind mehrere Millionen Minderjährige unter Umgehung der Zugangskontrollen über Eingabe eines falschen Geburtsdatums bei Facebook angemeldet. Der Artikel ist abrufbar unter http://www.spiegel.de/netzwelt/netzpolitik/soziale-netzwerke-millionen-minderjaehrige-tricksen-facebook-aus-a-761874.html.

Nach § 5 Abs. 1 JMStV haben Anbieter, die Angebote zugänglich machen und verbreiten, die geeignet sind, die Entwicklung von Kindern oder Jugendlichen zu einer eigenverantwortlichen und gemeinschaftsfähigen Persönlichkeit zu beeinträchtigen, dafür Sorge zu tragen, dass **Kinder** oder **Jugendliche** der betroffenen Altersstufen sie üblicherweise nicht wahrnehmen. Der Betreiber der **Social Media-Präsenz** kann dieser Pflicht dadurch entsprechen, dass er durch technische oder sonstige Mittel die Wahrnehmung des Angebots durch Kinder oder Jugendliche der betroffenen Altersstufe unmöglich macht oder wesentlich erschwert. Solche Mittel sind die **anerkannten Jugendschutzprogramme** nach § 11 JMStV. 239

b) Werbung

Besonderen Voraussetzungen unterliegt zudem die **Werbung** auf und über **Social Media-Präsenzen** nach § 6 JMStV.[298] Werbung in diesem Sinne ist, entsprechend § 2 Abs. 2 Nr. 7 S. 1 RStV[299] 240

> *„jede Äußerung bei der Ausübung eines Handels, Gewerbes, Handwerks oder freien Berufs, die (...) entweder gegen Entgelt oder eine ähnliche Gegenleistung oder als Eigenwerbung gesendet wird mit dem Ziel, den Absatz von Waren oder die Erbringung von Dienstleistungen, einschließlich unbeweglicher Sachen, Rechte und Verpflichtungen, gegen Entgelt zu fördern."*

Nutzt ein Unternehmen die **Social Media-Präsenz,** um sich und/oder seine Produkte/Dienstleistungen zu präsentieren, dann hat es folglich die Vorgaben des § 6 JMStV zu beachten. Solche Werbung darf Kinder und Jugendliche weder körperlich noch seelisch beeinträchtigen (§ 6 Abs. 2 JMStV). Sie darf keine Aufrufe an Minderjährige zum Kaufen von Waren enthalten, die deren Unerfahrenheit ausnutzt (§ 6 Abs. 2 Nr. 1 JMStV). Kinder oder Minderjährige dürfen nicht ohne berechtigten Grund in gefährlichen Situationen gezeigt werden (§ 6 Abs. 2 Nr. 4 JMStV). 241

Werden über die **Social Media-Präsenz alkoholische Getränke** beworben, darf sich die Präsenz weder (direkt) an **Kinder** oder **Jugendliche** richten, noch durch die Art der Darstellung Kinder und Jugendliche besonders ansprechen oder diese beim Alkoholgenuss darstellen (§ 6 Abs. 5 JMStV). Werbung auf oder über eine **Social Media-Präsenz,** die sich auf einer der gängigen Plattformen und damit in einem „neutralen Umfeld" befindet, ist damit dann unzulässig, wenn sie sich (auch) speziell an Kinder richtet.[300] Ob eine solche Ausrichtung auf Kinder 242

298 Zu § 6 JMStV vgl. Spindler/Schuster/*Erdemir*, § 6 JMStV Rn 1 ff.

299 Vgl. hierzu Spindler/Schuster/*Erdemir*, § 6 JMStV Rn 2 m.w.N.

300 Ausführlich *Liesching*, MMR 2012, 211 ff.

und Jugendliche gegeben ist, ist im Rahmen einer Gesamtbewertung, insbesondere nach der Ausgestaltung der Präsenz, zu bestimmen.[301]

2. Sondervorschriften

243 Daneben bestehen zahlreiche Sondervorschriften. So darf **Minderjährigen** unter 14 Jahren die Teilnahme an **entgeltlichen Gewinnspielen** nicht gestattet werden. Das Ausschütten von Gewinnen an diese Minderjährigen ist unzulässig (§ 3 Gewinnspielsatzung). Überdies sind Teilnahmeappelle, die ausschließlich oder ausdrücklich auch an Minderjährige gerichtet sind und deren Unerfahrenheit sowie Leichtgläubigkeit ausnutzen, bei **Gewinnspielen** unzulässig (§ 3 Abs. 3 Gewinnspielsatzung). Für unentgeltliche Angebote gelten diese Einschränkung nicht (§ 3 Abs. 4 Gewinnspielsatzung).

III. Selbstverpflichtung der Plattformen/Nutzungsbedingungen

1. Allgemeines

244 Bereits 2009 haben sich diverse soziale Netzwerke (darunter Google+, **Facebook** oder die VZ-Netzwerke) im Wege der **Selbstverpflichtung** den **EU SNS Safer Social Networking Principles** unterworfen.[302]

245 Viele deutsche Anbieter, wie die VZ-Netzwerke, Lokalisten.de oder wer-kennt-wen, haben sich im Rahmen der Zusammenarbeit im **Freiwilligen Selbstkontrolle Multimedia-Diensteanbieter e.V.** (kurz: FSM) auf einen **Verhaltenskodex** geeinigt und sich diesem unterworfen. Ziel dieses Kodex ist es, den **Kinder- und Jugendschutz,** den **Verbraucherschutz** und den **Datenschutz** bei der Nutzung von Social Communities in Deutschland zu verbessern.[303]

246 Die in diesen Verhaltenskodizes niedergelegten Grundsätze finden sich sämtlich in der Gestaltung sowohl der Angebote als auch der **Nutzungsbedingungen** der Plattformen wieder.

2. Die Plattformen im Einzelnen

a) Facebook

247 In Ziff. 4.5. der Erklärung der Rechte und Pflichten bestimmt **Facebook:**

---

301 Zu den Verhaltensregeln des Deutschen Werberats unter Rn 256.

302 Die Erklärung von Facebook ist abrufbar unter http://ec.europa.eu/information_society/activities/social_networking/docs/self_decl/facebook.pdf.

303 Der Kodex ist abrufbar auf der Seite des FSM unter http://www.fsm.de/inhalt.doc/VK_Social_Networks.pdf.

„Du wirst Facebook nicht verwenden, wenn du unter 13 Jahre alt bist.“

Jeder Nutzer muss sich unter Angabe seines Alters registrieren.

Facebook legt in seinen „Gemeinschaftsstandards“ bestimmte Verhaltensregeln fest. Hiernach sind u.a. Gewalt und Drohungen, Mobbing und Belästigung (bereits wiederholte unerwünschte Freundschaftsanfragen werden als Belästigung qualifiziert), Hassreden, Nacktheit oder Pornographie untersagt. **Facebook** verpflichtet die Seitenbetreiber, den Zugriff der Nutzer auf Seiten so einzuschränken, dass alle geltenden Gesetze sowie die Gemeinschaftsstandards eingehalten werden.[304] Korrelierend hierzu gibt Facebook den Seitenbetreibern die Möglichkeit, sowohl Länder- als auch Altersbeschränkungen[305] vorzunehmen. Überdies kann die Erlaubnis zum Verfassen von Beiträgen in der Chronik oder zum Markieren kontrolliert werden. Es gibt eine Blockierliste für Moderatoren. Dort können Schlüsselwörter eingetragen werden. Verwenden Nutzer diese Schlüsselwörter in einem Beitrag oder Kommentar, wird der Inhalt automatisch als Spam markiert. Facebook blockiert überdies Wörter und Ausdrücke automatisch, die am häufigsten gemeldet werden. 248

Letztlich besteht die Möglichkeit, Nutzer für die Seite zu sperren. Gesperrten Nutzern ist es weiterhin möglich, Inhalte der Seite zu lesen und über seine eigene Chronik zu teilen. Es ist einem gesperrten Nutzer jedoch nicht mehr möglich, Beiträge zu posten, Beiträge zu kommentieren oder mit „Gefällt mir“ zu markieren. 249

Facebook überprüft die Altersangaben seiner Nutzer grundsätzlich nicht. Seitenbetreiber können sich daher selbst dann, wenn sie Einstellungen zur Altersbeschränkungen auf der **Social Media-Präsenz** vornehmen, nicht darauf verlassen, dass tatsächlich nur die zugelassene Altersgruppe die Seite aufsucht. Keinesfalls genügt eine solche Einstellung den Voraussetzungen des § 4 Abs. 2 S. 2 JMStV (oben Rn 238). 250

b) XING

In der Präambel der **AGB für die Nutzung von XING** stellt XING fest, dass sich ihr Angebot ausschließlich an volljährige Personen richtet. Der Nutzer sichert zu, dass er zum Zeitpunkt der Registrierung volljährig ist (Ziff. 2.3 der AGB für die Nutzung von XING). Zur **Altersverifikation** gilt das soeben zu **Facebook** in Rn 250 Gesagte entsprechend. 251

XING untersagt den Nutzern u.a. die Verwendung beleidigender, verleumderischer, pornografischer, gewaltverherrlichender oder gegen Jugendschutzgesetze verstoßender Inhalte sowie das Bewerben, Anbieten oder Vertreiben pornografi- 252

---

304 Ziff. I. D. der Nutzungsbedingungen für Facebook-Seiten.

305 Im Rahmen von „Seite einrichten“, „Genehmigungen verwalten“.

scher, gewaltverherrlichender oder gegen Jugendschutzgesetze verstoßender Produkte (Ziff. 4.1.3. AGB für die Nutzung von XING).

c) Twitter

253 **Twitter** bestimmt kein Mindestalter für die Nutzung seines Dienstes. Ein Nutzer muss sein Alter zudem nicht angeben, wenn er einen Twitter-Account registriert. So besteht bei Twitter schon gar nicht die Möglichkeit, Nutzern gewisser Altersgruppen das Folgen unmöglich zu machen.

254 Die **Twitter-Bedingungen** sehen ganz allgemein vor, dass die Dienste nur unter Einhaltung der **AGB** und aller anwendbaren Gesetze, Vorschriften und Richtlinien genutzt werden dürfen. In den **Twitter-Regeln**[306] untersagt Twitter die Nutzung obszöner oder pornografischer Bilder sowie das Eintragen und Veröffentlichen von Beiträgen mit direkten, spezifischen Gewaltandrohungen gegen andere.

3. Rechtsfolgen

255 Die jeweiligen Anbieter der Plattformen behalten sich bei Verstoß gegen die vorstehend dargestellten Grundsätze vor, Inhalte zu löschen oder deren Verbreitung zu verweigern, Benutzer zeitweilig auszuschließen oder ihnen zu kündigen und den Nutzernamen zu entziehen.

IV. Selbstregulierung

256 Zudem haben sich Unternehmen diverser Branchen gewissen **Verhaltenskodizes** unterworfen. Hierzu gehören etwa die Verhaltensregeln des Deutschen Werberats über die kommerzielle Kommunikation für alkoholhaltige Getränke des Zentralverbands der deutschen Werbewirtschaft e.V.,[307] denen sich die deutschen Hersteller und Importeure **alkoholhaltiger Getränke** unterworfen haben. Überwachungsorgan ist der **Deutsche Werberat.** Die Regeln zu Kindern und Jugendlichen sind dort in Ziff. 2 enthalten. Hiernach soll **kommerzielle Kommunikation** für alkoholhaltige Getränke Kinder und/oder Jugendliche weder zum Trinken alkoholhaltiger Getränke auffordern noch trinkende bzw. zum Trinken auffordernde Kinder und/oder Jugendliche zeigen. Auch soll kommerzielle Kommunikation für alkoholhaltige Getränke nicht in Medien erfolgen, deren redaktioneller Teil sich mehrheitlich an **Kinder** und/oder **Jugendliche** richtet.

306 Die Twitter-Regeln sind abrufbar unter http://support.twitter.com/articles/87137-die-twitter-regeln#.
307 Abrufbar unter http://www.werberat.de/alkoholhaltige-getraenke.

Praxistipp
Unternehmen sollten die von den Plattformen vorgegebenen Möglichkeiten nutzen, Länder- und Altersbeschränkungen vorzunehmen. Derzeit bieten Facebook und Google+ diese Möglichkeiten an. Bei XING versichern die Nutzer zumindest gegenüber der Plattform, mindestens 18 Jahre alt zu sein. Eine Beschränkung bei Twitter ist de facto derzeit nicht möglich. Den Voraussetzungen an ein Altersverifikationssystem genügen diese Möglichkeiten allerdings nicht. !

V. Exkurs: Vertragsschluss mit Minderjährigen

Es stellt sich in diesem Zusammenhang auch die Frage, ob **Minderjährige** wirksam 257 einen Vertrag mit dem Betreiber der **Social Media-Präsenz** bezüglich deren Nutzung schließen können.[308] Denn nur dann können sich Nutzer wirksam registrieren (die Anwendbarkeit deutschen Rechts vorausgesetzt). Willenserklärungen von **Geschäftsunfähigen**[309] sind nach deutschem Recht gem. §§ 104 ff. BGB nichtig. Für **beschränkt Geschäftsfähige**[310] gelten die Sonderregelungen der §§ 107 ff. BGB.

1. Nicht lediglich rechtlich vorteilhaft

Ein Vertrag über die Nutzung der Social Media-Präsenz ist für den Minderjährigen in 258 der Regel nicht **„lediglich rechtlich vorteilhaft"**.

Minderjährige bedürfen gem. § 107 BGB für eine Willenserklärung, durch die sie 259 nicht lediglich einen rechtlichen Vorteil erlangen, grundsätzlich der Einwilligung des gesetzlichen Vertreters. Ein Rechtsgeschäft ist immer dann lediglich rechtlich vorteilhaft, wenn es die Rechtsstellung des Minderjährigen ausschließlich verbessert. Hiervon ist nicht auszugehen, wenn den **Minderjährigen** irgendwelche rechtlichen Verpflichtungen treffen.[311] Dies gilt selbst dann, wenn die sich aus dem Geschäft ergebenden Vorteile die Nachteile deutlich überwiegen.[312] Daraus folgt: Entstünden dem **Minderjährigen** durch Abschluss des **Nutzungsvertrages** Pflichten, ist eine zum Vertragsschluss nach § 107 BGB führende Willenserklärung nicht möglich.

Der Betreiber der **Social Media-Präsenz** ist insbesondere daran interessiert, 260 dass seine **Nutzungsbedingungen** Anwendung finden. In diesen lässt er sich meist

308 Zum Vertragsschluss allgemein siehe oben Rn 104 ff.

309 Geschäftsunfähig ist gem. § 104 BGB, wer das siebte Lebensjahr nicht vollendet hat oder wer sich in einem die freie Willensbestimmung ausschließenden Zustand krankhafter Störung der Geistestätigkeit befindet, sofern nicht der Zustand seiner Natur nach ein vorübergehender ist.

310 Nach § 106 BGB ist ein Minderjähriger, der das siebte Lebensjahr vollendet hat, nach Maßgabe der §§ 107 bis 113 in der Geschäftsfähigkeit beschränkt. Minderjährigkeit reicht vom vollendeten 7. bis zum 18. Lebensjahr; hierzu auch MüKo-BGB/Schmitt, § 106 Rn 8.

311 MüKo-BGB/*Schmitt*, § 107 Rn 29.

312 Palandt/*Ellenberger*, § 107 Rn 2.

eine Lizenz zur Nutzung des **User Contents** einräumen. Zudem ergeben sich für den Nutzer zahlreiche Pflichten aus dem **Hausrecht.**[313] In solchen Fällen bedarf es mithin einer Einwilligung des gesetzlichen Vertreters.

2. Taschengeldparagraph

261 Laut § 110 BGB ist ein von dem Minderjährigen ohne Zustimmung des **gesetzlichen Vertreters** geschlossener Vertrag als von Anfang an wirksam anzusehen, wenn der Minderjährige die vertragsmäßige Leistung mit Mitteln bewirkt, die ihm zu diesem Zweck oder zu freier Verfügung von dem Vertreter oder mit dessen Zustimmung von einem Dritten überlassen worden sind.

262 Der Begriff „Mittel'" erfasst alle Vermögensgegenstände.[314] Der Betreiber stellt den Nutzern die **Social Media-Präsenz** jedoch unentgeltlich zur Verfügung. Der Minderjährige muss dementsprechend für die Nutzung keine Vermögensgegenstände („Mittel") einsetzen. § 110 BGB findet daher keine direkte Anwendung.[315] Doch auch eine analoge Anwendung von § 110 BGB kommt nicht in Betracht. § 110 BGB erfasst Geschäfte, die der Minderjährige zu bewirken im Stande ist, weil ihm von seinem gesetzlichen Vertreter Vermögensgegenstände zur freien Verfügung oder für einen bestimmten Zweck überlassen wurden. In dieser Überlassung ist eine konkludente Einwilligung des Vertreters zum Abschluss von Geschäften zu sehen, die von diesem Verwendungszweck erfasst sind.[316] An einer solchen Überlassung von Mitteln – und damit einer konkludenten Einwilligung – fehlt es aber gerade. Zudem bestehen für den **Minderjährigen** im Social Media-Bereich zahlreiche, nicht leicht überschaubare Risiken, sodass sich eine analoge Anwendung der Norm verbietet.[317]

3. Zustimmung/Genehmigung

263 Ein Vertrag zwischen dem Betreiber der Social Media-Präsenz und dem **Minderjährigen** kommt daher grundsätzlich nur zustande, wenn der gesetzliche Vertreter gem. §§ 107, 183 BGB einwilligt oder aber das Rechtsgeschäft nachträglich gem. §§ 108, 184 BGB genehmigt. Eine Einwilligung kann auch konkludent erteilt werden.[318] Eine konkludente Einwilligung liegt jedoch nicht bereits in der allgemeinen Gestattung der Nutzung des Internets.[319]

---

313 Vgl. hierzu oben Rn 113.
314 Palandt/*Ellenberger*, § 110 Rn 3.
315 Vgl. hierzu *Bräutigam*, MMR 2012, 635, 638.
316 Palandt/*Ellenberger*, § 110 Rn 1.
317 So auch *Bräutigam*, MMR 2012, 635, 638.
318 Palandt/*Ellenberger*, § 107 Rn 8.
319 *Bräutigam*, MMR 2012, 635, 638.

Praxistipp

!

Eine **Altersverifikation** hat sich im Social Media-Bereich bislang noch nicht wirklich durchgesetzt. Der Präsenzbetreiber weiß daher nie mit Sicherheit, ob sein Gegenüber in der Geschäftsfähigkeit beschränkt oder gar geschäftsunfähig ist. Damit bleibt offen, ob es überhaupt zum Vertragsschluss kam und die Nutzungsbedingungen Grundlage eines solchen Vertrages werden konnten. Allein die Tatsache, dass ein Nutzer ein Facebook-Konto hat, wird nicht für den Nachweis eines Alters von 13 Jahren oder gar von Volljährigkeit ausreichen.[320] Das Bestehen uneingeschränkter Geschäftsfähigkeit ist im Rechtsverkehr zwar als Regelfall anzusehen. Das Fehlen (§ 104 BGB) oder eine Beschränkung (§ 106 BGB) der Geschäftsfähigkeit stellt daher die ggf. zu beweisende Ausnahme dar. Der entsprechende Nachweis ist, da die beschränkte Geschäftsfähigkeit an starre Altersgrenzen anknüpft, jedoch einfach zu führen.[321] In diesem Fall ist dann u.U. kein Vertrag mit dem beschränkt Geschäftsfähigen zustande gekommen. Für das Vorliegen einer Einwilligung oder Genehmigung der Eltern trägt wiederum das Unternehmen die Beweislast, da es sich auf die Wirksamkeit des Vertrages beruft.[322] Der Vertragsschluss wird daher nur schwer zu beweisen sein.

F. Exit-Szenarien

I. Kündigen einer Social Media-Präsenz

1. Allgemeines

a) Vertragsnatur

Der **Vertrag mit dem Plattformbetreiber** über die Bereitstellung der Social Media-Präsenz ist ein **typengemischter Vertrag,**[323] dessen Schwerpunkt[324] regelmäßig in den mietrechtlichen (zur Verfügung stellen der Software, Speicherplatz etc.)[325] und dienstvertraglichen Leistungen zu finden ist.[326] Dies gilt jedenfalls dann, wenn der Dienst, wie bei **XING,**[327] kostenpflichtig angeboten wird. Wird der Dienst kostenlos angeboten, kann grundsätzlich von einem Leihvertrag ausgegangen werden.[328] 264

320 Hierzu auch Kap. 3 Rn 155 m.w.N.

321 OLG Brandenburg, Urt. v. 11.1.2006 – 7 U 52/05 – MMR 2006, 405, 406; MüKo-BGB/*Schmitt*, § 106 Rn 21.

322 Palandt/*Ellenberger*, § 108 Rn 8.

323 Vgl. zur Vertragsnatur schon oben Rn 79.

324 Hierzu *Splittgerber/Rockstroh*, BB 2011, 2179, *Wicker*, MMR 2012, 783, 784.

325 Zu Cloud-Diensten *Wicker*, MMR 2012, 783, 785 ff.; *Splittgerber/Rockstroh*, BB 2011, 2179; anders Hoeren/Siebert/*Redeker*, Teil 12 Rn 420 f. (Werkvertragsrecht).

326 Vgl. hierzu auch Rn 79.

327 STANDARD und PLUS.

328 *Schulz/Rosenkranz*, ITRB 2009, 232, 233; *Pohle/Ammann*, CR 2009, 273, 275; *Wicker*, MMR 2012, 783, 785 ff.; Hoeren/Siebert/*Redeker*, Teil 12 Rn 423, im Übrigen wohl aber auf einen Auftrag abstel-

b) Kündigungsmöglichkeiten

aa) Kostenpflichtiges Angebot

265 Stellt der Plattformbetreiber die **Social Media-Präsenz** kostenpflichtig zur Verfügung und qualifiziert man diesen Vertrag als Mietvertrag, ist es konsequent, auch die mietvertraglichen **Kündigungsregeln** anzuwenden.[329]

266 Haben die Parteien den Vertrag auf bestimmte Zeit geschlossen, kann er nur durch **außerordentliche Kündigung,**[330] Eintritt einer **auflösenden Bedingung** oder **Abschluss eines Aufhebungsvertrages** beendet werden.[331] Die Parteien können vereinbaren, dass der auf bestimmte Zeit abgeschlossene Vertrag sich auf bestimmte oder unbestimmte Zeit verlängert, wenn nicht eine Partei erklärt, den Vertrag nicht verlängern zu wollen (§ 542 Abs. 2 Nr. 2 BGB).[332]

267 Wurde der Vertrag auf unbestimmte Zeit geschlossen, ist die ordentliche **Kündigung** spätestens am dritten Werktag eines Kalendervierteljahrs zum Ablauf des nächsten Kalendervierteljahrs zulässig (§ 580a Abs. 2 BGB).[333] Diese Kündigungsfrist ist abdingbar. Sie kann vertraglich verlängert und auch verkürzt werden. Eine solche Veränderung der gesetzlichen Kündigungsfrist kann auch in **AGB** erfolgen.[334]

bb) Unentgeltliche Variante

268 Wird die **Social Media-Präsenz** unentgeltlich zur Verfügung gestellt;[335] sind grundsätzlich die Vorschriften zur Leihe anwendbar.[336]

269 Eine **Kündigung** der **Leihe** ist möglich, wenn der Leihvertrag auf unbestimmte Zeit geschlossen wurde, die Kündbarkeit vereinbart ist, oder der Präsenzbetreiber einen vertragswidrigen Gebrauch von der Sache macht (§ 605 Nr. 2 BGB). Was „vertragsgemäßer Gebrauch" ist, richtet sich nach dem Vertragsinhalt, ergänzend nach der Zweckbestimmung sowie der Verkehrsauffassung.[337] Daneben bleibt das Recht zur außerordentlichen Kündigung aus wichtigem Grund gem. § 314 BGB anwendbar.[338]

---

lend; BGH, Beschl. v. 15.11.2006 – XII ZR 120/04 – CR 2007, 75 hat einen ASP-Vertrag als Mietvertrag eingeordnet; vgl. zur Frage der Entgeltlichkeit *Bräutigam*, MMR 2012, 635.

329 Wie hier *Wicker*, MMR 2012, 783, 785ff.; LG Mannheim, Urt. v. 7.12.2010 – 11 O 273/10 –: *Redeker*, Rn 1173 will hingegen die dienstvertraglichen Kündigungsregeln anwenden.

330 Bei Vorliegen einer der Gründe aus § 543 BGB oder wenn dem Kündigungsempfänger ein Festhalten am Vertrag unzumutbar ist, Palandt/*Weidenkaff*, § 543 Rn 31ff.

331 Palandt/*Weidenkaff*, § 542 Rn 11.

332 XING verwendet z.B. befristete Verträge, die sich rollierend verlängern, hierzu unter Rn 276.

333 Hierzu *Wicker*, MMR 2012, 783, 787.

334 MüKo-BGB/*Artz*, § 580a BGB Rn 12.

335 Zur Frage der Entgeltlichkeit *Bräutigam*, MMR 2012, 635.

336 Siehe hierzu soeben unter Rn 4.

337 Palandt/*Weidenkaff*, § 602 Rn 2.

338 MüKo-BGB/*Häublein*, § 605 BGB Rn 1; BGH, Urt. v. 11.12.1981 – V ZR 247/80 – NJW 1982, 820.

Der Plattformbetreiber hat nach Kündigung des Vertrages einen Rückgabeanspruch aus § 604 BGB.[339] Dieser Rückgabeanspruch wird in der Regel mit Kündigung des Vertrages fällig.[340] 270

Ein **Rückgaberecht** ist in den §§ 598 ff. BGB nicht geregelt. Ist eine Zeit für das Vertragsverhältnis nicht bestimmt, hat der Entleiher gem. § 604 Abs. 2 BGB die Sache zurückzugeben, nachdem er den sich aus dem Zweck der Leihe ergebenden Gebrauch gemacht hat. Diese Leistungspflicht kann er nach § 271 Abs. 1 BGB jederzeit erfüllen. 271

c) Folgen der Kündigung

Der Betreiber der **Social Media-Präsenz** hat dem Plattformbetreiber die Präsenz zurückzugewähren (§ 531 BGB bzw. 604 BGB). Der Plattformbetreiber kann den Zugang sperren. Weiterhin hat der Plattformbetreiber die Pflicht, die Daten herauszugeben und anschließend zu löschen.[341] 272

2. Die Plattformen im Einzelnen

a) Facebook

Auf den Vertrag zwischen dem Präsenzbetreiber und **Facebook** findet deutsches Recht Anwendung.[342] Der Vertrag hat keine feste Laufzeit. Die Präsenz wird derzeit unentgeltlich zur Verfügung gestellt.[343] 273

Sowohl die **Nutzungsbedingungen für Facebook-Seiten** als auch die **Erklärung der Rechte und Pflichten** enthalten diverse Möglichkeiten für Facebook, den Vertrag zu beenden. Nach der Entscheidung des LG Berlin[344] hat Facebook seine Kündigungsklausel zum Teil umgestellt und an den Wortlaut des § 314 BGB angepasst.[345] **Facebook** behält sich dennoch an diversen weiteren Stellen das Recht vor, eine Präsenz zu löschen. So heißt es etwa am Ende der Nutzungsbedingungen für Facebook-Seiten: 274

> *„Wir behalten uns das Recht vor, Seiten aus beliebigem Grund abzulehnen oder zu entfernen."*

Diese Regelung dürfte nach der Entscheidung des LG Berlin unwirksam sein.

---

339 OLG Stuttgart, Urt. v. 1.2.2012 – 3 U 162/11 – BeckRS 2013, 01114.

340 MüKo-BGB/*Häublein*, § 605 BGB Rn 2.

341 *Wicker*, MMR 2012, 783,788.

342 Ziff. 17.3. der Erklärung der Rechte und Pflichten i.V.m. Ziff. 5 der Besonderen Bestimmungen für Nutzer mit Wohnsitz in Deutschland.

343 Vgl. hierzu aber auch die Anmerkungen von *Bräutigam*, MMR 2012, 635.

344 Hierzu oben unter Rn 86.

345 Siehe hierzu Rn 87 f.

275 Faktisch kann jeder Nutzer sein Profil jederzeit löschen. Betätigt man die Schaltfläche „[Name der Seite] endgültig löschen“, erfolgt eine nochmalige Sicherheitsnachfrage von **Facebook.** Bestätigt man diese, löscht Facebook die Seite. Daten, die sich auf der Präsenz befunden haben, werden in diesem Fall allerdings nicht mehr an das kündigende Unternehmen herausgegeben.

! **Praxistipp**
Unternehmen sollten die auf Facebook verfügbaren Daten regelmäßig sichern und vor dem Löschen der Präsenz auf Vollständigkeit überprüfen.

---

b) XING

276 **XING** sieht bei Produkten mit Mindestlaufzeit[346] eine Kündigung von drei Monaten zum Ende der Mindestnutzungszeit bzw. eines Verlängerungszeitraums vor. Für Produkte ohne Mindestnutzungszeitraum beträgt die Kündigungsfrist drei Monate zum Monatsende. Hierneben besteht ein Recht zur Kündigung aus wichtigem Grund.

277 Bei Beendigung des Vertrages löscht **XING** jedoch die **Social Media-Präsenz** nicht, sondern setzt sie auf den Stand vor Vertragsbeginn zurück. Lediglich die während der Vertragslaufzeit vom Unternehmen erstellten Inhalte werden gelöscht. Wie bereits oben[347] ausgeführt, generiert **XING** Unternehmensprofile zum Teil automatisch aus Nutzerdaten von Mitgliedern und Statistiken. Dieses Vorgehen dürfte unzulässig sein. Ein Unterlassungsanspruch ergibt sich aus § 823 Abs. 1 i.V.m. § 1004 BGB.[348]

c) Twitter

278 **Twitter** unterstellt seine **AGB** dem Recht des US-Bundesstaates Kalifornien.[349] Bei Twitter ist dem Nutzer jederzeit die Kündigung durch bloßes Deaktivieren des Benutzerkontos möglich. Twitters AGB sehen jedoch auch das Recht für Twitter vor, die Bereitstellung der Dienste jederzeit aus beliebigem Grund zu verwehren.[350]

! **Praxistipp**
Vor Beendigung des Nutzungsvertrages für die Plattform sollte der Betreiber der **Social Media-Präsenz**:
– sämtliche auf der Social Media-Präsenz enthaltenen Daten sichern;

346 STANDARD und PLUS, siehe oben Rn 4.
347 Rn 45.
348 Hierzu bereits oben Rn 45.
349 Hierzu Rn 77.
350 Ziff. 10 Abs. 3 der AGB von Twitter.

- soweit dies technisch nicht möglich ist, sollte man sich an den Plattformbetreiber wenden und die Freigabe verlangen; und
- den „Fans“ oder „Followern“ sollte mitgeteilt werden, wie das Unternehmen weiter erreicht werden kann.

II. Veräußerung der Social Media-Präsenz

1. Die Social Media-Präsenz als Vermögenswert

Social Media-Präsenzen oder Blogs sind inzwischen wertvolle Wirtschaftsgüter. 279
Der wohl bekannteste **Blogverkauf** in Deutschland war der des „Basic Thinking Blogs“. Der Ersteller und Inhaber des Blogs, Robert Basic, erzielte beim Verkauf auf eBay knapp 47.000 €.[351] Ein Jahr später verkaufte Basic auch seinen privaten Twitter-Account – angeblich für eine fünfstellige Summe.[352]

2. Verkauf und Übertragung der Social Media-Präsenz

Als Kaufgegenstände kommen in Betracht: 280
- die Social Media-Präsenz selbst (das Konto),
- Rechte an eventuell bestehenden Marken,
- Rechte an eigenen Inhalten,
- Rechte an Nutzerinhalten,
- Rechte am Design und
- Rechte an Nutzerdaten.

a) Übertragung der Präsenz

Die (leere) **Social Media-Präsenz** besteht zunächst aus einem Bündel von vertraglichen Rechten und Pflichten des Kontoinhabers gegenüber dem Plattformbetreiber. 281
Verkauft der Betreiber seine **Social Media-Präsenz,** tritt der Käufer vollständig in dessen Position im **Plattformvertrag** ein. Hierbei handelt es sich um einen **zweiseitigen Vertrag** zwischen dem ausscheidenden und dem eintretenden unter Zustimmung des verbleibenden Teils.[353] Es ist daher stets die Zustimmung des Plattformbetreibers erforderlich.[354]

351 Artikel abrufbar unter http://www.spiegel.de/netzwelt/web/0,1518,601539,00.html.
352 Artikel abrufbar unter http://t3n.de/news/twitter-exit-robert-basic-verkauft-privaten-263657.
353 BGH, Urt. v. 26.5.1999 – VIII ZR 141/98 – NJW 1999, 2664, 2666; Hoeren/Sieber/*Solmecke*, Teil 21.1 Rn 75.
354 Zur Übertragung einer Social Media-Präsenz auch Hoeren/Sieber/*Solmecke*, Teil 21.1 Rn 74 ff.

b) Nutzungsbedingungen der Plattformbetreiber

282 Dementsprechend verlangen die Nutzungsbedingungen von **XING**[355] und **Facebook**[356] für die **Übertragung eines Kontos** die Einwilligung des Plattformbetreibers. **Twitter**[357] verbietet den **Verkauf** des Nutzernamens.

c) Rechte an Marken, Unternehmenskennzeichen und Werktiteln

283 Überdies können **Markenrechte,** etwa am Namen der Social Media-Präsenz, bestehen. Diese sind gesondert nach den materiell-rechtlichen Regeln zu übertragen.

d) Rechte an eigenen Inhalten

284 Dem Erwerber der **Social Media-Präsenz** sind die **Nutzungsrechte** an sämtlichen auf der Social Media-Präsenz befindlichen eigenen Inhalten einzuräumen. Dabei sollte möglichst genau beschrieben werden, woran und in welchem zeitlichen, örtlichen und inhaltlichen Umfang Rechte eingeräumt werden. Bestehen an solchen eigenen Inhalten Rechte Dritter (z.B. einer Agentur), ist zu prüfen, inwieweit diese Rechte weiterübertragen werden dürfen.

285 Der Erwerber sollte sich vom Veräußerer garantieren lassen, dass dieser Inhaber aller Rechte am Inhalt der **Social Media-Präsenz** ist.

e) Rechte an User Content

286 Auch **Nutzerkommentare** und -beiträge können **urheberrechtlichen Schutz** genießen. Es ist im Einzelfall zu prüfen, ob **Urheberrechte** an einzelnen Beiträgen oder **Kommentaren** bestehen.[358] Der Betreiber der Social Media-Präsenz sollte sich daher vom Nutzer die entsprechenden **Nutzungsrechte** als übertragbare Lizenz einräumen lassen.

287 Ist eine solche Rechteeinräumung nicht erfolgt, und kann das Bestehen von Urheberrechten von Nutzern nicht ausgeschlossen werden, ist, soweit möglich und zumutbar, deren Zustimmung zur Übertragung einzuholen. Anderenfalls sollte der Beitrag vor dem **Verkauf** gelöscht werden.

288 Gleiches gilt für die von Nutzern eingestellten urheberrechtlich geschützten Werke wie **Bilder** oder **Videos.** In diesem Fall muss überdies sichergestellt sein, dass

---

355 Ziff. 6.3. der AGB für die Nutzung von XING-Unternehmensprofilen, abrufbar unter https://www.xing.com/app/user?op=tandc&what=cp.

356 Ziff. 18.6 der Erklärung der Rechte und Pflichten, abrufbar unter http://www.facebook.com/legal/terms.

357 Twitter-Regeln, abrufbar unter http://support.twitter.com/articles/87137-die-twitter-regeln#.

358 Zur Schutzfähigkeit von Nutzerkommentaren und -beiträgen vgl. Kap. 4 Rn 35 ff.

der die Werke einstellende Nutzer über die entsprechenden **Nutzungsrechte** verfügt.

f) Rechte an Daten der Nutzer

Im Rahmen des Betriebs einer **Social Media-Präsenz** kann eine große Menge **Nut- 289
zerdaten** anfallen. Soweit es sich um **personenbezogene Daten** handelt, sind bei der Übermittlung im Rahmen des Verkaufs der Präsenz die **Datenschutzgesetze** zu beachten.[359] Eine solche Übermittlung von personenbezogenen Daten im Rahmen des Verkaufs kann gem. § 28 Abs. 1 S. 1 Nr. 2 BDSG gerechtfertigt sein, insbesondere wenn der Zweck der **Social Media-Präsenz** und damit der Zweck der Datenverarbeitung identisch bleibt. Dies ist im Einzelfall zu prüfen. Besteht kein gesetzlicher Rechtfertigungsgrund, bedarf es der Einwilligung der Nutzer.[360]

g) Verträge mit den Nutzern

Bestehen **Verträge mit den Nutzern,** müssen diese im Rahmen eines Asset Deals vom 290
Käufer übernommen werden.[361] Auch insoweit bedarf es einer Zustimmung der Nutzer.

h) Rechte am Design

Das Design der **Social Media-Präsenz** wird in den wenigstens Fällen urheberrecht- 291
lichen Schutz genießen. Die Grundstruktur wird vom Plattformbetreiber vorgegeben. Diese „Hülle“ wird dann mit Inhalten gefüllt, die ihrerseits, wie vorstehend beschrieben, geschützt sein können. Bestehen im Ausnahmefall Urheberrechte am Design, sind dem Käufer die entsprechenden Rechte gesondert einzuräumen.

Checkliste !

- Gestatten die Plattformbedingungen den **Verkauf/die Übertragung der Social Media-Präsenz?**
- Wenn nicht, Zustimmung des Plattformbetreibers einholen;
- In Kaufvertrag Verpflichtung des Verkäufers aufnehmen, gegenüber dem Plattformbetreiber als Vertragspartner alle Erklärungen abzugeben und Handlungen vorzunehmen, die für die Übertragung erforderlich sind, um die Registrierung des Käufers als Inhaber der **Social Media-Präsenz** zu erreichen;
- Prüfen der Rechtslage insbesondere zu User Content;

---

359 Jedoch nur bei einem Asset Deal. Im Falle eines Anteilserwerbs (Share Deal) ändert sich die Person des Betreibers nicht. Es kommt daher zu keiner Datenübermittlung.

360 In diesem Fall gelten die allgemeinen Anforderungen an datenschutzrechtliche Einwilligungen, vgl. hierzu Kap. 3 Rn 85 ff.

361 Im Falle eines Anteilserwerbs (Share Deal) ändert sich die Person des Betreibers – und damit des Vertragspartners – nicht.

- Übertragung aller Rechte an eigenen Inhalten, User Content, Marken, Design etc.;
- Prüfen der **datenschutzrechtlichen Zulässigkeit** (Einwilligung erforderlich?);
- Prüfen, ob Verträge mit Dritten, wie z.B. den Nutzern, bestehen, die übernommen werden müssen (Zustimmung erforderlich?).

III. Die Social Media-Präsenz in der Insolvenz

292 Die vertraglichen Ansprüche des Inhabers einer Social Media-Präsenz gegenüber dem Plattformanbieter unterliegen der Zwangsvollstreckung gem. § 857 Abs. 1 ZPO.[362]

293 Diese Ansprüche fallen daher gem. §§ 35, 36 Abs. 1 InsO bei Eröffnung eines **Insolvenzverfahrens** über das Vermögen des Inhabers der Social Media-Präsenz in die **Insolvenzmasse.** In der **Insolvenz** geht die Verfügungs- und Verwaltungsbefugnis über die **Social Media-Präsenz** gem. § 80 Abs. 1 InsO auf den **Insolvenzverwalter** über. Eine unter Verstoß gegen § 80 InsO stattfindende Verfügung ist gem. § 81 Abs. 1 InsO unwirksam und der Insolvenzverwalter kann eine entgegen diesem Verbot übertragene Social Media-Präsenz zurückfordern.

362 Für die vergleichbare Situation bei Domains: BGH, Beschl. v. 5.7.2005 – VII ZB 5/05 – CR 2006, 50.

Kapitel 3
Datenschutz

Datenschutz und Social Media werden in letzter Zeit oft in einem Satz genannt. Die beiden Begriffe sind nicht unbedingt ein Gegensatzpaar. Jedoch beschränkt der Datenschutz die Nutzung von Social Media. Für den Betroffenen positiv ausgedrückt, versucht der Datenschutz sicherzustellen, dass der Betroffene auch in Social Media **„Herr seiner Daten"** bleibt. 1

Wie wichtig die Daten der einzelnen User sind, zeigt, dass Nutzer von Social Media-Plattformen einen **monetären Wert** haben[1] und dass personenbezogene **Daten als Währung** dienen.[2] Wie ernst mittlerweile der Datenschutz genommen wird, zeigt die Verurteilung zu Bußgeldern wegen Datenschutzverstößen in Social Media, z.B. gegen Google, wegen unzulässigen Einsatzes von Cookies.[3] Trotz aller **Gegensätze** können Social Media und Datenschutz in Einklang gebracht werden, wenn an den richtigen Stellen die Vorgaben des Datenschutzrechts ausreichend beachtet werden. 2

A. Nationales, europäisches oder internationales Datenschutzrecht

Datenschutzrecht ist national und gilt in der Regel mehr oder weniger lokal. Dies ist Ausfluss des sog. **Territorialitätsgrundsatzes,** d.h., es gilt das Recht des Orts, an dem die Datenverarbeitung stattfindet.[4] **Datenschutzgesetze der EU-Mitgliedstaaten** basieren derzeit noch auf **europäischen Datenschutzrichtlinien.**[5] Die 3

---

1 Vgl. http://www.forbes.com/sites/georgeanders/2012/07/26/facebook-ratio zum Wert von Nutzern auf diversen Social Media-Plattformen oder die Seite https://goprivate.abine.com, auf der sich Nutzer einen fiktiven persönlichen Wert errechnen lassen können. Trotz sehr restriktiver Nutzung von Facebook durch den Autor hat dieser immerhin einen persönlichen Wert von 21,81 US-$.

2 Siehe http://www.sueddeutsche.de/digital/2.220/datenschutz-im-internet-hauptsache-bequem-und-gratis-1.1438602. Oft werden Daten auch als „New Oil" bezeichnet.

3 Siehe http://www.bigbrotherwatch.org.uk/home/2012/08/google-hit-record-fine.html.

4 So auch: ULD, Datenschutzrechtliche Bewertung der Reichweitenanalyse durch Facebook, S. 19, abrufbar unter https://www.datenschutzzentrum.de/facebook/facebook-ap-20110819.pdf.

5 Die EU-Richtlinien sind vor allem: RL 95/46/EG v. 24.10.1995 zum Schutz natürlicher Personen bei der Verarbeitung personenbezogener Daten und zum freien Datenverkehr; RL 97/66/EG v. 15.12.1997 „EU-Datenschutzrichtlinie"; RL 2000/31/EG v. 8.6.2000 „Richtlinie über den elektronischen Geschäftsverkehr"; RL 2002/58/EG v. 12.6.2002 „Datenschutzrichtlinie für elektronische Kommunikation" und RL 2009/136/EG v. 25.11.2009 „Cookie Richtlinie".

Richtlinien wurden in den Mitgliedstaaten größtenteils ähnlich, aber doch mit erheblichen Unterschieden implementiert. Es liegt daher seit dem 25.1.2012 der **Entwurf einer europäischen Datenschutzverordnung („DSV-E")**[6] vor, der für eine vollständige Vereinheitlichung weiter Teile des Datenschutzrechts in Europa sorgen soll.[7]

4 Für deutsche Unternehmen, die eine Social Media-Plattform betreiben, gilt meistens deutsches Datenschutzrecht. Auch für nichtdeutsche Unternehmen, die auf Social Media aktiv sind, kann deutsches Datenschutzrecht gelten.[8]

I. Anwendbarkeit deutschen Datenschutzrechts

1. Rechtsquellen

5 Die für Social Media **relevanten Datenschutzgesetze** in Deutschland sind:
- das Bundesdatenschutzgesetz **(BDSG),**
- das Telemediengesetz **(TMG)** und
- das Telekommunikationsgesetz **(TKG).**[9]

6 Welches Gesetz gilt, kann nach dem **Schichtenmodell** bestimmt werden.[10] Danach ist zwischen drei Schichten zu unterscheiden:
- der **Bedeutungs- und Inhaltsebene,**
- der **Interaktionsebene** und
- der **Telekommunikationsebene.**

Daten lassen sich in diese Kategorien einordnen und können auch durchaus mehreren Ebenen zugeordnet werden, je nach dem, welcher Verarbeitungsschritt betrachtet wird. Im Zweifel ist der **Schwerpunkt der Datenverarbeitung** bzw. der

6 „Proposal for a General Data Protection Regulation" – 2012/0011 (COD) – deutsche Version abrufbar unter http://eur-lex.europa.eu/LexUriServ/LexUriServ.do?uri=COM:2012:0011:FIN:DE:PDF. Sehr empfehlenswert zum Verständnis der Regelungen des derzeitigen Verordnungsentwurfes auch für Datenschutzlaien ist das Papier von ProtectMyData.eu, abrufbar unter http://edri.org/files/1012EDRi_full_position.pdf.

7 Zur interessanten Frage der Klärung von Übersetzungsunterschieden zwischen den verschiedenen Sprachversionen dieser Verordnung, die zu einer unterschiedlichen Anwendbarkeit in den verschiedenen Mitgliedstaaten führen kann, vgl. *Braun/Langer*, Datenschutz Praxis 9/2012, 12, 13.

8 Zur Anwendbarkeit ausländischen Datenschutzrechts auf deutsche Betreiber einer Social Media-Präsenz, vgl. die Antworten zu ausgewählten Jurisdiktionen zu Frage 5 in Kap. 8.

9 Vgl. auch *Karg/Fahl*, K&R 2011, 453, 456.

10 Siehe https://www.datenschutzzentrum.de/systemdatenschutz/meldung/sm91.htm.

Diensterbringung ausschlaggebend.[11] Im Rahmen der Datenverarbeitung von sozialen Netzwerken gilt danach beispielsweise[12]

- das BDSG für die Verarbeitung der von Nutzern hochgeladenen Inhalte, für die Inhalte von Blogs oder von Nachrichten, für die Inhalte von Pinnwänden und sonstigen Nutzerprofilen,
- das TMG für die Verarbeitung der Bestandsdaten von Nutzerprofilen oder -konten,
- das TMG für Daten, die aufgrund der Nutzung von Social Media-Profilen, Spielen, Apps, Nutzergruppen oder Plugins anfallen und
- das TKG für den Versand von elektronischen Nachrichten und Chats oder teilweise für den Betrieb von Geolocation-Services.

Maßstab für Unternehmen, die eine Social Media-Präsenz betreiben, wird demnach 7
regelmäßig das **BDSG** und das **TMG** sein. Das **TKG** wird nur dann relevant, wenn das Unternehmen Nachrichtendienste anbietet oder mit Geodaten arbeitet.

2. Grundzüge der territorialen Anwendbarkeit

Ob das **deutsche Datenschutzrecht** für die Social Media-Präsenz tatsächlich gilt, 8
bestimmt sich aus Sicht eines deutschen Unternehmens vordergründig nach **§ 1 Abs. 5 BDSG.** Diese Vorschrift setzt Art. 4 der **Datenschutzrichtlinie** um, weshalb in den meisten anderen EU-Mitgliedstaaten ähnliche Regelungen gelten.

a) Deutscher Betreiber

Deutsches Datenschutzrecht gilt, wenn die Datenverarbeitung in Deutschland 9
stattfindet. Ausschlaggebend ist, wo eine **feste Einrichtung** der verantwortlichen Stelle besteht, von der aus die Daten verarbeitet werden.[13] Dies kann auch die **Niederlassung** eines nichtdeutschen Unternehmens sein. Deutsches Recht gilt dann unabhängig davon, wo sich die Nutzer befinden oder welche Nationalität sie haben.

---

11 ULD, Datenschutzrechtliche Bewertung der Reichweitenanalyse durch Facebook, S. 19, abrufbar unter https://www.datenschutzzentrum.de/facebook/facebook-ap-20110819.pdf.

12 Vgl. hierzu auch ULD, Datenschutzrechtliche Bewertung der Reichweitenanalyse durch Facebook, S. 19, abrufbar unter https://www.datenschutzzentrum.de/facebook/facebook-ap-20110819.pdf und *Karg/Fahl*, K&R 2011, 453, 455 ff.

13 ULD, Datenschutzrechtliche Bewertung der Reichweitenanalyse durch Facebook, S. 19, abrufbar unter https://www.datenschutzzentrum.de/facebook/facebook-ap-20110819.pdf oder *Venzke*, DuD 2011, 387, 388.

Beispiel
Ein **deutsches Unternehmen** betreibt auf seiner eigenen **Internetseite** einen Blog.[14] **Deutsches Datenschutzrecht** gilt für die Verarbeitung personenbezogener Daten aller Nutzer, nicht nur deutscher, sondern beispielsweise auch US-amerikanischer oder japanischer Nutzer.[15]

b) Nichtdeutscher Betreiber

10 Nicht so klar ist die Rechtslage für **nichtdeutsche Unternehmen** oder für deutsche Unternehmen, die als **Auftragsdatenverarbeiter** für nichtdeutsche Unternehmen tätig sind. Die derzeit als herrschend aufzufassende Rechtslage lässt sich wie folgt zusammenfassen:

11 Hat die **verantwortliche Stelle ihren Sitz in der EU/dem EWR,** gilt grundsätzlich das **Recht des Mitgliedstaates,** in dem die verantwortliche Stelle ihren Sitz hat, außer sie verarbeitet oder nutzt personenbezogene Daten mit einer **Niederlassung** in Deutschland (§ 1 Abs. 5 S. 1 BDSG).

12 Hat die **verantwortliche Stelle ihren Sitz außerhalb der EU/des EWR,** gilt deutsches Datenschutzrecht nur, wenn sie die Daten in Deutschland erhebt, verarbeitet oder nutzt (§ 1 Abs. 5 S. 2 BDSG). Aufgrund europarechtskonformer Auslegung ist dies der Fall, wenn sie zu Zwecken der Datenverarbeitung auf **in Deutschland belegene Mittel** zurückgreift.[16] Derartige Mittel können der Computer eines deutschen Nutzers oder **Cookies** auf dessen Computer sein. Keine Mittel sind eine Website mit **Eingabemasken,** die vom Nutzer vervollständigt werden können,[17] oder der Einsatz eines deutschen **Auftragsdatenverarbeiters.**[18]

13 Für ein **nichtdeutsches Unternehmen** gilt deutsches Datenschutzrecht danach vor allem, wenn das Unternehmen eine deutsche Niederlassung an der Datenverarbeitung beteiligt oder **Computer, Server, Cookies, Social Plugins** oder andere in Deutschland **belegene Mittel** zur Datenverarbeitung einsetzt, wie z.B. ein **Smartphone**[19] bei der Verarbeitung von **GPS-Daten** oder bei der Datenerhebung über **Apps.**[20]

---

14 Vgl. auch Düsseldorfer Kreis, Datenschutz in Sozialen Netzwerken, S. 1.

15 Da das Datenschutzrecht international nicht vereinheitlicht oder abgestimmt ist, kann in Einzelfällen neben dem deutschen Datenschutzrecht ausländisches Datenschutzrecht gelten, falls dessen Anwendbarkeit an die Nationalität des Betroffenen anknüpft.

16 Simitis/*Dammann*, § 1 Rn 221 ff.

17 Simitis/*Dammann*, § 1 Rn 223.

18 Simitis/*Dammann*, §1 Rn 230. Anders sieht dies: Datenschutzkonferenz, Soziale Netzwerke, S. 13 ohne weitere Begründung, abrufbar unter http://www.bfdi.bund.de/SharedDocs/Publikationen/Arbeitshilfen/OHSozialeNetze.html?nn=408908.

19 Düsseldorfer Kreis, Analyseverfahren zur Reichweitenmessung, S. 10 f.

20 Artikel-29-Datenschutzgruppe der EU, WP 163 zur Nutzung sozialer Online-Netzwerke, S. 5; Artikel-29-Datenschutzgruppe der EU, WP 148 zu Suchmaschinen, S. 10 ff.; ähnlich Düsseldorfer

Bei der Verwendung von **Cookies** durch den Betreiber einer Website soll nach Ansicht der Artikel-29-Datenschutzgruppe der EU das Recht im Aufenthaltsland des Nutzers nur dann gelten, wenn sich die Website auch auf dieses Land ausrichtet, der Betreiber Kenntnis von der Nutzung seiner Dienste im jeweiligen Mitgliedstaat und er einen dauerhaften Anteil am **Benutzermarkt** in einem bestimmten Mitgliedstaat hat.[21] Manche deutsche Datenschutzbehörden sind der Auffassung, dass deutsches Recht auch schon dann gilt, wenn diese Voraussetzungen vorliegen, aber keine Cookies verwendet werden. Diese Auffassung lässt sich jedoch am Gesetzeswortlaut nicht festmachen. 14

Praxistipp

Setzt ein Nicht-EU-Unternehmen einen deutschen Dienstleister als **Auftragsdatenverarbeiter** ein, ist zwischen den Parteien eine Auftragsdatenverarbeitungsvereinbarung abzuschließen, die ungefähr den Standard von § 11 BDSG erfüllt. Dies ist erforderlich, um die Anwendbarkeit deutschen Datenschutzrechts zu vermeiden. Läge keine derartige Vereinbarung vor, würden deutsche Aufsichtsbehörden nicht von einer Auftragsdatenverarbeitung, sondern von einer Übermittlung an den deutschen **Dienstleister** ausgehen. Dann wäre deutsches Datenschutzrecht auf die Verarbeitungsmaßnahmen des deutschen Dienstleisters anwendbar.

Gilt deutsches Datenschutzrecht für einen Betreiber, der seinen Sitz **nicht in der EU** hat, ist nach § 1 Abs. 5 S. 3 BDSG ein **Inlandsvertreter** zu bestellen. In der Praxis wird ein derartiger Vertreter allerdings nur selten bestellt, da die deutschen **Aufsichtsbehörden** keinen hoheitlichen Zugriff auf den ausländischen Betreiber haben. 15

Bei Social Media-Sachverhalten kann es daher vorkommen, dass für einen Sachverhalt das **Datenschutzrecht mehrerer Jurisdiktionen** gilt oder dass das anwendbare Recht je nach Datenkategorie variiert. 16

Beispiel 1

Für die Speicherung und Nutzung von personenbezogenen Daten, die ein Nutzer einer **Facebook-Fanpage** eines deutschen Unternehmens lädt, gilt

- für die Speicherung und Nutzung dieser Daten durch Facebook irländisches Datenschutzrecht (strittig) und
- für die Speicherung und Nutzung dieser Daten durch das Unternehmen deutsches Datenschutzrecht und ggf. das Recht eines weiteren Staates, falls die Inhalte auf der Präsenz eines anderen Betreibers dargestellt werden (z.B. via sharing oder liken).[22]

Kreis, Datenschutz in Sozialen Netzwerken, S. 1; Artikel-29-Datenschutzgruppe der EU, WP 136 zum Begriff „personenbezogene Daten", S. 12. Zu Apps: *Sachs/Meder*, ZD 2013, 303, 304.

21 Artikel-29-Datenschutzgruppe der EU, WP 148 zu Suchmaschinen, S. 12f. Die Cookie-Richtlinie hat an dieser Beurteilung nichts geändert, so auch ebenda, S. 14.

22 Ähnlich: *Nolte*, ZPR 2011, 236, 236.

Beispiel 2
Der US-Betreiber einer Social Media-Plattform, der in Europa keine Niederlassung oder Server hat, erhält personenbezogene Daten (i) zum einen dadurch, dass Nutzer diese auf der Plattform eingeben, und (ii) zum anderen über Cookies, die er auf den Computern der Nutzer platziert. Hinsichtlich der Daten unter (i) gilt kein deutsches – wohl US- – Datenschutzrecht; hinsichtlich der Daten unter (ii) gilt deutsches Datenschutzrecht, wenn und soweit deutsche Nutzer betroffen sind.

c) Regelungen zum territorialen Geltungsbereich gelten für alle Bereiche des deutschen Datenschutzrechts

17 Die dargestellten Regelungen zur **territorialen** Anwendbarkeit des **BDSG** (§ 1 Abs. 5 BDSG) gelten nicht nur für Daten, die nach dem BDSG verarbeitet werden, sondern **auch für die datenschutzrechtlichen Regeln nach dem TKG und dem TMG.** Das TKG und TMG enthalten zum territorialen Anwendungsbereich der datenschutzrechtlichen Normen keine Regelungen, sodass auf die allgemeine Regelung im BDSG zurückzugreifen ist.[23]

18 Die Regelungen zum Datenschutz des **TMG** gelten allerdings nicht bei **unternehmensinternen** sozialen Netzwerken, wenn diese ausschließlich zu dienstlichen oder beruflichen Zwecken genutzt werden (§ 11 Abs. 1 Nr. 1 TMG). Es gilt dann für diese Bereiche auch das **BDSG.**[24]

II. Deutsches Datenschutzrecht auf internationalen Plattformen

1. Facebook

19 Ob deutsches Datenschutzrecht für personenbezogene Daten gilt, die von **Facebook** verarbeitet werden, ist Gegenstand vielfacher Diskussionen und behördlichen Stellungnahmen. Die jüngsten Beschlüsse des **OVG Schleswig Holstein** haben hier aber

23 So auch: Auer-Reinsdorff/Conrad/*Grapentin*, S. 1319 und Artikel-29-Datenschutzgruppe der EU, WP 185 zu Geolocation Services, S. 14 sowie Artikel-29-Datenschutzgruppe der EU, WP 148 zu Suchmaschinen, S. 14. Dies verkennen ULD, Datenschutzrechtliche Bewertung der Reichweitenanalyse durch Facebook, S. 19, abrufbar unter https://www.datenschutzzentrum.de/facebook/facebook-ap-20110819.pdf und *Stadler*, ZD 2011, 57, 58, die aus dem Herkunftslandprinzip des § 3 Abs. 1 TMG herleiten wollen, dass deutsches Datenschutzrecht dann gilt, wenn sich das Internetangebot an deutsche Nutzer richtet. Das LG Berlin, Urt. v. 6.3.2012 – 16 O 551/10 – S. 16, abrufbar unter http://openjur.de/u/269310.html möchte die Anwendbarkeit deutschen Datenschutzrechts aus der Anwendbarkeit deutschen Vertragsrechts herleiten, was der Regelung in § 1 Abs. 5 BDSG und dem Territorialitätsgrundsatz zuwiderlauft.

24 Spindler/Schuster/*Spindler/Nink*, § 11 TMG Rn 10-12.

für etwas mehr Klarheit gesorgt,[25] auch wenn die Entscheidung des LG Berlin unmittelbar im Anschluss dazu wieder für Verwirrung sorgte.[26] Hierzu lässt sich Folgendes festhalten: Facebook stellt in seinen „Datenverwendungsrichtlinien"[27] nicht klar, wer verantwortliche Stelle für die Datenverarbeitung ist. Im Impressum ist allerdings angegeben, dass Facebook Ireland Ltd. die .de-Website betreibt.[28] Zwar gibt es auch eine deutsche Tochtergesellschaft von Facebook **(Facebook Germany GmbH),** diese betreibt aber wohl nur Anzeigenakquise und Marketing. Facebook verarbeitet die personenbezogenen Daten der europäischen Nutzer mit der irischen Tochtergesellschaft, **Facebook Ireland Ltd.**[29] Für Facebook gilt damit grundsätzlich nicht deutsches **Datenschutzrecht** (§ 1 Abs. 5 S. 1 BDSG), sondern **Irisches** (das aber auch auf EU-Recht basiert). Allenfalls für bestimmte Funktionen, die von Facebook Inc. in den USA angeboten werden, gilt kalifornisches Datenschutzrecht. Es gibt einzelne Ausnahmefälle, in denen **deutsches** Datenschutzrecht anwendbar sein dürfte, z.B. wenn Daten zu deutschen Nutzern über einen Gefällt mir-Button (über **Cookies**) erhoben werden, der auf der Website eines Nicht-EU/EWR-Unternehmens platziert ist.

2. Twitter

Der Betreiber der Plattform **Twitter,** Twitter Inc., hat seinen Sitz in San Francisco, Kalifornien.[30] Twitter hat Niederlassungen für Vertrieb und Marketing in Europa (derzeit Dublin und London), verarbeitet nach Informationen des Autors mit diesen Niederlassungen aber keine personenbezogenen Daten von europäischen Nutzern. Twitter richtet sein Angebot aber an deutsche Nutzer und bietet eine **deutschsprachige Website** und **Social Plugins** an. Auf dieser Basis gilt in Bezug auf deutsche Nutzer grundsätzlich kein deutsches Datenschutzrecht. Allerdings wird für personenbezogene Daten, die über Social Plugins, mobile Endgeräte und Cookies oder ähnliche Mittel erhoben werden, deutsches Datenschutzrecht gelten. 20

---

25 OVG Schleswig Holstein, Beschl. v. 22.4.2013 – 4 MB 10/13 – und – 11/13 – abrufbar unter http://www.schleswig-holstein.de/OVG/DE/Service/Presse/Pressemitteilungen/23042013OVG_Facebook_Klarnamen.html.

26 LG Berlin, Urt. v. 30.4.2013 – 15 O 92/12 – abrufbar unter http://www.vzbv.de/cps/rde/xbcr/vzbv/Urteil_des_LG_Berlin_zur_Datenschutzrichtlinie_von_Apple.pdf. Das LG Berlin hätte aber die Anwendbarkeit deutschen Rechts allerdings anhand des BDSG und nicht anhand der Rom-I-VO prüfen müssen und wäre dann ggf. zu einem anderen Ergebnis gekommen. Das Urteil ist noch nicht rechtskräftig.

27 Siehe http://de-de.facebook.com/about/privacy.

28 Siehe http://de-de.facebook.com/legal/terms.

29 *Hoeren*, ZRP 210, 251, 251; anders wohl ULD, Datenschutzrechtliche Bewertung der Reichweitenanalyse durch Facebook, S. 19, abrufbar unter https://www.datenschutzzentrum.de/facebook/facebook-ap-20110819.pdf.

30 Siehe https://twitter.com/about/contact.

3. XING Deutschland

21 Der Betreiber der Plattform **XING,** die XING AG, hat seinen Sitz in Hamburg. Es gilt **deutsches Datenschutzrecht** für die Erhebung, Verarbeitung und Nutzung personenbezogener Daten von **XING-Mitgliedern** und sonstigen Dritten.

4. Social Media-Präsenzen auf Plattformen

22 Betreibt ein **deutsches Unternehmen auf einer Social Media-Plattform** eine Präsenz, gilt für personenbezogene Daten, die vom deutschen Unternehmen als verantwortliche Stelle verarbeitet werden,[31] grundsätzlich **deutsches Recht** unabhängig davon, ob für die Datenverarbeitung durch die Plattform auch deutsches oder das Recht eines anderen Staates gilt.

23 Deutsches Datenschutzrecht gilt auch für die Verarbeitung personenbezogener Daten durch ein Unternehmen, das eine Social Media-Präsenz auf der **eigenen Website** betreibt.

III. Ausblick: Die EU-Datenschutzverordnung

24 Die **DSV-E** soll einen **europaweit** einheitlichen Standard schaffen und auch die Anwendbarkeit europäischen Datenschutzrechts im internationalen Kontext einheitlich regeln. Sie soll in allen EU-Mitgliedstaaten verbindlich und unmittelbar anwendbar sein. Eine Umsetzung der **Verordnung** in nationales Recht des jeweiligen Mitgliedstaates ist nicht erforderlich.

25 Zum **territorialen Anwendungsbereich** sieht der derzeitige Entwurf vor, dass die **Verordnung** für alle in der EU ansässigen Stellen und solche außerhalb der EU gelten soll, die Waren oder Dienstleistungen an Betroffene in der EU **anbieten** oder das Verhalten Betroffener in der EU **überwachen** (Art. 3 DSV-E). Danach müssen alle Betreiber von **Social Media-Plattformen,** die sich an EU-Bürger richten, die Vorgaben der Verordnung unmittelbar einhalten. Ferner müssen diese Unternehmen, wie schon jetzt nach deutschem Recht, einen Vertreter in der EU als **Ansprechpartner** für die Aufsichtsbehörde benennen (Art. 25 DSV-E).

---

31 Vgl. unten Rn 39 zu Erläuterungen dazu, wann ein Unternehmen verantwortliche Stelle ist.

B. Geschützte Daten vs. ungeschützte Informationen

I. Keine nur persönliche oder familiäre Tätigkeit

Deutsches Datenschutzrecht gilt für den Umgang mit personenbezogenen Daten durch öffentliche und nichtöffentliche Stellen. Im Rahmen von Social Media sind die nichtöffentlichen Stellen in der Regel private Unternehmen, können aber auch **Privatpersonen** sein. Ausgenommen sind Privatpersonen, die die Daten ausschließlich **für persönliche oder familiäre Tätigkeiten** verarbeiten (§ 1 Abs. 2 Nr. 3 a.E. BDSG). Vor dem Internetzeitalter sollten damit beispielsweise private **Adressbücher** vom Geltungsbereich des Datenschutzes ausgenommen werden. Im Internetzeitalter könnten dies **private E-Mail-Postfächer** oder Datensammlungen auf privaten Computern sein, die zu diesen privaten Zwecken genutzt werden. Da **Freunde** und **Freundschaften** zentrales Thema auf Social Media-Plattformen sind, kann die Nutzung von Social Media durch Privatpersonen in Einzelfällen von der Anwendbarkeit des Datenschutzrechts ausgenommen sein. Dies gilt aber nur, solange die Inhalte bewusst nur mit ausgewählten Freunden geteilt und mit der Nutzung keine kommerziellen oder politischen Zwecke verfolgt werden.[32] Jede unbeschränkte Veröffentlichung im Internet, auch wenn sie von einer Privatperson initiiert wird, fällt daher nicht mehr unter diese Privatausnahme.[33] 26

Beispiel
Eine Privatperson mit uneingeschränkten **Einstellungen zur Privatsphäre** muss bei der Nutzung ihrer Social Media-Präsenz Datenschutzrecht einhalten. Wenn die Informationen auf der Plattform „nur mit Freunden" geteilt werden, greift die **„Familienausnahme"** (§ 1 Abs. 2 Nr. 3 a.E. BDSG).

Daran anknüpfend sind auch die Begriffe des **Diensteanbieters** (§ 2 Nr. 1 TMG) und des **Telekommunkationsanbieters** (§ 3 Nr. 6 TKG), die Adressaten der jeweiligen **bereichsspezifischen Regelungen** zum Datenschutz sind, auszulegen. Eine Privatperson, für die die **„Familienausnahme"** (§ 1 Abs. 2 Nr. 3 a.E. BDSG) nicht gilt, ist damit **Diensteanbieter** und (eher unwahrscheinlich) **Telekommunikationsanbieter.** 27

Verantwortliche Stelle, Diensteanbieter und Telekommunikationsanbieter können damit der **Plattformbetreiber,** der **Betreiber einer Social Media-Präsenz** und auch der **Nutzer** sein. 28

32 Vgl. zu weiteren Beispielen: Artikel-29-Datenschutzgruppe der EU, WP 163 zur Nutzung sozialer Online-Netzwerke, S. 6.

33 Vgl. auch ULD, Datenschutzrechtliche Bewertung der Reichweitenanalyse durch Facebook, S. 18, abrufbar unter https://www.datenschutzzentrum.de/facebook/facebook-ap-20110819.pdf.

II. Personenbezogene Daten

29 Datenschutzrecht schützt **personenbezogene Daten** bzw. die (natürliche) Person, die mit diesen Daten **verknüpft** wird. Datenschutzrecht wird nur relevant, wenn es um Daten geht, die **natürliche Personen** betreffen.

1. Personenbezogene Daten

30 Nach § 3 Nr. 1 BDSG sind personenbezogene Daten „***Einzelangaben** über persönliche oder sachliche Verhältnisse einer bestimmten oder bestimmbaren **natürlichen Person** (Betroffener)*". Daten zu **juristischen Personen** sind damit keine personenbezogenen Daten.

31 **Anonymisierte** Daten sind keine personenbezogenen Daten. Anonymisierte Daten liegen aber nur dann vor, wenn sich für die verantwortliche Stelle nur mit unverhältnismäßig hohem Aufwand eine Zuordnung zu einer natürlichen Person herstellen lässt (§ 3 Nr. 6 BDSG). Ansonsten können **pseudonymisierte** Daten vorliegen, die wie personenbezogene Daten vom Datenschutzrecht geschützt sind. Pseudonymisierte Daten sind nach § 3 Nr. 6a BDSG solche Daten, bei denen der Name oder andere Identifikationsmerkmale durch ein Kennzeichen ersetzt wurden, zu dem Zweck, die Bestimmung des Betroffenen auszuschließen oder wesentlich zu erschweren.

Beispiele
Anonymisierte Daten:
- Löschen von Namen des Verfassers eines Blogbeitrags, ohne den Personenbezug wiederherstellen zu können.
- Ermöglichung der Teilnahme an einem Blog ohne jegliche Anmeldung oder Identifizierung und ohne Logging der Nutzerdaten.

Pseudonymisierte Daten:
- Ersetzen des Namens durch einen „Nickname", den nur die verantwortliche Stelle kennt.
- Verpixeln des Gesichts auf einem Foto, sodass eine Identifizierung der fotografierten Person nicht mehr möglich ist.

---

32 Ob **anonymisierte** oder **pseudonymisierte** Daten vorliegen, ist aus Sicht der jeweiligen verantwortlichen Stelle, also relativ, zu entscheiden. Damit kann dasselbe Datum für eine Stelle personenbezogen sein, für die andere aber anonym.[34] Die **Artikel-29-Datenschutzgruppe** der EU hat hierzu weitere Leitlinien aufgestellt, die zur Bestimmung, ob personenbezogene Daten vorliegen, im Einzelfall herangezogen werden können.[35] Folglich ist vor allem danach zu fragen, ob **Personenbezug** zu-

34 Simitis/*Simitis*, § 3 Rn 32.
35 Artikel-29-Datenschutzgruppe der EU, WP 136 zum Begriff „personenbezogene Daten", S. 13ff.

sammen mit anderen zur Verfügung stehenden Daten hergestellt werden kann und was der von der verantwortlichen Stelle verfolgte Zweck ist. Sollen beispielsweise **Serverprotokolle** zur Verbesserung einer Website verwendet werden und nicht dazu, den Nutzern individualisierte Werbung zukommen zu lassen, können Daten vorliegen, die nicht dem Datenschutz unterfallen. Postet ein Nutzer einen Beitrag als „234rucmyeuce", der Betreiber kann dieses Pseudonym aber einem Nutzerkonto zuordnen, ist der Post ein personenbezogenes Datum.

2. Typische Kategorien – Social Media

Typische Kategorien personenbezogener **Daten** in Zusammenhang mit Social 33
Media sind[36]

- Name, E-Mail-Adresse;
- **Fotos** (außer sie sind vollständig verpixelt);[37]
- **Profil- und Statusdaten;**
- Beiträge in Blogs, Tweets, Nachrichten;
- Verkehrsdaten (Umstände der Kommunikation innerhalb des Netzwerks);
- **Nutzungs- und Reichweitedaten** (z.B. Protokolldaten bei Anmeldung oder von Servern);
- MAC-Adresse eines Computers oder sonstiger Hardware;
- **IP-Adresse** (h.M.);[38]
- **GPS-Daten.**[39]

Keine personenbezogenen Daten sind z.B. 34

- Daten zu juristischen Personen (wenn und solange kein individueller Ansprechpartner genannt ist);
- **anonymisierte Daten;**
- verkürzte IP-Adressen (zumindest um die letzten drei Stellen gekürzt);
- vollständig verpixelte Fotos;
- Posts von anonymen Nutzern;
- **aggregierte Daten,** wenn zumindest drei bis fünf Datensubjekte **zusammengefasst** werden.

---

36 Vgl. hierzu *Karg/Fahl*, K&R 2011, 453, 455.

37 KG Berlin, Urt. v. 28.4.2011 – 10 U 196/10 – MMR 2012, 258, 258.

38 Die Qualität einer IP-Adresse als personenbezogenes Datum ist heftig umstritten. Vgl. hierzu die gute Übersicht bei Auer-Reinsdorff/Conrad/*Conrad-Hausen*, § 27 Rn 32ff. Der Streit kann aber aufgrund recht klarer Aussagen der Artikel-29-Datenschutzgruppe der EU als entschieden angesehen werden (vgl. WP 148 zu Suchmaschinen, S. 9).

39 GPS-Daten könnten im Einzelfall aggregierte Daten sein, weil in Großstädten mehrere Nutzer die gleichen Koordinaten haben könnten.

Praxistipp
Unternehmen, die in Social Media aktiv werden wollen, sollten sich vorab oder vor jeder neuen Aktion intensiv mit der Frage **„Personenbezogene Daten Ja/Nein"** auseinandersetzen. Müssen personenbezogene Daten nicht zwingend verarbeitet werden, kann ein Verzicht hierauf erhebliche rechtliche **Risiken** vermeiden.

3. Klarnamenpflicht

35 **§ 13 Abs. 6 TMG** verpflichtet Telemedienanbieter, die Nutzung ihres Dienstes in **anonymer** oder **pseudonymer** Weise zu ermöglichen **(Keine Klarnamenpflicht).** Die Nichteinhaltung dieser Vorschrift wird zwar nicht mit einem **Bußgeld** geahndet; AGB-Klauseln, die aber gegen diesen Grundsatz verstoßen, sind unwirksam[40] und es kann daher auch eine abmahnfähige Wettbewerbsverletzung nach § 4 Nr. 11 UWG vorliegen.

36 Betreiber einer Social Media-Präsenz müssen daher ihren Nutzern ermöglichen, **anonym** oder **pseudonym** an dem jeweiligen Dienst **teilzunehmen** und zwar nicht nur im Verhältnis zu den anderen Teilnehmern, sondern auch im Verhältnis zum Betreiber, außer dies ist unzumutbar.[41] Zumutbar scheint dies bei „einfacheren Diensten" wie Blogs oder bestimmten Foren, bei denen die Identität des Nutzers nicht ausschlaggebend ist (z.B. Heimwerkertipps oder Ausflugstipps). Unzumutbarkeit könnte dann vorliegen, wenn andere Nutzer oder der Betreiber des Angebots auf die **Identität** angewiesen sind oder der Dienst vernünftigerweise nur auf Basis offengelegter Identität funktioniert. Dies lässt sich beispielsweise jedenfalls bejahen für die Teilnahme an **berufsbezogenen Social Media-Plattformen** (z.B. XING).[42] Für die Teilnahme an nichtberufsbezogenen Netzwerken ist dies umstritten. Auch hier lässt sich vertreten, dass in den meisten Fällen an die Identität im richtigen Leben angeknüpft wird. Die **Datenschutzsaufsicht in Schleswig Holstein** vertritt allerdings eine gegenteilige Auffassung.[43]

37 Die Zumutbarkeit kann jedoch für diese beiden Verhältnisse unterschiedlich zu bewerten sein.[44] Beispielsweise kann ein **Blogbetreiber** Offenlegung der Identität im **Registrierungsprozess** fordern, um mögliche Auskunftsansprüche erfüllen zu können,[45] aber die Veröffentlichung von Beiträgen unter einem **Pseudonym** ermöglichen.

---

40 *Schnabel/Freund*, CR 2010, 718, 720.
41 *Schnabel/Freund*, CR 2010, 718, 720.
42 *Krieg*, AnwZert ITR 24/2008, Anm. 3 (Ziff. BV).
43 Vgl. Pressemitteilung über den Bußgeldbescheid des ULD an Facebook vom 17.12.2012, abrufbar unter https://www.datenschutzzentrum.de/presse/20121217-facebook-klarnamen.htm; hierzu auch die Beschlüsse des VG und OVG Schleswig, oben Rn 19.
44 Vgl. Artikel-29-Datenschutzgruppe der EU, WP 163 zur Nutzung sozialer Online-Netzwerke, S. 13.
45 Vgl. OLG Dresden, Beschl. v. 8.2.2012 – 4 U 1850/11 – abrufbar unter http://www.justiz.sachsen.de/esamosweb/document.phtml?id=1037.

III. Ausblick: DSV-E und Personenbezug

Die **DSV-E** verfolgt einen leicht geänderten Ansatz und entscheidet sich eindeutig für die **Relativität des Personenbezugs:** Alle Daten, die sich auf einen Betroffenen beziehen, sind laut **Verordnungsentwurf** personenbezogene Daten (Art. 4 Abs. 3 DSV-E). Allerdings wird der Betroffene als eine identifizierbare natürliche Person oder eine natürliche Person definiert, die direkt oder indirekt durch die von der verantwortlichen Stelle regelmäßig eingesetzten Mittel identifiziert werden kann. Folglich kann es sein, dass Daten, die derzeit **pseudonymisiert** vom Datenschutzrecht geschützt werden, in Zukunft möglicherweise nicht mehr dem Datenschutz unterfallen. Die **IP-Adresse** wird nach der **Verordnung** daher nicht immer ein personenbezogenes Datum sein.[46] 38

C. Verantwortliche Stellen bei Social Media und deren Rechtspflichten

I. Verantwortliche Stellen?

Nur die **verantwortliche Stelle** ist verpflichtet, die datenschutzrechtlichen Regelungen einzuhalten. Verantwortliche Stelle ist die Stelle, die personenbezogene Daten für sich selbst erhebt, verarbeitet oder nutzt oder dies durch andere im Auftrag vornehmen lässt (§ 3 Nr. 7 BDSG). Es kommt maßgeblich darauf an, ob die Stelle über den **Zweck und die Mittel der Verarbeitung** personenbezogener Daten entscheidet.[47] Dies können auch mehrere Stellen sein, wenn sie gemeinsame Mittel oder **gemeinsame Zwecke** verfolgen.[48] Welche Stelle für welche Verarbeitungen **mitverantwortlich** ist, ist pro Datenkategorie, Datenverarbeitungsschritt und -zweck festzustellen.[49] 39

Der Begriff der **Stelle** ist ein datenschutzrechtlicher Begriff. Er ist nicht immer, aber oft gleichzusetzen mit juristischer oder natürlicher Person. Beispielsweise kann 40

46 Vgl. Erwägungsgrund zur DSV-E Nr. 24.

47 Artikel-29-Datenschutzgruppe der EU, WP 148 zu Suchmaschinen, S. 15 ff.; ULD, Datenschutzrechtliche Bewertung der Reichweitenanalyse durch Facebook, S. 15 ff., abrufbar unter https://www.datenschutzzentrum.de/facebook/facebook-ap-20110819.pdf; Artikel-29-Datenschutzgruppe der EU, WP 169 zu „Verantwortlicher" und „Auftragsverarbeiter", S. 10.

48 Artikel-29-Datenschutzgruppe der EU, WP 169 zu „Verantwortlicher" und „Auftragsverarbeiter", S. 26.

49 *Pekárek/Pötsch*, S. 54 ff.; Datenschutzkonferenz, Soziale Netzwerke, S. 10 ff., abrufbar unter http://www.bfdi.bund.de/SharedDocs/Publikationen/Arbeitshilfen/OHSozialeNetze.html?nn=408908.

aber auch eine unselbstständige Niederlassung oder eine Betriebsstätte eine „Stelle" im Sinne des Datenschutzrechts sein. Im Rahmen von Social Media können Stellen vor allem der Betreiber der Plattform, der Betreiber der Social Media-Präsenz und die Nutzer sein.

41 Eine Stelle, die an der **Datenverarbeitung** beteiligt ist, die aber nicht über Zweck und die Mittel der Verarbeitung personenbezogener Daten entscheidet, wird in der Regel **Auftragsdatenverarbeiter** sein (§ 11 BDSG).

II. Auftragsdatenverarbeiter

42 **Auftragsdatenverarbeitung** liegt vor, wenn eine andere juristische oder natürliche Person als die verantwortliche Stelle Daten **im Auftrag** und nach **Weisung** der verantwortlichen Stelle erhebt, verarbeitet oder nutzt.[50] Entscheidend ist vor allem, dass der Auftragsdatenverarbeiter keine Entscheidungsmacht über die Zwecke der Datenverarbeitung hat. Dann würde er nämlich eigene Zwecke verfolgen und wäre verantwortliche Stelle. Da Dienstleister oft als IT-Spezialisten eingesetzt werden, steht ihnen eine gewisse Entscheidungsfreiheit bei der Wahl der Mittel der Datenverarbeitung zu, ohne zur verantwortlichen Stelle zu werden.[51]

43 Nur weil ein Kunde Standardprozesse und -**AGB** von Social Media-Plattformen nicht ändern kann, bedeutet dies allerdings nicht zwingend, dass der Großanbieter **verantwortliche Stelle** und nicht **Auftragsdatenverarbeiter** ist.[52] Oft wird man aber annehmen müssen, dass der Betreiber der Social Media-Plattform zumindest auch verantwortliche Stelle ist, weil er die personenbezogenen Daten auch für **eigene Zwecke** verarbeitet und nutzt.

44 Liegt eine Auftragsdatenverarbeitungssituation vor, muss zwischen verantwortlicher Stelle und **Auftragsdatenverarbeiter** eine Auftragsdatenverarbeitungsvereinbarung abgeschlossen werden, die die Erfordernisse des § 11 BDSG erfüllt. **Muster** für derartige **Vereinbarungen** stellen die Datenschutzbehörden zur Verfügung.[53] Bei der Zusammenarbeit mit Betreibern von Social Media-Plattformen gestaltet sich die Vereinbarung einer **Auftragsdatenverarbeitungsvereinbarung** in der Praxis oftmals schwierig bis unmöglich. Dies liegt vor allem daran, dass der Ab-

---

50 Artikel-29-Datenschutzgruppe der EU, WP 169 zu „Verantwortlicher" und „Auftragsverarbeiter", S. 32f.

51 Artikel-29-Datenschutzgruppe der EU, WP 169 zu „Verantwortlicher" und „Auftragsverarbeiter", S. 16.

52 Artikel-29-Datenschutzgruppe der EU, WP 169 zu „Verantwortlicher" und „Auftragsverarbeiter", S. 32f.

53 Siehe http://www.datenschutz-bayern.de/technik/orient/m-vertr.htm und die Checkliste der Bayerischen Datenschutzaufsicht unter http://www.datenschutz-bayern.de/technik/orient/oh_auftragsdatenverarbeitung.html.

schluss von Auftragsdatenverarbeitungsvereinbarungen nicht zum Standardvertragsprozedere gehört. Zudem sind folgende Punkte objektiv schwer zu erfüllen:

- Nach § 11 BDSG ist die Auftragsdatenverarbeitungsvereinbarung **schriftlich** (auf Papier mit Unterschrift) abzuschließen;
- **Subunternehmer** des Auftragsdatenverarbeiters sind in der Vereinbarung zu benennen;
- mit Auftragsdatenverarbeitern, die ihren Sitz nicht in der EU/dem EWR haben, ist der **EU-Standardvertrag 2010** (Processors) abzuschließen, wenn der Auftragsdatenverarbeiter nicht Safe Harbor-zertifiziert ist.[54]

Diese Punkte sind aus der Diskussion zum **Cloud-Computing** bekannt.[55] Eine wirklich rechtssichere Lösung wird es wohl erst mit den von der **EU-Kommission** angekündigten „**Muster-Vertragsbedingungen** für das Cloud-Computing"[56] geben. 45

III. Beispielfälle für verantwortliche Stellen und Auftragsdatenverarbeiter

1. Facebook-Fanseite, Twitteraccounts, XING-Profile

Google wurde ihm Rahmen von **Google Analytics** als Auftragsdatenverarbeiter eingestuft.[57] 46

Facebook, Twitter, XING und andere Betreiber einer Social Media-Plattform könnten in ähnlicher Weise im Verhältnis zu den Nutzern und Betreibern einer Präsenz als **Auftragsdatenverarbeiter** eingestuft werden. Jedoch scheint dies etwas fernliegend, da diese Betreiber einer Social Media-Plattform meist noch erhebliche **eigene Zwecke** mit der Datenverarbeitung verfolgen, insbesondere Marketing und Profilbildung. 47

Plattformbetreiber und Nutzer werden daher in der Regel als **mitverantwortliche** Stellen zu qualifizieren sein.[58] Der Plattformbetreiber wird regelmäßig für die Basisdienste (Profildaten) und die Verarbeitung der Nutzungsdaten als Vertragspartner der Nutzer verantwortlich sein.[59] Die Plattformbetreiber sind auch verant- 48

---

54 Vgl. unten Rn 122 zur Datenübermittlung in Drittländer.

55 Vgl. hierzu *Splittgerber/Rockstroh*, BB 2011, 2179, 2180 f.

56 Pressemitteilung der EU-Kommission vom 27.9.2012, abrufbar unter http://europa.eu/rapid/press-release_IP-12-1025_de.htm.

57 Der Hamburger Datenschutzbeauftragte, Hinweise zu Google Analytics, S. 1 ff.

58 So auch: Artikel-29-Datenschutzgruppe der EU, WP 169 zu „Verantwortlicher" und „Auftragsverarbeiter", S. 26 und WP 163 zur Nutzung sozialer Online-Netzwerke, S. 6; auch Datenschutzkonferenz, Soziale Netzwerke, S. 12, abrufbar unter http://www.bfdi.bund.de/SharedDocs/Publikationen/Arbeitshilfen/OHSozialeNetze.html?nn=408908.

wortliche Stelle für profilübergreifende Funktionalitäten, wie **Suchfunktionen** oder **Werbebanner.** Am Beispiel von Facebook, Twitter und XING wären die verantwortlichen Stellen **Facebook Ireland Ltd., Twitter Inc.** bzw. **XING AG.** Der Nutzer (Betreiber einer Social Media-Präsenz) wird darauf aufbauend regelmäßig für die auf und über seine Präsenz generierten personenbezogenen Daten verantwortliche Stelle sein (z.B. hochgeladener Content, Social Plugins, Likes, versandte Tweets oder Mitteilungen, Newsabonennten, Bewerber bei XING oder Follower bei Twitter). Das **VG Schleswig** vertritt in seiner Entscheidung vom 9.10.2013 eine für Unternehmen wesentlich günstigere Rechtsansicht (8 A 218/11; 8 A 14/12; 8 A 37/12). Es entschied, dass Unternehmen, die eine Facebook-Fanpage betreiben, **keine verantwortliche Stelle** seien. Zu dieser Entscheidung, gegen die Berufung zugelassen wurde, liegt bislang noch keine Begründung vor. Derzeit steht daher nicht fest, ob das VG Schleswig entsprechend den obigen Ausführungen entschieden hat oder ob Fanseitenbetreiber in weiterem Umfang keine verantwortlichen Stellen sein sollen. Letzteres ließe sich allenfalls nur mit der „Marktmacht" des Plattformbetreibers (siehe unten Rn 52) begründen. Jedenfalls kann die Entscheidung des VG Schleswig erst einmal bei Unternehmen für Aufatmen sorgen. Wenn Nutzer wiederum die Möglichkeit haben, innerhalb der Social Media-Präsenz über Zwecke der Datenverarbeitung zu entscheiden, könnten diese auch wiederum verantwortliche Stelle sein.

2. Social Plugins

49 Plattformbetreiber und Betreiber einer Website sind mitverantwortliche Stellen für die Datenerhebung über **Social Plugins,** da der Social Plugin zwar eine direkte Kommunikation mit der Plattform herstellt, der **Website-Betreiber** aber darüber entscheidet, ob er den **Plugin** in seine Seite einbindet oder nicht.[60]

3. Geolocation

50 Bei **Geolocationdiensten** könnte es drei mitverantwortliche Stellen geben: den **Telekommunikationsprovider,** die datenerhebende Stelle und den Betreiber der App.[61]

---

59 ULD, Datenschutzrechtliche Bewertung der Reichweitenanalyse durch Facebook, S. 16, abrufbar unter https://www.datenschutzzentrum.de/facebook/facebook-ap-20110819.pdf.
60 ULD, Datenschutzrechtliche Bewertung der Reichweitenanalyse durch Facebook, S. 17, abrufbar unter https://www.datenschutzzentrum.de/facebook/facebook-ap-20110819.pdf.
61 Artikel-29-Datenschutzgruppe der EU, WP 185 zu Geolocation Services, S. 11f.

4. Gesichtserkennung

Bei **Gesichtserkennungsdiensten** wird in der Regel der Betreiber der Website oder Plattform und derjenige, der Gesichtserkennungsdienste nutzt (z.B. App-Betreiber), **mitverantwortliche Stelle** sein.[62] 51

IV. Verschiebung von Verantwortlichkeiten wegen „Marktmacht"?

Wie dargestellt, lassen sich die **Verantwortlichkeiten** für die Datenverarbeitung aufschlüsseln und – wenn auch teilweise mit Schwierigkeiten – auseinanderhalten. Im Vergleich zu gewöhnlichen Internetsachverhalten gibt es aber einen zusätzlichen **„Player"**, den Betreiber der Social Media-Plattform, der den Nutzern (einschließlich Unternehmen, die eine Social Media-Präsenz betreiben) **Vorgaben** in rechtlicher und tatsächlicher Hinsicht macht. Es können daher Situationen eintreten, in denen der Betreiber einer **Social Media-Plattform** als verantwortliche Stelle aufgrund von nichtänderbaren Vorgaben der Social Media-Plattform zu Datenschutzverstößen gezwungen wird. 52

Vom Grundsatz, dass jede verantwortliche Stelle für von ihr vorgenommene Datenverarbeitungen verantwortlich ist, wird man auch hier nicht abweichen (können). Es steht den Betreibern einer Präsenz offen, die Plattform zu nutzen oder dies zu unterlassen. Auch wird man es als Pflicht des Betreibers einer Social Media-Präsenz ansehen können, für ihn relevante Datenverarbeitungen, die durch die **Social Media-Plattform** vorgegeben oder durchgeführt werden, rechtlich zu bewerten und dann entsprechende Vorkehrungen zu treffen.[63] Da dem Betreiber der Social Media-Präsenz aber oft die **technische Kontrolle** über die **Funktionalitäten** auf der Social Media-Plattform fehlt und er auch in einer gewissen Abhängigkeit zur Social Media-Plattform steht, könnte es gerechtfertigt sein, diese Maßstäbe etwas zu verschieben. Es könnte in diesen Fällen ausreichend sein, wenn der Betreiber „alles ihm Mögliche" tut, was aber möglicherweise nicht vollständig ausreicht, den jeweiligen Verstoß zu vermeiden oder zu beseitigen. Es ist allerdings höchst fraglich, ob Datenschutzbehörden dieser Argumentation folgen würden. Folgende Beispiele sollen dies erläutern: 53

62 Artikel-29-Datenschutzgruppe der EU, WP 171 zur Werbung auf Basis von Behavioural Targeting, S. 5.

63 Ähnlich: *Venzke*, DuD 2011, 387, 393. Allerdings zeichnet sich ein Richtungswechsel ab: Das OLG Düsseldorf, Urt. v. 18.6.2013 – I-20 U 145/12 – abrufbar unter http://www.justiz.nrw.de/nrwe/olgs/duesseldorf/j2013/I_20_U_145_12_Urteil_20130618.html, entschied, dass Online-Handelsplattformen ihre Anmeldemasken verändern müssen, damit Kunden sich an die Impressumspflicht halten können.

1. Beispiel: Facebook Insights

54 **Facebook Insights** ist ein **Datenanalyse-Tool,** das von deutschen Datenschutzbehörden als rechtswidrig eingestuft wird.[64] Dieses Tool und die sich daraus ergebenden Daten werden jedem Betreiber einer **Fanseite** zur Verfügung gestellt. Der Betreiber einer Fanseite kann dieses Tool nicht abstellen, ist aber verantwortliche Stelle für die Verarbeitung von Daten über die Fanseite.[65] Dies führt dazu, dass **Datenschutzbehörden** den Betrieb von Fanseiten per se als unzulässig ansehen (zum entgegenstehenden Urteil des VG Schleswig siehe oben Rn 48 a.E.). Eine Verletzung des Datenschutzrechts durch die Betreiber von Fanseiten liegt aber eigentlich nur dann vor, wenn diese die Daten von Facebook Insights für eigene Zwecke erheben, verarbeiten oder nutzen. Stellt daher der Betreiber einer Fanseite interne **Unternehmensrichtlinien** auf, dass Facebook Insights nicht genutzt werden darf, und überwacht das Unternehmen auch die Einhaltung dieser Richtlinien, könnte das Unternehmen argumentieren, dass kein datenschutzrechtlicher Verstoß durch das Unternehmen vorliegt.

2. Beispiel: Tweetlänge bei Twitter

55 Die Beschränkung der Länge von **Tweets auf 140 Zeichen** kann dazu führen, dass Unternehmen nicht alle gesetzlich erforderlichen Inhalte in den Tweet einbinden können. Hier können sich Unternehmen aber dadurch behelfen, dass verkürzte **Links** (sog. shortened links) zu den erforderlichen Inhalten führen oder twitterspezifische Akronyme genutzt werden, z.B. RT für ReTweet oder IRL für In Real Life.

3. Beispiel: Automatisches Kontaktieren von Bekannten

56 Einige Social Media-Plattformen senden automatisch im Namen, aber ohne Aufforderung eines Mitglieds **Einladungs-E-Mails** an Personen, die mit dem Mitglied bislang nicht verbunden (connected) sind. Auch hier könnte das **Mitglied** als verantwortliche Stelle, aber auch nur als **„Werkzeug"** angesehen werden. Für die Nutzung der personenbezogenen Daten dieser Personen im Rahmen dieser **Funktion** kann das Mitglied argumentieren, zumindest so lange für die Datenverarbeitung nicht verantwortlich zu sein, solange es nichts von dieser ungewünschten Datenverarbeitung wusste.

---

64 ULD, Datenschutzrechtliche Bewertung der Reichweitenanalyse durch Facebook, S. 15ff., abrufbar unter https://www.datenschutzzentrum.de/facebook/facebook-ap-20110819.pdf.

65 Vgl. oben Rn 39ff.

4. Beispiel: Facebook Apps

Betreiber von Fanseiten können ihren Nutzern in **Apps** zusätzliche Funktionalitäten anbieten. Für **Gewinnspiele** sehen die **Facebook-Nutzungsbedingungen** sogar vor, dass diese in einer gesonderten App ablaufen müssen.[66] Vor erster Nutzung einer App muss sich der Nutzer mit der Übermittlung seiner personenbezogenen Daten an den Betreiber der App einverstanden erklären. Diese von Facebook vorgegebene **Einwilligung** ist aus datenschutzrechtlicher Sicht völlig unzureichend, insbesondere weil sie dem Grundsatz der Datensparsamkeit zuwiderläuft und die Kategorien der übermittelten personenbezogenen Daten nicht spezifiziert.[67] Wie auch bei Facebook Insights kann der **Fanseiten**-Betreiber aber weder die Einwilligungserklärung noch die Kategorien der übermittelten Daten (Basisdaten) beeinflussen, da der Prozess von Facebook gesteuert ist. Der Fanseiten-Betreiber könnte aber nach Erhalt der Daten vom Nutzer eine rechtskonforme Einwilligung einholen und überflüssige Daten, die er von Facebook erhalten hat, unverzüglich löschen. Da sich das nachträgliche Einholen einer Einwilligung in der Praxis oft schwierig gestaltet, sollten App-Betreiber jedenfalls zumindest die überflüssigen Daten nach Erhalt löschen. 57

Praxistipp !

Die dargestellten Beispiele zeigen, dass Fanseiten-Betreiber oder App-Betreiber nicht immer **„Herr" der Daten** sind, auch wenn sie für diese Daten als verantwortliche Stelle angesehen werden. **Fanseiten-Betreiber** oder **App-Betreiber** sollten daher zumindest **Policies** einführen oder tatsächliche Maßnahmen (meist Datenlöschung) ergreifen, um die Risiken datenschutzrechtlicher Sanktionen zu mindern.

V. Zehn wichtige Pflichten der verantwortlichen Stellen

Betreiber von Social Media-Präsenzen haben als verantwortliche Stellen nach deutschem Datenschutzrecht insbesondere die folgenden **zehn wichtigen Pflichten:** 58

1. **Information des Betroffenen,** insbesondere der Nutzer (§ 4 Abs. 3 BDSG; § 33 BDSG; § 13 Abs. 1 TMG; § 93 TKG);
2. Sicherstellung der **Rechtmäßigkeit der Datenverarbeitung** (insbesondere Einhaltung der datenschutzrechtlichen Grundsätze sowie Vorliegen eines Rechtfertigungstatbestands für die Datenverarbeitung nach § 4a BDSG oder § 13 Abs. 2 TMG (Einwilligung); § 28 ff. BDSG; §§ 12 ff. TMG; §§ 95 ff. TKG);

---

66 Ziff. E. (i) der Facebook-AGB für Fanseiten.

67 Facebook wurde deshalb von deutschen Datenschutzbehörden im Sommer 2012 abgemahnt, siehe http://www.ftd.de/it-medien/medien-internet/:datenschutz-verbraucherschuetzer-mahnen-facebook-wegen-app-zentrum-ab/70081928.html.

3. Falls zutreffend: Abschluss einer **Auftragsdatenverarbeitungsvereinbarung** mit Dienstleistern (§ 11 BDSG);
4. **Meldepflicht** bei der zuständigen Datenschutzbehörde bzw. Bestellung eines Datenschutzbeauftragten (§ 4 BDSG);
5. Information des **Datenschutzbeauftragten** über Datenverarbeitungsmaßnahmen (§ 4g Abs. 2 BDSG);
6. Führen eines **Öffentlichen Verfahrensverzeichnisses** (§ 4g Abs. 2 S. 2 BDSG);[68]
7. **Verpflichtung** der Beschäftigten, die mit der Datenverarbeitung befasst sind, **auf** das **Datengeheimnis** (§ 5 BDSG);
8. Bei **internationalem Datentransfer:** Herstellung eines angemessenen Datenschutzniveaus beim Empfänger der Daten (§ 4b und c BDSG);
9. Wahrung der Rechte auf **Auskunft, Berichtigung, Löschung** und **Sperrung** des Betroffenen (§§ 34 und 35 BDSG);
10. **Ständige Kontrolle** und Sicherung der datenschutzkonformen Datenverarbeitung über die Social Media-Präsenz.

D. Erhebung, Verarbeitung und Nutzung personenbezogener Daten in Social Media

59 Personenbezogene Daten werden in der Terminologie des BDSG **„erhoben, verarbeitet** und **genutzt"** (§ 3 Abs. 3–5 BDSG). Im Folgenden wird der Einfachheit halber für alle drei Begriffe der Begriff **„verarbeiten"** verwendet, falls nicht eine spezielle Unterart der Datenverarbeitung besprochen wird. Nach deutschem Datenschutzrecht muss jede Verarbeitung **gerechtfertigt** sein, ansonsten ist sie unzulässig (Verbot mit Erlaubnisvorbehalt).

I. Grundprinzipien des (europäischen und nationalen) Datenschutzrechts

60 Im deutschen und europäischen Datenschutzrecht gibt es vor allem fünf wichtige Grundprinzipien, die bei jeder Verarbeitung personenbezogener Daten einzuhalten sind. Für Betreiber von Social Media-Präsenzen ist es daher besonders wichtig, diese **Grundprinzipien** zu beachten. Diese vier Grundprinzipien sind das **Verbot mit Erlaubnisvorbehalt,** die **Datensparsamkeit,** die **Zweckbindung,** die **Transparenz** und die **Datenlöschung.** Diese Grundsätze werden in diesem Kapitel Social Media-spezifisch aufbereitet und lassen sich wie folgt zusammenfassen:

---

68 Der BITKOM stellt unter http://www.bitkom.org/files/documents/BITKOM_Verfahrensverzeichnis_V_2.0.pdf nützliche Hinweise und Muster zur Erstellung von Verfahrensverzeichnissen zur Verfügung.

1. Verbot mit Erlaubnisvorbehalt

Das **Verbot mit Erlaubnisvorbehalt** bedeutet, dass die Verarbeitung personenbezogener Daten grundsätzlich unzulässig ist, außer es liegt eine Erlaubnis (Rechtfertigung) vor. Dieser Grundsatz ist auch im EU-Datenschutzrecht und der DSV-E zentral. Erlaubnis kann eine **Einwilligung** sein oder ein **gesetzlicher Erlaubnistatbestand,** der beschreibt, unter welchen Umständen personenbezogene Daten auch ohne Einwilligung verarbeitet werden dürfen (vgl. z.B. § 28 Abs. 1 BDSG, **„Vertragserfüllung"** oder **„Interessenabwägung"**). Im Bereich Social Media werden viele Maßnahmen der Datenverarbeitung auf die Erfüllung des Nutzungsvertrages mit dem Betreiber der jeweiligen Social Media-Plattform oder die Zurverfügungstellung von Inhalten durch Betreiber von Social Media-Präsenzen gestützt sein. 61

2. Datensparsamkeit

Der Grundsatz der **Datensparsamkeit** ist als Ausprägung des **Erforderlichkeitsgrundsatzes** (Art. 6 Abs. 1 (c) der EU-Datenschutzrichtlinie) zusammen mit dem Grundsatz der **Datenvermeidung** in § 3a BDSG niedergelegt. Er besagt, dass die Prozesse bei der verantwortlichen Stelle so auszugestalten sind, dass die Verarbeitung personenbezogener Daten minimiert wird, und dass die Menge der zu verarbeitenden Daten reduziert wird.[69] Im Bereich Social Media ist dieser Grundsatz beispielsweise im Bereich **Nutzertracking** relevant, wenn gefragt wird, ob die Verarbeitung personenbezogener Daten erforderlich ist oder ob es nicht ausreichend ist, mit anonymisierten Daten zu arbeiten. 62

Betreiber von Social Media-Plattformen und -Präsenzen können einen erheblichen Beitrag zur Umsetzung des Grundsatzes der **Datensparsamkeit** leisten, indem **Einstellungen zur Privatsphäre (Privacy Settings)** auf „hoch" voreingestellt werden, also die größtmögliche Rücksicht auf die Datenschutzrechte der Nutzer genommen wird. Zudem muss der Nutzer umfassende Möglichkeiten haben, die Verarbeitung und Nutzung seiner Daten über die **Einstellungen zur Privatsphäre (Privacy Settings)** zu steuern **(Privacy by Default).**[70] 63

3. Zweckbindung

Zweckbindung bedeutet, dass personenbezogene Daten nur für den rechtmäßigen Zweck verarbeitet werden dürfen, für den sie erhoben wurden. Eine spätere **Zweckänderung** ist nur unter besonderen Umständen zulässig (§ 28 Abs. 1 S. 2 und Abs. 2 BDSG; § 12 Abs. 2 TMG). Beispielsweise dürfen personenbezogene Daten, die im Rah- 64

69 Simitis/*Scholz*, § 3a Rn 31f.
70 Datenschutzkonferenz, Soziale Netzwerke, S. 27, abrufbar unter http://www.bfdi.bund.de/SharedDocs/Publikationen/Arbeitshilfen/OHSozialeNetze.html?nn=408908.

men der Durchführung eines Gewinnspiels verarbeitet werden, nicht ohne Weiteres auch für Marketingzwecke verwendet werden.[71]

65 Eine Social Media-spezifische Unterkategorie der Zweckbindung ist der Grundsatz der **Nichtverkettbarkeit.** Er soll sicherstellen, dass Social Media-Daten eines Nutzers nur mit dessen Wissen vom Betreiber der Plattform oder einer Präsenz mit anderen Daten, auch **außerhalb des Netzwerks,** verbunden werden. Jeder Nutzer von Social Media soll wissen und entscheiden können, wer was wann über ihn weiß.[72]

4. Transparenz

66 Der Grundsatz der **Transparenz** findet in vielen Vorschriften des BDSG und auch des europäischen Datenschutzrechts seine Ausprägung, z.B. in §§ 4 Abs. 3, 33 Abs. 1 oder 34 BDSG. Der Betroffene (Nutzer einer Social Media-Präsenz) muss darüber **informiert** werden, was mit seinen personenbezogenen Daten passiert. Grundbaustein hierfür im Bereich Social Media ist die Information des Betroffenen, z.B. über eine **Datenschutzerklärung** oder **Policy.**[73] Gerade an Transparenz fehlt es oft bei Angeboten von Social Media-Plattformen. Offen ist allerdings noch die Frage, inwiefern der Betreiber einer Social Media-Präsenz für **Transparenzmängel** des Betreibers der Social Media-Plattform, die er nutzt, verantwortlich gemacht werden kann.

5. Datenlöschung

67 Ein Grundsatz der immer mehr an Bedeutung gewinnt und der im BDSG sowie der EU-Datenschutzrichtlinie noch nicht so ausgeprägt ist, dass er die Problemfelder in Social Media zufriedenstellend erfassen kann, ist der Grundsatz der **Datenlöschung** (§ 35 BDSG). Danach sind personenbezogene Daten von der verantwortlichen Stelle zu löschen, wenn sie zur Erfüllung des ursprünglichen Zwecks nicht mehr benötigt werden. Die derzeitigen datenschutzrechtlichen Regelungen berücksichtigen jedoch noch nicht die Besonderheiten des Internets und von Social Media, die vor allem darin bestehen, dass die verantwortliche Stelle aufgrund von **Veröffentlichungen** über das Internet Kontrolle über die Daten verliert. Auch wenn die verantwortliche Stelle die Daten bei sich löscht, führt das nicht zwingend dazu, dass sie auch im Internet bei anderen Anbietern oder Nutzern nicht mehr verfügbar sind. Der Entwurf

---

71 Vgl. umfassend zur Zweckbindung: Artikel-29-Datenschutzgruppe der EU, WP 203 zur Zweckbindung.

72 Datenschutzkonferenz, Soziale Netzwerke, S. 18, abrufbar unter http://www.bfdi.bund.de/SharedDocs/Publikationen/Arbeitshilfen/OHSozialeNetze.html?nn=408908.

73 Vgl. unten Rn 108 ff.

eines „Rechts, **vergessen zu werden**“ in Art. 17 der DSV-E versucht diesem Umstand Rechnung zu tragen. Hierin soll u.a. geregelt werden, dass die verantwortliche Stelle bestimmte Maßnahmen ergreifen muss, um die Datenlöschung auch **bei Dritten** zu erreichen.

II. Zulässigkeit der Datenverarbeitung

Verarbeitung personenbezogener Daten ist **grundsätzlich verboten,** wenn sie nicht erlaubt ist. Die jeweiligen **Erlaubnistatbestände** ergeben sich aus den anwendbaren gesetzlichen Regelungen.[74] Im Folgenden werden die – auch für Social Media – relevantesten **Rechtfertigungsgründe** erläutert. 68

1. Vertragserfüllung

Verarbeitung personenbezogener Daten im Rahmen von Social Media ist zulässig, wenn sie zur Erfüllung eines Vertrages mit dem Betroffenen (§ 28 Abs. 1 S. 1 Alt. 1 BDSG) oder **zur Erbringung des Telemedien- oder Telekommunikationsdienstes** (§§ 14 und 15 TMG; § 95 TKG) **erforderlich** ist. Ausgehend vom Inhalt des jeweiligen Vertrages oder Dienstes ist die **Erforderlichkeit** der Verarbeitung personenbezogener Daten zu prüfen. Die genaue Beschreibung des Vertrages oder des Dienstes ist ein wichtiges Element. Es gelten dann die allgemeinen datenschutzrechtlichen Grundsätze.[75] 69

Beispiel 1

Zur Durchführung eines **Gewinnspiels** sind meistens folgende Daten erforderlich: Name, Adresse, ggf. Geburtsdatum, ggf. E-Mail-Adresse und Details zur Teilnahme. Diese Daten dürfen dann zur Durchführung des Gewinnspiels und Benachrichtigung des Gewinners verarbeitet werden. Die Veröffentlichung des Namens des Gewinners auf einer Social Media-Präsenz wird davon nicht mehr gedeckt sein und ist nur mit Einwilligung des Teilnehmers zulässig.

Beispiel 2

Beim Betrieb eines **Blogs** mit **Nutzerbeiträgen** dürfen grundsätzlich die gebloggten Inhalte verarbeitet werden. Wohl ist – gerade mit Hinblick auf das oben erwähnte Urteil des OLG Dresden[76] – auch die Verarbeitung des Namens und von Kontaktdetails des Nutzers für Zwecke des Präsenzbetreibers zulässig. Ob und in welchem Umfang diese personenbezogenen Daten der Nutzer veröffentlicht werden dürfen, hängt von den Umständen des Einzelfalls ab. Eine Weitergabe der Nutzerdaten an Dritte ist aber nicht ohne Weiteres zulässig. Gleiches gilt für Drittdaten, also personenbezogene

---

74 Vgl. hierzu oben die Ausführungen zum Schichtenmodell in Rn 6.

75 Vgl. hierzu z.B. die übersichtliche Darstellung von Lehmann/Meents/*Runte*/*Kamps*/*Schmidl*, Kap. 20.

76 Siehe Rn 69 oben.

Daten eines Dritten, die ein Nutzer in seinem Blog postet. Auch hier ist grundsätzlich die **Einwilligung** des Dritten zur **Veröffentlichung** seiner Daten auf der Social Media-Plattform einzuholen.

70 Gerade im Bereich der Inhaltsdaten, die dem Schutz des BDSG unterfallen, wird die **Trennlinie zwischen vertragserforderlicher Datenverarbeitung und der Verarbeitung aufgrund von Interessenabwägung** (§ 28 Abs. 1 S. 1 Alt. 2 BDSG, und nächster Gliederungspunkt) nicht immer eindeutig sein.

71 Hier stellt sich beispielsweise die Frage, ob und inwieweit Facebook personenbezogene Daten, die Nutzer auf ihre **Pinnwand** oder ihrem Profil posten, noch nach § 28 Abs. 1 S. 1 Alt. 1 BDSG verarbeiten darf. Die Vertragserforderlichkeit ergibt sich insbesondere aus dem Vertragsinhalt und dem Zweck des jeweiligen Vertrages. Man wird auch das **Nutzungsverhältnis** zwischen dem Betreiber einer Social Media-Plattform und dem Nutzer (Fan, Follower, Blogger, Teilnehmer) als **Vertragsverhältnis** in diesem Sinne ansehen. Erfassen daher die Nutzungsbedingungen[77] auch die Funktion, die die jeweilige Datenverarbeitung erforderlich macht, wird grundsätzlich die Datenverarbeitung zur Vertragserfüllung (und damit nach § 28 Abs. 1 S. 1 Alt. 1 BDSG) zulässig sein.

Praxistipp
Eine detaillierte und AGB-rechtlich wirksame Ausgestaltung der **Nutzungsbedingungen** wirkt sich auch auf den Datenschutz aus. Datenverarbeitungen im Zusammenhang mit **Funktionen**, die in den Nutzungsbedingungen beschrieben sind, sind im Regelfall ohne **Einwilligung** zulässig.

72 Wird die Social Media-Präsenz auf der Social Media-Plattform eines Dritten betrieben, sind auch die Nutzungsbedingungen dieser Plattform zu berücksichtigen. Die Grenze verläuft dort, wo die Nutzungsbedingungen gegen **AGB-Recht** verstoßen oder aus anderem Grund unwirksam sind, insbesondere weil sie **überraschend** oder **unangemessen** sind.

Beispiel 1
Die Veröffentlichung von **Posts** mit dem Nutzernamen des Teilnehmers in einem Blog auf einer **Blogplattform** sowie die dazu **erforderliche Datenverarbeitung** sind zulässig. Unzulässig wäre aber ohne **Einwilligung** wohl bereits die Veröffentlichung der E-Mail-Adresse des Teilnehmers oder dessen Geburtsdatums.

Beispiel 2
Nutzungsbedingungen einer Social Media-Präsenz, die die Nutzung von geposteten Kommentaren für **Werbezwecke** vorsehen, wären überraschend und unwirksam. Eine entsprechende Datenverarbeitung wäre ohne Einwilligung unzulässig.

77 Vgl. hierzu ausführlich oben Kap. 2 Rn 74ff.

2. Interessenabwägung

Lässt sich die Datenverarbeitung nicht auf ein Vertragsverhältnis stützen,[78] kann im Bereich der BDSG-Daten auf die **Interessenabwägung** gem. § 28 Abs. 1 S. 1 Alt. 2 BDSG zurückgegriffen werden. Im Bereich Telemedien- und **Telekommunikationsdaten** existiert kein vergleichbarer Tatbestand. In diesen Gesetzen ist daher entweder auf andere Spezialnormen zurückzugreifen oder eine Einwilligung einzuholen. 73

Nach § 28 Abs. 1 S. 1 Alt. 2 BDSG ist die Datenverarbeitung dann zulässig, wenn sie zur Wahrung **berechtigter Interessen** der verantwortlichen Stelle erforderlich ist und kein Grund zur Annahme besteht, dass **überwiegende Interessen** des Betroffenen entgegenstehen. Berechtigtes Interesse der verantwortlichen Stelle ist jedes rechtlich zulässige Interesse, insbesondere auch ein **wirtschaftliches.**[79] Im Bereich Social Media ist das Interesse des Betroffenen meist das **Persönlichkeitsrecht.** Dieses ist beispielsweise durch breite Veröffentlichung, Weitergabe an Dritte oder Verwendung für verschiedene Zwecke nicht zu intensiv zu beanspruchen. 74

Ein großer Teil der datenschutzrechtlich relevanten Verarbeitungsmaßnahmen im Rahmen von Social Media wird über diese **Interessenabwägung** zu rechtfertigen sein.[80] Dies trifft vor allem in den Fällen zu, in denen die Stelle, die die Daten verarbeitet, mit dem Betroffenen **kein Vertrags- oder Nutzungsverhältnis** hat, weil ihr die Daten von einem anderen Unternehmen übermittelt wurden (z.B. im Rahmen einer **App**) oder weil Drittdaten durch Nutzer mitgeteilt wurden (z.B. wenn ein Nutzer in einem Beitrag seine Freunde namentlich erwähnt). 75

Eine Besonderheit im Bereich Social Media ist die Tatsache, dass Betreiber die Datenerhebung und -verarbeitung nicht immer vollständig steuern können. Freitextfelder und Möglichkeiten zum **Upload** überlassen es oft dem Nutzer, welche Daten auf die Präsenz geladen oder zur Verfügung gestellt werden. Dies ist vor allem dann problematisch, wenn es sich nicht um die Daten des Nutzers, sondern um **Daten Dritter** handelt. Der Betreiber einer Social Media-Präsenz kann eine Steuerung über die Vorgabe bestimmter Felder und Drop-Downs oder – bei automatischer Erhebung von Daten – über **Cookies, Analysetools** oder andere Plattformen vornehmen. Der Betreiber hat aber keine Steuerungsmöglichkeit in den Bereichen, in denen er den Nutzern ermöglicht, nach eigener Wahl Inhalte hochzuladen oder zu posten. Die Steuerungsmöglichkeit des Betreibers beschränkt sich hier auf eine entsprechende Kennzeichnung der Felder oder auf Aufforderungen (z.B. in Nutzungsbedingungen), bestimmte Inhalte zu posten. Ob sich die Nutzer hieran allerdings halten, kann der Betreiber nicht kontrollieren. Er ist hierzu grundsätzlich nach 76

78 Vgl. oben Rn 69.
79 Simitis/*Simitis*, § 28 Rn 103 ff.
80 So auch *Gennen*/*Kremer*, ITRB 2011, 59, 62.

§§ 7ff. TMG auch nicht verpflichtet.[81] Diese Fälle lassen sich als **„eigenverantwortliches Handeln"** der Nutzer beschreiben.

77 In diesen Fällen des **eigenverantwortlichen Handelns** wird man festhalten können, dass Nutzer, die personenbezogene Daten selbst aktiv zur Verfügung stellen, für den Umfang der Datenverarbeitung, der beim Zurverfügungstellen für sie erkennbar war, in der Regel keine höherrangigen Interessen geltend machen können. Man könnte insoweit auch von einer **„kleinen Einwilligung"** sprechen. Anders liegt der Fall, wenn der Nutzer Daten von Dritten zur Verfügung gestellt hat.[82] Eine Verarbeitung derartiger Drittdaten durch den Betreiber wird jedenfalls dann unzulässig sein, wenn die zur Verfügung gestellten Daten für den dargestellten Zweck nicht geeignet sind oder der Betreiber diese zu anderen Zwecken nutzt. Ein anderer Zweck wäre z.B. das Erstellen von Nutzerkonten oder -profilen für Dritte.[83]

3. Öffentlich verfügbare Daten

78 Allzu oft werden personenbezogene Daten aus dem Internet oder Social Media verarbeitet mit dem Argument, sie seien dort **öffentlich verfügbar.** Personenbezogene Daten sind öffentlich verfügbar, wenn Sie im Internet **„gegoogelt"** werden können oder auf Social Media-Plattformen ohne weitere Voraussetzungen als eine Registrierung eingesehen werden können. Die Grenze verläuft im Bereich Social Media dort, wo nur bestimmte Nutzer gewisse Informationen erhalten können, beispielsweise wenn diese nur für bestimmte Freunde einsehbar sind oder deren Nutzung von zusätzlichen Umständen als einer einfachen Registrierung, die jedermann möglich ist, abhängig ist.[84]

79 Aber auch **öffentlich verfügbare bzw. zugängliche Daten sind nicht beliebig nutzbar.** Eine Verarbeitung ist nach § 28 Abs. 1 S. 1 Nr. 3 BDSG nur dann zulässig, wenn der Verarbeitung keine überwiegenden Interessen des Betroffenen entgegenstehen. Die Schwelle ist hier zwar höher als bei der **Interessenabwägung** unter § 28 Abs. 1 S. 1 Nr. 2 BDSG, Rn 73 oben. Hierbei ist aber stets der Hintergrund dieser Vorschrift zu berücksichtigen. Es geht darum, sich **frei informieren** zu können.[85] Grundsätzlich dürfen damit öffentlich verfügbare Daten in den **Quellen** eingesehen werden, in denen sie veröffentlicht sind. Eine Herausnahme der Daten aus dem veröffentlichten Kontext und Neuspeicherung sowie Verarbei-

---

81 Vgl. zur Haftung für zu Eigen gemachte und fremde Inhalte: Kap. 5 Rn 303ff.

82 Eine Dritterhebung, die nur nach § 4 Abs. 2 BDSG zulässig ist, liegt in diesen Fällen aber nicht vor, da der Betreiber die Daten nicht erhebt, sondern ihm diese zur Verfügung gestellt werden.

83 Artikel-29-Datenschutzgruppe der EU, WP 163 zur Nutzung sozialer Online-Netzwerke, S. 10.

84 Vgl. zur Definition öffentlich verfügbarer Daten Simitis/*Simitis*, § 28 Rn 151ff.

85 Simitis/*Simitis*, § 28 Rn 147ff.

tung zu ggf. anderen Zwecken ist aber zumindest nach dieser Vorschrift nicht zulässig.[86] Entsprechend hat das OLG Hamburg entschieden, dass private Facebook-Nachrichten ohne besonderes sachliches Interesse nicht veröffentlicht werden dürfen.[87]

Beispiel
Zur Vervollständigung von Nutzerinformationen auf einer **Dating-Plattform** wäre es nicht zulässig, Telefonnummer und Adresse eines Nutzers aus dem Internet zusammenzustellen und auf dem **Nutzerprofil** auf der Dating-Plattform zu veröffentlichen.

---

4. Marketingzwecke

Datenverarbeitung und -nutzung für Marketingzwecke kann bei allen Formen von **E-Marketing** nach **§ 14 TMG** zulässig sein, wenn zentraler Inhalt des Vertragsverhältnisses mit dem Betroffenen **Marketingmaßnahmen** sind (z.B. Kundenbindungsprogramme) oder der Betroffene nach § 7 UWG seine Einwilligung erteilt hat. Die jeweiligen Marketingmaßnahmen sind daher beispielsweise in den folgenden Fällen zulässig: 80

- Versendung von **Newslettern** im Rahmen der entsprechenden Bestellung von Newslettern oder gesetzlichen Zulässigkeit (§ 7 Abs. 3 UWG);[88]
- Versendung von Nachrichten innerhalb einer **Gruppe** zu gruppenbezogenen Neuigkeiten;
- Versendung von **Statusinformationen** des Betreibers der Social Media-Plattform oder
- Versendung von **Tweets,** wenn und soweit sich der Inhalt der jeweiligen Mitteilung im Rahmen der Mitgliedschaft oder der Einwilligung hält.

Ansonsten ist zur Nutzung personenbezogener Daten für **Werbezwecke** eine Einwilligung des Betroffenen einzuholen (§ 28 Abs. 3 S. 1 BDSG). Da das sog. **Listenprivileg** weder die E-Mail-Adresse noch sonstige elektronische Daten umfasst (§ 28 Abs. 3 S. 2 BDSG), kann auf diese Ausnahme zum **Einwilligungserfordernis** im Bereich Social Media nicht zurückgegriffen werden. 81

---

86 Eine Nutzung öffentlich verfügbarer Daten für Werbezwecke ist im engen Rahmen von § 28 Abs. 3 S. 2 Nr. 1 BDSG erlaubt.

87 OLG Hamburg, Beschl. v. 4.2.2013 – 7 W 5/13 –. Die Entscheidung liegt an der Schnittstelle öffentlich verfügbarer Daten und Fernmeldegeheimnis.

88 Vgl. zur marketingrechtlichen Seite unten Kap. 4 Rn 5 ff.

5. Sensitive Daten

82 Besonders zu schützen sind **sensitive Daten.** Datenschutzrechtlich richtig heißen diese Daten **„besondere Arten personenbezogener“** Daten (§ 3 Abs. 9 BDSG). Diese Daten dürfen nach § 28 Abs. 6ff. BDSG grundsätzlich nur mit Einwilligung des Betroffenen verarbeitet werden, wenn kein besonderer Umstand vorliegt. Auch hier gelten aber die oben[89] beschriebenen Erwägungen zum „eigenverantwortlichen Handeln“.[90]

83 **„Besondere Arten personenbezogener“** Daten sind Angaben über die rassische und ethnische Herkunft, politische Meinungen, religiöse oder philosophische Überzeugungen, die Gewerkschaftszugehörigkeit, die Gesundheit oder das Sexualleben. Auch wenn **Fotos** die rassische und ethnische Herkunft oder Statusangaben Aussagen zur sexuellen Ausrichtung eines Nutzers ermöglichen, sind dies im Normalfall keine besonderen Arten personenbezogener Daten, solange sie nicht eindeutig in dieser Eigenschaft verwendet werden (sollen).

84 Zu einer Verarbeitung sensitiver Daten kann es allerdings auf **Gesundheits-, Arzt-** oder **Datingportalen** kommen. Besteht die Möglichkeit, dass Nutzer auf diesen Portalen **sensitive Daten** posten oder auch nur dem Provider im Nutzerprofil mitteilen, ist von diesen Nutzern vorab eine Einwilligung einzuholen, z.B. in Verbindung mit dem Beitritt zur Mitgliedschaft.

6. Einwilligung

85 Lässt sich die Datenverarbeitung nicht auf einen gesetzlichen Erlaubnistatbestand stützen, kann die **Datenverarbeitung** durch den Betreiber der Social Media-Präsenz dennoch zulässig sein, wenn eine wirksame **Einwilligung** vorliegt. Die Einwilligung ist bereichsspezifisch im **TMG, TKG** und **BDSG** leicht unterschiedlich geregelt. Insgesamt muss aber jede Einwilligung **frei, informiert und spezifisch** abgegeben werden.[91]

a) Grundstruktur

86 Der Text einer datenschutzrechtlichen **Einwilligung** muss

- genau und in einer für den Nutzer **verständlichen** Weise beschreiben, welche Datenverarbeitungsschritte auf Basis der Einwilligung vorgenommen werden sollen;
- auf die **Folgen einer Verweigerung** der Einwilligung hinweisen;

---

89 Siehe Rn 76.

90 Vgl. Artikel-29-Datenschutzgruppe der EU, WP 163 zur Nutzung sozialer Online-Netzwerke, S. 9.

91 Vgl. Artikel-29-Datenschutzgruppe der EU, WP 163 zur Nutzung sozialer Online-Netzwerke, S. 9.

- **optisch hervorgehoben** sein, wenn er mit anderen Erklärungen (wie den Nutzungsbedingungen) abgegeben wird, und
- vom Betroffenen **freiwillig** akzeptiert werden (vgl. § 4a Abs. 1 BDSG).

Zudem muss die Einwilligung in der gesetzlich verlangten Form abgegeben werden. 87
Das BDSG fordert in § 4a Abs. 1 BDSG **Schriftform** (Papier oder qualifizierte elektronische Signatur), wenn nicht wegen besonderer Umstände eine andere Form angemessen ist. Im Rahmen von Social Media kann sehr gut argumentiert werden, dass besondere Umstände vorliegen und damit eine **elektronische Einwilligung,** wie nachfolgend für das TMG beschrieben, ausreicht.

Im Geltungsbereich des TMG kann eine Einwilligung **elektronisch** abgegeben 88
werden, wenn
- der Nutzer seine Einwilligung **bewusst** und **eindeutig** erteilt hat (Transparenz);
- die Einwilligung **protokolliert** wurde;
- der Nutzer den **Inhalt** der Einwilligung jederzeit abrufen kann, und
- der Nutzer die Einwilligung jederzeit mit Wirkung für die **Zukunft** widerrufen kann (§13 Abs. 2 TMG).

Praxistipp
Die **Einwilligung** setzt sich im Prinzip aus zwei Teilen zusammen:
- **Informationstext** nach § 4 Abs. 3 BDSG,
- **Einwilligungswortlaut.**

In der Praxis wird den Punkten oben, textlich klar abgegrenzt, die Information über Datenverarbeitungen vorangestellt, die ohne Einwilligung zulässig ist.[92]

---

b) Nur soweit Einwilligung erforderlich ist

Oftmals wird nicht beachtet, dass die Einwilligung nur den Teil der Datenverarbei- 89
tung abdecken darf, für den sie erforderlich ist.[93] Dem Nutzer muss nämlich der Bereich vor Augen gehalten werden, über den er **Dispositionsbefugnis** hat. Aus Sicht des Betreibers einer Social Media-Präsenz sollte dies auch erstrebenswert sein: Umfasst der **Einwilligungstext** auch Bereiche der Datenverarbeitung, die auch ohne Einwilligung zulässig wären, dürfte der Betreiber nicht einmal diese **Datenverarbeitungsschritte** vornehmen, wenn der Nutzer die Einwilligung verweigert oder **widerruft.**[94]

---

92 Vgl. oben Rn 69 ff.

93 Vgl. *Kremer*, CR 2012, 438, 446; *Ulbricht*, S. 119; Auer-Reinsdorff/Conrad/*Conrad*, § 25 Rn 125.

94 Dies hat z.B. Apple bei den „Datenschutzrichtlinien" für den Apple-Store nicht berücksichtigt, die der Nutzer im Rahmen des Bestellvorgangs akzeptieren musste. Das LG Berlin prüfte daher die

c) Anforderungen in Spezialgesetzen

90 Zum Teil enthalten nichtdatenschutzrechtliche Gesetze Vorschriften zu **Einwilligungen.** Beispielsweise verlangt das **UWG** für **elektronische Werbung** eine ausdrückliche Einwilligung (§ 7 Abs. 2 Nr. 3 UWG), die im Wege des **Double Opt-in** einzuholen ist.[95]

d) Besonderheiten Social Media

91 Social Media spielt sich zu fast 100% elektronisch ab. Es sollte damit im Bereich Social Media – auch wenn das BDSG gilt – eine **elektronische Einwilligung** zulässig sein, wenn die dargestellten Voraussetzungen eingehalten werden.[96]

92 Der Sachverhalt, in den eingewilligt werden soll, muss zudem **verständlich** und klar beschrieben sein. Es ist zu berücksichtigen, dass auch dieses Erfordernis bei Social Media aufgrund verwendeter **Technologien** und aufgrund von **Vorgaben der Plattformbetreiber** vom Betreiber der Social Media-Präsenz nicht immer erfüllt werden kann.

93 Auch können die gesetzlichen Anforderungen oft auch wegen der verwendeten **Kommunikationshardware** nicht erfüllt werden. Greift ein Nutzer über ein **Smartphone** auf Social Media zu, muss er damit rechnen, dass Einwilligungstexte kürzer ausfallen als bei Zugriff über einen PC. Aber auch bei begrenzten Informationsmöglichkeiten aufgrund verwendeter Hardware muss die verantwortliche Stelle alle Anstrengungen unternehmen, um angemessen zu informieren.

94 Gleiches gilt für Einwilligungen in die Datenverarbeitung im Zusammenhang mit **Apps.** Weil Apps stark in das **Betriebssystem** integriert sind, wird besondere Transparenz des App-Entwicklers gefordert. Einwilligungen müssen **konkret,** umfassend sowie spezifisch sein und vom Nutzer bei **Download** der App aus dem **App-Store** oder spätestens bei **Installation** der App eingeholt werden.[97]

Beispiele

- Formulierungen wie „Du willigst ein, dass wir Deine Daten in die USA übermitteln." sind bei Weitem **zu unspezifisch.**
- Die Einwilligung bei einer **Geolocation-App** „Ich bin damit einverstanden, dass die App auf meine Standortdaten zugreift." ist bedenklich (und wohl auch unter Berücksichtigung des „Smartphone-Bonus") zu kurz.

---

gesamte Datenschutzrichtline unter den Gesichtspunkten einer Einwilligung: LG Berlin, Urt. v. 30.4.2013 – 15 O 92/12 – abrufbar unter http://www.vzbv.de/cps/rde/xbcr/vzbv/Urteil_des_LG_Berlin_zur_Datenschutzrichtlinie_von_Apple.pdf.

95 Vgl. hierzu die Ausführungen unten in Kap. 5 Rn 12ff.

96 So auch *Gennen/Kremer*, ITRB 2011, 59, 62.

97 Vgl. zum Datenschutz bei Apps umfassend: Artikel-29-Datenschutzgruppe der EU, WP 202 zu Apps auf Smartphones, S. 27ff.

- Gerichtlich festgestellt wurde, dass beispielsweise die Einwilligung zur Datenverarbeitung und -übermittlung in den AGB von Facebook unwirksam ist, weil der Nutzer nicht ausreichend über den Umfang der Einwilligung **informiert** werde. Die Einwilligung sei daher nicht freiwillig abgegeben.[98]
- Die Einwilligung ist auch unwirksam, wenn sie nicht **widerrufen** werden kann, beispielsweise auch durch **Deinstallation** der App.

Soweit die gesetzlichen Anforderungen an **Einwilligungen** vom Betreiber einer Präsenz aufgrund von Vorgaben der **Plattformbetreiber** nicht eingehalten werden können, gilt das eingangs hierzu Gesagte entsprechend.[99] Im Ergebnis ist also die verantwortliche Stelle/der Betreiber der Social Media-Präsenz vor die Wahl gestellt, die jeweilige Plattform unter **datenschutzrechtlichen Risiken** zu nutzen oder die Plattform nicht zu nutzen. 95

e) Einwilligung zugunsten Dritter (andere verantwortliche Stellen)

Wegen des typischen Dreiecksverhältnisses Nutzer – Social Media-Plattform – Social Media-Präsenz muss bei **Einwilligungstexten** klargestellt werden, **zu wessen Gunsten** die Einwilligung gelten soll. Rechtlich möglich ist im Prinzip jede Lösung, solange sie transparent ist. Der Betreiber einer Social Media-Präsenz sollte sich daher nicht ungeprüft auf eine vom Betreiber der Plattform eingeholte **Einwilligung** verlassen. Deckt die vom Betreiber der Plattform eingeholte Einwilligung nicht die Datenverarbeitungen des Betreiber der Präsenz ab, ist eine weitere Einwilligung einzuholen. 96

f) Einwilligung für Dritte (andere Betroffene)

Grundsätzlich muss die **Einwilligung vom Betroffenen selbst** abgegeben werden.[100] Allerdings kann der Betroffene Boten einschalten, die seine Erklärung überbringen.[101] Ist der Betroffene noch **minderjährig,** können bei fehlender Einsichtsfähigkeit des Minderjährigen – in Ausnahme zu diesem Grundsatz – seine **Erziehungsberechtigten** einwilligungsberechtigt sein.[102] 97

In Social Media kommt es zudem oft vor, dass auch in anderen Situationen eine Einwilligung für andere abgegeben wird. Beispielsweise sollen Bilder von oder mit **Dritten** hochgeladen, **Adressbücher** zur Verfügung gestellt oder Freundschaften offengelegt werden. In diesen Situationen gibt ein Nutzer personenbezogene Daten 98

98 LG Berlin, Beschl. v. 14.3.2011 – 91 O 25/11 – K&R 2011, 356, 357 f.; LG Berlin, Urt. v. 6.3.2012 – 16 O 551/10 – S. 16 ff., abrufbar unter http://openjur.de/u/269310.html.
99 Vgl. Rn 52 ff.
100 Simitis/*Simitis*, § 4a Rn 30.
101 Simitis/*Simitis*, § 4a Rn 31.
102 Vgl. zu Spezialfragen bei Minderjährigen unten Rn 150 ff.

Dritter bekannt, was oft nur auf Basis einer Einwilligung durch den Dritten zulässig ist. Wenn diesem Umstand in der täglichen Social Media-Praxis Beachtung geschenkt wird, dann wird oft mit einer **Einwilligung „für den Dritten"** gearbeitet: Der Nutzer bestätigt im Rahmen einer vorformulierten Erklärung, dass er dafür verantwortlich ist, dass er die Daten des Dritten offenbaren darf, und dessen Einwilligung eingeholt hat.

99 Dieser Lösungsansatz begegnet in mehrfacher Hinsicht rechtlichen Bedenken: Nur der Betroffene selbst ist in der Lage zu entscheiden, ob seine Informationen in einem Maße verwendet werden dürfen, das über das gesetzlich zulässige Maß hinaus geht. Auch muss im Bestreitensfalle die verantwortliche Stelle (Betreiber der Social Media-Präsenz) beweisen, dass eine **Einwilligung des Dritten** vorliegt, was sie mit einer **vorformulierten Einwilligung** des Nutzers für den Dritten nicht kann. Zudem kann auch von dem Nutzer nicht erwartet werden, dass er Bescheid weiß, wie und in welchem Umfang er eine Einwilligung einholen muss. Die **Einwilligung** für einen **Dritten** kann datenschutzrechtlich daher nur dann wirksam sein, wenn dem Nutzer klare Vorgaben an die Hand gegeben werden, wie er die Einwilligung vom Dritten einholen muss (z.B. durch Mitgabe einer vorformulierten Einwilligung) und der Nutzer versichern muss, dass er diese Einwilligung einholt hat. Dann kann der Nutzer nämlich als **Bote** angesehen werden, der eine fremde Einwilligung übermittelt und nicht selbst eine Einwilligung für den Dritten abgibt.[103]

g) Muster Einwilligung

100 Folgendermaßen kann eine **Einwilligung** zur Veröffentlichung eines Fotos aussehen:

Muster

„Einwilligung in die Veröffentlichung von Beiträgen mit Foto im Internet/auf einer Social Media-Präsenz

*Im Rahmen von ... [Zweckbeschreibung, z.B. Betrieb eines Corporate Blogs auf www.....com, in dem ich als Experte Antworten auf Fragen der User gebe] wird [Betreiber der Social Media-Präsenz] („**Unternehmen**") meinen Vornamen und Namen [ggf. hier weitere personenbezogene Daten ergänzen] sowie das als Anlage zu dieser Einwilligung beigefügte Foto, auf dem ich abgebildet bin, zusammen mit von mir verfassten Beiträgen oder sonstigen Inhalten (die personenbezogenen Daten und das Foto zusammen, „**Daten**") auf der Social Media-Präsenz des Unternehmens auf [Name der Internetseite oder der Social Media Plattform] unter ....[Website/Social Media-Präsenz] veröffentlichen.*

Mir ist bekannt, dass diese Veröffentlichung im Internet mit Risiken verbunden ist.

[ggf. Zusatz, falls die Social Media-Präsenz nicht von dem Unternehmen selbst betrieben oder gehostet wird]

103 So auch im Ergebnis *Holtz*, DuD 2010, 439, 440.

Die Einwilligung zur Veröffentlichung der Daten erfolgt ohne gesonderte Vergütung und umfasst auch das Recht zur Speicherung und Bearbeitung, soweit die Bearbeitung nicht entstellend ist.
Die Einwilligung kann für die Zukunft jederzeit gegenüber dem Unternehmen schriftlich widerrufen werden.
Die Einwilligung ist freiwillig, aus der Verweigerung der Einwilligung oder ihrem Widerruf entstehen mir keine Nachteile.
Bei Fragen zur Einwilligung oder zur Veröffentlichung der Daten, wenden Sie sich bitte an [Kontakt, z.B. Datenschutzbeauftragten, hier eintragen].
Ich willige in die oben beschriebene Veröffentlichung meiner Daten, einschließlich meines Fotos, ein: ja nein

Vorname Name Funktion

Datum und Unterschrift/(bei elektronischer Erklärung) Klick-Box

Anlage (Ausdruck des Fotos)“

III. Transparenz

Transparenz ist ein wichtiger Eckpfeiler des Datenschutzrechts und besonders wichtig in Social Media. Nur wenn der Betroffene **informiert** ist, kann er auch sein Verhalten entsprechend ausrichten oder seine Rechte geltend machen. Der Nutzer muss nicht nur, wie oben dargestellt, im Rahmen einer Einwilligung informiert werden. Er muss auch in allen anderen Fällen der Verarbeitung seiner personenbezogenen Daten informiert werden. 101

Fehlende **Transparenz** ist ein Mangel, der Betreibern von Social Media-Plattformen und Social Media-Präsenzen oft vorgeworfen wird.[104] 102

1. Gesetzliche Grundlage

Je nach anwendbarem Gesetz ergibt sich die Pflicht der verantwortlichen Stelle zur **Information** aus § 4 Abs. 3 und § 33 Abs. 1 **BDSG,** § 13 Abs. 1 **TMG** oder § 93 **TKG.** Diese Vorschriften sind sich inhaltlich sehr ähnlich: Der Betroffene ist über Art, Umfang und Zweck der Datenverarbeitung, die Identität der verantwortlichen Stelle und weitere Empfänger von Daten zu informieren. Wegen § 13 Abs. 1 TMG und der **EU-Cookie-Richtlinie**[105] ist zudem über den Einsatz von **Cookies** zu informieren. Hierüber wird aber der Betreiber einer Social Media-Präsenz nur dann Kontrolle ha- 103

104 Vgl. zu Facebook z.B. insgesamt Data Protection Commissioner Dublin, Report of Audit 2011, abrufbar unter http://dataprotection.ie/documents/facebook%20report/final%20report/report.pdf.
105 Vgl. zur Cookie-Richtlinie unten Rn 134 ff.

ben, wenn er einen **Social Plugin** oder den **Social Media-Auftritt** auf der eigenen Unternehmensseite betreibt.

104 Wenn und soweit die datenschutzrechtliche **Information** keine Einwilligung enthält, muss sie dem Nutzer nur zur Kenntnisnahme auf der Social Media-Präsenz zur Verfügung gestellt werden (z.B. unter „Info"). Der Nutzer muss die Zurkenntnisnahme nicht bestätigen oder sich mit dem Inhalt der **Policy** einverstanden erklären.

105 Eine besondere Form ist nicht vorgeschrieben. Im Internet und Social Media werden Informationen, die alle Nutzer betreffen, in der Praxis in „Datenschutzhinweisen" oder einer **„Datenschutz-Policy"** mitgeteilt.[106] Einzelfallbezogene Informationen werden Nutzern in geeigneter Weise vor Beginn der **Datenverarbeitung** (z.B. Link auf datenschutzrechtliche Informationen vor dem Hochladen von Inhalten) zur Verfügung gestellt.

106 Transparenz bedeutet zudem, den Nutzern in **einfacher Weise** die Geltendmachung ihrer datenschutzrechtlichen **Ansprüche** auf Auskunft, Korrektur, Löschung und Sperrung zu ermöglichen.[107]

107 Zu beachten ist, dass das **Fehlen einer datenschutzrechtlichen Information** auf einer Website oder Social Media-Präsenz nicht nur ein Verstoß gegen Datenschutzrecht, sondern nach neuester Entwicklung der Rechtsprechung auch ein **abmahnfähiger Wettbewerbsverstoß** sein kann.[108]

2. Umsetzung von Transparenz

108 In dem Umfang, in dem ein Betreiber einer Social Media-Präsenz verantwortliche Stelle ist, ist er verpflichtet, die Nutzer **datenschutzrechtlich zu informieren**. Damit muss jedes Unternehmen, das eine Social Media-Präsenz auf einer eigenen Seite/Plattform oder auf einer Fremdplattform (Facebook, XING, Twitter, LinkedIn etc.) betreibt, eine **datenschutzrechtliche Information** vorhalten. Bei **Facebook** kann dies über einen entsprechenden Reiter auf der Fanseite geschehen, bei **XING** unter der Überschrift „Über uns" und bei **Twitter** über einen Link im Firmenprofil.

109 Die Information muss verständlich, übersichtlich, (für deutsche Nutzer) deutschsprachig, barrierefrei und leicht zugänglich sein.[109]

---

106 Vgl. z.B. *Ulbricht*, S. 117.

107 Düsseldorfer Kreis, Datenschutz in Sozialen Netzwerken, S. 1.

108 OLG Hamburg, Urt. v. 27.6.2013 – 3 U 26/12 – abrufbar unter http://medien-internet-und-recht.de/volltext.php?mir_dok_id=2475, vgl. auch unten Rn 169.

109 Datenschutzkonferenz, Soziale Netzwerke, S. 20, abrufbar unter http://www.bfdi.bund.de/SharedDocs/Publikationen/Arbeitshilfen/OHSozialeNetze.html?nn=408908.

Beim Einsatz von **Apps** sollte die datenschutzrechtliche Information idealerweise vor dem **Download** im jeweiligen App-Store zur Verfügung gestellt werden.[110] Falls dies technisch oder aufgrund der Ausgestaltung des Stores durch den Betreiber nicht möglich ist, ist die datenschutzrechtliche Information unmittelbar vor oder nach **Installation** der **App** auf dem **Smartphone** zur Verfügung zu stellen. Der Text der datenschutzrechtlichen Information muss so gestaltet sein, dass er am Screen des Smartphones gelesen werden kann. 110

Gliederung von Datenschutzhinweisen auf einer Social Media-Plattform:

1. Verantwortliche Stelle:
2. Erhebung, Verarbeitung und Nutzung personenbezogener Daten
   [Datenkategorien, Verarbeitungsmaßnahmen und Zwecke aufgeschlüsselt nach den zutreffenden Zwecken, z.B. wie folgt]
   i. Information von Fans
   ii. Recruiting
   iii. Gewinnspiele
   iv. Direktmarketing
   v. Datenanalyse
   vi. Cookies
   vii. Apps
3. Übermittlung oder Weitergabe personenbezogener Daten an Dritte; Information über Datenzugriffe durch Werbepartner oder Analyseunternehmen,
4. Belehrung der Nutzer, bei der Nutzung der Plattform/Präsenz die Persönlichkeitsrechte Dritter zu wahren,
5. ggf. Informationen über verbleibende Sicherheitsrisiken,
6. Ihre Rechte und Kontakt.

Muster

Das **Basismuster einer datenschutzrechtlichen Information** auf einer Social Media-Präsenz, das auf den konkreten Einzelfall anzupassen ist, könnte wie folgt lauten:

„DATENSCHUTZRECHTLICHE INFORMATION

*Wir nehmen den Schutz Ihrer personenbezogenen Daten im Rahmen des Social Media-Auftritts von [Unternehmen] („**Social Media Auftritt**") ernst. Nachfolgend ist beschrieben, wer verantwortliche Stelle im Sinne des Datenschutzrechts ist, welche personenbezogenen Daten bei Ihrem Besuch auf der Internetseite erfasst werden, wie diese personenbezogenen Daten verarbeitet und genutzt werden und was die Zwecke dieser Verarbeitung und Nutzung sind.*

*1. Verantwortliche Stelle: Verantwortlich für die Datenerhebung im Zusammenhang mit diesem Social Media-Auftritt ist [Unternehmen, Adresse, E-Mail-Adresse und ggf. Telefonnummer] („**Unternehmen**" oder „**wir**"). Daneben ist [Unternehmen] verantwortliche Stelle im Zusammenhang mit der Verarbeitung Ihrer Daten für ... [Funktionen oder Zwecke eintragen, für die eine andere Stelle (mit-) verntwortlich ist].*

---

110 *Sachs/Meder*, ZD 2013, 303, 306.

*2. Personenbezogene Daten: Sie können unseren Social Media-Auftritt aufrufen und ansehen, ohne personenbezogene Daten an uns mitzuteilen und ohne dass durch uns personenbezogene Daten erhoben, verarbeitet oder genutzt werden. Wir verarbeiten und nutzen nur die personenbezogenen Daten, die Sie uns selbst mitteilen, insbesondere Ihren Namen oder Social Media-Nickname, Ihre E-Mail-Adresse und die Tatsache, dass Sie Mitglied bei der [XY-]Plattform sind („**Personenbezogenen Daten**"). Sofern Sie uns Ihre personenbezogenen Daten im Rahmen besonderer Aktionen mitteilen (z.B. Gewinnspiel), gelten zusätzlich die datenschutzrechtlichen Informationen für die jeweilige Aktion.*

3. Verarbeitung und Nutzung personenbezogener Daten: Wir verarbeiten und nutzen Ihre personenbezogenen Daten ausschließlich zur Bearbeitung Ihrer Anfrage oder Mitteilung. Eine Weitergabe Ihrer personenbezogenen Daten an Dritte erfolgt nur, wenn dies zur Bearbeitung Ihrer Anfrage erforderlich ist (beispielsweise IT-Service-Provider). Eine andere Weitergabe Ihrer personenbezogenen Daten an Dritte erfolgt nicht. Bitte beachten Sie aber die folgende Ziffer 4.

*4. Datenverarbeitung durch die Plattform: Die [Social Media-Plattform] („**Plattform**") ist nicht unsere Auftragsdatenverarbeiterin. Für die Erhebung, Verarbeitung und Nutzung personenbezogener Daten durch die Plattform und den Einsatz von Cookies durch die Plattform gelten die Datenschutzbestimmungen der Plattform, die Sie unter http://www.... [Link einfügen] einsehen können. Die Plattform ist in diesem Umfang verantwortliche Stelle.*

5. Zugriffsdaten: Die Plattform erfasst bei Ihrem Besuch Zugriffsdaten zu statistischen Zwecken. Diese Zugriffsdaten werden uns von der Plattform zur Einsicht zur Verfügung gestellt. Die Zugriffsdaten geben z.B. Auskunft über die Zugriffshäufigkeit bestimmter Unterseiten der Plattform und von welcher Seite Sie an uns weitergeleitet wurden. Diese Statistik-Funktion lässt sich für uns nicht deaktivieren. Wir können die Zugriffsdaten auch nicht löschen. Wir verpflichten uns aber Ihnen gegenüber, diese uns von der Plattform zur Verfügung gestellten Zugriffsdaten nicht einzusehen und nicht zu nutzen.[111]

6. Daten Dritter: Falls Sie uns Inhalte zur Verfügung stellen, die personenbezogene Daten Dritter enthalten, oder z.B. ein Foto oder Video hochladen, auf dem andere Personen erkennbar sind, übernehmen Sie es, diesen Personen den Inhalt dieser datenschutzrechtlichen Information mitzuteilen und erforderliche Einwilligungen einzuholen.
Bitte beachten Sie auch die Datenschutzrechte der anderen Nutzer beim Betrachten ihrer Profile. Grundsätzlich gilt, dass Profildaten anderer Nutzer nicht ohne deren Einwilligung aus dem Kontext genommen und für andere Zwecke genutzt werden dürfen.

7. Verbleibende Sicherheitsrisiken: Obwohl wir alle für uns zumutbaren und möglichen Anstrengungen unternehmen, Ihre Daten gegen unautorisierte Zugriffe zu schützen, können bei Ihrer Nutzung des Social Media-Auftritts nicht alle Sicherheitsrisiken ausgeschlossen werden, weil wir als „Nutzer" der Plattform keine Einflussmöglichkeit auf die technischen und organisatorischen Maßnahmen haben, die der Plattformbetreiber einsetzt.

8. Kontakt: Sie sind berechtigt, jederzeit Auskunft und nach den gesetzlichen Bestimmungen Berichtigung, Löschung oder Sperrung Ihrer personenbezogenen Daten von uns zu verlangen. Bitte kontaktieren Sie uns hierzu unter den Kontaktdaten wie oben unter 1. dargestellt.
[Unternehmen/Datum]"

111 Dieser Teil zu Zugriffsdaten empfiehlt sich wegen „Facebook Insights" z.B. in den datenschutzrechtlichen Hinweisen einer Facebook-Fanpage. Vgl. zu Facebook Insights oben Rn 54.

Dass Transparenz von verantwortlichen Stellen ernst zu nehmen ist, hat die jüngste Entscheidung der französischen Datenschutzaufsicht **CNIL** gezeigt, die im Auftrag der Artikel-29-Datenschutzgruppe der EU die im Frühjahr 2012 von **Google** neu veröffentlichten **Datenschutzbestimmungen** geprüft und erheblich kritisiert hatte.[112] 111

Aus diesen Hinweisen lassen sich die folgenden **allgemeinen Grundsätze** herausfiltern, die jedes Unternehmen in seinen Datenschutzhinweisen berücksichtigen sollte: 112

- Unternehmen sollten keine **Datenschutzhinweise** verwenden, die zu **komplex,** juristisch oder lang sind. Dennoch müssen die Hinweise alle relevanten Informationen enthalten. Es werden aber z.B. sprachliche Ungenauigkeiten hingenommen zugunsten von besserer Verständlichkeit für den Durchschnittsbürger;
- bei komplexeren Sachverhalten empfiehlt sich ein **gestufter Ansatz** mit einer einfach formulierten Datenschutzerklärung als Basis und einer, ggf. zwei weiteren Erklärungen, die Details erläutern;
- es sollten interaktive **Features oder Tools** eingesetzt werden, um Navigation und **Verständnis der Datenschutzhinweise** zu fördern. Dies gilt insbesondere, wenn Nutzer von Smartphones angesprochen werden, denen nur kleine Displays und keine Druckmöglichkeiten zur Verfügung stehen;
- eine Verarbeitung besonders wichtiger Informationen wie **Geolokationsdaten, Kreditkartendaten** oder **biometrischer** Daten sollte in den Datenschutzhinweisen gesondert dargestellt werden;
- die Verarbeitung personenbezogener Daten für verschiedene Dienste und Zwecke sollte **getrennt** voneinander dargestellt werden und auch getrennt voneinander stattfinden, wenn eine Verbindung vom Nutzer nicht ausdrücklich gewünscht ist; und
- dem Nutzer ist es auf **einfache Weise** zu ermöglichen (z.B. durch Formulare oder Einstellungen), von seinen Rechten auf Auskunft, Korrektur, Löschung oder Sperrung oder **Opt-Out-Rechten** Gebrauch zu machen.

IV. IT-Sicherheit

Datensicherheit und **IT-Sicherheit**[113] gelten im Rahmen von Social Media genauso wie bei anderen Internetsachverhalten. Als Teil der **IT-Compliance** finden sich Regelungen zur IT-Sicherheit und **Datensicherheit** nicht nur im Datenschutzrecht (§ 9 **BDSG** und den Anlagen hierzu – Technische und Organisatorische Maßnahmen), 113

112 Der Bericht der CNIL kann unter http://www.cnil.fr/fileadmin/documents/en/GOOGLE_PRIVACY_POLICY-_RECOMMENDATIONS-FINAL-EN.pdf abgerufen werden.
113 Vgl. Definition in § 2 Abs. 2 BSIG.

sondern auch in anderen Gesetzen wie § 13 **TMG**, § 289 **HGB,** § 91 Abs. 2 **AktG** oder § 25a **KWG.**[114]

114 Im Zusammenhang mit Social Media ist vor allem die Pflicht zur **Verhinderung unautorisierten Zugangs** auf Daten und Informationen, die auf Social Media-Plattformen gespeichert sind, relevant.[115] Diese Pflicht ist insbesondere durch **Zugriffskontroll- und Authentifizierungsmaßnahmen** sowie **Verschlüsselung** des Zugangs und der gespeicherten Daten wahrzunehmen. Das Bundesamt für Sicherheit in der Informationstechnik nennt in seinen Praxistipps für Nutzer von Social Media-Plattformen noch weitere Risiken, z.B. Phishing, Identitätsdiebstahl, Verbreitung von Schadsoftware und Mobbing, und gibt Tipps zur Vermeidung dieser.[116]

115 Eine Orientierungshilfe zu den **technischen Grundlagen der Datensicherheit** bietet auch der Düsseldorfer Kreis.[117] Er betont, dass Datensicherheit deshalb so wichtig ist, weil soziale Netzwerke „das Leben" vieler Menschen beinhalten. Es müssen daher vom Betreiber der sozialen Plattform **technische Maßnahmen** getroffen werden, die **Massendownloads** von Profildaten und Angriffe auf Informationen des **sozialen Graphen** (Verknüpfung von Nutzerprofilen und Freundschaftsbeziehungen) verhindern.[118]

116 Bei der Nutzung von Social Media-Plattformen wie Facebook, Twitter oder XING haben Betreiber von Social Media-Präsenzen (als Nutzer) oft wenig Einfluss auf die Maßnahmen zur Gewährleistung der **IT-Sicherheit.** Da aber diese Betreiber von Social Media-Präsenzen auch als Nutzer auf diesen Plattformen zur Wahrung der **IT-Sicherheit** verpflichtet sind, insbesondere weil und soweit sie verantwortliche Stellen im Sinne des **BDSG** oder Telemedienanbieter im Sinne des TMG sind, haben sie sich von der IT-Sicherheit auf der jeweiligen Plattform zu überzeugen und müssen diese auch überprüfen.[119] Auch wenn eine Überprüfung oder ein **Audit** eines Betreibers einer Social Media-Plattform durch nutzende Unternehmen in der Praxis nicht realistisch ist und die Betreiber auch (derzeit noch) keine anerkannten Prüfzertifikate oder Gütesiegel vorweisen können, sollten Unternehmen bei Auswahl ihrer Social

---

114 Vgl. den umfassenden Überblick bei Auer-Reinsdorff/Conrad/*Conrad*, § 2 Rn 1ff.

115 *Holtz*, DuD 2010, 439, 440; Artikel-29-Datenschutzgruppe der EU, WP 163 zur Nutzung sozialer Online-Netzwerke, S. 8ff.

116 Vgl. BSI, Soziale Netzwerke – Sicherheitsrisiken, abrufbar unter https://www.bsi-fuer-buerger.de/BSIFB/DE/SicherheitImNetz/SozialeNetze/Sicherheitsrisiken/sicherheitsrisiken_node.html.

117 Datenschutzkonferenz, Soziale Netzwerke, S. 6ff., abrufbar unter http://www.bfdi.bund.de/SharedDocs/Publikationen/Arbeitshilfen/OHSozialeNetze.html?nn=408908.

118 Datenschutzkonferenz, Soziale Netzwerke, S. 9ff., abrufbar unter http://www.bfdi.bund.de/SharedDocs/Publikationen/Arbeitshilfen/OHSozialeNetze.html?nn=408908.

119 Anbieter von Social Media-Plattformen müssen nachweisen können, dass sie beispielsweise ausreichende Maßnahmen nach § 9 BDSG einhalten (Düsseldorfer Kreis, Datenschutz in Sozialen Netzwerken, S. 2). Die Praxis ist hier noch weit von der Theorie entfernt.

Media-Plattform beispielsweise auf folgende Features achten, die als angemessene **Umsetzung der Pflicht zur Verhinderung unautorisierten Zugangs** angesehen werden können:[120]
- datenschutzfreundliche **Standardeinstellungen** oder Voreinstellung der Privatsphäre auf höchste Sicherheitsstufe;
- Einstellung zu **Auffindbarkeit von Mitgliedern** einer Social Media-Plattform in Suchmaschinen (intern und extern);
- keine Umgehung von **Privacy-Einstellungen** eines Nutzers durch interne oder externe Suchmaschinen; und
- **transparente Darstellung** von Informationen über Risiken in Verbindung mit dem Hochladen von Inhalten.

V. Erhebung von Daten und Datenübermittlung zwischen sozialen Netzwerken oder an Dritte

Ein Hauptgrund für den Erfolg von Social Media ist **„User-generated content"** und 117
„sharing". Inhalte können auf diese Weise von jedermann sehr einfach einem großen **Empfängerkreis** mitgeteilt werden. Sind personenbezogene Daten betroffen – was meistens der Fall ist, weil Mitteilungen grundsätzlich über registrierungspflichtige Plattformen gemacht werden –, handelt es sich um Erheben oder **Übermitteln** personenbezogener Daten. **Erheben** ist nach § 3 Abs. 3 BDSG *„das Beschaffen von Daten über den Betroffenen"*. Übermitteln ist nach § 3 Abs. 4 Nr. 3 BDSG das *„Bekanntgeben [....] personenbezogener Daten an einen Dritten"* durch Weitergabe oder Bereithalten zum Abruf. Ein Unternehmen, das auf einer Social Media-Präsenz (z.B. auf einer Fanseite oder in einem Blog) personenbezogene Daten **veröffentlicht,** übermittelt diese Daten an die anderen Nutzer, möglicherweise auch an die Plattform.[121] Ein Arbeitgeber, der sich über Social Media Informationen zu einem Bewerber oder Arbeitnehmer beschafft, erhebt personenbezogene Daten. Stellt ein Betreiber einer Social Media-Plattform oder -Präsenz einer Behörde personenbezogene Daten zur Verfügung, liegt hierin eine zu rechtfertigende Übermittlung. Eine Übermittlung einer verantwortlichen Stelle kann also gleichzeitig auch eine Erhebung beim Empfänger sein.[122]

---

120 Die meisten der folgenden und noch weitere Kriterien waren im Gesetzantrag des Bundesrates zur Änderung des TMG in § 13 Abs. 4, S. 1 TMG-E enthalten (BT-Drucks. 17/6765 v. 3.8.2011, abrufbar unter http://dipbt.bundestag.de/dip21/btd/17/067/1706765.pdf; „TMG-E"). Auch wenn diese Regelung sehr sinnvoll erscheint, wurde der Gesetzantrag bislang nicht weiterverfolgt.

121 Gola/Schomerus/*Schomerus*, § 3 Rn 33.

122 Gola/Schomerus/*Schomerus*, § 3 Rn 24.

1. Beschaffen von Daten

118 **Erheben** erfordert **zielgerichtetes Beschaffen** von Informationen. Im Zusammenhang mit Websites wird davon ausgegangen, dass das Zurverfügungstellen eines Webformulars, das von Nutzern ausgefüllt werden kann, kein zielgerichtetes Beschaffen ist. Damit sind im Social Media-Bereich Formen der **Datengewinnung** über Kommentarfunktionen oder Blogs keine Datenerhebung. Anders als im traditionellen Internetbereich werden diese Daten aber in der Regel dann sogleich veröffentlicht, sodass zwar kein Erheben, aber eine unmittelbare Speicherung, Übermittlung und Nutzung vorliegt.

119 Ein zielgerichtetes und nach den dargestellten Grundsätzen[123] zu rechtfertigendes **Beschaffen** liegt aber vor, wenn sich der Betreiber einer Social Media-Plattform oder einer Social Media-Präsenz über **Apps, Social Plugins** oder andere Programme personenbezogene Daten **„holt".**[124]

2. Wer sind Dritte im datenschutzrechtlichen Sinne?

120 Eine Übermittlung liegt vor, wenn der Datenempfänger **„Dritter"** ist. Kein Dritter ist nach § 3 Abs. 8 S. 2 BDSG ein **Auftragsdatenverarbeiter** mit Sitz innerhalb der EU/des EWR,[125] z.B. ein IT-Dienstleister oder eine Marketing-Agentur. Soweit der Betreiber einer Social Media-Plattform Auftragsdatenverarbeiter ist und die Voraussetzungen von § 11 BDSG erfüllt sind, liegt keine zu rechtfertigende Übermittlung vor. In der Praxis sind derzeit zumindest bei Nutzung der gängigen Social Media-Plattformen die Voraussetzungen von § 11 BDSG, insbesondere der Abschluss einer schriftlichen **Auftragsdatenverarbeitungsvereinbarung,** nicht erfüllt. Damit ist wohl auch in diesen Fällen nach § 3 Abs. 8 S. 2 BDSG von einer Übermittlung auszugehen, die zu rechtfertigen ist. Das Beispiel **Google Analytics,**[126] das auch von der europäischen Datenschutzaufsicht als vorbildlich eingestuft wird,[127] zeigt aber, dass in Zukunft mit Änderungen zu rechnen ist und sich auch die Betreiber von Social Media-Plattformen daran gewöhnen müssen, § 11 BDSG einzuhalten.

121 Viele andere Empfänger der Daten sind Dritte. Neben dem Betreiber der Social Media-Plattform zählen hierzu auch **verbundene Unternehmen,** andere Fans, Freunde, **Werbepartner** und IT-Dienstleister in **Nicht-EU/EWR-Ländern.** Eine

---

123 Siehe oben Rn 68 ff.

124 Vgl. z.B. LG Berlin, Beschl. v. 14.3.2011 – 91 O 25/11 – K&R 2011, 356, 357 f.

125 Vgl. oben Rn 42.

126 Vgl. oben Rn 46.

127 Vgl. Ergebnisse der CNIL, Google Privacy Policy: Main Findings And Recommendations vom 16.10.2012, die die Google Datenschutzhinweise im Auftrag der Artikel-29-Datenschutzgruppe für Europa geprüft hat, abrufbar unter http://www.cnil.fr/fileadmin/documents/en/GOOGLE_PRIVACY_POLICY-_RECOMMENDATIONS-FINAL-EN.pdf, S. 5.

Übermittlung personenbezogener Daten an diese Dritten ist nach den dargestellten Grundsätzen[128] zu rechtfertigen, sie muss dem Betreiber der Social Media-Präsenz also erlaubt sein.

3. Zusätzliche Zulässigkeitsvoraussetzungen bei Übermittlungen ins Nicht-EU/ EWR-Ausland

Hat der Empfänger der Daten seinen **Sitz außerhalb der EU/des EWR,** muss er da- 122
tenschutzrechtlich auf ein Schutzniveau gebracht werden, das dem deutschen/europäischen Schutzniveau entspricht. Es muss ein **angemessenes Datenschutzniveau** geschaffen werden (§ 4b BDSG), wenn keine Ausnahme vorliegt (§ 4c BDSG).

a) Ausnahmen

Ein **angemessenes Datenschutzniveau** ist nicht herzustellen, wenn der Betroffene 123
eingewilligt hat oder z.B. die Datenübermittlung **erforderlich** ist, um einen **Vertrag** mit dem Betroffenen oder mit einem Dritten im Interesse des Betroffenen zu erfüllen (§ 4c BDSG). Eine erforderliche Einwilligung eines Unternehmens in die Veröffentlichung von Nutzerinhalten auf Social Media-Plattformen sollte daher immer auch so verfasst sein, dass sie eine Übermittlung an Empfänger – den Betreiber der Plattform und andere Nutzer – umfassen.

In vielen Fällen der bestimmungsgemäßen Nutzung des Social Media-Auftritts 124
eines Unternehmens wird allerdings gar keine Einwilligung erforderlich sein und die Ausnahme **„Vertragserfüllung“** erfüllt sein. Posten z.B. Nutzer oder Fans einer Unternehmenspräsenz oder eines Unternehmensblogs Beiträge, stellt die damit einhergehende und für den Nutzer erkennbare **Veröffentlichung** dieser Beiträge auf der Präsenz und damit auch der Plattform (im Rahmen des zulässigen Vertragszwecks) innerhalb und außerhalb der EU die Erfüllung eines Vertrages zwischen dem Unternehmen und dem postenden Nutzer dar. Eine weitergehende Herstellung eines **angemessenen Datenschutzniveaus** ist im Rahmen dieser bestimmungsgemäßen Nutzung durch alle Beteiligten nicht erforderlich.

b) Herstellung eines angemessenen Datenschutzniveaus

Liegt kein Ausnahmefall vor, ist für Übermittlungen an Social Media-Plattformen, 125
Werbepartner, Datenanalysten, verbundene Unternehmen, IT-Provider oder auch Social Media-Monitoring-Unternehmen im **EU/EWR-Ausland** grundsätzlich ein angemessenes Datenschutzniveau herzustellen. Die gängigsten Mittel oder „Vehic-

128 Vgl. oben Rn 68 ff.

les" zur Herstellung eines angemessenen Datenschutzniveaus sind die **Safe Harbor-Zertifizierung** durch den Empfänger,[129] der Abschluss von **EU-Standardverträgen,**[130] die Vereinbarung von unternehmensweiten **Binding Corporate Rules**[131] oder die Übermittlung an Empfänger in Ländern, für die die **EU-Kommission** verbindlich ein angemessenes **Datenschutzniveau** hergestellt hat.[132] Aus deutscher Sicht ist zu beachten, dass deutsche Datenschutzbehörden bei der Übermittlung personenbezogener Daten auf Basis einer Safe Harbor-Zertifizierung zusätzliche Garantien des Empfängers verlangen[133] und dass der EU-Standardvertrag 2010 (Processors) in seiner Anlage noch um Erfordernisse des § 11 BDSG anzureichern ist.

! **Praxistipp**
Safe Harbor-Zertifizierung
In der Praxis sollte genau geprüft werden, ob eine ausreichende Safe Harbor-Zertifizierung bei einem US-Empfänger vorliegt.
Die Registrierung von Facebook lautet z.B. derzeit wie folgt:

> *„[...] employees and individual contacts of corporate customers (including advertisers), suppliers, service providers and other corporate business partners in the EEA. Facebook, Inc. typically receives such data from its subsidiaries in the EEA, which provide sales and marketing services for Facebook Ireland Ltd. As a data processor: Facebook, Inc. provides web hosting and technical services for Facebook Ireland Ltd., and in this context, Facebook, Inc. processes personal data from users of Facebook Ireland Ltd.'s social networking platform within the EU and EEA on behalf of, and as a data processing service provider for, Facebook Ireland Ltd, which controls such data and processing."*[134]

Sie deckt damit keine Datenübermittlung von Nutzerdaten (z.B. des deutschen Betreibers einer Fanpage) an Facebook Inc. als verantwortliche Stelle ab. Daher scheint Facebook sich auch trotz des Hinweises auf die Safe Harbor-Zertifizierung in Ziff. VI der Facebook-Datenschutzbestimmungen eine (allerdings nicht den Anforderungen von § 4a BDSG entsprechende) Einwilligung zur Datenübermittlung in die USA abzuholen.

---

129 Siehe https://www.export.gov/safehrbr/list.aspx.

130 Siehe http://ec.europa.eu/justice/data-protection/document/international-transfers/transfer/index_en.htm.

131 Vgl. zuletzt Artikel-29-Datenschutzgruppe der EU, WP 153, WP 154 und WP 155 zu Binding Corporate Rules.

132 Art. 25 der EU-Datenschutzrichtlinie. Die EU-Kommission hat bislang für folgende Länder ein angemessenes Datenschutzniveau hergestellt: Andorra, Argentinien, Australien, Färöer Inseln, Guernsey, The Isle of Man, Israel, Jersey, Kanada (teilweise), Schweiz und Uruguay.

133 Siehe http://www.bfdi.bund.de/SharedDocs/Publikationen/Entschliessungssammlung/DuesseldorferKreis/290410_SafeHarbor.pdf;jsessionid=8B175BD5729018685DB6EC17C877E3A4.1_cid344?__blob=publicationFile.

134 Siehe http://safeharbor.export.gov/companyinfo.aspx?id=15175; ähnlich unklar die Safe Harbor-Zertifizierung von Twitter, die wohl auch nicht als Grundlage für eine Übermittlung von Daten an Twitter Inc. ausreicht: http://safeharbor.export.gov/companyinfo.aspx?id=15209.

In den meisten Fällen wird damit, wenn der Empfänger seinen Sitz nicht in einem anerkannten Drittstaat hat, der Abschluss eines **EU-Standardvertrages** der gangbarste Weg sein. In der Praxis hat es sich allerdings als schwierig oder unmöglich herausgestellt, mit Betreibern von Social Media-Plattformen, wie Facebook, LinkedIn oder Twitter, oder gar US-Behörden (im Rahmen von Pre-Trial Discovery oder Ermittlungsverfahren) EU-Standardverträge abzuschließen. Noch schwieriger wird es sein, mit Safe Harbor registrierten Empfängern die vom Düsseldorfer Kreis geforderten Garantien zu vereinbaren.[135] 126

Praxistipp Aktuell !

Die **Konferenz** der Datenschutzbeauftragten des Bundes und der Länder hat am 24.7.2013 eine etwas undurchsichtige Entschließung[136] gefasst: Sie stellte fest, dass wegen **PRISM** und Übermittlungen an andere nationale Sicherheitsbehörden eine „hohe Wahrscheinlichkeit" besteht, dass bei Empfängern in den USA und anderen außereuropäischen Staaten die Grundsätze von **Safe Harbor** oder die **Standardvertragsklauseln verletzt** werden.

Im Klartext heißt das, dass die deutschen Datenschutzbehörden davon ausgehen, dass Datentransfers in die USA unzulässig sind, die derzeit auf Basis von Standardvertragsklauseln oder Safe Harbor-Registrierung basieren. Gleiches gilt für Datenexporte in andere außereuropäische Staaten mit ähnlichen „übergesetzlich" agierenden Sicherheitsbehörden. Damit verletzen wahrscheinlich 90% aller deutschen international tätigen Unternehmen das BDSG. Was nun von den Unternehmen zu tun ist, wird von der Datenschutzkonferenz nicht vorgeschlagen. **Datentransfers** in die USA oder das EU-Ausland zu unterlassen ist die sicherste Methode, ist aber in den meisten Fällen nicht umsetzbar. Es liegt nun an den einzelnen Datenschutzbehörden der Länder, die Entschließung der Datenschutzkonferenz umzusetzen und entsprechende Maßnahmen zu treffen. Wohl werden viele Behörden bis auf weiteres keine **Verfahren** gegen einzelne Unternehmen einleiten, wenn es nicht zu konkreten Vorfällen kommt. Andere Behörden, beispielsweise solche, die eine Genehmigung von Datentransfers auf Basis von Standardverträgen verlangen, könnten diese **Genehmigungen** nun versagen und gegen dennoch vorgenommene Transfers vorgehen.

Unternehmen sollten die weiteren Entwicklungen genauestens verfolgen.

---

c) DSV-E

An der derzeitigen Rechtlage wird sich auch durch die DSV-E nicht viel ändern. 127
Wie bereits jetzt muss auch nach der DSV-E bei einer **Übermittlung** von personenbezogenen Daten aus der EU in **Drittländer** ein **angemessenes Datenschutzniveau** gewährleistet sein (Art. 37ff.). Entsprechend den Vorgaben der Verordnung soll die EU-Kommission berechtigt sein, dieses angemessene Niveau verbindlich und mit Wirkung für die Zukunft festzusetzen (dies wird das **Safe Harbour-Model**

---

135 Vgl. Musterbeispiel oben Rn 125.

136 Pressemitteilung vom 24.7.2013, abrufbar unter http://www.bfdi.bund.de/DE/Home/homepage_Kurzmeldungen2013/PMDerDSK_SafeHarbor.html?nn=408908.

einschließen). Alternativ sollen die bekannten **Datenübermittlungsvehikel** (insbesondere die **EU-Standardverträge** oder verbindliche unternehmensinterne Vorschriften, **Binding Corporate Rules**) dazu dienen, ein angemessenes Datenschutzniveau herzustellen. Die Einführung verbindlicher unternehmensinterner Vorschriften soll erheblich vereinfacht werden, indem die Verordnung konkrete **Leitlinien** für deren Einführung gibt und gleichzeitig die Zustimmung einer **EU-Datenschutzaufsichtsbehörde** ausreichen soll. Zudem soll es wie bisher Ausnahmen für Fälle geben, in denen ein angemessenes Datenschutzniveau beim Empfänger nicht erforderlich ist.

Vertragsmuster

Muster: Safe Harbor-Zusatzgarantie

Folgender Text könnte dazu verwendet werden, die vom **Düsseldorfer Kreis** hinsichtlich **Safe Harbor-Zertifizierung** geforderten[137] **Garantien** zu vereinbaren. Hinweis: Das folgende Muster ist nicht mit deutschen Datenschutzbehörden abgestimmt.

„Confirmation relating to the Safe Harbor Certification

Data Processor, located in the USA, provides for an adequate level of data protection according to its Safe Harbor Certification.

Following the decision of the German Düsseldorfer Kreis (Committee of the highest German Data Protection Authorities) of April 28/29, 2010 (see: http://www.bfdi.bund.de/SharedDocs/Publikationen/Entschliessungssammlung/DuesseldorferKreis/290410_SafeHarbor.pdf?__blob=publicationFile), Data Processor certifies and proves regarding its safe harbor registration as follows:

1. Data Processor certifies and proves that the EU/US Safe Harbor Certification below (printout from the Safe Harbor Database of [date]) was duly filed:

[Einfügen: Ausdruck der Safe Harbor-Auskunft unter http://safeharbor.export.gov/list.aspx mit Quellenangabe und Datum des Abrufs]

Data Processor further certifies that the above Safe Harbor Certification is valid and accurate and that Data Processor adheres to the Safe Harbor Principles. No complaints regarding violations of the Safe Harbor Principles by Data Processor are known to Data Processor.

2. Data Processor certifies that it takes all necessary organizational measures to fulfill the notice obligation under the Safe Harbor Principles:

Notice: An organization must inform individuals about the purposes for which it collects and uses information about them, how to contact the organization with any inquiries or complaints, the types of third parties to which it discloses the information, and the choices and means the organization offers individuals for limiting its use and disclosure. This notice must be provided in clear and conspicuous language when individuals are first asked to provide personal information to the organization or as soon thereafter as is practicable, but in any event before the organization uses such information for a purpose other than that for which it was originally collected or processed by the transferring organization or discloses it for the first time to a third party.

---

137 Siehe http://www.bfdi.bund.de/SharedDocs/Publikationen/Entschliessungssammlung/DuesseldorferKreis/290410_SafeHarbor.pdf;jsessionid=8B175BD5729018685DB6EC17C877E3A4.1_cid344?__blob=publicationFile.

(Safe Harbor Principle/Notice)
The parties agree in the present processing situation that Data Processor's information duties with regard to Data Subjects shall, unless otherwise agreed between the parties, extend only to supporting Data Controller to fulfill individuals' requests relating to data processing activities performed by Data Processor and/or its subcontractors (if any) according to Section 34 BDSG.
[Unternehmen/Datum]"

VI. Cookies

Cookies ermöglichen, Nutzerverhalten aufzuzeichnen. Mit den Ergebnissen dieser Aufzeichnung werden verschiedenste Zwecke verfolgt, von A (Anpassen der Inhalte des Angebots an Nutzervorlieben) bis Z (Zusenden von Spam). Auf dem Computer eines eingeloggten Facebook-Nutzers werden z.B. mindestens acht Cookies abgelegt.[138] **128**

Für das Setzen von Cookies ist grundsätzlich der **Betreiber der Website** verantwortlich, die das Cookie setzt.[139] Im Rahmen von Social Media ist dies meist der Betreiber der **Social Media-Plattform.** Unternehmen, die eine Social Media-Präsenz betreiben, können aber in den folgenden drei Fällen für den Einsatz von **Cookies** und die damit verbundene Datenverarbeitung verantwortlich gemacht werden: **129**
- Social Media-Präsenz auf **eigener Website** (z.B. Corporate Blog);
- Nutzung von Daten, die von **Dritten** (z.B. Betreiber einer Social Media-Plattform) mithilfe von Cookies gewonnen wurden; oder
- **indirekte Kontrolle** des Einsatzes von Cookies (z.B. über Einbindung eines Social Plugins).

1. Aktuelle Gesetzeslage

Nach derzeitiger Rechtslage gibt es kein grundsätzliches **Einwilligungserfordernis** für die Nutzung von **Cookies.** **130**

Cookies, die keine personenbezogenen Daten erheben oder verarbeiten, sind zulässig (z.B. zur Speicherung von **Spracheinstellungen**). **131**

Nach § 13 Abs. 1 S. 2 **TMG** sind die Nutzer (z.B. in einer **Datenschutz-Policy**) auf den Einsatz von Cookies, die eine Identifikation des Nutzers ermöglichen, hinzuweisen. Es empfiehlt sich, in dieser Information jedes **Cookie** nach dem folgenden Muster zu **beschreiben:** **132**
- **Name** des **Cookies;**

---

138 Data Protection Commissioner Dublin, Report of Audit 2011, S. 27, abrufbar unter http://dataprotection.ie/documents/facebook%20report/final%20report/report.pdf.
139 Vgl. hierzu auch die Ausführungen zur Profilbildung unten Rn 202.

- **Funktionsweise** des Cookies;
- Auflistung der über das Cookie gewonnenen **Daten;**
- **Zweck** des Einsatzes des Cookies und der damit verfolgten Datenverarbeitung.

133 Im Übrigen richtet sich die datenschutzrechtliche Zulässigkeit des Einsatzes von Cookies derzeit nach den allgemeinen Regeln des **TMG.** Da aber schon die **IP-Adresse** Personenbezug hat, werden die meisten Cookies personenbezogene Daten erheben oder verarbeiten. Ihr Einsatz ist damit ohne **Einwilligung** nur zulässig, wenn er zur Abrechnung des jeweiligen Dienstes erforderlich ist (§ 15 Abs. 1 TMG) oder eine zulässige **Profilbildung** vorliegt.[140] In den meisten Fällen ist daher der Einsatz von Cookies bereits nach heutiger Rechtlage nur auf Basis einer Einwilligung zulässig.

2. EU-Cookie-Richtlinie

134 Am 25.11.2009 verabschiedete das Europäische Parlament und der Rat der Europäischen Union die **„Cookie-Richtlinie“.**[141] Bis Januar 2013 hatten die EU-Mitgliedstaaten Zeit, diese Richtlinie in nationales Recht **umzusetzen.** Bislang (Stand: Juli 2013) ist die Richtlinie in Deutschland noch nicht umgesetzt, auch ist keine **Umsetzung** geplant.

a) Grundsatz der Cookie-Richtlinie: Verwendung von Cookies nur mit Einwilligung

135 Die **Cookie-Richtlinie** verlangt die **Einwilligung** der Internetnutzer, bevor ein Website-Betreiber Cookies setzen kann – unabhängig davon, ob die mittels Cookies erhobenen Daten **Personenbezug** haben oder nicht. Einzelheiten darüber, wie diese Einwilligung einzuholen ist, werden nicht genannt. Die relevanten Regelungen sind Art. 3 (5) und Erwägungsgrund 66 der Cookie-Richtlinie. Danach soll die Nutzung von Cookies in vielen Situationen nur mit Zustimmung der Nutzer zulässig sein, vor allem dort, wo der Website-Betreiber Informationen über das **Nutzerverhalten** sammelt, ohne dass dies für die Erbringung des jeweiligen Web-Services zwingend erforderlich ist. Sind Cookies allerdings notwendig, um den auf der Website angebotenen Service zu nutzen, wie beispielsweise **Warenkorb-Cookies, Log-in-Session-Cookies** oder **Sicherheits-Cookies,** soll keine Einwilligung erforderlich sein. Die Artikel-29-Datenschutzgruppe gibt in ihrer lesenswerten Stellungnahme

---

140 Vgl. unten Rn 202.
141 Siehe http://eur-lex.europa.eu/LexUriServ/LexUriServ.do?uri=OJ:L:2009:337:0011:0036:DE:PDF.

WP 171 zu verhaltensorientierter Werbung[142] ausführliche Unterstützung zur Auslegung und Umsetzung der Cookie-Richtline.

Klarstellung zur Auslegung der **Ausnahmen,** wann der Einsatz von Cookies ohne Einwilligung zulässig sein soll, liefert zudem das WP 194 der Artikel-29-Datenschutzgruppe der EU.[143] Danach ist jedenfalls der Einsatz von Cookies für **Social Media-Plugins** oder **Analysezwecke einwilligungspflichtig.** Der Einsatz sog. **Authentication Cookies,** die sich merken, dass sich ein Nutzer ordnungsgemäß eingeloggt hat, ist auch nur mit Einwilligung des Nutzers zulässig, wenn diese Cookies sessionübergreifend wirken. Die in der Praxis oft verwendeten Methoden **„Remember me"** oder „Keep me signed in" hält die Artikel-29-Datenschutzgruppe der EU für zulässige Einwilligungen in diesem Sinne, wohl aber nur, wenn diese nicht vorangeklickt (pre-checked) sind. 136

b) Umsetzung der Cookie-Richtlinie

Die Cookie-Richtlinie muss **in deutsches nationales Recht umgesetzt** werden, um auch in Deutschland zu gelten. Es gab bislang Gesetzesentwürfe, die aber nicht weiter verfolgt wurden.[144] In anderen EU-Staaten, z.B. **England,** ist sie bereits umgesetzt und daher auch auf Websites einzuhalten, die sich an englische Nutzer richten. **Österreich** vertraut darauf, dass die bestehende Gesetzeslage die Cookie-Richtlinie bereits ausreichend umsetzt. 137

Entgegen der Auffassung einiger Rechtsexperten und auch des Bundesbeauftragten für den Datenschutz, **Peter Schaar,**[145] gilt die Cookie-Richtlinie aber in Deutschland **nicht direkt** (ohne Umsetzung in nationales Recht), da nach gängiger Rechtsprechung des Europäischen Gerichtshofes europarechtliche Richtlinien nach Ablauf der **Umsetzungsfrist** allenfalls den Staat verpflichten können, nicht aber Bürger (hier: Website-Betreiber oder Betreiber von Social Media-Plattformen). **Cookies setzende Website-Betreiber** sind an die Bestimmungen der Cookie-Richtlinie damit so lange nicht gebunden, bis die Richtlinie in dem jeweiligen Mitgliedstaat umgesetzt wurde. Nationale Gerichte müssen die Bestimmungen der Richtlinie aber 138

---

142 Artikel-29-Datenschutzgruppe der EU, WP 174 zum Verhaltenskodex von FEDMA im Direktmarketing, S. 5.

143 Artikel-29-Datenschutzgruppe der EU, WP 194 zur Ausnahme von Cookies von der Einwilligungspflicht, S. 3ff.

144 Der konkreteste Entwurf war § 13 Abs. 8 TMG-E: Gesetzantrag des Bundesrates zur Änderung des TMG, BT-Drucks. 17/6765 v. 3.8.2011, abrufbar unter http://dipbt.bundestag.de/dip21/btd/17/067/1706765.pdf.

145 Stellungnahme auf dem 13. Datenschutzkongress in Berlin am 8.5.2012 (vgl. z.B. http://www.heise.de/newsticker/meldung/Schaar-Cookie-Regeln-der-EU-gelten-unmittelbar-1570745.html); ULD, Datenschutzrechtliche Bewertung der Reichweitenanalyse durch Facebook, S. 23, abrufbar unter https://www.datenschutzzentrum.de/facebook/facebook-ap-20110819.pdf.

trotzdem bei der Auslegung nationalen Rechts beachten. Zudem müssen auch deutsche Betreiber von Websites beachten, dass sie die Cookie-Gesetze anderer Länder einzuhalten haben, wenn sich ihre Website nicht ausschließlich an Nutzer in Deutschland richtet.

Praxistipp

Richtet sich ein Internetauftritt nur nicht an deutsche Nutzer, sondern auch an **Nutzer anderer EU-Staaten**, sind vom Betreiber des Internetauftritts auch die nationalen **Cookie-Gesetze** dieser Länder zu beachten. Im Ergebnis sollten daher deutsche Unternehmen, die sich nicht ausschließlich an deutsche Nutzer richten, schon heute die Vorgabe der **EU-Cookie-Richtlinie** einhalten, auch wenn diese Richtlinie bislang (Februar 2013) noch nicht in deutsches Recht umgesetzt ist.

---

c) Wie kann das Zustimmungserfordernis umgesetzt werden?

139 Wie das **Zustimmungserfordernis** der Cookie-Richtlinie konkret **umgesetzt** werden kann, ist noch nicht klar. Vor allem ist aber die sog. **Surf Experience** zu berücksichtigen, die durch wiederkehrende Einwilligungserfordernisse nicht zu sehr eingeschränkt werden sollte. Es kann davon ausgegangen werden, dass die Voraussetzungen für die Zustimmung **vor allem technisch gelöst** werden müssen, z.B. durch eine neue **Browser-Einstellung**, eine Pop-Up- oder Lay-Over-Technik, ein Info-Icon, einen Frame oder eine „Double-Click"-Möglichkeit, wie von Heise für den Gefällt mir-Button erstellt.[146] Folgende Voraussetzungen muss eine Einwilligung in Cookies grundsätzlich erfüllen:[147]

- Information über das Cookie (Transparenz);
- zeitliche Begrenzung der Einwilligung;
- einfaches Zurücksetzen/Widerruf; und
- Kennzeichnung, für welche Websites die Einwilligung gelten soll.

140 Die Einwilligung zur Verwendung von Cookies sollte gleichzeitig das Setzen eines **Cookies,** das sich die Einwilligung „merkt", abdecken.[148] Hierbei ist aber sicherzustellen, dass diese Einwilligung sich nur auf die Person bezieht, die eingewilligt hat, und nicht auf den von dieser Person genutzten Computer. Praktisch denkbar ist eine gleiche Lösung auch bei Verweigerung gegen den Einsatz von Cookies, wenn diese

---

146 Vgl. zu diesen und weiteren Vorschlägen zur Umsetzung: Artikel-29-Datenschutzgruppe der EU, WP 188 zu Best Practice bei Online-Werbung, S. 5 ff., abrufbar unter http://ec.europa.eu/justice/data-protection/article-29/documentation/opinion-recommendation/files/2011/wp188_de.pdf.

147 Artikel-29-Datenschutzgruppe der EU, WP 171 zur Werbung auf Basis von Behavioural Targeting, S. 23.

148 Artikel-29-Datenschutzgruppe der EU, WP 188 zu Best Practice bei Online-Werbung, S 12f.

Verweigerung mit einer Einwilligung verbunden wird, ein **„Verweigerungs-Cookie“** zu setzen.

Die derzeitigen **Browser-Optionen** „Cookies Ja/Nein“ sind kein ausreichendes 141
Mittel, da es hier an der für die informierte **Einwilligung** erforderlichen Information fehlt.[149]

Praxistipp
Gerade aufgrund der derzeitigen rechtlichen Unsicherheit empfiehlt es sich für Unternehmen, sich an den Kodizes des **Deutschen Datenschutzrates Online Werbung (DDOW)**[150] zu orientieren oder sich diesen zu entwerfen. Die **Kodizes** arbeiten derzeit (noch) mit einem **Opt-Out-Mechanismus**.

VII. Datenlöschung

Datenlöschung ist ein wichtiges Thema für Social Media, das bislang nicht nur in 142
Social Media und in der **Cloud,** sondern auch ganz allgemein im Datenschutzrecht noch recht stiefmütterlich angegangen wurde.

1. Übersicht über anwendbare Regelungen

Im Überblick gelten nach deutschem Recht die folgenden **Löschungspflichten** für 143
personenbezogene Daten, die vom Betreiber einer Social Media-Präsenz als verantwortliche Stelle einzuhalten sind:[151]

- **TKG**
  - **Vertragsdaten** mit Ablauf des auf die Beendigung folgenden Kalenderjahrs (§ 95 Abs. 3 S. 1 TKG);
  - **Verkehrsdaten** mit Beendigung der Verbindung, außer Speicherung ist insbesondere für Abrechung oder Nutzung des Dienstes noch erforderlich (§ 96 Abs. 1 und 3 TKG).
- **TMG**
  - **Bestandsdaten** mit Beendigung des Vertragsverhältnisses, z.B. Mitgliedschaft (§14 Abs. 1 TMG, „soweit“);
  - **Nutzungsdaten** mit Ablauf des Zugriffs (§13 Abs. 4 Nr. 2 TMG) bzw. nachdem die Daten nicht mehr zur Abrechnung benötigt werden (§ 15 Abs. 8 TMG).

149 Artikel-29-Datenschutzgruppe der EU, WP 171 zur Werbung auf Basis von Behavioural Targeting, S. 23.
150 Siehe http://meine-cookies.org/DDOW/die_kodizies/grundlagen.html.
151 Vgl. zur Einordnung der einzelnen Datenkategorien oben die Erläuterungen zum Schichtenmodell oben Rn 6.

- **BDSG**
  - **Inhaltsdaten:** Grundsätzlich wenn sie für den Zweck, für den sie erhoben wurden, nicht mehr gebraucht werden (§ 35 Abs. 2 Nr. 3 BDSG); statt zu löschen, sind die Daten zu sperren, wenn längere gesetzliche Pflichten (vor allem Archivierungspflichten) gelten (§ 35 Abs. 3 BDSG). Gesperrte Daten dürfen aber ausschließlich für die Zwecke verarbeitet werden, die die längere Speicherung erfordern;
  - In Einzelfällen sind personenbezogene Daten zu löschen oder zu sperren, wenn der Betroffene einer (weiteren) Verarbeitung **widerspricht** und es die besonderen persönlichen Umstände des Betroffenen erfordern (§ 35 Abs. 5 BDSG);
  - Hat die verantwortliche Stelle die personenbezogenen Daten an Dritte **übermittelt,** sind diese Empfänger von der Verpflichtung zur Löschung zu unterrichten, wenn dies keinen unverhältnismäßigen Aufwand erfordert und schutzwürdige Interessen des Betroffenen nicht entgegenstehen (§ 35 Abs. 7 BDSG);
  - Die für das BDSG dargestellten Prinzipien sind auch im TKG und TMG entsprechend anzuwenden.

2. Praktische Umsetzung

144 In praktischer Hinsicht lassen sich damit einige Grundsätze herausarbeiten:[152]

a) Beendigung der Mitgliedschaft

145 Nutzer müssen auf einfache Weise ihre **Mitgliedskonten löschen** oder Nutzungsverträge mit Betreibern von Präsenzen oder Plattformen kündigen können. **Inhalte** auf Social Media-Präsenzen sind zu löschen, wenn der Zweck erfüllt ist, für den sie gespeichert sind. Dies wird meistens die Beendigung der Mitgliedschaft des Nutzers bei der Social Media-Plattform bzw. die **Beendigung** des Vertragsverhältnisses sein[153] oder wenn z.B. ein Nutzer der Veröffentlichung seines Blogbeitrags für die Zukunft widerspricht oder seine Eigenschaft als „Fan" unmittelbar beendet/beenden möchte. Etwas anderes kann gelten, wenn Inhalte für **Drittzwecke** gespeichert sind, beispielsweise Produktbewertungen, Tipps in Foren oder Beiträge in Wissensdatenbanken.[154] Dann können personenbezogene Daten auch über diesen Zeitraum hinaus im Rahmen der im Weiteren dargestellten Grundsätze gespeichert werden.

---

152 Ähnliche Gedanken waren in § 13 Abs. 4 TMG-E enthalten.

153 Vgl. hierzu Düsseldorfer Kreis, Datenschutz in Sozialen Netzwerken, S. 2; Düsseldorfer Kreis, Gestaltung Sozialer Netzwerke, S. 2.

154 Vgl. diesen Gedanken in OLG Frankfurt, Urt. v. 8.3.2012 – 16 U 125/11 – BeckRS 2012, 8012 (Ziff. II).

b) Inaktive Nutzer

Nutzer, die länger als **sechs Monate inaktiv** waren, sind hierauf hinzuweisen.[155] Nach Ablauf einer angemessenen Frist von z.B. vier Wochen ist deren Account zu **deaktivieren.** Personenbezogene Daten von deaktivierten oder ausgeschlossenen Nutzern sind zu löschen. Der Name dieser Nutzer – nicht der Grund der **Deaktivierung** oder des **Ausschlusses**[156] – darf dann für ein weiteres Jahr gespeichert werden. Diese sehr strenge Ansicht der Artikel-29-Datenschutzgruppe der EU scheint gerade mit Hinblick auf ausgeschlossene Nutzer zu kurz. Hier ist es angemessen, den Grund des Ausschlusses (meist eine schwere Vertragsverletzung) zumindest auch für ein Jahr nach Beendigung der Mitgliedschaft zu speichern, um das Risiko von Folgetaten zu mindern. 146

c) Aktualisierte Daten

Altdaten von Nutzern sind zu löschen, wenn diese aktualisiert wurden. 147

d) Allgemeine Verfallsdaten

Insgesamt sollten Betreiber von Social Media-Präsenzen erwägen, allgemeine **„Verfallsdaten“** für personenbezogene **Social Media-Inhalte** einzuführen.[157] Ein Zeitraum von ein bis zwei Jahren, maximal vier Jahren scheint angemessen.[158] Eine Löschung personenbezogener Daten aus Inhalten muss nicht unbedingt eine Löschung des damit verbundenen gesamten Inhalts bedeuten. Vielmehr können Inhalte nach **Anonymisierung,** d.h. einer vollständigen Löschung der Zuordenbarkeit der Inhalte zu einer bestimmten Person, auch nach Ablauf der datenschutzrechtlichen **Speicherfristen,** vorgehalten werden. 148

3. DSV-E

Ein Schwerpunkt der **DSV-E** liegt in der Stärkung der **Betroffenenrechte** bei Beendigung der Datenverarbeitung und im Zusammenhang mit der Löschung von Daten. Die DSV-E sieht insbesondere ein Recht des Betroffenen vor, Daten in einem **gängigen Datenformat** zu erhalten (um Daten beispielsweise auf eine andere Social Media-Plattform zu übertragen, Art. 18) sowie das Recht des Betroffenen auf die unmittelbare Löschung und das **„Recht auf Vergessenwerden“** (**Right to be Forgotten,** Art. 17). 149

---

155 Artikel-29-Datenschutzgruppe der EU, WP 163 zur Nutzung sozialer Online-Netzwerke, S. 13 nennt hierzu keine speziellen Fristen.

156 Artikel-29-Datenschutzgruppe der EU, WP 163 zur Nutzung sozialer Online-Netzwerke, S. 12.

157 So auch: Düsseldorfer Kreis, Gestaltung Sozialer Netzwerke, S. 2.

158 Die Vierjahresgrenze in § 35 Abs. 2 Nr. 4 BDSG scheint im schnelllebigen Social Media in einigen Fällen etwas lang zu sein; anders: *Nolte*, ZPR 2011, 236, 236.

Eine Löschung von Daten hat immer sofort zu erfolgen. Sofern personenbezogene Daten durch die verantwortliche Stelle öffentlich gemacht wurden (etwa über das Internet), muss die verantwortliche Stelle im Fall eines Löschungsbegehrens alle zumutbaren Möglichkeiten ergreifen, um Dritte, die diese Daten verarbeiten, über die Löschung zu informieren und darauf hinzuwirken, dass diese die personenbezogenen Daten und sämtliche Links ebenfalls löschen. Was allerdings im Rahmen von Social Media bei „ge-sharten", „ge-likten" und sonst wie verbreiteten Inhalten noch zumutbar ist, bedarf noch weiterer Konkretisierung. Das OLG Hamburg hat im Zusammenhang mit Suchmaschinen die Löschung von Inhalten aus allen Suchmaschinen als nicht notwendig angesehen.[159] In eine ähnliche Richtung geht der Schlussantrag des Generalanwalts des EuGH im Verfahren gegen den Suchmaschinenprovider Google.[160]

VIII. Besonderheiten bei der Verarbeitung personenbezogener Daten von Jugendlichen

150 Beim Umgang mit personenbezogenen Daten **Minderjähriger** stellen sich vor allem zwei Fragen:
- Gibt es **Altersgrenzen?**
- Wie können Betreiber von Social Media-Plattformen oder -Präsenzen das Alter der Nutzer **verifizieren?**

1. Altersgrenzen

151 Im Datenschutzrecht gibt es keine absoluten Altersgrenzen für die Verarbeitung personenbezogener Daten Minderjähriger.

152 Wird die Verarbeitung personenbezogener Daten auf ein bestehendes **Vertragsverhältnis** der verantwortlichen Stelle mit dem Minderjährigen (etwa Mitgliedschaft auf einer Plattform) gestützt (§ 28 Abs. 1 S. 1 Nr. 1 BDSG; §§ 14 und 15 TMG), muss dieses **Vertragsverhältnis** zivilrechtlich wirksam sein. Minderjährige unter sieben Jahren können ohne die Genehmigung der **Erziehungsberechtigten** gar keine wirksamen Verträge schließen (§ 104 Nr. 1 BGB). Minderjährige zwischen sieben und achtzehn Jahren können in bestimmten Fällen auch ohne die Genehmigung wirksame Verträge schließen (§§ 107 ff. BGB).

153 Diskutiert wird in Zusammenhang mit Social Media-Angeboten, ob sich ein Minderjähriger wirksam auf einer Plattform (z.B. Facebook oder YouTube) registrieren kann, weil diese ausschließlich **rechtlich vorteilhaft** sind oder weil sie vom Rechtsgedanken des sog. **Taschengeldparagraphen** (§ 110 BGB) getragen sind. Beides ist

159 Vgl. *Nolte*, ZPR 2011, 236, 236; OLG Hamburg MMR 2003, 279.
160 Schlussanträge des Generalanwalts Niilo Jääskinen v. 25.6.2013 – C-131/12 – Google vs. AEPD.

aber abzulehnen, weil der Abschluss von Nutzungsverträgen in Social Media, seien es Registrierungen auf Plattformen oder das Einstellen von Inhalten auf Social Media-Präsenzen, aufgrund der zum Teil erheblichen Auswirkungen auf das **Persönlichkeitsrecht** und meist auch aufgrund der Übernahme von Pflichten in den Nutzungsbedingungen (z.B. Einräumung von Nutzungsrechten an Inhalten) zum Teil erhebliche rechtliche Nachteile mit sich bringen. Eine (analoge) Anwendung des Taschengeldparagraphen scheidet aus, weil es nicht um Vermögenswerte, die vom **Erziehungsberechtigten** zur Verfügung gestellt werden, geht.[161]

Beispiel
Auch wenn Facebook in Ziff. 4 (5) der Erklärung der Rechte und Pflichten die Teilnahme von **Minderjährigen**, die das 13. Lebensjahr vollendet haben, zulässt, können zumindest nach deutschem Recht Minderjährige nur mit Genehmigung ihrer **Erziehungsberechtigten Facebook**-Mitglieder werden.

Ob Minderjährige eine wirksame **datenschutzrechtliche Einwilligung** abgeben können und auf diese Weise die Verarbeitung ihrer Daten in Social Media zulässig ist, entscheidet sich nach deren Einsichtsfähigkeit und dem Grad des Eingriffs in das **Persönlichkeitsrecht.** Dieser ist beispielsweise bei einer Veröffentlichung eines Fotos auf einer Fanpage tiefer, als bei einem Hochladen eines Fotos durch einen Minderjährigen für einen bestimmten und vom Minderjährigen kontrollierbaren Freundeskreis. Die Minderjährigen müssen die **Tragweite** ihrer Entscheidung erkennen können, was von Fall zu Fall zu entscheiden ist.[162] Jedenfalls dürfen durch eine datenschutzrechtliche Einwilligung nicht die Wertungen der §§ 104ff. BGB umgangen werden. 154

Beispiel
Wenn z.B. ein Bild eines Minderjährigen auf einer Social Media-Präsenz veröffentlicht werden soll, sollten nur **Einwilligungen volljähriger** Teilnehmer akzeptiert und von Minderjährigen die Einwilligung der Erziehungsberechtigten gefordert werden.

---

2. Altersverifikation

Grundsätzlich muss derjenige die Minderjährigkeit beweisen, der sich darauf beruft;[163] andersherum muss derjenige, der sich auf die Volljährigkeit oder die Einsichtsfähigkeit beruft, diese nachweisen. **Altersverifikation im Internet** hat sich bislang noch nicht wirklich durchgesetzt. Der Beweis, dass ein Nutzer einen Face- 155

---

161 So auch *Jandt/Roßnagel*, MMR 2011, 637, 639 f.
162 *Jandt/Roßnagel*, MMR 2011, 637, 639.
163 Auer-Reinsdorff/Conrad/*Conrad/Hausen*, § 27 Rn 98 m.w.N.

book-Account hat, wird weder für den **Nachweis** eines Alters von 13 Jahren oder gar von **Volljährigkeit** ausreichen.[164] Ebensowenig reicht die Abfrage des Alters vom jeweiligen Nutzer, wie dies beispielsweise bei Werbung für alkoholische Getränke, die sich nicht an **Minderjährige** richten darf, praktiziert wird und dort auch als ausreichend anzusehen ist.[165] Derartige Eigenbestätigungen der Nutzer sind jedoch ein erster Ansatzpunkt, um die Verarbeitung personenbezogener Daten von Minderjährigen zu vermeiden: Angebote sind nicht auf Minderjährige auszurichten. Im Prinzip sollte aber mit Altersverifikationssystemen[166] oder Jugendschutzfiltern gearbeitet werden. Letzere erfordern eine entsprechende Kennzeichnung der Inhalte und die Installation von Jugendschutzprogrammen durch die **Erziehungsberechtigten.** Beide Methoden haben sich bislang in der Praxis allerdings noch nicht durchgesetzt.[167]

3. Ausgestaltung von Social Media-Angeboten für Minderjährige

156 Bei einer zulässigen Verarbeitung personenbezogener Daten **Minderjähriger** (insbesondere bei Vorliegen der Genehmigung der **Erziehungsberechtigten**) ist bei der Ausgestaltung der Social Media-Angebote für Minderjährige deren besonderes Schutzbedürfnis zu berücksichtigen. Minderjährige sollten angemessen und in verständlicher Weise informiert werden. Sicherheits- und **Privatsphäreeinstellungen** sollten standardmäßig die höchste Schutzstufe haben. Wenn und soweit möglich, sollten die personenbezogenen Daten der Minderjährigen unter einem **Pseudonym** verarbeitet werden. Erziehungsberechtigte, die Ihre **Genehmigung** erteilt haben, sollten regelmäßig einen Überblick über wichtige Aktivitäten ihres Kindes erhalten oder Auskunft auf entsprechende Anfragen erhalten.

4. DSV-E

157 Dem Schutz der Rechte von Kindern soll hinsichtlich der Verarbeitung ihrer personenbezogenen Daten im Rahmen der **DSV-E** besonderes Gewicht zukommen (Art. 6 (1) ff.). Das Anbieten von „Internet Society Services“, dazu zählen auch Social

---

164 Laut eines Spiegel Online-Artikels geben mehrere Millionen Nutzer wahrheitswidrig bei Facebook an, sie seien über 13 Jahre alt, siehe http://www.spiegel.de/netzwelt/netzpolitik/soziale-netzwerke-millionen-minderjaehrige-tricksen-facebook-aus-a-761874.html.

165 *Jandt/Roßnagel*, MMR 2011, 637, 641; vgl. hierzu auch Düsseldorfer Kreis, Minderjährige in Sozialen Netzwerken, S. 1.

166 Vgl. die Übersicht zu erhältlichen Altersverifikationssystemen unter http://www.jugendschutz beauftragte.net/weblink-einreichen/altersverifikationssysteme.

167 Vgl. den Tätigkeitsbericht 2011 „Jugendschutz im Internet“ von jugenschutz.net, S. 13, abrufbar unter http://jugendschutz.net/pdf/bericht2011.pdf.

Media-Angebote, an **Minderjährige** unter 13 Jahren soll daher immer von der Zustimmung der **Erziehungsberechtigten** abhängen (Art. 8 (1)). Unternehmen sollen in diesem Zusammenhang Verhaltensregeln aufstellen, die die ordnungsgemäße Anwendung der Regelungen zum Schutz der Rechte von Minderjährigen sicherstellen (Art. 38 (1) e).

IX. Rechte der Betroffenen und Konsequenzen bei Verstößen

1. Rechte der Betroffenen auf Berichtigung, Löschung und Auskunft

Die **Betroffenen** haben nach §§ 34 und 35 BDSG Rechte auf **Auskunft, Berichtigung, Sperrung** und **Löschung** bezüglich der von der verantwortlichen Stelle verarbeiteten Daten. Im Bereich Social Media gelten hier die gleichen Grundsätze wie im allgemeinen Datenschutzrecht. 158

In der Praxis vermehren sich die **Anfragen** von Betroffenen an verantwortliche Stellen nach § 34 BDSG hinsichtlich der von der verantwortlichen Stelle vorgenommenen Verarbeitung personenbezogener Daten. Diese Anfragen sollten von Unternehmen erst genommen werden und zeitnah (ohne besondere Umstände nicht mehr als zwei Wochen) beantwortet werden. Nicht selten wenden sich Betroffene, deren Auskunftsanfrage nicht zufriedenstellend beantwortet wurde, an die zuständige **Datenschutzaufsicht,** die dies gerne als Anlass für ein **Datenschutzaudit** bei dem jeweiligen Unternehmen verwendet. 159

Praxistipp

Weil Betreiber einer Social Media-Präsenz personenbezogene Daten oft von anderen als dem Betroffenen erhalten (z.B. von einer Social Media-Plattform) und diese Daten an Dritte übermittelt/Dritten zur Verfügung gestellt werden, sollten Betreiber einer Social Media-Präsenz ausreichende **interne Prozesse** einrichten, dass **Auskunftsanfragen** der Betroffenen, insbesondere zur Datenquelle und zu Drittempfängern, in gesetzeskonformer Weise beantwortet werden können.

Klauselmuster – Antwort auf Auskunftsersuchen

Folgendes Gerüst könnte als Basis für die Antwort auf ein **Auskunftsersuchen** nach §34 BDSG verwendet werden:

„Sehr geehrte/r Frau/Herr [Name],

Zu Ihrem geltend gemachten Anspruch auf Erteilung von Auskunft gem. § 34 BDSG über die Verarbeitung von Daten in Zusammenhang mit der von uns unter http://... betriebenen Social Media-Präsenz nehmen wir wie folgt Stellung:

1. *Ihre folgenden personenbezogenen Daten („Daten") sind von uns gespeichert: [...]*
2. *Wir speichern und verarbeiten die Daten zu folgenden Zwecken: [...]*
3. *Die Daten haben wir von folgenden Quellen erhoben bzw. erlangt (Quelle, Datum): [...]*
4. *Wir haben die Daten an folgende Stellen zu den folgenden Zwecken übermittelt: [...]*

Wir gehen davon aus, Ihre Anfrage hiermit zufriedenstellend beantwortet zu haben. Kontaktieren Sie uns aber gerne, falls Sie noch weitergehende Rückfragen haben.

Mit freundlichen Grüßen [...]"

2. Ordnungswidrigkeiten und Straftaten

160 **Unzulässige Datenverarbeitung** kann nach § 43 BDSG, § 16 TMG oder § 149 Abs. 1 Nr. 16 ff. TKG als **Ordnungswidrigkeit** mit einem **Bußgeld** belegt werden. Die Höchstwerte der **Bußgeldrahmen** reichen von 50.000 € (TMG) bis zu 300.000 € (BDSG). Das TKG sieht für verschiedene Verstöße Höchstgrenzen von 10.000 € bis zu 500.000 € vor. Dieses Bußgeld wird gegen die Person der verantwortlichen Stelle verhängt, die zur Zeit des Verstoßes die Entscheidungsbefugnis über den gesetzlich geregelten Sachverhalt hatte. Reicht der Bußgeldrahmen bei Verstößen gegen das TKG oder BDSG nicht aus, um den wirtschaftlichen Vorteil auszugleichen, kann das Bußgeld auch höher ausfallen. Das Bußgeld kann in gleicher Höhe auch nach § 30 Abs. 1, Abs. 3 OWiG i.V.m der jeweiligen Bußgeldnorm auch gegen die **Gesellschaft** verhängt werden, wenn ein Leitungsorgan der verantwortlichen Stelle die Ordnungswidrigkeit begangen hat.

161 Bei Vorliegen von **Vorsatz** oder **Bereicherungsabsicht** kann eine mit dem BDSG nicht zu vereinbarende Datenverarbeitung auch eine durch die verantwortliche Person begangene **Straftat** nach § 44 Abs. 1 BDSG darstellen. Das Strafmaß liegt bei Freiheitsstrafe von bis zu zwei Jahren oder einer **Geldstrafe.** Bei Verwirklichung des Straftatbestands durch ein Leistungsorgan kann die Gesellschaft mit einem Bußgeld bis zu 1.000.000 € belegt werden (§ 30 Abs. 2 Nr. 2 OWiG).

3. Meldepflichten bei Verstößen (Breach Notification)

162 Betreiber einer Social Media-Präsenz sind verpflichtet, der Aufsichtsbehörde und den Betroffenen eine Mitteilung zu machen, wenn Daten einer bestimmten Kategorie **unrechtmäßig von Dritten zur Kenntnis gelangt** sind (§42a BDSG; § 93 Abs. 3 TKG und § 15a TMG).

163 Besonders relevante Datenkategorien, die im Bereich Social Media eine Meldepflicht auslösen könnten, sind **Kreditkartendaten** oder **Bestands- oder Nutzungsdaten** des Betreibers einer Social Media-Präsenz (z.B. Accountdaten oder Informationen zum Nutzerverhalten).[168] Allerdings ist bei letzteren Daten zu berücksichtigen, dass diese oft über die Social Media-Präsenz ohnehin schon veröffentlicht werden und Fälle einer unrechtmäßigen Kenntniserlangung durch Dritte dann nur

168 Vgl. zur Einordnung und zu Beispielen für die einzelnen Datenkategorien oben Rn 33.

schwer vorstellbar sind. Betreiber einer Social Media-Präsenz könnten aber zur Meldung verpflichtet sein, wenn beim Betreiber der Social Media-Plattform, auf dem die Präsenz betrieben wird, ein **Sicherheitsvorfall** eintritt. Die Meldepflicht wird in diesen Fällen regelmäßig auch den Betreiber der Plattform als verantwortliche Stelle betreffen.

Stellt der Betreiber der Social Media-Plattform fest, dass derartige Daten von Dritten unzulässig zur Kenntnis genommen wurden, muss der Betreiber die **Behörde** und den **Betroffen** unverzüglich, sobald angemessene Maßnahmen zur Sicherung der Daten ergriffen worden oder nicht unverzüglich erfolgt sind und die Strafverfolgung nicht mehr gefährdet wird, in bestimmter Weise **informieren.** Datenschutzbehörden stellen **Merkblätter** zur Verfügung, die die Meldepflicht konkret beschreiben.[169] 164

Die **Meldepflicht aus § 42a BDSG** kann vermieden werden, wenn der Betreiber der Social Media-Präsenz die Daten in bestimmter Weise **verschlüsselt** hat. Die Art und Weise der behördlich geforderten Verschlüsselung sollten Unternehmen in Einzelfall mit der zuständigen Aufsichtsbehörde besprechen. 165

Checkliste

Eine **Meldung** nach §42a BDSG/§15a TMG an die Behörde könnte sich wie folgt aufgliedern:

1. Name und Adresse der verantwortlichen Stelle.
2. Datum des Vorfalls.
3. Beschreibung des Vorfalls (Hergang des Verlusts).
4. Betroffene Datenkategorien (§ 42a Abs. 1 S. 1 Nr. 1-4 BDSG).
5. Drohen schwerwiegende Beeinträchtigungen für die Rechte oder schutzwürdigen Interessen der Betroffenen (ja oder nein, jeweils mit Begründung)?
6. Anzahl der Betroffenen.
7. Datum der Einleitung von Sicherungsmaßnahmen.
8. Ergriffene Sicherungsmaßnahmen.
9. Darlegung möglicher nachteiliger Folgen der unrechtmäßigen Kenntniserlangung und der von der Stelle daraufhin ergriffenen Maßnahmen.
10. Mitteilung an die Betroffenen erfolgt (ja, am .../nein)?
11. Inhalt der Mitteilung an die Betroffenen.
12. Darlegung der Art der unrechtmäßigen Kenntniserlangung und Empfehlung für Maßnahmen zur Minderung möglicher nachteiliger Folgen.

4. Gesetzesvorhaben zur Meldepflicht bei Verstößen

Derzeit laufen zahlreiche **Gesetzesvorhaben,** die weitere **Meldepflichten** bei **Datenschutzverstößen** vorsehen. Die **EU-Kommission** hat beispielsweise eine Durch- 166

169 Vgl. z.B. Merkblatt des Berliner Datenschutzbeauftragten vom 12.11.2010, abrufbar unter http://
www.datenschutz.rlp.de/downloads/oh/bln_oh_merkblatt_datenpannen.pdf.

führungsverordnung[170] auf Grundlage der EU-Richtlinie 2002/58/EG in der Fassung der EU-Richtlinie 2009/136/EG erlassen, die den Betreibern in Fällen von **Datendiebstählen** oder **Datenverlusten** Handlungspflichten gegenüber den Behörden und den betroffenen Personen auferlegt. Im Einzelnen enthält der Entwurf eine Meldepflicht an die zuständige Behörde innerhalb von 24 Stunden nach Bekanntwerden des Datenverlusts oder Datendiebstahls. Weiter werden Informationspflichten an die Betroffenen geregelt. Die Verordnung enthält in den Anhängen zudem genaue Anforderungen an den Inhalt der Meldungen. Zusätzlich empfiehlt die EU-Kommission den Einsatz technischer **Sicherheitsmaßnahmen** für die gespeicherten Daten, wie Verschlüsselung.

167 In Deutschland sollen ähnliche Regelungen in den Entwurf eines **Gesetzes zur IT-Sicherheit** aufgenommen werden.[171] Zudem hatte die EU-Kommission bereits im Februar 2013 einen **Richtlinienvorschlag** zur Sicherheit von Netzwerken und Informationen veröffentlicht, der neben Meldepflichten auch präventive Regelungen enthält.[172] Auch der **DSV-E** sieht in Art. 31 und 32 eine konkrete Meldepflicht innerhalb von 24 Stunden ab positiver Kenntnis von einem Verstoß vor.

5. Unterlassen und Schadensersatz

168 Betroffene können den Betreiber einer Social Media-Präsenz als verantwortliche Stelle bei Verstoß gegen datenschutzrechtliche Regelungen auf **Beseitigung, Unterlassung** und **Schadensersatz** in Anspruch nehmen (§ 7 BDSG; §§ 1004, 823 BGB). Der Nachweis eines Schadens wird dem Betroffenen allerdings in vielen Fällen schwer fallen.

169 Bislang wurden Datenschutzverstöße nicht als Verstöße gegen den Wettbewerb (§ 4 Nr. 11 UWG, „Vorteil durch Rechtsbruch") angesehen.[173] Hier zeichnet sich aber eine Trendwende ab: Nach neuester Rechtsprechung des OLG Hamburg, ist das **Fehlen einer datenschutzrechtlichen Information** auf einer Website oder Social Media-Präsenz nicht nur ein Verstoß gegen Datenschutzrecht, sondern auch ein **abmahnfähiger Wettbewerbsverstoß.**[174]

---

170 Siehe http://ec.europa.eu/information_society/newsroom/cf/dae/itemdetail.cfm?item_id=11232.

171 Siehe http://www.bmi.bund.de/SharedDocs/Downloads/DE/Gesetzestexte/Entwuerfe/Entwurf_it-sicherheitsgesetz.pdf;jsessionid=584345E411B6E6FF941EEA9CEECE0610.2_cid295?__blob=publicationFile. Nach derzeitigem Stand wurde der weitere Gesetzgebungsprozess aber im Sommer 2013 ausgesetzt.

172 Siehe http://ec.europa.eu/information_society/newsroom/cf/dae/document.cfm?doc_id=1666.

173 Vgl. Kap. 5 Rn 53.

174 OLG Hamburg, Urt. v. 27.6.2013 – 3 U 26/12 – abrufbar unter http://medien-internet-und-recht.de/volltext.php?mir_dok_id=2475; vgl. auch oben Rn 107.

6. Shitstorm

Am empfindlichsten für Unternehmen, die Social Media gerade für positives Marketing nutzen möchten, sind Konsequenzen nichtrechtlicher Art, insbesondere **Rufschädigung** und schlechte Presse. Ein **Shitstorm** ist ein Social Media-eigens Phänomen, mit dem innerhalb kürzester Zeit eine verheerende Rufschädigung in **Social Media-Kanälen** und anderen Medien eintreten kann. Hier kann es oftmals schon ausreichen, dass der Anschein eines Datenschutzverstoßes besteht – ohne dass dieser in einem Bußgeld- oder Strafverfahren bestätigt wurde. 170

E. Datenschutzrechtliche Bewertung bestimmter Funktionalitäten

I. Austausch von Social Media-Informationen zwischen Unternehmen

„Sharing“ ist zentrales Element von Social Media. Meist werden Inhalte geshared. Bei den Betreibern einer Social Media-Plattform oder -Präsenz geht es aber auch oft darum, personenbezogene Daten zu „sharen“. Datenschutzrechtlich stellt dies in der Regel eine **Übermittlung** dar, da der Empfänger der Daten diese für **eigene Zwecke** nutzen möchte. Als Daumenregel erfordert das datenschutzkonforme „Sharen“ in den meisten Fällen eine Einwilligung des Betroffenen. 171

1. Übermittlungen innerhalb eines (Social Media-)Konzerns

Da es kein sog. **Konzernprivileg** gibt, muss beispielsweise eine Übermittlung zwischen dem Betreiber einer Social Media-Präsenz und mit ihm verbundenen Unternehmen wie eine **Übermittlung** zwischen Dritten gerechtfertigt werden. **Rechtfertigungsgründe** können sich aus den Umständen des Einzelfalls ergeben, z.B. nach § 28 Abs. 1 S. 1 Nr. 2 BDSG, wenn eine Konzerngesellschaft eine zentrale Funktion im **Konzern** wahrnimmt, die die Verarbeitung personenbezogener Daten erfordert. Grundsätzlich müssen die Daten eines Nutzers aber bei der Gesellschaft bleiben, deren Vertragspartner er ist, wenn keine **Einwilligung** des Nutzers vorliegt. 172

2. Connect/Social Media Apps

Registrierungspflichtige Websites oder Dienste können ihren Neukunden das Verfahren bei der Erstregistrierung dadurch vereinfachen, dass sich diese über einen existierenden Social Media-Account registrieren können. Nach dem Drücken der entsprechenden **Schaltfläche** wird der Nutzer zur gewählten Social Media-Plattform weitergeleitet, loggt sich dort ein und stimmt der **Übermittlung** seiner Daten aus der Social Media-Plattform an den Betreiber des registrierungspflichtigen Dienstes zu. 173

174 Ähnliche Datenübermittlungen finden statt, wenn von Social Media-Plattformen personenbezogene Daten an **Social Media Apps** weitergeleitet werden, die von Betreibern einer Social Media-Präsenz betrieben und mit der Social Media-Präsenz verknüpft werden.[175]

175 Grundsätzlich sind diese **Datenübermittlungen** nur auf Basis einer wirksamen **Einwilligung** des jeweiligen Nutzers zulässig. Problematisch ist aber, dass in vielen Fällen auch Daten von Dritten (z.B. über Freundschaften mit dem handelnden Nutzer) übermittelt werden, deren Einwilligung nicht vorliegt.[176]

Beispiele

- **Facebook Connect** oder **Google+ Open ID** ermöglichen es, sich mit den jeweiligen Plattformnutzerdaten bei registrierungspflichtigen Websites anzumelden.
- **Facebook Apps** werden von Unternehmen, die Fanpages betreiben, „außerhalb" von Facebook betrieben. Die Unternehmen sind hier verantwortliche Stellen und setzen die Apps z.B. zur Durchführung von **Gewinnspielen** oder Spielen ein. Facebook übermittelt – mit Zustimmung des jeweiligen Nutzers – bestimmte Daten an das Unternehmen im Rahmen der Freischaltung der App durch den Nutzer.

Praxistipp

Diese **Datenübermittlungen im Zusammenhang mit Connect oder Apps sind nur zulässig**, wenn Folgendes vorliegt:

- Der Nutzer wurde umfassend über die Datenübermittlung, insbesondere die übermittelten Daten, informiert.
- Der Nutzer hat eine Einwilligung[177] abgegeben oder sich auf andere Art und Weise damit einverstanden erklärt, dass der Website-Betreiber/App-Betreiber die Daten erhalten soll (z.B. Akzeptieren der Nutzungsbedingungen des Website-Betreibers/App-Betreibers).
- Es werden nur die Daten übermittelt, die zur Erbringung des vom jeweiligen Website-Betreiber/App-Betreiber angebotenen Services erforderlich sind.
- Es werden keine Drittdaten (z.B. Freunde des Nutzers) an den Website-Betreiber/App-Betreiber übermittelt.

---

176 Diese Voraussetzungen liegen oft nicht vor, insbesondere weil der Anbieter/**App-Betreiber** keinen Einfluss auf die Menge und Art der Daten hat, die ihm übermittelt werden; oftmals werden auch Daten zu Kontakten des Nutzers übermittelt, die ihn zwar interessieren mögen, aber zur Erbringung des Dienstes nicht erforderlich sind. Zudem fehlt es meist an einer umfassenden Information des Nutzers. Der Weg über die **Nutzungsbedingungen** des Betreibers der registrierungspflichtigen Website oder der **App** scheint hier auf jeden Fall der beste Weg.

---

175 Vgl. hierzu auch *Venzke*, DuD 2011, 387, 393.
176 Vgl. oben Rn 97.
177 Vgl. hierzu oben Rn 85ff.

3. Freundefinder

Die zu **Connect** und Social Media Apps dargestellten Prinzipien gelten gleichermaßen für ähnliche Datenbeschaffungen durch Anbieter von **Apps** direkt von Endgeräten (PC oder Smartphone) des Nutzers oder auch für Datenbeschaffungen durch Betreiber von Social Media-Plattformen aus E-Mail-**Adressbüchern** von neuen Nutzern zum Finden von „Personen, die Du kennen könntest". Will beispielsweise eine App auf das Telefonbuch des Nutzers zugreifen, um festzustellen, ob Kontakte des Nutzers bereits Mitglieder sind, stellt dies in den meisten Fällen eine **unzulässige Erhebung** zumindest der Daten der Kontakte dar, die bislang noch keine Nutzer sind. Genauso ist der Zugriff einer Social Media-Plattform auf E-Mail-Adressbücher der Nutzer unzulässig.[178] 177

4. Invite-a-friend-Funktionen

Bei **„Invite-a-friend"** schlägt nicht das Netzwerk (aufgrund einer Durchsicht des Adressbuchs des Nutzers) dem Nutzer, sondern der Nutzer dem Netzwerk vor, welchen **Freund** das Netzwerk (oder auch ein Betreiber einer Präsenz oder Website) kontaktieren soll. Invite oder **Tell-a-friend-**Funktionalitäten sind insbesondere im Zusammenhang mit dem Mitteilen von Neuigkeiten oder interessanten Artikeln an Freunde im Internet bekanntgeworden. Auch hier liegt jedoch keine datenschutzrechtliche und auch keine wettbewerbsrechtliche **Einwilligung** des „Freundes" vor, der dann elektronische Einladungsbotschaften oder andere Mailings von dem Betreiber des sozialen Netzwerks oder der Website erhält. 178

Die rechtliche Zulässigkeit derartiger **Werbebotschaften** richtet sich aber hauptsächlich nach dem Vorliegen einer wirksamen **wettbewerbsrechtlichen Einwilligung,** wenn es sich nicht um eine ausschließlich persönliche Nachricht handelt.[179] Liegt wettbewerbsrechtlich eine zulässige Botschaft vor, ist die Versendung der **E-Botschaft** nämlich kein **Spam** und die **Datenverarbeitung** ist im Rahmen dieser E-Botschaften, die Telemediendienste nach § 1 Abs. 1 TMG sind, nach § 14 UWG zulässig. In der Regel wird aber keine wettbewerbsrechtlich wirksame **Einwilligung** des **Freundes** gegenüber dem Betreiber vorliegen. Es könnte allenfalls eine Versicherung des Nutzers vorliegen, der beteuert, dass der Freund ihm gegenüber eingewilligt hat.[180] 179

---

178 Artikel-29-Datenschutzgruppe der EU, WP 163 zur Nutzung sozialer Online-Netzwerke, S. 10; *Gennen/Kremer*, ITRB 2011, 59, 62. Das LG Berlin, Urt. v. 6.3.2012 – 16 O 551/10 – S. 16 ff., abrufbar unter http://openjur.de/u/269310.html prüft hier fälschlich § 4a BDSG und hält eine Rechtswahl im BDSG für möglich. Dem Ergebnis ist aber mit Hinweis auf § 7 UWG und § 14 TMG zuzustimmen.

179 Vgl. die Ausführungen in Kap. 5 Rn 5 ff.; vgl. Artikel-29-Datenschutzgruppe der EU, WP 163 zur Nutzung sozialer Online-Netzwerke, S. 12 zu den Voraussetzungen einer ausschließlich persönlichen Nachricht.

180 Vgl. zu diesem rechtlich zweifelhaften Ansatz oben Rn 97.

180 Wenn in **Tell-a-friend**-Situationen eine ausschließlich persönliche Nachricht versandt wird, ist ihre Versendung nach Ansicht der Artikel-29-Datenschutzgruppe der EU zulässig, wenn die folgenden **Voraussetzungen** vorliegen:[181]

- Weder dem Absender noch dem Empfänger wird ein **Anreiz** geboten;
- der Anbieter hat hinsichtlich der Empfänger der persönlichen Mitteilung keinerlei **Auswahlmöglichkeit;**
- die **Identität** des absendenden Nutzers ist eindeutig anzugeben;
- der absendende Nutzer muss den Inhalt der Mitteilung, die in seinem Namen versandt wird, **vollständig** kennen.

5. Social Media Filtering; Social Media Monitoring

181 Die Zusammenstellung von Informationen, die über oder zu einem einen bestimmten Nutzer/ein bestimmtes Unternehmen in Social Media oder dem Internet veröffentlicht werden (**Social Media Filtering** oder **Monitoring**), betrifft personenbezogene Daten des Nutzers und derjenigen dritten Personen, die in den Informationen genannt sind oder die deren Autoren sind.

182 In diesen Zusammenhang ist die Verarbeitung der personenbezogenen Daten desjenigen Nutzers, der den **Filtering/Monitoring**-Dienst in Anspruch nimmt, durch den Betreiber des Dienstes nach § 28 Abs. 1 S. 1. Nr. 1 BDSG gerechtfertigt.[182] Daten der **Dritten** dürfen vom Betreiber nach § 29 Abs. 1 S. 1 Nr. 2 BDSG und vom Nutzer nach § 28 Abs. 1 S. 1 Nr. 2 BDSG verarbeitet werden, wenn und solange sie öffentlich zugänglich sind[183] und die Informationsquelle angegeben ist. **Öffentlich zugänglich** sind alle **Informationsquellen** in Social Media oder dem Internet,

- die ohne Anmeldung genutzt werden (z.B. Ergebnisse einer Google-Suche) können und
- die durch einfache Registrierung genutzt werden können (z.B. Facebook, Twitter oder XING).[184]

183 **Nicht mehr öffentlich zugänglich** sind aber Informationen, die nur erhältlich sind, wenn zusätzliche Informationen, wie Freundschaft oder **Gruppenzugehörigkeit,** erforderlich sind, um die Informationsquelle zu nutzen. Nicht öffentlich zugängliche personenbezogene Daten dürfen vom **Filtering/Monitoring**-Dienst nur bei Vorliegen einer **Einwilligung** der Dritten verarbeitet und genutzt werden.

---

181 Vgl. Artikel-29-Datenschutzgruppe der EU, WP 163 zur Nutzung sozialer Online-Netzwerke, S. 12.

182 Der Betreiber ist nicht als Auftragsdatenverarbeiter des Nutzers einzustufen, da der Betreiber weite Entscheidungsmacht über die Art der Datenverarbeitung hat; vgl. hierzu die Gedanken von *Ulbricht*, S. 138.

183 *Ulbricht*, S. 137.

184 Taeger/Gabel/*Taeger*, § 28 BDSG Rn 82.

Für die weitere Nutzung dieser **zusammengestellten Daten** gelten die dargestellten Grundsätze zur Nutzung öffentlich verfügbarer Daten.[185] 184

II. Social Plugins

1. Funktionsweise

Unter **Social Plugin** versteht man die Erweiterung der Funktionen von Social 185
Media-Plattformen und -Präsenzen auf Websites, um die Nutzer mehr an die Social Media-Plattformen zu binden. Social Plugins sind Teile der Social Media-Plattform, die auf Websites von Mitgliedern der jeweiligen Plattformen **inkorporiert** werden.

Bekanntestes **Beispiel** für einen Social Plugin ist der **„Gefällt mir"-Button** von 186
Facebook. Weitere Beispiele für Social Plugins sind die **„Comment"-Funktion** bei Facebook oder der **„Follow Button"** bei Twitter.

Obwohl der **Social Plugin** in die Website eines **Plattformmitglieds** inkorporiert 187
ist, stellt er eine direkte **Datenverbindung** zum Betreiber der jeweiligen Social Media-Plattform her. Welche personenbezogenen Daten über den Button gesammelt werden, ist plattformabhängig.

a) Beispiel Facebook Gefällt mir-Button

Der **Gefällt mir-Button von Facebook** sammelt (wohl zumindest) die folgenden 188
Datenkategorien:[186]

- Information zu Datum und Uhrzeit des Websitebesuchs;
- URL der besuchten Website;
- IP des Besuchers;
- Browserinformationen;
- genutztes Betriebssystem;
- Facebook Username und
- (falls zutreffend) Tatsache, dass Button geklickt wurde.

Aufgrund der **IP-Adresse** bzw. dem Facebook Username liegen insgesamt perso- 189
nenbezogene Daten vor. Diese Daten werden **von allen Besuchern** der jeweiligen Website erhoben, die den Button inkorporiert hat – unabhängig davon, ob es sich um eingeloggte oder nichteingeloggte (über **Cookies**) Mitglieder oder **Nichtmit-**

185 Vgl. oben Rn 78 ff.
186 Vgl. hierzu auch *Laue*, DSB 2011, 11, 11 und ULD, Datenschutzrechtliche Bewertung der Reichweitenanalyse durch Facebook, S. 7, abrufbar unter https://www.datenschutzzentrum.de/facebook/facebook-ap-20110819.pdf.

glieder der Social Media-Plattform handelt, oder ob der Nutzer den Button klickt oder nicht.[187]

b) Beispiel XING Share-Button

190 Der **XING Share-Button** funktioniert ähnlich wie der Gefällt mir-Button von Facebook, wenn er geklickt wird. Davor erhebt er aber nach Informationen von XING keine personenbezogenen Daten. XING empfiehlt Website-Betreibern die Verwendung der folgenden **datenschutzrechtlichen Information** bei Einsatz des XING Share-Buttons:

> *„Wir möchten Sie gerne hier über die Verarbeitung von personenbezogenen Daten über die Funktion des XING Share-Buttons informieren.*
> *Auf dieser Internetseite wird der „XING Share-Button" eingesetzt. Beim Aufruf dieser Internetseite wird über Ihren Browser kurzfristig eine Verbindung zu Servern der XING AG ("XING") aufgebaut, mit denen die „XING Share-Button"-Funktionen (insbesondere die Berechnung/Anzeige des Zählerwerts) erbracht werden. XING speichert keine personenbezogenen Daten von Ihnen über den Aufruf dieser Internetseite. XING speichert insbesondere keine IP-Adressen. Es findet auch keine Auswertung Ihres Nutzungsverhaltens über die Verwendung von Cookies im Zusammenhang mit dem „XING Share-Button" statt. Die jeweils aktuellen Datenschutzinformationen zum „XING Share-Button" und ergänzende Informationen können Sie auf dieser Internetseite abrufen:*
> *https://www.xing.com/app/share?op=data_protection"*[188]

191 Diese datenschutzrechtliche Information erläutert die **Funktionsweise** des nichtaktivierten Buttons in zufriedenstellender Art und Weise. Es fehlen allerdings die Informationen dazu, was passiert, wenn ein Nutzer den **Share-Button drückt.**

2. Rechtliche Bewertung

192 Die Diskussion um die **datenschutzrechtliche Zulässigkeit** von **Social Plugins** hat sich mittlerweile beruhigt.[189] Wenn Social Plugins personenbezogene Daten von Nichtmitgliedern erheben und wohl auch, wenn Social Plugins personenbezogene

---

187 Die Stiftung Warentest hat für den Facebook Gefällt mir-Button zusammengefasst, welche personenbezogenen Daten nach derzeitigem Kenntnisstand von Facebook gesammelt werden, siehe http://www.test.de/themen/computer-telefon/meldung/Soziale-Netzwerke-und-Datenschutz-Was-Facebook-alles-erfaehrt-4271957-4271979; vgl. auch Berliner BDI, Social Plugins, S. 1.

188 Siehe http://www.xing.com/app/share?op=button_builder#.

189 Zur wettbewerbsrechtlichen Zulässigkeit vgl. Kap. 5 Rn 48 ff.

Daten erheben, obwohl der Button nicht angeklickt wird, ist der Einsatz datenschutzrechtlich unzulässig. Viele Website-Betreiber setzen daher mittlerweile technische **Work-Arounds** ein, die als datenschutzrechtlich zulässig anzusehen sind. Oft eingesetzt wird die von heise.de entwickelte **„2-Klick-Lösung"**, bei der der Social Plugin erst nach einem ersten Klick „scharf" geschaltet wird.

Datenschutzrechtlich verantwortlich für die Datenverarbeitung über Social Plugins sind wohl alle beteiligten Stellen: der Betreiber der Website, der Betreiber der verlinkten **Fanpage** (meist identisch mit dem Betreiber der Website) und der Betreiber der Social Media-Plattform. Ersterer entscheidet darüber, ob und wo er ein Plugin auf seiner Seite einbaut. Zweiterer erhält die **Nutzungsdaten** zu seiner Fanpage. Der Betreiber der Social Media-Plattform entscheidet über den Umfang und die Art der Datenerhebung. 193

Die datenschutzrechtliche Zulässigkeit des Einsatzes von **Social Plugins** ergibt sich – wenn keine **Einwilligung** vorliegt – allenfalls aus § 15 TMG für Daten von Mitgliedern der Plattform, die den Button angeklickt haben. Jede andere Erhebung, Verarbeitung oder Nutzung personenbezogener Daten von anderen Nutzern der Website, insbesondere auch von **Nichtmitgliedern,** ist unzulässig.[190] Da die gängigen **Social Plugins** (insbesondere **Facebook Like**) aber zwischen diesen Situationen nicht unterscheiden, ist ihr Einsatz insgesamt unzulässig. Diese Rechtslage hat das Unabhängige Datenschutzzentrum Schleswig Holstein **(ULD)** im Sommer 2011 umfassend bestätigt und veröffentlicht.[191] Vom Grundsatz her stimmen die Erwägungen des **ULD** mit der Stellungnahme des Düsseldorfer Kreises zu der datenschutzkonformen Ausgestaltung von **Analyseverfahren** zur Reichweitenmessung bei Internetangeboten überein.[192] 194

3. Praktische Lösungen

In der Praxis haben sich die folgenden datenschutzkonformen Lösungen herauskristalisiert: 195

- **„2-Klick-Lösung"** von Heise:[193] Der Social Plugin muss erst durch einen Klick aktiviert werden. Davor ist es nur ein Link zu dem richtigen Social Plugin;[194]

---

190 Vgl. hierzu die umfassende Literatur, z.B.: *Laue*, DSB 2011, 11, 11; *Gennen/Kremer*, ITRB 2011, 59, 61; ULD, Datenschutzrechtliche Bewertung der Reichweitenanalyse durch Facebook, S. 20, abrufbar unter https://www.datenschutzzentrum.de/facebook/facebook-ap-20110819.pdf; Düsseldorfer Kreis, Datenschutz in Sozialen Netzwerken, S. 2.

191 Siehe https://www.datenschutzzentrum.de/presse/20110819-facebook.htm.

192 Düsseldorfer Kreis, Analyseverfahren zur Reichweitenmessung, S. 1ff.

193 Siehe http://www.heise.de/newsticker/meldung/Code-fuer-2-Klick-Empfehlungsbutton-von-Heise-ist-erhaeltlich-1337833.html.

194 Siehe http://www.heise.de/ct/imgs/04/7/0/5/4/3/7/2klick-funktion-d8dc12ea2ce13316.png.

- **Link:** Logo der Social Media-Plattform mit einfachem Link zur Unternehmenspräsenz;
- Nutzung von datenschutzkonformen Social Plugins, wie dem **XING Share-Button.**

Praxistipp

Jedenfalls sind die Nutzer auch bei Einsatz der **2-Klick-Lösung** umfassend über den Einsatz und die Wirkungsweise des Buttons zu informieren (§ 13 Abs. 1 S. 1 TMG). Die **Information** sollte wie folgt aufgebaut sein:

- Mouse-Over über dem Link zum Social Plugin mit z.B. folgendem Text:
  „Dies ist nur ein Link zum Social Plugin der Social Media-Plattform XY [Name der Plattform eintragen]. Der Social Plugin ist deaktiviert und wird nur aktiviert, wenn Sie auf diesen Link zum Social Plugin drücken. Wenn Sie den Social Plugin aktiviert haben, werden Ihre personenbezogenen Daten verarbeitet, wie unter dem Teil „Social Plugins" in unseren Datenschutzrechtlichen Hinweisen beschrieben."
- Datenschutzrechtliche Information zum Einsatz der 2-Klick-Lösung sowie der Datenverarbeitung durch den Social Plugin in den datenschutzrechtlichen Hinweisen der Website, z.B. wie folgt:
  „Social Plugins
  Unsere Internetpräsenz verwendet Social Plugins („Social Plugins") der Social Media-Plattform XY [Name der Plattform eintragen]. Die Social Plugins von XY sind an dem XY Logo erkennbar. Wenn Sie eine Website unseres Internetauftritts besuchen, die ein solches Logo enthält, ist dies nur ein Link zum Social Plugin. Der Social Plugin ist deaktiviert und wird nur aktiviert, wenn Sie auf diesen Link zum Social Plugin drücken.
  1. *Wenn Sie den Social Plugin durck Anklicken des Links aktiviert haben, werden Ihre personenbezogenen Daten wie folgt verarbeitet: Ihr Browser verbindet sich direkt mit den Servern von XY. XY erhält dadurch folgende Informationen über Sie: ... [Datenkategorien eintragen] Sind Sie gleichzeitig bei XY eingeloggt oder tun Sie dies während Sie sich auf unserer Website befinden, kann Ihr Besuch zusätzlich Ihrem jeweiligen Profil auf XY zugeordnet werden. Darüber hinaus wird Ihre IP-Adresse gespeichert, selbst wenn Sie kein Mitglied von XY sind.*
  2. *Wenn Sie dann auf den aktivierten Social Plugin klicken, wird diese Information direkt an XY übermittelt und dort abgespeichert. Falls Sie zur Zeit dieses Klicks nicht bei XY eingeloggt sind, werden Sie hierzu von XY aufgefordert.*

3. *Überdies gelten die Datenschutzhinweise von XY (http://...). Diese informieren Sie über Zweck, Umfang, weitere Verarbeitung und Nutzung Ihrer Daten und zu den Folgen des Klicks auf den aktivierten Social Plugin für Ihr Profil auf XY."*

Zudem muss nach Klicken des Social Plugins nach § 13 Abs. 5 TMG die **Weitervermittlung** zur jeweiligen Social Media-Plattform angezeigt werden. 196

Muster

Muster für Information über **Weiterleitung auf Website eines anderen Betreibers:**

„Information

Sie verlassen jetzt die Website der A [Name des Betreibers der Website eintragen]. Die verlinkte Website, auf die Sie jetzt weitergeleitet werden, wird nicht von der A betrieben oder kontrolliert. Die A ist nicht verantwortlich für den Inhalt, die Dienste oder Produkte, die auf der verlinkten Website angeboten werden und auch nicht für den Datenschutz und die technische Sicherheit auf der verlinkten Website."

III. Direktmarketing

Direktmarketing in Social Media muss nicht immer Personenbezug haben. Auch 197
wenn beim **elektronischen Direktmarketing** in Deutschland immer zumindest zwei Gesetze (**UWG** und **TMG**) zu beachten und einzuhalten sind, orientiert sich die datenschutzrechtliche Zulässigkeit von elektronischen **Marketingmaßnahmen** oft nach der wettbewerbsrechtlichen Zulässigkeit.

1. Nichtkommunikative Werbeformen

Werbeformen, die kein **kommunikatives Element** haben, wie **Bannerwerbung** 198
oder Werbung am Rand einer Internetseite, werden auch als Direktmarketing bezeichnet, wenn deren Inhalte nutzerspezifisch sind. Bezieht sich diese Werbeform ausschließlich auf den gerade vom Nutzer **betrachteten Inhalt** (kontextbezogen) oder auf vom Nutzer veröffentlichte nichtpersonenbezogene **Profildaten** (segmentbezogen, z.B. „Reiten" oder „Reisen"), werden keine personenbezogenen Daten verarbeitet.[195] Die Marketingmaßnahme ist datenschutzrechtlich zulässig.

Basiert derartige **nichtkommunikative Werbung** allerdings auf Basisdaten 199
oder **Profildaten,** die den **Nutzer identifizieren** (z.B. Name, E-Mail-Adresse, Geburtsdatum, spezifische Stellung in einem Unternehmen), Kommunikationsinhalten oder der **Beobachtung und der Analyse des Verhaltens** des Nutzers (Nutzungsda-

195 Vgl. Artikel-29-Datenschutzgruppe der EU, WP 163 zur Nutzung sozialer Online-Netzwerke, S. 11.

ten), liegt Personenbezug vor. Es gelten §§ 28 Abs. 3 oder Abs. 1 Nr. 3 BDSG[196] bzw. die Ausführungen zur **Profilbildung** entsprechend.[197]

2. Kommunikative Werbeformen

200 **Kommunikative Werbeformen** sind **Nachrichten,** die an einen begrenzten und bekannten Empfängerkreis versandt werden. Im Bereich Social Media sind das z.B. **E-Mails,** Kurznachrichten, **Direktnachrichten,** Chatnachrichten oder **Tweets (E-Werbung).** Neben möglichen Inhalten der Nachricht, die personenbezogene Daten des Nutzers enthalten können, werden hier stets die Kommunikationsdaten des Empfängers (E-Mail-Adresse, Nutzerkennung) verarbeitet. Personenbezug liegt damit vor.

201 Wie bereits unter den Ausführungen zu **Invite-a-friend** ausgeführt, sind elektronische kommerzielle Nachrichten **Telemediendienste.** Die datenschutzrechtliche Bewertung richtet sich daher nach § 14 **TMG** (Verarbeitung von **Bestandsdaten** zur Vertragsdurchführung) und nicht nach BDSG.[198] Ist die **E-Werbung** marketingrechtlich zulässig, ist sie es auch datenschutzrechtlich. Die marketingrechtliche Zulässigkeit ergibt sich entweder aus einer wettbewerbsrechtlichen Einwilligung oder einem Vertragsverhältnis, das die Zusendung von Informationen (auch) zum Gegenstand hat (z.B. Mitgliedschaft einer Plattform, **Mitgliedschaft** in einem bestimmten Fanklub, Following, Liking oder Mitgliedschaft in einer Interessengruppe).

Beispiele

Statusnachrichten des Betreibers einer Social Media-Plattform sollten sich auf Statusreportings beschränken. Enthalten die Nachrichten Werbung für Dritte, ist dies unzulässig.

Mitglieder einer XING-Gruppe IT-Recht sollten von den Gruppenleitern nur zum Thema „IT-Recht" kontaktiert werden. Eine Kontaktierung eines Mitglieds zum **Recruiting** wäre unzulässig.

IV. Profilbildung

1. Funktionsweise

202 Profilbildung dient herauszufinden, wie Nutzer Social Media nutzen. **Profilbildung** bedeutet in diesem Kontext nicht Analyse von Bestands- und Profildaten, die auf

196 Vgl. auch Düsseldorfer Kreis, Gestaltung Sozialer Netzwerke, S. 1.

197 Vgl. unten Rn 202ff.

198 Vgl. hierzu *Jandt/Roßnagel*, MMR 2011, 86, 88; Artikel-29-Datenschutzgruppe der EU, WP 163 zur Nutzung sozialer Online-Netzwerke, S. 11. § 28 Abs. 3 oder Abs. 1 Nr. 3 BDSG sind zusätzlich heranzuziehen für die Beurteilung der Verarbeitung von Inhaltsdaten auf Social Media, um die Inhalte der Werbung nutzerspezifisch auszurichten.

Social Media „sichtbar“ sind, sondern **Analyse** von „unsichtbaren“ **elektronischen Spuren,** die Nutzer bei ihrer Nutzung von Social Media hinterlassen.

Diese **Nutzungsdaten** fallen beim **Surfen** in Social Media an und werden von 203 dem Betreiber der Social Media-Plattform oder einer Social Media-Präsenz primär dazu verwendet, die Nutzung des Social Media-Angebots zu ermöglichen, z.B. die **Kommunikation** mit dem Internet Device des Nutzers zu ermöglichen, den Login durchzuführen, die Sprachwahl zu merken, einen Einkaufskorb zu führen oder die Navigation zu ermöglichen.

Diese **Nutzungsdaten** können aber auch nach der konkreten **Nutzung** durch 204 den Betreiber einer Plattform oder Präsenz dazu verwendet werden, das Nutzerverhalten (längerfristig) zu **analysieren.** Mit diesen Daten können nutzerspezifische Inhalte auf einer Plattform präsentiert, nutzerspezifische Angebote gemacht oder das Social Media-Angebot verbessert werden.

2. Datenschutzrechtliche Relevanz

Datenschutzrechtlich relevant wird Profilbildung, wenn Nutzungsdaten zusammen 205 mit einer **IP-Adresse**[199] oder mit einem **Nutzerkonto** verarbeitet werden oder wenn sie als einem **Pseudonym** zugeordnete anonyme Einzeldaten mit der Zeit die Herstellung eines Personenbezugs ermöglichen.

a) Zulässigkeit ohne Einwilligung

Die Verarbeitung personenbezogener **Nutzungsdaten** muss nach §§ 12, 15 TMG 206 erlaubt sein. Die Verarbeitung zur Erbringung des jeweiligen Dienstes und zur **Abrechnung** ist nach § 15 Abs. 1 und 4 TMG zulässig. Eine darüberhinausgehende Verarbeitung der Nutzungsdaten ist ohne **Einwilligung** des Nutzers unzulässig.

Einzige **Ausnahme** hierzu ist die Verarbeitung der **Nutzungsdaten** nach 207 **§ 15 Abs. 3 TMG**

- in **pseudonymisierter** Form;
- zu Zwecken der **Werbung** oder **Marktforschung** oder zur bedarfsgerechten Gestaltung des Telemediendienstes;
- sofern der Nutzer nicht **widerspricht;**
- der Nutzer hierauf **hingewiesen** wurde und
- die Daten nicht mit anderen Daten des Nutzers **zusammengeführt** werden.

---

199 Vgl. zur Qualifikation der IP-Adresse als personenbezogenes Datum oben Rn 33; auch *Ott*, K&R 2009, 308, 309.

208 Das **Widerspruchsrecht** ließe sich in der Paxis durch **„Cookie-Opt-Out"**, Browserplugin (z.B. **Google Analytics**) oder auch Profileinstellungen im Social Media-Profil umsetzen.

209 Die **Datentrennung** (kein Zusammenführen mit personenbezogenen Daten) wäre über ein **Berechtigungskonzept** und technische sowie **organisatorische Maßnahmen** (einschließlich Trennung von Customer Service und Marketing) umsetzbar.

210 Sofern die Datenanalyse nicht **Nutzungsdaten,** sondern personenbezogene **Bestands- oder Profildaten** betreffen, ist grundsätzlich eine Einwilligung der Betroffenen erforderlich.

b) Besonderheiten in Social Media

211 Grundsätzlich kann damit auch in Social Media zulässige **Profilbildung** betrieben werden, wenn die genannten Voraussetzungen eingehalten werden. Das Beispiel **Google Analytics** zeigt, dass eine datenschutzkonforme Ausgestaltung eines **Profilbildungstools** auch deutsche Datenschutzbehörden zufriedenstellen kann.[200] Im Bereich Social Media stellen sich aber zwei besondere Probleme:

212 Zum einen: Eine Nutzung pseudonymer Daten ohne **Zusammenführung** mit personenbezogenen Daten der Person scheint in registrierungspflichtigen Social Media-Kanälen nur schwer umsetzbar zu sein. Wohl die meisten Social Media-Kanäle sind **registrierungspflichtig,** da nur auf diese Weise das „social"-Element erfüllt werden kann. Auch wenn eine pseudonyme Nutzung theoretisch möglich ist, bedürfte es einer besonderen Datentrennung des Betreibers der Social Media-Plattform oder der Präsenz, dass er **Nutzungsdaten** völlig unabhängig und getrennt von den Profilen seiner Mitglieder erstellt.[201] Gelingt dies, wären beispielsweise Werbemodelle zulässig, bei denen die Inhalte der Bannerwerbung auf bestimmte Keywords im Profil eines Nutzers abgestimmt sind.

Beispiel

Eine Anzeige, **Bannerwerbung** oder ein **Pop-Up** zu neuesten Tennisschlägern eines bestimmten Herstellers, die an alle Mitglieder einer Social Media-Plattform in Alter von 18 bis 25 Jahren mit dem Hobby „Tennis" ausgeliefert wird, kann datenschutzkonform sein, wenn

- die Angaben zum Hobby getrennt von den sonstigen Nutzerdaten genutzt werden und mit diesen zu keinem Zeitpunkt verknüpft werden,
- der Nutzer nicht widersprochen hat (z.B. über seine Profileinstellungen) und
- der Nutzer auf sein Widerspruchsrecht hingewiesen wurde (z.B. in der Datenschutz-Policy).

---

200 Vgl. unten Rn 221 ff.

201 Vgl. auch *Bauer*, MMR 2008, 435, 438.

Zum anderen: Als weiteres Problem kommt hinzu, dass Betreiber einer Social Media-Präsenz auf einer Social Media-Plattform oft kaum oder **keinen Einfluss** darauf haben, ob der Betreiber der Social Media-Plattform die **Psyeudonymisierung** rechtlich einwandfrei durchführt oder nicht. Gleiches gilt im Prinzip für den Hinweis auf das **Widerspruchsrecht.** Soweit der Betreiber der Social Media-Präsenz aber die Daten für eigene **Zwecke** nutzt, ist er für die Rechtmäßigkeit der Datenverarbeitung verantwortlich und kann sich nicht auf eine Unkontrollierbarkeit des Betreibers der Plattform berufen. 213

In der Praxis wird damit in den meisten Fällen eine **Profilbildung** ohne **Einwilligung** datenschutzrechtlich unzulässig sein. 214

Praxistipp

!

Lassen sich unzulässige Tools und **Funktionalitäten** zur Profilbildung auf einer Social Media-Plattform nicht abschalten, sollte der **Betreiber** einer Social Media-Präsenz auf einer derartigen Plattform Folgendes umsetzen:

- mit diesen Tools und Funktionalitäten zur Verfügung gestellte Daten nicht nutzen;
- alle Daten, die von diesen Tools und Funktionalitäten gespeichert werden, löschen;
- alle Maßnahmen in den Einstellungen für die Social Media-Präsenz nutzen, um eine Erhebung, Verarbeitung oder Nutzung von Nutzungsdaten der Betroffenen zu vermeiden; und
- Mitarbeiter, die die Social Media-Präsenz betreuen, entsprechend anweisen und eine entsprechende interne Richtlinie implementieren.

Auch dann lässt sich zwar eine Verantwortlichkeit für Datenschutzverstöße nicht ausschließen. Das Risiko eines Bußgelds ist aber erheblich geringer.

---

c) Besonderheiten bei Einschaltung von Analyseunternehmen

§ 15 Abs. 3 TMG regelt das Verhältnis Serviceanbieter (z.B. Betreiber einer Social Media-Plattform) zum Nutzer, nicht aber das Verhältnis Serviceanbieter zum **Analyseunternehmen.** Im Bereich Social Media ist der Betreiber der Plattform oft zugleich Analyseunternehmen. Es wird zum Teil vertreten, dass letzteres Verhältnis – wie von der Hamburgischen Datenschutzaufsicht in Sachen **Google Analytics** anerkannt – keine **Auftragsdatenverarbeitung** (§ 11 BDSG), sondern eine **Datenübermittlung** sei.[202] Grund hierfür sei, dass das Analyseunternehmen eine zu weite Entscheidungsmacht hinsichtlich der Ausgestaltung der Datenverarbeitung hat und damit verantwortliche Stelle wäre. Diese Datenübermittlung wäre dann, anders als eine Auftragsdatenverarbeitung, zu rechtfertigen, was ohne Einwilligung des Nutzers wohl nicht möglich ist.[203] 215

---

202 Vgl. Artikel-29-Datenschutzgruppe der EU, WP 171 zur Werbung auf Basis von Behavioural Targeting, S. 28.

203 Vgl. *Ott*, K&R 2009, 308, 312.

Praxistipp
Solange das Modell für **Google Analytics** von den deutschen Datenschutzbehörden akzeptiert wird, gibt es zumindest gute Argumente, dass **Analyseunternehmen** Auftragsdatenverarbeiter sind.

d) Zulässigkeit mit Einwilligung

216 Lässt sich die **Profilbildung** nicht über § 15 Abs. 3 TMG rechtfertigen, muss eine **Einwilligung** eingeholt werden. Es gelten die Darstellungen unter Rn 86 und Rn 139 oben entsprechend. Besonders wichtig ist bei der Profilbildung, dass der **Einwilligungstext** die Zwecke der Datenverarbeitung transparent beschreibt und dass die Einwilligung zugunsten aller verantwortlichen Stellen eingeholt wird, die die Daten verarbeiten oder nutzen. Im **Social Media-Dreiecksverhältnis** ist dies neben dem Betreiber der Social Media-Plattform der Betreiber einer Social Media-Präsenz und ggf. der Betreiber eines Werbenetzwerks/das Analyseunternehmen.

3. Facebook Insights

217 Die genaue Funktionsweise von **Facebook Insights** kann nicht vollständig aufgeklärt werden. Für den Betreiber einer Social Media-Präsenz erscheint Facebook Insights als Tool zu **Beobachtung** der Nutzung seiner **Facebook-Präsenz** und seines Gefällt mir-Buttons.

218 Der **irische Datenschutzbeauftragte** führte in seinem jüngsten Report vom September 2012 aus, dass Facebook dem Betreiber einer Social Media-Präsenz über Insights nur **„aggregated data"** zur Verfügung stellt.[204] Er sah damit keinen datenschutzrechtlichen Bezug und die Nutzung von Facebook Insights damit aus irischer Sicht als zulässig an. Basierend auf diesen Feststellungen haben deutsche Betreiber von Facebook-Präsenzen gute Argumente dafür, dass zumindest ihr Einsatz von Facebook Insights zulässig ist.

219 Diese Rechtslage hat die deutsche Datenschutzaufsichtsbehörde für Schleswig-Holstein **(ULD)** in 2011 allerdings anders bewertet:[205] Das ULD hielt nicht nur die Nutzung des **Social Plugins** für rechtswidrig, sondern auch den Betrieb einer Fanpage auf Facebook. Begründet wurde Letzteres mit der Unzulässigkeit von **Facebook Insights** wegen § 15 Abs. 3 TMG.

220 Geht man – wie vom irischen Datenschutzbeauftragten vertreten – tatsächlich von einer Pseudonymisierung aus, müssten Fanpagebetreiber ihre Fans auf das **Widerspruchsrecht** hinweisen, um alle Erfordernisse von § 15 Abs. 3 TMG zu erfül-

204 Data Protection Commissioner Dublin, Report of Audit 2011, S. 54 f., abrufbar unter http://dataprotection.ie/documents/facebook%20report/final%20report/report.pdf.
205 Pressemitteilung des ULD, „Facebook-Reichweitenanalyse abschalten" v. 19.8.2011, abrufbar unter https://www.datenschutzzentrum.de/presse/20110819-facebook.htm.

len.[206] Dieser Hinweis könnte beispielsweise über die **Infoseite** oder die **Datenschutzbestimmungen** auf der Fanseite erfolgen. Einem Widerspruch eines Nutzers könnte dann aber allenfalls über den unter Rn 54 im Beispiel 1 dargestellten **„Work-Around“** entsprochen werden.

4. Google Analytics

Einen anerkannt datenschutzkonformen Einsatz von **Web-Analysetools** hat Google zusammen mit dem Hamburgischen Datenschutzbeauftragten erarbeitet. Es wurde ein Rechtsrahmen geschaffen, der Google Analytics in den Rahmen von § 15 Abs. 3 TMG bringt und Google als Auftragsdatenverarbeiter für den jeweiligen Betreiber der Website einordnet. Das Ergebnis hat der Hamburgische Datenschutzbeauftragte in seiner Stellungnahme zum datenschutzkonformen Einsatz von **Google Analytics** vom September 2011 zusammengefasst:[207] 221

- Abschluss einer Auftragsdatenverarbeitungsvereinbarung zwischen Betreiber der Website und Google;[208]
- Datenschutzrechtliche Information der Nutzer der Website mit Hinweis auf die Möglichkeit, Google Analytics zu deaktivieren;[209] dieser Hinweis kann in die Datenschutz-Policy der Website integriert werden; sowie
- Beauftragung von Google zur Kürzung der IP-Adressen (durch entsprechende Anpassung des Programmcodes auf der Website).[210]

Hervorzuheben ist, dass gerade die Trennung personenbezogener Daten und zur Analyse verwendeter **pseudonymisierter Nutzerdaten** bei Social Media-Angeboten nicht so einfach funktionieren wird, wie bei Google Analytics. Mit einer zusätzlichen technischen Absicherung der Trennung zwischen personenbezogenen Nutzerdaten und pseudonymisierten **Profildaten** könnte allerdings auch im Bereich Social Media dem Beispiel von Google Analytics gefolgt werden. 222

---

206 Vgl. etwa ULD, Datenschutzrechtliche Bewertung der Reichweitenanalyse durch Facebook, S. 22f., abrufbar unter https://www.datenschutzzentrum.de/facebook/facebook-ap-20110819.pdf.

207 Siehe http://www.datenschutz-hamburg.de/uploads/media/GoogleAnalytics_Hinweise_Webseitenbetreiber_in_Hamburg.pdf. Die Stellungnahme gilt primär für Website-Betreiber aus Hamburg, wird jedoch auch von den Aufsichtsbehörden anderer Länder anerkannt.

208 Siehe http://static.googleusercontent.com/external_content/untrusted_dlcp/www.google.com/de//analytics/terms/de.pdf.

209 Siehe http://tools.google.com/dlpage/gaoptout?hl=de.

210 Siehe http://code.google.com/intl/de/apis/analytics/docs/gaJS/gaJSApi_gat.html#_gat._anonymizeIp.

Praxistipp
Vor Einsatz von **Google Analytics** sollten Unternehmen und Stellen allerdings prüfen, ob die **Datenschutzaufsicht** in dem Bundesland, in dem das Unternehmen ansässig ist, der dargestellten Auffassung des Hamburgischen Datenschutzbeauftragten folgen. Der Hessische Datenschutzbeauftragte z.B. ist trotz der beschriebenen Maßnahmen der Auffassung, dass der Einsatz von Google Analytics gegen das für hessische öffentliche Stellen geltende Datenschutzrecht verstößt.[211]

5. Big Data

223 Bei **Big Data** kommt es immer auch auf den mit der Analyse verfolgten Zweck an. Erfolgt die Analyse beispielsweise auf Basis nicht personenbezogener Daten zu **statistischen** Zwecken, ist **Datenschutzrecht** nicht betroffen. Allerdings ist zu beachten, dass eine große Anzahl **„anonymer"** Daten wieder zu einer Identifikation von Individuen führen kann. Dies ist Teil der Diskussion um **Big Data.**

6. Datenschutzverordnung

224 Die **DSV-E** sieht keine gesonderten Rechtfertigungstatbestände für die Verarbeitung von Daten für **Werbezwecke** oder **Analysezwecke** vor. Zur Rechtfertigung der Datenverarbeitung durch **Suchmaschinen** kommen die Vertragserfüllung (Art. 7a DSV-E), Verbesserung der eigenen Dienste (Art. 7b DSV-E) oder Verwirklichung eines berechtigten Interesses (Art. 7f DSV-E) infrage.[212] Eine Datenverarbeitung zu **Analyse-** und ggf. folgenden **Werbezwecken** wird von diesen Vorschriften nicht abgedeckt.

V. Location Based Services

225 Die Nutzung von **Geodaten** für **Location Based Services** ist ein zentrales Zusatzfeature vieler Social Media-Angebote. Dies zeigte nicht nur die vieldiskutierte **App** „Girls Around Me",[213] sondern auch die vielen anderen Einsatzmöglichkeiten von Geodaten, beispielsweise zum Shopping, Wetterinformationen, Treffen von Freunden oder Auffinden von Gastronomieempfehlungen von Freunden.

---

211 Stellungnahme des Hessischen Datenschutzbeauftragten zum Einsatz von Google Analytics durch öffentliche Stellen, abrufbar unter http://www.datenschutz.hessen.de/ar008.htm#entry3592.

212 Vgl. *Becker/Becker*, MMR 2012, 351, 353.

213 Siehe http://blogs.wsj.com/digits/2012/03/31/girls-around-me-developer-defends-app-after-foursquare-dismissal/tab/print.

1. Datenschutzrechtliche Relevanz

Isolierte **Geodaten** haben keine **datenschutzrechtliche Relevanz.** Werden sie aber mit einem **Nutzerprofil,** einer Telefonnummer, einer IP-Adresse oder einem Namen verbunden – was für Location Based Services immer notwendig sein wird –, sind sie personenbezogen und können dadurch, dass sie den Standort einer Person verraten, intensiv in das **Persönlichkeitsrecht** des Betroffenen eingreifen. 226

Geodaten können im Rahmen von Social Media im Prinzip aus vier **Quellen** erhoben werden, wobei die Reihenfolge der Auflistung der Genauigkeit der Verortung des Betroffenen entspricht: 227

- **IP-Adresse,**
- **Mobilfunknetz,**
- **WLAN-Hotspots,**
- **GPS-Koordinaten.**

2. Datenschutzrechtliche Zulässigkeit

Grundsätzlich ist die Nutzung von **Geodaten** im Rahmen von Social Media nur mit **Einwilligung** des Betroffenen zulässig. Allerdings ist streng danach zu unterscheiden, welche **Standortdaten** vom Anbieter für die Location Based Services genutzt werden. Zudem ist zu unterscheiden, ob die Geodaten nur vom **Provider** genutzt werden (z.B. Map oder Shoppingempfehlungen) oder an **Dritte** (z.B. Shops oder die Freunde des Betroffenen) übermittelt werden: 228

a) Telekommunikationsdaten

Telekommunikationsdaten sind Daten, die von Telekommunikationsanbietern erhalten und verarbeitet werden also Daten, die über die Sendemasten von Mobilfunknetzen gewonnen oder Daten, die von Betreibern von **WLAN-Hotspots** gewonnen werden. Diese Datenkategorien dürfen nur mit einer vorherigen Einwilligung des Nutzers für Location Based Services verarbeitet und genutzt werden (§ 98 Abs. 1 S. 1 TKG). Ein **Einwilligungserfordernis** besteht nur dann nicht, wenn die Daten **anonymisiert** verarbeitet werden, was aber in der Praxis wegen der notwendigen Interaktion zwischen Location Based Service und dem Nutzer nicht eintreten wird. 229

Die **Einwilligung** kann unter den Voraussetzungen von § 94 TKG elektronisch eingeholt werden. Werden die **Standortdaten** vom **Telekommunikationsprovider** aber an Dritte weitergegeben (z.B. an den Betreiber einer App, einer Social Media-Präsenz oder -Plattform oder an andere Nutzer), muss eine **schriftliche Einwilligung** vorliegen (§ 98 Abs. 1 S. 4 TKG). Die Nutzung von Telekommunikationsdaten ist wegen dieses Schriftformerfordernisses im Bereich Social Media nicht attraktiv. 230

b) IP-Adresse

231 Wird die **IP-Adresse** vom Telekommunikationsanbieter für Location Based Services genutzt, ist sie wie ein Telekommunikationsdatum zu behandeln.

232 Wird die IP-Adresse von Anbietern von **Location Based Services** oder anderen Internetdiensten verarbeitet, ist eine Nutzung ohne Einwilligung des Nutzers im Rahmen des zur **Profilbildung** beschriebenen Rahmens zulässig.[214] Eine Einwilligung ist insbesondere dann entbehrlich, wenn die IP-Adresse um die letzten beiden Stellen („letztes Oktett") gekürzt wird.[215] Diese **gekürzte IP-Adresse** ist oftmals ausreichend für IP-basierte Location Based Services, die sich meist auf die Lokalisierung in einem bestimmten Land (z.B. zu **Sprachvoreinstellungen**) oder eine Stadt (für regionale Werbung oder Wetter) beschränken.

c) GPS-Daten

233 **GPS-Daten** geben die genaueste Auskunft über den Standort eines Nutzers und werden deshalb auch von **Location Based Services** bevorzugt genutzt. GPS-Daten entstehen im Endgerät des Nutzers **(Smartphone, Tablet)** und können von Anbietern nur genutzt werden, wenn sie vom Nutzer zur Verfügung gestellt werden. Jedoch haben Nutzer nicht immer die volle Kontrolle darüber, welche Daten ihr Endgerät wann an wen sendet.

234 GPS-Daten sind **Nutzungsdaten** nach dem TMG. Zwar könnte argumentiert werden, dass die Verarbeitung und Nutzung dieser Daten nach § 15 Abs. 1 TMG zur Inanspruchnahme des jeweiligen Dienstes zulässig ist, jedoch wird ihre Verarbeitung und Nutzung für Location Based Services nach vorherrschender Auffassung nur mit der **Einwilligung** des Betroffenen für zulässig gehalten. Dies wird vor allem damit begründet, dass der Eingriff in das Persönlichkeitsrecht zu stark sei.[216] Dies gilt vor allem dann, wenn die Standortdaten mit Dritten (z.B. Shops oder Freunden des Nutzers) geteilt werden.

235 Die **Einwilligung** kann nach § 12 Abs. 2 TMG elektronisch abgegeben werden.[217]

! **Checkliste**

Die **elektronische Einwilligung** muss folgende Voraussetzungen erfüllen:[218]

– standardmäßiges **Deaktivieren** der Übermittlung von Geodaten an den Betreiber des Dienstes;

---

214 Vgl. oben Rn 202ff.

215 Düsseldorfer Kreis, Analyseverfahren zur Reichweitenmessung, S. 2.

216 Artikel-29-Datenschutzgruppe der EU, WP 185 zu Geolocation Services, S. 13; *Kremer*, CR 2012, 438, 444.

217 Vgl. zu den Voraussetzungen für eine Einwilligung nach TMG oben Rn 88f.

218 Vgl. § 12 Abs. 2 TMG und Artikel-29-Datenschutzgruppe der EU, WP 185 zu Geolocation Services, S. 15.

- **spezifische Einwilligung**, auf einen bestimmten Zweck/eine bestimmte Funktion und idealerweise auch auf eine bestimmte Granularität (z.B. Land/Stadt/PLZ/Straße/GPS-Koordinaten) beschränkt;
- genaue Angabe, an wen die Geodaten **weitergegeben** werden (z.B. Freunde, Empfänger von Tweets);
- Klarstellung, ob die Geodaten einmalig oder mehrmals verwendet werden; bei **mehrmaliger** Verwendung regelmäßige Erinnerung daran (z.B. durch grüne Schaltfläche „GPS AN");
- Erneuerung der Einholung der Einwilligung im **Jahresturnus** (auch wenn die Location Based Services zwischenzeitlich genutzt wurden);
- **Protokollierung** der Einwilligung; und
- Möglichkeit des Betroffenen, die Einwilligung jederzeit **abzurufen** und zu **widerrufen** (z.B. über den Login-Bereich der App oder das Nutzerprofil).

Die in der Praxis von **Apps** häufig verwendeten **Einwilligungstexte** „*Ich stimme der Nutzung meiner Standortdaten durch diese App zu*" entsprechen diesen Maßstäben nicht. Auf der anderen Seite ist akzeptiert, dass der Einwilligungstext auf einem **Smartphhone** nicht genauso umfangreich und detailliert zu sein hat, wie der Einwilligungstext auf einem PC-Bildschirm. 236

d) Datentrennung/Anonyme Nutzung

Werden GPS-Daten oder Telekommunikationsdaten zum Standort völlig **entkoppelt** von einer IP-Adresse, einem Nutzeraccount, einer E-Mail-Adresse oder sonstigen Daten verarbeitet, liegt keine **datenschutzrechtliche Relevanz** vor. Eine Einwilligung ist dann nicht erforderlich. Die verantwortliche Stelle hat dann technisch und organisatorisch sicherzustellen, dass zu keinem Zeitpunkt eine Verbindung zwischen dem **Standortdatum** und der Identität des Nutzers hergestellt wird. Bei einem eingeloggten Social Media-Nutzer wird dies nur schwer möglich sein, anders aber beispielsweise bei der Nutzung von Smartphone **Apps.**[219] 237

e) Twitter/Facebook

Twitter und **Facebook** ermöglichen die Nutzung ihrer Dienste unter Angabe von **Standortdaten.** Geben Nutzer diese Daten selbst bei einem Post oder Tweet ein, liegen Inhaltsdaten vor, deren weitere Verarbeitung gesetzlich wie alle anderen Inhalte des Posts oder Tweets ohne Einwilligung zulässig ist. „Holt" sich die Plattform aber die Daten über das Smartphone des Nutzers, ist dies nur mit Einwilligung der Nutzer zulässig. Dem Nutzer muss bei Abgabe der **Einwilligung** auf jeden Fall bekannt sein, an wen diese Daten kommuniziert werden. 238

---

219 *Sachs/Meder*, ZD 2013, 303, 306.

f) Standortdaten von Minderjährigen

239 Ist zur Verarbeitung von **Geodaten Minderjähriger** eine Einwilligung einzuholen, muss sie in vielen Fällen von deren **Erziehungsberechtigten** abgegeben werden. Feste Altersgrenzen, ab wann Minderjährige selbst einwilligen können, gibt es nicht.[220] Aufgrund des erheblichen Eingriffs in das Persönlichkeitsrecht der Minderjährigen bei der Verarbeitung von Geodaten kann aber durchaus davon ausgegangen werden, dass die Einwilligung der Erziehungsberechtigten bis zu einem Kindesalter von 14 bis 16 Jahren einzuholen ist.

240 Zusatzprobleme stellen sich bei (direkten oder indirekten) **„Überwachungs-Apps“**, die den Erziehungsberechtigten zeigen, wo sich ihre Kinder gerade befinden. Die Artikel-29-Datenschutzgruppe der EU hält diese Apps für problematisch, da die Eltern bei der Abgabe der **Einwilligung** für Ihre Kinder gewissermaßen nicht nur die Interessen des Kindes, sondern auch ihre **eigenen Interessen** verfolgen. Die Artikel-29-Datenschutzgruppe der EU führt hierzu treffend aus:[221]

> *„Einige Anwendungen zur Geolokalisierung wurden speziell für die elterliche Überwachung entworfen. Sie zeigen beispielsweise ständig den Standort des Geräts auf einer Website an oder senden einen Alarm, wenn das Gerät ein vorher festgelegtes Gebiet verlässt. Die Nutzung solcher Anwendungen ist problematisch. [...] Der Rechtsrahmen sieht vor, dass Eltern dafür verantwortlich sind, dass das Recht der Kinder auf Privatsphäre gewährleistet ist. Wenn Eltern entscheiden, dass die Nutzung einer solchen Anwendung unter bestimmten Umständen berechtigt ist, müssen die Kinder wenigstens informiert werden. Sobald dies vernünftigerweise möglich ist, müssen sie an der Entscheidung über die Nutzung einer solchen Anwendung beteiligt werden.“*

VI. Gesichtserkennung

241 Gesichtserkennung kann in Social Media verschiedenen Zwecken dienen. Hauptzwecke sind Identifikation von **abgebildeten Personen, Authentifizierung** und Kategorisierung von Personen anhand bestimmter biometrischer Charakteristika. **Biometrische Gesichtsdaten** einer Person sind personenbezogene Daten. Wenn außerdem besondere Merkmale verwendet werden, wie die Rasse, sind es sogar **besondere Arten personenbezogener Daten** (§ 3 Abs. 9 BDSG).

---

220 Vgl. allgemein zum Schutz der Daten Minderjähriger oben Rn 150 ff.

221 Artikel-29-Datenschutzgruppe der EU, WP 185 zu Geolocation Services, S. 16 f.

1. Datenschutzrechtliche Zulässigkeit

Die Verarbeitung von biometrischen Gesichtsdaten ist grundsätzlich nur mit vorheriger **Einwilligung** des Betroffenen zulässig, wenn damit eine **Identifizierung von Personen** auf anderen Bildern ermöglicht werden soll.[222] 242

Eine Ausnahme gilt nur dann, wenn Verarbeitung von **biometrischen** Gesichtsdaten als Vorbereitung zur Einwilligung oder zur zulässigen Erkennung erforderlich ist, beispielsweise weil auf einem **Foto** mehrere Personen abgebildet sind, von denen nur eine erkannt werden soll.[223] 243

Checkliste !

Die Artikel-29-Datenschutzgruppe der EU gibt folgende Empfehlungen zur datenschutzkonformen Nutzung von **Gesichtserkennungstechnologien:**[224]

*„**Empfehlung 1:** Wenn der für die Datenverarbeitung Verantwortliche das Bild direkt erhält [...], muss er sicherstellen, dass die gültige **Einwilligung** der betroffenen Personen bereits vor **der Erfassung vorliegt**, und ausreichende Informationen bereitstellen, wenn eine Kamera für die Zwecke der Gesichtserkennung genutzt wird.*

***Empfehlung 2:** Wenn Einzelpersonen digitale Bilder haben und diese bei Online- oder Mobilfunkdiensten für Zwecke der Gesichtserkennung hochladen, müssen die für die Datenverarbeitung Verantwortlichen sicherstellen, dass die die Bilder **hochladenden Personen** in die Verarbeitung der Bilder **eingewilligt** haben, die möglicherweise für Zwecke der Gesichtserkennung durchgeführt wird.*

***Empfehlung 3:** Wenn für die Datenverarbeitung Verantwortliche digitale Bilder von Personen von Dritten erhalten (z.B. wenn sie diese von einer Website kopieren oder von einem anderen für die Datenverarbeitung Verantwortlichen kaufen), müssen sie die **Quelle der Bilder und den Kontext**, in dem die Originalbilder erworben und verarbeitet werden, sorgfältig prüfen und auch, ob die betroffenen Personen einer solchen Verarbeitung zugestimmt hatten.*

***Empfehlung 4:** Die für die Datenverarbeitung Verantwortlichen müssen sicherstellen, dass digitale Bilder und Templates nur für den angegebenen **Zweck** genutzt werden, für den sie zur Verfügung gestellt wurden. Die für die Datenverarbeitung Verantwortlichen sollten technische Kontrollen einführen, um das Risiko zu reduzieren, dass digitale Bilder durch Dritte für Zwecke weiterverarbeitet werden, für die der Nutzer keine Einwilligung erteilt hat. Sie sollten für die Nutzer auch Werkzeuge bereitstellen, mit denen diese die Sichtbarkeit der von ihnen hochgeladenen Bilder überprüfen können, wenn die Verfügbarkeit für Dritte standardmäßig eingeschränkt ist.*

***Empfehlung 5:** Die für die Datenverarbeitung Verantwortlichen müssen sicherstellen, dass die Bilder von Personen, die keine registrierten Nutzer des Dienstes sind und die in eine solche Verarbeitung nicht auf eine andere Weise eingewilligt haben, nur soweit verarbeitet werden, wie es im **begründeten Interesse des für die Datenverarbeitung Verantwortlichen** liegt. Beim ersten Beispiel würde das*

---

222 Vgl. zur Einwilligung oben Rn 85 ff.

223 Artikel-29-Datenschutzgruppe der EU, WP 171 zur Werbung auf Basis von Behavioural Targeting, S. 5.

224 Artikel-29-Datenschutzgruppe der EU, WP 171 zur Werbung auf Basis von Behavioural Targeting, S. 8 f.

das Einstellen der Verarbeitung und Löschen aller Daten im Falle des Ergebnisses „keine Übereinstimmung" bedeuten.

Sicherheitsverletzung während der Übermittlung:
Im Fall von Online- und Mobilfunkdiensten ist es wahrscheinlich, dass zwischen dem Erwerb des Bildes und den weiteren Verarbeitungsschritten (z.B. dem Hochladen des Bildes von einer Kamera auf eine Website für die Merkmalsextraktion und den Vergleich) eine ***Datenübermittlung*** *stattfindet.*

Empfehlung 6: *Der für die Datenverarbeitung Verantwortliche muss geeignete Schritte unternehmen, um die* ***Sicherheit der Datenübermittlung*** *sicherzustellen. Dazu können eine Verschlüsselung der Kommunikationskanäle oder des erworbenen Bildes selbst zählen. Sofern möglich, und insbesondere im Bereich der Authentifizierung/Verifizierung, sollte die Verarbeitung vor Ort vorgezogen werden."*[225]

2. Facebook

244 **Facebook** bot ein biometrisches **Gesichtserkennungsverfahren** an, gegen das der **Hamburgische Datenschutzbeauftragte** eine Unterlassungsanordnung erlies. Nach Auffassung des Hamburgischen Datenschutzbeauftragten fehlte es an einer ausreichend bewussten und informierten **Einwilligung** der Nutzer. Nachdem Facebook diese Funktion europaweit deaktiviert hatte, wurde die Anordnung im Februar 2013 aufgehoben.[226]

VII. Social CRM, Social „Hinzuspeichern"

245 Nutzerinformationen auf Social Media-Plattformen und -Präsenzen sind Datenquellen, die theoretisch von Unternehmen zur **Aktualisierung** oder **Anreicherung ihres Datenbestandes** genutzt werden könnten. Beispielsweise könnten Adressdaten von Kunden **aktualisiert,** CRM-Datenbanken um **Feedback** von Kunden zu bestimmten Produkten ergänzt oder Interessen von Kunden gesammelt werden, um interessenspezifischere Angebote zu unterbreiten. Ob dies datenschutzrechtlich zulässig ist, hängt davon ab, ob die Nutzerinformationen aus allgemein zugänglichen Quellen oder aus nicht allgemein zugänglichen Quellen stammen.[227]

---

225 Artikel-29-Datenschutzgruppe der EU, WP 171 zur Werbung auf Basis von Behavioural Targeting, S. 8 f.

226 Pressemedlung vom 7.2.2013, abrufbar unter http://www.datenschutz.de/news/detail/?nid=5740.

227 Vgl. zur Verarbeitung von allgemein zugänglichen Daten im Rahmen von Arbeitsverhältnissen auch die Ausführungen in Kap. 6 Rn 17 ff.

1. Allgemein zugängliche Quellen

Allgemein zugänglich sind Quellen, die einem individuell nicht bestimmbaren 246
Personenkreis Informationen vermitteln sollen.[228] Allgemein zugänglich bei Social Media sind demnach Dienste, die ohne Registrierung zugänglich sind, oder Dienste, die durch kostenfreie Registrierung ohne sonstige Zusatzvoraussetzungen (z.B. Empfehlung, Freundschaft, besondere Mitgliedschaften) in Anspruch genommen werden können. Hierzu zählen insbesondere alle Informationen, die durch eine **Suchmaschine** wie Google oder Bing sowie nach Registrierung auf einer Social Media-Plattform (z.B. XING, Twitter oder Facebook) erlangt werden können. Nicht mehr allgemein zugänglich sind z.B. Informationen, die nur für „Freunde" oder andere Kategorien **spezieller Kontakte** gerichtet sind.

Die Erhebung von Daten aus allgemein zugänglichen Quellen steht zwar grund- 247
sätzlich nicht im Einklang mit dem Grundsatz der **Direkterhebung.** Unternehmen werden sich aber regelmäßig in diesen Fällen darauf berufen können, dass eine Direkterhebung einen **unverhältnismäßigen Aufwand** darstellen würde und damit eine Ausnahme zum Grundsatz der Direkterhebung vorliegt (§ 4 Abs. 1 Nr. 2 BDSG).[229]

Aber die Nutzung und Verarbeitung von allgemein zugänglichen Daten durch 248
ein Unternehmen (als Nutzer von Social Media) ist nicht grenzenlos zulässig. Daten aus **allgemein zugänglichen Quellen** dürfen nach § 28 Abs. 1 S. 1 Nr. 3 BDSG grundsätzlich erhoben, verarbeitet und genutzt werden, wenn nicht ein entgegenstehendes **Interesse des Betroffenen offensichtlich überwiegt.** Im Prinzip gilt daher auch hier der Grundsatz der Zweckbindung: Die Daten dürfen an der jeweiligen Quelle im jeweiligen Kontakt betrachtet und für den Zweck verwendet werden, für den sie zulässigerweise auf der jeweiligen Social Media-Präsenz zur Verfügung gestellt wurden. Eine weitergehende Datenerhebung, -verarbeitung oder -nutzung, die davon nicht mehr umfasst ist, ist „normal" nach § 28 Abs. 1 S. 1 Nr. 2 BDSG über die **Interessenabwägung** zu rechtfertigen.

Ausnahmen gelten in beschränktem Umfang. Beispielsweise erlaubt § 28 Abs. 3 249
S. 2 Nr. 1 BDSG postalische Werbung an Empfänger, deren Daten aus öffentlich zugänglichen Quellen erhoben worden sein können.

Beispiel 1
Das **Hinzuspeichern** von Feedback, das ein Kunde auf einer Social Media-Plattform abgegeben hat, zum Kundendatensatz beim Hersteller des bewerteten Produkts ist nicht mehr von § 28 Abs. 1 S.1 Nr. 3 BDSG abgedeckt. Das Hinzuspeichern ist allenfalls aufgrund einer Interessenabwägung nach § 28 Abs. 1 S. 1 Nr. 2 BDSG zulässig. Die Zulässigkeit wird sich maßgeblich nach der Kundenbeziehung sowie Art und Inhalt des Feedbacks sowie der datenschutzrechtlichen Information des Kunden im Vorfeld des jeweiligen Kaufgeschäfts richten.

---

228 Grundsätzlich zu allgemein zugänglichen Daten: Simitis/*Simitis*, § 28 Rn 151 und BDI, § 28 BDSG Kommentar Absatz 1 Teil 3. Vgl. auch oben Rn 182.
229 Simitis/*Sokol*, § 4 Rn 28.

Beispiel 2
Die **Aktualisierung des Kundendatensatzes,** z.B. der E-Mail-Adresse, auf Basis von Angaben auf einer Social Media-Plattform durch ein Unternehmen, das diese Plattform nutzt, ist auch allenfalls nur über § 28 Abs. 1 S. 1 Nr. 2 BDSG zulässig. Die Zulässigkeit wird sich hier nach Art der Information und der Aktualisierung richten. Die Korrektur eines Schreibfehlers in der E-Mail-Adresse sollte zulässig sein; das Ersetzen einer E-Mail-Adresse durch eine andere E-Mail-Adresse wohl nicht.

250 Im Ergebnis ist eine Verarbeitung und Nutzung von Daten über die bloße Kenntnisnahme und Nutzung dieser Daten auf der jeweiligen Social Media-Präsenz für den damit verfolgten Zweck hinaus grundsätzlich nicht zulässig. Insbesondere ist eine Entnahme von Daten und Aufnahme derselben in einen anderen Kontext in der Regel ohne Einwilligung des Betroffenen unzulässig.

2. Nicht allgemein zugängliche Quellen

251 Sind Daten **nicht allgemein zugänglich,**[230] ist die Erhebung, Verarbeitung und Nutzung dieser Daten nach den allgemeinen **Rechtfertigungstatbeständen,** insbesondere nach § 28 Abs. 1 S. 1 Nr. 1 oder 2 BDSG, zu rechtfertigen.

VIII. Blogs, Bewertungsportale und ähnliche „Crowdsourcings“

252 Bei allen Formen des **Crowdsourcing** auf Social Media, z.B. **Bewertungsportale** oder **Foren,** kommt es nicht nur zur Verarbeitung der Daten der aktiv teilnehmenden Nutzer. Die Nutzer können in Ihren **Postings** aber auch über Dritte berichten, deren personenbezogene Daten dann auf der Plattform/Präsenz verarbeitet werden.

253 Die Verarbeitung und Nutzung der Daten von Personen, die in den **Postings** genannt werden und – falls die Postings nicht von **pseudonymisierten** Autoren **publiziert** werden – die mit dem Posting veröffentlichten Daten des Nutzers, richten sich nach relativ gefestigter Rechtsprechung nach § 29 BDSG.[231]

254 Dabei wird die Verarbeitung in der Regel nicht nach § 29 Abs. 1 S. 1 Nr. 2 BDSG gemessen, auch wenn öffentlich zugängliche Daten vorliegen. Name und Adressdaten von Personen, die auf Crowd-sourced-Plattformen genannt werden, sind zwar allgemein zugänglich. Allerdings werden diese in der Regel mit weiteren **Informa-**

230 Vgl. zur Kategorisierung die vorangehende Ziffer und auch oben Rn 78 ff.
231 Die Anwendbarkeit des BDSG wird nur in Ausnahmefällen von § 41 BDSG verdrängt, wenn es sich um ausschließlich journalistische Beiträge mit prägender meinungsbildender Wirkung handelt. Hierunter fallen nicht die gängigen Bewertungsportale oder Foren und wohl auch nicht Blogs. § 28 BDSG kommt als Rechtfertigungsgrundlage nicht in Betracht, da die Daten auf den genannten Plattformen gerade „Geschäftsgegenstand“ sind, vgl. Simitis/*Simitis*, § 28 Rn 22.

tionen, z.B. Bewertungen oder Berichten, vermengt, die nicht **öffentlich zugänglich** sind. Demnach richtet sich die Verarbeitung dieser Daten dann insgesamt nach § 29 Abs. 1 S. 1 Nr. 1 BDSG

Für ein **Ärzteportal** wurde entschieden,[232] dass Namen, Adressen und Tätigkeitsbereiche der Ärzte ohnehin in den **„Gelben Seiten"** öffentlich verfügbar sind und grundsätzlich nach § 29 Abs. 1 S. 1 Nr. 2 BDSG verarbeitet werden können. In Zusammenhang mit der Bewertung sei die Datenverarbeitung aber wohl insgesamt nach § 29 Abs. 1 S. 1 Nr. 1 BDSG zu verarbeiten. Weitere Entscheidungen sind beispielsweise zu **Lehrer-**[233] oder Professorenbewertungen[234] ergangen. 255

Bei der Beurteilung, ob das Veröffentlichen der Daten des **Bewerteten** auf einer **Internetplattform** zulässig ist, hat daher nach § 29 Abs. 1 S. 1 Nr. 1 BDSG durch **Interessenabwägung** stattzufinden. Dabei sind Art, Inhalt und Aussagekraft der beanstandeten Daten an den Aufgaben und Zwecken zu messen, denen die Datenerhebung und -speicherung dient.[235] In der Regel sind das **Persönlichkeitsrecht** und mögliche wirtschaftliche Nachteile des Betroffenen gegen das Recht auf **Meinungsäußerung** und Information der Allgemeinheit gegeneinander abzuwägen. Diese Abwägung sollte vom Betreiber der Plattform vor dessen Inbetriebname bzw. vor Inbetriebnahme einer bestimmten „Rubrik" grundsätzlich vorgenommen werden. Auch Grundeinstellungen auf der Plattform können den Schutz der Betroffenen erheblich verbessern und damit zur Zulässigkeit der Plattform führen. 256

Praxistipp !

Folgende Kriterien könnten sich z.B. bei der datenschutzrechtlichen Bewertung positiv für den **Portalbetreiber** auswirken und bewirkten spiegelbildlich einen größeren Schutz des Selbststimmungsrechts des Betroffenen:

- Akzeptieren von **Nutzungsbedingungen**;
- Verpflichtung der Nutzer darauf, **keine unwahren oder beleidigenden** Inhalte zu posten;
- **Double Opt-in**-Verfahren und -Registrierung, bevor Bewertung abgegeben werden kann; hiervon zu trennen ist die Ermöglichung der Nutzung der Plattform unter einem Pseudonym, die in bestimmten Fällen sogar geboten sein kann;
- **Information** des Betroffenen/Bewerteten über den Eintrag und Möglichkeit der Gegendarstellung oder des Einspruchs;
- Vorgabe von **Drop-Downs**, um Inhalte auf zulässige **Zwecke** zu beschränken; und
- Erlaubnis nur von **Postings** mit Betroffenendaten, die im Internet öffentlich verfügbar sind (z.B. durch Pflicht, einen Link einzubinden).

---

232 OLG Frankfurt, Urt. v. 18.3.2012 – 16 U 125/11 – abrufbar unter http://openjur.de/u/308292.html.

233 BGH, Urt. v. 23.6.2009 – VI ZR 196/08 – NJW 2009, 2888 ff.

234 LG Regensburg, Urt. v. 21.1.2009 – 1 O 1642/08 – abrufbar unter http://openjur.de/u/30659.html. Das LG Regensburg arbeitete hier leider nicht den Unterschied zwischen den öffentlich verfügbaren „Basisdaten" und den Informationen zur Bewertung heraus.

235 BGH, Urt. v. 23.6.2009 – VI ZR 196/08 – NJW 2009, 2888, 2891.

Kapitel 4
Immaterialgüterrechte

1 Das Web 2.0 bietet den Nutzern nahezu unbegrenzte Möglichkeiten, Inhalte zu veröffentlichen, zu bearbeiten, zu kommentieren und zu verknüpfen. Social Media ist aber gerade im Hinblick auf die genutzten und vermittelten Inhalte keine rechtsfreie Zone. Insbesondere Rechtsaspekte des Urheberrechts sind zu berücksichtigen. Zusätzlich gehören zum Immaterialgüterrecht neben dem Urheberrecht auch das Marken- sowie das Persönlichkeitsrecht. Wie eigene Inhalte (beispielsweise Tweets) geschützt sind und in welchem Umfang fremde Inhalte genutzt (oder etwa gepostet) werden dürfen und was im Übrigen zu beachten ist, klärt das folgende Kapitel.

A. Urheberrecht

2 Urheberrechte im Internet sind ein sensibles Thema. Die Interessenlage ist komplex. Auf der einen Seite sehen sich die Urheber, die Arbeitszeit in Werke stecken, deren kommerzieller Erfolg jedoch dadurch gefährdet sein kann, dass das Werk durch Dritte einfach mittels „Mausklick" kopiert wird – sie verlangen noch effektiveren **Schutz.** Auf der anderen Seite stehen die Befürworter der **„Freiheit im Netz".** Sie lehnen Beschränkungen ab, fordern eine Reform des Urheberrechts und plädieren für „fair use" im Internetzeitalter.

3 Nach geltendem Recht genießen Urheber und deren Lizenznehmer – auch international – (nahezu) umfassenden Schutz; und auch wenn viele es nicht wahr haben wollen, in der Bundesrepublik Deutschland existiert **kein gesondertes Urheberrecht** für das Internet oder Social Media. Im Internet gilt für Immaterialgüterrechte grundsätzlich derselbe Maßstab wie „offline".

I. Schutzurheberrechtlicher Content

1. Rechte des Urhebers

4 Prioritär wird durch das Urheberrecht derjenige geschützt, der ein Werk geschaffen hat. Ausgangspunkt ist der Schutz der geistigen Schöpfung einer natürlichen Person: des „Urhebers". Nur eine natürliche Person kann Inhaber des Urheberrechts sein (Prinzip des **„droit d'auteur"**). Im angloamerikanischen Rechtskreis hingegen kann auch eine juristische Person das Urheberrecht originär erwerben (z.B. bei **„work-made-for-hire"**).

5 Dem Urheber eines nach § 2 UrhG geschützten Werks stehen vollumfänglich die Rechte an seinem Werk zu. Ausschließlich er ist befugt, zu entscheiden, ob und wie sein Werk zu veröffentlichen ist (Veröffentlichungsrecht § 12 UrhG). Das Gesetz ord-

net ihm die Kontrolle über die Nutzung zu (für Miturheber siehe § 8 UrhG). Der Urheber definiert, ob und wie er sein Werk verwerten und öffentlich wiedergeben möchte, beispielsweise ob er Dritten Nutzungsrechte daran einräumt. Man spricht insoweit von den urheberrechtlichen **Ausschließlichkeitsrechten.** Diese umfassenden urheberechtlichen Befugnisse unterliegen lediglich einzelnen, besonderen Schrankenbestimmungen[1] (insbesondere etwa dem Zitatrecht, § 51 UrhG).

6 In der Praxis werden Nutzungsrechte zumeist an **Agenturen, Filmproduzenten, Galerien, Verlage, Musikunternehmen** etc. eingeräumt. Diese werten das Werk für den Urheber aus. Zudem kümmern sie sich in der Regel um die Durchsetzung der Rechte an dem Werk gegenüber Dritten.

2. Anwendbarkeit deutschen Urheberrechts

7 Grundsätzlich gilt im Urheberrecht das **„Schutzlandprinzip“** (lat. lex loci protectionis). Es ist das Recht des Staates anzuwenden, für den der Schutz beansprucht wird, Art. 8 Abs. 1 Rom II-VO.[2] Die **internationale Nutzung**[3] eines Werks stellt folglich eine rechtlich komplexe Angelegenheit dar. In jedem Land existieren andere, nationale Schutzrechte.

8 Anwendbar ist das deutsche Urheberrecht auch für solche Social Media-Plattformen, die vom Ausland aus gehostet werden. Ausschlaggebend ist, dass das Werk innerhalb der Bundesrepublik Deutschland dadurch zugänglich gemacht wird, also von Deutschland aus auf die entsprechende Social Media-Plattform **bestimmungsgemäß** zugegriffen werden kann.[4]

9 Der **gesetzliche Schutz** eines in Deutschland verwerteten urheberrechtlichen Werks unter dem (deutschen) Urheberrechtsgesetz ist allerdings nicht zu verwechseln mit der **Rechtswahl** in den Nutzungsbedingungen (AGB) der Betreiber einer Social Media-Plattform. Dort handelt es sich um die Rechtswahl der Vertragsparteien unter einem Nutzungsvertrag, während es hier um die gesetzlichen Ausschließlichkeitsrechte geht.

3. Voraussetzungen urheberrechtlichen Schutzes

10 Ob ein urheberrechtlich geschütztes Werk vorliegt, entscheidet sich am urheberrechtlichen **„Werkbegriff“,** der in § 2 Abs. 2 UrhG geregelt ist. Demnach ist Voraus-

1 Siehe unten Rn 79.

2 VO (EG) Nr. 864/2007 des Europäischen Parlamentes und des Rates v. 11.7.2007 über das auf außervertragliche Schuldverhältnisse anzuwendende Recht („Rom II“).

3 Zu Einzelheiten zum anwendbaren Recht unten unter Rn 210 sowie zum Recht nach ausgewählten internationalen Jurisdiktionen unter Kap. 8.

4 Schricker/Loewenheim/*Katzenberger*, vor §§ 120 ff. Rn 145; siehe unten Rn 227.

setzung, dass eine „persönliche geistige Schöpfung" gegeben ist, die ein gewisses Maß an Individualität aufweist. Diese Individualität wird mit dem Begriff der **„Schöpfungshöhe"** (oder auch Gestaltungshöhe) umschrieben. Das Werk hat sich von der Masse des Alltäglichen abzuheben. Umgekehrt genügt dem eine rein handwerkliche – wenn auch fachmännisch einwandfreie – Leistung nicht.[5] Auch ist Individualität dort nicht möglich, wo sich Gestaltung oder Darstellung bereits aus der Natur der Sache, den Gesetzen der Zweckmäßigkeit, der Logik oder technischen Notwendigkeiten ergibt.[6] Gestaltungshöhe meint jedoch kein Qualitätsurteil; auch Kitsch kann schutzfähig sein. Stets ist das konkrete Werk umfassend mit sämtlichen seiner gestalterischen Eigenarten zu bewerten, wobei jedoch die unterschiedlichen Werkarten unterschiedliche Anforderungen an den Grad der Individualität stellen.[7] Die Bewertung ist Frage des Einzelfalls.

Die unterste Grenze urheberechtlichen Schutzes bildet dabei die sog. **kleine** 11 **Münze.** Dieser Begriff wird für Werke verwendet, die zwar einfach sind, aber denen dennoch gerade noch urheberrechtlicher Schutz gewährt wird.[8]

Beispiel für Schöpfungshöhe
Tonfolge der Tagesschau, obwohl diese nur aus sechs Tönen besteht.

Die besonderen Ausschließlichkeitsrechte an dem Werk stehen Urhebern **von Geset-** 12 **zes wegen** (automatisch) zu – ohne dass es weiteren Zutuns bedürfte. Insbesondere ist ein Urheberrecht nicht zu registrieren. Verletzen Dritte diese Ausschließlichkeitsrechte – etwa indem sie ein veröffentlichtes Lichtbildwerk (Fotografie) unbefugt vervielfältigen –, drohen diesen Abmahnungen bzw. Schadensersatzforderungen.[9]

Praxistipp !
Es ist wichtig, nicht dem **„Copyright-Mythos"** zu erliegen. Urheberrechtlicher Schutz entsteht automatisch und völlig unabhängig von einer Registrierung oder von einer Verwendung des Copyright-Symbols „©". Die Verwendung des Symbols gibt allenfalls einen Hinweis auf urheberrechtlichen Schutz, nicht mehr und nicht weniger. So macht das Copyright-Symbol eine triviale Leistung nicht zum urheberrechtlichen Werk. Umgekehrt gilt, dass ein urheberrechtliches Werk nicht durch das Copyright-Symbol gekennzeichnet sein muss, um in Deutschland urheberrechtlichen Schutz zu genießen.

---

5 Schricker/Loewenheim/*Katzenberger*, § 12 Rn 26.
6 Schricker/Loewenheim/*Katzenberger*, § 12 Rn 29.
7 Schricker/Loewenheim/*Katzenberger*, § 12 Rn 32ff.
8 *Reinemann/Remmertz*, ZUM 2012, 216, 217.
9 Siehe ferner Kap. 6 Rn 36.

4. Dauer des Urheberrechts

13 Die Zeitspanne, während der die Ausschließlichkeitsrechte für das urheberrechtliche Werke bestehen, ist rechtlich begrenzt. Nach der Regelung des § 64 UrhG erlöschen die Urheberrechte an einem Werk nach Ablauf von **70 Jahren** nach dem Tod des Urhebers. Bis zu diesem Zeitpunkt bestehen die urheberrechtlichen Schutzrechte fort. Zu Lebzeiten des Urhebers erteilt dieser die erforderlichen Rechte (Nutzungsrechtseinräumung oder „Lizenz"); nach dem Tod des Urhebers sind die **Erben** befugt.

5. Leistungsschutzrechte als „verwandte Schutzrechte"

14 Im Urheberrechtsgesetz sind auch die sog. Leistungsschutzrechte als dem Urheberrecht gewissermaßen verwandte Schutzrechte geregelt. Beispiele dafür sind der **Lichtbilderschutz** – in Abgrenzung zum **Lichtbildwerk**[10] und der **Laufbilderschutz** – in Abgrenzung zum **Filmwerk.**[11] Die genannten Leistungsschutzrechte bieten dem „Lichtbildner" bzw. dem „Hersteller" – und nicht Urheber – von Fotografien und Filmen selbst dann Leistungsschutz, wenn die Leistungen die kreative Schwelle des § 2 UrhG nicht überwinden.

15 Ein besonders bedeutendes Leistungsschutzrecht ist das sog. **Recht des ausübenden Künstlers** gem. §§ 73 ff. UrhG. Der Künstler ist durch seine Darbietung Werkmittler und Interpret urheberrechtlicher Werke (insbesondere von Kompositionen und Liedern). Geschützt ist die Leistung an der besonderen Darbietung des Musikers, Sängers, Schauspielers, Tänzers oder sonstigen Werkinterpreten. Viele haben sich bereits an George Gershwins „Summertime" versucht, doch niemand singt diesen wohl meist gecoverten Jazzstandard aller Zeiten so wie Ella Fitzgerald.

Beispiel
Wird auf YouTube ein Video hochgeladen, das eine Darbietung von Helene Fischers „Von hier bis unendlich" zeigt, so sind verschiedene Rechteinhaber betroffen; Urheber sind Kristina Bach als Songwriterin (Text) und Jean Frankfurter als Komponist (Musik); ausübende Künstlerin der Darbietung des Stücks ist Helene Fischer. Frau Fischer genießt besonderen Leistungsschutz über die §§ 73 ff. UrhG.

---

16 Die **Inhalte des Leistungsschutzrechts** sind zwar inhaltlich mit dem urheberrechtlichen Schutz des Werks vergleichbar, also verwandt, jedoch nicht identisch. Im Grundsatz lässt sich sagen, dass Leistungsschutzrechte weniger umfassend sind als das Urheberrecht.

---

10 Siehe § 72 UrhG.
11 Siehe § 95 UrhG.

6. Datenbankwerk (§ 4 UrhG) und Datenbank (§§ 87a ff. UrhG)

Eine Sammlung kann als solche urheberrechtlichen Schutz genießen. Das Gesetz unterscheidet zwischen dem schöpferischen Datenbankwerk (§ 4 UrhG) und der auf Vollständigkeit ausgerichteten (technischen) Datenbank (§ 87a UrhG). 17

Ein **Datenbankwerk** ist eine Sammlung, deren Elemente systematisch oder methodisch angeordnet und einzeln mithilfe elektronischer Mittel oder auf andere Weise zugänglich sind. Das Werk zeichnet sich durch die Originalität der Auswahl und die Anordnung des Inhalts aus.[12] Durch diese Individualität wird es zum urheberrechtlichen „Werk“. Ein Beispiel ist eine Linksammlung, deren Auswahl schöpferisch ist. Da das Datenbankwerk ein urheberrechtliches Werk ist, genießt es umfassenden urheberrechtlichen Schutz. 18

Demgegenüber ist die **Datenbank** i.S.d. §§ 87a UrhG eine überwiegend technische Angelegenheit. Der Schutz rechtfertigt sich nicht aus der Kreativität von Auswahl oder Anordnung – Schöpfungshöhe ist nicht erforderlich. Hintergrund ist die Umsetzung der europäischen **Richtlinie 96/9/EG** zum rechtlichen Schutz von Datenbanken. Dem Hersteller, der Aufwand betreibt, eine auf Vollständigkeit abzielende Datenmenge zu sammeln, zu strukturieren und zu pflegen, ist danach ein gewisser Investitionsschutz zu gewähren. Es handelt sich folglich nicht um ein Urheberrecht, sondern um ein Leistungsschutzrecht.[13] Beispiele solcher Datenbanken sind Telefonverzeichnisse, nicht geschützt sind jedoch bloße **Datenhaufen.**[14] 19

Da es sich bei der Datenbank nicht um ein urheberrechtliches Werk handelt, ist der **Schutzumfang der Datenbank** begrenzt. Der Schutz greift nur dann, wenn durch einen Dritten zumindest in qualitativer oder quantitativer Hinsicht **„wesentliche Teile der Datenbank“** i.S.v. § 87b UrhG entnommen werden. Es ist Zweck der Datenbank, Nutzern den einfachen Zugriff zu ermöglichen, etwa die Suche eines Freundes auf einer Social Media-Plattform. Das Leistungsschutzrecht ist erst betroffen, wenn ein Dritter **systematisch** die Inhalte abgreift. Der Dritte macht sich damit die Investition des Datenbankherstellers parasitär zunutze und gefährdet diese. Es handelt sich demnach um einen Schutz gegen **Trittbrettfahrer** (free-rider). 20

7. Leistungsschutzrecht für Presseverleger (§§ 87f ff. UrhG)

Verlegerische Leistungen sind durch ein spezifisches Leistungsschutzrecht für Verleger geschützt. In der Vergangenheit hatten **Suchmaschinen** Presseerzeugnisse öffentlich zugänglich gemacht und dabei nicht lediglich einzelne Worte oder kleins- 21

12 Schricker/Loewenheim/*Loewenheim*, § 4 Rn 38.
13 Siehe bereits oben Rn 14.
14 Schricker/Loewenheim/*Vogel*, § 87a Rn 22.

te Textausschnitte verwendet. Hintergrund ist, dass Zeitungsartikel meist nicht die erforderliche Schöpfungshöhe aufweisen.

22 Das Leistungsschutzrecht betrifft Suchmaschinen und Dienste, die Inhalte ähnlich wie Suchmaschinen aufbereiten. Es handelt sich also um Dienste, die **Presseerzeugnisse** gesammelt auflisten, wie z.B. Presseschauen oder Blogartikelübersichten. Einzelne Worte oder kleinste Textausschnitte von Presseerzeugnissen, sog. **Snipplets,** sind jedoch frei.

23 Eine Einschränkung ist die Gewinnerzielungsabsicht des Verbreitens des Presseerzeugnisses. Damit dürften wohl die meisten Social Media-Präsenzen nicht unter den Anwendungsbereich dieses Leistungsschutzrechts fallen, da sie nicht gewerblich fremde Inhalte aggregieren.[15]

II. Geschützte Inhalte

1. Relevante Werkkategorien

24 Besonders relevant für Social Media sind die folgenden Werkkategorien, die in **§ 2 Abs. 1 UrhG** beispielhaft aufgezeichnet sind.

- Sprachwerke (Artikel, Blogbeiträge, redaktionelle Texte, Textpassagen, Kommentare, Interviews, Buch und Hörbuch; § 2 Abs. 1 Nr. 1 UrhG);
- Lichtbildwerke (Fotografien, Thumbnails; § 2 Abs. 1 Nr. 5 UrhG);
- Werke der Musik (Musik, Podcasts; § 2 Abs. 1 Nr. 2 UrhG);
- Filmwerke (Videos, § 2 Abs. 1 Nr. 6 UrhG);
- Datenbankwerk (Linksammlung; § 4 UrhG);
- Computerprogramme (Software, Apps; §§ 2 Abs. 1 Nr. 6, 69a UrhG);
- Darstellungen wissenschaftlicher oder technischer Art (Kartenausschnitte; § 2 Abs. 1 Nr. 7 UrhG);
- Werke der bildenden Künste (Gemälde, Zeichnungen, Comic-Bilder, Grafiken, interaktive Webapplikationen; § 2 Abs. 1 Nr. 4 UrhG).

25 Zudem sind folgende verwandte Schutzrechte und eigenständige Schutzrechte zu nennen:

- Lichtbilderschutz (Schnappschuss, Fotografien; § 72 UrhG);
- Laufbilderschutz (Film; § 95 UrhG);
- Recht des ausübenden Künstlers (Musikdarbietung; §§ 73ff. UrhG);
- Datenbank (§§ 87a ff. UrhG).

15 Siehe insbesondere die Stellungnahme des Max-Planck-Instituts für Immaterialgüter- und Wettbewerbsrecht, abrufbar unter http://www.ip.mpg.de/files/pdf2/Stellungnahme_zum_Leistungs schutzrecht_fuer_Verleger.pdf sowie *Kaiser*, „LE FIGARO" v. 4.9.2012, S. 24.

2. Beispiele

Einige Beispiele sollen Inhalt und Grenzen der verschiedenen Werkkategorien erläutern. 26

a) Sprachwerke

Bereits die **Bedienungsanleitung einer Motorsäge** kann – als ein zwar inhaltlich anspruchsloser und durch die technischen Gegebenheiten vorgeprägter Text – sogar eine eigenschöpferische Komponente (als Sprachwerk) aufweisen, wenn Auswahl und Anordnung sowie wechselseitige Zuordnung von Bild- und Textinformation besonders herausragen.[16] 27

Umgekehrt erschöpft sich die Mitteilung der **Wettervorhersage** üblicherweise in der Aufzählung von Fakten, sodass eine individuelle geistige Schöpfung nicht festzustellen ist. Auch der **Textzeile** „Wir fahr'n, fahr'n, fahr'n auf der Autobahn" wurde die Schutzfähigkeit versagt.[17] **Werbeslogans** sind nur äußerst selten als ausreichend schöpferisch angesehen worden, Werkcharakter ist jedoch nicht ausgeschlossen. So wurde (man schrieb noch das Jahr 1934) ein Schutz anerkannt für den Reim: „Schmiegsam wie ein Frühlingsfalter bin ich im Forma-Büstenhalter". 28

Bei Rezeptbüchern ist festzustellen, dass die Zutaten und Mengenangaben im **Rezepttext** („...Milch und Mehl...") keineswegs literarisch eine individuelle Schöpfung darstellen. Es handelt sich um schlichte Gebrauchsanweisungen. Ausschweifende, poetische Beschreibungen könnten allerdings aus einer simplen Gebrauchsanleitung ein literarisches Werk machen („...Milch und Mehl, Safran macht den Kuchen gel..."). Gesondert zu beurteilen sind allerdings die Fotos der Zutaten und Gerichte. Sie sind als Lichtbildwerke (oder Lichtbilder) geschützt. 29

b) Bilder

Das **„Lichtbildwerk"** (§ 2 Abs. 1 Nr. 5 UrhG) muss eine individuelle Betrachtungsweise oder **künstlerische Aussage** des Fotografen zum Ausdruck bringen, die sie von reinen Abbildungen abhebt. Das einfache **„Lichtbild"** (§ 72 UrhG) steht jedoch auch ohne die entsprechende Schöpfungshöhe unter Leistungsschutz. Im Ergebnis kommt es bei analogen und digitalen Fotografien somit nicht auf die Schöpfungshöhe an, auch **bedeutungslose Knipsbilder** sind geschützt.[18] Der Bereich des computergestützten Photocomposings oder die ausschließlich digitale Bearbeitung einer Fotografie ist jedoch kein selbstständiges Lichtbild. Hier kommt es auf die Schöpfungshöhe an. Denkbar wäre dann die Einordnung als ein Multimediawerk. 30

---

16 BGH, Urt. v. 10.10.1991 – I ZR 147/89 – GRUR 1993, 34.
17 OLG Düsseldorf, Urt. v. 1.12.1977 – 20 U 46/77 – GRUR 1978, 640.
18 Schricker/Loewenheim/*Vogel*, § 72 Rn 10 ff.

31 Ein **Screenshot** kann sich somit als unbefugte Vervielfältigung darstellen. Wenngleich diese Technik zur Kopie durch einfachen Mausklick animieren kann, so stellt ein Screenshot gleichwohl eine Nutzungshandlung dar.

Beispiel
Matilda betreibt ein Online-Kochbuch. Sie postet im Internet das Rezept „Linsengemüse mit Blutwurst", garniert dies mit appetitlichen Schnappschüssen des Gerichts. Kopiert Paul Bocuse das Foto von Matildas Website und dekoriert damit seinen eigenen Internetauftritt, so hat er bald Matildas Abmahnung wegen Verletzung von Matildas Urheberrechten an dem Foto zu erwarten.

32 Insbesondere bei Fotografien sind zusätzlich zu dem **„Recht am Bild"** Rechte Dritter „an den Bildinhalten (Motiv)" zu beachten. Kritisch kann es dann werden, wenn dritte Personen auf dem **Motiv** zu erkennen sind. Unabhängig davon, ob die Situation peinlich ist oder nicht, ist zu fragen, ob die abgebildete Person damit einverstanden ist, hier als Model herzuhalten.[19] Doch bereits die Abbildung von Gebäuden oder Graffiti kann Probleme nach sich ziehen, solange nicht das Foto von öffentlichen Wegen, Straßen oder Plätzen aufgenommen wird (sog. **Panoramafreiheit**).[20]

c) Darstellungen wissenschaftlicher oder technischer Art

33 Bei **Websites** stellt sich die Schwierigkeit, dass diese selten eine „künstlerische" Leistung (als Werk der angewandten Kunst oder als Darstellung wissenschaftlicher oder technischer Art) enthalten. Farbauswahl, Positionierung der Objekte und Einbindung der Grafiken, Buttons sowie Farbfelder sind meist den **Benutzungsgewohnheiten** der Verbraucher angepasst und somit im Bereich des Zweckmäßigen und Üblichen. Insbesondere sind weder die grafische Benutzeroberfläche[21] noch abstrakte Funktionalitäten, Programmiersprachen oder Datenformate[22] als Computerprogramm urheberrechtlich geschützt. Sie stellen keine Ausdrucksform eines Computerprogramms dar. Demgegenüber sind das **Seitenlayout** sowie die veröffentlichten Texte und Bilder separat zu beurteilen und können urheberrechtlich als Werk geschützt werden, wenn sie eine eigene geistige Schöpfung ihres Urhebers verkörpern.

d) Multimedia

34 Eine **Homepagegestaltung** kann im Einzelfall als Multimediawerk angesehen werden. Dazu muss die Gestaltung die Leistung eines Durchschnittsdesigners überra-

19 Siehe hierzu unter Persönlichkeitsrechte unten Rn 248 und unten Rn 289.
20 Siehe unten Rn 84.
21 EuGH, Urt. v. 22.12.2010 – C-393/09 – GRUR 2011, 220.
22 EuGH (Große Kammer), Urt. v. 2.5.2012 – C-406/10 – GRUR 2012, 814.

gen (z.B. aufgrund ihrer optisch sehr ansprechend gestalteten Menüführung und der nach Aufrufen eines Menüpunkts in Form eines Kurzfilms ablaufenden Effekte).[23]

3. Einzelfragen zu geschützten Inhalten im Bereich Social Media

a) Beiträge von Nutzern

Social Media lebt von den Beiträgen der Nutzer, man spricht allgemein von **User-generated content.** Wenngleich sich hier bestimmte Standards herausbilden, auch abhängig von den verschiedenen Social Media-Plattformen, so gilt zunächst das allgemeine Urheberrecht. 35

aa) Social Media-Präsenz

Die Social Media-Präsenz kann zum einen als solche in ihrer gesamten Gestaltung Urheberrechtsschutz genießen. Wie bereits oben ausgeführt,[24] ist der Schutz als Werk der angewandten Kunst (§ 2 Abs. 1 Nr. 4 UrhG) oder als Multimediawerk an recht **hohe Anforderungen** geknüpft. Hinzu kommt, dass dem Gestaltungsspielraum einer Social Media-Präsenz häufig bereits dadurch Grenzen gesetzt sind, dass die Social Media-Plattform teilweise vorbestimmt, welche Inhalte wie angeordnet werden können. Das Gesamtlayout sämtlicher Social Media-Präsenzen einer Social Medial-Plattform ist dann uniform geprägt und gerade nicht schöpferisch. Davon zu unterscheiden sind zum anderen wiederum die ausgestellten Texte, Bilder und sonstigen Inhalte. Für diese ist die urheberrechtliche Schutzfähigkeit gesondert zu beurteilen. 36

bb) Blogbeiträge, Posts

Beiträge in Webforen oder Blogs werden als **Post** oder **Posting** bezeichnet. Ist der Text ausreichend eigentümlich und außergewöhnlich, so kann er als Sprachwerk geschützt sein. Auf die Qualität des Werks (Form, Rechtschreibung, Inhalt, Länge) oder gar die Richtigkeit des Geschriebenen kommt es dabei nicht an. Nahezu inhaltsleere Posts („Das klingt interessant: Pizza jetzt auch ohne Ananas!") genießen allerdings keinen Schutz. 37

Eine Folge von Postings, die in Form von Diskussionsbeiträgen meist chronologisch geordnet sind, wird als **Thread** bezeichnet. Ein Thread spiegelt die Entwicklung der Konversation wieder. Er kann in der Gesamtschau ein Sprachwerk ausmachen, so wie Dialoge im Roman – soweit allerdings die erforderliche 38

---

23 LG München I, Urt. v. 11.11.2004 – 7 O 1888/04 – MMR 2005, 267.
24 Siehe oben Rn 33 und Rn 34.

Schöpfungshöhe erreicht ist. Die verschiedenen Nutzer sind dann Miturheber (§ 8 UrhG).

39 Bezüglich des **gesamten Blogs** kommt (je nach Art der Darstellung und Auswahl und Zusammenstellung der Artikel) ein Schutz als **Datenbank** gem. § 4 Abs. 2 UrhG bzw. als Datenbankwerk gem. § 87a Abs. 1 UrhG in Betracht. Hersteller dieser Datenbank bzw. Urheber (Herausgeber) des Datenbankwerks sind dabei jedoch üblicherweise nicht die Nutzer, sondern der Betreiber des Blogs oder der Social Media-Plattform oder seine Mitarbeiter. Entscheidend ist, wer die Auswahl der Beiträge im Datenbankwerk trifft bzw. wer die Herstellung, Katalogisierung und das Bereithalten der Datenbank organisiert. Das ist meist der Betreiber des Blogs oder der der Social Media-Platform.[25]

cc) Tweets

40 Tweets als Beiträge im Mikroblogging-Dienst Twitter bestehen aus einer Zeichenfolge, die auf lediglich 140 Zeichen begrenzt ist. Die Buchstabenfolge kann einen Link[26] wiedergeben, dann ist der Inhalt rein technisch, sie können auch einen kurzen Text enthalten. Der Text kann grundsätzlich als **Sprachwerk** gem. § 2 Abs. 1 Nr. 1 UrhG urheberrechtlichen Schutz genießen. Zwar ist es bei dieser Kürze zugegebenermaßen schwieriger, sich von der Masse des Alltäglichen abzuheben und die notwendige **Schöpfungshöhe** zu erreichen, damit die Arbeit sich als urheberrechtliches Werk qualifiziert. Ein gewisser Mindestumfang ist jedoch nicht vorausgesetzt, entscheidend ist der Einzelfall. So erkannte die Rechtsprechung dem vergleichsweise kurzen Zitat Klaus Kinskis: „Ich bin ein König, ich bin ein Bettler. Ich bin ein Mörder oder sein Opfer.“ urheberrechtlichen Schutz zu.[27]

dd) Crowd-sourced content

41 **Crowdsourcing** oder deutsch „Schwarmauslagerung“ bezeichnet die Auslagerung von Aufgaben an eine **unbestimmte Menge** von freiwilligen **Helfern** (die crowd). Besonders im Internet werden Nutzer animiert, an einer gemeinsamen Aufgabe freiwillig mitzuwirken. Das wohl bekannteste Beispiel ist Wikipedia, wo Freiwillige das Wissen der Welt in einer Enzyklopädie sammeln. Bei Crowd-sourced content hat grundsätzlich jeder Urheber die Rechte an seinem eigenen Beitrag.[28]

---

25 Einzelheiten zum Datenbankschutz oben Rn 17.
26 Zur urheberrechtlichen Behandlung von Links siehe sogleich unten Rn 69.
27 OLG Köln, Urt. v. 31.7.2009 – 6 U 52/09 – GRUR-RR 2010, 143.
28 Zu den Nutzungsbedingungen siehe unter Rn 120.

ee) Sammlungen von Links, Beiträgen etc.

Die Sammlung von Links zu einem bestimmten Thema kann als Datenbank geschützt sein, so etwa dem LG Köln zufolge bereits eine alphabetisch geordnete Sammlung von 251 Links.[29] Die Sammlung unabhängiger Elemente z.B. Online-Enzyklopädien (Wikipedia), Webarchive sowie sonstige über einen Index, eine Gliederung oder eine Volltextsuche erschlossene Themen-Websites, Anzeigensammlungen usw. können **Datenbanken** im Sinne des Urheberrechtsgesetzes darstellen.[30] 42

Hat die Sammlung in ihrer Struktur, die durch Auswahl oder Anordnung des Inhalts der Datenbank geschaffen worden ist, einen individuellen Charakter, so liegt sogar ein **Datenbankwerk** vor.[31] 43

Bei Social Media-Plattformen ist fraglich, ob die **Sammlung der Daten** über die Nutzer und deren Postings ein Datenbankwerk des Betreibers darstellt. Die erforderliche Schöpfungshöhe dürfte häufig nicht erreicht sein: Der jeweilige Betreiber trifft bei der Sammlung üblicherweise gerade keine Auswahl (die dann schöpferisch sein müsste). 44

Die systematische oder methodische Sammlung und Speicherung der Daten stellt jedoch eine wesentliche Investition dar, also eine Datenbank. Der Betreiber der Social Media-Plattform ist somit geschützt als Hersteller einer Datenbank. 45

So ist beispielsweise bei der Bewertungs-Plattform holidaycheck.de die einzelne Hotelbewertung kaum urheberrechtlich schutzfähig (kein Werk der Literatur) und auch ein Schutz der Sammlung als Datenbankwerk (§ 4 UrhG) scheidet aus, da (was gänzlich unkreativ ist) einfach alle Bewertungen gesammelt werden. Sie ist aber als Datenbank geschützt (§ 87a UrhG). Als Folge steht die einzelne Abfrage eines Nutzers der Datenbank gesetzlich frei („Hotel Ritz ist ein Klassiker in Paris"). Jedoch ist das Auslesen wesentlicher Teile der Datenbank (Der neue Hotelführer Paris – mit Bewertungen) gesetzlich untersagt. 46

ff) Videos

Bei der Verwendung von Videos ergeben sich grundsätzlich keine Besonderheiten. So ist das Video meist als **Filmwerk** (§ 2 Abs. 1 Nr. 6 UrhG) geschützt oder, wenn die notwendige Schöpfungshöhe nicht erreicht ist, gilt der **Laufbilderschutz** (§ 95 UrhG). Besonders häufig sind **Video-Sequenzen** Gegenstand von eigenhändigen Untertitelungen. Insoweit greifen allerdings die Ausschließlichkeitsrechte ein, da 47

29 LG Köln, Urt. v. 25.8.1999 – 28 O 527/98 – ZUM-RD 2000, 304.
30 Schricker/Loewenheim/*Vogel*, § 87a Rn 28.
31 BGH, Urt. v. 24.5.2007 – I ZR 130/04 – GRUR 2007, 685.

dies eine spezielle lizenzpflichtige Nutzung ist.[32] Häufig finden sich auch **Mashups,** diese sind ebenfalls erlaubnispflichtig.[33]

gg) Apps (Applikationen)

48 Eine App besteht meist aus verschiedenen, urheberrechtlich relevanten **Elementen.** Zum einen basiert die App auf einem **Computerprogramm.** Dieses ist nach den Regelungen der §§ 2 Abs. 1 Nr. 1 und 69a UrhG rechtlich geschützt. Zum anderen enthält eine App häufig weitere Elemente wie **Straßenkarten, Musikstücke, Bilder, Videos und Datenbanken.** Diese Elemente sind jeweils zusätzlich auf ihre eigene Art urheberrechtlich geschützt. So können Fotos innerhalb der App als Lichtbildwerke oder (wenn die Schöpfungshöhe nicht erreicht wird) als Lichtbilder eigenständigen Schutz genießen.[34]

49 Werden über die App fremde Inhalte vertrieben, so sind auch die Rechte an diesen Inhalten für den Betrieb relevant. Die App einer Zeitung macht Zeitungsartikel verfügbar. Diese Zeitungsartikel können ihrerseits geschützt sein. Der Betreiber der App hat dann die Rechtspositionen der Journalisten und ggf. des Verlags zu berücksichtigen.

b) Kartenausschnitte (Stadtplanausschnitt)

50 Stadtpläne bzw. deren Ausschnitte sind nach § 2 Abs. 1 Nr. 7 UrhG urheberrechtlich geschützt („Darstellung technischer Art"). Eine Vervielfältigung eines Kartenausschnitts als **Wegbeschreibung** auf der eigenen Social Media-Präsenz kann demnach eine Urheberrechtsverletzung darstellen, wenn dem Nutzer keine entsprechenden Nutzungsrechte eingeräumt wurden.

III. Lizenzbedürftige Nutzungen

1. Relevante Nutzungshandlungen

51 Rechtlich geschützte Inhalte werden in Social Media auf verschiedene Arten verwendet.

52 Als die erste Einspeisung in die Social Media-Plattform werden die rechtlich geschützten Inhalte heraufgeladen (Upload, Posting, Tweet, Einstellen in den Dienst, Sharing etc.). Danach **konsumiert** ein Nutzer diese Inhalte, indem er sie auf seinem Computer oder seinem Nutzerprofil speichert (Download). Eine weitere Kategorie ist

---

32 OLG Köln, Urt. v. 19.1.2007 – 6 U 163/06 – ZUM 2007, 401.

33 Siehe unten Rn 65.

34 Siehe insbesondere *Baumgartner/Ewald*, Rn 346 ff.

die Bearbeitung vorgefundener Inhalte (Editieren, Modifizieren, Mashup, Cutting etc.).

Zuletzt zu nennen ist das **Weiterleiten** von Inhalten, wobei hier jedoch grund- 53
sätzlich meist die gleichen Grundsätze gelten wie beim Upload („Sharing", „Re-Tweet", „Linking" etc.).

Die spezifischen Verwendungen korrespondieren mit Nutzungshandlungen, die 54
rechtlich als eigenständige Nutzungsarten typisiert sind. Diese Nutzungshandlungen werden im Folgenden dargestellt.

a) Upload

Das Heraufladen und Mitteilen **(Upload, Posting, Tweet, Einstellen in den Dienst,** 55
Sharing) eines urheberrechtlich geschützten Werks erfordert zunächst die Speicherung auf dem Server der Plattform. Es ist als eine **Vervielfältigung** (§ 16 UrhG) zu qualifizieren. Hinzu kommt das **„öffentlich zugänglich machen".** Das Recht der öffentlichen Zugänglichmachung (§ 19a UrhG) berechtigt dazu, ein geschütztes Werk drahtlos oder drahtgebunden in einer Weise öffentlich zugänglich zu machen, dass es Mitgliedern der Öffentlichkeit von Orten und zu Zeiten ihrer Wahl zugänglich ist, zum individuellen Abruf angeboten und der Community zur Verfügung gestellt wird – beispielsweise durch einen Podcast.[35]

„Öffentlich" ist die Zugänglichmachung erst dann nicht mehr, wenn das Ge- 56
fühl erzeugt wird, einer geschlossenen Gemeinschaft anzugehören, also durch „persönliche Beziehungen" (§ 15 Abs. 3 UrhG) verbunden zu sein.[36] Die persönliche Beziehung setzt zwar nicht zwingend voraus, dass eine familiäre oder freundschaftliche Beziehung besteht. Aber zumindest dürfte eine gewisse Privatheit erforderlich sein, sodass sich die Beteiligten tatsächlich bekannt sind und enger(-er) persönlicher Kontakt besteht (so etwa bei einem Zweibettzimmer im Krankenhaus).[37] Die Feststellung der „Öffentlichkeit" der Wiedergabe ist Frage des Einzelfalls. Die Zugänglichmachung gegenüber sämtlichen **„Friends"** kann somit sehr wohl „Öffentlichkeit" darstellen. Auch das Heraufladen von Inhalten in einem betriebseigenen PC- oder Intra-Netz, ist danach Zugänglichmachen gegenüber der „Öffentlichkeit".

Beispiel
Da sich die Pizzeria „Rimini" versteckt in einem Hinterhof befindet, beschließt der Wirt Toni, einen Kartenausschnitt mit Anfahrtsskizze auf der Homepage anzuzeigen. Der Einfachheit halber fertigt er einen Screenshot bei Google Maps, zeichnet den Standort ein und lädt dies auf seine Homepage.

---

35 Schricker/Loewenheim/*v. Ungern-Sternberg*, § 20 Rn 46.
36 LG Oldenburg, Urt. v. 11.1.2006 – 5 S 740/05 – GRUR-RR 2006, 177.
37 BGH, Urt. v. 11.7.1996 – I ZR 22/94 – GRUR 1996, 875.

Er hat damit die Karte (bzw. einen Teil derselben) „vervielfältigt", „bearbeitet" und macht ihn nun der „Öffentlichkeit zugänglich". Diese Nutzungen erfordern eine Rechtseinräumung seitens Google. Neben der gesetzlichen Regelung stellen auch die (vertraglichen) Google-Nutzungsbedingungen von www.google-maps.de klar, dass diese Nutzungen zustimmungspflichtig sind (copy. modify, make available). Die Frage, wie der Fall aussähe, wenn Toni auf Google Maps verlinkt hätte, wird weiter unten beantwortet.

Praxistipp

Als Alternative für Anfahrtsbeschreibungen können Unternehmen Google Maps API verwenden. Diese sind für die gewerbliche Nutzung ausgelegt und freigegeben. Wenn Unternehmen die anwendbaren Nutzungsbedingungen einhalten, liegt kein Verstoß gegen Urheberrecht vor.

---

57 Die Zugänglichmachung im Rahmen einer Social Media-Plattform stellt sich in der Regel als „öffentlich" dar, denn die Social Media-Plattform ist auf **unendlich viele Nutzer** angelegt. Zwar kann der Nutzer technisch die Zugriffsrechte betreffend seine Social Media-Präsenz auf einen „nicht-öffentlichen" Freundeskreis beschränken, aber rechtlich würde das wohl nicht ausreichen. Das Heraufladen der Inhalte dient der Mitteilung an andere und zwar potenziell an jeden Nutzer. Diesen Zweck bilden die Nutzungsbedingungen der meisten Social Media-Plattformen ab.[38] Rechtlich gesehen, handelt der Nutzer somit widersprüchlich, denn einerseits meint er ausschließlich nicht-"öffentlich" zu handeln, zum anderen verspricht er dem Betreiber der Social Media-Plattform, die Rechte an sämtliche Nutzer gewähren zu können.

Praxistipp

Selbst wenn sämtliche Kontakte (oder „Friends") in einer „persönlichen Beziehung" zum Nutzer stehen und ausschließlich diese Kontakte über Zugriffsrechte auf die Social Media-Präsenz verfügen, dürfte im Zweifel von einer öffentlichen Zugänglichmachung (§ 19a UrhG) auszugehen sein.

---

58 Wird ein geschütztes Werk zusätzlich per E-Mail anhand einer Verteilerliste gleichzeitig an einen (aufgrund seiner Unbestimmtheit) als „Öffentlichkeit" anzusehenden Personenkreis versendet, so ist auch noch das Senderecht nach § 20 UrhG betroffen.[39] Dies dürfte wohl auch für entsprechende **Verteilerlisten** in Social Media gelten.

b) Download

59 Das Herunterladen (Download) urheberrechtlich geschützter Inhalte betrifft jedenfalls das Vervielfältigungsrecht nach § 16 UrhG, da der Inhalt gespeichert wird.

---

38 Siehe zu diesen Rechteeinräumungen betreffend die Social Media-Plattformen Rn 146.

39 Schricker/Loewenheim/*v. Ungern-Sternberg*, § 20 Rn 49.

Selbst das bloße Betrachten von Inhalten am Computer dürfte als lizenzbedürftige Nutzungshandlung anzusehen sein – jedoch greift hier eine besondere Schrankenbestimmung,[40] sodass im Ergebnis das Anschauen oder Hören der Inhalte nicht lizenzbedürftig sein dürfte. In diesem Zusammenhang ist zunächst zwar davon auszugehen, dass bereits das Laden von Inhalten in den Arbeitsspeicher eine Vervielfältigung darstellt. Das urheberrechtlich geschützte Werk wird kurzfristig festgelegt,[41] um es ablaufen zu lassen.[42] Diese Zwischenspeicherungen beim **Browsing, Caching oder Streaming** (Stichwort: Kino.to) dienen aber dem einmaligen rezeptiven Werkgenuss und nicht der weiteren Verwertung der empfangenen Daten. Somit greift hier die Schrankenbestimmung des § 44a UrhG ein, die „vorübergehende Vervielfältigungshandlungen" rechtlich privilegiert. Die Verwendung ist dann frei. 60

Dies dürfte selbst dann gelten, wenn die **Quelle** selbst auf eine unrechtmäßige Werknutzung zurückgeht: das Anhören einer unerlaubt vervielfältigten Audio-CD oder das Lesen eines unrechtmäßig kopierten Buchs stellt für sich genommen keine Urheberrechtsverletzung dar.[43] Aber auch hier ginge es wohl zu weit, bei offensichtlich rechtswidrigen Angeboten von einer Privilegierung des Browsing, Caching oder Streaming auszugehen. Denn auch etwa bei der Privatkopie (§ 53 UrhG) ist die „offensichtlich rechtswidrig hergestellte oder öffentlich zugänglich gemachte Vorlage" nicht privilegiert.[44] 61

c) Editieren

Die Veröffentlichung und die Verwertung einer Bearbeitung oder Umgestaltung gem. § 23 UrhG **(„Editieren", „Modifizieren" „Mashup", „Cutting" etc.)** urheberrechtlicher Werke erfordert die Einwilligung des Rechteinhabers. 62

Beispiele für die Bearbeitung von Werken
- Das Nachstellen berühmter Fotografien oder jedes Verändern durch das Einfügen zusätzlicher Text- oder Bildbestandteile.
- Die Verwendung von Video- und Musiksequenzen zur Erstellung eines Mashups ist eine Bearbeitung.

Die **Übersetzung, die Verfilmung oder die Dramatisierung** (für das Theater) stellen jeweils eine Bearbeitung dar. Eine Bearbeitung ist jedoch auch dann gegeben, 63

40 Siehe unten Rn 80.
41 BGH, Beschl. v. 3.2.2011 – I ZR 129/08 – GRUR 2011, 418.
42 HansOLG, Urt. v. 22.2.2001 – 3 U 247/00 – GRUR 2001, 831; Loewenheim/*Loewenheim*, § 16 UrhG Rn 19; *Busch*, GRUR 2011, 496, 500.
43 *Fangerow/Schulz*, GRUR 2010, 677, 681.
44 *Busch*, GRUR 2011, 496, 503.

wenn der **ästhetische Gesamteindruck** verändert wird.[45] Das kann der Fall sein, wenn das Werk in einen anderen Sachzusammenhang gestellt wird. Einwilligungspflichtig ist danach wohl die Verwertung von Musikstücken als Klingelton, da das Musikstück *„als Klingelton nicht als sinnlich-klangliches Erlebnis, sondern als – oft störender – Signalton wahrgenommen wird.“*[46]

64 Im Bereich des Social Media hängt es sehr stark von der Funktionalität der Social Media-Plattform ab, ob im Einzelfall eine Bearbeitung vorliegt – etwa im Hinblick auf Übersetzungen von Texten, Verkleinerungen von Bildern usw.

65 Manche Veröffentlichungen von Nutzern zielen jedoch gerade darauf ab, fremde Werke zu verändern: **Montagen/Mashups** jeglicher Art, ob als Fotomontage mit „Fun-Effekt“ oder „Grusel-Faktor“, als „Supercut“, also dem Zusammenschnitt von Videosequenzen unterschiedlicher Werke zu einem Video, zirkulieren im Social Media. Das Werk wird dadurch in einem gänzlich anderen Zusammenhang präsentiert. Diese ungenehmigten Veröffentlichungen von Bearbeitungen sind meist auch Entstellungen (§ 14 Entstellungsverbot) des fremden Werks. Jede Bearbeitung und Umgestaltung nach § 23 UrhG ist zugleich eine Werkänderung i.S.d. § 14 UrhG.[47]

66 Bei der Beurteilung, ob eine Bearbeitung vorliegt, ist allerdings die Bearbeitung von der **„freien Benutzung“** (§ 24 UrhG) abzugrenzen. Kunst- und Kulturschaffende sollen sich ja gerade von fremden Werken inspirieren lassen dürfen. Die freie Bearbeitung erfordert einen gewissen Abstand zwischen benutztem Werk und neuem Werk. Die Rechtsprechung hebt sich hier vor allem durch bildhafte Sprache hervor:

> Trotz Anlehnung müsse ein neues selbstständiges Werk entstehen, dessen Prägung einen so eigentümlichen Charakter aufweist, dass demgegenüber *„die übernommenen Wesenszüge des vorbestehenden Werkes verblassen.“*[48]

> Als Regel gilt: *„Je auffallender die Eigenart des als Vorlage benutzten Werkes ist, um so weniger werden dessen übernommenen Eigenheiten in dem danach geschaffenen Werk verblassen.“*[49]

Freie Benutzung erfordert somit deutlich mehr als eine bloße Verfremdung oder ein Hervorrufen von Erheiterung zur Absatzsteigerung.[50]

45 *Dreier/Schulze*, § 23 Rn 17.
46 BGH, Urt. v. 18.12.2008 – I ZR 23/06 – GRUR 2009, 395.
47 *Dreier/Schulze*, § 23 Rn 26.
48 BGH, Urt. v. 4.2.1958 – I ZR 48/57 – GRUR 1958, 402.
49 BGH, Urt. v. 24.1.1991 – I ZR 78/89 – GRUR 1991, 531.
50 OLG Frankfurt, Urt. v. 25.4.1995 – 11 U 2/95 – ZUM 1996, 97.

d) Sharing

Das Weiterleiten fremder Inhalte ist oftmals urheberrechtlich[51] mit dem Heraufladen identisch – der Begriff des **„Sharing"** ist also juristisch ungenau. So wird der fremde Inhalt teilweise etwa erst heruntergeladen und dann erneut gepostet. Oder der heruntergeladene Inhalt wird mittels E-Mail oder eines ähnlichen Nachrichtentyps weiterverschickt – eventuell an eine so große Verteilerliste, dass sogar eine Sendung vorliegt. 67

Das Weiterleiten von Tweets, der **„ReTweet"**, ist – soweit der Inhalt des Tweets überhaupt rechtlich geschützt ist (es sind lediglich 140 Zeichen) – wohl zu Sharing zu zählen. Die Berechtigung zum Weiterleiten dürfte sich aber zumindest vertraglich aus den Nutzungsbedingungen von Twitter ergeben: Es ist der Zweck der Plattform, dass Inhalte untereinander mitgeteilt und weitergegeben werden.[52] 68

e) Linking

Deutlich komfortabler, als Kopien zu verschicken, ist jedoch das **Linking.** Es stellt sich die Frage, ob es eine urheberrechtliche Nutzung darstellt, auf die fremden Inhalte „zu verlinken". 69

Ein **Hyperlink,** kurz Link (engl.: Verknüpfung, Verbindung), ist eine elektronische Verweisung. Als Untergruppen des Hyperlinks kann noch zwischen **Surface Links,** die auf die Eingangsseite verweisen, und **Deep Links,** die mit tieferen Schichten verknüpft sind, differenziert werden. Für das Setzen von Hyperlinks (Surface Links und Deep Links) dürfte im Allgemeinen als rechtlich gesichert gelten, dass keine urheberrechtliche Nutzung (vervielfältigen, öffentlich zugänglich machen) vorliegt und das Verlinken also erlaubnisfrei ist.[53] Somit stellen Hyperlinks zunächst das urheberrechtlich sicherste und einfachste Verfahren dar, fremde Inhalte weiterzuleiten. 70

Eine Einschränkung dürfte allerdings für **Deep Links** gelten. Es kann vorkommen, dass der Betreiber der Website oder der Social Media-Präsenz ein Deep Linking nicht wünscht und deswegen versucht, dies technisch zu unterbinden (etwa durch die Verwendung einer **„Session-ID"** oder von **„Captchas"**). Wer dann seinerseits Umgehungstechniken einsetzt, um diese Schutzmechanismen auszuschalten, und somit ein Deep Linking erzwingt, handelt jedoch nicht mehr rechtmäßig.[54] 71

Neben Hyperlinks gibt es eine weitere Erscheinungsform des Links, der sog. **Embedded Link.** Das sind Verknüpfungen, die fremde Inhalte in die eigene Web- 72

---

51 Soweit es jedoch um die Verantwortlichkeit für Inhalte geht, ist zwischen eigenem und fremdem Inhalt zu unterscheiden, siehe unten 303.

52 Plattform AGB unten Rn 157.

53 BGH, Urt. v. 17.7.2003 – I ZR 259/00 – GRUR 2003, 958.

54 BGH, Urt. v. 29.4.2010 – I ZR 39/08 – GRUR 2011, 56.

site „einbetten". Hier wird (anders als bei Hyperlinks) teilweise eine Rechtseinräumung für erforderlich gehalten. Der fremde Inhalt werde „öffentlich zugänglich gemacht" (§ 19a UrhG), da der fremde Inhalt gleichsam virtuell als eigener dynamischer Content der Website erscheint. Es sei dann nicht so ganz deutlich, von wem denn nun der Inhalt stammt.[55] Die Rechtslage ist hier derzeit nicht eindeutig geklärt.

Beispiel
Für den Pizzabäcker Toni ist das Setzen eines Hyperlinks auf Google Maps zulässig, solange hier Google keine Sperren – wie etwa Session-IDs oder Captchas – einbaut und Toni eine Umgehung (Workaround) programmiert. Die Einbettung des Kartenausschnitts mittels des Embedded Links dürfte jedoch Geschmackssache sein, da es von manchen als urheberrechtsverletzend, also zustimmungspflichtig gesehen wird.
Nicht umhin kommt Toni, die Nutzungsbedingungen von Google Maps genau zu studieren. Dann wird Toni feststellen, dass zumindest das Einbetten zum Zwecke der gewerblichen Nutzung eingeschränkt ist: Toni hat die Google Maps APIs zu verwenden.

73 Im Bereich des Social Media stellt sich häufig die Frage nach der Rechtmäßigkeit eines **Video-Embeddings,** beispielsweise von YouTube-Videos. Dabei wird der Inhalt auf der eigenen Seite eingebunden. Beim Anklicken wird weiterhin das „ursprüngliche" Video abgespielt. Auch hier wäre wiederum das rechtliche Risiko zu beachten, dass sich aus der Verwendung von Embedded Links ergibt.

Praxistipp
Beim Verlinken mit fremden Inhalten (Websites, Bildern oder Videos) sollten Hyperlinks verwendet werden. Wer dagegen auf Embedded Links zurückgreift, setzt sich rechtlichen Risiken aus. So können Abmahnungen des Betreibers der fremden Website drohen. Auch wenn die Inhalte selbst rechtsverletzend sind, ist der Nutzer eines Embedded Links immer „näher dran".

f) Thumbnails

74 Thumbnails sind **verkleinerte Bilder,** die als Vorschau auf eine größere Abbildung desselben Motivs dienen. Das Originalmotiv – zumeist ein Foto – ist in der Regel urheberrechtlich geschützt (als Lichtbildwerk oder Lichtbild).

75 Das bedeutet, dass das Anzeigen (öffentlich Zugänglichmachen) des Thumbnails als urheberrechtliche Nutzung der Einwilligung des Rechteinhabers (Urhebers oder Lichtbildners bzw. deren Agenten) bedarf. Gleichzeitig ist jedoch täglich zu beobachten, dass **Suchmaschinen** in der Trefferliste Thumbnails fremder Bilder

55 OLG Düsseldorf, Urt. v. 8.11.2011 – I-20 U 42/11 –.

anzeigen – ohne ausdrücklich eine Einwilligung eingeholt zu haben und auch ohne etwa durch das Zitatrecht[56] privilegiert zu sein.

Für die Verwendung von Thumbnails durch Suchmaschinen in der Trefferliste 76 geht die deutsche Rechtsprechung[57] allerdings davon aus, dass zwar nicht eine ausdrückliche Zustimmung vorliegt, die erforderliche **Einwilligung** aber stillschweigend gegeben sei. Dadurch, dass ein Bild im Internet verfügbar gemacht wird und Suchmaschinen auf das Bild zugreifen dürfen, zeigt der Rechteinhaber sein Einverständnis. Die Suchmaschine darf das Bild als Thumbnail anzeigen. Eine stillschweigende Zustimmung ist hingegen nicht anzunehmen, wenn das Bild durch technische Mittel vor dem Zugriff der Suchmaschine geschützt wird. Bedient sich der Rechteinhaber solcher Techniken (die von Suchmaschinenbetreibern sogar bereitgestellt werden), äußert er, dass er eine Verwendung des Bildes als Thumbnail in der Trefferliste nicht wünscht.

Ob dieser Ansatz eventuell auch auf andere Anwendungsbereiche (Vorschau- 77 bilder auf Social Media-Plattformen) übertragbar ist, dürfte fraglich sein. Suchmaschinen genießen derzeit eine gewisse **Sonderstellung**. Umgekehrt verdeutlicht diese Rechtsprechung, dass außerhalb der Vorschau der Suchmaschine das Kopieren und Zugänglichmachen fremder Bilder eine ausdrückliche Einwilligung erfordert. Um sicherzugehen, sollten Unternehmen darauf achten, die Vorschaubilder, die beim Posten einer Verlinkung automatisch durch Facebook und Google+ erstellt werden, nicht in die eigene Veröffentlichung hineinzukopieren.

Praxistipp Facebook !
Wenn man auf Facebook einen Link mit seinen Freunden teilen möchte und ihn deswegen in seinen Status posten will, generiert Facebook automatisch ein entsprechendes Vorschaubild. Um hier das Risiko einer Urheberrechtsverletzung auszuschließen, sollte man das Kästchen mit der Beschriftung „Kein Miniaturbild" (zu finden direkt rechts neben dem Vorschaubild) ankreuzen, bevor man auf den Button „Posten" klickt.

g) Abstracts

Will ein Unternehmen auf seiner Social Media-Präsenz auf relevante Artikel bzw. 78 Bücher hinweisen, werden häufig kurze **Zusammenfassungen** gefertigt und veröffentlicht, sog. **Abstracts.** Hier stellt sich die Frage, ob das Abstract eine **unbefugte Übernahme** eines geschützten Werks ist. Dies ist etwa dann der Fall, wenn das Abstract lediglich aus Zitaten des Originaltextes besteht. Umgekehrt ist es zulässig, den fremden Inhalt **mit eigenen Worten** wiederzugeben und zusammenzufassen.[58] Das

56 Zum Zitatrecht siehe unten Rn 81.
57 BGH, Urt. v. 19.10.2011 – I ZR 140/10 – GRUR 2012, 602.
58 BGH, Urt. v. 1.12.2010 – I ZR 12/08 – GRUR 2011, 134.

Abstract selbst kann dann sogar urheberrechtlichen Schutz genießen, vorausgesetzt, die notwendige Schöpfungshöhe wird erreicht.

2. Grenzen des urheberrechtlichen Schutzes

79 Urheberrechtlicher Schutz wird nicht uneingeschränkt gewährt. Geistiges Eigentum unterliegt im Interesse der Allgemeinheit der sog. **Sozialbindung des Eigentums.** Das bedeutet nicht, dass es in der Bundesrepublik den „fair use" gäbe, das ist ein anglo-amerikanisches Konzept. In Deutschland sind die **Grenzen** des urheberechtlichen Schutzes **gesetzlich festgelegt,** d.h. kodifiziert. Danach ist für bestimmte Nutzungen eine Rechtseinräumung bzw. Einwilligung durch den Rechteinhaber nicht notwendig. Es handelt sich dabei um Nutzungen, die schutzwürdigen Belangen der Allgemeinheit dienen, etwa die Erleichterung des Schulunterrichts oder berechtigte Interessen im Bereich der Wissenschaft.

80 Besonders relevant für unternehmerische Social Media-Präsenzen ist die Regelung des § 44a UrhG als „Erfordernis der Informationsgesellschaft". Erlaubt sind danach **„vorübergehende Vervielfältigungshandlungen",** die flüchtig oder begleitend sind und deren alleiniger Zweck es ist, eine Übertragung in einem Netz zwischen Dritten durch einen Vermittler oder eine rechtmäßige Nutzung zu ermöglichen. Handelt es sich danach wie etwa beim Browsen im Internet um eine vorübergehende und nur flüchtige Speicherung im Arbeitsspeicher, so ist diese Vervielfältigung ohne Einwilligung des Urhebers grundsätzlich zulässig.[59]

81 Die wohl bekannteste Grenze der urheberrechtlichen Ausschließlichkeitsrechte ist das **Zitatrecht** (§ 51 UrhG). Wer ein fremdes Werk zitiert, benötigt keine Einwilligung. Sorgfalt ist jedoch geboten beim **formell richtigen Zitieren** (und zwar nicht bloß zum Wohle der Wissenschaft, etwa zur Erlangung eines Doktorgrades): Das fremde Werk sollte nur teilweise entnommen werden, nicht vollständig. Die fremde Stelle sollte unverfälscht übernommen werden (Änderungsverbot, § 62 UrhG). Schließlich ist das Zitat mit einem Quellenachweis (§ 63 UrhG) zu versehen.

82 Inhaltlich unterscheidet sich das Zitat vom bloßen Kopieren durch die offengelegte kritische Einordnung der fremden Quelle in den eigenen Inhalt. Das Zitat muss eine **„Belegfunktion"** erfüllen.[60] Der eigene Inhalt, etwa ein Text, setzt sich mit der fremden Quelle auseinander – zustimmend, ablehnend, anführend oder referierend –, die Quelle dient als Beweis oder Zusatzinformation; das Zitat stützt lediglich eigene Überlegungen, ersetzt sie aber nicht.

---

59 Im Hinblick auf offensichtlich rechtswidrige Streamingdienste sind ggf. jedoch Einschränkungen zu machen, siehe oben Rn 60.

60 Schricker/Loewenheim/*Schricker*/*Spindler*, § 51 Rn 16.

Praxistipp

Um nicht gegen Urheberrecht zu verstoßen, sind Inhalte, die man auf die eigene Social Media-Präsenz übernehmen möchte, mit eigenen Worten nachzuerzählen und dann mit einem Link zu der Fundstelle zu verbinden.

Auch ist eine auszugsweise Verwendung ohne Einwilligung nach §§ 49f. UrhG 83
möglich, wenn es sich bei dem verwendeten Material um Zeitungsartikel und dazugehörige Abbildungen handelt, die sich mit **tagesaktuellen Geschehnissen** befassen.

Werden Fotografien mit Straßenansichten verbreitet, ist die sog. **Panorama-** 84
freiheit eine mögliche Ausnahme vom ausschließlichen Verwertungsrecht des Urhebers (§ 59 UrhG). Danach dürfen Aufnahmen von „*Werken, die sich bleibend an öffentlichen Wegen, Straßen oder Plätzen befinden*" (wie Gebäude oder Denkmäler), selbst ohne Zustimmung des Urhebers hergestellt und vertrieben werden. Die Panoramafreiheit bezieht sich jedoch ausschließlich auf die Teile des Gebäudes, die **von der Straße** oder dem Platz aus einsehbar sind und nicht etwa den Innenhof. Ebenso ist etwa die Luftaufnahme eines Gebäudes nicht privilegiert, denn dies zeigt gerade die Teile des Gebäudes, die von dem Weg, der Straße oder dem Platz aus nicht zu sehen sind.[61]

Beispiel

Der Online-Dienst „Streetview" ist urheberrechtlich durch die Panoramafreiheit privilegiert. Google darf Gebäude und Denkmäler von der Straße aus abfilmen und die Bilder verbreiten. Die Unkenntlichmachung von Personen oder vollständigen Gebäuden („Widerspruchslösung") hat datenschutzrechtliche Hintergründe.[62]

3. Urheberpersönlichkeitsrechte

Die Verbindung zwischen der Persönlichkeit des Urhebers und seinem Werk ist be- 85
sonders geschützt, da im Werk „Herzblut" seines Schöpfers steckt. Daher stehen dem Urheber neben den (finanziell motivierten) Verwertungsrechten zusätzlich Urheberpersönlichkeitsrechte zu. Sie schützen die persönlichkeitsrechtlichen Befugnisse des Urhebers. Dazu zählen das Veröffentlichungsrecht (§ 12 UrhG), das Recht auf Anerkennung der Urheberschaft (§ 13 UrhG) – kurz Namensnennungsrecht – und das Entstellungsverbot (§ 14 UrhG).

61 BGH, Urt. v. 5.6.2003 – I ZR 192/00 – GRUR 2003, 1035.

62 Weitere Nachweise sind beispielsweise zu finden unter https://www.datenschutzzentrum.de/geodaten/streetview.htm.

a) Veröffentlichungsrecht

86 Der Urheber hat das Recht, zu bestimmen, ob und wie er sein Werk veröffentlichen möchte. Eine Veröffentlichung ohne oder gegen den Willen des Urhebers ist danach unzulässig. Andererseits ist auch ein stillschweigendes Einverständnis zur Veröffentlichung möglich, insbesondere etwa bei der Ablieferung eines Manuskripts oder dem **Posten eines Artikels** auf einer Social Media-Plattform.

b) Recht auf Anerkennung der Urheberschaft

87 Der Urheber hat das Recht auf Anerkennung seiner Urheberschaft am Werk. Er kann bestimmen, ob das Werk mit einer Urheberbezeichnung zu versehen und welche Bezeichnung zu verwenden ist (§ 13 UrhG). Danach ist der Urheber nicht verpflichtet, seinen Namen zu nennen. Er darf auch **anonym oder unter einem Künstlernamen** veröffentlichen. Veröffentlicht er aber unter einem (Künstler-)Namen, dann ist dieser grundsätzlich bei jeder Nutzung seines Werks zu nennen. So ist etwa Atze Schröder als Autor des Buches „Atze Schröder – Der Comic" zu nennen – der bürgerliche Name jedoch nicht. Atze Schröder lehnt eine Offenlegung seiner bürgerlichen Identität sogar ausdrücklich ab und ist erfolgreich in Gerichtsverfahren dagegen vorgegangen.

88 Im Bereich von Social Media ist dies etwa bei Tweets zu beachten. Ein ReTweet (d.h. das Teilen eines Tweets eines Anderen mit den eigenen Followern) sollte demnach als solcher bezeichnet werden und den Namen des ursprünglichen Twitterers führen.

89 Das Namensnennungsrecht gilt ebenso bei der Veröffentlichung von Fotos im Internet. Selbst wenn diese lizenziert werden, sind sie mit einem **Bildquellennachweis** zu versehen (u.U. ist dann auch die Agentur statt des Fotografen zu nennen, z.B. „Corbis").[63]

c) Entstellungsverbot

90 Das Entstellungsverbot gem. § 14 UrhG verbietet jegliche objektiv erkennbare Änderung des Werks. Der Urheber ist geschützt gegen eine **verfälschende Wiedergabe** seines Werks (unangemessene Kürzungen, verstümmelte Fassungen usw.). Das Entstellungsverbot hat im Bereich des Social Media nur selten eine eigenständige Bedeutung. Wie oben ausgeführt,[64] liegt in einer Bearbeitung nach § 23 UrhG zugleich eine Werkänderung i.S.d. § 14 UrhG.[65] Daher gehen beide Regelungen Hand in Hand, Grenze ist wiederum die „freie Benutzung".

63 OLG Düsseldorf, Urt. v. 9.5.2006 – 20 U 138/05 – GRUR-RR 2006, 393.
64 Siehe oben Rn 65.
65 *Dreier/Schulze*, § 23 Rn 26.

Beispiel für eine Entstellung nach § 14 UrhG
- Die Verarbeitung eines Musikstücks zu einem Handy-Klingelton stellt eine Entstellung nach § 14 UrhG dar und ist damit erlaubnispflichtig.
- Die musikalische Zusammenstellung von „Kylie meets Angry Birds (I Should Be So Angry/Lucky)" dürfte als Bastard Remix wohl die Rechte von Frau Minogue verletzen.

Checkliste für die Nutzung von Fotos
- Hat der Urheber in die geplante Verwendung des Fotos eingewilligt?
- Bestehen ausreichend Rechte für die geplante Nutzung auf einer Social Media-Präsenz (Vervielfältigungsrecht, Recht zur öffentlichen Zugänglichmachung, Unterlizensierung, ggf. Bearbeitungsrecht)?
- Freier Gebrauch im Rahmen der Grenzen des Urheberrechtsschutzes bei: Bildzitat, Satire, Bericht über aktuelle Tagesgeschehnisse?
- Darf das auf dem Foto abgebildete Motiv – der Bildinhalt – gezeigt werden? (Problematisch, wenn markenrechtlich geschütztes Motiv, fremde Personen oder ihrerseits urheberrechtlich geschützte Werke)

IV. Lizenzerwerb

Der Inhaber des Schutzrechts (Urheber, ausübender Künstler, Datenbankhersteller) 91 darf Dritten gestatten, sein Werk (oder die Darstellung oder die Datenbank) zu nutzen. Juristisch handelt es sich um die **vertragliche Einräumung von Nutzungsbefugnissen.** Diese vertragliche Rechtseinräumung bezeichnet man unspezifisch mit dem Oberbegriff **„Lizenz".**

Welche Rechte in welchem **Umfang** und mit welcher Laufzeit eingeräumt wer- 92 den, entscheidet grundsätzlich der Rechteinhaber. Es gibt exklusive und nichtexklusive Lizenzen, solche mit bestimmter oder unbestimmter Laufzeit, unterlizensierbare Lizenzen, territorial begrenzte Lizenzen usw. Der Einfallsreichtum ist nahezu unbegrenzt.

Soll beispielsweise ein Musikstück lediglich der Öffentlichkeit zugänglich ge- 93 macht werden durch **Webcast** (§ 20 UrhG) oder **On-demand** (§ 19a UrhG), so sind zumindest genau diese Nutzungen zu lizensieren. Wird das Musikstück zusätzlich zum **Download** angeboten, sind Rechte zur Vervielfältigung (§ 16 UrhG) einzuholen. Möchte der Dritte zudem **Mashups** fertigen, so hat er sich entsprechende Bearbeitungsrechte zu sichern.

Umgekehrt definiert der Umfang der Lizenz die spätere **Nutzungsberechti-** 94 **gung.** Es ist also wichtig, zu wissen, ob und welche rechtlich relevante Nutzung vorliegt[66] und ob die entsprechenden Rechte im notwendigen Umfang eingekauft (lizensiert) wurden.

66 Siehe zu den Werkarten oben Rn 24 und den Nutzungshandlungen oben Rn 51.

1. Lizenzerwerb nur vom Rechteinhaber

95 Es ist der Rechteinhaber, der die erforderlichen Rechte einzuräumen bzw. zu übertragen hat. Entweder ist er selbst originärer Inhaber oder er leitet seine Rechte von Dritten ab – über eine **Rechtekette.**

96 Die Binsenweisheit, dass man „einem nackten Mann nicht in die Tasche greifen" kann, gilt auch für Nutzer von Social Media-Plattformen. Verfügt der Lizenzgeber nicht oder nicht in **ausreichendem Umfang** über die Rechte an den Inhalten, so läuft jegliche Vereinbarung zu einer weiteren Rechtseinräumung ins Leere. Dem Lizenznehmer können die geforderten Nutzungsrechte nicht eingeräumt werden.

97 Hier hilft auch Gutgläubigkeit nicht weiter. Anders als bei körperlichen Gegenständen ist ein **gutgläubiger Erwerb** von (Nutzungs-)Rechten **nicht möglich.**[67]

2. Verschiedene Arten des Lizenzerwerbs

a) Originärer und derivativer Rechtserwerb

98 Der originäre Rechtsinhaber, also der Urheber, kann Dritten Nutzungsrechte an seinem Werk durch (schriftlichen, aber auch mündlichen) **Lizenz-Vertrag** einräumen.

99 Die Rechte des Lizenzgebers können aber auch abgeleitet sein, insoweit spricht man von einer Rechtekette. Private Nutzer und insbesondere ein Unternehmer, der fremden Content auswertet, sollten genau überprüfen, ob derjenige, der ihnen Rechte einräumen möchte, dazu auch in der Lage ist. Bei längeren Rechteketten muss jedes Glied passen, daher ist Vorsicht geboten.

Praxistipp
Der Lizenznehmer sollte sich – soweit möglich – vom Lizenzgeber zusichern lassen, dass dieser über die Rechte verfügt – das erleichtert im Schadensfall zumindest die Rechtsverfolgung.

Beispiel
Hochladen von Screenshots von Werken anderer oder von Fotos von Personen ohne deren Einwilligung.

---

b) Arbeitnehmer

100 Auch im Hinblick auf Werkschaffende, die als Arbeitnehmer für einen Auftraggeber tätig sind, gilt das **Schöpferprinzip** des § 7 UrhG. Originärer Urheber ist der Beschäftigte. Damit weicht die urheberrechtliche Zuordnung von der zivilrechtlichen,

67 Siehe BGH, Urt. v. 15.11.1957 – I ZR 83/56 – GRUR 1958, 354; Palandt/*Grüneberg*, § 405 BGB Rn 1.

dinglichen Zuordnung der geschaffenen Werkstücke ab. Im Sachenrecht ist der Arbeitgeber Eigentümer des Werkstücks (§ 950 BGB), während das Immaterialgut Urheberrecht beim schöpferischen Arbeitnehmer verbleibt.

Allerdings bestimmt die Regelung des § 43 UrhG, dass **„Inhalt oder Wesen des Arbeits- oder Dienstverhältnisses“** zu berücksichtigen sind. Somit gilt, dass der angestellte Urheber dem Arbeitgeber schon mit dem Arbeitsvertrag ein entsprechendes ausschließliches Nutzungsrecht einräumt, soweit der Arbeitgeber das Nutzungsrecht zur Verwertung benötigt, um es wirtschaftlich zu seinen Gunsten und auf sein Risiko auf dem Markt zu verwerten. Festzuhalten ist jedoch, dass Urheber der Arbeitnehmer bleibt. Jedoch hat der Arbeitgeber Anspruch auf die (stillschweigende) Übertragung von Nutzungsrechten. 101

Anders zu behandeln sind sog. **freie Werke** des Arbeitnehmers. Freie Werke sind solche, die der beschäftigte Urheber nicht „in Erfüllung“, sondern nur **„bei Gelegenheit“** der Beschäftigung oder ganz außerhalb derselben schafft. Insoweit besteht lediglich eine **Anbietungspflicht.** Der beschäftigte Urheber hat dem Arbeitgeber eine Lizenz für das freie Werk anzubieten, wenn das Werk zwar außerhalb der vereinbarten Arbeitsaufgabe liegt (also „frei“ ist), aber im Zusammenhang mit dem Arbeitsverhältnis steht.[68] Der Grund dafür liegt in den gegenseitigen persönlichen Fürsorge- und Treuepflichten zwischen Arbeitgeber und Arbeitnehmer. 102

Im Bereich des urheberrechtlichen Schutzes von **Software** existiert eine **Sonderregelung (§ 69b UrhG).** Danach „*ist ausschließlich der Arbeitgeber zur Ausübung aller vermögensrechtlichen Befugnisse an dem Computerprogramm berechtigt*“, wenn Software von einem Arbeitnehmer „*in Wahrnehmung seiner Aufgaben oder nach den Anweisungen seines Arbeitgebers geschaffen*“ wurde, sofern nichts anderes vereinbart ist. Somit erwirbt der Arbeitgeber kraft Gesetzes ein ausschließliches Recht zur Ausübung aller vermögensrechtlichen Befugnisse.[69] Die Zweckübertragungslehre[70] ist nicht anwendbar, da es eine gesetzliche – und nicht vertragliche – Lizenz ist. 103

c) Konkludente Lizenz durch Einstellung ins Internet?

Es stellt sich die Frage, ob bereits das Einstellen von Inhalten als die schlüssige Erklärung zu deuten ist, Dritte dürften die Inhalte verwenden. Diese Schlussfolgerung wäre zu weitreichend. Die Tatsache allein, dass das urheberrechtliche Werk ohne Sicherheitsmaßnahmen (Zugriffsbeschränkung oder Kopierschutz) und ohne ausdrücklichen Hinweis auf die Urheberschaft gepostet wird, führt nicht zu einer 104

---

68 Schricker/Loewenheim/*Rojahn*, § 43 Rn 101.
69 Vgl. Schricker/Loewenheim/*Loewenheim*, § 69b Rn 11.
70 Siehe dazu unten Rn 108 und unten Rn 137.

Rechtseinräumung. Die Rechtsprechung zur Verwendung von Vorschaubildern durch **Suchmaschinen**[71] ist insoweit ein Sonderfall.[72]

105 Nur ausnahmsweise kommt eine stillschweigende, (konkludente) Lizenzerteilung an Dritte allein durch die Einstellung von Inhalten auf Social Media-Plattformen in Betracht.

106 Eventuell wäre an eine konkludente Lizenz bei einer Social Media-Plattform zu denken, die ausschließlich auf den Austausch und das Teilen von Inhalten ausgerichtet ist. So wird vertreten, dass jeder, der bei Twitter registriert ist, davon ausgehen muss, dass seine Tweets von anderen Nutzern aufgegriffen und ReTweeted werden, da dies ein elementarer Bestandteil von Twitter sei. Danach wäre das Posten des Inhalts als Tweet gleichzeitig eine **konkludente Einwilligung** zum „ReTweet".[73]

107 Es bleibt allerdings daran festzuhalten, dass stillschweigende Rechtseinräumungen die Ausnahme sind. Die Lizenz zugunsten anderer Nutzer, die einmal geposteten Inhalte durch ReTweet (oder sonstiges Tool) weiter zu „sharen", könnte sich auch in den **Nutzungsbedingungen** der jeweiligen Social Media-Plattform finden.[74] Selbstverständlich betrifft das dann üblicherweise das Sharing innerhalb der Plattform. Eine stillschweigende Lizenz ist danach jedoch nicht mit der vertraglichen Lizenz zu verwechseln, die dem Nutzer mittels bestimmter Nutzungsbedingungen eingeräumt wird.

3. Umfang der Rechtseinräumung, Zweckübertragungstheorie

108 Erteilt der Urheber Nutzungsrechte, so kann im Nachhinein fraglich werden, was genau in dem Vertrag gemeint war, also in welchem Umfang Nutzungsrechte vertraglich eingeräumt wurden. Im Falle einer nicht genau definierten Rechtseinräumung gilt die **Zweckübertragungslehre,** gesetzlich festgelegt in § 31 Abs. 5 UrhG. Sie besagt, *„dass der Urheber im Zweifel keine weitergehenden Rechte überträgt, als es der Zweck der Verfügung erfordert"*.[75]

109 Faktisch **schützt** diese Regelung den **Urheber,** denn er gibt dann nicht mehr preis als nötig. Umgekehrt versuchen Verwerter dem dadurch zu begegnen, dass sie die zu lizensierenden Rechte umfangreich ausformulieren. Damit haben Lizenznehmer aber nicht immer Erfolg, denn die Veränderung der technischen Möglichkeiten ist schwer vorherzusehen (und wer dachte Anfang der 1990er Jahre an die DVD als Speichermedium?).

---

71 BGH, Urt. v. 19.10.2011 – I ZR 140/10 – GRUR 2012, 602.
72 Siehe oben Rn 74.
73 *Krieg*, K&R 2010, 73, 76.
74 Zu den Nutzungsbedingungen siehe unter Rn 146.
75 BGH, Urt. v. 22.9.1984 – I ZR 40/81 – GRUR 1984, 119; BGH, Urt. v. 27.9.1995 – I ZR 215/93 – GRUR 1996, 121.

4. Formularvertragliche Lizenzen

Unternehmen greifen häufig auf Inhalte zurück, die ihnen von Dritten zur Verfügung gestellt werden. Häufig kommen dabei formularvertragliche Lizenzen zum Einsatz. Die lizensierten Inhalte möchte das Unternehmen nutzen, um damit die eigene Social Media-Präsenz anzureichern. 110

Postet ein Unternehmer die lizensierten Inhalte dann auf einer Social Media-Plattform, so unterliegen diese Inhalte den Nutzungsbedingungen des Betreibers der Social Media-Plattform.[76] Die geposteten Inhalte werden damit weiterlizensiert. Folglich ist bereits beim Erwerb der Rechte zu berücksichtigen, wofür der lizensierte Inhalt später verwendet werden soll. 111

Praxistipp !

Bei einer Social Media-Nutzung sollte darauf geachtet werden, dass eine vom Urheber eingekaufte Lizenz ausdrücklich auch schon die spätere Möglichkeit zur Online-Nutzung und Unterlizenzierung an eine Social Media-Plattform vorsieht.

Klauselmuster !

„Der Lizenzgeber räumt dem Lizenznehmer hiermit das ausschließliche, zeitlich, räumlich und inhaltlich unbeschränkte Recht ein, das Werk … im Rahmen des Social Media-Auftritts … umfassend, auch kommerziell, zu nutzen und zu verwerten. Der Lizenzgeber versichert, dass das Werk frei von Rechten Dritter ist und er über die Rechte an dem Werk nicht bereits verfügt hat und nicht verfügen wird, weder ganz noch teilweise anderweitig. Die Rechtseinräumung umfasst ausdrücklich alle bekannten und unbekannten Formen von Angebotsmöglichkeiten im Internet.“

---

a) Kommerzielle Library-Lizenzen

Im Internet existieren zahlreiche, meist kommerzielle Archive, insbesondere Bildersammlungen, sog. **Stock-Archive** (beispielsweise Getty Images usw.). Der Betreiber des Stock-Archivs seinerseits hat Rechte an den Bildern von Fotografen erworben und wertet die Bilder nun auf eigene Rechnung aus. Er kümmert sich um die Lizenzvergabe und -verwaltung der Bilder. Die Nutzungsbedingungen betreffend der Inhalte (meist Bilder) ergeben sich aus den AGBs des Stock-Archivs. Wer Inhalte des Stock-Archivs verwendet, sollte sich allerdings mit den **Einzelheiten der Nutzungsbedingungen** vertraut machen. 112

In den meisten Fällen ist gemäß den Lizenzbedingungen des Stock-Archivs die **Unterlizensierung** an Dritte untersagt.[77] Demgegenüber ist das Posten von Inhalten auf einer Social Media-Präsenz an die AGB des Betreibers der Social Media-Plattform 113

---

76 Siehe zur Lizenzvergabe an den Betreiber einer Social Media-Plattform unten Rn 129.

77 *„Getty Images gewährt dem Lizenznehmer ein unbefristetes, nichtexklusives, nicht übertragbares, nicht in Unterlizenz zu vergebendes und weltweit geltendes Recht“*, siehe unter http://www.gettyimages.de/Corporate/LicenseAgreements.aspx#RF.

gebunden. Diese Betreiber der Social Media-Plattform (wie z.B. Twitter, aber auch Facebook) vereinbaren danach eine weltweite, unterlizenzierbare Lizenz.[78] Folglich würde ein Nutzer, der Bilder aus einem solchen Stock-Archiv in Social Media postet, die Nutzungsbedingungen des Bildes verletzen: Sein Nutzungsrecht an dem Bild schließt die Unterlizensierung gerade nicht mit ein, während die Bedingungen der Social Media-Plattform vorsehen, dass der Betreiber der Plattform ein Recht an dem geposteten Bild, also eine Unterlizenz erhält.

114 Der Nutzer von Inhalten, die aus einem Stock-Archiv stammen, sollte aber noch weitere Aspekte der Nutzung beachten. Meist wird bestimmt, dass das Bild bzw. die anderen, aus dem Stock-Archiv lizensierten Inhalte in **bestimmten Kontexten** nicht verwendet werden dürfen. Diese Kontexte, die eine besondere Prüfung erfordern, sind etwa Politik, Erotik, Glücksspiel oder Gewaltdarstellung. Beispielsweise wäre die Verwendung von Modelfotos aus dem Bereich „Mode" zumindest rechtlich ungeeignet zur Ankündigung von „Adult-Content". Eine weitere Beschränkung wäre etwa eine ausdrückliche Pflicht zur Namensnennung des Urhebers oder der Agentur.

b) Creative Commons – Open Content

115 Creative Commons ist eine Non-Profit-Organisation, die Lizenzvertragsvorlagen veröffentlicht, um Schöpfern urheberrechtlich geschützter Werke die vergütungsfreie Veröffentlichung und Verbreitung ihres Schaffens zu erleichtern.[79] Der Urheber möchte sein Werk nicht schlicht „verschenken", sondern sein Werk **der Allgemeinheit zur Verfügung stellen.** Solche Urheber unterstützen die Idee von freien Inhalten (Open Content) und der erlaubnisfreien Weitergabe und Nutzung ihrer Werke. Sie möchten jedoch trotzdem, dass die Persönlichkeit des Urhebers beachtet wird. Ein Beispiel ist die (vielleicht kluge) Entscheidung eines frisch promovierten Juristen, seine Doktorarbeit „frei" zu veröffentlichen. Interessierte Nutzer können nachlesen, was es nun mit der Rechtsprechung zur anagrammatischen Klangrotation auf sich hat, gleichzeitig wird der Name des Verfassers in Fachkreisen bekannt gemacht.

116 Creative Commons stellt **verschiedene Lizenzmodelle** (Open Content-Lizenzen) für die jeweiligen Werkkategorien zur Verfügung. Generell muss ein Werk immer mit dem Namen des Urhebers und einem Link zu der CC-Lizenz gekennzeichnet werden. Das ist die Basislizenz, die sog. **Attribution-License** (kurz **CC-BY**). Es handelt sich um die lizenzvertragliche Nachzeichnung des Rechts auf Anerkennung der Urheberschaft (§ 13 UrhG), während hinsichtlich anderer Rechte, etwa dem Vervielfältigungsrecht, eine Nutzungserlaubnis an die Allgemeinheit eingeräumt wird

78 Siehe unten Rn 146.
79 Siehe http://creativecommons.org.

(„Ich grüße alle und den Rest der Welt"). Die Lizenz kann **modular** weiter begrenzt werden, wobei die Lizenzmodelle kombinierbar sind, so z.B. um die Untersagung der kommerziellen Nutzung (Non-Commercial, **CC-BY-NC**), oder die Untersagung der Bearbeitung (No-Derivates, **CC-BY-ND**) oder um die Pflicht, Bearbeitungen des Werks nur unter derselben Lizenz zu verbreiten (Share-Alike, **CC-BY-SA**).

Zu beachten ist, dass auch die Verwendung auf der Social Media-Präsenz eines 117 Unternehmens zu einer kommerziellen Nutzung zählt.

Aufgrund der speziellen Ausgestaltung der Lizenzbedingungen – die Einräu- 118 mung der Nutzungsrechte steht unter der auflösenden Bedingung der Beachtung des Lizenzvertrages – kann ein **Verstoß** für den Lizenznehmer **weitreichende Konsequenzen** haben: Der Lizenznehmer verliert sein Nutzungsrecht an den Inhalten. Er ist somit nicht lediglich vertraglichen Ansprüchen, sondern sogar gesetzlichen Ansprüchen des Urhebers (Schadensersatz, Auskunft etc.) ausgesetzt.[80]

Auch hier kann es problematisch sein, Inhalte, die unter einer **Open Content-** 119 **Lizenz** zur Verfügung gestellt wurden, in **Social Media-Plattformen** einzustellen. Die Bedingungen der Open Content-Lizenz entsprechen meist nicht den Nutzungsbedingungen der Social Media-Plattform. Auch hier würde ein Nutzer, der Open Content in Social Media postet, die Nutzungsbedingungen verletzen und folglich käme es zum Verlust seiner Nutzungsberechtigung, dem „Heimfall" der Rechte an den Lizenzgeber.

5. Nutzung von User-generated content

Unter User-generated content versteht man Inhalte, die von den Nutzern **selbst ge-** 120 **staltet** und gepostet werden. Kommerzielle und nicht-kommerzielle Verwender nutzen User-generated content. Häufig wird etwa mittels Preisausschreiben nach den besten Urlaubsfotos oder einem neue Werbeslogan, einer neuen Produktaufmachung u.ä. gefahndet; oder aber der Firmenblog soll mit Kommentaren zum Betriebsausflug gefüllt werden. Sämtliche dieser Beiträge der Nutzer sind User-generated content.

a) Crowdsourcing

Crowdsourcing (oder deutsch: Schwarmauslagerung) bezeichnet die Auslagerung 121 von Aufgaben an die Gemeinschaft der freiwilligen Nutzer im Internet. Der Begriff ist an das „Outsourcing" angelehnt. Freiwillige auf der ganzen Welt steuern zu dem Projekt bei. Bekanntestes Medium in diesem Bereich ist Wikipedia: Die Beiträge sind Artikel und Bilder. Das Projekt zielt darauf ab, eine Datenbank (§ 87a UrhG) bzw. Enzyklopädie der Menschheit herzustellen.

80 LG Berlin, Beschl. v. 8.10.2010 – 16 O 458/10 – MMR 2011, 763.

122 Dies bedeutet aber auch, dass sich der einzelne Autor hinter das Sourcing für das **gemeinsame Projekt** stellt, niemand darf aus der Crowd ausschwärmen. Demzufolge räumt er Rechte an seinem Beitrag ein.

b) Lizenz vom Nutzer

123 Sämtliche Plattformen, die User-generated content vertreiben, lassen sich in der Regel von dem Nutzer eine Lizenz an den eingestellten Inhalten erteilen.[81] Anders als beim Crowdsourcing existiert nicht immer ein gemeinsames Projektziel. Zudem kann häufig zwischen privatem Verfasser und privatem Verwender nicht klar getrennt werden. So ist im Social Media der Nutzer meist sowohl **Schöpfer** als auch **Konsument.** Stets werden allerdings von Nutzern erstellte Inhalte eingeführt und genutzt. Eine Rechtseinräumung ist somit in sämtlichen Bereichen erforderlich, in denen Medieninhalte nicht vom Anbieter eines Webangebots selbst erstellt werden.

124 Die zur Verfügung gestellten Beiträge sind sehr unterschiedlich: Texte, Bilder, Musik, Videos. Bei YouTube etwa sind die vom Verfasser zur Verfügung gestellten Beiträge Filmwerke (§ 2 Abs. 1 Nr. 6 UrhG). Der Verfasser räumt YouTube das Recht ein, den Beitrag in die Datenbank zu kopieren, zu speichern, öffentlich zugänglich zu machen und ihn zu verbreiten. Im Falle von Wikipedia räumt der Verfasser zusätzlich das Rechte ein, dass Dritte den Beitrag (das Schriftwerk, § 1 Abs. 1 Nr. 1 UrhG) verbessern – urheberrechtlich schlicht „verändern" – dürfen.

125 Zu Schwierigkeiten kommt es, wenn sich die Beitragenden **„mit fremden Federn schmücken"**, etwa wenn der Verfasser seinen Beitrag aus der Zeitung abgeschrieben hat, also die Rechte an dem Beitrag ihm selbst gar nicht zustehen und er folglich auch keine Rechte inne hat, die er dem Anbieter des Webangebots einräumen könnte. Aus diesem Grunde sieht die Lizenz beim Crowdsourcing – aber auch auf den meisten klassischen Social Media-Plattformen – vor, dass der Freiwillige versichert, über die erforderlichen Rechte an seinem Beitrag verfügen zu dürfen.

126 Plant ein Unternehmen, den User-**generated content** seinerseits zum Teil der **eigenen Social Media-Präsenz** zu machen, so sind auch hier die Nutzungsbedingungen des Betreibers der Social Media-Plattform von vornherein einzukalkulieren. Entsprechend ist ausdrücklich auch schon die spätere Möglichkeit zur Online-Nutzung und Unterlizenzierung an eine Social Media-Plattform vorzusehen.

! **Praxistipp**
Soll User-generated content zur Anreicherung der eigenen Social Media-Präsenz verwendet werden, so ist von vornherein vorzusehen, dass das Unternehmen umfassende Rechte an den Beiträgen erwirbt. Dazu gehören Bearbeitungsrechte und die Online-Nutzung in Social Media. Abschließend sollte der Freiwillige versichern, über die erforderlichen Rechte an seinem Beitrag verfügen zu dürfen.

---

81 Siehe zur Lizenzvergabe an den Betreiber einer Social Media-Plattform unten Rn 129.

Beispiel
Die Nutzungsregelungen von holidaycheck.de fordern, dass Nutzer eine Hotelbewertung auf holidaycheck.de nur dann mit Fotos dekorieren dürfen, wenn sie auch die Rechte daran innehaben.

c) Haftungsrisiken, wenn User-generated content Rechte Dritter verletzt

Der **Nutzer** ist verantwortlich, wenn er Inhalte einstellt, an denen er nicht oder 127 nicht ausreichend über die Rechte verfügt. Er hat also seinerseits etwa mit einer Abmahnung zu rechnen. Aber auch der **Betreiber einer Social Media-Plattform** setzt sich Haftungsrisiken aus, wenn über seine Plattform Inhalte verbreitet werden, die Rechte Dritter verletzen.[82]

Der **Betreiber einer Social Media-Präsenz** ist ebenfalls gefährdet, wenn er Bei- 128 träge von Nutzern (User-generated content) als eigenen Content verwendet. Es sind unterschiedliche Situationen denkbar, zumindest aber versuchen Betreiber, sich mittels ihrer Nutzungsbedingungen von einer möglichen Haftung **freizuhalten.** So lassen sie sich nicht bloß zusichern, dass der Nutzer über die erforderlichen Rechte verfügt, sondern auch, dass der Nutzer im Haftungsfall sämtliche Verluste, Schäden und Ausgaben einschließlich angemessener Anwaltshonorare und Rechtsverfolgungskosten ersetzen wird.[83]

V. Lizenzvergabe an den Betreiber einer Social Media-Plattform und damit verbundene Risiken

1. Lizenzregelungen in Nutzungsbedingungen der Betreiber von Social Media-Plattformen

Social Media-Plattformen verwenden Nutzungsbedingungen, unter denen teilwei- 129 se sehr weitreichende, mitunter nicht klar umrissene Rechte an User-generated-content eingeholt werden.

Klauselmuster für eine Rechtseinräumung
„Sie erteilen uns eine nicht-exklusive, übertragbare, unterlizenzierbare, gebührenfreie, weltweite Lizenz für die Nutzung jeglicher IP-Inhalte, die Sie auf unserer Social Media-Plattform posten („IP-Lizenz"). Diese IP-Lizenz endet, wenn Sie ihre IP-Inhalte oder Ihr Konto auf unserer Social Media-Plattform löschen."

Vorausgesetzt, die Nutzungsbedingungen sind an dieser Stelle wirksam (was jeden- 130 falls nicht immer völlig unzweifelhaft ist), erteilt danach der Nutzer an jedem Foto

82 Siehe unten Rn 301.
83 Siehe zur Kostenerstattung Kap. 6 Rn 68.

oder sonstigen Inhalt, den er bei der Social Media-Plattform einstellt, eine **umfassende Lizenz zur Nutzung.**

131 Bei nahezu jeder Social Media-Plattform sind gewisse **Rechtseinräumungen** erforderlich. Die Social Media-Plattform bietet ein Netzwerk, in dem Nutzer kommunizieren, Inhalte einstellen sowie fremde Inhalte aufgreifen und untereinander austauschen. Zum einen stellt ein Nutzer also Inhalte zur Verfügung, damit diese präsentiert werden. Zum anderen **konsumiert** der Nutzer die Inhalte anderer Nutzer auf vielfältige Art und nutzt die Funktionalitäten der Social Media-Plattform.

132 Die seitens des Nutzers eingestellten Inhalte werden gespeichert, vervielfältigt gem. § 16 UrhG, öffentlich zugänglich gemacht i.S.v. § 19a UrhG und eventuell sogar gesendet gem. § 20 UrhG. Der Nutzer räumt dem Betreiber sowie auch den sonstigen Nutzern („Mitgliedern" der Social Media-Plattform) Rechte dazu ein.

133 Der Umfang der Rechtseinräumung definiert sich anhand der besonderen **Funktionalität.**[84] Zu denken ist dabei an bestimmte Bearbeitungsrechte (§ 23 UrhG). Insbesondere aber erstreckt sich die Rechtseinräumung häufig auf das gesamte Netzwerk. Nur so können die Inhalte „geshared" werden. Festzuhalten ist somit, dass das Funktionieren einer Social Media-Plattform eine umfangreiche Rechtseinräumung von Vervielfältigungs-, Verbreitungs- und Bearbeitungsrechten zugunsten des Betreibers und auch der anderen Nutzer oder Freunde erfordert. Dies zu verstehen ist wichtig, denn häufig behaupten Aktivisten, dass dem Betreiber überhaupt keinerlei **„Rechte am Content"** zustehen würden, die Nutzungsbedingungen also insgesamt eine „Zumutung" seien. Richtigerweise erfordern die Funktionalitäten bestimmte Rechtseinräumungen.

Beispiel
Ein auf der Pinnwand hochgeladenes Bild wird öffentlich zugänglich gemacht, indem es zugelassenen Freunden erlaubt ist, das Bild anzusehen. Ist zusätzlich erlaubt, dass die Freunde das Bild bei sich speichern, liegt eine Untereinräumung des Vervielfältigungsrechts vor. Entsprechend ist es sogar denkbar, dass sämtlichen Nutzern der Plattform zugleich Nutzungsrechte eingeräumt werden, um die gemeinsame „virtuelle Welt" mit Leben zu füllen.

a) Anwendbarkeit deutschen Rechts auf Lizenzen

134 Die Nutzungsbedingungen der Betreiber von Social Media-Plattformen verwenden häufig **Rechtswahlklauseln.** Danach vereinbaren der Betreiber und der Nutzer die ausschließliche Anwendbarkeit einer bestimmten Urheberrechtsordnung auf ihre Rechtsbeziehungen. Nach Art. 3 Rom I-VO[85] haben diese Vereinbarungen Vor-

84 *Berberich*, MMR 2010, 736, 737.
85 VO (EG) Nr. 593/2008 v. 17.7.2008 über das auf vertragliche Schuldverhältnisse anzuwendende Recht (Rom I).

rang.[86] Sie gelten selbst dann, wenn das Vertragsverhältnis keinerlei Auslandsbeziehung aufweist.

Die Wirksamkeit der Rechtswahlklausel ist allerdings grundsätzlich begrenzt. 135
Bestimmt etwa die nationale Rechtsordnung, dass bestimmte Regelungen zwingendes Recht darstellen oder aber, dass sie zum sog. ordre public gehören, so darf von diesen nationalen Bestimmungen nicht abgewichen werden, Art. 3 Abs. 3 Rom I-VO.

Insbesondere kann durch die vertragliche Rechtwahl gerade nicht vom **Schutz-** 136
landprinzip[87] abgewichen werden. Damit gilt grundsätzlich deutsches Urhebervertragsrecht. Zu den urhebervertragsrechtlichen, zwingenden Regelungen gehören insbesondere die Bestimmungen zum Urheberpersönlichkeitsrecht sowie der Zweckübertragungsgrundsatz.[88]

b) Zweckübertragungstheorie

Den Abschnitten der Nutzungsbedingungen zur Rechtseinräumung an Inhalten 137
fehlt es häufig an Bestimmtheit hinsichtlich der Reichweite der geforderten Lizenzierung.

Das hat zur Folge, dass die Zweckübertragungslehre[89] als Auslegungsregel gilt. 138
Sie greift immer dann, wenn **Zweifel über den Umfang** der Rechteeinräumung bestehen.

Vertragszweck ist der Betrieb der Social Media-Plattform mit ihren Funktionali- 139
täten für den Nutzer und die Freunde, Peers sowie anderen User. Kritisch zu sehen sind daher Rechtseinräumungen, die über diesen Zweck hinausschießen. Zu denken ist dabei an Rechte zur **kommerziellen Auswertung** (besonders durch Drittunternehmen), **Übersetzungsrechte** oder **Aufführungsrechte.** Aufführungsrecht ist das Recht, ein Werk der Musik durch persönliche Darbietung öffentlich zu Gehör zu bringen oder ein Werk öffentlich bühnenmäßig darzustellen. Diese Rechte haben meist keinen direkten Bezug zur Social Media-Plattform.

Zu den kritisch diskutierten Rechtseinräumungen zählen zudem die von man- 140
chen Betreibern favorisierte **„Ewigkeitsgarantie“.** Danach lizensiert der Nutzer die Rechte zeitlich unbegrenzt (also für die Dauer des Urheberrechtsschutzes – 70 Jahre nach dem Tod des Urhebers). Es sei nach Ansicht der Kritiker schwer einzusehen, dass die Rechte beim Betreiber verbleiben, auch wenn ein Nutzer kündigt. Allerdings werden die ehemals hochgeladenen Bilder von den Freunden weiterhin untereinander „geshared“. Das macht die Lage komplex, denn das Netzwerk ist darauf

86 Zu Einzelheiten zum anwendbaren Recht unten unter Rn 210 sowie zum Recht nach ausgewählten internationalen Jurisdiktionen unter Kap. 8.
87 Siehe unten Rn 217.
88 Schricker/Loewenheim/*Katzenberger*, vor §§ 120 ff. Rn 166.
89 Siehe oben Rn 108.

ausgerichtet, dauerhaft eine **„virtuelle Welt“** entstehen zu lassen, die sich nicht nur um einen Nutzer allein dreht. Insoweit existieren Parallelen zu Wikipedia. Nimmt ein Autor nicht mehr teil, so wäre es wenig nachvollziehbar, wenn dann die entsprechenden Beiträge und Artikel geschwärzt werden müssten.

2. Mangelnde Rechteinhaberschaft des Nutzers als Risiko

141 Verfügt der Nutzer nicht über die erforderlichen Rechte, dann kann er auch dem Betreiber der Social Media-Plattform diese Rechte nicht einräumen. Das hat zur Folge, dass der Nutzer der Plattform gegen die jeweiligen AGB verstößt. Wegen des Verstoßes gegen die AGB über die Nutzung der Social Media-Plattform muss der Nutzer mit den vertraglich festgelegten **Sanktionen** durch den Betreiber rechnen.

142 Zudem verletzt der Nutzer, der fremde Inhalte unerlaubt postet, auch die gesetzlichen Rechte des Urhebers. Es drohen **gesetzliche Unterlassungs-, Schadensersatz- und Auskunftsansprüche** seitens des Urhebers bzw. Rückgriffsansprüche des Betreibers der Social Media-Plattform, wenn etwa ein Urheber sich zunächst unmittelbar an den Betreiber hält.

143 Vor diesem Hintergrund wird die Diskussion um die **Sperrung von Nutzerkonten** und dem Ausschluss von Nutzern von der Social Media-Plattform verständlich. Besteht eine rechtliche Verpflichtung der Social Media-Betreiber, solche Nutzer zu sperren, die einen oder mehrere Rechtsverstöße gegen geistige Eigentumsrechte begangen haben (also vermeintlich notorische Piraten und Markenfälscher)?

144 Interessant ist in diesem Zusammenhang eine Entscheidung des EuGH aus dem Jahre 2011.[90] Damals ging es in einer Klage der L´Oréal SA gegen eBay International AG auch darum, welche gerichtlichen Anordnungen an den Betreiber einer Online-Handelsplattform gerichtet werden können, um diesen zu zwingen, vorbeugende Maßnahmen zur Verhinderung von Rechtsverletzungen zu ergreifen. Hintergrund war, dass Nutzer die Plattform **eBay** zum **Verkauf von gefälschten Parfüms** der Marke L´Oréal nutzten und Markenrechte verletzten. Die Aussagen des EuGH zu den Maßnahmen sind zwar recht vage, eine Sperrung von Nutzern ist jedoch nicht auszuschließen. Insbesondere aber seien die nationalen Gerichte verpflichtet, in ihrer Rechtsprechung die Verantwortlichkeit der Betreiber den Schutz des geistigen Eigentums betreffend einerseits mit den Rechten der Betreiber und der Nutzer andererseits sachgerecht in Einklang zu bringen. Nationale Gerichte müssten in der Lage sein, einen Online-Marktplatzbetreiber zu Maßnahmen zu verpflichten, die zur Beendigung von Verletzungen durch seine Nutzer, aber auch zur Vorbeugung beitragen.

145 Es besteht keine generelle Pflicht des Betreibers, Inhalte stets zu filtern und zu sperren. Eine solche Verpflichtung verstößt gegen die europäische E-Commerce-

90 EuGH, Urt. v. 12.7.2011 – C-324/09 – GRUR 2011, 1025.

Richtlinie und die Grundrechte der von der Überwachung Betroffenen gemäß der europäischen Grundrechtecharta. Zulässig ist nur eine begrenzte, spezielle Überwachung auf Rechtsverletzungen.[91] Welchen Umfang diese haben darf, muss jedoch die Rechtsprechung noch präzisieren. Bis dahin sollten Unternehmen sich ihrer Verantwortung bewusst sein, dass sie selbst darauf zu achten haben, dass ihre geposteten Inhalte weder Urheber- oder Markenrechte verletzen.

VI. Nutzungsbedingungen der Betreiber einer Social Media-Plattform

Die oben dargestellten urheberrechtlichen Aspekte[92] der Nutzungsrechtseinräumung zugunsten der Betreiber von Social Media-Plattformen spiegeln sich meist in den jeweiligen **Nutzungsbedingungen (AGB)** der Betreiber wieder. Neben den gesetzlichen Normen (Urheberrechtsgesetz) bestimmen die AGB die Nutzung. 146

Die Sanktionen sind unterschiedlich: Während bei einem Verstoß gegen gesetzliche Vorgaben Unterlassungs- oder Schadensersatzansprüche drohen, kann bei einem Verstoß gegen die AGB der Betreiber der Social Media-Plattform den Nutzer sperren oder löschen. Die **Löschung** der Social Media-Präsenz kann sich als die härtere Sanktion herausstellen, denn die in den Aufbau und die Pflege der Social Media-Präsenz investierten Ressourcen sind zunichte gemacht und Netzwerkkontakte gehen meist verloren. 147

Bezüglich der Grundlagen zum Thema Nutzungsbedingungen sowie zur Empfehlung, auch als Betreiber einer Social Media-Präsenz auf einer Social Media-Plattform Nutzungsbedingungen zu vereinbaren, wird auf das entsprechende Kapitel verwiesen.[93] 148

1. Facebook

Die „Nutzungsbedingungen"[94] von Facebook bestimmen in den deutschlandspezifischen Sonderregeln,[95] dass deutsches Recht Anwendung finden soll. 149

Laut den Nutzungsbedingungen erteilt der Nutzer gegenüber dem Betreiber (Facebook) eine **IP-Lizenz.** Die Rechtseinräumung umfasst das nicht-exklusive, übertragbare, unterlizenzierbare, gebührenfreie, weltweite Recht zur Nutzung jeglicher IP-Inhalte, die der Nutzer auf oder im Zusammenhang mit Facebook postet. Mit „In- 150

---

91 EuGH, Urt. v. 16.2.2012 – C-360/10 – GRUR 2012, 382.
92 Siehe oben Rn 51.
93 Siehe Kap. 1 Rn 100.
94 Nutzungsbedingungen, abrufbar unter http://de-de.facebook.com/legal/terms.
95 Für Nutzer mit Wohnsitz in Deutschland, abrufbar unter http://www.facebook.com/terms/provisions/german/index.php.

halten" ist alles gemeint, was der Nutzer oder andere Nutzer auf Facebook posten. Der Begriff **„Posten"** bezeichnet das Veröffentlichen von Inhalten auf Facebook oder das zur Verfügung stellen von Inhalten auf andere Art und Weise mittels Facebook.

151 Nach den deutschlandspezifischen Sonderregeln gilt die IP-Lizenz mit der Einschränkung, dass die Nutzung der Inhalte durch Facebook auf die Verwendung auf oder in Verbindung mit Facebook beschränkt ist.

152 Im Detail richtet sich die Rechtseinräumung jedoch nach der Funktionalität. Nach Klausel 2.3 bestimmt die „Vereinbarung mit der Anwendung", wie die Anwendung die Inhalte und Informationen verwenden, speichern und übertragen darf. Der Begriff „Verwenden" bezieht sich damit auf eine umfassende Auswertung, das „Verwenden, Kopieren, öffentliche Vorführen oder Anzeigen, Verbreiten, Modifizieren, Übersetzen und Erstellen von abgeleiteten Versionen". Der Nutzer räumt folglich die Rechte ein, die Facebook benötigt, um eine Nutzung der Social Media-Plattform zu ermöglichen.

153 Die IP-Lizenz endet, wenn der Nutzer die IP-Inhalte oder sein Konto löscht, außer die Inhalte wurden mit anderen Nutzern geteilt und diese haben die Inhalte nicht gelöscht (Klausel 2.2).

154 Insgesamt lässt sich feststellen, dass die Nutzungsbedingungen insbesondere aufgrund der umfangreichen Verweisungen nicht einfach zu verstehen sind. Letztendlich ist die konkrete Funktionalität der Plattform zu berücksichtigen und die Nutzungsrechtseinräumung nachzuzeichnen.

2. Twitter

155 Die Terms of Service[96] von Twitter bestimmen, dass kalifornisches Recht Anwendung finden soll. Diese Rechtswahl wird wohl gerade im Verkehr mit deutschen Verbrauchern nur begrenzte Wirkung entfalten.[97]

156 An sämtlichem „Content", die der Nutzer in oder über den Twitter übermittelt, postet oder ausstellt, räumt der Nutzer der Plattform Twitter Rechte ein. Laut den „Terms of Service" beinhaltet der Content Texte, Bilder, Grafiken, „Informationen" und sonstige Materialien. Die Rechtseinräumung umfasst das nicht ausschließliche, weltweite, entgeltfreie Nutzungsrecht, die Inhalte in jeglichen Medien oder Verbreitungswege, die gegenwärtig bekannt sind oder in Zukunft bekannt sein werden, zu nutzen, zu verwenden, zu vervielfältigen, zu reproduzieren, zu verarbeiten, zu bearbeiten, zu verändern, zu veröffentlichen, zu übermitteln, wiederzugeben und zu vertreiben. Eine Einschränkung der Lizenz auf Rechte, die zur Teil-

96 Terms of Service abrufbar unter https://twitter.com/tos.

97 Siehe hierzu VO (EG) Nr. 593/2008 v. 17.7.2008 über das auf vertragliche Schuldverhältnisse anzuwendende Recht (Rom I) sowie unten Rn 210.

nahme an der Plattform erforderlich sind, sehen die Nutzungsbedingungen nicht vor.

Begünstigte der Rechtseinräumung sind Twitter, Drittunternehmen und – soweit erforderlich – die anderen Nutzer. Es gilt: 157

> *„This license is you authorizing us to make your Tweets available to the rest of the world and to let others do the same."* (Klausel 5) (Sie autorisieren uns und Dritte, Ihre Tweets dem **Rest der Welt** zugänglich zu machen).

Diese Bestimmung dürfte wohl auch ReTweets erlauben.

3. XING

Die „Allgemeinen Geschäftsbedingungen für die Nutzung von XING"[98] bestimmen 158 die Anwendung deutschen Rechts.

Die Geschäftsbedingungen treffen insbesondere Bestimmungen zu den Ver- 159 haltenspflichten der Nutzer und dazu, dass XING keine Verantwortung für die Inhalte übernimmt. Den Nutzern ist es vertraglich untersagt, *„gesetzlich (z. B. durch das Urheber-, Marken-, Patent-, Geschmacksmuster- oder Gebrauchsmusterrecht) geschützte Inhalte zu verwenden, ohne dazu berechtigt zu sein, oder gesetzlich geschützte Waren oder Dienstleistungen zu bewerben, anzubieten oder zu vertreiben"* (Klausel 4.1.3). Zudem hat der Nutzer XING freizustellen von sämtlichen Ansprüchen, *„die andere Nutzer oder sonstige Dritte gegen XING wegen einer Verletzung ihrer Rechte durch die vom Nutzer auf den XING-Websites eingestellten Inhalte geltend machen"* (Klausel 10.1).

Rechtseinräumungen zugunsten von XING oder Dritter sind in den „Allgemei- 160 nen Geschäftsbedingungen für die Nutzung von XING" nicht genannt. Hier ist jedoch von einer stillschweigenden Rechtseinräumung auszugehen, soweit die Services dies erfordern (etwa das Vervielfältigungsrecht und Recht der öffentlichen Zugänglichmachung des Profilbildes).

Die an Geschäftskunden gerichteten „Allgemeine Geschäftsbedingungen für die 161 Nutzung von XING Unternehmensprofilen"[99] erklären zumindest, dass die XING AG (der Betreiber der Social Media-Plattform) *„die vom Unternehmen bereitgestellten Inhalte, Daten und/oder Informationen Dritten zur Verfügung [stellt]..."* (Klausel 1.3).

Auffällig ist, dass auf eine umfangreiche Rechtseinräumung verzichtet wird. 162 Das ist auch nicht überraschend, da dieses Netzwerk auch mehr auf Kontakte ausgerichtet ist als auf kreative Inhalte.

98 AGB für die Nutzung von XING, abrufbar unter http://www.xing.com/terms.

99 AGB für die Nutzung von XING-Unternehmensprofilen, abrufbar unter http://www.xing.com/app/user?op=tandc&what=cp.

4. Zusammenfassung

163 Die rechtlichen Grundlinien, die bereits bei der Einbindung von User-generated content genannt wurden,[100] finden sich somit in den Nutzungsbedingungen der verschiedenen Social Media-Plattformen wieder. So muss der Nutzer über die **Rechte an den Inhalten** verfügen, die er hochlädt (postet etc.). Er darf sich also nicht „mit fremden Federn schmücken". Bei **Verstoß** gegen diese Regelung hat der Nutzer den Betreiber freizustellen, etwa für den Fall, dass ein Autor sich beschwert, ein Nutzer habe fremde Werke ohne ausreichende Berechtigung hochgeladen.

164 Die Rechtseinräumung zugunsten des Betreibers der Social Media-Plattform und der anderen Nutzer zeigt äußerlich zwar Unterschiede. Dem Zweck entsprechend bestehen jedoch Übereinstimmungen. So ist bei Facebook und Twitter das Bearbeitungsrecht ausdrücklich genannt. Die vielfältigen **Funktionen** der Plattformen fordern umfangreiche Nutzungsrechte.

165 Bemerkenswert ist auch der Hinweis seitens Facebook und Twitter, dass die **Rechtseinräumung dauerhaft** ist. Sie endet jedenfalls dann nicht, wenn die Inhalte bereits durch andere Nutzer verwendet werden und diese „die Inhalte nicht gelöscht" haben (so Facebook), oder ist ohnehin dauerhaft (so Twitter). Die Regelung verdeutlicht, dass die eingestellten Inhalte ein Eigenleben führen – zumindest wenn sie innerhalb des Netzwerks ausgetauscht werden. Dies erscheint zunächst problematisch, dürfte aber wohl nur logische Konsequenz des Netzwerks sein.[101]

B. Markenrecht

I. Marken, geschäftliche Bezeichnungen, geografische Herkunftsangaben

166 Geschützte Kennzeichen werden in Social Media ständig gebraucht. Es kursieren Bilder von Markenware, bekannte Logos werden verfremdet, Marken genannt, diskutiert und bewertet. Insbesondere bei Werbefragen und Aspekten rund um Domains bestehen Berührungspunkte zwischen Social Media und Markenrecht. Eine **Marke** dient der Kennzeichnung von Waren und Dienstleistungen. Sie besteht damit aus zwei Elementen: dem **Zeichen** und den mit Zeichen markierten **Waren oder Dienstleistungen** (z.B. BMW für Automobile und nicht für Ahnenforschungsdienstleistung).

167 Die Waren und Dienstleistungen sind nach einem anerkannten System eingeteilt, der **„Klassifikation von Nizza"**. Dies ist ein internationales Abkommen, das in insgesamt 45 sog. Waren- und Dienstleistungs-„Klassen" sämtliche denkbaren

---

100 Siehe hierzu oben Rn 120.
101 Siehe hierzu oben Rn 133.

Waren und Dienstleistungen einordnet. Ist also beispielsweise in einer Markensache von „Warenklasse 26 Basisnummer 260026“ die Rede, weiß jeder, dass es sich um die Markenkennzeichnung von Hosenträgerklammern handelt.

Marken haben vor allen Dingen die **Funktion,** auf die Herkunft der Ware oder Dienstleistung hinzuweisen. Auf der Grundlage der Rechtsprechung des EuGH setzt sich immer mehr die Auffassung durch, dass einer Marke auch weitere Funktionen wie Werbefunktion und Zusicherung von Qualität zukommen. 168

Geschäftliche Bezeichnungen dienen der Identifizierung eines Unternehmens. Die Firma eines Unternehmens ist eine geschäftliche Bezeichnung („Gaststätte zum Kuckuck“). 169

Geografische Herkunftsangaben kennzeichnen Waren und Dienstleistungen aus einer bestimmten Region. Das betrifft üblicherweise die Markierung von Agrarerzeugnissen und Lebensmitteln mit Produktnamen, die eine direkte geografische Zuordnung ermöglichen („Champagner“, „Diepholzer Moorschnucke“). 170

Es gibt **nationale, europäische sowie internationale Marken.** Die drei Genannten können auch kombiniert werden. Grundlage zur Erlangung des Markenschutzes durch eine Registermarke ist ein Antrag. Teilweise (und faktisch nur in seltenen Fällen) kann Markenschutz auch durch sog. **Verkehrsgeltung** erlangt werden. Zumeist ist der Aufwand, eine etwaige Verkehrsgeltung nachzuweisen, sehr hoch; und es sind erhebliche vorangehende Investitionen in die Werbung sowie hohe Umsatzzahlen erforderlich. 171

Die Eintragung einer deutschen Marke richtet sich an das **Deutsche Patent- und Markenamt** (DPMA). Juristisch werden diese Marken vom **MarkenG** normiert. 172

Eine Gemeinschaftsmarke gewährt einheitlichen Schutz in den Ländern der EU. Registrierungsbehörde ist das **Harmonisierungsamt für den Binnenmarkt** in Alicante (HABM). Rechtlich geregelt ist die Gemeinschaftsmarke in der **Gemeinschaftsmarkenverordnung.**[102] 173

Internationale Marken regelt das „Madrider System“. Sie unterliegen der **Weltorganisation für Geistiges Eigentum** (WIPO) in Genf, rechtlich geregelt sind sie im **Madrider Abkommen** und dem zugehörigen **Protokoll zum Madrider Abkommen.** Die internationalen Marken (IR-Marken) gelten nicht automatisch „weltweit“ bzw. in den Mitgliedstaaten des Madrider Abkommens. Zunächst wird eine Basismarke beim nationalen Markenamt (z.B. DPMA) registriert, diese Marke wird dann auf weitere, einzeln wählbare Staaten erstreckt. Erteilt wird somit ein Bündel von IR-Marken, die in ihrem Schutzumfang den nationalen Marken gleichstehen. 174

Das jeweilige Markenamt prüft, ob die Eintragungsgebühr ordnungsgemäß entrichtet wurde und ob ggf. „Schutzhindernisse“ vorliegen, die der Eintragung entge- 175

102 VO (EG) Nr. 207/2009 v. 26.2.2009 über die Gemeinschaftsmarke.

genstehen. Geprüft werden danach insbesondere **Unterscheidungseignung** und **Freihaltebedürfnis.**

176 Wird die Marke im Markenregister eingetragen, darf der Markeninhaber sie mit dem Symbol ® oder ™ (aus dem Englischen **Registered Trademark**) neben der Marke versehen. Es besteht aber keine Pflicht zu dieser Kennzeichnung. Auch ist das ®- oder ™-Zeichen keine Voraussetzung für den Schutz in Deutschland.[103]

II. Denkbare Verstöße gegen das Markenrecht in Social Media

1. Markenverletzung nur bei Nutzung „im geschäftlichen Verkehr"

177 Wer eine fremde Marke *„im geschäftlichen Verkehr"* benutzt, verletzt die Ausschließlichkeitsrechte des Markeninhabers. Rechtsfolge der Verletzung einer Marke ist ein Anspruch auf Unterlassung der Benutzung der Marke (§ 14 MarkenG). Auch die Möglichkeit, Schadensersatz geltend zu machen, ist unter dieser Vorschrift eröffnet.

178 Handelt ein Gewerbetreibender oder ein Kaufmann im Internet, wird man davon ausgehen können, dass er im geschäftlichen Verkehr handelt. Rein private Tätigkeiten außerhalb von Erwerb und Berufsausübung stellen jedoch kein Handeln im geschäftlichen Verkehr dar. Allerdings kann eine **gewerbliche Tätigkeit** angenommen werden, z.B. wiederholter Handel mit gleichartigen, insbesondere auch neuen Gegenständen, Handel mit kurz zuvor erworbenen Gegenständen[104] oder anderweitige Tätigkeit.[105]

179 Das OLG Köln[106] hat bei einer Domain, die von Fans betrieben wurde, zwar das Tatbestandsmerkmal „Handeln im geschäftlichen Verkehr" verneint. In der Nutzung einer **Internet-Domain** für ein kritisches Forum, wobei der Domainname sich aus einer fremden Marke und einer kritisch beschreibenden Angabe zusammensetzte, sah aber das OLG Hamburg[107] ein Handeln im geschäftlichen Verkehr. Der Senat verneinte allerdings eine markenmäßige Benutzung, da deutlich war, dass der Domainname lediglich auf eine fremde Dienstleistung Bezug nimmt.

Beispiele

– Die Benutzung der Domain lucky-strike.de durch jemanden, der jedoch keine Rechte an der Marke „lucky-strike" hat, stellt bereits dann keine erlaubte private Nutzung mehr dar (und ist damit eine geschäftliche Handlung), wenn diese Domain Werbebanner oder Links zu geschäftlichen Angeboten beinhaltet.[108]

---

103 Siehe insoweit auch zum „Copyright Mythos" oben Rn 12.

104 BGH, Urt. v. 30.4.2008 – I ZR 73/05 – GRUR 2008, 702.

105 Zu markenrechtlichen Fragen in Zusammenhang mit Benutzernamen auf Social Media-Plattformen siehe Kap. 2 Rn 12.

106 OLG Köln, Urt. v. 19.3.2010 – 6 U 180/09 – GRUR-RR 2010, 477.

107 HansOLG, Urt. v. 18.12.2003 – 3 U 117/03 – MMR 2004, 415.

108 LG Hamburg, Urt. v. 1.3.2000 – 315 O 219/99 – MMR 2000, 436.

– Der Inhaber der Domain digitalbibliothek.de, unter der er kostenlosen Zugriff auf eine Linguistik-Datenbank gewährt, handelt nach Ansicht des LG Berlin nicht im geschäftlichen Verkehr.[109]

2. Verwechslungsgefahr

Wenn zwischen einer geplanten Marke und bestehenden Marken eine Verwechslungsgefahr gegeben ist, können Inhaber prioritärer Markenrechte gegen eine Neueintragung einer **konkurrierenden Marke** oder die markenmäßige Verwendung eines anderen Zeichens (etwa durch einen Slogan oder eine Bezugnahme) vorgehen. 180

Um zu bewerten, ob eine Verwechslungsgefahr besteht, ist jeweils die **Ähnlichkeit** im Hinblick auf die Zeichen sowie im Hinblick auf die gekennzeichneten Waren zu beurteilen. Bei der Beurteilung der Verwechslungsgefahr gilt: 181

> *„[Es] besteht eine Wechselbeziehung zwischen den in Betracht zu ziehenden Faktoren, insbesondere der Identität oder Ähnlichkeit der in Frage stehenden Waren [oder Dienstleistungen], der Identität oder Ähnlichkeit der Marken sowie der Kennzeichnungskraft der älteren Marken. Danach kann insbesondere ein geringerer Grad der Ähnlichkeit der Marken durch einen höheren Grad der Ähnlichkeit der Waren und umgekehrt sowie durch eine besondere Bekanntheit der älteren Marke im Markt ausgeglichen werden.“*[110]

Es ist also im Rahmen einer **Gesamtabwägung** die Ähnlichkeit der sich gegenüberstehenden Zeichen sowie der Waren oder Dienstleistungen zu beurteilen und zu bewerten, ob diese Ähnlichkeit im Verkehr zur Gefahr von Verwechslungen führt. 182

Bei dem Zeichen, das eine fremde Marke verletzt – sog. **Kollisionszeichen** –, muss es sich jedoch nicht zwingend um eine Marke handeln. Wie bereits angedeutet, kann auch das Führen eines Domainnamens oder einer Geschäftsbezeichnung eine Markenverletzung verursachen. 183

3. Erlaubte Verwendung einer fremden Marke

Die Benutzung einer fremden Marke kann vorkommen, wenn gefälschte Ware weiterverkauft wird. Das ist zweifellos rechtwidrig. Doch bereits bei der Werbung mit Referenzen, beim **Wiederverkauf** von Originalware oder der **Nennung** fremder Markenprodukte („*Alufelgen passend für Audi*“) oder Dienstleistungen („*Ich akzeptiere Paypal und Visa*“) stellen sich rechtliche Fragen der Benutzung einer fremden Marke. 184

109 LG Berlin, Urt. v. 21.3.2000 – 16 O 663/99 – BeckRS 2000, 31138899.
110 BGH, Urt. v. 13.1.2000 – I ZR 223/97 – GRUR 2000, 506.

185 In diesen Fällen ist grundsätzlich zwischen Marken für Waren und solchen für Dienstleistungen zu **unterscheiden.**

186 Im Bereich der **Waren** gilt der immaterialgüterrechtliche **Erschöpfungsgrundsatz.** Danach darf der Markeninhaber an den Einzelstücken der gekennzeichneten Ware, die von ihm selbst oder mit seiner Zustimmung in den Verkehr gebracht worden ist, keine Markenrechte mehr geltend machen (§ 24 MarkenG). Wer als Wiederverkäufer ein Markenprodukt vertreibt, darf grundsätzlich die Marke des Herstellers (Wortmarke, Wort/Bildmarke, Logo) zu Werbezwecken verwenden.[111]

187 Im Hinblick auf **Dienstleistungen oder das Ersatzteilegeschäft** gelten andere Grundsätze. Es muss zwar möglich sein, die fremde Marke zur **Beschreibung** eigener Dienstleistungen und Ersatzteile auch konkret zu benennen. Die Markenbenutzung aber darf nicht gegen „die guten Sitten" verstoßen (§ 23 MarkenG). Die Abbildung der Wortmarke ist zu diesem Zweck ausreichend, während die Benutzung einer Wort-/Bildmarke (und die damit verbundene Ausnutzung der besonderen Werbefunktion des Logos) in der Regel nicht *„notwendig"* (so § 23 MarkenG) und damit unzulässig ist.[112]

188 Eine freie **Kfz-Werkstatt** darf danach nicht die Wort-/Bildmarke „VW" verwenden, um für die Inspektion von VW-Fahrzeugen zu werben – wohl aber mittels eines einfachen Schriftzuges der Buchstaben V und W.[113] Oder es kann im Rahmen eines Gewinnspiels unzulässig sein, eine vom Markeninhaber veranstaltete Kreuzfahrt als den Preis auszuloben und sich dabei auf die besondere Werbefunktion der fremden Marke zu stützen.[114]

Beispiel
Eine Mediaagentur, die auf einer modern gestalteten Homepage verschiedene als Wort-/Bildmarke geschützte Firmenlogos präsentiert und sich stolz damit brüstet, für die präsentierten Unternehmen bereits tätig gewesen zu sein, kann sich auch markenrechtlichen Ansprüchen ausgesetzt sehen, da die Werbefunktion der jeweiligen Wort-/Bildmarke unverhältnismäßig ausgenutzt wird.

---

189 An der Rechtfertigung zur Nennung fremder Marken im Namen einer Social Media-Präsenz kann es ebenfalls dann fehlen, wenn die Nennung innerhalb der Präsenz (und nicht bereits im Namen) ausreicht.[115] In dem durch das LG Düsseldorf entschiedenen Streit bot ein Händler Ersatzteile unter dem Domainnamen www.cat-ersatzteile.de an. Das Warenangebot umfasste allerdings nicht lediglich Maschinen und Originalteile der Firma Caterpillar, die Inhaberin der Marke „CAT" ist. Zusätz-

111 BGH, Urt. v. 17.7.2003 – I ZR 256/00 – GRUR 2003, 878.
112 BGH, Urt. v. 14.4.2011 – I ZR 33/10 – GRUR 2011, 1135.
113 BGH, Urt. v. 14.4.2011 – I ZR 33/10 – GRUR 2011, 1135.
114 OLG Rostock, Beschl. v. 26.8.2008 – 2 W 34/07 – GRUR-RR 2008, 391.
115 LG Düsseldorf, Urt. v. 19.7.2006 – 2a O 32/06 – GRUR-RR 2007, 14.

lich wurden über die Domain auch Teile anderer Hersteller verkauft. Das Gericht sah die Nutzung der Marke „CAT" als Teil des Domainnamens nicht mehr als *„notwendig"* i.S.d. § 23 Nr. 3 MarkenG an. Ein Hinweis auf der Website genüge.

4. Keyword-Advertising und Metatags

Für die Kundengewinnung im Internet spielen **Suchmaschinen** eine entscheidende Rolle. Das gilt insbesondere für Wiederverkäufer, aber auch für Plagiatoren und Trittbrettfahrer. Die Suchtreffer einer Internetrecherche sollen auf das eigene Angebot gelenkt werden. Das generiert Traffic bzw. Klicks. Vorteil solcher Verkaufsförderung ist, dass Adressaten erreicht werden, die an dem Produkt oder der Dienstleistung (vermutlich) bereits interessiert sind. Im Grundsatz sind hier Metatags und Keyword-Advertising zu unterscheiden. 190

Metatags sind Schlagworte auf der eigenen Homepage, die für den Besucher nicht sichtbar sind. Suchmaschinen lesen diese Schlagworte allerdings mit und werten sie aus. Durch die häufige Verwendung des Metatags wird somit das Suchergebnis beeinflusst (selbst dann, wenn sich der sichtbare Teil die Website gar nicht mit dem im Metatag bezeichneten Thema befasst). Der Suchtreffer wird als **thematischer Suchtreffer** angezeigt und gerade nicht als kommerzielle Werbung. 191

Wird eine fremde Marke als Metatag genutzt, ist das eine markenmäßige Benutzung.[116] Die Nutzung erfordert also eine Marken-Lizenz (oder aber der Werbende bewegt sich im Bereich der erlaubten Nutzung fremder Marken); anderenfalls ist das Metatagging rechtswidrig. 192

Beim **Keyword-Advertising** – auch Adwords-Werbung genannt (nach den Google-AdWords) – kauft ein Werbender einen Suchbegriff, ein Keyword. Die bezahlten Suchtreffer als kommerzielles Suchergebnis zu dem Keyword sind ausdrücklich als **Internetwerbung** gekennzeichnet, etwa unter der Rubrik „Sponsored Links" oder „Anzeigen". 193

Beim Keyword-Advertising ist die Situation im Grunde anders als bei Metatags, weil deutlich wird, dass es sich um Werbung handelt. Der BGH[117] hat daher die Verwechslungsgefahr zwischen einem geschützten Kennzeichen im Suchmaschinenergebnis und einem unter „Anzeigen" gezeigten Keyword verneint. Der EuGH hat zudem entschieden, dass eine Markenverletzung erst dann vorliegt, wenn für den normal informierten und angemessen aufmerksamen Internetnutzer das Bestehen einer wirtschaftlichen Verbindung zwischen Werbendem und Markeninhaber (fälschlicherweise) suggeriert wird.[118] In der Rubrik „Anzeigen" erwartet der Inter- 194

---

116 BGH, Urt. v. 8.2.2007 – I ZR 77/04 – GRUR 2007, 784.
117 BGH, Urt. v. 22.1.2009 – I ZR 30/07 – GRUR 2009, 500.
118 EuGH, Beschl. v. 26.3.2010 – C-91/09 – GRUR 2010, 641; *Splittgerber*, NJW 2010, 2014, 2014 ff.

netnutzer aber nicht ausschließlich Angebote des Markeninhabers.[119] Für die **Praxis** bedeutet dies, dass das weit verbreitete Modell des Keyword-Advertising bei Beachtung bestimmter Grenzen wohl als markenrechtlich unbedenklich einzustufen ist.[120]

Praxistipp
Die Verwendung fremder Marken für die eigene Werbung ist nicht generell verboten. Eine entsprechende Maßnahme sollte jedoch zuvor einer juristischen Prüfung unterzogen werden, sodass der Einzelfall vor dem Hintergrund der bereits ergangenen Rechtsprechung beurteilt werden kann.

5. Markenrecht und Domain- oder Accountnamen

195 Auch das Führen eines Domainnamens kann eine geschützte Marke oder die geschäftliche Bezeichnung eines Dritten verletzen. Gleichermaßen kann sogar der **Name einer Social Media-Präsenz** Markenrecht verletzen.[121] Voraussetzung einer Verletzung ist lediglich, dass Domain bzw. Account im geschäftlichen Verkehr, also nicht rein privat Verwendung finden.[122] So forderte die Stadt Mannheim einen Unternehmer per strafbewehrter Unterlassungserklärung auf, die Nutzung seines Twitter-Accounts namens „Mannheim" zu unterlassen und diesen den Stadtvätern von Mannheim zu überschreiben;[123] zu einem gerichtlichen Verfahren kam es jedoch nicht, die Parteien einigten sich gütlich.

196 Den **Betreibern von Social Media-Plattformen** wie Twitter, Facebook oder anderen ist bewusst, dass bereits der Name von Social Media-Präsenzen markenrechtlich relevant sein kann. So ist häufig in den AGB für Nutzer festgelegt, dass der Betreiber sich vorbehält, Maßnahmen insbesondere gegen Markenverletzungen zu ergreifen.

Beispiel
In der „Trademark Policy" von Twitter heißt es sinngemäß: Twitter behält sich vor, Benutzernamen im Namen von Unternehmen und Privatpersonen, die den Rechtsanspruch oder das Markenrecht auf diesen Benutzernamen halten, zurückzuverlangen. Konten, die Firmennamen und/oder Logos zum Zweck der Täuschung anderer Benutzer verwenden, werden permanent gelöscht.[124]

---

119 BGH, Urt. v. 13.1.2011 – I ZR 125/07 – GRUR 2011, 828.

120 *Röhl*, NJW 2011, 3005, 3006.

121 Zu markenrechtlichen Fragen in Zusammenhang mit Benutzernamen auf Social Media-Plattformen siehe Kap. 2 Rn12.

122 HansOLG, Urt. v. 18.12.2003 – 3 U 117/03 – MMR 2004, 415.

123 Siehe hierzu den Schriftsatz, als PDF unter http://www.mikogo.de/downloads/docs/twitter-mannheim-mikogo-web-conferencing.pdf.

124 Trademark Policy, abrufbar unter https://support.twitter.com/articles/18367-trademark-policy.

6. Domaingrabbing

Die Reservierung von Domains folgt dem Windhundprinzip: **„first-come, first-served“.** Anders als im Markenrecht (dort § 25 MarkenG) gibt es für Domains jedoch keinen Benutzungszwang. Der Domainschutz besteht auch dann, wenn die Domain dauerhaft nicht vom Domaininhaber benutzt worden ist. Somit können Domains bequem bevorratet und **„geparkt“** werden, um sie später gewinnbringend zu verkaufen. 197

Es verwundert nicht, dass sich daraus ein Geschäftsmodell entwickelt hat: das „Domaingrabbing“. Die Domainregistrierungen erfolgen dabei meist **systematisch und automatisiert.** 198

Aus diesem Grund gehen die Gerichte gegen Domaingrabber insoweit vor, als sie einen gerechten **Ausgleich** suchen zugunsten derjenigen, die zwar zu spät kamen, aber gleichwohl ein „besseres Recht“ auf die Domain haben. Durch die bloße Registrierung einer Domain an sich besteht nämlich noch kein dem Markenrecht vergleichbares Recht.[125] Derjenige, der über die bloße Domain hinausgehende Rechte vorweisen kann, hat Unterlassungsansprüche betreffend der Domain. Diese Rechte können sein: 199

- das Recht am eigenen Namen gem. § 12 BGB,
- ein Anspruch aus dem Recht an einer geschäftlichen Bezeichnung,
- ein Recht aus einer Marke oder
- ein Recht aus dem UWG.

Kommen dagegen mehrere berechtigte Namensträger für einen Domainnamen in Betracht, führt die in Fällen der **Gleichnamigkeit** gebotene Abwägung der sich gegenüberstehenden Interessen im Allgemeinen dazu, dass es letztlich auf die Priorität der Registrierung ankommt.[126] Nur wenn einer der beiden Namensträger eine überragende Bekanntheit genießt und der Verkehr seinen Internetauftritt unter diesem Namen erwartet, der Inhaber des Domainnamens dagegen kein **besonderes Interesse** gerade an dieser Internetadresse nachweisen kann, kann der Inhaber des Domainnamens verpflichtet sein, seinem Namen in der Internetadresse einen unterscheidenden Zusatz beizufügen.[127] 200

Soweit es um die rechtswidrige Verwendung des Namens einer Domain oder einer Social Media-Präsenz geht, ist für die Beteiligten – abgesehen von dem Unterlassungsanspruch – häufig viel wichtiger, zu bestimmen, wem der begehrte Name der Präsenz zukünftig zustehen soll.[128] Denn den streitgegenständlichen Namen der Domain oder der Social Media-Präsenz gibt es nur ein einziges Mal. Grundsatz ist 201

---

125 BVerfG, Beschl. v. 24.11 2004 – 1 BvR 1306/02 – GRUR 2005, 261.
126 BGH, Urt. v. 22.11.2001 – I ZR 138/99 – GRUR 2002, 622.
127 BGH, Urt. v. 22.11.2001 – I ZR 138/99 – GRUR 2002, 622.
128 Das zeigen die Fälle: BGH, Urt. v. 22.11.2001 – I ZR 138/99 – GRUR 2002, 622 sowie der oben Rn 195 genannte Fall zu Twitter (Mannheim).

hier jedoch, dass dem Berechtigten gegenüber dem nichtberechtigten Inhaber eines Domainnamens kein Anspruch auf **Umschreibung** zusteht, sondern bloß ein Anspruch auf **Löschung** des Domainnamens.[129]

202 Das Registrieren einer Tippfehler-Domain z.B. kann den Wettbewerber, der eine ähnliche Domain für sich registriert hat, in seinem Wettbewerb unlauter i.S.v. § 4 Nr. 10 UWG behindern.

Beispiel
Die langjährige Inhaberin der Domain wetteronline.de und Inhaberin einer Wort-/Bildmarke „Wetter-Online" hat einen Anspruch darauf, dass der Inhaber einer sich nur um einen Buchstaben unterscheidenden Domain wetteronlin.de die Aufrechterhaltung der Registrierung dieser Domain unterlässt.[130]

III. Lizenzen

203 Die Verwendung fremder Marken erfordert entweder den Erwerb einer Marken-**Lizenz** oder den Erwerb der Marke als solche im Sinne eines **Kaufs.**

204 Somit wird ein bedeutender Unterschied zwischen Marken und Urheberrechten deutlich: Eine Marke lässt sich **als Ganzes** veräußern. Die Rechte sind dann vollständig übertragen. Hintergrund ist, dass eine Marke ein gewerbliches Registerrecht darstellt, während demgegenüber das Urheberrecht als individuelle geistige Schöpfung[131] mit dem Urheber auf besondere Weise untrennbar verbunden ist.

205 Der Markeninhaber darf die Marke auch aufteilen. Er kann die Marke für alle oder für einen Teil der Waren oder Dienstleistungen, für die sie registriert ist, lizensieren oder verkaufen.

Praxistipp
Um kostspieligen Streitigkeiten um die Benutzung einer Marke aus dem Weg zu gehen, bietet es sich an, eine detaillierte Vereinbarung darüber zu treffen, wer für welche Ware oder Dienstleistung eine Marke in welchem örtlichen oder zeitlichen Umfang verwenden darf.

Checkliste Markenverwertung
- Fremdes Kennzeichen verwendet? (Marke, Firmenbezeichnung)
- Ähnliche Waren oder Dienstleistungen?
- Nennung gerechtfertigt (Erschöpfung bei Waren, Notwendigkeit bei Dienstleistungen)?
- Möglicherweise Keyword-Advertising?
- Domain- und Accountnamen, die fremde Rechte verletzen?

129 BGH, Urt. v. 22.11.2001 – I ZR 138/99 – GRUR 2002, 622.
130 OLG Köln, Urt. v. 10.2.2012 – 6 U 187/11 – MMR 2012, 462.
131 Siehe oben Rn 10 und Rn 85.

IV. Nutzungsbedingungen der Betreiber einer Social Media-Plattform

Die Nutzungsbedingungen von Social Media-Plattformen beinhalten teilweise auch markenrechtliche Regelungen. Diese Regelungen betreffen zum einen die Nutzung der Marke des Betreibers der Social Media-Plattform (als die Kennzeichen „Facebook“, „Twitter“ usw.). Zum anderen ist häufig die Art und Weise beschränkt, wie Nutzer Marken anderer Rechtsinhaber in ihrer Präsenz einbinden und verwenden dürfen (Profilbild oder Nutzername verwenden fremde Marken). 206

1. Zeichen des Betreibers

Facebook[132] untersagt es ausdrücklich, die Zeichen von Facebook zu verändern und zu bearbeiten. Außerdem dürfen Nutzer keine verwechslungsähnlichen Logos verwenden oder die Zeichen von Facebook mit eigenen Zeichen kombinieren. In gleicher Weise bestimmt Twitter,[133] dass die Twitter-Marken nicht verändert oder verwechslungsfähig verwendet werden dürfen. Dagegen bleibt XING[134] allgemeiner. Es ist untersagt, *„gesetzlich (z.B. durch (...) Marken-, Patent-, Geschmacksmuster- oder Gebrauchsmusterrecht) geschützte Inhalte zu verwenden, ohne dazu berechtigt zu sein, oder gesetzlich geschützte Waren oder Dienstleistungen zu bewerben, anzubieten oder zu vertreiben“*. 207

Es ist also genau reglementiert, unter welchen Bedingungen das Logo von Facebook bzw. Twitter verwendet werden darf. 208

2. Zeichen Dritter

Facebook[135] und XING[136] sehen vor, dass markenrechtlich geschützte Inhalte nicht ohne Genehmigung verwendet werden dürfen. Twitter[137] spricht ausdrücklich an, dass es untersagt ist, irreführende Nutzernamen zu verwenden. Damit dürften wohl auch Nutzernamen gemeint sein, die fremde Markenrechte verletzen. 209

C. Internationaler Schutz von Immaterialgüterrechten

Bei der Diskussion um rechtliche Fragestellungen im Bereich Social Media darf nicht ignoriert werden, dass auf diese Plattformen über das Internet **global** zugegrif- 210

---

132 Facebook Brand Ressources, abrufbar unter https://www.facebookbrand.com/dos-donts.
133 Twitter Trademark and Content Display Policy, abrufbar unter https://twitter.com/logo.
134 AGB, abrufbar unter http://www.xing.com/terms.
135 Nutzungsbedingungen, abrufbar unter http://de-de.facebook.com/legal/terms.
136 AGB, abrufbar unter http://www.xing.com/terms.
137 Twitter Rules, abrufbar unter http://support.twitter.com/entries/18311.

fen werden kann. Die Rechtsdurchsetzung endet jedoch meist an der Grenze eines Nationalstaates. Bei grenzüberschreitendenden Sachverhalten ist daher zunächst immer zu bestimmen, welches nationale Recht anwendbar ist.

I. Grundlagen

211 Es sind zwei grundsätzliche Anknüpfungen an das anzuwendende Recht zu unterscheiden: einerseits der **vertragliche Anspruch** und andererseits der Anspruch aus Verletzung einer gesetzlichen Rechtsposition (Delikt, unerlaubte Handlung). Während in der ersten Alternative zuerst die Rechtswahl und das Verhältnis der Vertragsparteien relevant sind,[138] ist bei **gesetzlichen Ansprüchen** auf die Kriterien **Schutzort, Erfolgsort und Marktort** abzustellen.

212 Wie bereits ausgeführt, sehen die Nutzungsbedingungen (AGB) der Betreiber der Social Media-Plattformen üblicherweise eine **Rechtswahl** vor.[139] Im Folgenden werden hingegen die Grundzüge des gesetzlichen Schutzes erklärt. Es geht also um die Frage der Anwendbarkeit deutschen Rechts auf eine (außervertragliche) Verletzung von Immaterialgüterrechten (wie Marke, Urheberrecht und Persönlichkeitsrecht) durch Social Media im internationalen Kontext.

213 Rechtsgrundlage für die Bestimmung des anwendbaren Rechts ist die europäische Verordnung über das auf **außervertragliche Schuldverhältnisse** anzuwendende Recht, die sog. **Rom II-VO**.[140] Die Rom II-VO gilt für sämtliche Rechte des geistigen Eigentums, also insbesondere Marken und Urheberrechte (Art. 8 Abs. 1 Rom II-VO) – sowie für Ansprüche aus unlauterem Wettbewerb und den freien Wettbewerb einschränkendes Verhalten (Art. 6 Rom II-VO).

214 Die Rom II-VO gilt hingegen nicht für Persönlichkeitsrechtsverletzungen und Pressedelikte, sondern nimmt diese aus dem Anwendungsbereich aus (Art. 1 Abs. 2 lit. g) Rom II-VO). Für das Telemedienrecht TMG gelten zudem Sonderregelungen.

215 Soweit die Überprüfung hinsichtlich des anwendbaren Rechts ergibt, dass eine fremde Rechtsordnung betroffen ist, sind die dort geltenden nationalen Bestimmungen anzuwenden.[141]

138 VO (EG) Nr. 593/2008 v. 17.7.2008 über das auf vertragliche Schuldverhältnisse anzuwendende Recht (Rom I).

139 Siehe oben Rn 134.

140 VO (EG) Nr. 864/2007 v. 11.7.2007.

141 Zum Recht nach ausgewählten internationalen Jurisdiktionen siehe Kap. 8.

II. Markenrecht und Urheberrecht

Art. 8 Abs. 1 Rom II-VO bestimmt: 216

> *„Auf außervertragliche Schuldverhältnisse aus einer Verletzung von Rechten des geistigen Eigentums ist das Recht des Staates anzuwenden, für den der Schutz beansprucht wird.“*

Mit den „Rechten des geistigen Eigentums“ sind insbesondere auch Marken und 217 Urheberrechte gemeint. Inhaltlich definiert die Regelung das sog. **Schutzlandprinzip** (lat. lex loci protectionis), das Recht desjenigen Staates ist anzuwenden, für den „der Schutz beansprucht wird“.

In jedem Land existieren andere, **nationale Schutzrechte.** Der Rechtsschutz 218 gleicht somit einem **Mosaik** (oder gar Flickenteppich) unterschiedlicher territorialer Schutzrechte. Umgekehrt aber ist der Schutz innerhalb eine Staates dann für alle gleich.

Eine **Auswertung** eines Werks innerhalb der Bundesrepublik Deutschland un- 219 terliegt somit dem Urheberrechtsgesetz, **unabhängig vom Ursprungsland** des Urhebers. Verkauft ein Urheber seine Werke auch ins Ausland, so ist das nach dem lokalen Recht zu beurteilen.

Für das Markenrecht bedeutet die Anwendung des Schutzlandprinzips, dass in- 220 nerhalb Deutschlands lediglich dann eine Marke Schutz genießt, wenn für das deutsche Territorium auch ein Recht verliehen wurde. In Deutschland geschützt ist also eine deutsche Marke beim DPMA oder eine Gemeinschaftsmarke beim HABM oder eine auf Deutschland erstreckte internationale Marke bei der WIPO – nicht geschützt ist etwa eine bloß in Frankreich oder den USA registrierte Marke.

Auch kann eine in Deutschland geschützte Marke durch eine ausländische 221 Social Media-Präsenz verletzt werden, vorausgesetzt, dass auf diese Präsenz aus Deutschland bestimmungsgemäß zugegriffen wird. Ob die Marke auch im Herkunftsland der Präsenz bzw. ihres Betreibers registriert ist, spielt keine Rolle.

Beispiel

Ein junger deutscher Fotograf hat den deutschen Wald portraitiert. Ein französischer Galerist zeigt sich sehr interessiert, da überlässt ihm der Fotograf Abzüge einiger Fotos. Letztendlich werden sich die beiden aber nicht einig und der Fotograf erhält die Abzüge zurück. Wenig später erfährt der Fotograf, dass der besagte Galerist Kopien der Fotos in Paris ausstellt. Das Publikum ist begeistert, nicht aber der Fotograf. Möchte er gegen den Galeristen vorgehen und Schutz für seine noch in Deutschland gefertigten Fotos geltend machen, so richtet sich das nach französischem Recht – und nicht nach dem deutschen Recht unter dem Urheberrechtsgesetz. Entstehung, Inhalt, Umfang, Schranken, Übertragbarkeit sowie Voraussetzungen des Erlöschens unterstehen dem Schutzlandrecht.

---

222 Den Ort und damit den Staat, für den der Schutz beansprucht wird, nennt man **Schutzort,** also den Ort, an dem die Verletzungshandlung begangen wurde. In dem genannten Beispiel war der Schutzort einfach zu bestimmen. Es handelte sich um eine körperliche Verwertungshandlung.[142] Bei dem Recht der öffentlichen Wiedergabe in unkörperlicher Form[143] ist die Festlegung bereits schwieriger.

223 Bei Social Media sind die Inhalte global verfügbar. Eine **klare territoriale Zuordnung** einer Verletzungshandlung zu einem bestimmten Schutzterritorium wird erschwert. Doch ist der Schutzort somit die ganze Welt, bloß weil der fragliche Inhalt global abgerufen werden könnte?

224 Weder die **Anknüpfung** an den Ort der Einspeisung – in das Internet bzw. die Social Media-Plattform – noch die Anknüpfung an jeden Ort, wo das Werk online abrufbar ist – nämlich global –, bietet eine sachgerechte Lösung.[144] Im ersteren Fall besteht die Gefahr, dass potenzielle Verletzer die Entscheidung über das anwendbare Recht zu ihren Gunsten manipulieren, indem sie sich in Staaten zurückziehen, die keinen oder einen nur geringen Schutz gewähren. Im letzteren Fall wären die Rechtsordnungen sämtlicher Staaten anwendbar.

225 Nicht jeder in der Bundesrepublik abrufbare Inhalt kann bei unrechtmäßiger Nutzung immaterialgüterrechtliche Ansprüche auslösen. Erforderlich ist ein bestimmter **Inlandsbezug.** Wie dieser Inlandsbezug zur Bundesrepublik im Einzelnen zu bestimmen ist, wird unterschiedlich beurteilt.[145]

226 Im Markenrecht dürfte als gesichert gelten, dass das Angebot einen wirtschaftlich relevanten Inlandsbezug **(commercial effect)** aufweist.[146]

227 Im Urheberrecht hingegen kann es für den Inlandsbezug ausreichen, dass bereits dass öffentliche Zugänglichmachen über eine in deutscher Sprache verfasste Website geschieht,[147] während andere fordern, dass die **„bestimmungsgemäße Abrufbarkeit“** in der Bundesrepublik gelegen sein müsse, da anderenfalls ein Eingriff in urheberrechtliche Befugnisse nicht spürbar sei.[148]

228 Im Ergebnis ist die Feststellung des Inlandbezugs eine **Gesamtschau** verschiedener Indizien. Die nachfolgend genannten Indizien sind jedoch keinesfalls abschließend. Beweisanzeichen ist zunächst die **Sprache,** in der sich der Online-Dienst an die Nutzer wendet,[149] wobei jedoch auch das Englische als moderne Verkehrssprache (lingua franca) im Online-Bereich gilt, sodass jedenfalls die Ver-

---

142 Siehe dazu § 15 Abs. 1 UrhG.
143 Siehe dazu § 15 Abs. 2 UrhG.
144 *Buchner*, GRUR Int 2005, 1004, 1007.
145 Siehe nur Schricker/Loewenheim/*Katzenberger*, vor § 120 Rn 145.
146 BGH, Urt. v. 13.10.2004 – I ZR 163/02 – GRUR 2005, 431.
147 LG Hamburg, Urt. v. 5.9.2003 – 308 O 449/03 – MMR 2009, 55.
148 Vgl. Schricker/Loewenheim/*Katzenberger*, vor § 120 Rn 145.
149 BGH, Urt. v. 13.10.2004 – I ZR 163/02 – GRUR 2005, 431.

wendung englischer Sprache auf Websites bzw. Social Media-Präsenzen kein Ausschlusskriterium sein sollte, wenn andere Indizien hinzukommen. Bei Internetseiten wäre das etwa die **länderspezifische Domain,** dieses Merkmal ist jedoch für Social Media-Präsenzen wenig tauglich. Denkbar sind auch Beschränkungen des Angebots auf bestimmte Staaten, Preisangaben in bestimmter Währung, Einsatz von Disclaimern etc. Im Übrigen wenden größere Content Provider heutzutage ohnehin Techniken des **„Geoblocking“** oder „Geotargeting“ an und können damit den Zugang zu bestimmten Inhalten auf definierte Länder beschränken. Oft gilt dann, wer über diese technische Möglichkeit verfügt, sie aber gerade nicht nutzt, zielt vermutlich bestimmungsgemäß auf weltweite Abrufe ab.[150]

Beispiel Abwandlung
Der junge deutsche Fotograf, der den deutschen Wald portraitierte und den raffinierten französischen Galeristen kennenlernte, entdeckt seine Fotos nun auf der englischsprachigen Social Media-Präsenz eines französischen Automobilherstellers. Möchte er gegen das Unternehmen vorgehen, so ist der Inlandsbezug festzustellen und zu prüfen, ob die „bestimmungsgemäße Abrufbarkeit“ der Präsenz zumindest auch in Deutschland liegt. Sprache und Produkt legen dies wohl nahe. Somit könnte sich der Fotograf auf deutsches Recht berufen.

Praxistipp
Unternehmenspräsenzen, die in englischer Sprache gehalten sind, werden sich daher insbesondere dann häufiger an deutschem Markenrecht messen lassen müssen, wenn der Dritte, der Schutz in Deutschland beanspruchen möchte, eine Benutzungshandlung in Deutschland beanstandet. Ob eine Kennzeichenverletzung vorliegt, beurteilt sich dann u.a. danach, ob die Benutzung einen hinreichend wirtschaftlich relevanten Inlandsbezug hat.

Zumindest für Unternehmer – die sich mit ihrem Angebot ausschließlich an deutsche Interessenten richten – kann es sich eventuell empfehlen, in ihrer Social Media-Präsenz auf diesen Umstand hinzuweisen. Das ist dann keine technische, sondern eine rechtliche Nutzungsbeschränkung. 229

Praxistipp Facebook
Facebook bietet die Möglichkeit, die Sichtbarkeit der Seite für oder auf bestimmte Länder zu beschränken. Damit können Länder, in denen für Dritte Kennzeichenschutz besteht, von der Sichtbarkeit ausgenommen werden. Auch in Fällen, in denen zunächst nur eine territorial eingeschränkte Prüfung von entgegenstehenden Rechten Dritter stattfinden kann, bietet sich eine solche Beschränkung der territorialen Abrufbarkeit an.

---

150 Schricker/Loewenheim/*Katzenberger*, vor § 120 Rn 145.

III. Persönlichkeitsrecht

230 Für Verletzungen des allgemeinen Persönlichkeitsrechts und für Pressedelikte sind die Regeln der Rom II-VO nicht anzuwenden, Art. 1 Abs. 2 lit. g) Rom II-VO. Die Anwendbarkeit deutschen Rechts bei der Verletzung von Persönlichkeitsrechten richtet sich nach Art. 40 Abs. 1 EGBGB. Danach unterliegen Ansprüche aus unerlaubter Handlung „*dem Recht des Staates, in dem der Ersatzpflichtige gehandelt hat*". Überdies kann der Verletzte verlangen, dass „*anstelle dieses Rechts das Recht des Staates angewandt wird, in dem der Erfolg eingetreten ist.*"

231 Auch hier ist wieder der Ort, an dem die Verletzungshandlung begangen wurde, also der **Erfolgsort,** zu bestimmen. Auch hier ergeben sich Schwierigkeiten der Zuordnung von Social Media, da die Inhalte global verfügbar sind.

232 Die bloße Abrufbarkeit reicht noch nicht aus, auf Sachrechtsebene ist der Inlandsbezug zu konkretisieren. Der **persönlichkeitsrechtliche Achtungsanspruch** des Klägers muss betroffen sein. Für Unterlassungsansprüche gegenüber Internetveröffentlichungen ist der erforderliche Inlandsbezug bereits gegeben, wenn der Inhalt durch „eine Person" aus dem Lebenskreis des Klägers zur Kenntnis genommen zu werden droht.[151] Von zentraler Bedeutung ist insoweit zunächst der Inhalt der Information. Es kommt dann nicht darauf an, ob sich die beanstandete Website „gezielt" oder „bestimmungsgemäß" an deutsche Nutzer richtet.

233 In dem konkreten Fall des BGH ging es um einen Online-Bericht der New York Times. Der identifizierbar betroffene Kläger wohnte in Deutschland bzw. war dort geschäftlich tätig. Der Artikel bezog sich auf Vorgänge (Ermittlungen) innerhalb Deutschlands und das Online-Angebot der New York Times soll auch Deutschland ansprechen – Deutschland war im Registrierungsbereich des Online-Portals aufgeführt.[152]

IV. Wettbewerbsrecht

234 Grundsätzlich ist auf

> „*außervertragliche Schuldverhältnisse aus unlauterem Wettbewerbsverhalten [...] das Recht des Staates anzuwenden, in dessen Gebiet die Wettbewerbsbeziehungen oder die kollektiven Interessen der Verbraucher beeinträchtigt worden sind oder wahrscheinlich beeinträchtigt werden*" *(Art. 6 Abs. 1 Rom II-VO).*

151 BGH, Urt. v. 2.3.2010 – VI ZR 23/09 – GRUR 2010, 461.

152 Siehe zum Ganzen *Lehr*, NJW 2012, 705.

Ob eine bestimmte Wettbewerbshandlung unter Berücksichtigung der Interessen aller Marktteilnehmer und der Allgemeinheit zu tolerieren oder zu untersagen ist, definiert damit die Rechtsordnung des Marktortes **(Marktortprinzip).** Das ausländische Marktortrecht gilt selbst dann, wenn zwei inländische Unternehmen als Wettbewerber auf einem ausländischen Markt aufeinander treffen und beide Unternehmen ihr Wettbewerbsverhalten aus dem Inland steuern.[153]

Kann eine Wettbewerbshandlung wegen unterschiedlicher Marktorte nicht nur im Ausland, sondern auch im Inland, also nach mehreren Wettbewerbsordnungen zu beurteilen sein **(Multistate-Delikt),** so ist es für die Anwendung deutschen Rechts – vorbehaltlich eines Vorrangs von Gemeinschaftsrecht – unerheblich, ob diese Wettbewerbshandlung nach ausländischem Recht zulässig ist.[154] Ein Wettbewerbsverhalten kann daher auf einem Markt zulässig, zugleich aber auf einem anderen unzulässig sein. 235

Für Auftritte im Internet kommen insoweit grundsätzlich alle Staaten als Marktort in Betracht, da Internetmitteilungen weltweit abgerufen werden können. 236

Zur Vermeidung einer zu starken Einschränkung der Wettbewerbsfreiheit, welche sich ergäbe, wenn sich ein Kläger stets das für ihn günstigste Recht weltweit heraussuchen könnte, ist der Kreis der anwendbaren Rechtsordnungen daher unter dem Gesichtspunkt der **Spürbarkeit** einzugrenzen. Danach kommen als Marktorte nur Staaten in Betracht, in denen die ganze oder doch ein nicht unwesentlicher Teil der Bevölkerung bestimmungsgemäß oder gezielt als mögliche Kunden angesprochen werden.[155] Eine Eingrenzung des Marktortes kann sich aufgrund der im Internetauftritt verwendeten **Sprache,**[156] aus der konkreten **Ausgestaltung der Homepage,** aus den Besonderheiten des Produkts (z.B. begrenzte Versendbarkeit) und des Angebots (z.B. Beschränkung des Liefergebiets; Preisangaben in bestimmter Währung), dem Zuschnitt des Unternehmens, dem Einsatz von Disclaimern usw. ergeben. 237

Beeinträchtigt ein unlauteres Wettbewerbsverhalten ausschließlich die Interessen eines bestimmten Wettbewerbers, so bestimmt sich das anwendbare Recht nicht mehr nach dem Marktort, sondern nach dem **Erfolgsort.** 238

Solche unlauteren Handlungen ohne Marktbezug sind **Sabotageakte** gegenüber dem Mitbewerber (Beschädigung oder Zerstörung von Betriebseinrichtungen, Rohstoffen oder Waren), Betriebsspionage, Verrat von Betriebsgeheimnissen oder unlautere Abwerbung von Mitarbeitern. Diese Handlungen werden unternehmensbezogene, betriebsbezogene oder bilaterale Handlungen genannt.[157] 239

---

153 OLG Düsseldorf, Urt. v. 19.10.1993 – 20 U 8/93 – NJW 1994, 869.

154 BGH, Urt. v. 14.5.1998 – I ZR 10–96 – GRUR 1998, 945.

155 Köhler/Bornkamm/*Köhler/Bornkamm*, Einl. Rn 5.8 und Rn 5.43.

156 KG Berlin, Urt. v. 1.6.2011 – 24 U 111/10 – BeckRS 2012, 00338.

157 Köhler/Bornkamm/*Köhler/Bornkamm*, Einl. Rn 5.44.

240 Hier bestimmt Art. 6 Abs. 2 Rom II-VO, dass die allgemeine Kollisionsnorm des Art. 4 Rom II-VO gelten soll. Danach ist das Recht des Staates anwendbar, in dem der Schaden eintritt (Erfolgsort). Maßgebend ist somit der Sitz des betroffenen Unternehmens.[158]

Praxistipp
Facebook bietet den Seitenbetreibern an, z.B. unter „Genehmigungen verwalten", „Länderbeschränkung", die Sichtbarkeit der Seite auf oder für bestimmte Länder zu beschränken. Ist Ihre Seite in englischer Sprache gehalten, entgehen Sie so der möglichen Anwendbarkeit diverser europäischer Wettbewerbsgesetze.

V. Telemedienrecht

241 Eine Besonderheit ergibt sich für den Bereich des Telemedienrechts durch das **Herkunftslandprinzip** (§ 3 Abs. 1 und 2 TMG).

242 Der EuGH hat entschieden, dass ein Diensteanbieter in einem anderen Mitgliedstaat keinen strengeren Anforderungen unterworfen werden darf als denen, die das **Recht seines Sitzmitgliedstaates** vorsieht. Das Sachrecht des Herkunftslands bietet also nach Ansicht des EuGH die Obergrenze für die rechtlichen Anforderungen, die an einen Diensteanbieter in einem anderen Mitgliedstaat gestellt werden können.[159]

243 Beeinträchtigen Handlungen auf einer Präsenz eines französischen Unternehmens Wettbewerbsbeziehungen eines deutschen Marktteilnehmers, sind diese Handlungen grundsätzlich nach deutschem Wettbewerbsrecht zu beurteilen. Das französische Unternehmen darf jedoch keinen strengeren Anforderungen unterworfen werden als solchen, denen es in Frankreich unterliegt. Ist eine Handlung nach deutschem Recht verboten, nach französischem Recht jedoch zugelassen, bleibt die Handlung zulässig.

244 **Ausnahmen** hiervon sind in § 3 Abs. 5 TMG (Art. 3 Abs. 4 der E-Commerce-Richtlinie)[160] geregelt.[161] Das nationale Recht kann danach weitergehende Einschränkungen vorsehen, soweit diese dem **Schutz der Interessen von Verbrauchern** vor Beeinträchtigungen (§ 3 Abs. 5 Nr. 3 TMG) dienen und die in Betracht kommenden Maßnahmen in einem angemessenen Verhältnis zu diesem Schutzziel stehen. Eine weitere Einschränkung findet sich in den §§ 3 Abs. 4 Nr. 3, 6 TMG für

---

158 Köhler/Bornkamm/*Köhler/Bornkamm*, Einl. Rn 5.45.
159 Ausführlich und kritisch hierzu *Schack*, EWS 2011, 513, 517.
160 RL 2000/31/EG über den elektronischen Geschäftsverkehr v. 8.6.2000, im Folgenden „E-Commerce-Richtlinie".
161 EuGH, Urt. v. 25.10.2011 – C-509/09 – und – C-161/10 – GRUR 2012, 300; BGH, Urt. v. 8.5.2012 – VI ZR 217/08 – GRUR 2012, 850.

kommerzielle Kommunikation. Greifen die Vorschriften über irreführende Werbung oder § 7 UWG, wird das anwendbare deutsche Recht nicht durch das Recht des Herkunftslands des Diensteanbieters begrenzt.

Marken und Urheberrechte sind vom Anwendungsbereich des § 3 Abs. 2 TMG 245 ausgenommen (§ 3 Abs. 4 Nr. 6 TMG).

VI. Datenschutzrecht

Im Bereich des Datenschutzrechts[162] ist zunächst entscheidend, woher die perso- 246 nenbezogenen Daten stammen. Danach soll das BDSG Anwendung finden, sofern eine verantwortliche Stelle, die nicht in einem Mitgliedstaat der EU oder in einem anderen Vertragsstaat des EWR belegen ist, personenbezogene Daten im Inland erhebt, verarbeitet oder nutzt (vgl. § 1 Abs. 5 S. 2 BDSG).

Verfügt die verantwortliche Stelle allerdings über eine Niederlassung in einem 247 **anderen Mitgliedstaat der EU** bzw. in einem anderen Vertragsstaat des EWR, so ist ausschließlich dessen Datenschutzrecht anwendbar. Entsprechend war die durch Facebook im Rahmen der Tätigkeit der Niederlassung in Irland durchgeführte Verarbeitung personenbezogener Daten ausschließlich nach irischem Datenschutzrecht zu prüfen.[163]

D. Das Persönlichkeitsrecht – natürliche Personen und Unternehmen

Nutzer von Social Media-Plattformen sharen nicht bloß Bilder, Texte und sonstige 248 geistige Leistungen, sie nutzen Social Media-Plattformen vor allen Dingen zur Kommunikation. Nutzer kommunizieren miteinander und übereinander. Sie kommunizieren aber auch über unbeteiligte Dritte, seien es Personen aus dem Bekanntenkreis, Prominente oder Unternehmen.

Bereits vor den Zeiten von Social Media hatte jedoch auch das Lästern, das Ver- 249 breiten von Un- oder Halbwahrheiten oder das Beleidigen Anwesender wie auch Nichtanwesender für manche einen großen Reiz. Dies hat sich durch Social Media nicht geändert. Im Gegenteil: Mittels Social Media-Plattformen können Kommentare binnen Sekundenbruchteilen an ein weltweites Publikum verbreitet werden. Der Kommentator kann dabei sogar anonym bleiben.

---

162 Siehe zum Datenschutzrecht Kap. 3 Rn 5.
163 OVG Schleswig Holstein, Beschl. v. 22.4.2013 – 4 MB 10/13 – und – 11/13 – abrufbar unter http://www.schleswigholstein.de/OVG/DE/Service/Presse/Pressemitteilungen/23042013OVG_Facebook_Klarnamen.htm.

I. Grundlagen

250 Der Betroffene kann wegen der Verletzung seiner Rechte grundsätzlich gegen solche Veröffentlichungen vorgehen. Relevant ist hier vor allen Dingen der Anspruch auf Beseitigung bzw. auf **Unterlassung,** der aus den §§ 823, 1004 BGB i.V.m. dem jeweils verletzten Recht hergeleitet wird.

251 Das Grundgesetz gewährleistet den Schutz des allgemeinen Persönlichkeitsrechts, d.h. das Recht einer Person, eigenständig darüber zu bestimmen, **ob und wie** sie in der Öffentlichkeit dargestellt wird.[164]

252 Vom Grundsatz her ist allerdings nicht jegliche unangenehme Veröffentlichung zu unterlassen oder zu löschen. Veröffentlichungen können unter der **Pressefreiheit** ihrerseits Schutz genießen. Die Pressefreiheit ist ein Aspekt der Meinungsfreiheit. Sie schützt nicht lediglich Rundfunk und Druckpresse, sondern auch andere (Online-)Medien, damit diese ihre Tätigkeit ungehindert ausüben können.

253 In Fällen, in denen Betroffener und Äußernder beide valide schützenswerte Interessen vorweisen können, sind diese **widerstreitenden Interessen** gegeneinander abzuwägen. Es muss dann im Einzelfall eine sachgerechte Lösung gefunden werden.

254 Die presserechtlichen Ansprüche können auf Beseitigung, Unterlassung oder Schadensersatz abzielen. Bei unwahren Tatsachenbehauptungen sind zudem Ansprüche auf Gegendarstellung und Richtigstellung denkbar.[165]

255 Auch Unternehmen steht ein (Unternehmens-)Persönlichkeitsrecht zu. Zusätzlich werden Unternehmen auch durch das ihnen zustehende sog. **Recht am eingerichteten und ausgeübten Gewerbebetrieb** geschützt. Von diesem Recht ist all das umfasst, was den wirtschaftlichen Wert eines Unternehmens ausmacht.

256 Eine Verletzung des letztgenannten Rechts kann die gleichen Folgen nach sich ziehen wie eine Verletzung des Persönlichkeitsrechts, insbesondere den Beseitigungs- und Unterlassungsanspruch.

257 Die typischen Fälle von Persönlichkeitsverletzungen in Social Media-Plattformen und im Allgemeinen lassen sich in folgende Gruppen einordnen:
- Verletzung des Rechts auf informationelle Selbstbestimmung,
- Verbreitung unwahrer Tatsachen sowie
- Verbreitung von Beleidigungen.

258 Ein spezieller Unterfall der Persönlichkeitsverletzung ist die Verletzung des Rechts am eigenen Bild.[166]

164 BGH, Urt. v. 17.6.1953 – VI ZR 51/52 – BeckRS 1953, 30397547.
165 Siehe Rn 285.
166 Siehe Rn 289.

II. Äußerungen über natürliche Personen in Social Media

Eine Persönlichkeitsrechtverletzung setzt voraus, dass der Betroffene in seinem persönlichkeitsrechtlichen Achtungsanspruch berührt ist. Dazu muss der in seinen Rechten Verletzte überhaupt für Dritte erkennbar sein, etwa wenn der Inhalt durch eine Person aus dem **Lebenskreis des Betroffenen** zur Kenntnis genommen zu werden droht oder wenn auch nur ein Teil der Adressaten einer Social Media-Plattform, sei es auch nur der enge Bekanntenkreis, den Betroffenen aufgrund der mitgeteilten Informationen identifizieren kann. 259

Eine Rechtsverletzung kann auch deswegen vorliegen, weil das Recht auf Anonymität des Betroffenen verletzt wird, weil über ihn unwahre Tatsachen verbreitet werden oder weil er öffentlich beleidigt wird. 260

Beispiel
Ein Beitrag in einem anonymen Meinungsforum (Blog) über einen „Würzburger Anwalt", der gegen seinen Willen aus dem Staatsdienst entlassen wurde und der „psychische Auffälligkeiten" zeige: Wenn hier wenigstens ein begrenzter Leserkreis erkennen kann, wer gemeint ist, so dürfte dieser Blogbeitrag rechtswidrig sein. Der Bericht greift in das Persönlichkeitsrecht des betroffenen Rechtsanwalts ein.[167]

---

1. Recht auf Anonymität

Jeder Einzelne hat einen Rechtsanspruch darauf, selbst über die Preisgabe und Verwendung seiner persönlichen Daten zu bestimmen. Dieses Recht hat das BVerfG in seinem „Volkszählungsurteil" als das **„Recht auf informationelle Selbstbestimmung"** bezeichnet, das es aus Art. 2 Abs. 1 GG, dem Recht auf freie Entfaltung der Persönlichkeit, sowie aus Art. 1 Abs. 1 GG, der Unantastbarkeit der Menschenwürde, herleitet.[168] 261

Da zu den persönlichen Daten schon der eigene Name zählt, kann es die Rechte einer Person bereits betreffen, wenn diese ungefragt auf einer Social Media-Plattform namentlich genannt wird. Erst recht gilt dies, wenn gegen den Willen des Betroffenen weitere Daten via Internet verbreitet werden. Anspruchsgrundlage sind in diesem Fall die §§ 823, 1004 BGB i.V.m. dem Recht auf informationelle Selbstbestimmung oder aber datenschutzrechtlichen Bestimmungen.[169] 262

Beispiele für Eingriffe in das Recht auf informationelle Selbstbestimmung
Eine Verletzung des Rechts auf informationelle Selbstbestimmung der Betroffenen sind z.B.
- die Veröffentlichung einer Einkaufsliste einzelner namentlich genannter Kunden eines Bücher-Online-Shops;

---

167 BVerfG, Beschl. v. 14.7.2004 – 1 BvR 263/03 – NJW 2004, 3619.
168 BVerfG, Urt. v. 15.12.1983 – 1 BvR 209/83 – und – 1 BvR 269/83 – NJW 1984, 419.
169 Siehe Kap. 3 Rn 58.

- die Verbreitung der Namen der minderjährigen Kinder eines Prominenten über Twitter (ohne dass der Prominente diese je an die Öffentlichkeit gebracht hat);
- die Veröffentlichung der Privatadresse eines leitenden Angestellten eines Unternehmens im Rahmen eines unternehmenskritischen Blogs.

263 Das Recht auf informationelle Selbstbestimmung hat aber auch seine Grenzen. Bei der Frage, ob solche Veröffentlichungen rechtmäßig sind, ist immer zu erwägen, ob ein **berechtigtes Interesse der Allgemeinheit** und Öffentlichkeit auf diese Information (Pressefreiheit) vorliegt. Dann ist eine Abwägung vorzunehmen.

264 Das Recht auf informationelle Selbstbestimmung hat zudem unterschiedliche Gewichtungen abhängig davon, welche Sphäre der Privatheit infrage steht. Ist durch die Veröffentlichung nicht die **Privatsphäre,** sondern die sog. **Sozialsphäre** betroffen, gelten weniger strenge Voraussetzungen.[170] Die Sozialsphäre umfasst vor allen Dingen das berufliche Wirken einer Person. Wird darüber berichtet, muss der Betroffene die Nennung des eigenen Namens und weiterer persönlicher Daten häufig hinnehmen.

Beispiel
- Eine Lehrerin hat ihre Namensnennung und Bewertung im Online-Portal durch Schüler hinzunehmen.[171]
- Ein Rechtsanwalt darf namentlich in einem Bericht über einen von ihm geführten Prozess erwähnt werden.[172]

265 Konkretisiert wird das Recht auf informationelle Selbstbestimmung durch das BDSG.[173]

2. Tatsache und Meinung

266 Im Bereich äußerungsrechtlicher Streitigkeiten ist grundsätzlich zwischen Tatsache und Meinung zu unterscheiden.

267 Tatsachen sind Umstände, die sich nach den Kategorien wahr oder unwahr einordnen lassen. Tatsachen sind **nachprüfbare Fakten.** Es ist etwa zu fragen, ob eine Behauptung durch Schriftstücke, Zeugen oder andere Beweismittel – jedenfalls theoretisch – bewiesen werden könnte (nicht zwingend kann!). Ist dies der Fall, handelt es sich um eine Tatsachenbehauptung.

268 Im Gegensatz zu Tatsachen sind Meinungen Behauptungen, die im Schwerpunkt eine Wertung darstellen. Es geht dabei nicht um wahr oder unwahr, sondern das **Dafür und Dagegenhalten** zu einer Ansicht.

170 BGH, Urt. v. 20.12.2011 – VI ZR 261/10 – GRUR 2012, 425.
171 BGH, Urt. v. 23.6.2009 – VI ZR 196/08 – MMR 2009, 608.
172 KG, Beschl. v. 20.2.2009 – 9 W 39/09 – MMR 2009, 478.
173 Siehe Kap. 3 Rn 1.

Beispiel
- Die Verbreitung einer Nachricht über Twitter, ein Prominenter habe in einem Modegeschäft ein Kleidungsstück entwendet, ohne es zu bezahlen, stellt eine Tatsachenbehauptung dar.
- Die Behauptung, die Produkte eines bestimmten Modeherstellers sähen aus, als kämen sie von der Altkleidersammlung, stellt eine Meinungsäußerung dar.

Meinungsäußerungen sind durch die Meinungsfreiheit (Art. 5 Abs. 1 GG) geschützt. 269 Der Schutz gilt aber nicht unbegrenzt. Nicht jeder als Meinung einzustufende Kommentar darf auf einer Social Media-Plattform geduldet werden. Soweit also der Achtungsanspruch einer Person (Persönlichkeitsrecht) und Meinungen diese Person betreffend in Konflikt geraten, kommt es zu einer Abwägung.

Beispiel
- Die Bezeichnung eines Arztes als „Scharlatan“ und „Pfuscher“ wurde im konkreten Zusammenhang wegen des großen öffentlichen Interesses als zulässige Meinungsäußerung eingestuft.[174]
- Äußerungen wie „Lüge“, „Täuschung“, „Vertuschung“, „Korruption“ wurden wegen des Gesamtzusammenhangs der Äußerungen in einem Artikel über einen wirtschaftlichen Vorgang in einem Unternehmen als zulässige Meinungsäußerung angesehen.[175]

Meinungen und Tatsachen sind meist miteinander verwoben, eine Meinung wird 270 durch Tatsachenbehauptungen gestützt. Es geht dann um den inhaltlichen **Schwerpunkt der Äußerung.** Ist Schwerpunkt die Wertung, so handelt es sich äußerungsrechtlich um eine Meinung.

3. Unwahre Tatsachenbehauptungen

Das Behaupten oder das Verbreiten unwahrer Tatsachen ist nicht durch die Meinungs- 271 freiheit bzw. Pressefreiheit gedeckt. Es stellt eine Persönlichkeitsverletzung dar.

Darzulegen ist somit, dass die Äußerung nachprüfbare Fakten (Tatsachen) zu- 272 mindest schwerpunktmäßig zum Gegenstand hat. Zudem müssen die Tatsachen nachweisbar unzutreffend, also unwahr sein.

Dem Betroffenen steht dann ein Unterlassungsanspruch aus §§ 823 Abs. 1, 1004 273 BGB zu. Es darf sich bei der Tatsache nur nicht um eine völlige Belanglosigkeit handeln.

Beispiel
- Die Behauptung, ein Brancheninformationsdienst (z.B. Schufa/Crefo) habe ein bestimmtes Geschäftsmodell eines Unternehmens als „Bauernfängerei“ bezeichnet, stellt eine rechtsver-

174 OLG Karlsruhe, Urt. v. 24.7.2002 – 6 U 205/01 – GRUR-RR 2003, 61.
175 BGH, Urt. v. 3.2.2009 – VI ZR 36/07 – NJW 2009, 1872.

letzende, unwahre Tatsachenbehauptung dar, wenn der Dienst eine solche Äußerung nicht getätigt hat (unzutreffendes Zitat).[176]

- Die Behauptung im Rahmen einer eBay-Bewertung, eine Textilie sei gefälscht („Gefälscht!, Umtauschchaos, Drohung mit Anzeige, Geld zurück über eine Woche"), kann als unwahre Tatsachenbehauptung einen Unterlassungsanspruch des betroffenen Textilherstellers begründen.[177]

4. Schmähkritik/Beleidigung

274 Der Schutz der Meinungsfreiheit berechtigt nicht dazu, eine andere Person öffentlich zu beleidigen: Das Strafrecht stellt die Beleidigung unter Strafe (§ 185 StGB). Im Zivilrecht spricht man von **Schmähkritik** und meint damit eine nicht mehr zulässige Meinungsäußerung in Bezug auf einen Dritten. Auch eine ausfällige oder überzogene Kritik kann häufig noch von der Meinungsfreiheit gedeckt sein und stellt keine Schmähkritik dar. Anders liegt der Fall aber, wenn es nur noch um die **Herabsetzung einer Person** geht und es der Äußerung an jeglichem Sachbezug fehlt.[178] Die Verwendung von Schimpfwörtern in Bezug auf eine Person erfüllt in der Regel die Voraussetzungen für das Vorliegen von Schmähkritik.

Beispiel

- Die Bezeichnung des Geschäftsführers eines Unternehmens als „Arschgeige" in einem Blogbeitrag stellt eine unzulässige Schmähkritik dar.
- Die Eintragung eines Auszubildenden auf seinem Facebook-Profil in Bezug auf seinen Ausbilder „menschenschinder & ausbeuter, Leibeigener o Bochum, daemliche Scheisse für mindestlohn -20% erledigen" ist als Schmähkritik einzuordnen, die die außerordentliche Kündigung eines Berufsausbildungsverhältnisses rechtfertigt.[179]
- Die Formulierungen „Achtung Betrüger unterwegs! Firma GmbH" sowie „Betrüger von Firma" können als noch von der Meinungsfreiheit gedeckte Hinweise eingeordnet werden, wenn es dem Verfasser nach Ansicht des Gerichts um die Auseinandersetzung in der Sache geht.[180]

275 Auch eine Aussage, die als Schmähkritik bzw. Beleidigung eingestuft werden kann, gibt dem Betroffenen damit das Recht, diese löschen bzw. entfernen zu lassen.

5. Verdeckte (unwahre) Behauptungen

276 Unwahre Tatsachenbehauptungen müssen nicht ausdrücklich ausgesprochen werden. Sie können auch zwischen den Zeilen stehen und sich etwa aus rhetorischen

176 BGH, Urt. v. 20.11.2007 – VI ZR 144/07 – ZUM-RD 2008, 117.
177 LG Bonn, Urt. v. 20.11.2009 – 1 O 360/09 – BeckRS 2010, 15020.
178 BVerfG, Beschl. v. 26.6.1990 – 1 BvR 1165/89 – NJW 1991, 95.
179 LAG Hamm, Urt. v. 10.10.2012 – 3 Sa 644/12 – BeckRS 2012, 74357.
180 OLG Koblenz, Beschl. v. 12.7.2007 – 2 U 862/06 – MMR 2008, 54.

Fragen oder verdeckten Behauptungen ergeben.[181] Voraussetzung für mögliche Ansprüche des Betroffenen ist jedoch, dass sich die unwahre Behauptung geradezu aufdrängt. Ob und wann dies der Fall ist, ist oft schwer zu beurteilen.

Ein unvollständiger Bericht kann wie eine unwahre Tatsache ausgelegt und be- 277
handelt werden, wenn er gerade deswegen falsch verstanden werden kann, weil eine **wichtige Tatsache ausgelassen oder verschwiegen** wird.[182]

Beispiel
Wird im Rahmen eines kritischen Berichts über eine Auftragsvergabe nur mitgeteilt, dass es ein persönliches Gespräch zwischen zwei Geschäftsführern gab, in dessen Folge ein Auftrag erteilt worden ist, nicht aber, dass in diesem Gespräch auch das niedrigste Angebot abgegeben wurde, kann dieser Bericht missverständlich sein und einen Unterlassungsanspruch des Betroffenen begründen.[183]

Vorsicht gilt auch bei mehrdeutigen Äußerungen. Seit der „Stolpe-Entscheidung" 278
des BVerfG[184] gilt für mehrdeutige Äußerungen Folgendes: Lässt sich eine **mehrdeutige Aussage** in einer Deutungsvariante als Rechtsverletzung des Betroffenen auslegen, so kann das die Verletzung begründen. In dem Fall wehrte sich der Politiker Herr Stolpe gegen eine Äußerung eines anderen Politikers in einer Talkshow, die jedenfalls so verstanden werden konnte, dass er aufgrund einer Verpflichtungserklärung im Auftrag der Stasi gearbeitet und Informationen über Dritte an diesen zum Nutzen der Behörde weitergegeben habe.

III. Äußerungen über Unternehmen

Grundsätzlich müssen Unternehmen sich weitergehende Kritik gefallen lassen als 279
eine natürliche Person, die selbst nie an die Öffentlichkeit getreten ist. Grund hierfür ist die exponierte Stellung von Unternehmen in der Gesellschaft und die Tatsache, dass der Persönlichkeitsschutz im Kern an der Entfaltung der Persönlichkeit und dem Schutz der individuellen Würde des Menschen festgemacht wird.

Dieser tendenziell **geringere Schutz** von Unternehmen zeigt sich dann bei der 280
Abwägung zwischen der Meinungsfreiheit und dem öffentlichen Interesse auf der einen Seite und den Rechten von Betroffenen auf der anderen Seite.

Die Kritik an den gewerblichen Leistungen eines Unternehmens ist in der Regel 281
auch dann vom Grundrecht der Meinungsfreiheit gedeckt, wenn sie scharf und

181 Siehe oben Rn 273.
182 BGH, Urt. v. 22.11.2005 – VI ZR 204/04 – NJW 2006, 601.
183 BGH, Urt. v. 26.10.1999 – VI ZR 322/98 – GRUR 2000, 247.
184 BVerfG, Urt. v. 25.10.2005 – 1 BvR 1696/98 – NJW 2006, 207.

überzogen formuliert ist.[185] Ansprüche aus dem Unternehmenspersönlichkeitsrecht oder dem Recht am eingerichteten und ausgeübten Gewerbebetrieb kommen daher für Unternehmen nur ausnahmsweise in Betracht.

Beispiel
Pressekommentare oder Kommentare anonymer Blogger auf einer Meinungsplattform in Bezug auf ein Unternehmen, welches teilweise im Staatseigentum steht, wie: „Lüge“, „Täuschung“, „Vertuschung“, „Vetternwirtschaft“, „Politikkumpanei“ können bei konkretem Sachbezug zulässige Meinungsäußerungen sein.[186]

---

282 Anders verhält es sich jedoch, wenn ein Mitbewerber im Sinne des UWG einen anderen Mitbewerber oder dessen Leistungen öffentlich kommentiert. Hier sind der Meinungsfreiheit engere Grenzen gesetzt.[187]

IV. Weitere Ansprüche Betroffener neben Unterlassung

283 Neben dem Unterlassungsanspruch können dem von einem Kommentar auf einer Social Media-Plattform Betroffenen weitere Ansprüche gegen die Verantwortlichen zustehen.[188]

284 Häufig denken Betroffene zuerst an die Möglichkeit einer **Geldentschädigung.** Ein solcher Anspruch kommt allerdings nur dann in Betracht, wenn es sich um eine schwere Persönlichkeitsverletzung handelt. Dies wird jedoch nur ausnahmsweise angenommen. Die zugesprochenen Beträge sind dann eher gering.

Beispiele für Fälle, in denen eine Geldentschädigung zugesprochen wurde
- 6.200 € für eine wahrheitswidrige Berichterstattung über strafbare Handlungen einer durch volle Namensnennung angeprangerten Person;[189]
- 4.000 DM für die Bezeichnung einer Mitarbeiterin in eigener Hauszeitung als „faulste Mitarbeiterin Deutschlands“;[190]
- 8.000 € für Internet-Äußerungen über das Aussehen einer Teilnehmerin an einer Reality Show und die Verwendung vulgärer Schimpfwörter;[191]
- mehrfache Verwendung des Schimpfworts „Arschloch“ im Internet.[192]

---

185 BGH, Urt. v. 3.6.1986 – VI ZR 102/85 – GRUR 1986, 759; BGH, Urt. v. 29.1.2002 – VI ZR 20/01 – NJW 2002, 1192.
186 BGH, Urt. v. 3.2.2009 – VI ZR 36/07 – NJW 2009, 1872.
187 Siehe unten Kap. 5 Rn 62.
188 Siehe unten Kap. 6 Rn 27.
189 OLG München, Urt. v. 28.6.2002 – 21 U 2598/02 – NJW-RR 2002, 1339.
190 BAG, Urt. v. 18.2.1999 – 8 AZR 735/97 – NJW 1999, 1988.
191 LG Berlin, Urt. v. 13.8.2012 – 33 O 434/11 – ZUM 2012, 997.
192 LG Berlin, Urt. v. 15.11.2011 – 27 O 393/11 – ZUM-RD 2012, 94.

Denkbar ist auch ein **Gegendarstellungsanspruch,** mit dem der Betroffene mit Formulierungen wie: „Es ist unrichtig, dass ..." oder „Richtig ist hingegen, dass..." Tatsachenbehauptungen, die sich auf ihn beziehen, richtig stellen kann. 285

Nach § 56 RStV sind **Anbieter von Telemedien,**[193] die ihren Auftritt journalistisch-redaktionell gestalten, verpflichtet, unverzüglich eine Gegendarstellung der Person, die durch eine in ihrem Angebot aufgestellte Tatsachenbehauptung betroffen ist, ohne Kosten für den Betroffenen in ihr Angebot mit aufzunehmen. Die Gegendarstellung ist an vergleichbarer Stelle wie die ursprüngliche Behauptung so lange zu präsentieren wie die ursprüngliche Behauptung. Eingeschränkt wird dieser Anspruch dadurch, dass der Betroffene ein berechtigtes Interesse an der Gegendarstelllung haben muss, dass der Umfang der Gegendarstellung nicht unangemessen groß sein darf und dass die Gegendarstellung sich auf tatsächliche Angaben beschränkt. 286

Da der Begriff der Telemedien sehr weit gefasst werden kann, kann im Grunde jeder Social Media-Betreiber dazu verpflichtet werden, eine Gegendarstellung zu veröffentlichen, wenn die Voraussetzungen hierfür vorliegen. So wäre auch eine Gegendarstellung über Twitter denkbar. Rechtsprechung existiert diesbezüglich allerdings bislang wenig. 287

Beispiel für Gegendarstellungsanspruch auf einer Social Media-Plattform
Ein Anwalt, der regelmäßig auf seiner Homepage Artikel veröffentlicht, kann dazu verpflichtet werden, auf dieser Homepage eine Gegendarstellung eines Unternehmens („keine fixierten Festpreise", „kein Anpreisen nicht abgeschlossener Festpreisverträge") zu veröffentlichen, solange der Inhalt der Gegendarstellung nicht offensichtlich unwahr ist.[194]

V. Nutzungsbedingungen der Betreiber einer Social Media-Plattform

Die Nutzungsbedingungen von Social Media-Plattformen stellen Regelungen zum **Schutz der Nutzer vor Persönlichkeitsverletzungen** auf. Unzulässig ist es etwa bei Facebook,[195] andere Nutzer zu tyrannisieren, Hassreden zu posten oder Nutzer ohne deren Einwilligung zu markieren (auf Fotos etc.). Bei Twitter[196] ist es insbesondere untersagt, Dritte zu imitieren (etwa mittels eines falschen Nutzerkontos) oder andere Nutzer zu bedrohen. XING[197] untersagt allgemein beleidigende oder verleumderische Inhalte. 288

193 Siehe hierzu Kap. 2 Rn 165.
194 OLG Bremen, Urt. v. 14.1.2011 – 2 U 115/10 – NJW 2011, 1611.
195 Nutzungsbedingungen, abrufbar unter http://de-de.facebook.com/legal/terms.
196 Twitter Rules, abrufbar unter http://support.twitter.com/entries/18311.
197 AGB, abrufbar unter http://www.xing.com/terms.

E. Das Recht am eigenen Bild

289 Das Recht am eigenen Bild ist Bestandteil des Persönlichkeitsrechts und im Kunsturheberrechtsgesetz geregelt.

290 Das Recht am eigenen Bild ist von den Urheberrechten des Fotografen an der Aufnahme zu unterscheiden. Beide Rechte bestehen nebeneinander, haben allerdings unterschiedliche Schutzgegenstände.

291 Die Rechte des Fotografen betreffen seine Leistung, ein Lichtbildwerk, § 2 UrhG zu schöpfen, oder zumindest ein Lichtbild, § 72 UrhG herzustellen. Es ist somit das Recht auf die Bilder.

292 Die Ansprüche des Abgebildeten betreffen hingegen nicht das Bild, sondern **das Recht hinsichtlich des Motivs.** Es geht um die persönlichkeitsrechtliche Befugnis des Abgebildeten, eigenständig zu bestimmen, ob oder wie er abgebildet werden möchte. Im Grundsatz hat sich somit niemand ungefragt als Fotomodell zur Verfügung zu stellen und insbesondere auch nicht durch unvorteilhafte Bilder in ein negatives Licht rücken zu lassen.

Beispiel
Wer heimlich fotografiert wird und dessen Foto dann auf Facebook kursiert, hat einen Unterlassungsanspruch gegen die Verantwortlichen.

I. Das Prinzip der Einwilligung

293 Abbildungen von Personen, die der Öffentlichkeit im Grunde nicht bekannt sind, dürfen gem. § 22 KUG nur mit Einwilligung der Person verbreitet und **öffentlich zur Schau gestellt** werden. Ein Verbreiten im Sinne der Vorschrift muss nicht in der Öffentlichkeit erfolgen. Es genügt auch eine Weitergabe der Abbildung an Einzelpersonen. Denn auch durch diese wird eine Abbildung der Verfügungsgewalt des Betroffenen entzogen. Allenfalls im privaten Bereich sind Ausnahmen denkbar.[198] Für Abbildungen von Kindern ist die Einwilligung der Erziehungsberechtigten notwendig. Für beschränkt Geschäftsfähige, also Personen ab einem Alter von 7 Jahren, gilt, dass bei der Frage nach der Erforderlichkeit einer Einwilligung ihrer Erziehungsberechtigten keine feste Altersgrenze gesetzt werden kann. Das OLG Karlsruhe[199] entschied bereits im Jahre 1983, dass die Wirksamkeit einer Einwilligung eines beschränkt Geschäftsfähigen in die Beeinträchtigung seines Persönlichkeitsrechts nicht von seiner Geschäftsfähigkeit abhänge. Es komme vielmehr darauf an, ob der Minderjährige von seiner geistigen und sittlichen Reife

198 *Dreier/Schulze*, § 22 KUG Rn 9.
199 OLG Karlsruhe, Urt. v. 31.3.1983 – 4 U 179/81 – BeckRS 2010, 09609.

her die **Bedeutung und Tragweite** des Eingriffs in seine Rechte und seiner Gestattung zu ermessen vermag.[200]

Praxistipp
Bei dem Umgang mit Abbildungen von Minderjährigen ist Vorsicht geboten, da sich nicht im Voraus bestimmen lässt, ob eine Einwilligung der Erziehungsberechtigten erforderlich ist. Im Zweifel sollte immer eine Einwilligung der Erziehungsberechtigten verlangt werden.

Die Einwilligung muss sich auf den **Zweck, die Art sowie den Umfang der Verbreitung** bzw. der Zurschaustellung beziehen. Analog zur urheberrechtlichen Zweckübertragungslehre[201] gilt eine erteilte Einwilligung in die Abbildung einer Person nur für diejenige Verwendung, die zur Erfüllung des mit dem zugrundeliegenden Vertrag verfolgten Zwecks unbedingt nötig ist.[202] 294

Beispiele
- Die Einwilligung in eine einzelne Fotoaufnahme ohne nähere Absprache über den Zweck der Aufnahme deckt nicht die Einwilligung zur Verwendung der Abbildung für Zwecke der Werbung.[203]
- Die Einwilligung in das Einstellen eines Personenfotos in das Internet deckt nicht das Einverständnis mit der Verlinkung dieses Fotos in einem diskriminierenden Zusammenhang („Die hässlichsten Gesichter Deutschlands.").

Vertragsmuster
Um sicherzugehen, bietet es sich an, eine schriftliche Einwilligung einzuholen. Diese könnte wie folgt lauten:

> *„Hiermit erteile ich, Hans Mustermann, Frau/Herrn/der Firma GmbH die Einwilligung, dass von meiner Person Fotos angefertigt werden dürfen, die in nachstehenden Publikationen abgebildet werden dürfen."*

Die Einwilligung kann aber auch konkludent erteilt werden. Das bedeutet, dass das Einverständnis des Betroffenen mit einer Aufnahme stillschweigend zum Ausdruck gebracht wird. Zwar sind an eine **stillschweigende Einwilligung** keine zu niedrigen Anforderungen zu stellen, allerdings können sämtliche Umstände des Einzelfalls einfließen.[204] Der Abgebildete muss ein Verhalten an den Tag legen, das als Einwilligung interpretiert werden kann. Hier ist die Sicht eines objektiven Empfängers entscheidend. Das bloße Dulden der Anfertigung von Aufnahmen genügt zumindest nicht.[205] 295

200 Siehe zur rechtlichen Einwilligungsfähigkeit auch Kap. 5 Rn 85.
201 Siehe oben Rn 108.
202 OLG Köln, Beschl. v. 28.5.1999 – 6 W 15/99 – ZUM-RD 1999, 444.
203 OLG Frankfurt, Urt. v. 28.2.1986 – 6 U 30/85 – GRUR 1986, 614.
204 OLG Frankfurt, Urt. v. 4.6.2009 – 16 U 206/08 – ZUM-RD 2010, 320.
205 *Dreier/Schulze*, § 22 KUG Rn 18.

Beispiele
- Wer erkennt, dass er von einem Kamerateam des Fernsehens gefilmt wird und dabei ohne Widerstand an ihn gerichtete Fragen beantwortet, willigt damit grundsätzlich auch in eine spätere Fernsehaufnahme ein.[206]
- Wer hingegen erkennt, dass er durch ein Smartphone eines Bekannten gefilmt wird und dem Bekannten zuwinkt, willigt damit noch nicht in die Verbreitung dieser Aufnahmen über das Internet ein.

296 Selten jedoch wird sich aus dem bloßen Handeln einer Person ergeben, ob oder in welchem Umfang diese mit der Verbreitung einer Aufnahme einverstanden ist. Aus bloßen Handlungen lässt sich jedenfalls in der Regel kein so weitgehender Aussagegehalt ableiten, dass eine Aufnahme für alle möglichen Zwecke verwendet werden darf. Das gilt auch für **Gruppenfotos.** Allein die Tatsache, dass man sich für ein Gruppenfoto zur Verfügung stellt, bedeutet noch nicht, dass man mit jedweder Verwendung dieses Fotos einverstanden ist. Der Grundsatz der Zweckübertragungslehre hat im Zusammenhang mit einer konkludent erteilten Einwilligung eine umso größere Bedeutung.

Praxistipp
Bei der Verwendung von Fotos für die eigene Social Media-Plattform sollte vorher die ausdrückliche Einwilligung der Abgebildeten hierzu eingeholt werden. Fremde Personen sollten möglichst nicht so abgebildet werden, dass sie erkennbar sind. Für Großveranstaltungen werden häufig Hinweise in den AGB des Veranstalters oder auf der Eintrittskarte zur Veranstaltung des Inhalts aufgenommen, dass mit dem Besuch der Veranstaltung eine Einwilligung in die Herstellung und Verbreitung von Aufnahmen verbunden ist. Ob durch einen solchen Hinweis allein von einer Einwilligung der Veranstaltungsbesucher ausgegangen werden kann, ist jedoch fraglich. Wer aber begeistert in die Kamera winkt, wird später kaum geltend machen können, er sei gegen die Abbildung.

II. Ausnahmen vom Einwilligungserfordernis

297 Aufnahmen, auf denen Personen nur als Beiwerk abgebildet sind, und Aufnahmen von Versammlungen, an denen die dargestellten Personen teilgenommen haben, sind gem. § 23 KUG auch ohne ausdrückliche Einwilligung des Betroffenen zulässig. Eine Person ist nur als Beiwerk abgebildet, wenn es auf sie im Rahmen des Fotos oder Bildes überhaupt nicht ankommt, sie nur Nebensache ist. Es muss möglich sein, sich die Person auf der Aufnahme wegzudenken, ohne dass sich der Charakter der Aufnahme dadurch entscheidend verändert.

206 OLG Karlsruhe, Urt. v. 26.5.2006 – 14 U 27/05 – ZUM 2006, 568.

Beispiel
Nur Beiwerk kann beispielsweise eine Person sein, die auf einem durch einen Facebook-Nutzer veröffentlichten Foto nur ganz am Rand zwischen verschiedenen imposanten Gebäuden auf der Abbildung eines Geländes erscheint.

Ohne Einwilligung zulässig sind zudem sog. zeitgeschichtliche Aufnahmen. Zur Zeitgeschichte gehören alle Vorgänge der Gegenwart, die für die Öffentlichkeit von Interesse sind. Somit dürfen Fotos von Politikern in der Öffentlichkeit auf Social Media gepostet werden. Seit einer Entscheidung des EGMR aus dem Jahre 2004[207] ist anerkannt, dass auch besonders bekannte Personen, sog. absolute Personen der Zeitgeschichte, im privaten Bereich grundsätzlich geschützt sind. Ob eine **Rechtsverletzung eines „Promis“** vorliegt, bestimmt sich also immer danach, ob die Abbildung einen Beitrag zu einer Frage öffentlichen Interesses leistet oder ob seine Privatsphäre im konkreten Fall als wichtiger einzustufen ist. In letzterem Fall ist die Verbreitung unzulässig. Die Anforderungen an das öffentliche Interesse sind jedoch nicht sonderlich hoch, wenn es sich um eine Person handelt, die aus Politik, Sport, Unterhaltung etc. bekannt ist. So hat der EGMR erst im Februar 2012 entschieden, dass Urlaubsfotos von Caroline von Hannover und ihrem Ehemann zulässig seien, weil im konkreten Fall ein Interesse der Öffentlichkeit daran bestehe, wie die Kinder des damals erkrankten, inzwischen verstorbenen Fürsten Rainier von Monaco neben ihren familiären Pflichten auch Erholung suchen.[208] 298

Beispiele
- Die Abbildung von Straftätern oder Angeklagten, wenn deren Tat für einiges Aufsehen gesorgt hat, ist zulässig.[209]
- Das Posten von Abbildungen von Unfallopfern im Rahmen eines Social Media-Auftritts ist in aller Regel nicht zulässig.[210]

Zu Werbezwecken dürfen Abbildungen von Prominenten jedenfalls nicht verwendet werden, wenn diese nicht ausdrücklich in diese Art der Verwertung eingewilligt haben.[211] Hier drohen neben dem erwähnten Unterlassungsanspruch auch Geldentschädigungsforderungen nach den Grundsätzen der Lizenzanalogie. Das bedeutet, 299

207 EGMR, Urt. v. 24.6.2004 – Beschwerde Nr. 59320/00 – GRUR 2004, 1051.
208 EGMR, Urt. v. 7.2.2012 – Beschwerde Nr. 40660/08, 60641/08, von Hannover Nr. 2 – NJW 2012, 1053.
209 BGH, Urt. v. 15.11.2005 – VI ZR 286/04 – GRUR 2006, 257.
210 OLG Düsseldorf, Urt. v. 21.10.1998 – 15 U 232/97 – BeckRS 2000, 12202.
211 BGH, Urt. v. 8.5.1956 – I ZR 62/54 – NJW 1956, 1554; HansOLG, Urt. v. 13.1.2004 – 7 U 43/03 – MMR 2004, 413.

dass der in seinen Rechten Verletzte eine Entschädigung in der Höhe verlangen kann, die er üblicherweise für eine vergleichbare Verwendung seines **Fotos zu Werbezwecken** erhalten hätte.

Beispiel
Verpflichtung zur Zahlung einer Geldentschädigung für die Verwendung eines Fotos von Joschka Fischer zur Einführung der Tageszeitung „Welt Kompakt".[212]

Praxistipp
Auch Fotos von sehr berühmten Persönlichkeiten dürfen nicht ohne Weiteres zur Illustration einer Social Media-Plattform verwendet werden, schon gar nicht, um damit einen Werbeeffekt zu erzielen.

---

300 Die Verwendung einer Abbildung einer berühmten Persönlichkeit zu **Satirezwecken** bleibt jedoch zulässig, sofern nicht die Grenze zur Schmähkritik überschritten wird.[213]

F. Haftung für rechtsverletzende Inhalte

301 Verletzen die auf der Präsenz vorgehaltenen eigenen oder von Dritten eingestellten Inhalte die Rechte Dritter, stellt sich die Frage, inwieweit der Betreiber der Social Media-Präsenz für diese Rechtsverletzung verantwortlich ist.

302 Die Grundsätze der Haftung für fremde Inhalte wurden in Deutschland **größtenteils von der Rechtsprechung entwickelt.** Allerdings variieren die Gerichtsentscheidungen und beziehen sich oft auf besonders gelagerte Einzelfälle. Insgesamt ist eine ganz klare Linie, die von Betreibern einer Social Media-Präsenz zur Vermeidung einer Haftung einzuhalten ist, bislang nicht erkennbar.

I. Haftung für eigene und zu Eigen gemachte Inhalte

1. Eigene Inhalte

303 Nach § 7 Abs. 1 TMG sind Diensteanbieter für eigene Informationen, die sie zur Nutzung bereitstellen, nach den allgemeinen Regeln verantwortlich. § 7 Abs. 1 TMG ist dabei keine eigene Anspruchsgrundlage, sondern setzt eine Verantwortlichkeit nach allgemeinen Vorschriften des Zivil- oder Strafrechts voraus.[214] Der Betreiber der

---

212 LG Hamburg, Urt. v. 27.10.2006 – 324 O 381/06 – GRUR 2007, 143.
213 BGH, Urt. v. 7.12.1999 – VI ZR 51/99 – NJW 2000, 1036.
214 BGH, Urt. v. 30.6.2009 – VI ZR 210/08 – MMR 2009, 752.

Social Media-Präsenz haftet mithin als Täter, wenn er sämtliche Tatbestandsvoraussetzungen der Anspruchsnorm selbst erfüllt.

Beispiel
Verletzt ein selbst hergestellter Beitrag auf der Social Media-Präsenz Persönlichkeitsrechte oder Urheberrechte eines Dritten, haftet der Präsenzbetreiber auf Unterlassen, Beseitigung und Schadensersatz.

---

2. Zu Eigen gemachte Inhalte

Der Betreiber der Social Media-Präsenz haftet zudem für fremde Inhalte wie für eigene Inhalte, wenn er sich die fremden Inhalte „zu Eigen gemacht hat".[215] 304

Ein **Zueigenmachen** des fremden Inhalts liegt vor, wenn aus Sicht eines durchschnittlich informierten Internetnutzers der Betreiber der Social Media-Präsenz den Inhalt als eigenen übernehmen will.[216] Ein Zueigenmachen liegt regelmäßig vor, wenn die fremde Äußerung so in den eigenen Gedankengang eingefügt wird bzw. der Verbreiter sich so mit ihr identifiziert, dass die gesamte **Äußerung als eigene** erscheint.[217] Ein Zueigenmachen scheidet hingegen grundsätzlich aus, wenn der Fremdinhalt ohne Einzelfallkontrolle – „automatisiert" – veröffentlicht wird.[218] Die Rechtsprechung hat hierzu bestimmte **Grundsätze** herausgearbeitet. So kann regelmäßig von einem Zueigenmachen ausgegangen werden, wenn der Betreiber der Social Media-Präsenz die Verantwortung für den Inhalt übernimmt oder sich den Inhalt wirtschaftlich zuordnet. 305

a) Inhaltliche Verantwortung

Der Betreiber der Social Media-Präsenz macht sich den fremden Inhalt in der Regel zu Eigen, wenn er – aus objektiver Sicht – die inhaltliche Verantwortung für diesen übernimmt.[219] 306

---

215 Für Urheberrechtsverletzungen auf einer Website BGH, Urt. v. 2.11.2009 – I ZR 166/07 – MMR 2010, 556.

216 *Müller-Broich*, § 7 Rn 2.

217 BGH, Urt. v. 27.3.2012 – VI ZR 144/11 – MMR 2012, 623.

218 BGH, Urt. v. 17.8.2011 – I ZR 57/09 – GRUR 2011, 1038, 1040; KG Berlin, Beschl. v. 3.11.2009 – 9 W 196/09 –; in diese Richtung auch der EuGH, Urt. v. 12.7.2011 – C-324/09 – GRUR 2011, 1025, der entschieden hat, dass die Haftungsprivilegierungen der E-Commerce-Richtlinie hinsichtlich der Verantwortlichkeit nur Tätigkeiten erfassen, die *„rein technischer, automatischer und passiver Art sind und [der Diensteanbieter] weder Kenntnis noch Kontrolle über die weitergeleitete oder gespeicherte Information besitzt"*.

219 BGH, Urt. v. 12.11.2009 – I ZR 166/07 – MMR 2010, 556, 557.

Beispiel
In der Entscheidung „Marion's Kochbuch" sichtete die Anbieterin einer Plattform für Kochrezepte die von Privatpersonen auf ihre Plattform hochgeladenen Rezepte und Abbildungen vor Freischaltung auf Richtigkeit und Vollständigkeit. Anschließend veröffentlichte sie die Rezepte und Abbildungen von den Gerichten mit einem Kochmützen-Emblem und ihrer Internetadresse. Dadurch übernahm sie nach Ansicht des BGH nach außen sichtbar die inhaltliche Verantwortung für die Rezepte.[220]

307 Eine **redaktionelle Prüfung** der vom Nutzer eingestellten Inhalte führt dementsprechend regelmäßig zu einem Zueigenmachen,[221] wenn dies von außen erkennbar ist. Weist der Betreiber der Social Media-Präsenz in seinen AGB darauf hin, dass er eingestellte Inhalte überprüfen wird, kann bereits dies indiziellen Charakter für ein „Zueigenmachen" haben.

Beispiel
Das OLG Hamburg hatte einen Fall zu entscheiden, in dem Nutzer Videos in ein Videoportal einstellen konnten. Der Videoportalbetreiber strukturierte die Videos automatisch. Die Inhalte wurden thematisch und optisch in das übrige Angebot eingegliedert. Für das OLG Hamburg war von (mit-) entscheidender Bedeutung,[222] dass die von Nutzern hochgeladenen Inhalte vom Portalbetreiber vor ihrer Freischaltung nicht auf Vollständigkeit und Richtigkeit überprüft wurden.[223] Der Portalbetreiber mache sich die Videos daher nicht zu Eigen.

b) Wirtschaftliches Zuordnen

308 Von einem Zueigenmachen kann ebenfalls auszugehen sein, wenn sich der Betreiber der Social Media-Präsenz den fremden Inhalt nach außen erkennbar **wirtschaftlich zuordnet.**

Beispiel
Das Fotoportal pixum.de ermöglicht seinen Nutzern das Einstellen von elektronischen Bilddateien. Dritte können kostenpflichtig Abzüge der eingestellten Fotografien beim Portaltreiber bestellen. Der die Bilder einstellende Nutzer wird an den hierdurch erzielten Einnahmen nicht beteiligt. Nach Ansicht des OLG Hamburg hat sich der Portalbetreiber die Bilder zu Eigen gemacht. Das Gericht stellt dabei entscheidend darauf ab, dass Nutzer beim Portalbetreiber kostenpflichtige Ausdrucke bestellen können und die hochladenden Nutzer an dem hiermit erzielten Erlös nicht beteiligt werden. Aus Sicht der Nutzer überführe der Portalbetreiber damit die hochgeladenen Bilddateien in sein eigenes

220 BGH, Urt. v. 12.11.2009 – I ZR 166/07 – MMR 2010, 556.
221 BGH, Urt. v. 27.3.2012 – VI ZR 144/11 – MMR 2012, 623.
222 Zudem habe die Möglichkeit, Nutzerinhalte einzustellen, nur ein Nebenangebot dargestellt. Nutzer seien überdies daran gewöhnt, dass es auf solchen Plattformen spezielle Nutzerbereiche gebe.
223 OLG Hamburg, Urt. v. 29.9.2010 – 5 U 9/09 – MMR 2011, 49.

Angebot auf der Internetseite und setzt diese unmittelbar zur Gewinnerzielung ein.[224] Er ordnet sich die Inhalte wirtschaftlich zu.

Ein weiteres Indiz für ein Zueigenmachen besteht darin, dass sich der Präsenzbetreiber umfassende Verwertungsrechte an Nutzerinhalten einräumen lässt. 309

Beispiel
In der bereits erwähnten Entscheidung „Marion's Kochbuch"[225] ließ sich die Anbieterin der Plattform in den AGB umfassende Nutzungsrechte an den von Nutzern eingestellten Beiträgen und Abbildungen einräumen und bot Dritten an, die Beiträge und Abbildungen kommerziell zu nutzen. Damit ordnete sie sich die Beiträge und Abbildungen auch wirtschaftlich zu. Von einem Zueigenmachen ist hingegen nicht auszugehen, wenn sich der Betreiber Rechte einräumen lässt, die er nur zur Darstellung der Abbildungen auf der Plattform benötigt.[226]

c) Automatisiertes Verarbeiten

Gegen ein Zueigenmachen von fremden Inhalten spricht, wenn die Fremdheit als 310
solche kenntlich gemacht und darauf hingewiesen wird, dass der über die Präsenz Inhalte einstellende Nutzer die volle Verantwortung für die eingestellten Inhalte trägt. Dies gilt insbesondere dann, wenn der Betreiber Nutzerinhalte ohne eigene Prüfung in einem automatisierten Verfahren in die Social Media-Präsenz einstellt, sich also auf eine **technische Vermittlerrolle** beschränkt.[227] Auf diese Weise in die Präsenz eingestellte Inhalte macht sich der Betreiber grundsätzlich nicht zu Eigen;[228] anders natürlich dann, wenn das rechtswidrige Verbreiten von Inhalten bzw. das Verbreiten von rechtswidrigen Inhalten wesentlicher Teil der Geschäftsidee ist.[229]

d) Gesamtbetrachtung

Letztlich muss im Einzelfall aus objektiver Sicht eines verständigen Durchschnitts- 311
nutzers[230] auf der Grundlage einer Gesamtbetrachtung aller relevanten Umstände bewertet werden, ob ein Zueigenmachen des Fremdinhalts vorliegt.[231]

224 OLG Hamburg, Urt. v. 10.12.2008 – 5 U 224/06 – MMR 2009, 721 (nur Leitsätze); Volltext abrufbar unter BeckRS 2009, 13688.
225 BGH, Urt. v. 12.11.2009 – I ZR 166/07 – MMR 2010, 556.
226 OLG Zweibrücken, Urt. v. 14.5.2009 – 4 U 139/08 – MMR 2009, 541.
227 Hierzu BGH, Urt. v. 12.11.2009 – I ZR 166/07 – MMR 2010, 556, 557.
228 Spindler/Schuster/*Hoffmann*, § 7 TMG Rn 18; vgl. hierzu auch schon das Praxisbeispiel in Rn 308.
229 BGH, Urt. v. 18.10.2007 – I ZR 102/05 – NJW 2008, 1882.
230 Spindler/Schuster/*Hoffmann*, § 7 TMG Rn 15.
231 BT-Drucks. 13/7385, S. 19 f.; BGH, Urt. v. 12.11.2009 – I ZR 166/07 – MMR 2010, 556, 557.

Praxistipp

Nicht jedes Verlinken, jeder ReTweet oder jedes „Gefällt mir" führt zu einem Zueigenmachen des entsprechenden Inhalts. Es muss vielmehr im Einzelfall im Wege einer Gesamtbetrachtung aller relevanten Umstände, insbesondere unter Betrachtung der mit der entsprechenden Handlung getroffenen Gesamtaussage, bewertet werden, ob der Handelnde den Fremdinhalt als eigenen übernehmen will.

Checkliste

Um eine Haftung für fremde Inhalte durch Zueigenmachen auszuschließen, sollte Folgendes beachtet werden:

- Es ist darauf hinzuweisen, dass es sich bei den veröffentlichten Beiträgen um fremden Inhalt handelt, der automatisiert und ungeprüft weiterverbreitet wird. Zudem ist die Quelle der Beiträge zu benennen;
- Aussagen wie „Wir prüfen alle Beiträge" oder „Wir behalten uns eine Prüfung der Beiträge vor" sollten vermieden werden, es sei denn eine Prüfung aller Inhalte findet statt;
- Von Nutzern eingestellter Inhalt muss als solcher erkennbar sein (Benennen der Quelle; Bereithalten in einem gesonderten Bereich für Nutzerinhalte; kein Vermischen mit eigenen Inhalten; kein Einfügen eigener Logos o.ä.);
- Rechte an Nutzerinhalten nur in dem Umfang einräumen lassen, der für den Betrieb der Social Media-Präsenz erforderlich ist; umfassende Verwertungsrechte an Nutzerinhalten sollte man sich nur dann einräumen lassen, wenn dies zum Kerngeschäft gehört (dann haftet man allerdings auch für den Inhalt);
- Bekannt rechtswidriger Fremdinhalt sollte nicht verbreitet werden;
- Fremdinhalte sollten immer neutral dargestellt und behandelt werden.

II. Haftung für fremde Inhalte

312 Die Haftung für fremde Inhalte richtet sich grundsätzlich nach den allgemeinen Regeln. Eine Haftung des Betreibers der Social Media-Präsenz für fremde Inhalte kommt **als (Mit-)Täter, Gehilfe oder als Störer** in Betracht. Bei Schadensersatzansprüchen und strafrechtlicher Verantwortlichkeit greift die Haftungsprivilegierung nach § 10 TMG. Im Bereich der Social Media ist die Haftung als Störer von besonderer Relevanz.

1. Täterschaft und Teilnahme

a) Haftung als Täter

313 Täter ist, wer die Zuwiderhandlung selbst oder in mittelbarer Täterschaft begeht (§ 25 Abs. 1 StGB). Als Täter haftet der Betreiber der Social Media-Präsenz mithin nur, wenn er sämtliche Tatbestandsvoraussetzungen der Anspruchsnorm selbst erfüllt. Allein das Zurverfügungstellen der Social Media-Präsenz, auf der die Rechts-

verletzung von einem Nutzer begangen werden kann, reicht für eine täterschaftliche Haftung des Betreibers für diese fremden Inhalte nicht aus.[232]

b) Haftung als Mittäter

Mittäterschaft erfordert eine gemeinsame Begehung, also ein bewusstes und gewoll- 314
tes Zusammenwirken (vgl. § 830 Abs. 1 S. 1 BGB). Allein durch das Eröffnen der Möglichkeit, Inhalte in die Social Media-Präsenz einzustellen, wird der Betreiber der Social Media-Präsenz nicht zum Mittäter des rechtswidrig handelnden Nutzers. Es fehlt insoweit in der Regel am bewussten und gewollten Zusammenwirken.[233]

c) Haftung als Teilnehmer

Die Gehilfenhaftung setzt neben einer objektiven Beihilfehandlung zumindest einen 315
bedingten Vorsatz in Bezug auf die Haupttat voraus, der das Bewusstsein der Rechtswidrigkeit einschließen muss.[234] Ohne Kenntnis der konkret drohenden Haupttat, scheidet ein vorsätzliches Hilfeleisten aus.[235]

2. Haftungsprivilegierung für Schadensersatzansprüche und strafrechtliche Verantwortlichkeit

Ergibt sich nach dem Vorstehenden eine Verantwortlichkeit des Betreibers der So- 316
cial Media-Präsenz, greift für Schadensersatzansprüche und die strafrechtliche Verantwortlichkeit die **Haftungsprivilegierung** des § 10 TMG. Laut § 10 TMG sind Diensteanbieter für **fremde Inhalte,** die sie für einen Nutzer speichern, nicht (schadensersatzrechtlich und strafrechtlich)[236] verantwortlich, sofern die rechtswidrigen Handlungen dem Betreiber nicht bekannt sind[237] und der Anbieter nach einem etwaigen Bekanntwerden unverzüglich die Inhalte gelöscht bzw. den Zugang gesperrt hat.[238] Gemeint ist positive Kenntnis des einzelnen konkreten In-

---

232 BGH, Urt. v. 22.7.2010 – I ZR 139/08 – CR 2011, 259, 263.

233 BGH, Urt. v. 22.7.2010 – I ZR 139/08 – CR 2011, 259, 263.

234 BGH, Urt. v. 22.7.2010 – I ZR 139/08 – CR 2011, 259, 263; OLG München, Urt. v. 29.9.2011 – 29 U 1747/11 – CR 2012, 126, 127.

235 OLG München, Urt. v. 29.9.2011 – 29 U 1747/11 – CR 2012, 126, 127.

236 Kritisch hierzu *Fitzner*, S. 308 ff.

237 Zu den Anforderungen an die Kenntnis des Diensteanbieters, Spindler/Schuster/*Hoffmann*, § 10 TMG Rn 17 ff.

238 Auch Betreiber von Social Media-Präsenzen fallen unter das Haftungsprivileg des § 10 TMG. Für die Qualifizierung des Betreibers der Social Media-Präsenz als „Diensteanbieter" siehe Kap. 2 Rn 141. Der Betreiber „speichert" die Inhalte der Nutzer. Es kommt insoweit nicht darauf an, ob die Inhalte auf eigenen Servern oder Servern eines Dienstleisters, wie dem Plattformanbieter, gespeichert werden. Entscheidend ist vielmehr, dass der Betreiber der Social Media-Präsenz dem Nutzer

halts.[239] Bei Hinweisen Dritter wird, entsprechend der Rechtsprechung des BGH zur **Störerhaftung,**[240] ein Hinweis auf eine **„klare Rechtsverletzung"** zu verlangen sein. Ein solcher Hinweis auf eine „klare Rechtsverletzung" muss so konkret gefasst sein, dass der Betreiber der Social Media-Präsenz den Rechtsverstoß unschwer – d.h. ohne eingehende rechtliche oder tatsächliche Überprüfung – feststellen kann.[241]

3. Störer

317 Scheidet eine Haftung als Täter oder Teilnehmer aus, kommt eine Haftung des Betreibers der Social Media-Präsenz als **Störer** in Betracht. Diese Haftung hat ihre Grundlage in der Regelung über die Besitz- und die Eigentumsstörung in § 862 BGB und in § 1004 BGB.[242] Der Störer haftet lediglich auf Unterlassung und Beseitigung.[243] Für Beseitigungs- und Unterlassungsansprüche gilt die Haftungsprivilegierung des § 10 TMG nach ständiger Rechtsprechung nicht.[244]

318 Als Störer kann bei der Verletzung absoluter Rechte[245] auf Unterlassung in Anspruch genommen werden, wer – ohne Täter oder Teilnehmer zu sein – in irgendeiner Weise willentlich und adäquat kausal zur Verletzung des geschützten Rechts beiträgt.[246] Diese sehr weite Haftung wird hinsichtlich der Haftung sog. Störer, die die rechtswidrige Beeinträchtigung **nicht selbst** vorgenommen haben, über die von der Rechtsprechung entwickelten Grundsätze der Störerhaftung beschränkt. Der Störer haftet nur dann auf Unterlassung und Beseitigung, wenn er zumutbare Verhaltenspflichten, insbesondere **Prüfpflichten,** verletzt hat. Ob und inwieweit dem Störer eine Prüfung zuzumuten ist, richtet sich nach den jeweiligen Umständen des Einzelfalls unter Berücksichtigung seiner Funktion und Aufgabenstellung sowie mit Blick auf die **Eigenverantwortung** desjenigen, der die rechtswidrige Beeinträchtigung selbst unmittelbar vorgenommen hat.[247]

---

das Abspeichern von Informationen, etwa in Form von Postings oder Kommentaren, ermöglicht und er die Inhalte löschen und sperren kann, Spindler/Schmitz/*Geis*, § 11 TDG Rn 6.

239 Spindler/Schuster/*Hoffmann*, § 10 TMG Rn 18.

240 Hierzu gleich in Rn 317 ff.

241 BGH, Urt. v. 17.8.2011 – I ZR 57/09 – CR 2011, 817; BGH, Urt. v. 25.10.2011 – VI ZR 93/10 – CR 2012, 103. Es gelten die unten in Rn 320 f. dargestellten Grundsätze.

242 Zur Störerhaftung vor EU-rechtlichem Hintergrund, *Nordemann*, GRUR 2011, 977.

243 BGH, Urt. v. 18.10.2001 – I ZR 22/99 – GRUR 2002, 618.

244 Anders *Fitzner*, S. 308 ff.

245 Eine Störerhaftung kommt im Wettbewerbsrecht nicht in Betracht, BGH, Urt. v. 22.7.2010 – I ZR 139/08 –; im Wettbewerbsrecht richtet sich die Haftung nach der Frage, ob Verkehrssicherungspflichten verletzt wurden.

246 Vgl. zuletzt BGH, Urt. v. 22.7.2010 – I ZR 139/08 – CR 2011, 259.

247 BGH, Urt. v. 17.8.2011 – I ZR 57/09 – CR 2011, 817, 818.

Beispiel

Für den Grad der Zumutbarkeit der Verhinderung von Rechtsverletzungen Dritter hat der BGH für erheblich gehalten, ob der als Störer in Anspruch Genommene eigene erwerbswirtschaftliche Zwecke verfolgt. Zu berücksichtigen ist überdies, ob die geförderte Rechtsverletzung eines Dritten aufgrund einer unklaren Rechtslage erst nach eingehender rechtlicher[248] oder tatsächlicher[249] Prüfung festgestellt werden kann oder aber für den als Störer in Anspruch Genommenen offenkundig oder unschwer zu erkennen ist.[250]

Nach diesen Maßstäben ist der Betreiber einer Social Media-Präsenz grundsätzlich nicht verpflichtet, die von den Nutzern eingestellten Beiträge **vor der Veröffentlichung** auf eventuelle Rechtsverletzungen zu überprüfen.[251] 319

Er ist aber verantwortlich, sobald er **Kenntnis** von der Rechtsverletzung erlangt. Weist ein Betroffener den Betreiber der Social Media-Präsenz auf eine „klare Rechtsverletzung" hin, muss er nicht nur das konkrete Angebot unverzüglich sperren, sondern auch Vorsorge treffen, dass es möglichst nicht zu weiteren derartigen Rechtsverletzungen kommt.[252] Ein solcher Hinweis auf eine „klare Rechtsverletzung" muss so konkret gefasst sein, dass der Betreiber der Social Media-Präsenz den Rechtsverstoß unschwer – d.h. ohne eingehende rechtliche oder tatsächliche Überprüfung – feststellen kann.[253] Ist eine solche klare Rechtsverletzung gegeben, ist das konkrete Angebot unverzüglich zu sperren und Vorsorge zu treffen, dass es nicht zu weiteren derartigen Rechtsverletzungen kommt.[254] Bestehen im Fall einer behaupteten Markenverletzung berechtigte Zweifel am Anspruch des Anzeigenden, können weitere „Belege" gefordert werden.[255] 320

Praxistipp

Zeigt ein Betroffener oder ein Dritter eine klare (offensichtliche) Rechtsverletzung an, ist der entsprechende Inhalt zu entfernen. Nur dann, wenn berechtigte Zweifel an der Rechtsverletzung bestehen, können weitere Belege vom angeblich Betroffenen und, je nach Sachlage, auch vom angeblichen Verletzer angefordert werden.

---

248 BGH, Urt. v. 17.8.2011 – I ZR 57/09 – CR 2011, 817, 818.

249 BGH, Urt. v. 17.8.2011 – I ZR 57/09 – CR 2011, 817, 818.

250 BGH, Urt. v. 17.8.2011 – I ZR 57/09 – CR 2011, 817, 818.

251 Dies gilt jedenfalls dann, wenn sich die Tätigkeit des Betreibers der Social Media-Präsenz auf das neutrale zur Verfügung stellen der Präsenz beschränkt. Spielt der Präsenzbetreiber hingegen eine aktive Rolle, die ihm eine Kenntnis von bestimmten Daten oder eine Kontrolle über sie verschaffen könnte oder der Präzensbetreiber zu einer bestimmten Äußerung herausgefordert hat, dürfte ihn eine Prüfpflicht vor Veröffentlichung treffen.

252 Für Online-Marktplatz: BGH, Urt. v. 17.8.2011 – I ZR 57/09 – CR 2011, 817, 819; für Hostingdienst „Blogspot", BGH, Urt. v 25.10.2011 – VI ZR 93/10 – MMR 2012, 124, 126.

253 BGH, Urt. v. 17.8.2011 – I ZR 57/09 – CR 2011, 817, 819.

254 Für eine Markenverletzung auf einem Online-Marktplatz vgl. BGH, Urt. v. 17.8.2011 – I ZR 57/09 – CR 2011, 817, 819.

255 BGH, Urt. v. 17.8.2011 – I ZR 57/09 – CR 2011, 817, 819.

321 Bei der behaupteten Verletzung von **Persönlichkeitsrechten** lässt sich eine Rechtsverletzung nicht stets ohne Weiteres feststellen. Wenn in diesen Fällen ein Anbieter mit der Beanstandung eines Betroffenen konfrontiert ist, die richtig oder falsch sein kann, ist eine Ermittlung und Bewertung des gesamten Sachverhalts unter Berücksichtigung einer etwaigen Stellungnahme des für den Eintrag Verantwortlichen erforderlich. Hierfür hat der BGH das folgende Verfahren entwickelt, welches dem amerikanischen **„notice and take down-Verfahren"** ähnlich ist:

- Ein Tätigwerden des Anbieters ist nur veranlasst, wenn der Hinweis so konkret gefasst ist, dass der Rechtsverstoß auf der Grundlage der Behauptungen des Betroffenen unschwer – d.h. ohne eingehende rechtliche und tatsächliche Überprüfung – bejaht werden kann.
- Erhält der Anbieter einen Hinweis auf eine Rechtsverletzung, sollte er diese Beanstandung zur Klärung an den für den Inhalt Verantwortlichen zur Stellungnahme weiterleiten.
- Bleibt eine Stellungnahme innerhalb einer angemessenen Frist aus, ist von der Richtigkeit der Beanstandung auszugehen und der beanstandete Inhalt zu löschen.
- Stellt der Verantwortliche die Berechtigung der Beanstandung substanziiert in Abrede und ergeben sich dadurch berechtigte Zweifel,[256] muss der Betreiber den Betroffenen darauf hinweisen und ggf. Nachweise verlangen, aus denen sich die behauptete Rechtsverletzung ergibt.
- Bleibt eine Stellungnahme des Betroffenen aus oder werden die erforderlichen Nachweise nicht vorgelegt, ist keine weitere Prüfung oder Maßnahme veranlasst.
- Bestätigt sich durch Vorlage der Nachweise in Zusammenschau mit der Stellungnahme des inhaltlich Verantwortlichen das Vorliegen einer rechtswidrigen Verletzung von Persönlichkeitsrechten, ist der beanstandete Eintrag zu löschen.[257]

! **Praxistipp**
Unternehmer können den Nutzern auf ihrer Social Media-Präsenz ein Tool zur Verfügung stellen, mit dem diese eventuelle Rechtsverletzungen melden können. Hierfür kann das Benennen einer E-Mail-Adresse, an die sich die Nutzer wenden können, genügen. Im Rahmen der Meldung einer solchen Rechtsverletzung sollten Informationen zur Rechteinhaberschaft (Versicherung der Anspruchsinhaberschaft) abgefragt werden. Zudem sollte deutlich gemacht werden, dass im Falle von Unklarheiten die Vorlage von Belegen gefordert wird.

256 Hierzu etwa auch LG Nürnberg-Fürth, Urt. v. 8.5.2012 – 11 O 2608/12 – CR 2012, 541.
257 BGH, Urt. v. 25.10.2011 – VI ZR 93/10 – MMR 2012, 124, 126.

III. Haftung für Links

Ein **Link** selbst kann grundsätzlich keine **Haftung** auslösen, denn er ist nur eine technische Referenz innerhalb eines HTML-Textes.[258] Vielmehr kommt es auf die mit dem Link getroffene Gesamtaussage an.[259] Die Haftung des Betreibers der Social Media-Präsenz für das Setzen eines Links richtet sich nach den allgemeinen Gesetzen. Eine Begrenzung der Haftung nach dem TMG kommt nicht in Betracht.[260] 322

Der BGH bezieht beim Bewerten des Setzens von Hyperlinks ausdrücklich die Meinungs- und Pressefreiheit mit ein.[261] In der Entscheidung „Schöner-Wetten" stellte der BGH fest, dass ein Linksetzer, der ausschließlich mit journalistischen Absichten handelt, nur einer eingeschränkten Prüfungspflicht unterliegt und daher vor Linksetzung keine umfangreiche rechtliche Prüfung des verlinkten Inhalts vornehmen muss.[262] 323

Für Links auf eigene Inhalte haftet der Betreiber der Social Media-Präsenz voll. Schließlich ist er für eigene Inhalte voll verantwortlich.[263] Für Links auf fremde Inhalte ist er z.B. verantwortlich, wenn er sich diese zu Eigen macht.[264] 324

Beispiel
Im Fall des LG Frankfurt/Main[265] verlinkte ein ehemaliger Mitarbeiter in seinem Tweet eine rufschädigende Äußerung über seinen ehemaligen Arbeitgeber in Kenntnis deren Rechtswidrigkeit und versah den Link mit dem Kommentar „sehr interessant". Nach Ansicht der LG Frankfurt/Main machte er sich damit den Inhalt des Links zu Eigen. Diese Rechtsprechung dürfte auch auf andere Rechtsverletzungen, etwa im Bereich des Urheberrechts oder Markenrechts, anwendbar sein. Die Gefahr des Zueigenmachens besteht auch beim Drücken von „Gefällt mir".

Für Unterlassungsansprüche gilt die Störerhaftung mit den entsprechenden Prüfpflichten. Enthält die verlinkte Seite zur Zeit der Verlinkung einen rechtswidrigen Inhalt, kommt neben der Störerhaftung auch eine Gehilfenhaftung in Betracht. Eine ständige Prüfpflicht zunächst zulässigerweise gesetzter Links besteht nicht.[266] Er- 325

258 Hoeren/Sieber/*Hoeren*, Teil 18.2 Rn 73.
259 Leupold/Glossner/*Leupold/Glossner*, Teil 2 Rn 596.
260 BGH, Urt. v. 1.4.2004 – I ZR 317/01 – CR 2004, 613, 615.
261 BGH, Urt. v. 1.4.2004 – I ZR 317/01 – CR 2004, 613, 614 f.
262 BGH, Urt. v. 1.4.2004 – I ZR 317/01 – CR 2004, 613, 615.
263 Siehe oben Rn 303, weiterführend etwa Schricker/Loewenheim/*v. Ungern-Sternberg*, § 19a Rn 46.
264 Siehe zum „Zueigenmachen" oben Rn 304 ff. Hier gelten die dort dargestellten Grundsätze entsprechend.
265 LG Frankfurt/Main, Beschl. v. 20.4.2010 – 3-08 O 46/10 –.
266 AG Tiergarten, Urt. v. 30.6.1997 – 260 DS 857/96 – MMR 1998, 49.

fährt der Linksetzer allerdings von dem nunmehr rechtsverletzenden Inhalt, muss er der Link entfernen.[267]

IV. Haftung bei RSS-Feeds

326 Es gelten die allgemeinen Grundsätze. Der BGH hat entschieden, dass der Betreiber eines Informationsportals, das erkennbar fremde Nachrichten anderer Medien über einen RSS-Feed auf seiner Website einbindet, grundsätzlich nicht verpflichtet ist, die Beiträge vor der Veröffentlichung auf eventuelle Rechtsverletzungen zu überprüfen.[268] Er sei erst verantwortlich, sobald er Kenntnis von der Rechtsverletzung erlangt. Gleiches muss für RSS-Feeds auf Social Media-Präsenzen gelten.

! **Praxistipp**
Unternehmen sollten darauf hinweisen, dass es sich bei den veröffentlichten Beiträgen um fremden Inhalt handelt, der automatisiert und ungeprüft weiterverbreitet wird. Zudem ist die Quelle der Beiträge zu benennen.

---

267 Zur Haftung für Links auch Hoeren/Sieber/*Solmecke*, Teil 21.1. Rn 67 ff.; für den Bereich des Urheberrechts umfangreich auch *Reinemann*/*Remmertz*, ZUM 2012, 216, 221 ff.
268 BGH, Urt. v. 27.3.2012 – VI ZR 144/11 – MMR 2012, 623.

Kapitel 5
Social Media-Marketing-Recht

A. Rechtliche Grenzen von Social Media-Marketing

Die große Reichweite von Social Media gab Unternehmen im Jahre 2012 die Möglichkeit, potenziell mehr als 1 Mrd. Nutzer[1] zu erreichen. Social Media wird damit ein immer beliebteres **Marketinginstrument** für Unternehmen aller Branchen. Der Austausch zwischen Unternehmen und Nutzern sowie seitens von Verbrauchern untereinander ist ein **wesentlicher Mehrwert,** den Social Media gegenüber linearen Vermarktungsformen bietet und Unternehmen neuartige Werbemaßnahmen ermöglicht. 1

Social Media-Marketing spielt sich jedoch nicht im rechtsfreien Raum ab. Social Media-Werbung muss sich ebenso wie Offline-Werbung an den Maßstäben des **Werberechts** messen lassen, also insbesondere am Gesetz gegen den unlauteren Wettbewerb (UWG). Auch europäische Richtlinien, das Telemediengesetz sowie die seitens der Betreiber von Social Media-Plattformen festgelegten Nutzungsbedingungen sind zu beachten. 2

Das UWG dient nicht lediglich dem **Schutz des Wettbewerbs** zwischen Unternehmen. Die Wettbewerbsordnung dient auch dem **Verbraucherschutz** und sanktioniert beispielsweise irreführende Werbeangaben oder die Verschleierung des Werbecharakters (Schleichwerbung). Klageberechtigt sind in diesen Szenarien **Mitbewerber,** aber auch **Verbände für Verbraucherschutz.** Während Klagen von Mitbewerbern häufig in der Gebührenrechnung eines (Abmahn-)Anwaltes kulminieren, können Konflikte mit Verbraucherverbänden nicht auf die leichte Schulter genommen werden. Die Breitenwirkung ist gewaltig, findet man sich als Unternehmen im Bericht eines Verbraucherverbands wieder. 3

Das UWG untersagt verschiedene Variationen **irreführender Werbung.** Wann nun eine Fehlvorstellung beim Verbraucher vorliegt und die Werbeaussage wettbewerbsrechtlich zu beanstanden ist, bestimmt sich nach dem **Verbraucherleitbild.** Dabei soll das UWG nicht jeglichen „ungebildeten und unbeholfenen Bürger" schützen (manche Anwälte sprechen scherzhaft vom „betrunkenen Analphabeten"). Das Leitbild des zu schützenden Social Media-Verbrauchers ist nach der Rechtsprechung der *„durchschnittlich informierte, situationsbedingt aufmerksame verständige Verbraucher"*.[2] 4

---

1 Stand: Juni 2013 (Nutzer, die mindestens einmal im Monat ihr Facebook-Profil besucht haben), http://newsroom.fb.com/content/default.aspx?NewsAreaId=22.

2 Piper/Ohly/Sosnitza/*Sosnitza*, § 5 Rn 48.

Praxistipp
Für Unternehmen ist es besonders zu empfehlen, einen Blick auf die sog. Schwarze Liste zu werfen.[3] Diese ist im Anhang zu § 3 Abs. 3 UWG zu finden. In ihr werden 30 Beispiele für geschäftliche Handlungen aufgeführt, die immer wettbewerbswidrig sind.

B. Direktmarketing

I. Begriffsbestimmung und rechtlicher Rahmen

5 Direktmarketing ist eine Form des Vertriebs bzw. der Werbung, die sich unmittelbar auf den Werbeadressaten oder zumindest die Zielgruppe der Werbeansprache **fokussiert.** Im Unterschied zur Massenwerbung, die erhebliche Streuverluste hat, ist die Erfolgsquote höher, weil auf die Bedürfnisse des Einzelnen konkret eingegangen werden kann.

6 Die personalisierte Werbeansprache ist erfahrungsgemäß nicht bei jedem willkommen. Sie kann auch als unangemessene Beeinträchtigung der privaten oder beruflichen Sphäre aufgefasst werden, als **„belästigende Werbung".** Aus diesem Grunde sind die Rahmenbedingungen derartiger Werbemethoden gesetzlich festgelegt (siehe § 7 UWG).

7 Bestimmte Formen des Direktmarketings (über **Telefon, E-Mail, Fax**) sind danach nur dann zulässig, wenn die **vorherige ausdrückliche Einwilligung** des potenziellen Kunden vorliegt (sog. Opt-in). Anderenfalls liegt eine „unzumutbare Belästigung" und somit ein Verstoß gegen § 7 Abs. 2 UWG vor.

8 Diese Bestimmung, das **„Opt-in"**, ist ein besonderes Merkmal des Rechts des Direktmarketings: Ohne vorherige ausdrückliche Einwilligung ist die Ansprache belästigend und unzulässig.[4] In anderen Nationen gilt dagegen teilweise das Opt-Out – erst wer ablehnt, wird nicht mehr kontaktiert. Hintergrund der deutschen Regelung ist, dass die Ansprache mittels Telefon, E-Mail oder Fax als besonders zeitraubend und penetrant angesehen wird.

9 Das Opt-in Verfahren verpflichtet den Werbetreibenden dazu, im Streitfall (etwa bei einer Abmahnung) nachzuweisen, dass er über die Einwilligung verfügt. Praktisch besteht jedoch das **Risiko,** dass die Einwilligung von einem Dritten stammt. Der Dritte gab womöglich eine fremde Kontaktadresse an, damit der Adressat belästigt wird. Dass auch der Werbende dabei getäuscht wurde, spielt keine Rolle. Um hier für klare Verhältnisse zu sorgen, verwenden Unternehmen meist das **Double Opt-in**-Verfahren. Der Werbeadressat bekommt auf die Einwilligung (Single Opt-in) zunächst keine Werbenachricht, sondern eine Mitteilung mit der Aufforderung, die Ein-

3 Veröffentlicht etwa unter: http://www.gesetze-im-internet.de/uwg_2004/anhang_26.html.
4 BGH, Urt. v. 16.7.2008 – VIII ZR 348/06 – GRUR 2008, 1010.

tragung in eine Mail-Verteilerliste zu bestätigen (Double Opt-in). Dann kann sich der Werbetreibende sicher sein, dass die Einwilligung zum E-Mail-Versand tatsächlich von dem Konto stammte, an welches später die Werbemails ausgeliefert werden.

Die Regelungen der §§ 4, 4a BDSG und §§ 12 Abs. 1, 13 Abs. 2 TMG fordern auch für das Direktmarketing eine sog. **informierte datenschutzrechtliche Einwilligung.** Das bedeutet: Dem Adressaten muss transparent gemacht werden, für welche Zwecke im Einzelnen seine Daten genutzt werden sollen.[5] 10

Wurde eine vorherige ausdrückliche Einwilligung nicht eingeholt, so nennt man die Werbung umgangssprachlich auch **„Spam"**. Da es sich hierbei um Wettbewerbsverstöße bzw. eventuell um Verletzungen des Persönlichkeitsrechts handelt, sind Abmahnungen und gerichtliche Maßnahmen eine häufige Reaktion.[6] 11

II. Nachrichten an Mitglieder des Sozialen Netzwerks

Eine effektive und einfache Form des Direktmarketings wäre die Zusendung von Werbebotschaften mittels einer direkten Nachricht an den Nutzer von Social Media. Davon ist Unternehmen jedoch eher abzuraten. 12

Zum einen erlauben die AGB von Social Media-Plattformen wie Facebook den Unternehmen nicht, eine sog. Profilseite anzulegen. Diese sind Privatpersonen vorbehalten. Aber nur über eben solche Profilseiten können Nachrichten verschickt werden. Die für Unternehmen reservierten **Pages** (Facebook-Seite) erlauben diese Art der Kommunikation nicht. 13

Darüber hinaus ist die Werbung durch direkte Nachrichten an Nutzer gemessen an den gesetzlichen Werbeanforderungen des § 7 Abs. 2 Nr. 3 UWG unzulässig. Die gesetzlichen Regelungen zur **belästigenden Werbung** gelten auch für Nachrichten innerhalb einer Social Media-Plattform. Eine vorherige, ausdrückliche und „informierte" (also aufgeklärte) Einwilligung des Werbeadressaten ist also notwendig. 14

Allein die Tatsache, dass sich ein Nutzer als **„Fan"** oder **„Follower"** einer Social Media-Präsenz registriert, dürfte diesen Anforderungen nicht genügen und folglich nicht zu direkten Werbebotschaften innerhalb des Netzwerks berechtigen. 15

Das Klicken auf eine **„Gefällt mir"**-Schaltfläche, die Bestätigung einer Freundschaftsanfrage (Facebook), die Registrierung als Follower (Twitter) oder die Kontaktbestätigung (XING) ist meist kein „informiertes" Einwilligen. In keinem der Fälle wird nämlich darüber informiert, für welche Produkte (Instantsuppe oder Deodorant?) und in welcher Weise (Fax oder E-Mail?) geworben werden soll. Somit dürfte ein Verstoß gegen § 7 Abs. 2 Nr. 3 UWG vorliegen. 16

---

5 BGH, Urt. v. 16.7.2008 – VIII ZR 348/06 – GRUR 2008, 1010; siehe hierzu auch den datenschutzrechtlichen Teil Kap. 3 Rn 85.

6 Siehe Kap. 4 Rn 248 und Kap. 6 Rn 36.

III. Nachrichten auf „Pinnwänden“ anderer Benutzer

17 Auch virtuelle Pinnwandeinträge, also Einträge auf fremden Social Media-Profilen, die für alle Social Media-Freunde des Profilinhabers und Nutzers einsehbar sind, können neben den direkten Nachrichten als unzumutbare Belästigung i.S.v. § 7 Abs. 2 Nr. 3 UWG eingestuft werden.

18 Eine Ausnahme besteht für eine bloße Teilnahme an **Gesprächen auf Pinnwänden.** Diese „Gespräche“ dürften wohl noch nicht als unzumutbare Belästigung angesehen werden. Dann allerdings hat sich das Unternehmen mit Kommentaren zu auf der Pinnwand geposteten Einträgen zu begnügen, die Übermittlung von Werbebotschaften bleibt untersagt.

19 Insbesondere ist dann zu beachten, dass **Werbung** stets **„mit offenem Visier“** anzutreten hat. Es liegt ein Wettbewerbsverstoß nach § 4 Nr. 3 UWG vor, wenn der Werbecharakter der Maßnahme **verschleiert** wird oder gar **bezahlte Blogger** die Werbebotschaften verdeckt kommunizieren.[7]

IV. Pop-Up-Banner

20 Bannerwerbung im Internet ist die Anzeige von grafischen Elementen (Bannern) mit einer Werbebotschaft. Pop-Up-Banner sind Browserfenster, die Werbung enthalten und sich als zusätzliches Fenster öffnen, während eine Internetseite genutzt wird. Das Pop-Up-Banner erscheint dabei unmittelbar und überlagert die Hauptseite. Auch Pop-Up-Banner können belästigende Werbung sein. Damit sie keine Belästigung gem. § 7 Abs. 1 UWG darstellen, dürfen weder übermäßig lange Ladezeiten gegeben, noch darf einem Nutzer das Schließen des Fensters nur erschwert möglich sein.[8] Ähnliches gilt für die Darstellung individualisierter Seiteninhalte oder Anzeigen am Seitenrand. Allerdings sind in diesen Fällen auch die datenschutzrechtlichen Vorgaben zu beachten.

V. Tell-a-friend, Kontaktimporter, Freundefinder

21 Die sog. **Tell-a-friend-Funktion** ermöglicht es einem Nutzer, bestimmte Websites an Dritte weiterzuempfehlen. Wird mittels der Tell-a-friend-Funktion Werbung (etwa an Freunde oder Kollegen) verbreitet, spricht man rechtlich von sog. **Laienwerbung.** Der private Nutzer (der Laie) bewirbt ein fremdes Unternehmen – der Nutzer wirbt selbstständig, wird aber auf Veranlassung des fremden Unternehmens

---

7 Siehe unten Rn 36.

8 Hoeren/Sieber/*Wolff*, Teil 11, B III Rn 79.

tätig. Das beworbene Unternehmen bleibt nicht vollkommen unbeteiligt, sondern unterstützt oder fördert, dass private Nutzer Werbung machen.

Oft stellt der Betreiber der Social Media-Präsenz ein **Formular** zur Verfügung 22
und versendet eine Werbebotschaft „im Namen des Nutzers" und in der Hoffnung, dass der Nachricht „im Freundes- und Bekanntenkreis" damit mehr Vertrauen und Beachtung geschenkt wird als einer üblichen Werbemail.

Der Kontaktimporter oder **Freundefinder**[9] ist ein Feature, das es dem Nutzer 23
ermöglicht, Freunde auf eine bestimmte Social Media-Plattform einzuladen. Dazu stellt der Betreiber der Social Media-Präsenz oder der Social Media-Plattform ein Formular zur Verfügung. Der einladende Nutzer setzt die Adresse des Freundes ein und der Betreiber der Social Media-Präsenz oder Social Media-Plattform versendet die Einladung. Der Adressat wird aufgerufen, sich bei der betreffenden Social Media-Plattform zu registrieren. Der Aufruf hat aus Sicht der Nutzer einen sozialen Zweck, dient gleichzeitig aber der **Förderung des Absatzes** von Dienstleistungen des jeweiligen Betreibers.

Der (vermeintliche) Charme der Tell-a-friend-Funktion oder des Freundefinders 24
soll darin bestehen, das Verbot belästigender Werbung (§ 7 UWG) zu umgehen, denn Absender der Werbung ist vorgeblich der Laie und nicht das Unternehmen selbst. Rechtlich gesehen unterliegt es einer Wertung des Gerichts im Einzelfall, wer hier als **Versender der Werbung** „angesehen" werden muss.

Die rechtliche Beurteilung ist höchstrichterlich nicht geklärt. Die Empfehlungs- 25
nachricht wird aber dem Unternehmen **zugerechnet,** wenn sie neben der schlichten Empfehlung des Laien an seinen Freund zusätzlich weitere Werbeinformationen enthält[10] oder etwa nicht lediglich ein bestimmtes Produkt, sondern die gesamte Social Media-Präsenz des Unternehmens empfiehlt. Kritisch zu sehen ist auch die Versendung von Sammel- bzw. Kettenbriefen durch Nutzer mittels der Tell-a-friend-Funktion oder die Auslobung von Vergünstigungen im Gegenzug für die Verwendung der Tell-a-friend-Funktion. In solchen Fällen könnte sich das Unternehmen wohl nicht mehr auf die Behauptung zurückziehen, eigentlicher Absender sei doch der Nutzer gewesen.

Strenger urteilt das LG Berlin:[11] Die Werbung sei stets dem Unternehmen zuzu- 26
rechnen, wenn das Unternehmen die Erstellung der Mails und deren Versand übernimmt. Mangels vorheriger ausdrücklicher Einwilligung des Empfängers ist die Werbung bzw. Einladung danach gem. § 7 Abs. 2 Nr. 3 UWG belästigende Werbung.

Somit ist jedenfalls unter der neueren, strengeren Rechtsprechung von der Ver- 27
wendung von Funktionen wie Tell-a-friend, Kontaktimporter oder Freundefinder zur Laienwerbung eher abzuraten.

---

9 Siehe http://de-de.facebook.com/find-friends?ref=pf.

10 OLG Nürnberg, Urt. v. 25.10.2005 – 3 U 1084/05 – GRUR-RR 2006, 26.

11 LG Berlin, Urt. v. 6.3.2012 – 16 O 551/10 – BeckRS 2012, 05714.

Checkliste
Zulässige Werbemitteilungen:
- Kontaktieren eines Nutzers auf derselben Social Media-Plattform, wenn der Nutzer ausdrücklich nach diesen Waren oder Dienstleistungen sucht;
- Posten von Nachrichten auf der eigenen Website, die dann auf der Pinnwand der Fans oder Follower erscheinen;
- direkte Werbemitteilungen nach ausdrücklicher Einwilligung.

Unzulässige Werbemitteilungen:
- Einladung, Fan zu werden;
- direkte Werbemitteilungen an Fans oder Follower (ohne ausdrückliche Einwilligung);
- Posten von Werbung in fremden Blogs;
- Anbieten einer Funktion zur Laienwerbung (Tell-a-friend etc.);
- Kontaktieren eines Nutzers auf derselben Social Media-Plattform, wenn dieser bestimmte Waren oder Dienstleistungen als „Interessen“ angegeben hat.

VI. Nutzungsbedingungen der Betreiber einer Social Media-Plattform

28 Direktmarketing ist in den Nutzungsbedingungen von Social Media-Plattformen nur vereinzelt adressiert.

29 Facebook[12] etwa nennt lediglich allgemein das Verbot der „Belästigung“. Bei Twitter[13] ist untersagt, „Spam“ zu verteilen, wozu auch unverlangte Nachrichten zählen können. XING[14] untersagt explizit, XING-Mitglieder oder andere Personen unzumutbar (insbesondere durch Spam) zu belästigen.

C. Verdeckte Werbung und virales Marketing

I. Verdeckte Werbung

1. Definition

30 Verdeckte Werbung liegt immer dann vor, wenn ein Verbraucher nicht erkennen kann, ob es sich bei einer Maßnahme um Werbung handelt oder nicht.[15]

31 **Schleichwerbung** ist nach § 4 Nr. 3 UWG (Verbot der Verschleierung des Werbecharakters von geschäftlichen Handlungen) sowie nach § 6 Abs. 1 Nr. 1 TMG (Gebot, dass kommerzielle Kommunikation klar als solche erkennbar sein muss) unzulässig.

12 „Nutzungsbedingungen“, abrufbar unter http://de-de.facebook.com/legal/terms.

13 „Twitter Ads policies“, abrufbar unter http://support.twitter.com/groups/56-policies-violations/topics/239-advertiser-policies/articles/20169693-twitter-ads-policies.

14 „Allgemeine Geschäftsbedingungen für die Nutzung von XING Unternehmensprofilen“, abrufbar unter http://www.xing.com/app/user?op=tandc&what=cp#paragraph-04.

15 Piper/Ohly/Sosnitza/*Sosnitza*, § 4 Rn 3.3.

Zudem verstößt die Schleichwerbung gegen das „Trennungsgebot" gem. Art. 58 des „Staatsvertrags für Rundfunk und Telemedien". Danach sind redaktionelle Inhalte und Werbung bei Internetdiensten in einer für Außenstehende klar erkennbaren Weise voneinander zu trennen.

Für Unternehmen kann es hingegen sehr verlockend sein, gegen diese Regelungen zu verstoßen, da das Vertrauen der Verbraucher in eine vermeintlich neutrale Meinung größer ist, als es bei einer offensichtlich zu Marketingzwecken abgegebenen Aussage der Fall ist. 32

Beispiel
Es werden Blogs mit Fake-Identitäten registriert, um Produkte im Netz bekannter zu machen.

Im Falle der Beauftragung von Mitarbeitern oder von Werbeagenturen ist recht deutlich, dass die Werbung für das Unternehmen kommuniziert wird – entsprechend ist das auch gegenüber der Öffentlichkeit zu kennzeichnen. Aber insbesondere wenn sich **Mitarbeiter eines Unternehmens etwa auf fremden Blogs** äußern, kann fraglich sein, ob diese Äußerung zu Wettbewerbszwecken erfolgte, und somit dem Unternehmen zuzurechnen ist, oder ob sie einen rein privaten Charakter hat. 33

Eine Wettbewerbshandlung des Mitarbeiters kann dem Unternehmen selbst dann zugerechnet werden, wenn ein Mitarbeiter „als Privatmann" im Internet erkennbar auch als solcher auftritt. Dies soll dann der Fall sein, wenn der betreffende Mitarbeiter durch seine Äußerungen – zumindest auch – in der Absicht handelt, sein Unternehmen zu fördern. 34

So hatte etwa ein Mitarbeiter in einem Blog ein Konkurrenzunternehmen herabgesetzt und zwar zum einen, weil er sich persönlich geärgert hatte über deren angeblich unrichtige Behauptungen, zum anderen wollte er mit seinem privaten Engagement auch verhindern, dass das Konkurrenzunternehmen mittels solcher Behauptungen dem eigenen – langjährig im Erotikmarkt tätigen – Unternehmen Kunden abwirbt. Folglich waren seine Äußerungen wettbewerbsrechtlich relevant. Die Äußerungen wurden allerdings nicht dem Unternehmen zugerechnet. Das Unternehmen hatte die Äußerungen weder selbst aufgestellt, noch veranlasst. Es fehlte insoweit an einer feststellbaren Betriebsbezogenheit.[16] 35

2. Fallgruppen verdeckter Werbung

Ein Fall von verdeckter Werbung ist das sog. **Astroturfing.** Unter Astroturfing versteht man die Abgabe von Meinungen auf Bewertungsportalen, die zwar als spontan 36

16 OLG Hamm, Urt. v. 23.10.2007 – 4 U 87/07 – MMR 2008, 757.

und freiwillig erscheinen, es aber tatsächlich nicht sind. Vielmehr handelt es sich um gezielt gesteuerte Bewertungen oder Meinungen, die erkauft oder die nach einer zentral festgelegten Vorgabe gestreut werden. Die Verwendung bezahlter Zuschriften oder die Werbung mit erkauftem Lob ist unzulässig, wenn auf die Bezahlung nicht ausdrücklich hingewiesen wird.[17]

37 Besonders auf Bewertungsplattformen ist die Abgabe von solchen **„Fake"-Bewertungen** leider wohl recht verbreitet. Dennoch handelt es sich um eine unlautere Werbemaßnahme (oder wie es das Gesetz nennt: unlautere „geschäftliche Handlung"), § 4 Nr. 3 UWG. Gefälschte Bewertungen bringen Mitbewerber um die Chance auf einen fairen Wettbewerb um Konsumenten. In der Praxis stellt sich aber in diesen Fällen häufig das Problem, dass aufgrund der Anonymität solcher Bewertungen der klagende Mitbewerber seiner Beweislast nicht nachkommen und den Wettbewerbsverstoß nicht nachweisen kann.

38 Als weitere Fallgruppe verdeckter Werbung ist in diesem Zusammenhang auch **das „Kaufen" von Fans,** Followern usw. zu nennen, wie dies einige dubiose Dienstleister sogar mittels eBay anbieten (*„1000 deutsche Facebook Fans! Fanseite Likes Deutschland für 9,90 €"*). Gekaufte Fans ermöglichen zwar Unternehmen, einen Bekanntheitsgrad vorzutäuschen, ist aber ebenfalls unlauter. Betroffene Mitbewerber haben bei den genannten Verstößen – wie gegenüber sämtlichen unlauteren Geschäftspraktiken – die Möglichkeit der Geltendmachung von Unterlassungsansprüchen (§ 8 Abs. 1 UWG).[18] Viel schwerer wiegt aber der Imageschaden, den ein Unternehmen zu verkraften hat, sollte die Öffentlichkeit erfahren, dass es Freunde, Fans und Follower oder sogar positive Kundenbewertungen „einkauft".

Beispiel
Kommentare von gekauften Nutzern lauten oft etwa „Mit Abstand das schönste Hotel der Welt." oder „Der beste Urlaub, den man überhaupt erleben kann." Oftmals ist verschleierte Werbung an der, für einfach nur erfreute Konsumenten unüblichen Detailverliebtheit zu erkennen: „Die wunderschöne Jacke gibt es auch noch in 20 weiteren Farben, wobei die waldgrüne Variante sogar mitsamt Hut ausgeliefert wird!"

3. Anbieterkennzeichnung

39 Um sicherzustellen, dass Werbemaßnahmen nicht als verdeckt eingestuft werden, sollte das werbende Unternehmen eine umfassende Anbieterkennzeichnung verwenden.[19]

17 OLG Hamm, Urt. v. 23.11.2010 – 4 U 136/10 – GRUR-RR 2011, 473.
18 Siehe ferner Kap. 6 Rn 36.
19 Siehe ferner Kap. 2 Rn 139.

II. Virales Marketing

1. Definition

Virales Marketing ist eine Art des Marketings, das insbesondere durch Betreiber von 40
Social Media-Plattformen verwendet wird. Mit einer nicht alltäglichen Maßnahme (effektvolle Kreatividee), die auf den ersten Blick auch keinen Werbecharakter besitzen muss, wird auf ein Produkt aufmerksam gemacht, um es durch gezielt ausgelöste **Mundpropaganda** oder E-Mail-Anhänge, Tweets, Links usw. bekanntzumachen (ausgeklügelte Seedingstrategie). Der Name leitet sich von dem massiven Ausmaß der Verbreitung ab, die an eine Virusinfektion erinnert. Virale Videos sind beispielsweise Werbevideos, die dafür produziert sind, dass die Nutzer sie etwa aufgrund ihrer Witzigkeit selbstständig an ihre Freunde weiterleiten und sich dadurch in hohem Tempo die Werbebotschaft verbreitet.

Beispiel

Ein Autohersteller veröffentlicht Videos auf YouTube, die sich mit der Frage beschäftigen, ob man durch Spaß als Anreiz das Verhalten von Menschen positiv beeinflussen kann. Einzig in den letzten Sekunden erfolgt eine Einblendung der Automarke.

---

2. Rechtlicher Rahmen

Grundsätzlich ist virales Marketing nicht unlauter. Jeder Werbetreibende wünscht 41
sich zurecht, dass seine Kampagne die gesamte Bundesrepublik „infiziert". Allerdings sind die üblichen Strategien, derer sich virales Marketing bedient, meist unlauter. So wird der **Werbecharakter** meist (bis auf die letzte Sekunde) verschwiegen. Dadurch ist die Werbebotschaft effektvoller und findet einfacher Verbreitung (auch bei denjenigen, die gegen Werbung „geimpft" sind).

Es stellt sich wiederum das Problem der Unlauterkeit verdeckter Werbung ge- 42
mäß den Regelungen § 4 Nr. 3 UWG sowie § 6 Abs. 1 Nr. 1 TMG, die beide festlegen, dass jegliche kommerzielle Werbung als solche erkennbar sein muss.

Falls der kommerzielle Charakter nicht von vornherein offen erkennbar ist, 43
müssen die Videos oder sonstigen Werbebotschaften gesondert gekennzeichnet werden. Eine solche **Kennzeichnungspflicht** kann entfallen, wenn das Video direkt auf der Unternehmensseite eingestellt wird bzw. sich aus anderen Umständen deutlich der werbliche Charakter ergibt. So wird empfohlen, zumindest zu Beginn und eventuell zusätzlich am Schluss des Videos einen Hinweis zu geben (etwa: „sponsored by...").

Eine gerichtliche Klärung, wann und wie eine Kennzeichnung erfolgen muss, 44
steht noch aus. Daher bewegt sich der mittels viraler Werbebotschaften Werbende derzeit in einer **Grauzone.** Er hat für sich selbst zu entscheiden, wie und wann er den Werbecharakter einer Werbebotschaft offenbaren möchte.

45 Zusätzlich kann in bestimmten Fällen noch ein Verstoß gegen § 5 UWG im Raum stehen, falls durch das Video falsche Informationen übermittelt werden. Die Regelung des § 5 UWG verbietet die Vornahme von zur Täuschung geeigneten geschäftlichen Handlungen.

3. Nutzungsbedingungen der Betreiber einer Social Media-Plattform

46 Verdeckte Werbung und virales Marketing auf Social Media-Plattformen zu betreiben, dürfte wohl zumindest als heikel einzustufen sein. Die Nutzungsbedingungen sind insoweit zwar teilweise eher vage gehalten, dürften **im Zweifel aber als Einschränkung** zu lesen sein. Diese Einschränkungen gehen aber wohl nicht über das gesetzliche Maß hinaus.

47 Facebook[20] fordert, dass die Werbung „Genauigkeit" aufweist und „relevant" sowie „geeignet" ist. Auch bei Twitter[21] sind sowohl Marke als auch Produkt deutlich und zutreffend anzugeben und Nutzer dürfen nicht getäuscht werden. Beides dürfte wohl so zu deuten sein, als sei hiermit die Transparenz der Werbung gemeint. XING[22] untersagt „progressive Kundenwerbung (wie Ketten-, Schneeball- oder Pyramiden-Systeme)" und „wettbewerbswidrige Handlungen" im Allgemeinen. Auch damit scheint gemeint zu sein, dass verdeckte Werbung und virales Marketing untersagt sein sollen.

D. Social Plugins und Location Based Services

I. Grundlegendes

48 Sowohl bei Social Plugins als auch bei Location Based Services stellen sich in erster Linie datenschutzrechtliche Fragen.[23]

49 Diese Fragen – und der vermeintliche Verstoß gegen den Datenschutz – wurden in verschiedenen Rechtsstreitigkeiten zum Gegenstand wettbewerbsrechtlicher Abmahnungen gemacht. So hat das OLG Karlsruhe entschieden, dass Datenschutzverstöße auch verfolgbare Verletzungen des Wettbewerbsrechts sind, die von Wettbewerbern und Verbänden geltend gemacht werden können.[24]

20 „Facebook-Werberichtlinien", abrufbar unter http://www.facebook.com/ad_guidelines.php.

21 „Twitter Ads policies", abrufbar unter http://support.twitter.com/groups/56-policies-violations/topics/239-advertiser-policies/articles/20169693-twitter-ads-policies.

22 „Allgemeine Geschäftsbedingungen für die Nutzung von XING Unternehmensprofilen", abrufbar unter http://www.xing.com/app/user?op=tandc&what=cp#paragraph-04.

23 Siehe ferner Kap. 3 Rn 185 und Rn 225.

24 OLG Karlsruhe, Urt. v. 9.5.2012 – 6 U 38/11 – NJW 2012, 3312; a.A. etwa: OLG München, Urt. v. 12.1.2012 – 29 U 3926/11 – GRUR-RR 2012, 395.

1. Social Plugins

Unter Social Plugins versteht man die Erweiterung der Funktionen von Social Media-Plattformen um zusätzliche Möglichkeiten, die die aktive Teilnahme und Interaktion der Nutzer erhöhen sollen, um diese mehr an die Social Media-Plattformen zu binden. 50

Bekanntestes Beispiel für einen Social Plugin ist der „Gefällt mir"-Button bei Facebook. Er gibt Nutzern die Möglichkeit, andere auf Seiten aufmerksam zu machen, die ihnen gefallen. Für die Unternehmen ergibt sich damit die Möglichkeit eines **kostenlosen Empfehlungsmarketings.** Weitere Beispiele für Social Plugins sind die „Comment"-Funktion bei Facebook oder der Twitter „Follow Button"[25]. 51

Für Unternehmen ist die Frage, ob der „Gefällt mir"-Button gegen geltendes Datenschutzrecht, insbesondere § 13 TMG, verstößt, schwierig zu klären; die Rechtslage ist umstritten. 52

Besonders wichtig aus unternehmerischer Sicht ist aber, ob ein Verstoß gegen datenschutzrechtliche Vorschriften zugleich einen Wettbewerbsverstoß gem. § 4 Nr. 11 UWG darstellt, also **„abmahnfähig"** ist. 53

Nach der Regelung des § 4 Nr. 11 UWG liegt eine unlautere – und damit abmahnfähige – geschäftliche Handlung vor, wenn gegen eine gesetzliche Vorschrift verstoßen wird, die das Marktverhalten im Interesse der Marktteilnehmer regelt. Folge eines Wettbewerbsverstoßes wäre, dass Mitbewerber die Möglichkeit hätten, Unternehmen abzumahnen, die den „Gefällt mir"-Button auf ihrer Online-Präsenz benutzen. Das KG Berlin[26] hat jedoch einen für eine Verletzung des § 4 Nr. 11 UWG notwendigen Marktbezug des § 13 TMG verneint. Damit scheidet ein Verstoß gegen wettbewerbsrechtliche Vorschriften durch den „Gefällt mir"-Button aus. 54

Begründet wurde dies damit, dass die datenschutzrechtlichen Bestimmungen des TMG nur das Persönlichkeitsrecht des Betroffenen schützen. Daher fehle es an einem Marktbezug und folglich einem Wettbewerbsverstoß. Es besteht keine Abmahnfähigkeit der Einbindung des „Gefällt mir"-Buttons von Facebook auf der eigenen Seite. 55

Eine neuere Entscheidung zu der Thematik[27] besagt jedoch, dass Verstöße gegen datenschutzrechtliche Vorschriften Wettbewerbsverletzungen sein können, während das OLG München[28] wenige Monate zuvor noch davon ausging, dass bei Datenschutzverstößen der Anwendungsbereich des UWG nicht eröffnet ist. Eine **höchstrichterliche Entscheidung,** die zu weiterer Klarheit führt, steht noch aus. 56

---

25 Siehe https://dev.twitter.com/docs/follow-button.

26 KG Berlin, Beschl. v. 29.4.2011 – 5 W 88/11 – GRUR-RR 2012, 19.

27 OLG Karlsruhe, Urt. v. 9.5.2012 – 6 U 38/11 – NJW 2012, 3312.

28 OLG München, Urt. v. 12.1.2012 – 29 U 3926/11 – GRUR-RR 2012, 395.

Praxistipp
Es sollte nicht verkannt werden, dass der Trend dahin geht, dass Datenschutzverstöße auch als Wettbewerbsverstöße abmahnfähig sein können. Bereits aus diesem Grund sollten die Social Media-Präsenz und die damit verbundenen Geschäftsaktivitäten besser datenschutzkonform gestaltet werden.

2. Location Based Services

57 Location Based Service sind standortbezogene Dienste, die die **Positionsdaten** verwenden, um darauf basierend Informationen – beispielsweise Standortdaten des abgestellten Fahrzeugs, Fahrrouten oder Werbung – zu liefern oder Funktionen – etwa Freundefinder – anzubieten.

Beispiel
Bekanntestes Beispiel für einen Location Based Service ist wohl foursquare. foursquare bietet Nutzern die Möglichkeit mit der App an dem Ort, an dem sie sich aktuell befinden, „einzuchecken", dafür Belohnungen in Form von sog. Badges zu erhalten und gleichzeitig zu sehen, wo sich ihre Freunde gerade aufhalten.

58 Grundsätzlich wird zwischen proaktiven und reaktiven Location Based Services unterschieden. Während bei **proaktiven Services** eine Handlung vom Nutzer gefordert wird, reagiert der **reaktive Service** auf das Betreten eines bestimmten Orts.

59 Ebenso wie bei Social Plugins stellt sich die Frage, ob ein Verstoß gegen datenschutzrechtliche Regelungen[29] auch einen Verstoß gegen Wettbewerbsrecht gem. § 4 Nr. 11 UWG darstellen kann. Da derzeit noch keine gerichtliche Entscheidung zu der Thematik bei Location Based Services vorliegt, kann nur ein Vergleich zu der Entscheidung bei Social Plugins[30] gezogen werden. Danach wäre ein abmahnfähiger Verstoß gegen Wettbewerbsrecht wohl nicht gegeben.

60 Ein wettbewerbsrechtlicher Verstoß könnte aber auch in der Auswahl der angezeigten Treffer liegen. So verweist etwa ein App-Betreiber ausschließlich auf einen Werbetreibenden und lässt sich von ihm sponsern. Es könnte ein Verstoß gegen § 5 UWG vorliegen. Dieser verbietet **irreführende geschäftliche Handlungen.**

---

29 Siehe ferner Kap. 3.

30 OLG Karlsruhe, Urt. v. 9.5.2012 – 6 U 38/11 – NJW 2012, 3312.

Beispiel
Der „Pizza Finder" verweist ausschließlich auf die Pizzeria „Rimini", da der Betreiber dafür von dort stets eine Gratis-Pizza erhält; entsprechend schweigt er die Pizzeria „Palermo" tot (Omerta).

61 Jedoch liegt in der Regel eine Irreführung dann nicht vor, wenn das Auslassen eines Mitbewerbers auf mangelnde Registrierung zurückzuführen ist. Der Verkehr ist auch außerhalb von Location Based Services daran gewöhnt, dass nur solche Diensteanbieter erscheinen, die mit demjenigen, der die Information zur Verfügung stellt, kooperieren (beispielsweise einem Anbieter eines Reiseführers). Anders wäre die rechtliche Lage zu beurteilen, wenn ausnahmsweise der Eindruck von Vollständigkeit erweckt werden würde. Aus dem gleichen Grund scheidet auch eine Verletzung von § 4 Nr. 10 UWG (Behinderung von Wettbewerbern) aus. Der Markt reguliert sich insoweit selbst, insbesondere über die Attraktivität des jeweiligen Location Based Services.

E. Äußerungen über Mitbewerber und deren Produkte

Die Möglichkeiten, sich mittels Social Media über Mitbewerber zu äußern, sind viel- 62
fältig. Schon das Setzen eines Links oder das Dulden eines auf dem eigenen Blog veröffentlichten Kommentars eines Dritten kann als haftungsbegründende eigene Äußerung aufgefasst werden.[31]

Ein Unternehmen ist durch sein **Unternehmenspersönlichkeitsrecht** sowie 63
durch das sog. Recht am eingerichteten und ausgeübten Gewerbebetrieb geschützt.[32] Die Verbreitung unwahrer Tatsachen oder von Schmähkritik in Bezug auf ein Unternehmen kann verschiedene zivilrechtliche Ansprüche auslösen, vor allen Dingen den Unterlassungsanspruch.[33]

Handelt es sich um eine Äußerung über einen Mitbewerber und ist diese Äuße- 64
rung als geschäftliche Handlung im Sinne des UWG einzuordnen, können zusätzlich die Verbote gem. § 4 Nr. 7 UWG (Herabsetzung eines Mitbewerbers) sowie gem. § 4 Nr. 8 UWG (Anschwärzung) einschlägig sein.

I. Grundlagen

Wettbewerbsrechtliche Ansprüche erfordern stets eine geschäftliche Handlung des 65
Mitbewerbers.

31 Siehe hierzu Kap. 4 Rn 303.
32 BVerfG, Beschl. v. 3.5.1994 – 1 BvR 737/94 – NJW 1994, 1784.
33 Siehe hierzu Kap. 6.

66 Eine **geschäftliche Handlung** ist immer dann anzunehmen, wenn die Handlung bei objektiver Betrachtung darauf gerichtet ist, durch Beeinflussung der geschäftlichen Entscheidung den Absatz zu fördern. Dies ist bei **Kommentaren über einen Konkurrenten** in aller Regel der Fall.

Praxistipp
Ein Wettbewerbsverhältnis zwischen zwei Unternehmen kann oft unproblematisch angenommen werden. Auch Unternehmen verschiedener Branchen können als Mitbewerber eingestuft werden, wenn sie wenigstens teilweise austauschbare Dienstleistungen oder Waren anbieten.[34]

Beispiel
So bieten z.B. sowohl der Anbieter eines Branchenverzeichnisses wie auch der Webdesigner Werbemöglichkeiten an. Sie sind daher als Mitbewerber einzustufen. Auch Blumenhändler und Kaffeehersteller können als Mitbewerber eingestuft werden, wenn der Kaffeehersteller mit dem Slogan wirbt „statt Blumen Onko-Kaffee“ und damit in Wettbewerb zu einem Blumenhändler tritt.[35]

67 Von dem Verbot der Herabsetzung nach § 4 Nr. 7 UWG sollen vor allen Dingen herabsetzende und verunglimpfende Meinungsäußerungen erfasst werden, während das Verbot der Anschwärzung § 4 Nr. 8 UWG unwahre Tatsachenbehauptungen von Mitbewerbern über andere Mitbewerber für unlauter erklärt.

68 Zwar kann sich auch ein Mitbewerber grundsätzlich auf die Meinungsfreiheit gem. Art. 5 Abs. 1 GG berufen, wenn er einen Mitbewerber öffentlich kommentiert. Geht es diesem bei seinen Kommentierungen jedoch vor allen Dingen um die **Verfolgung wirtschaftlicher Interessen,** sind seiner Äußerungsfreiheit engere Grenzen gesetzt als beispielsweise einem Presseorgan.[36]

69 **Vergleichende Werbung** ist grundsätzlich zulässig. § 6 UWG verbietet jedoch vergleichende Werbung, wenn weitere Umstände hinzukommen, welche die Werbung unlauter machen. Solche Umstände sind u.a. Äußerungen über Mitbewerber, die auch wegen Verunglimpfung oder Herabsetzung gem. § 4 Nr. 7 und Anschwärzung gem. § 4 Nr. 8 UWG unzulässig sind.

70 Rechtsfolge einer Verletzung der genannten wettbewerbsrechtlichen Vorschriften kann ein Unterlassungsanspruch sein, der mit Abmahnung, einstweiliger Verfügung oder Klage geltend gemacht wird. Die in einem wettbewerbsrechtlichen Verfahren entstehenden Kosten sind in der Regel höher als die Kosten, die bei einem gewöhnlichen zivilrechtlichen Verfahren entstehen. Grund hierfür sind die hohen Streitwerte, die in Wettbewerbsstreitigkeiten üblicherweise festgesetzt

34 Köhler/Bornkamm/*Köhler*, § 2 Rn 97 ff.
35 BGH, Urt. v. 12.1.1972 – I ZR 60/70 – GRUR 1972, 553.
36 Köhler/Bornkamm/*Köhler*, § 4 Rn 7.8.

werden. In Ausnahmefällen können Mitbewerber auch Schadensersatzzahlungen von einem Mitbewerber verlangen, der gegen die Vorschriften des UWG verstoßen hat.

II. Herabsetzung (§ 4 Nr. 7 UWG)

Eine Herabsetzung i.S.v. § 4 Nr. 7 UWG wird immer dann angenommen, wenn ohne sachliche Rechtfertigung die Wertschätzung des Mitbewerbers gegenüber potenziellen Vertragspartnern und Marktteilnehmern verringert wird. Die Verunglimpfung ist eine gesteigerte Form der Herabsetzung. Beides kann durch Meinungsäußerungen, aber auch durch Tatsachenbehauptungen geschehen. Auch die Verbreitung wahrer Tatsachenbehauptungen kann geeignet sein, einen Mitbewerber herabzusetzen. 71

Beispiel
- Hinweis auf fehlende Zahlungsfähigkeit;
- mangelhafte berufliche Qualifikation;
- Mängel der Produkte oder Dienstleistungen des Mitbewerbers in einem unternehmenskritischen Blog durch Mitbewerber, selbst wenn die Behauptungen wahr sind;
- Hinweis auf vom Mitbewerber begangene Straftaten oder Wettbewerbsverstöße über Twitter;
- Verbreitung einer gerichtlichen Entscheidung aus einem Verfahren, an dem der Mitbewerber beteiligt ist, auf eigener Unternehmenshomepage.[37]

Allerdings wird die Rechtsprechung bei der Beurteilung der Zulässigkeit von Äußerungen über Mitbewerber freizügiger. Eine **humorvolle oder ironische Anspielung** auf einen Mitbewerber oder dessen Produkte, die man nicht wörtlich nehmen könne, stelle noch keine Herabsetzung dar.[38] Im konkreten Fall ging es um einen Werbespot der „taz. die tageszeitung", der auch intensiv über diverse Videoplattformen verbreitet wurde. Der werbende Zeitungsverlag bediente sich des viralen Marketings.[39] In diesem Spot wurde auf die Anfrage: „Gib mal Zeitung!" einem Kioskbesucher eine Ausgabe der taz übergeben. Er wollte jedoch, wie sich herausstellte und wie man wohl schon aufgrund des Gebarens des Kioskbesuchers vermuten können sollte, eine Ausgabe der „Bild-Zeitung" erhalten. Die Beteiligten brechen daraufhin in Gelächter aus. Motto des Spots ist: „taz ist nicht für jeden." Der BGH hielt diese Werbung entgegen der Ansicht der Vorinstanzen für zulässig. 72

37 Vgl. Köhler/Bornkamm/*Köhler*, § 4 Rn 7.26.
38 BGH, Urt. v. 1.10.2009 – I ZR 134/07 – GRUR 2010, 161.
39 Siehe oben Rn 40.

Praxistipp
Vorsicht bei Kommentaren über Mitbewerber! Auch die Verbreitung von wahren Tatsachen kann Abmahnungen und gerichtliche Verbote nach sich ziehen. Abwägungsentscheidungen von Gerichten sind nur schwer vorauszusagen.

III. Anschwärzung (§ 4 Nr. 8 UWG)

73 Das Verbot der Anschwärzung gem. § 4 Nr. 8 UWG schützt Mitbewerber vor unwahren **geschäftsschädigenden Behauptungen.** Voraussetzung ist allerdings, dass die Behauptung geeignet ist, das Geschäft oder den Kredit des Betroffenen zu schädigen. Eine Äußerung ohne jegliche Auswirkung auf unternehmerische Belange ist daher nicht von § 4 Nr. 8 UWG erfasst.

Beispiel
Die unwahre, über Twitter verbreitete Behauptung fehlender Lieferfähigkeit eines Konkurrenten[40] oder die unwahre Behauptung in einem an die eigenen Kunden gerichteten Newsletter, das Produkt eines Mitbewerbers erfülle nicht die DIN-Normen,[41] sind Fälle der Anschwärzung gem. § 4 Nr. 8 UWG.

74 Bei der unvollständigen Mitteilung von Tatsachen, bei verdeckten Behauptungen, bei rhetorischen Fragen oder Verdächtigungen von Mitbewerbern ist immer Vorsicht geboten. Unter bestimmten Voraussetzungen können diese als unwahre Tatsachenbehauptungen in Bezug auf Mitbewerber eingeordnet werden und stellen dann, ohne dass es einer weiteren Abwägung bedürfte, eine Rechtsverletzung gem. § 4 Nr. 8 UWG dar.[42]

IV. Keine irreführenden Slogans über das eigene Unternehmen

75 Nicht nur den Äußerungen über Mitbewerber und deren Produkte sind Grenzen gesetzt. Auch das eigene Unternehmen und dessen Waren und Dienstleistungen dürfen nicht uneingeschränkt angepriesen werden. Das wettbewerbliche Verbot des § 5 UWG verbietet es, zur Irreführung geeignete Angaben über wesentliche Merkmale einer eigenen Ware oder Dienstleistung oder über das eigene Unternehmen zu machen. Hält sich ein Unternehmen nicht an diese Vorgaben, können seine Mitbewerber dagegen vorgehen.

---

40 BGH, Urt. v. 8.10.1992 – I ZR 220/90 – GRUR 1993, 572.
41 HansOLG, Urt. v. 6.7.2006 – 3 U 51/06 – BeckRS 2007, 03289.
42 Siehe hierzu Kap. 4 Rn 271.

Beispiel
Wenn der Werbende auf seiner Unternehmenshomepage behauptet, der größte Anbieter im Umkreis von 100 km zu sein und ankündigt, 100 Fahrzeuge zum halben Preis anzubieten, dann ist dies ein Verstoß gegen § 5 UWG, wenn nur 20 Fahrzeuge zum halben Preis verkauft werden und es noch einen umsatz- und mitarbeiterstärkeren Anbieter im Umkreis gibt.

Kapitel 6
Rechtsschutz und Gerichtsverfahren

A. Social Media als rechtsfreier Raum?

Soziale Netzwerke sind ohne Zweifel **Massenphänomene.** Ein wesentlicher Teil ihres Erfolgsgeheimnisses dürfte dabei der Umstand sein, dass die dort eingestellten Inhalte nicht aus einer Hand, nämlich dem Betreiber der Website, stammen, sondern von ihren Nutzern, die über das betreffende Netzwerk andere an ihrem Leben teilhaben lassen wollen. Dieser Umstand macht soziale Netzwerke aber nicht zu **rechtsfreien Räumen.** Im Gegenteil: Rechtsverletzungen haben auch auf und in Social Media-Plattformen Konjunktur. Für die Verfolgung und **Sanktionierung** dieser **Rechtsverletzungen** gilt im Wesentlichen nichts anderes als für Rechtsverletzungen, die auf anderen Websites begangen werden. Die von einer Rechtsverletzung Betroffenen können diese gerichtlich und außergerichtlich geltend machen, gleichgültig ob es sich dabei um eine betroffene juristische oder natürliche Person handelt. 1

In der Vergangenheit war noch vermehrt zu beobachten, dass die Betroffenen auf die Einlegung von **Rechtsmitteln** verzichteten, da Social Media-Präsenzen geradezu als Verkörperung der **freien Meinungsäußerung** sowie als beliebt, „in" und sozialadäquat galten bzw. immer noch gelten. Speziell von Rechtsverletzungen betroffene Unternehmen schienen bei empfindlicher juristischer Gegenwehr den Vorwurf der **„Zensur"** und/oder die Gefahr eines **„Shitstorms"** zu fürchten. 2

Wenngleich diese Bedenken nicht von der Hand zu weisen sind:[1] An der grundsätzlichen rechtlichen Möglichkeit, im Einzelfall juristischem Missbrauch entgegenzuwirken, ändert dies nichts. Diese Erkenntnis scheint sich auch in der Praxis zunehmend durchzusetzen. Schon aufgrund der großen und immer weiter zunehmenden Bedeutung, die soziale Netzwerke mittlerweile im Alltags- und Wirtschaftsleben haben, können und wollen viele Rechteinhaber, die von Rechtsverletzungen betroffen sind, die Beeinträchtigung ihrer Rechte nicht mehr hinnehmen. Ob ein Vorgehen rechtlich erfolgversprechend ist und gegen wen, hängt jedoch immer von den Umständen des Einzelfalls ab. 3

---

1 Vgl. hierzu ausführlicher unter Rn 85.

B. Charakteristika von Social Media im Zusammenhang mit der Rechtsverfolgung

I. User-generated content

4 Die Besonderheit von Social Media-Präsenzen im Vergleich zur überwiegenden Mehrzahl der herkömmlichen Websites ist, dass die dort abrufbaren Inhalte ausschließlich oder jedenfalls ganz überwiegend von den Nutzern der jeweiligen Internetpräsenzen selbst eingestellt werden (sog. **User-generated content**). Dies wirft insbesondere haftungsrechtliche Fragen auf, denn der Upload von **Texten, Bildern, Grafiken, Zeichnungen, Liedern** oder **Filmen** erfolgt nicht immer mit dem **Einverständnis** der beteiligten Rechtsträger. Dies liegt bereits aufgrund der Vielzahl solcher Uploads nahe. Statistiken zufolge werden auf Facebook jeden Monat ca. 6 Mrd. Fotos, auf YouTube pro Minute 48 Stunden Videomaterial hochgeladen.[2] Da die eigentlichen **„Täter“** häufig nicht aufzufinden sein werden,[3] wenden sich Verletzte oft an die jeweiligen Betreiber einer Social Media-Plattform als sog. **Host-Provider,** die möglicherweise für derartige Verletzungen haften und in Anspruch genommen werden können.[4]

II. Social Media-Plattform als „unbekannter Dritter“

5 Die Rechtsbeziehungen im Hinblick auf die Nutzung von Social Media sind vielfältig. So muss bei der Verwendung von Inhalten, z.B. durch ein Unternehmen, das eine eigene **Microsite** (Social Media-Präsenz) auf Facebook betreibt, unbedingt darauf geachtet werden, dass die eingeräumten **Nutzungsrechte** gerade auch die Nutzung dieser Inhalte auf der betreffenden Social Media-Präsenz mit umfassen.

Beispiel
Die XY GmbH & Co. KG lässt sich die Nutzungsrechte von dem Fotografen eines Lichtbildes für eine **Online-Werbekampagne** einräumen. Hier sollten die mit dem Fotografen vereinbarten Nutzungsbedingungen eine Regelung dazu enthalten, dass etwa nicht nur die Rechte zur Veröffentlichung des Lichtbildes „im Internet“ eingeräumt werden, sondern eben explizit auch zur Verwendung in sozialen Netzwerken.

6

2 Siehe dazu http://allfacebook.de/zahlen_fakten/infografik-facebook-photo-nutzung-6-000-000-000-photos-auf-facebook-pro-monat; http://www.deutsche-startups.de/2012/12/20/florian-beba-roombeats-interview (die sogar von rund 10 Mrd. ausgehen); http://www.golem.de/0910/70585.html (die lediglich von 2-3 Mrd. ausgehen).
3 Vgl. *Fülbier*, CR 2007, 515, 516.
4 Vgl. hierzu näher unten unter Rn 21 ff.

Dies gilt insbesondere deshalb, weil speziell in sozialen Netzwerken mit der dort typischen, rasanten Verbreitung von Inhalten **(„going viral")** schier unbegrenzte Vervielfältigungen und öffentliche Zugänglichmachungen, mithin schutzrechtlich relevante Rechtshandlungen, erfolgen können. Genau aus dem Grunde haben etwa viele **Agenturen** die Verwendung der von ihnen lizenzierten Rechte an Lichtbildern auf sozialen Netzwerken in ihren **Nutzungsbedingungen** ausdrücklich untersagt.

Hinzu kommt, dass häufig übersehen wird, dass auch die Betreiber der Social 7
Media-Plattformen, wie Facebook, Twitter, XING oder YouTube, über eigene Nutzungsbedingungen verfügen und sich in der Regel sehr weitgehende Rechte an dem auf ihrer Plattform eingestellten Content abtreten lassen. Auch hier kann es zu **Rechtsverletzungen** (insbesondere gegenüber Lizenzgebern) kommen, die weder gewollt, noch auf den ersten Blick absehbar waren. Will man verhindern, wegen einer vermeintlichen Rechtsverletzung auf einem sozialen Netzwerk in Anspruch genommen zu werden, ist auch darauf zu achten.

III. Besonders geschützte private Bereiche

Der Zugang zu Social Media-Plattformen erfordert in der Regel die vorherige **Anmel-** 8
dung als Nutzer. Dadurch sind die Inhalte der Seiten bestimmungsgemäß nicht mehr für die „Allgemeinheit" (d.h. jedermann) verfügbar, sondern nur noch für die angemeldeten Nutzer (was indes im Hinblick auf die „großen" Plattformen kein besonders exklusiver Kreis ist). Darüber hinaus gibt es innerhalb der sozialen Netzwerke zum Teil **besonders geschützte private Bereiche,** wie etwa die **„Geschlossenen Gruppen"** auf Facebook, in der nur Freunde oder gar ausgewählte Freunde Mitglied sein können.

Gegenstand von Meinungsverschiedenheiten ist dann oft, inwieweit dort ge- 9
postete Inhalte bei der (gerichtlichen und/oder außergerichtlichen) Geltendmachung von Rechtsverletzungen überhaupt verwertet werden können, z.B. für **arbeitsrechtliche Sanktionen.**[5]

Beispiel

Der Personalleiter eines Unternehmens wird darüber informiert, dass die Mitarbeiterin Frau XXX auf ihrer privaten Facebook-Pinnwand den Vorgesetzten des Unternehmens als „komplett unfähig", „aggressiv, selbstsüchtig und boshaft" bezeichnet hat.

Das Unternehmen möchte nun das Arbeitsverhältnis wegen dieser Äußerungen fristlos kündigen, weil hierdurch jedes gegenseitige Vertrauen zerstört worden sei.

Regelmäßig dürfte die Verwertung solcher vermeintlich privater Inhalte ein **Eingriff** 10
in das Allgemeine Persönlichkeitsrecht derer darstellen, die die Inhalte gepostet

---

5 Vgl. hierzu eingehend Kap. 7 Rn 198ff.

bzw. die sie im Rahmen ihres privaten Bereichs verfügbar gemacht haben. Zwar wird man davon auszugehen haben, dass dieses Allgemeine Persönlichkeitsrecht jedenfalls dann hinter den tangierten Interessen der Rechteinhaber zurücktritt, wenn diese Inhalte bereits über **Suchmaschinen** abrufbar sind und/oder innerhalb der Social Media-Plattform nicht gesondert geschützt werden, z.B. durch Zugänglichmachung allein in hierfür vorgesehenen gesonderten privaten Bereichen.[6]

11 Da diese Problematik in der Rechtsprechung noch nicht erschöpfend behandelt und erst recht nicht richterlich entschieden worden ist, gibt es an dieser Stelle aber jedenfalls noch sehr hilfreichen, zusätzlichen Argumentationsspielraum für die Personen, die einer Rechtsverletzung auf einem sozialen Netzwerk beschuldigt werden.

IV. Internationalität

12 Das Internet ist bereits seinem Wesen nach **international.** Dies ist im Hinblick auf Social Media-Plattformen selbstverständlich nicht anders. Die wohl erfolgreichste Plattform Facebook ist U.S.-amerikanischen Ursprungs; die Muttergesellschaft, die Facebook, Inc., hat ihren Unternehmenshauptsitz in Menlo Park, Kalifornien. Deutsche Nutzer schließen ihren **Nutzungsvertrag** wiederum mit einer in Irland ansässigen Tochtergesellschaft, der Facebook Ireland Ltd., ab. Selbst wenn es für die Frage, welches Gericht für eine Streitigkeit zuständig ist, nicht auf den **Sitz des Anbieters** ankommen soll, weil dieser Sitz auch in **„haftungsrechtlichen Oasen"** gewählt werden kann,[7] so ist doch nicht zu übersehen, dass diese **Internationalität** besonders bei den Fragen, welches Recht überhaupt anwendbar ist, wer Anspruchsgegner ist oder ob Ansprüche **vollstreckt** werden können, relevant wird.

C. Vorüberlegungen bei der Verfolgung von Rechtsverletzungen

I. Typische Rechtsverletzungen in Social Media

13 Zum Zeitpunkt der Inbetriebnahme der ersten Social Media-Präsenzen gingen die Betreiber vermutlich noch vom Idealfall aus, nämlich dass derjenige, der **User-generated content** der Allgemeinheit durch Einstellung in die jeweilige Plattform zum Abruf zur Verfügung stellt,
- den Content selbst erstellt hat und
- mit dem Hochladen des Inhalts nicht gegen geltendes Recht verstößt.[8]

---

6 Vgl. hierzu ausführlich in Kap. 7 Rn 19.
7 *Spindler*, NJW 1997, 3193, 3198.
8 *Fülbier*, CR 2007, 515, 515.

Dies hat sich, wie die Praxis gelehrt hat, in dieser Form jedoch nicht bewahrheitet. 14
Ob beispielsweise die erforderliche **Einwilligung** eines Rechteinhabers beim Hochladen von Content vorliegt oder ein bestimmtes Posting die Rechte eines anderen verletzt, wird von den Internet-Usern häufig übersehen. Daher sind Rechtsverstöße, die Voraussetzung einer jeden Rechtsverfolgung sind, auf den Portalen der Betreiber von Social Media-Plattformen an der Tagesordnung.

Zu den **typischsten Rechtsverletzungen** zählen dabei wohl die Verstöße ge- 15
gen vertragliche Abreden, bestehende Urheber- und Markenrechte,[9] das Allgemeine Persönlichkeitsrecht von natürlichen Personen,[10] das Recht am eingerichteten und ausgeübten Gewerbebetrieb,[11] das Namensrecht nach § 12 BGB,[12] das Recht am eigenen Bild[13] sowie Bestimmungen des Datenschutz-[14] und Wettbewerbsrechts.[15] Nicht selten haben Rechtsverletzungen auf sozialen Netzwerken sogar eine **strafrechtliche Relevanz.**[16]

II. Auswahl des richtigen Anspruchsgegners

Nachdem von einer entsprechenden Rechtsverletzung Kenntnis erlangt wurde, stellt 16
sich die Frage, wer für diese Rechtsverletzung **verantwortlich** ist, insbesondere aber, gegen wen etwaige Ansprüche gerichtlich oder außergerichtlich geltend gemacht werden können.

1. Vorgehen gegen den „Täter"

Als möglicher Anspruchsgegner kommt zunächst und in erster Linie der **„Täter"** in 17
Betracht, d.h. derjenige, der den rechtswidrigen Content in die entsprechenden Foren eingestellt hat **(„Content-Provider").** Dieser ist jedenfalls auch **(Verhaltens-) Störer** im haftungsrechtlichen Sinne.

---

9 Vgl. Kap. 4 Rn 2ff., 166ff.

10 Vgl. Kap. 4 Rn 248ff.

11 Vgl. hierzu OLG Hamburg, Urt. v. 22.8.2006 – 7 U 50/06 – MMR 2006, 744; OLG München, Urt. v. 17.5.2002 – 21 U 5569/01 – MMR 2002, 611 (gewerbeschädigende Äußerungen in einem Internet-Meinungsforum); LG Hamburg, Urt. v. 2.12.2005 – 324 O 721/05 – MMR 2006, 491 (Verbreitung unzulässiger Blockadeaufrufe).

12 Vgl. OLG Brandenburg, Urt. v. 16.11.2005 – 4 U 5/05 – MMR 2006, 107; AG Potsdam, Urt. v. 3.1.2004 – 22 C 225/04 – CR 2005, 232.

13 Vgl. Kap. 4 Rn 289ff.

14 Vgl. Kap. 3.

15 Vgl. etwa Kap. 5 Rn 30ff.

16 Vgl. Rn 75ff.

18 Sofern nicht der Betreiber einer Präsenz den Inhalt selbst zur Verfügung gestellt hat, lässt sich vor allem bei **Crowd-sourced-Inhalten** die Identität des „Täters" oft schwer bis gar nicht ermitteln und zurückverfolgen. Zwar wird von den Benutzern der meisten Foren eine **Registrierung** verlangt, die neben der Angabe des gewünschten **User-Pseudonyms** auch die der E-Mail-Adresse, des Herkunftsstaates, der Postleitzahl, des Geschlechts und des Geburtsdatums verlangt. Eine Überprüfung dieser Angaben erfolgt jedoch nicht; diese lassen sich daher meist mühelos fälschen bzw. es werden hier vielfach Phantasieangaben gemacht, insbesondere natürlich von Personen, die von vornherein die Verbreitung rechtswidriger Inhalte beabsichtigen.[17]

19 Im strafrechtlich relevanten Bereich kann der Weg über eine **Strafanzeige** noch das erfolgversprechendste Vorgehen sein, da die Plattformbetreiber gegenüber den staatlichen Strafverfolgungsbehörden zur **Auskunft** verpflichtet sind und dies meist auch das „schnellste" Vorgehen zur Ermittlung eines vermeintlichen Rechtsverletzers darstellt. Problematisch ist aber auch hier, dass über die sog. **IP-Adresse,** sofern diese von dem Provider wegen der datenschutzrechtlichen Löschungsverpflichtungen überhaupt noch herausgegeben werden kann, allenfalls noch der Computer ermittelt werden kann, über den die Rechtsverletzung begangen wurde. Sofern ein **öffentlicher Computer,** z.B. in einem **Internetcafé,** verwendet wurde, ist der eigentliche „Täter" hingegen auch für die Strafverfolgungsbehörden in der Regel nicht zu fassen.[18]

20 Im Hinblick auf Maßnahmen des **einstweiligen Rechtsschutzes,**[19] insbesondere der Erwirkung entsprechender Unterlassungsverfügungen, ist jedoch auch der Weg über eine **Strafanzeige** zu langwierig. Hierzu bedarf es jedenfalls des Namens und einer **ladungsfähigen Anschrift** des **„Täters",** die zumindest kurzfristig auch über eine Strafanzeige in der Regel nicht ermittelt werden können.[20]

2. Vorgehen gegen den Betreiber von Social Media-Präsenzen

21 Wie bereits ausgeführt,[21] können rechtliche Maßnahmen nicht nur gegen die **Täter** (oder **Teilnehmer**) einer Rechtsverletzung auf einem sozialen Netzwerk eingeleitet werden. Eine Haftung kann auch den sog. **Störer** treffen, der in irgendeiner Weise, auch ohne eigenes **Verschulden,** willentlich und adäquat kausal an einer rechtswidrigen Beeinträchtigung mitwirkt.[22] Hierfür ist Voraussetzung, dass der in Anspruch Genommene die rechtliche Möglichkeit zur Verhinderung

---

17 *Fülbier*, CR 2007, 515, 516; vgl. auch § 13 Abs. 6 TMG, der eine anonyme oder pseudonyme Teilnahmemöglichkeit fordert.

18 *Fülbier*, CR 2007, 515, 516.

19 Vgl. unten unter Rn 43ff.

20 *Feldmann/Heidrich*, CR 2006, 406, 408; *Fülbier*, CR 2007, 515, 516.

21 Vgl. bereits oben Kap. 4 Rn 312ff.

22 BGH, Urt. v. 17.5.2001 – I ZR 251/99 – NJW 2001, 3265, 3266, 3267; LG Frankenthal, Urt. v. 16.5.2006 – 6 O 541/05 – MMR 2006, 689, 691.

der rechtswidrigen Handlung hatte und **zumutbare Prüfungspflichten** verletzt hat.[23]

a) Betreiber von Social Media-Präsenzen als Störer?

Problematisch und schwierig ist die Frage, inwieweit gegen den **Host-Provider** wegen einer Rechtsverletzung nach Maßgabe dieser sog. **Störerhaftung** vorgegangen werden kann, d.h. denjenigen, der fremde Inhalte zur Nutzung bereithält. Hierzu zählen die **Betreiber von sozialen Netzwerken,** wie Facebook, Twitter und XING, aber auch die Betreiber der einzelnen Social Media-Präsenzen. Diese Betreiber speichern die Beiträge von Nutzern und halten dadurch Daten und Informationen für die entsprechenden Nutzer selbst und für andere Nutzer bereit.[24] 22

Unstrittig ist in diesem Zusammenhang, dass die **Zurverfügungstellung von Speicherplatz** allein keine rechtswidrige Handlung darstellt, die eine **Haftung des Plattformbetreibers** für Rechtsverletzungen, die auf seiner Social Media-Präsenz begangen werden, begründen könnte. Sofern eine Haftung nicht unter dem Gesichtspunkt der **„Haftung für zu eigen gemachte Inhalte“**[25] in Betracht kommt, etwa weil der Verbreiter einer Äußerung sich so mit ihr identifiziert oder hierzu aufgefordert hat, ist für die Frage der Verletzung einer Prüfungspflicht auf die jeweiligen Umstände des Einzelfalls unter Berücksichtigung der Funktion und Aufgabenstellung eines Betreibers sowie mit Blick auf die Eigenverantwortung desjenigen, der die rechtswidrige Beeinträchtigung selbst unmittelbar vorgenommen hat, abzustellen.[26] 23

b) Rechtslage unklar

Eine ganz klare Linie, die von Betreibern einer Social Media-Präsenz zur Vermeidung einer Haftung einzuhalten ist, ist hier, wie bereits ausgeführt,[27] bislang nicht erkennbar. 24

Weitgehend Einigkeit besteht allein im Hinblick darauf, dass die Geltendmachung von Schadensersatzansprüchen gegen die Betreiber als sog. **Host-Provider** ohne Hinzukommen weiterer Umstände praktisch ausscheidet. Grund hierfür ist die **gesetzliche Haftungsprivilegierung der Host-Provider** nach § 10 TMG. Diese besagt, dass Diensteanbieter für fremde Informationen, die sie für einen Nutzer spei- 25

---

23 BGH, Urt. v. 17.5.2001 – I ZR 251/99 – NJW 2001, 3265, 3266; BGH, Urt. v. 1.4.2004 – I ZR 317/01 – GRUR 2004, 693, 695; *Libertus/Schneider*, CR 2006, 626, 627; *Wimmers/Schulz*, CR 2006, 754, 759 ff.

24 *Sobola/Kohl*, CR 2005, 443, 444.

25 Vgl. hierzu Kap. 4 Rn 304.

26 Vgl. BGH, Urt. v. 17.8.2011 – I ZR 57/09 – CR 2011, 817, 818; OLG Hamburg, Urt. v. 22.8.2006 – 7 U 50/06 – MMR 2006, 744, 745. Vgl. auch Kap. 4 Rn 318.

27 Vgl. Kap. 4 Rn 302.

chern, nicht verantwortlich sind, sofern sie keine Kenntnis von der rechtswidrigen Handlung oder der Information haben und ihnen im Falle von **Schadensersatzansprüchen** auch keine Tatsachen oder Umstände bekannt sind, aus denen die rechtswidrige Handlung oder die Information offensichtlich wird, oder sie unverzüglich tätig geworden sind, um die Information zu entfernen oder den Zugang zu ihr zu sperren, sobald sie diese Kenntnis erlangt haben. Dies soll nur dann nicht gelten, wenn der Nutzer dem Diensteanbieter untersteht oder von ihm beaufsichtigt wird.

26 Aber auch im Hinblick auf die zunächst von dem **Haftungsprivileg** ausgenommenen[28] **Unterlassungsansprüche** wird überwiegend darauf abgestellt, dass die Betreiber von Social Media-Präsenzen rechtswidrige Beiträge, die ihnen bekannt werden, unverzüglich erst dann zu löschen haben, wenn sie ihnen bekannt werden (**„Handeln auf Zuruf“** bzw. **„notice and take down-Verfahren“**).[29] Diesbezüglich muss der Anspruchsteller in einem etwaigen Verfahren gegen den Forumsbetreiber vortragen und nachweisen, dass und ab wann der Forumsbetreiber von der Einstellung des betreffenden Contents sowie von den Umständen, aus denen die rechtswidrige Handlung offensichtlich wird, Kenntnis hatte.[30]

! **Praxistipp**
Betreibern von Social Media-Plattformen und -Präsenzen, die eine Haftung für die von Usern begangenen (Schutz-)Rechtsverletzungen vermeiden wollen, ist vor diesem Hintergrund anzuraten, Hinweisen auf Rechtsverletzungen unverzüglich nachzugehen. Unter Ausschöpfung der ihnen zur Verfügung stehenden **technischen Hilfsmittel** sollten sie zudem verhindern, dass derselbe oder ein im wesentlichen gleichartiger Inhalt, vom selben oder einem anderen Nutzer ihres Dienstes erneut öffentlich zugänglich gemacht wird.[31]
Den **Inhabern von Rechten** wiederum ist zu empfehlen, ihre Hinweise auf die von ihnen beanstandeten Inhalte stets so konkret wie möglich zu gestalten, da der Diensteanbieter anderenfalls keiner **Prüfungspflicht** unterliegt.[32] Es muss zumindest sichergestellt sein, dass der Betreiber die beanstandete Rechtsverletzung eindeutig zuordnen, auffinden und damit auch abstellen kann.

---

28 Vgl. insbesondere die sog. Rolex-Entscheidung des BGH, Urt. v. 11.3.2004 – I ZR 304/01 – NJW 2004, 3102, 3105.
29 Vgl. hierzu insbesondere die L'Oréal-Entscheidung des EuGH, Urt. v. 12.7.2011 – C-324/09 – MMR 2011, 596 sowie *Härting*, CR 2013, 443.
30 LG Frankenthal, Urt. v. 16.5.2006 – 6 O 541/05 – CR 2006, 698, 699; OLG Düsseldorf, Urt. v. 7.6.2006 – 15 U 21/06 – MMR 2006, 618, 620.
31 Leupold/Glossner/*Leupold*/*Glossner*, Rn 552.
32 Leupold/Glossner/*Leupold*/*Glossner*, Rn 553.

D. Geeignete Rechtsmittel zur Geltendmachung von Rechtsverletzungen

I. Plattforminternes Beschwerdeverfahren

Der naheliegendste und meist auch effektivste Weg, Rechtsverletzungen auf sozialen Netzwerken zu beanstanden und deren zeitnahe Beseitigung zu bewirken, ist die **Nutzung des Beschwerdemanagements,** das die Plattformbetreiber regelmäßig selbst bereitstellen. 27

Soweit erkennbar, sehen nahezu alle Social Media-Präsenzen zumindest die Möglichkeit vor, per E-Mail oder über einen eigenen **„Melde-Button"** ein Supportteam des Betreibers o.ä. direkt über die Präsenz des Plattformbetreibers zu erreichen und diesen auf etwaige Rechtsverletzungen hinzuweisen. Dies hat nicht (nur) mit Nutzerfreundlichkeit zu tun, sondern ist für die Social Media-Plattformen selbst von Bedeutung, da sie schnell auf Rechtsverletzungen reagieren müssen, um nach dem **Telemediengesetz** nach wie vor **haftungsprivilegiert** zu sein. 28

1. XING

So sieht XING beispielsweise im XING-Hilfebereich unter der Rubrik „**Verstoß gegen die AGB** melden"[33] explizit vor, XING eine Nachricht über das Kontaktformular zu übermitteln mit detaillierten Angaben zum Sachverhalt, insbesondere wann und wo der Verstoß erfolgt ist, um welche Person(-en) es sich handelt und welcher Verstoß erfolgte. 29

2. Facebook

Facebook verfügt gleich über eine ganze Vielzahl von Tools zur Einlegung möglicher Beschwerden im Hinblick auf Rechtsverletzungen der verschiedensten Art. Diese können zum Teil sogar von Beschwerdeführern mitgeteilt werden, die nicht einmal über einen eigenen Facebook-Account verfügen. **Facebook-Mitglieder** können hierzu üblicherweise den innerhalb der Facebook-Seiten überall direkt bei dem betreffenden Content verfügbaren sog. **Report-Link** anklicken, um den Betreiber direkt zu kontaktieren.[34] Demgegenüber ermöglicht Facebook **Nichtmitgliedern** auch ohne Anmeldung beispielsweise die Online-Übermittlung eines entsprechenden Berichts, etwa wenn sich jemand als eine tatsächliche nicht registrierte Person ausgibt, dessen E-Mail-Adresse benutzt, **Fotos** ohne Erlaubnis verwendet oder an- 30

33 Vgl. https://www.xing.com/help/hilfe-fragen-und-antworten-2/allgemeines-55/das-wichtigste-zu-xing-155/agb-netiquette-verhaltensregeln-801.
34 Vgl. https://www.facebook.com/help/www/?rdrhc#!/help/www/181495968648557.

dere Rechtsverletzungen begangen werden, über die Facebook informiert werden soll. Über den Link „Desktop Help“[35] gelangt man zu einer Übersicht möglicher Tools, die Facebook bei Kenntnis von einer Rechtsverletzung bereitstellt und zur Nutzung empfiehlt.[36]

31 Für **registrierte Facebook-Mitglieder** kommen neben einer Mitteilung an Facebook als Betreiber der Social Media-Präsenz über den Report-Link als weitere Maßnahmen zur Verfolgung, aber auch zur **vorbeugenden Abwehr von Rechtsverletzungen** beispielsweise auch in Betracht, den Rechtsverletzer selbst und direkt zu kontaktieren, eine betreffende Person aus der **„Freundesliste“** zu entfernen, eine Person zu **„blocken“**, sodass diese einen selbst nicht mehr kontaktieren kann, oder seine **Privacy-Einstellungen** so zu verändern, dass die Möglichkeit des Missbrauchs von vornherein reduziert wird, z.B. indem geposteter Content nur den **„Freunden“** zugänglich gemacht wird, nicht aber der Allgemeinheit.

3. Twitter

32 Auch Twitter informiert in einer eigenen Rubrik unter dem Titel „Melde einen Verstoß“ nicht nur über die wesentlichen einzuhaltenden Grundregeln für die Nutzung dieser Social Media-Präsenz, sondern auch über das umfangreiche **plattforminterne Beschwerdemanagement** zur Meldung von Rechtsverstößen.[37]

33 Diesbezüglich erhalten die Nutzer detaillierte Informationen zu den Fragen, wann ein bestimmter Rechtsverstoß nach Auffassung von Twitter selbst gegeben ist und wie Twitter auf Meldungen über derartige Verstöße reagiert. Hierbei werden die Nutzer auch darüber informiert, welche Informationen nötig sind, um Twitter als Betreiber der Social Media-Präsenz einen Verstoß zu melden und wie die Meldung zu erfolgen hat, damit entsprechende Maßnahmen zur Beseitigung einer erfolgten Rechtsverletzung eingeleitet werden können. Twitter stellt in diesem Zusammenhang **Formulare** zur Verfügung, die eine ganze Vielzahl von vorformulierten Fragen zur Konkretisierung und richtigen Einordnung des Rechtsverstoßes enthalten.

4. Möglichkeit zur Hinterlegung von Stellungnahmen

34 Andere Social Media-Plattformen, wie etwa die Arbeitgeber-Bewertungsplattform **„Kununo“,** räumen den Betroffenen darüber hinaus die Möglichkeit ein, eingestellte Blogs direkt zu kommentieren und **Stellungnahmen** hierzu zu hinterlegen. Diese stellen in der Praxis ebenfalls ein sehr taugliches Mittel dar, einen Blog mit zumindest zweifelhaftem Inhalt entsprechend zu relativieren und ihn in einem anderen

35 Vgl. https://www.facebook.com/help/www/?rdrhc.

36 Siehe https://www.facebook.com/help/www/434138713297607.

37 Vgl. http://support.twitter.com/articles/116962.

Licht erscheinen zu lassen – sofern der Betreiber nicht bereits von sich aus die Entscheidung trifft, den betreffenden **Blog** zu entfernen.

Praxistipp

Vor dem Hintergrund, dass sich dieses Tool in der Praxis bewährt hat, sollten Präsenzbetreiber generell ebenfalls erwägen, ein solches Tool standardisiert bereitzustellen. Dies dient der Objektivierung und Versachlichung der Präsenz insgesamt.

Eine vergleichbare **Beschwerde an den Plattformbetreiber** kann selbstverständ- 35
lich auch per normaler Post übermittelt werden, erscheint jedoch bereits vor dem Hintergrund des damit einhergehenden Zeitverlusts wenig praktikabel.

II. Außergerichtliches anwaltliches Vorgehen/Abmahnung

Jedenfalls wenn die Beschwerde eines Nutzers unbeantwortet bleibt oder von einem 36
Plattformbetreiber/Präsenzbetreiber zurückgewiesen wird, ist zur Bekräftigung des Anspruchsbegehrens zu empfehlen, auf **anwaltliche Hilfe** zurückzugreifen.

1. Sinn und Zweck einer Abmahnung

Neben einem bloßen **Hinweisschreiben,** mit dem der Plattformbetreiber von der 37
Rechtsverletzung in Kenntnis gesetzt werden soll, wird bei den praxisrelevantesten Anspruchsbegehren, den **Ansprüchen auf Unterlassung,** insbesondere ein **formelles außergerichtliches Abmahnschreiben** in Betracht kommen. Die **Abmahnung** ist ein im Recht der gewerblichen Schutzrechte entwickeltes, formalisiertes Mittel zur vorgerichtlichen Durchsetzung von Unterlassungsansprüchen.[38] Sie soll den Verletzer warnen und durch Androhung des gerichtlichen Vorgehens die **Unterwerfung** des Abgemahnten erreichen, um damit die **Wiederholungsgefahr** auszuräumen und einen nachfolgenden Prozess einschließlich der daraus resultierenden Kostenlast zu vermeiden.[39] In einigen Rechtsgebieten, wie etwa dem Urheberrecht, ist sie als Voraussetzung vor Einleitung eines Gerichtsverfahrens sogar gesetzlich vorgeschrieben.

Eine Abmahnung kann aber auch zur Kostenreduktion aufseiten des Gläubigers 38
eines **Unterlassungsanspruchs** dienen. Da ein Schuldner im Prozess einen geltend gemachten Anspruch gem. § 93 ZPO sofort **anerkennen** kann und der Gläubiger dann u.U. die Kosten des Verfahrens zu tragen hat, ist eine Abmahnung auch vor

---

38 *Teplitzky*, Kap. 41 Rn 1.
39 *Teplitzky*, Kap. 41 Rn 7.

diesem Hintergrund unbedingt zu empfehlen, bevor direkt gerichtliche Maßnahmen gegen einen mutmaßlichen Rechtsverletzer eingeleitet werden.

2. Aufbau und Inhalt einer Abmahnung

39 Im Rahmen der Abmahnung wird dem Unterlassungsschuldner zunächst der **Grund der Abmahnung** dargelegt, d.h. der Sachverhalt, derentwegen die Abmahnung ausgesprochen wird. Dies ermöglicht dem Unterlassungsschuldner die Überprüfung, ob er die ihm vorgeworfene Pflichtverletzung auch tatsächlich begangen hat.

40 Weiterhin sollte die Abmahnung den Hinweis darauf enthalten, gegen welche Rechtsnormen durch das zuvor dargestellte Geschehen die betreffende Person **verstoßen** haben soll und welche Rechtsfolgen daraus resultieren.

41 Im Regelfall schließt ein **Abmahnschreiben** mit der dringlichen Aufforderung, dass die Rechtsverletzung unverzüglich zu unterbleiben hat. Zur Ausräumung der Gefahr, dass eine Rechtsverletzung erneut begangen wird, sollte der Verletzer zudem zur **Abgabe einer strafbewehrten Unterlassungs- und Verpflichtungserklärung** aufgefordert werden, die dem Abmahnschreiben entsprechend beizufügen ist.

3. Unterlassungs- und Verpflichtungserklärung

42 Die der Abmahnung beigefügte **Unterlassungs- und Verpflichtungserklärung** sollte die betreffende Handlung, zu der sich der mutmaßliche Rechtsverletzer als sog. **Unterlassungsschuldner** konkret verpflichten oder die er unterlassen soll, **genau bezeichnen** und für den Fall einer zukünftigen schuldhaften Zuwiderhandlung gegen diese Verpflichtung eine entsprechende **Vertragsstrafenregelung** enthalten, die eine Art **Strafzahlung** im Falle des Verstoßes gegen die Handlung oder das Unterlassen vorsieht, zu der sich der Unterlassungsschuldner in der Unterlassungs- und Verpflichtungserklärung verpflichtet hat. Hierbei kann bereits ein entsprechender Betrag festgelegt werden oder im Sinne des sog. **Hamburger Brauchs**[40] eine von dem Unterlassungsgläubiger im Einzelfall zu bestimmende und von einem

---

40 Der sog. Hamburger Brauch ist ein in der Praxis häufig genutztes Rechtskonstrukt, der sich aus der Rechtsprechung bezüglich der Vertragsstrafenhöhe in einer strafbewehrten Unterlassungserklärung entwickelt hat. Dabei erklärt sich der Verletzer dahingehend bereit, eine Vertragsstrafe zu zahlen, welche der Rechteinhaber nach billigem Ermessen festsetzt. Gibt es über die Höhe Streit, bestimmt das zuständige Gericht, ob die Festsetzung der Vertragsstrafe durch den Rechteinhaber billig und damit angemessen war. Sieht das Gericht in seiner Entscheidung eine geringere Vertragsstrafe als angemessen an, zahlt der Verletzer nur den geringeren Betrag. Da der Rechteinhaber in dem Verfahren mit dem höheren Betrag unterliegt und in diesem Umfang die gerichtlichen Kosten zu tragen hat, wird er sich überlegen müssen, ob er wirklich gewillt ist, den Betrag anfangs zu hoch anzusetzen; vgl. Schulze/Grziwotz/Lauda/*Prasse*, § 314 Rn 16.

zuständigen Gericht auf ihre Angemessenheit überprüfbare **Vertragsstrafe** bestimmt werden.

Muster Abmahnung

!

„Sehr geehrte(r) Herr/Frau [...],

folgender Sachverhalt ist uns zur Kenntnis gelangt:
Am 12.3.2013 haben Sie auf dem sozialen Netzwerk „Facebook" (www.facebook.com) unter Ihrem Profil, abrufbar unter der Internetadresse [...], die folgenden Aussagen getätigt:

> *‚Die XY GmbH erleidet seit mehr als drei Jahren konsequent Verluste.' sowie ‚Die XY GmbH bietet ihren Kunden nicht die Dienstleistung YZ an.'*

Die vorgenannten Behauptungen sind nachweislich unzutreffend. Im Einzelnen:
Wie Sie bereits unseren letzten Quartals- und Jahresberichten, die gemäß IAS/IFRS erstellt sind und die wir Ihnen auch gerne als Druckexemplare zur Verfügung stellen, entnehmen können, hat die XY GmbH in den Kalenderjahren 2010 bis einschließlich 2012 keine Verluste erlitten, sondern im Gegenteil hohe Gewinne erwirtschaften können. So betrug das Ergebnis im Jahre 2010 [...], im Jahre 2011 und im Jahre 2012 [...]. Sofern Sie weiterhin behaupten, dass die XY GmbH ihren Kunden nicht die Dienstleistung YZ anbietet, ist auch dies nachweislich unzutreffend. Bereits unserer Website ist unter der Rubrik „Unsere Leistungen" (vgl. www. [...]) zu entnehmen, dass diese Dienstleistung schon seit vielen Jahren bis zum heutigen Tage von der XY GmbH erbracht wird. So heißt es dort ausdrücklich:

> *‚Je nach Geschäftsmodell und den Zielmärkten der Händler bietet die XY GmbH individuelle Lösungen für den gesamten Bereich YZ an. Dazu gehört [...]. Die Dienstleistung YZ der XY GmbH überzeugt durch hohe Zuverlässigkeit, Wirtschaftlichkeit und Transparenz. Sie lässt sich zudem problemlos in bestehende IT-Strukturen und Unternehmensprozesse integrieren.'*

*Mit der Behauptung unwahrer Tatsachen haben Sie die XY GmbH jedenfalls in ihrem **Recht auf eingerichteten und ausgeübten Gewerbebetrieb** verletzt, das als sonstiges Recht über § 823 Abs. 1 BGB geschützt ist. Dieses umfasst den gesamten Wert eines Unternehmens und die gesamte unternehmerische Tätigkeit in allen ihren Erscheinungsformen, einschließlich gewerbliche Schutzrechte, Produkte, Kundenstamm, Name, Firma, Leistungen und Außenkontakt.*
Mit Ihren oben ausgeführten unwahren Angaben suggerieren Sie eine finanzielle Notsituation, die es so nie bei der XY GmbH gegeben hat und erst recht aktuell nicht gibt. Diese Angaben sind dazu geeignet, die XY GmbH öffentlich zu diskreditieren und das Vertrauen des Markts in die XY GmbH und deren Dienstleistungen nachhaltig zu erschüttern bzw. die Marktchancen der XY GmbH zu mindern.
In diesem Lichte ist auch die zweite unzutreffende Behauptung zu sehen, die wider besseren Wissens verdeutlichen soll, dass die XY GmbH die wesentliche Dienstleistung in dem Marktsegment, in dem sie tätig ist, nicht oder nicht mehr anbietet oder nicht mehr anzubieten in der Lage ist.
*Nach § 823 Abs. 1 i.V.m. § 1004 BGB sind wir berechtigt, Sie auf **Unterlassung** in Anspruch zu nehmen. Nach 823 Abs. 1 BGB sind Sie uns zudem zum Ersatz des durch die Verletzungshandlung entstandenen Schadens verpflichtet. Nach § 242 BGB sind Sie außerdem verpflichtet, uns **Auskunft** hinsichtlich sämtlicher Angaben zu erteilen, die zur **Schadensberechnung** erforderlich sind.*
Aufgrund dieser eindeutigen Rechtslage sind wir entschlossen, die oben bezeichnete Störung bzw. die sich ergebenden Folgeansprüche klageweise geltend zu machen. Vor der gerichtlichen Durch-

setzung unserer Ansprüche möchten wir Ihnen jedoch die Möglichkeit zur außergerichtlichen Beilegung dieser Angelegenheit geben.
Wir haben Sie daher aufzufordern, unverzüglich die vorbezeichnete Verletzungshandlung durch Behauptung der oben angegebenen unwahren Angaben einzustellen und bis spätestens

Mittwoch, den 23. Oktober 2013,
18.00 Uhr,

*eine **strafbewehrte Unterlassungs- und Verpflichtungserklärung** rechtsverbindlich zu Händen des Unterzeichners abzugeben. Den Entwurf der strafbewehrten Unterlassungserklärung haben wir diesem Schreiben als Anlage beigefügt. Zur **Fristwahrung** ist der Eingang der Erklärung per Telefax ausreichend, sofern das Original unverzüglich auf dem Postweg nachgereicht wird. Vorsorglich weisen wir darauf hin, dass Sie allein durch die Abgabe einer solchen Erklärung, nicht jedoch bereits durch die Aufgabe des beanstandeten Verhaltens bzw. durch Erfüllung der genannten Forderungen eine gerichtliche Auseinandersetzung vermeiden können.*
Sollten Sie eine der vorstehenden Forderungen nicht, nicht fristgerecht oder nicht vollständig erfüllen, werden wir unverzüglich gerichtliche Schritte zur Durchsetzung unserer Ansprüche einleiten. Auf die dadurch entstehenden Mehrkosten weisen wir bereits jetzt hin.

Mit freundlichen Grüßen,
[...]“

III. Einstweiliger Rechtsschutz

43 Bei besonderer **Eilbedürftigkeit** kommen überdies Maßnahmen des einstweiligen Rechtsschutzes in Betracht. Gerichtsverfahren nehmen meist eine sehr lange Zeit in Anspruch. Für die Rechteinhaber ist es aber oft keine hinnehmbare Situation, gegen eine Rechtsverletzung in einem sozialen Netzwerk monatelang, wenn nicht jahrelang, zu klagen. Der Schaden tritt in der Regel sehr schnell ein und ist dann oft irreparabel, z.B. bei einer (drohenden) **Rufschädigung.** Ein längeres Zuwarten kann dann zum Verlust des Rechts insgesamt führen.

44 Zur Vermeidung dieser Nachteile kann der Rechteinhaber durch die Inanspruchnahme **einstweiligen Rechtsschutzes,** liegen die entsprechenden Voraussetzungen vor, zur Wahrung seiner Rechte sehr schnell einen vorläufigen sog. **Titel** erwirken, der gegen den Verletzer auch sofort **vollstreckt** werden kann, wie insbesondere eine **Unterlassungsverfügung.**

1. Abgrenzung Arrest/einstweilige Verfügung

45 Hier ist grundsätzlich abzugrenzen zwischen dem **Arrest** nach § 915 ff. ZPO auf der einen Seite sowie der **einstweiligen Verfügung** nach § 935 ff. ZPO auf der anderen. Der Arrest dient der Sicherung der **Zwangsvollstreckung** wegen einer Geldforderung oder eines Anspruchs, der in eine solche übergehen kann, § 916 ZPO. Ein Arrest wird zur Geltendmachung von Ansprüchen im Zusammenhang mit

Rechtsverletzungen in sozialen Netzwerken in der Regel daher nicht in Betracht kommen.

Relevant in diesem Zusammenhang ist eher der Antrag auf Erlass einer einstweiligen Verfügung, der der Sicherung eines Individualanspruchs auf eine gegenständliche Leistung zum Zwecke der Regelung eines einstweiligen Zustands in Bezug auf ein einstweiliges Rechtsverhältnis oder ausnahmsweise auch der vorläufigen Befriedigung eines Anspruchs dient.[41] 46

2. Voraussetzungen eines Antrags auf Erlass einer einstweiligen Verfügung

Eine einstweilige Verfügung ist auf die Unterlassung einer bestimmten Handlung gerichtet. Sie hat im Wesentlichen zwei **Voraussetzungen,** die vom Antragssteller im gerichtlichen Verfahren **glaubhaft gemacht** werden müssen: 47
- den **Verfügungsanspruch** und
- den **Verfügungsgrund.**

a) Darlegung des Verfügungsanspruchs

Verfügungsanspruch ist der Anspruch, den der Antragssteller auch im Hauptsacheverfahren geltend machen will und der im Verfügungsverfahren gesichert werden soll, mithin der Individualanspruch, der im **Zivilrechtsweg** geltend zu machen und ggf. zu vollstrecken wäre.[42] Im hier maßgeblichen Bereich der Rechtsverletzungen innerhalb sozialer Netzwerke kann dies etwa ein Anspruch aus § 823 Abs. 1 BGB i.V.m. § 1004 BGB sein wegen einer Verletzung des sog. **Allgemeinen Persönlichkeitsrechts,** weil auf einem sozialen Netzwerk eine **unwahre Tatsache behauptet** wird. 48

Der Antragssteller muss den Verfügungsanspruch so substanziiert und schlüssig darlegen, dass das Gericht auf der Grundlage dieses Vortrags den Anspruch vollumfänglich nachprüfen kann. Dies gilt auch für Ansprüche, zu deren Begründung beispielsweise schwierige technische Sachverhalte oder die Ergebnisse empirischer Sozialforschungen, wie **Meinungsumfragen** zur **Verkehrsdurchsetzung** im Markenrecht, vorgetragen werden müssen.[43] Hierbei ist nicht erforderlich, dass der Antragssteller die maßgeblichen Tatsachen seines Sachvortrags auch tatsächlich bereits nachgewiesen hat. Ausreichend, aber zugleich auch notwendig ist, dass die betreffenden Tatsachen **glaubhaft gemacht** worden sind i.S.d. § 294 ZPO, d.h., eine überwiegende Wahrscheinlichkeit besteht, dass die betreffende Tatsache auch zutrifft. 49

---

41 Thomas/Putzo/*Seiler*/*Reichhold*, vor § 916 Rn 7.

42 Schuschke/Walker/*Schuschke*, § 935 Rn 5.

43 Schuschke/Walker/*Schuschke*, § 935 Rn 6.

b) Taugliche Mittel zur Glaubhaftmachung

50 Anders als im normalen Gerichtsverfahren, in dem die behaupteten, der eigenen Rechtsposition dienlichen Tatsachen nachgewiesen werden müssen, gibt es im Rahmen der Glaubhaftmachung grundsätzlich keine **Ladung von Zeugen, Beiziehung von Urkunden** oder **Einholung von Auskünften.** Vielmehr müssen alle **Beweismittel** von der Partei zur Stelle gebracht sein.[44] Außer den üblichen Beweismitteln sind im Rahmen des § 294 ZPO insbesondere die **eidesstattliche Versicherung** einer Partei oder Dritter in eigener Darstellung der glaubhaft zu machenden Tatsachen, die **anwaltliche Versicherung** über Vorgänge, die der Rechtsanwalt in seiner Berufstätigkeit wahrgenommen hat oder die Vorlage nichtbeglaubigter Kopien von Schriftstücken zulässig.[45]

! **Praxistipp**
Zur **Glaubhaftmachung von Rechtsverletzungen,** die auf sozialen Netzwerken begangen werden, wird sich insbesondere der Ausdruck der betreffenden Seite aus dem Internet und/oder die Anfertigung und Vorlage eines **Screenshots** anbieten, der den Verstoß entsprechend dokumentieren kann.

51 Das Gericht würdigt den **Beweiswert** der glaubhaftgemachten Tatsachen dann im Rahmen der **freien Beweiswürdigung** nach § 286 ZPO.

c) Darlegung des Verfügungsgrunds

52 Der **Verfügungsgrund** ist wiederum nur bei **besonderer Dringlichkeit** der Angelegenheit gegeben, wobei im Bereich einiger Rechtsgebiete auf die **widerlegbare Dringlichkeitsvermutung** des § 12 Abs. 2 UWG zurückgegriffen werden kann, wie etwa im Wettbewerbsrecht, aber auch in Kennzeichenstreitsachen und in Gemeinschaftsmarkenstreitsachen.[46]

53 Für die „besondere Dringlichkeit der Angelegenheit" muss der Rechtsinhaber und Antragssteller im Rahmen des **Antrags auf Erlass einer einstweiligen Verfügung** schlüssig darlegen und **glaubhaft machen,** dass und warum zu besorgen ist, dass sein im Hauptsacheverfahren noch zu titulierender Anspruch nicht oder nur unter wesentlichen Umständen durchsetzbar ist, weil eine Veränderung des bestehenden Zustands droht und daher eine Sicherung dieses Anspruchs gegen die drohenden Veränderungen notwendig ist.[47] Eine **Rechtsverfolgung** gilt dann nicht als objektiv dringlich, wenn der Rechtsinhaber mit der Einleitung des Verfahrens

---

44 BGH, Urt. v. 11.9.2003 – IX ZB 37/03 – NJW 2003, 3558, 3558.
45 Thomas/Putzo/*Reichhold*, § 294 Rn 2.
46 *Fezer*, § 14 Rn 1081.
47 Schuschke/Walker/*Schuschke*, § 935 Rn 14.

zu lange wartet oder in anderer Weise erkennen lässt, dass es ihm nicht eilig ist.[48] In der Regel sollte zwischen Erlangung der Kenntnis von der betreffenden Rechtsverletzung bis zur Übermittlung des **Antrags auf Erlass einer einstweiligen Verfügung** an das zuständige Gericht nicht mehr als ein Monat vergangen sein, wobei das Dringlichkeitserfordernis zwischen den einzelnen Bundesländern/Gerichtsbezirken zuweilen unterschiedlich eng gehandhabt wird.[49]

d) Keine Vorwegnahme der Hauptsache

Da kein voller Beweis über die behaupteten Tatsachen zu erbringen ist, sondern die 54
bloße **Glaubhaftmachung** bereits ausreichend ist, hat die einstweilige Verfügung auch einen nur vorläufigen Charakter, d.h., sie trifft keine endgültige Regelung, sondern dient nur der **vorläufigen Sicherung des Rechts.** Damit korrespondiert jedoch auch, dass die einstweilige Verfügung grundsätzlich **nicht die Hauptsache vorwegnehmen darf,** was der Fall ist, wenn die begehrte vorläufige Entscheidung faktisch einer endgültigen gleichkäme.

Beispiel
Ein Antragsteller beantragt im Rahmen des einstweiligen Rechtsschutzes die Übertragung einer bestimmten **Domain** einer **Microsite** auf einem sozialen Netzwerk. Hier wird nicht nur die Sicherung eines Zustands erstrebt, sondern eine endgültige Regelung.

Eine endgültige Regelung kommt im Rahmen des einstweiligen Rechtsschutzes 55
ausnahmsweise nur dann in Betracht, wenn ansonsten eine **Existenzgefahr** für den Rechteinhaber droht.[50]

Obwohl der **einstweilige Rechtsschutz** die Hauptsache im Regelfall nicht vor- 56
wegnehmen darf und eine endgültige Regelung nur über ein anschließendes **ordentliches Gerichtsverfahren** erreicht werden kann, führen die **Eilverfahren** in der Praxis oftmals aber doch zu einer endgültigen Beilegung einer Streitigkeit, da die Parteien u.a. wegen der Dauer und der Kosten anschließend häufig auf die **Durchführung des Hauptsacheverfahrens** verzichten, insbesondere bei unstreitigen Sachverhalten, da das Gericht über den selben Sachverhalt in der Regel nicht anders entscheiden wird als im **Eilverfahren.**[51]

48 *Teplitzky*, § 54 Rn 17.
49 Piper/Ohly/Sosnitza/*Sosnitza*, § 12 Rn 116.
50 *Baumbach/Lauterbach/Albers/Hartmann*, § 940 Rn 7.
51 So völlig zutreffend Schuschke/Walker/*Walker*, vor § 916 bis § 945 Rn 6.

e) Zuständigkeit

57 **Örtlich und sachlich zuständig** für den **Erlass einer einstweiligen Verfügung** ist grundsätzlich das **Gericht der Hauptsache.** Dies richtet sich nach allgemeinen Regelungen, insbesondere in den §§ 12ff. ZPO.

58 Problematisch ist die Bestimmung der Zuständigkeit des Gerichts, wenn eine Rechtsverletzung **internationalen Bezug** hat. Dies ist bei Rechtsverletzungen auf sozialen Netzwerken sogar ausgesprochen häufig der Fall, sei es, weil der Betreiber im **Ausland** ansässig ist, die relevanten Inhalte im Ausland eingestellt wurden (dort streng genommen also der **„Tatort"** ist), die technischen Server und andere relevante Hardware außerhalb von Deutschland installiert sind oder der eigentliche **„Täter"** seinen Wohnsitz im Ausland hat. Die maßgebliche Frage ist vor diesem Hintergrund, welche der Vielzahl möglicher Orte als zuständigkeitsbegründende **Handlungs- und Erfolgsorte** in Betracht kommen.[52]

59 Grundsätzlich gilt im Bereich der **unerlaubten Handlungen,** dass dem Rechteinhaber zwischen dem Ort der schädigenden Handlung, wo die entsprechenden Daten in das Internet eingestellt wurden (sog. **Handlungsort**), und dem Ort des Schadenseintritts (dem sog. **Erfolgsort**) wählen können. Da Internetseiten grundsätzlich überall auf der Welt abrufbar sind, kann wegen Verletzungshandlungen in sozialen Netzwerken prinzipiell vor jedem Gericht der EU geklagt werden, sofern jedenfalls beide Parteien ihren Wohnsitz im Geltungsbereich der EuGVVO haben.[53] Wird das Gerichtsverfahren gegen eine im **Ausland** ansässige Partei hier in Deutschland geführt, kann die **Vollstreckung** eines erwirkten Titels große Probleme bereiten, jedenfalls in Ländern außerhalb der EU.

f) Vollstreckung

60 Im Hinblick auf die Vollziehung eines erlassenen Vollstreckungstitels ergibt sich im Verfahren des **einstweiligen Rechtsschutzes** keine Besonderheit. Die Vollziehung der Eilanordnung entspricht der Vollstreckung eines im Hauptsacheverfahren erstrittenen **Titels,** vgl. § 928 ZPO. Bei der Zuwiderhandlung des Antragsgegners gegen eine **Unterlassungsverfügung** kann der Antragssteller nach § 890 ZPO vorgehen, d.h., der Antragsgegner ist wegen der Zuwiderhandlung auf Antrag des Antragsstellers vor dem Prozessgericht des ersten Rechtszugs zu einem **Ordnungsgeld** und für den Fall, dass dieses nicht beigetrieben werden kann, zu **Ordnungshaft** oder zu Ordnungshaft bis zu 6 Monaten zu verurteilen, wobei das einzelne Ordnungsgeld den Betrag von 250.000,00 € und die Ordnungshaft insgesamt zwei Jahre nicht übersteigen darf.

61 Die **Anerkennung und Vollstreckung** einer einmal erwirkten Entscheidung innerhalb der **Mitgliedstaaten der EU** erfolgt nach Maßgabe von Art. 33ff. EuGV-

52 Hoeren/Sieber/*Pichler*, Teil 25 Rn 181f.

53 Lehmann/Meents-Fritzemayer/*Krone*/*Splittgerber*, Kap. 25 Rn 119.

VO. Ob ein deutsches Urteil auch **im nichteuropäischen Ausland** vollstreckt werden kann, richtet sich zunächst nach entsprechenden **Abkommen** mit dem jeweiligen Staat, in dem die Vollstreckung erfolgen soll, ansonsten nach dem innerstaatlichen Recht des Vollstreckungsstaates.[54]

IV. Durchführung des ordentlichen Gerichtsverfahrens

Zur Herbeiführung einer dauerhaften – und nicht nur vorübergehenden, im Wege des einstweiligen Rechtsschutzes erreichbaren – Lösung ist die **Durchführung des ordentlichen Gerichtsverfahrens** vor den jeweiligen Gerichten geboten. 62

Für Streitigkeiten bis zu einem **Streitwert** von 5.000,00 € sind grundsätzlich die **Amtsgerichte** zuständig, sofern nicht eine spezielle **Zuständigkeit,** wie etwa die der **Arbeitsgerichte,** gegeben ist. Für sämtliche Streitigkeiten der ordentlichen Zivilgerichtsbarkeit, die über den vorgenannten Streitwert hinausgehen, sind die jeweiligen **Landgerichte** zuständig. 63

Die **örtliche Zuständigkeit,** d.h., welches Amts- oder Landgericht erstinstanzlich anzurufen ist, bestimmt sich nach den §§ 12 ff. ZPO. Allerdings gibt es hier zuweilen Spezialregelungen, wie etwa § 14 UWG, die gegenüber den allgemeinen Regelungen der §§ 12 ff. ZPO vorrangig zu beachten sind. Im Hinblick auf Rechtsverletzungen, die im Internet begangen werden, gilt nach herrschender Meinung zudem der sog. **fliegende Gerichtsstand.** Danach ist der Gerichtsstand überall dort begründet, wo das Medium bestimmungsgemäß abrufbar ist.[55] 64

Geklagt werden kann gegen jede Art der Rechtsverletzung, wobei auf sozialen Netzwerken begangene Rechtsverletzungen vor allem mit sog. **Unterlassungsklagen** verfolgt werden. 65

Darüber hinaus sind, in Abhängigkeit vom jeweiligen Anspruchsbegehren, aber auch sämtliche sonstigen Klageanträge grundsätzlich denkbar, wie etwa die Geltendmachung von **Auskunftsansprüchen,** Ansprüche auf **Rechnungslegung, Beseitigungsansprüche, Herausgabeansprüche, Vernichtungsansprüche** oder **Schadensersatzansprüche.** 66

Anders als bei der Verfolgung von Ansprüchen im Rahmen des einstweiligen Rechtsschutzes ist im Bereich des ordentlichen Gerichtsverfahrens nicht zwangsläufig sofort zu reagieren. Als zeitliche Grenze bei der Verfolgung von Ansprüchen im Wege des normalen zivilgerichtlichen Hauptsacheverfahrens sind im Regelfall nur 67

---

54 Hierzu ausführlich etwa Lehmann/Meents-Fritzemayer/*Krone*/*Splittgerber*, Kap. 25 Rn 123 ff.

55 Saenger/*Bendtsen*, § 32 Rn 15. Gelegentlich wird einschränkend ein Ortsbezug im Sinne einer bestimmungsgemäßen Auswirkung des Verstoßes im betreffenden Gerichtsbezirk verlangt, vgl. OLG München GRUR-RR 2009, 320; OLG Frankfurt/Main AfP 11, 278.

die materiellen **Verjährungsvorschriften** zu beachten.[56] Nach § 195 BGB beträgt die **regelmäßige Verjährungsfrist** drei Jahre. Diese beginnt, soweit nicht ein anderer **Verjährungsbeginn** bestimmt ist, mit dem Schluss des Jahrs, in dem der Anspruch entstanden ist und der Gläubiger von den den Anspruch begründenden Umständen und der Person des Schuldners **Kenntnis** erlangt oder ohne **grobe Fahrlässigkeit** erlangen müsste, § 199 Abs. 1 BGB.

Beispiel
Am 5.2.2012 wird eine Person auf Facebook **beleidigt.** Etwa drei Monate später, am 24.5.2012, erlangt die von der Beleidigung betroffene Person Kenntnis von der Beleidigung. Die regelmäßige Verjährungsfrist beginnt damit am 31.12.2012 zu laufen und endet drei Jahre später, mithin am 31.12.2015.

E. Kosten und Kostenerstattung der Rechtsverfolgung

I. Erstattung von Abmahnkosten

68 Erfolgt eine **Abmahnung** zu Recht, besteht bei Inanspruchnahme rechtsanwaltlicher Beratung unter dem rechtlichen Gesichtspunkt der **Geschäftsführung ohne Auftrag** regelmäßig ein Anspruch auf Erstattung der dem Rechteinhaber entstandenen **Rechtsanwaltskosten.**

II. Kostentragung bei Gerichtsverfahren

69 Im **Gerichtsverfahren** trägt grundsätzlich derjenige die **Kosten des Verfahrens,** der im Prozess unterlegen ist. Erfolgt ein teilweises Unterliegen und Obsiegen, erfolgt grundsätzlich eine **Aufteilung der Kosten** entsprechend dem Verhältnis des Obsiegens oder Verlierens. Die Höhe der durch ein gerichtliches Vorgehen möglicherweise entstehenden Kosten ist in erster Linie abhängig vom **Streitgegenstand,** der Grundlage des **Streitwerts** ist, an dem sich Gerichtskosten und Anwaltskosten anlehnen. Die Bestimmung des Streitwerts ist in vermögensrechtlichen Angelegen-

56 Ausnahmsweise kann ein Recht auch schon vor Ablauf der Verjährungsfrist nicht mehr erfolgreich geltend gemacht werden, und zwar wenn es verwirkt ist. Allerdings reicht hierfür der Zeitablauf allein nicht aus. Vielmehr ist ein Anspruch erst dann verwirkt, wenn der Berechtigte ihn längere Zeit nicht verfolgt (sog. Zeitmoment) und zusätzlich mit seinem Verhalten bei dem Verpflichteten den Eindruck erweckt, dass er ihn nicht mehr geltend macht, dieser sich darauf eingerichtet hat (sog. Umstandsmoment), und die Erfüllung deshalb nach den Umständen des Einzelfalls nicht mehr zugemutet werden kann (sog. Zumutbarkeitsmoment). Eine feste Zeitgrenze lässt sich hierbei allerdings nicht ziehen. Vgl. Küttner/*Röller*, Stichwort „Verwirkung" Rn 2.

heiten relativ einfach; sie entspricht im Regelfall der Höhe des eingeklagten Zahlungsbetrages. Dies gilt beispielsweise bei der Geltendmachung von Schadensersatzansprüchen gegen Verletzer aus sozialen Netzwerken.

Beispiel
Ist einem betroffenen Unternehmen durch eine Rechtsverletzung auf einem sozialen Netzwerk ein Schaden in Höhe von 94.541,00 € entstanden, der im Rahmen des ordentlichen Gerichtsverfahrens eingeklagt wird, stellt genau dieser Betrag im Regelfall auch den Streitwert dar, an dem sich die Festsetzung der **Gerichtskosten** und **Rechtsanwaltsgebühren** orientieren.

Komplizierter ist die Bestimmung des Streitwerts bei der Geltendmachung von **Unterlassungsansprüchen,** da es im Einzelfall schwierig ist, zu bestimmen, welchen objektiven allgemeinen Markt- oder Verkehrswert ein bestimmtes Klägerinteresse hat. Der Streitwert berechnet sich hier nach den §§ 4-9 ZPO (oder § 182 InsO). Sofern diese Spezialvorschriften nicht anwendbar sind, wird der Streitwert vor einem Gericht nach **freiem Ermessen** gem. § 3 ZPO festgesetzt, wobei das jeweilige Interesse des Klägers am **Streitgegenstand** zugrunde zu legen ist.[57] 70

Beispiel
Wird beispielsweise die **Herausgabe einer Domain** eingeklagt, ist auch hier festzustellen, welchen objektiven Verkehrswert diese Domain in etwa hat. Es liegt nahe, dass dieser **Verkehrswert** sich maßgeblich nach den Umständen des Einzelfalls richtet. So wird etwa die Domain https://www.facebook.com/nike einen deutlich größeren objektiven Verkehrswert haben als die Domain https://www.facebook.com/schuheschmitz.

Im Hinblick auf **Unterlassungsbegehren** gilt der Grundsatz, dass das Interesse des Klägers am Verbot der Handlungen, die unterlassen werden sollen, maßgeblich für die Bestimmung des **Streitwerts** ist. Auch hier ist der Wert nach **freiem Ermessen** vom Gericht zu schätzen.[58] 71

Nach Ermittlung des Streitwerts bzw. dessen Festsetzung durch das Gericht ergeben sich die konkreten **Kosten** auf der Basis der einschlägigen Gebührentabellen nach dem **Rechtsanwaltsvergütungsgesetz (RVG)** und dem **Gerichtskostengesetz (GKG).** Es gilt der Grundsatz, dass derjenige die Kosten des Verfahrens zu tragen hat, d.h. die **Gerichtskosten,** die eigenen **Anwaltskosten** sowie die Anwaltskosten des Prozessgegners, der den Prozess verloren hat. Haben beide Parteien den Prozess teilweise gewonnen und teilweise verloren, rechnet sich der konkret von dieser Partei zu zahlende Betrag nach der Höhe des Obsiegens und Unterliegens. 72

---

57 Thomas/Putzo/*Hüsztege*, § 2 Rn 18.
58 Thomas/Putzo/*Hüsztege*, § 3 Rn 152.

73 Im Hinblick auf die Durchführung des **ordentlichen Verfahrens** sollte zudem berücksichtigt werden, dass auch noch ein nach dem Streitwert berechneter **Gerichtskostenvorschuss** in Höhe von 3,0 gem. Nr. 1210 KV GKG (Kostenverzeichnis Gerichtskostengesetz) bereits bei Einreichung der Klage zu zahlen ist, in der Regel durch Beifügung eines entsprechenden Verrechnungsschecks.[59]

III. Besonderheit: Arbeitsgerichtliche Verfahren

74 Eine Ausnahme zu den vorgenannten Grundsätzen gibt es jedoch **im Arbeitsrecht.** Eine **Kostenerstattung** im Hinblick auf die angefallenen **Rechtsanwaltskosten** erfolgt dort jedenfalls in der ersten Instanz nicht (im Übrigen auch nicht im Hinblick auf vorprozessuales Tätigwerden eines Rechtsanwalts, z.B. anlässlich einer ausgesprochenen **Abmahnung**). In der Praxis führt dies häufig dazu, dass die Vergleichsbereitschaft aufseiten der Arbeitgeber zunimmt. Da die Unternehmen ihren Rechtsanwalt unabhängig davon bezahlen müssen, ob der Prozess gewonnen oder verloren wird, stellt es für viele Unternehmen eine nachvollziehbare Erwägung dar, den hierfür mutmaßlich anfallenden Betrag dafür zu verwenden, den klagenden Arbeitnehmer eine bestimmte Zahlung zur Beilegung der Streitigkeit anzubieten. Dies hat den Vorteil, schnell **Rechtssicherheit** zu erlangen und sich die Zeit zu sparen, die seitens des Arbeitgeberunternehmens erforderlich wäre, um dem Unternehmensanwalt den Sachverhalt eingehend darzulegen und etwaige Rückfragen zu beantworten. **Gerichtskosten** fallen hingegen auch im **arbeitsgerichtlichen Klageverfahren** grundsätzlich an.

F. Strafrechtliche Verfolgung

75 Neben der Verfolgung zivilrechtlicher Ansprüche ist im Hinblick auf Rechtsverletzungen, die eine **strafrechtliche Relevanz** haben, auch die Einleitung strafrechtlicher Maßnahmen möglich, insbesondere die Anfertigung einer **Strafanzeige** bei einer **Polizeidienststelle** oder der **Staatsanwaltschaft.** So kommt im Hinblick auf beleidigende oder verleumderische Äußerungen auf einem sozialen Netzwerk etwa eine **Strafbarkeit** nach § 185ff. StGB in Betracht. Bei der **Verletzung von Betriebsgeheimnissen** durch entsprechende Preisgabe in einem sozialen Netzwerk ist eine Strafbarkeit wegen **Verrats von Geschäfts- und Betriebsgeheimnissen** nach § 17 UWG denkbar. Sofern **Postings** erkennbar einen nationalen, rassistischen oder religiösen Hintergrund haben, könnte auch der Tatbestand der **Volksverhetzung** gem. § 130 StGB erfüllt sein. Die **Schilderung und Verbreitung gewaltdarstel-**

59 Im Verfahren des einstweiligen Rechtsschutzes ist dies nicht erforderlich.

lender Schriften wiederum verletzt den Spezialtatbestand des § 131 StGB, solche **pornografischen Inhalts** den des § 184a–c StGB. Die unbefugte **Einstellung von Bildaufnahmen** einer anderen Person etwa kann eine Verletzung des höchstpersönlichen Lebensbereichs durch Bildaufnahmen gem. § 201a StGB darstellen. Wer über soziale Netzwerke einem anderen falsche Tatsachen vorspiegelt und sich dadurch einen finanziellen Vorteil verschafft, könnte sich wegen eines **Betrugs** gem. § 263 StGB oder **Computerbetrugs** gem. § 273a StGB strafbar gemacht haben. Wer vorsätzlich oder fahrlässig **Daten auf unzulässige Weise verwendet,** könnte über §§ 43 Abs. 2, 44 BDSG strafrechtlich belangt werden.

Sind Straftatbestände erfüllt, kann dies auch die Verfolgung zivilrechtlicher Ansprüche erleichtern. So kann die Erfüllung eines Straftatbestands zugleich auch dazu führen, dass die Voraussetzungen für ein zivilrechtliches Vorgehen geschaffen werden, z.B. über die §§ 1004, 823 Abs. 2 BGB in Verbindung mit der jeweiligen strafrechtlichen Norm. 76

Die Einleitung strafrechtlicher Maßnahmen führt in der Praxis zudem häufig dazu, dass sich die zivilrechtliche Verhandlungsposition des Betroffenen für etwaige **Vergleichsverhandlungen** maßgeblich verbessert. Sofern es sich bei der mutmaßlich begangenen Straftat etwa um ein **Antragsdelikt** handelt, d.h., die Tat nur auf Antrag überhaupt verfolgbar ist, § 77 Abs. 1 StGB, wird oftmals die **Zurücknahme des Antrags** gem. § 77d StGB im Rahmen einer Gesamteinigung berücksichtigt, etwa durch Erhöhung eines etwaigen, zu zahlenden **Vergleichsbetrags** an den Betroffenen.[60] 77

Zuletzt kann eine **Strafanzeige** auch noch insofern im Hinblick auf ein zivilrechtliches Vorgehen hilfreich sein, als dies häufig der einzige Weg ist, herauszufinden, wer der **„Täter"** eigentlich war, d.h., wer einen rechtswidrigen Content in das betreffende soziale Netzwerk eingestellt hat.[61] 78

---

60 Der Strafantrag ist begrifflich von der **Strafanzeige** zu trennen, vgl. § 158 StPO. Eine Strafanzeige liegt vor, wenn jemand einen Sachverhalt mitteilt, der aus Sicht des Mitteilenden Anlass für eine Strafverfolgung bietet; es handelt sich dabei um eine bloße Anregung, zu prüfen, ob ein Ermittlungsverfahren einzuleiten ist, BayObLG NJW 1986, 441, 442. Unter einem Strafantrag versteht man dagegen die ausdrückliche Erklärung eines Antragsberechtigten, dass er die Strafverfolgung wünsche, BGH NJW 1951, 368. Die Strafanzeige kann auch zugleich einen Strafantrag beinhalten, nämlich wenn der Anzeigeerstatter in seiner Erklärung eindeutig seinen Verfolgungswillen zum Ausdruck bringt, was zur Folge hat, dass der Anzeigende gem. § 171 S. 1 StPO zu bescheiden ist; BeckOK StPO/*Patzak*, § 158 Rn 1. Da ein Strafantrag – anders als die Strafanzeige – eine sog. Prozessvoraussetzung ist, die von Amts wegen in jedem Verfahrensstadium zu prüfen ist, hat der Antragsteller das Verfahren hier jedenfalls im Regelfall noch „in der Hand" in dem Sinne, dass er grundsätzlich durch Rücknahme des Strafantrags die Beendigung der Strafverfolgung bewirken kann.

61 Vgl. hierzu bereits Rn 19.

G. Prozesstaktische Erwägungen

79 Bei der Geltendmachung von Ansprüchen wegen Rechtsverletzungen, die auf sozialen Netzwerken begangen werden, ist in besonderem Maße taktisch und strategisch zu denken.

I. Wahl des Anspruchsgegners

80 Da, wie bereits ausgeführt, eine ganze Vielzahl von charakteristischen Problemen bei der Rechtsverfolgung eine Rolle spielen, ist es in diesem Bereich von besonderer Bedeutung, gegen wen ein entsprechender Anspruch überhaupt geltend gemacht wird, d.h., gegen wen die Rechtsverfolgung auch am effektivsten und erfolgversprechendsten erscheint. Die **Wahl des Anspruchsgegners** ist daher eine der zentralen Vorabüberlegungen, die sich ein Anspruchssteller vor Einleitung gerichtlicher Maßnahmen stellen muss. Diese Betrachtung sollte zunächst maßgeblich davon geleitet sein, welcher der potenziellen Anspruchsgegner „am nächsten" ist, d.h., wem die Rechtsverletzung am leichtesten nachzuweisen ist.

81 Es sollte auch darüber nachgedacht werden, ob selbst bei Erlangung eines **gerichtlichen Titels** gegen diese Person überhaupt erwartet werden darf, dass sich diese Person auch entsprechend fügt. So ist etwa bei der Geltendmachung eines **Schadensersatzanspruchs** sicherlich vorab zu erwägen, ob ein potenzieller Anspruchsgegner voraussichtlich überhaupt die finanziellen Mittel hat, den begehrten **Schadensersatz** zu bezahlen. Weder bei natürlichen, noch bei juristischen Personen, d.h. Unternehmen, ist dies im Einzelfall selbstverständlich.

82 Wenn zudem ein potenzieller Anspruchsgegner etwa im **Ausland** ansässig ist, kann es über den sog. **fliegenden Gerichtsstand** vermutlich noch möglich sein, einen Titel zu erwirken. Ohne ein entsprechendes **Vollstreckungsabkommen** mit dem ausländischen Staat, in dem der Anspruchsgegner ansässig ist, wird dieser Titel jedoch regelmäßig **nicht vollsteckbar** sein.

II. Nutzung des internen Beschwerdemanagements der Plattformen

83 Geht es um eine rasche Umsetzung im Sinne einer sofortigen **Unterlassung** einer Rechtsverletzung, wird in der Regel der Weg über das **interne Beschwerdemanagement der Plattformbetreiber** der effektivste sein.[62] Die Unternehmen riskieren, gerade nicht mehr **haftungsprivilegiert** im Sinne des **Telemediengesetzes** zu sein,

62 Vgl. bereits oben Rn 27 ff.

wenn sie explizit über eine Rechtsverletzung informiert werden, gleichwohl aber untätig bleiben. Hinzu kommt, dass die Plattformbetreiber in der Regel am schnellsten feststellen können, ob eine Rechtsverletzung auch tatsächlich begangen wurde oder nicht. Sie sind im Hinblick auf diese Anfragen gut geschult und können schnell Abhilfe schaffen. Die Plattformbetreiber entscheiden und vollstrecken letztlich ähnlich einem Gericht über eine eingelegte **Beschwerde.**

III. Berücksichtigung der gesetzlichen Haftungsprivilegierungen

Geht es hingegen um die **Geltendmachung von Schadensersatzansprüchen,** wird 84
ein Vorgehen gegen die Plattformbetreiber wegen der gesetzlichen **Haftungsprivilegierung** nach § 10 TMG im Regelfall ausscheiden. Hier könnte sich ein Vorgehen über die **Staatsanwaltschaft** zur Feststellung eines Rechtsverletzers lohnen, gegen den dann im Wege der Zivilklage entsprechende Ansprüche gerichtlich geltend gemacht werden.

IV. Risiko des „Streisand-Effekts"

Zu den strategischen Erwägungen, die insbesondere Unternehmen anstellen sollten, 85
gehört es auch, sich vorab die Frage zu stellen, ob ein gerichtliches Vorgehen sich nicht im Einzelfall auch als Bumerang erweisen kann. Berühmt geworden ist in diesem Zusammenhang eine Rechtsstreitigkeit, die für ein Phänomen steht, das in der Folgezeit als **„Streisand-Effekt"** bezeichnet worden ist. Hierunter ist der Versuch zu verstehen, eine unliebsame Information zu unterdrücken oder entfernen zu lassen, damit aber gerade erst die öffentliche Aufmerksamkeit hervorzurufen, die man eigentlich vermeiden wollte. Seinen Namen verdankt das Phänomen der Schauspielerin und Sängerin Barbra Streisand, die den Fotografen Kenneth Adelman und die Website „pictopia.com" im Jahre 2003 erfolglos auf einen Betrag in Höhe von 50.000.000,00 US-$ verklagte, weil eine Luftaufnahme ihres Hauses zwischen 12.000 anderen Fotos von der Küste Kaliforniens auf dieser vorgenannten Website unter pictopia.com zu finden war. Erst durch ihre Klage stellte die Sängerin jedoch die Verbindung zwischen sich und dem abgebildeten Gebäude her, was dazu führte, dass das Foto nach dem **Schneeballprinzip** im Internet sich rasend verbreitete.[63]

Gerade im Hinblick auf erfolgte **Meinungsäußerungen** oder andere **schädigende Behauptungen** muss sich hier das Unternehmen daher die Frage stellen, ob 86
es Sinn macht, unliebsame Äußerungen auf sozialen Netzwerken im Klagewege beseitigen zu lassen und erst dadurch für eine publikumswirksame Verbreitung zu

63 Siehe dazu http://de.wikipedia.org/wiki/Streisand-Effekt.

sorgen. Von der Internet-Community, um deren Aufmerksamkeit es auch den Unternehmen geht, werden solche Versuche oftmals als **„Zensur“** aufgefasst. Für Unternehmen, die sich zur Einleitung und Durchführung von juristischen Maßnahmen entschlossen haben, kann dies im **PR-Fiasko** enden, insbesondere wenn der Eindruck entsteht, dass „mit Kanonen auf Spatzen geschossen wird.“

Kapitel 7
Arbeitsrecht

A. Einleitung

Mit zunehmender gesamtgesellschaftlicher Relevanz von Social Media-Plattformen hält das Thema auch in **Arbeitsverhältnissen** verstärkt Einzug. Gepostet, gechattet, downgeloadet und gescreent wird nicht nur im rein privaten Bereich, sondern infolge der Anbindung von Mitarbeitern an die unternehmenseigene IT auch in der dienstlichen Sphäre, oftmals auch während der Arbeitszeit. Die arbeitsrechtliche Relevanz ist offenkundig: Über die vorgenannte Problematik der sog. **Arbeitszeitverkürzung** hinaus können die Interessen von Arbeitgeber und Arbeitnehmer auch auf andere Weise vielfältig kollidieren: So kann über Social Media-Plattformen gegen Vertraulichkeitsverpflichtungen verstoßen und Betriebsgeheimnisse können preisgeben werden. Persönlichkeitsrechte können durch Überprüfung oder gar Überwachung von Social Media-Profilen einzelner Arbeitnehmer verletzt werden, sowohl im Vorfeld eines Arbeitsverhältnisses – speziell der Bewerberauswahl – als auch während eines Arbeitsverhältnisses. Kontakte zu neuen Arbeitgebern können geknüpft und Abwerbungen gezielt initiiert werden. Kollegen und Vorgesetzte werden verunglimpft und beleidigt sowie Gefahrenquellen eröffnet, wie die Infizierung von Computern des Arbeitsgebers oder der Download urheberrechtlich geschützten Contents. 1

Dem können Arbeitgeber in der Regel nicht tatenlos gegenüberstehen. Im Gegenteil: Es wird für diese oft von maßgeblicher Bedeutung sein, Pflichtverletzungen aufzuspüren und dann auch zu sanktionieren. 2

Ein besonderes Problem für die Praxis stellt es in diesem Zusammenhang dar, wenn Arbeitnehmer das Internet und speziell Social Media-Plattformen beruflich sogar nutzen müssen. Hier verwischen die Trennlinien zwischen privatem und beruflichem Gebrauch besonders nachhaltig. Die Regulierung von Privatnutzung sowie die Identifizierung und Sanktionierung von Pflichtverletzungen fällt in diesem Bereich besonders schwer. 3

B. Arbeitgebernutzung

Social Media-Angebote haben sich binnen kurzer Zeit als sehr erfolgreiches neues Medium zur **Personalakquise** entwickelt. Soziale Netzwerke bieten Möglichkeiten zum **Auffinden qualifizierter Mitarbeiter** und können effektiv zur **Darstellung des Unternehmens** genutzt werden. Allerdings gilt es für Arbeitgeber, die rechtlichen Rahmenbedingungen der Nutzung von Social Media-Angeboten auch in diesem Bereich einzuhalten. Es bestehen arbeits-, wettbewerbs- und datenschutzrecht- 4 liche Fallstricke, die ein Arbeitgeber kennen muss. Durch die Nutzung von sozialen Netzwerken nimmt auch die Gefahr zu, dass in diesem Bereich agierende eigene Mitarbeiter abgeworben werden. Bei ausscheidenden Mitarbeitern droht ein Verlust von Betriebsgeheimnissen, wie z.B. Kundenkontaktdaten, die in sozialen Netzwerken hinterlegt sind. Zudem ist zu beachten, dass wettbewerbswidrige Handlungen von Arbeitnehmern dem Arbeitgeber selbst zugerechnet werden können, wie etwa im Fall unlauterer Abwerbeversuche durch HR-Mitarbeiter über soziale Netzwerke.

I. Personalakquise

5 Die Existenz einer Social Media-Präsenz erlangt für Unternehmen auch in ihrer Eigenschaft als Arbeitgeber immer größere Bedeutung. Neben dem allgemein enormen Marketing-Potenzial bieten die betreffenden Präsenzen den Unternehmen nämlich auch die Möglichkeit, **eigene Recruiting-Auftritte** zu unterhalten und auf diese Weise innerhalb eines stark frequentierten Mediums mit potenziellen Bewerbern unkompliziert in Kontakt zu treten.

1. XING und LinkedIn

6 Die **sozialen Netzwerke XING** und **LinkedIn** bieten Unternehmen die Möglichkeit, eigene **Unternehmensseiten** zu schaffen und auf diesen fortwährend Neuigkeiten, wie z.B. Stellenanzeigen, zu veröffentlichen. Die Mitglieder des Netzwerks können diese Neuigkeiten abonnieren und werden so über aktuelle Stellenanzeigen und andere News informiert. Gleichzeitig ist es dem Unternehmen möglich, alle Mitarbeiter, die bei XING oder LinkedIn aktiv sind, zu verbinden.

2. Facebook

7 Auf **Facebook** können **Unternehmen** unter der Rubrik „Facebook für Unternehmen“[1] als kommerzielle Nutzer **Angebote zur Personalakquise** schaffen. Oftmals werden die Seiten als „[UNTERNEHMEN] Karriere“ bezeichnet. Über diese Seiten können beispielsweise freie Stellen annonciert, Recruiting-Events beworben und Fragen Interessierter unmittelbar beantwortet werden. Die Unternehmen können auf diesen Seiten auch unternehmensinterne Stellenbörsen einrichten bzw. Links zu entsprechenden, außerhalb von Facebook liegenden Angeboten einbauen.

1 Siehe https://de-de.facebook.com/business.

3. Twitter

Auch **Twitter** bietet Unternehmen ein Forum zur **Personalakquise.** Zahlreiche Unternehmen haben Twitter-Karriere-Feeds angelegt, in welchen über aktuelle Entwicklungen, Projekte und vakante Positionen informiert wird. Aufgrund der wenig komplexen Ausgestaltung des sozialen Netzwerks nutzen zahlreiche Unternehmen **Twitter-Feeds,** um Interessierte auf außerhalb des Netzwerks liegende Karriereseiten zu leiten. Oftmals führen die Links auf deutlich aufwändiger gestaltete Facebook-Recruiting-Angebote oder Websites der Gesellschaften. 8

Checkliste !

Einrichtung/Verwaltung der Social Media-Präsenz eines Arbeitgebers:
- **Verwaltung** der **Social Media-Präsenz** über **E-Mail-Account des Unternehmens,** keine Verwaltung über privaten E-Mail-Account von Arbeitnehmern;[2]
- **Verlinkung des Auftritts** über andere Social Media-Präsenzen sicherstellen sowie ggf. Einfügung von Verweisen in den E-Mail-Signaturen der Mitarbeiter;
- Erstellung eines **professionellen Marketing-Plans** für die Social Media-Präsenz;
- **regelmäßige und professionelle Überwachung** der Social Media-Präsenz, insbesondere der Diskussionsforen (Gefahr des **Shitstorms**);
- allgemeine, nicht arbeitgeberspezifische Maßnahmen, z.B. die Einstellung eines Impressums.[3]

II. Background Screening – Zulässigkeit der Datenerhebung über Bewerber in Social Media-Präsenzen

Einer der wichtigsten Bereiche der Social Media-Nutzung durch Unternehmen ist die **Bewerberrecherche** in **sozialen Netzwerken.** Soziale Netzwerke bieten wertvolle Informationen für Personalabteilungen. So können auf diese Weise unrichtige Aussagen in Lebensläufen aufgedeckt oder bedenkliche Aktivitäten oder Verhaltensweisen der Bewerber festgestellt werden. Bereits die Hälfte aller Personaler in Deutschland nutzt laut einer Umfrage soziale Netzwerke zur Bewerberrecherche.[4] Hiervon gaben rund 21% an, lediglich in vermeintlich eher **beruflich ausgerichteten** sozialen Online-**Netzwerken,** wie z.B. XING oder LinkedIn, zu recherchieren; weitere 19% aller Unternehmen führen die Recherche auch in vermeintlich eher **freizeitbezogenen Netzwerken** wie Facebook oder studiVZ durch. Rund 49% der befragten Unternehmen gaben an, auch Internet-Suchmaschinen im Rahmen der Bewerberrecherche einzusetzen. 9

---

2 Zur Problematik der Verwaltung von Social Media-Angeboten eines Unternehmens über den privaten Social Media-Account eines Mitarbeiters siehe unten unter Rn 153.

3 Vgl. oben unter Kap. 2 Rn 139.

4 Dazu BITKOM-Pressemitteilung v. 18.10.2011, „Unternehmen recherchieren im Web über Bewerber", abrufbar unter http://www.bitkom.org/de/presse/70864_69858.aspx.

10 Die **rechtliche Zulässigkeit** einer solchen Bewerberrecherche ist bislang weder gesetzlich geregelt, noch höchstrichterlich geprüft. In der juristischen Fachliteratur ist vermutlich auch deshalb heftig umstritten, ob und inwieweit ein **Zugriff auf Daten** eines Bewerbers über derartige Internetrecherchen rechtmäßig ist. Im Ergebnis beurteilt sich diese Frage nach den Grundsätzen des Datenschutzrechts, d.h. im Wesentlichen nach den einschlägigen Vorgaben der Ermächtigungsgrundlagen des BDSG.[5] Dabei wird vor allem zwischen **allgemein zugänglichen Informationen** und nur **für bestimmte Personenkreise verfügbaren Informationen** unterschieden.

1. Grundsatz der Direkterhebung/Anwendungsbereich von § 28 BDSG

11 § 4 Abs. 2 BDSG enthält einen Grundsatz der Direkterhebung, wonach personenbezogene Daten stets zunächst beim Betroffenen zu erheben sind. Darüber hinaus enthält das BDSG aber auch verschiedene Rechtsvorschriften, die eine Datenerhebung ohne Mitwirkung des Betroffenen legitimieren.

12 So ist nach § 32 Abs. 1 BDSG eine Datenerhebung für „Zwecke des Beschäftigungsverhältnisses" zulässig, wenn die Datenerhebung „erforderlich" ist. § 28 Abs. 1 S. 1 Nr. 3 BDSG wiederum erlaubt den Zugriff auf „allgemein zugängliche" Daten, solange der Betroffene – hier: der Bewerber **– kein überwiegendes schutzwürdiges Interesse** an der Unterlassung der Datenerhebung hat.

13 Für Arbeitgeber stellt sich insbesondere die Frage, ob § 28 Abs. 1 S. 1 Nr. 3 BDSG trotz des Grundsatzes der Direkterhebung einen Zugriff auf Bewerberdaten zum Zwecke des **Background Screening** erlaubt. Dies wird von einer Auffassung vollständig verneint, da durch die Anwendung der Regelung des § 28 Abs. 1 S. 1 Nr. 3 BDSG ansonsten eine Umgehung der Vorgaben nach § 4 Abs. 2 BDSG drohe.[6] Einer anderen Literaturmeinung zufolge soll dies hingegen sehr wohl möglich sein. Diese stellt vor allem auf den Wortlaut des § 4 Abs. 2 Nr. 2 lit. b) BDSG ab, wonach eine **Datenerhebung** ohne Mitwirkung des Betroffenen zulässig ist, wenn die Erhebung beim Betroffenen einen **„unverhältnismäßigen Aufwand"** erfordern würde.[7] Nichts anderes sei im Hinblick auf das Background Screening der Fall. Hinzu kommt, dass § 4 Abs. 2 S. 2 Nr. 1 BDSG selbst vorsieht, dass Daten ohne die Mitwirkung des Betroffenen erhoben werden können, wenn dies eine (andere) Rechtsvorschrift vorsieht. Eine solche andere Rechtsvorschrift könne eben auch § 28 Abs. 1 S. 1 Nr. 3 BDSG sein.[8] Es kann daher mit guten Argumenten vertreten werden, dass der

5 Vgl. ausführlich zum Datenschutz in Social Media die Ausführungen in Kap. 3.

6 So der Datenschutzbeauftragte von Bremen, siehe http://www.datenschutz-bremen.de/tipps/socialweb.php.

7 Dazu Simitis/*Sokol*, § 4 Rn 35; Taeger/Gabel/*Taeger*, § 4 BDSG Rn 66.

8 Vgl. Gola/Schomerus/*Gola*/*Schomerus*, § 4 Rn 24.

Anwendungsbereich des § 28 Abs. 1 S. 1 Nr. 3 BDSG auch im Bereich des **Background Screenings grundsätzlich eröffnet** ist.

Da die Erhebung von Bewerberdaten arbeitsrechtlichen Bezug aufweist, ist zu- 14
dem umstritten, ob § 28 Abs. 1 S. 1 Nr. 3 BDSG auch trotz bzw. neben der speziell für Beschäftigungsverhältnisse vorgesehenen Regelung des § 32 BDSG Anwendung findet.[9] Dies wird von der wohl herrschenden Auffassung jedoch zu Recht bejaht.[10]

2. Zugriff auf allgemein zugängliche Daten in Social Media-Präsenzen

Auf der Basis von § 28 Abs. 1 S. 1 Nr. 3 BDSG ist die **Datenerhebung** in sozialen 15
Netzwerken auf den ersten Blick leichter zu legitimieren als nach der insoweit „strengeren" Norm des § 32 Abs. 1 BDSG, nach der die Daten für die Entscheidung über die Begründung eines Beschäftigungsverhältnisses „erforderlich" sein müssten.

Voraussetzung für diese Privilegierung ist allerdings zunächst gem. § 28 Abs. 1 16
S. 1 Nr. 3 BDSG, dass die Daten **„allgemein zugänglich"** sind.

a) Abgrenzung allgemein zugängliche – nicht allgemein zugängliche Daten

Ob und wenn ja wann **personenbezogene Daten eines Bewerbers** in sozialen 17
Netzwerken **allgemein zugänglich** i.S.d. § 28 Abs. 1 S. 1 Nr. 3 BDSG sind, ist erneut umstritten.[11]

Eine Mindermeinung in der Literatur vertritt, dass nur solche Informationen **öf-** 18
fentlich zugänglich sind, die bereits über eine Suchmaschine, wie etwa Google, abrufbar sind. Daten, die nur **innerhalb eines sozialen Netzwerks** und nur durch dessen registrierte Nutzer einsehbar sind, seien hingegen nicht öffentlich zugänglich.[12] Dahinter steht wohl der Gedanke, dass zum Abruf dieser Daten selbst eine Registrierung als Nutzer erforderlich ist, mithin eine Art **Zugangsbeschränkung** besteht, die einer ungehinderten öffentlichen Verfügbarkeit entgegensteht.

Angesichts des Umstands, dass mit mehr als 23 Mio. Menschen bereits ein gro- 19
ßer Teil der deutschen Bevölkerung Mitglied in einem sozialen Netzwerk ist, erscheint diese Unterscheidung jedoch nicht adäquat. Wenn alle Mitglieder eines sozialen Netzwerks ungehinderten Zugriff auf das Nutzerprofil haben, ist dieses als öffentlich zugänglich anzusehen.[13] Dies gilt auch, wenn der Nutzer im Rahmen der

---

9 Vgl. *Ernst*, NJOZ 2011, 953; *Forst*, NZA 2010, 427, 429.

10 Gola/Schomerus/*Gola/Schomerus*, § 32 Rn 35; Spindler/Schuster/*Spindler/Link*, § 28 BDSG Rn 7; *Forst*, NZA 2010, 427, 429; *Bissels/Lützeler/Wisskirchen*, BB 2010, 2433, 2437.

11 Vgl. Gola/Schomerus/*Gola/Schomerus*, § 28 Rn 32.

12 *Bissels/Lützeler/Wisskirchen*, BB 2010, 2433, 2437; *Forst*, NZA 2010, 427, 431.

13 Taeger/Gabel/*Taeger*, § 28 BDSG Rn 82; Plath/*Plath*, § 28 Rn 76.

Einstellungen zur Privatsphäre den Zugriff auf sein Profil durch Suchmaschinen wie Google oder Bing unterbunden hat. Zielführend ist eine Unterscheidung danach, ob innerhalb des sozialen Netzwerks **jedes Mitglied** die Informationen einsehen kann oder nur ein vom Bewerber **bestimmter (Freundes-)Kreis.** Entscheidend ist somit, ob der Nutzer **ohne Umgehung von Sicherungen** auf die im sozialen Netzwerk befindlichen Informationen zugreifen kann oder nicht.

20 Bei sozialen Netzwerken sind vor diesem Hintergrund die personenbezogenen Daten, die sämtlichen Mitgliedern des Netzwerks zugänglich sind, als allgemein zugänglich i.S.v. § 28 Abs. 1 S. 1 Nr. 3 BDSG anzusehen.[14]

21 **Nicht öffentlich zugänglich** i.S.v. § 28 Abs. 1 S. 1 Nr. 3 BDSG sind hingegen Informationen, die nur einem vom Nutzer **bestimmten Adressatenkreis,** etwa „Freunden“, zugänglich sind. Daher ist insbesondere die Datenerhebung nach Erschleichung des Zugriffs auf geschützte Daten (etwa durch Vorspiegeln einer falschen Identität) rechtswidrig und unzulässig.

b) Sonderproblem – Vorherige Zugriffserteilung durch den Bewerber

22 Ein Sonderproblem stellt sich, wenn der Bewerber dem Arbeitgeber Zugriff auf den sonst nicht öffentlich einsehbaren Bereich einer Social Media-Präsenz erteilt hat und sich dort personenbezogene Daten befinden. Dies kann durch die Annahme einer **Kontakt- oder Freundschaftsanfrage** (z.B. eines Mitglieds der Personalabteilung des Arbeitgebers) oder durch **Gewährung der Mitgliedschaft** in einer ansonsten geschlossenen Diskussionsgruppe erfolgen.

23 Der potenzielle Arbeitgeber greift in diesen Fällen nach Maßgabe der oben dargestellten Grundsätze auf nicht allgemein zugängliche Daten zu, sodass eine Nutzung der personenbezogenen Daten über § 28 Abs. 1 S. 1 Nr. 3 BDSG in diesen Konstellationen nicht in Betracht kommt.

24 Allerdings wird zum Teil vertreten, dass die Gewährung des Zugriffs auf das Profil, z.B. durch Annahme einer Freundschaftsanfrage, als **konkludente Einwilligung** anzusehen sei[15] und eine **Erhebung und Nutzung der Daten** nach § 4 Abs. 1, § 4a BDSG infrage käme. Dies ist jedoch angesichts der hohen Anforderungen an eine datenschutzrechtliche Einwilligung abwegig.[16] Die Einwilligung nach § 4a BDSG bedarf grundsätzlich der **Schriftform** sowie der **Aufklärung** des von der Datenerhebung Betroffenen im Hinblick auf den **Zweck** der Erhebung und die **Folgen** bei der Verweigerung der Einwilligung. Die bloße Gewährung des Zugriffs auf die Social Media-Präsenz genügt diesen Anforderungen nicht. Eine Rechtsgrundlage für die Erhebung der Bewerberdaten durch den Arbeitgeber wird durch die bloße Ge-

14 *Frings/Wahlers*, BB 2011, 3126, 3127.
15 *Forst*, NZA 2010, 427, 432.
16 *Ernst*, NJOZ 2011, 953, 955.

währung des Zugriffs auf die Social Media-Präsenz somit nicht geschaffen. Für die Praxis ergibt sich daraus die Folge, dass ohne vorherige **schriftliche Einwilligung** des Bewerbers i.S.v. § 4 Abs. 1, § 4a BDSG keine Erhebung von nicht allgemein zugänglichen Daten erfolgen sollte.

3. Erforderliche Interessenabwägung

Über das Kriterium der **allgemeinen Zugänglichkeit** hinaus setzt § 28 Abs. 1 S. 1 25
Nr. 3 BDSG voraus, dass das **schutzwürdige Interesse** des Betroffenen an dem Ausschluss der Verarbeitung oder Nutzung gegenüber dem berechtigten Interesse des (potenziellen) Arbeitgebers nicht **offensichtlich überwiegt.** Dies führt im Ergebnis zu einer **Interessenabwägung** zwischen den Interessen des betroffenen Bewerbers und des stellenausschreibenden Unternehmens.

Hier dürfte nur in Ausnahmefällen ein dem Zugriff auf die Daten entgegenste- 26
hendes „offensichtlich" überwiegendes Interesse anzunehmen sein. Da es sich um allgemein zugängliche Informationen handelt, steht dem Arbeitgeber die in Art. 5 Abs. 1 GG garantierte Informationsfreiheit zur Seite.[17] Im Rahmen der Interessenabwägung i.S.v. § 28 Abs. 1 S. 1 Nr. 3 BDSG ist keine tiefgreifende Einzelfallprüfung vorzunehmen.[18] Vielmehr verbieten die erleichterten Zugriffsvoraussetzungen des § 28 Abs. 1 S. 1 Nr. 3 BDSG einen Zugriff auf die Daten nur im Ausnahmefall.[19] Eine Nutzung soll nur dann ausscheiden, wenn es sich geradezu aufdrängt, dass die Interessen des Betroffenen durch eine Nutzung der Daten verletzt wären.[20] Es wird zuweilen vertreten, dass dies der Fall sei, wenn die erlangten Informationen über den Bewerber erkennbar **zweckentfremdet** worden seien, also z.B. allgemein zugängliche Informationen sichtlich nur für bestimmte Adressaten aus dem Privatbereich bestimmt sind.[21] Dies erscheint jedoch nicht zwingend, weil die betreffenden Informationen bewusst für jedermann zugänglich in das soziale Netzwerk eingestellt wurden und dann wohl auch damit gerechnet werden muss, dass diese zweckentfremdet werden.

Etwas anderes dürfte wohl nur dann gelten, wenn 27
- der Bewerber die betreffenden personenbezogenen Daten erkennbar irrtümlich in den allgemein zugänglichen Bereich des sozialen Netzwerks eingebracht hat, d.h., sie ursprünglich nur an einen eingeschränkten Adressatenkreis gerichtet waren;

---

17 Gola/Schomerus/*Gola/Schomerus*, § 28 Rn 32; Simitis/*Simitis*, § 28 Rn 147.

18 Simitis/*Simitis*, § 28 Rn 163; Gola/Schomerus/*Gola/Schomerus*, § 28 Rn 31; Plath/*Plath*, § 28 Rn 83.

19 Gola/Schomerus/*Gola/Schomerus*, § 28 Rn 31.

20 Simitis/*Simitis*, § 28 Rn 163; Gola/Schomerus/*Gola/Schomerus*, § 32 Rn 31; Taeger/Gabel/*Taeger*, § 28 BDSG Rn 102.

21 Enger: Gola/Schomerus/*Gola/Schomerus*, § 28 Rn 31, der einen Zugriff auf Daten, die zwar allgemein zugänglich aber nur an Private gerichtet sind, als unzulässig ansieht.

- die Daten nur deshalb allgemein zugänglich sind, weil der Betreiber des sozialen Netzwerks für jeden ersichtlich die Privatsphäreneinstellungen nachträglich geändert hat und dadurch einstmals nicht allgemein zugängliche Informationen sichtbar wurden;
- die Daten erkennbar nicht vom Bewerber selbst eingestellt wurden;[22] oder
- wenn es sich um besondere personenbezogene Daten i.S.v. § 3 Abs. 9 BDSG handelt.

28 Informationen über rassische und ethnische Herkunft, politische Meinungen, religiöse oder philosophische Überzeugungen, Gewerkschaftszugehörigkeit, Gesundheit oder Sexualleben i.S.v. § 3 Abs. 9 BDSG dürfen vom Arbeitgeber somit auch bei allgemeiner Zugänglichkeit der Daten nicht verwertet werden.

29 Ansonsten lässt sich vertreten, dass der potenzielle Arbeitgeber gem. § 28 Abs. 1 S. 1 Nr. 3 BDSG auf die allgemein zugänglichen Daten Zugriff nehmen kann, wobei dabei sicherzustellen ist, dass die entnommenen allgemein zugänglichen Daten **nicht für einen anderen Zweck** verarbeitet oder genutzt werden, etwa durch ein verzerrendes Herausnehmen von Aussagen aus dem Kontext.[23]

4. Übertragung auf die einzelnen sozialen Netzwerke (Beispielsfälle)

a) Facebook – Nicht allgemein zugängliche Daten

30 Bei Facebook sind sämtliche **Profilinformationen** eines Nutzers, die nur einem beschränkten Nutzerkreis zugänglich sind, **nicht öffentlich** und somit der Erhebung, Verarbeitung und Nutzung durch den potenziellen Arbeitgeber für Screening-Zwecke grundsätzlich entzogen.

31 Ob personenbezogene Daten eines Facebook-Nutzers nur einem beschränkten Nutzerkreis zugänglich gemacht worden sind, hängt primär von den **Einstellungen zur Privatsphäre** des Nutzers ab. Wählt der Nutzer eines Facebook-Profils z.B. die Privatsphäreneinstellung „öffentlich“, können sämtliche Facebook-Mitglieder von zur Zeit ca. 1 Mrd. Menschen sein Profil und seine Aussagen einsehen. Ermöglicht der Nutzer hingegen nur sog. **Freunden** die Einsicht in sein Profil, so sind die dort befindlichen Informationen **nicht allgemein zugänglich.** Gleiches gilt, wenn die Pinnwand nur **„Freunden von Freunden“** zugänglich ist.

32 Auch wenn der Nutzer den Zugriff auf sein Profil grundsätzlich eingeschränkt hat, kann es vorkommen, dass seine Aussagen zum Teil öffentlich zugänglich sind. Dies ist bei Facebook etwa der Fall, wenn ein Kommentar oder ein Foto auf der öffentlich zugänglichen **Pinnwand** eines Dritten oder in einer Diskussionsgruppe, wie

---

22 Gola/Schomerus/*Gola/Schomerus*, § 32 Rn 35; Taeger/*Hoormann*, 2011, S. 577, 583.

23 Simitis/*Simitis*, § 28 Rn 148.

z.B. einer offenen Facebook-Gruppe, veröffentlicht wird. Auch ein aktivierter **„Gefällt-mir-Button“** unter einer für alle Mitglieder sichtbaren beleidigenden Aussage kann eine öffentlich verfügbare Information darstellen.

Selbst wenn etwa der Mitarbeiter einer Personalabteilung „Freund“ eines 33 „Freundes“ sein sollte und dadurch Kenntnis von Inhalten eines Bewerbers erhält, sind die Daten nicht allgemein zugänglich, da die Daten eben nicht für jedermann, sondern nur einem begrenzten Personenkreis zugänglich sind. Ein Zugriff auf solche personenbezogenen Daten kann nur erfolgen, wenn der Nutzer seine Einwilligung hierzu erklärt hat, deren Wirksamkeit, wie bereits ausgeführt, an formelle und inhaltliche Voraussetzungen gebunden ist.[24]

b) Facebook – Allgemein zugängliche Daten

Aufgrund der dargestellten Grundsätze zur Interessenabwägung **kann der Arbeitgeber** nach § 28 Abs. 1 S. 1 Nr. 3 BDSG **Informationen über einen Bewerber,** die auf **Facebook** allgemein zugänglich sind, **im Regelfall verwenden,** jedenfalls wenn und soweit die Inhalte einen irgendwie gearteten direkten oder indirekten Bezug zur beruflichen oder professionellen Tätigkeit des Nutzers haben. 34

Stets verwertbar ist eine **allgemein zugängliche Information,** wenn sie im 35 Hinblick auf einen **berufsbezogenen Adressatenkreis** veröffentlicht wird. Äußert sich der Facebook-Nutzer z.B. auf der Pinnwand einer allgemein zugänglichen Karriereseite, kann er nicht argumentieren, einer Verwertung der Information durch einen Arbeitgeber stehe ein offensichtliches Interesse entgegen.

Hat die Aussage einen **privaten Adressatenkreis,** z.B. im Fall eines Beitrags 36 auf der öffentlich einsehbaren Pinnwand des Nutzers, kann die Abwägung im seltenen Ausnahmefall „offensichtlich“ zuungunsten einer Verwertung der Daten ausfallen. Ergibt sich aus dem Kontext z.B., dass der Facebook-Nutzer personenbezogene Daten nur **versehentlich** allgemein zugänglich veröffentlicht hat, kann sein Interesse an der Nichtverwertung offensichtlich überwiegen. Eine Verwertung der Daten im Bewerbungsverfahren würde erkennbar zu einer nicht gerechtfertigten Zweckänderung durch den Arbeitgeber führen.

Der private Adressatenkreis kann ansonsten aber vor einer Verwertung der all- 37 gemein verfügbaren Daten nicht schützen. Veröffentlicht ein Facebook-Nutzer auf seinem allgemein zugänglichen Profil Aussagen oder Fotos, die auf eine berufliche Unzuverlässigkeit hindeuten, kann der potenzielle Arbeitgeber diese verwenden. Der **abgelehnte Bewerber** kann dem Arbeitgeber später nicht vorhalten, er habe ein offensichtlich überwiegendes Interesse an der Unterlassung der Informationsnutzung gehabt. Dies gilt nicht, wenn Dritte die Information allgemein zugänglich

24 Siehe dazu oben unter Rn 24 sowie *Fülbier/Splittgerber*, NJW 2012, 1995, 1998.

in Facebook veröffentlicht haben. War die Information ursprünglich nicht allgemein zugänglich und wird sie ausschließlich aufgrund einer nachträglichen Änderung der Privatsphäreneinstellungen durch Facebook sichtbar, kann u.U. ebenfalls argumentiert werden, dass die Interessenabwägung zuungunsten einer Datenerhebung durch den Arbeitgeber ausfällt.

c) XING, LinkedIn – Nicht allgemein zugängliche Daten

38 Auch bei **XING** und **LinkedIn** können Nutzer durch entsprechende Einstellungen den **Zugriff** Dritter auf **persönliche Informationen einschränken.** XING und LinkedIn machen ansonsten grundsätzlich allen Mitgliedern und u.U. sogar den **Nutzern von Suchmaschinen** grundlegende personenbezogene Informationen über den Bewerber zugänglich (Name, Position, Arbeitgeber etc.). Diese Netzwerke bieten im Rahmen der Privacy-Einstellungen aber auch die Möglichkeit, weitergehende persönliche Daten (Geburtsdatum, E-Mail-Adresse etc.), die Kontaktliste oder die im Netzwerk publizierten Aktivitäten nur einem **bestimmten Adressatenkreis** zugänglich zu machen. Diese weitergehenden Informationen sind somit keine öffentlich zugänglichen, sofern der Bewerber die Informationen nur einem bestimmten Adressatenkreis zugänglich macht. Sie dürfen von Arbeitgebern nicht erhoben werden.

d) XING, LinkedIn – Allgemein zugängliche Daten

39 Bei allgemein zugänglichen Informationen, die von einem Nutzer auf **XING** oder **LinkedIn** eingestellt werden, ist eine **Nutzung der Daten** durch einen (potenziellen) Arbeitgeber grundsätzlich **zulässig.** Die Interessenabwägung fällt nicht „offensichtlich" zugunsten des Betroffenen aus. Dies resultiert schon aus dem Umstand, dass allgemein zugängliche Informationen aufgrund der Ausrichtung dieser Netzwerke in der Regel mit dem Ziel eingestellt werden, dass geschäftliche Kontakte oder potenzielle Arbeitgeber Kenntnis von ihnen nehmen.

40 Nur im Ausnahmefall kann eine **private Zwecksetzung** der Aussagen angenommen werden. Denkbar ist z.B., dass sich ein Nutzer durch eine Statusmeldung bei **XING** auf privater Ebene an Kontakte wendet. Allerdings kann auch im Rahmen allgemein zugänglicher Informationen, die mit privater Zielsetzung veröffentlicht werden, wie oben gezeigt, sich nur im Ausnahmefall eine Unzulässigkeit der Verwertung ergeben, z.B. bei evident irrtümlicher Veröffentlichung.

41 Im Fall von **XING** und **LinkedIn** sind die **grundlegenden Bewerberdaten** (Vorname, Nachname, beruflicher Status, Firmenname, Position, Branche, Sitz des Arbeitgebers) **allen Mitgliedern des Netzwerks sichtbar.** Ein Nutzer kann nicht verhindern, dass andere Nutzer des Netzwerks diese Informationen sehen können. Jeder Nutzer akzeptiert bei der Einrichtung eines Profils, dass seine Stammdaten von jedem Mitglied uneingeschränkt eingesehen werden können. Einem Zugriff des Personalers auf diese allen Nutzern sichtbaren Informationen, z.B. wenn sich das

Netzwerkmitglied bewirbt, steht daher nichts entgegen. Auch der Umstand, dass Nutzer u.U. nur bei Zahlung eines Mitgliedschaftsbeitrags in der Lage sind, diese Informationen zu sehen, ändert an der Zulässigkeit des Zugriffs und der weiteren Verwertung nichts.

e) Twitter – Nicht allgemein zugängliche Daten

Twitter bietet Nutzern die Möglichkeit, Twitter-Nachrichten, sog. **Tweets, öffentlich** oder **geschützt** auszugestalten. Öffentliche Tweets können von allen Internetnutzern gelesen werden. Eine Mitgliedschaft bei Twitter ist nicht erforderlich. Geschützte Tweets können hingegen nur von Twitter-Mitgliedern gelesen werden, die bestätigte „Follower" des Nutzers sind. Es können somit nur diejenigen Personen den Tweet lesen, die vom Nutzer zuvor bestätigt wurden. Die geschützten Tweets können auch nicht über Suchmaschinen gelesen werden. 42

Auch kann der Nutzer sein Profil als öffentlich oder privat ausgestalten. Während öffentliche Profile von allen Nutzern eingesehen werden können, ist dies bei privaten Profilen nur den bestätigten Followern möglich. 43

Bewerberinformationen in diesen **geschützten Bereichen** sind **nicht allgemein zugänglich,** sodass eine Verwertung nicht zulässig ist. 44

f) Twitter – Allgemein zugängliche Daten

Tweets, die sämtlichen Twitter-Nutzern zugänglich sind, stellen **allgemein zugängliche Informationen** i.S.v. § 28 Abs. 1 S. 1 Nr. 3 BDSG dar. Sie können grundsätzlich erhoben werden. Eine Interessenabwägung fällt in der Regel nicht zugunsten des Arbeitnehmers aus, da Twitter derart ausgestaltet ist, dass nicht geschützte Nachrichten bewusst allen Nutzern weltweit zugänglich gemacht werden. Nur im seltenen Ausnahmefall kann ein **Zugriff unzulässig** sein, etwa wenn es sich um **besondere personenbezogene Daten** i.S.v. § 3 Abs. 9 BDSG handelt. Gleiches gilt für solche Informationen, wenn sie sich auf öffentlich zugänglichen Profilen befinden. 45

Checkliste !

Nicht verwertbare Bewerberdaten – insbesondere abhängig vom Adressaten, dem Zweck der Datenverwendung sowie des Datenverarbeitungsvorgangs – in sozialen Netzwerken sind

- Informationen, die **nicht allen** Mitgliedern des Netzwerks **zugänglich** sind;
- **besondere Arten personenbezogener Daten** (rassische und ethnische Herkunft, politische Meinungen, religiöse oder philosophische Überzeugungen, Gewerkschaftszugehörigkeit, Gesundheit, Sexualleben);
- **interne** (E-Mail-ähnliche) **Nachrichten** im sozialen Netzwerk, die an andere Adressaten gerichtet sind;
- Informationen, die **ohne Wissen des Bewerbers** von einem anderen Nutzer (z.B. einem Freund) **weitergegeben** werden und
- Informationen, die **offensichtlich irrtümlich** allgemein zugänglich veröffentlicht wurden.

---

5. Folgen rechtswidriger Datenerhebung

46 **Rechtsfolge** einer **rechtwidrigen Erhebung von Bewerberinformationen** kann die **Erfüllung eines Ordnungswidrigkeits- oder Straftatbestands** i.S.v. §§ 43, 44 BDSG sein.[25] Einen Anspruch auf Abschluss eines Arbeitsvertrages kann der abgelehnte Bewerber bei rechtswidriger Erhebung und Nutzung seiner Daten im Regelfall jedoch nicht mit Aussicht auf Erfolg geltend machen, da er beweisen müsste, dass er ohne die rechtswidrige Datenerhebung eingestellt worden wäre.[26] Etwas anderes gilt jedoch, wenn der Arbeitgeber rechtswidrig personenbezogene Daten – nachweisbar – erhoben und genutzt hat, die mit einem **Diskriminierungsmerkmal** i.S.v. § 1 AGG in Verbindung stehen (sexuelle Ausrichtung, ethnische Herkunft, Religion etc.). In diesem Fall kommt es gem. § 22 AGG zu einer **Beweislastumkehr,** sodass der Arbeitgeber die hypothetische Nichteinstellung beweisen muss.[27]

6. Background Screening im Entwurf für das Beschäftigtendatenschutzgesetz

47 Die Frage der **Bewerberrecherche** in **sozialen Netzwerken** ist auch Gegenstand gesetzgeberischer Aktivitäten. Das Bundeskabinett legte am 25.8.2010 einen **Entwurf für das Beschäftigtendatenschutzgesetz (BDSG-E)**[28] vor. Dieser untersagt in § 32 Abs. 6 BDSG-E den Zugriff des Arbeitgebers auf Informationen über Bewerber und Arbeitnehmer in **freizeitbezogenen sozialen Netzwerken** praktisch vollständig. Nach § 32 Abs. 6 BDSG-E soll es Arbeitgebern künftig untersagt sein, auf öffentlich verfügbare Informationen über Arbeitnehmer und Bewerber in sozialen Netzwerken, die der „Kommunikation dienen", wie z.B. Facebook oder Google+, zuzugreifen. Der Erhebung solcher Daten soll stets ein „schutzwürdiges Interesse" des Bewerbers oder Arbeitnehmers entgegenstehen. Demgegenüber soll der Zugriff auf personenbezogene Daten in sozialen Netzwerken, die zur **„Darstellung der beruflichen Qualifikation** ihrer Mitglieder bestimmt sind", wie z.B. XING oder LinkedIn, im Regelfall erlaubt sein. Das Hintergrundpapier zum **Kabinettsentwurf** für das BDSG-E fasst die geplanten neuen Grundsätze wie folgt zusammen:

> *„Eine Einschränkung der Informationsmöglichkeiten des Arbeitgebers sieht der Gesetzentwurf hinsichtlich sozialer Netzwerke im Internet vor. Soweit soziale*

---

25 Vgl. zu den Konsequenzen von Datenschutzverstößen die Ausführungen oben im Kap. 3 Rn 160.

26 *Forst*, NZA 2010, 427, 433; für einen Anspruch auf Einstellung: Däubler/Klebe/Wedde/Weichert/*Däubler*, § 32 Rn 58.

27 *Forst*, NZA 2010, 427, 433; vgl. hierzu auch *Fülbier*, BB 2013, 575, 575.

28 Siehe http://www.bmi.bund.de/cae/servlet/contentblob/1286172/publicationFile/95297/Entwurf_Beschaeftigtendatenschutz.pdf

Netzwerke der Kommunikation dienen (z.B. Facebook, schülerVZ, studiVZ, StayFriends), darf sich der Arbeitgeber daraus nicht über den Bewerber informieren. Nutzen darf der Arbeitgeber jedoch soziale Netzwerke, die zur Darstellung der beruflichen Qualifikation ihrer Mitglieder bestimmt sind (z.B. XING, LinkedIn). Damit soll der Ausforschung privater, nicht zur Veröffentlichung bestimmter Daten entgegengewirkt werden."[29]

Laut § 32c Abs. 1 S. 2 BDSG-E sollen diese Grundsätze nicht nur für Bewerber, sondern **auch für Arbeitnehmer** gelten. Der Arbeitgeber dürfte somit auch das Facebook-Profil eines Mitarbeiters nicht mehr einsehen. Wichtig ist hierbei, dass der Gesetzgeber den Regelungsentwurf auf öffentlich verfügbare Informationen in sozialen Netzwerken beschränkt hat. Der Zugriff auf nicht öffentlich verfügbare Informationen soll ohnehin untersagt sein.[30] Der **Gesetzentwurf** ist in seiner jetzigen Fassung weder angemessen noch praktikabel. 48

Angesichts der von allen sozialen Netzwerken angebotenen **„Privacy"-Optionen** kann jeder Nutzer frei entscheiden, ob er personenbezogene Daten allgemein zugänglich macht oder nur ein eingeschränkter Adressatenkreis die Daten einsehen kann. Das vom Gesetzesentwurf beabsichtigte de facto-Verbot jeglichen Zugriffs auf Facebook- oder studiVZ-Informationen wäre daher eine **übermäßige Regelung.**[31] Der Entwurf verkennt zudem, dass viele Unternehmen freizeitbezogene soziale Netzwerke zum Recruiting gebrauchen und viele Nutzer berufsbezogene Netzwerke privat nutzen. Viele Arbeitgeber bieten z.B. auf Facebook **Stellenbörsen** an und tauschen sich mit Bewerbern aus. Informationen, die Bewerber in diesem Zusammenhang auf diesen Seiten veröffentlichen, dürften nach dem Wortlaut des § 32 Abs. 6 BDSG-E nicht mehr vom Arbeitgeber erhoben werden. Da das BDSG-E auch die Möglichkeit einer **Einwilligung** des Bewerbers ausschließt, müssten die Unternehmen entsprechende Facebook-Seiten schließen. Im Ergebnis stellt die **einzelfallbezogene Abwägung** im Rahmen der datenschutzrechtlichen Eingriffsnormen auch hier den **praxisnäheren und praktikableren Ansatz** als eine Unterscheidung nach angeblich freizeit- oder berufsbezogenen sozialen Netzwerken dar. 49

29 BMI, Hintergrundpapier zum Entwurf eines Gesetzes zur Regelung des Beschäftigtendatenschutzes – Kabinettbeschluss v. 25.8.2010 –, S. 3.

30 *Frings/Wahlers*, BB 2011, 3126, 3127.

31 *Frings/Wahlers*, BB 2010, 3126, 3127.

III. Headhunting

1. Die höchstrichterlichen Grundsätze zur Zulässigkeit des Headhuntings

50 Das **Abwerben von Mitarbeitern (Headhunting)** ist als Teil des freien Wettbewerbs grundsätzlich zulässig.[32] Die Grenze zur Rechtswidrigkeit ist jedoch überschritten, wenn wettbewerbsrechtlich unlautere Begleitumstände hinzukommen, §§ 3, 4 Nr. 10 UWG.[33] Die Abwerbung kann direkt durch den Mitbewerber, aber auch durch Personalberater erfolgen. Schutz gegen die Abwerbung von Mitarbeitern bietet nur der Abschluss nachvertraglicher Wettbewerbsverbote, die jedoch aufgrund der Verpflichtung zur Zahlung einer Karenzentschädigung nur mit absoluten Schlüsselmitarbeitern vereinbart werden sollten. Die Abwerbung von Mitarbeitern unterliegt zahlreichen von der Rechtsprechung aufgestellten **Einschränkungen.** Der Abwerbende muss die Grundsätze des lauteren Wettbewerbs einhalten und darf nicht in den geschützten Gewerbebetrieb des gegenwärtigen Arbeitgebers eingreifen.[34] Die Abwerbung eines Mitarbeiters ist unlauter, wenn dieser durch Aufforderung zur Eigenkündigung zum Vertragsbruch verleitet wird.[35] Gleiches gilt, wenn der gegenwärtige Arbeitgeber im Rahmen des Abwerbeversuchs herabgewürdigt wird.[36] Auch für die in der Praxis üblichen **Abwerbeversuche per Telefon** hat der BGH verbindliche Grundsätze entwickelt. Wenn der Anrufende über eine bloße Kontaktaufnahme hinausgeht und das Gespräch über eine bloße Stellenbeschreibung ausdehnt, liegt ein unlauterer Abwerbeversuch vor.[37] Ein unlauteres Vorgehen stellt auch das Ausloben von Kopfprämien für das Abwerben von Arbeitskollegen[38] oder das unaufgeforderte Aufsuchen von Arbeitnehmern am Arbeitsplatz oder am Wohnort[39] dar.

2. Zulässigkeit der Abwerbung über soziale Netzwerke

51 Setzt ein Arbeitgeber **soziale Netzwerke** zur **Abwerbung von Mitarbeitern** ein, sind diese allgemeinen Grundsätze der Rechtsprechung zur **Zulässigkeit** der Mitar-

---

32 BGH, Urt. v. 11.1.2007 – I ZR 96/04 – NJW 2007, 2999, 3000; Gloy/Loschelder/Erdmann/*Hasselblatt*, § 57 Rn 183.

33 BGH, Urt. v. 11.1.2007 – I ZR 96/04 – NJW 2007, 2999, 3000; Gloy/Loschelder/Erdmann/*Hasselblatt*, § 57 Rn 188; Harte-Bavendamm/Henning-Bodewig/*Omsels*, K. § 4 Nr. 10 Rn 26.

34 Küttner/*Röller*, Stichwort „Abwerbung" Rn 4; *Braun*, NZA 2003, 633, 634.

35 Harte-Bavendamm/Henning-Bodewig/*Omsels*, K. § 4 Nr. 10 Rn 36; *Braun*, NZA 2003, 633, 635.

36 Harte-Bavendamm/Henning-Bodewig/*Omsels*, K. § 4 Nr. 10 Rn 32; *Dendorfer*, BB 2002, 301, 302.

37 LG Heilbronn, Urt. v. 21.5.1999 – 1 KfH O 152/99 – WPR 1999, 1190, 1192; OLG Stuttgart, Urt. v. 17.12.1999 – 2 U 133/99 – BB 2000, 633, 634 (unzulässig, da der Werber dadurch das von dem Unternehmen aufgebaute Kommunikationssystem nutzt und missbraucht und so in die Betriebssphäre eindringt).

38 Küttner/*Röller*, Stichwort „Abwerbung" Rn 4.

39 *Braun*, NZA 2003, 633, 636.

beiterabwerbung zu beachten. Dies bedeutet, dass die Abwerbung von Mitarbeitern durch Wettbewerber grundsätzlich als Bestandteil des **freien Wettbewerbs** zulässig ist, es sei denn, die Mitarbeiterabwerbung ist i.S.v. §§ 3, 4 Nr. 10 UWG wettbewerbswidrig, weil unlautere Begleitumstände hinzukommen, insbesondere unlautere Mittel eingesetzt oder unlautere Zwecke verfolgt werden.[40]

Ein Abwerbeversuch über ein soziales Netzwerk kann nur dann eine **unlautere Handlung** darstellen, wenn es sich um eine geschäftliche Handlung i.S.v. § 2 Abs. 1 Nr. 1 UWG handelt. Abwerbeaktivitäten eines professionellen Headhunters sind geschäftliche Handlungen. Auch der Versuch eines Arbeitnehmers, Mitarbeiter eines Konkurrenten über ein soziales Netzwerk abzuwerben, wurde im Rahmen gerichtlicher Entscheidungen als geschäftliche Handlung i.S.v. § 2 Abs. 1 Nr. 1 UWG angesehen, sodass bei unkoordinierten Abwerbeversuchen durch Arbeitnehmer eine Haftung des Arbeitgebers entstehen kann.[41] 52

Der Abwerbeversuch eines Headhunters über ein soziales Netzwerk kann eine unlautere Handlung darstellen, wenn der gegenwärtige Arbeitgeber des Abzuwerbenden herabgewürdigt wird. Stellt der Headhunter den gegenwärtigen Arbeitgeber als nicht vertrauenswürdiges Unternehmen dar oder behauptet fälschlicherweise, dass der Arbeitgeber sich in wirtschaftlichen Schwierigkeiten befindet, liegt ein **unlauterer Abwerbeversuch** dar. Gleiches gilt, wenn der Headhunter dem Mitarbeiter über ein soziales Netzwerk nahelegt, unter Verstoß gegen seine Kündigungsfristen das Arbeitsverhältnis zu beenden. Auch das Angebot der **Übernahme von Schadensersatzforderungen** des Arbeitgebers im Falle einer vertragswidrigen Kündigung ist eine unlautere Handlung. 53

Zudem kann eine Kontaktierung von potenziellen Kandidaten über eine Social Media-Plattform **unzulässiger Spam** sein.[42] 54

Das wettbewerbswidrige Vorgehen des beauftragten Headhunters kann dem Arbeitgeber gem. § 8 Abs. 2 UWG zugerechnet werden. Ein Mitbewerber, der Opfer von wettbewerbswidrigen Abwerbeversuchen wurde, kann den Auftraggeber gem. § 8 UWG auf Unterlassung und Beseitigung in Anspruch nehmen. Ferner stehen ihm gem. § 9 UWG Schadensersatzansprüche zu. 55

a) Headhunting über Facebook

Facebook wird zunehmend von **Headhuntern** genutzt. Ob ein Zugriff auf Facebook sich für den Headhunter lohnt, ist gegenwärtig vom jeweiligen Tätigkeitsbereich des gesuchten Mitarbeiters abhängig. Viele Arbeitnehmer tendieren weiterhin dazu, Facebook als einen Bereich privater Aktivitäten anzusehen und unterlassen es, die 56

40 BGH, Urt. v. 9.2.2006 – I ZR 73/02 – NJW 2006, 1665, 1666.

41 LG Heidelberg, Urt. v. 23.5.2012 – 1 S 58/11 – MMR 2012, 607, 607; siehe dazu unten Rn 124.

42 Vgl. hierzu die Ausführungen in Kap. 5 Rn 29.

eigene berufliche Ausrichtung darzustellen. Oftmals ist auch zu beobachten, dass die Profilseiten für Dritte nicht zugänglich sind. In anderen Wirtschaftsbereichen, etwa im Mediabereich, nutzen Mitarbeiter ihr Facebook-Profil zur Darstellung ihrer Tätigkeit und ihrer Fähigkeiten. Bei diesen Mitarbeitern kann der Headhunter anhand der Profilinformationen prüfen, ob es sich um einen geeigneten Kandidaten handelt und versuchen, ihn über das Facebook-Nachrichtensystem zu kontaktieren. Kommt es dabei zu unlauteren Handlungen, etwa dem Versuch, den Arbeitnehmer per Facebook-Nachricht zur **vertragswidrigen Kündigung des Arbeitsverhältnisses zu verleiten,** liegt ein **wettbewerbswidriger Abwerbeversuch** vor.

b) Headhunting über XING/LinkedIn

57 Soziale Netzwerke wie **XING** oder **LinkedIn** dienen vor allem geschäftlichen Aktivitäten und der beruflichen Kontaktpflege, sie bieten aber auch **Headhuntern** ideale Arbeitsbedingungen.

aa) Vorgehensweise von Headhuntern

58 Mithilfe der **Suchoptionen** dieser sozialen Netzwerke ist es möglich, **zielgerichtet** geeignete Kandidaten für die bestehenden Vakanzen zu suchen. Dabei bieten die Netzwerke nicht nur die Möglichkeit, über den Lebenslauf der Nutzer Einblick in deren Ausbildung und die berufliche Entwicklung zu nehmen. Die zusätzlichen Informationen der Profilseiten, wie z.B. die Liste der Kontakte des Nutzers oder die sonstigen Aktivitäten im Netzwerk, etwa die Mitgliedschaft in Nutzergruppen oder Beiträge in Diskussionsforen, versetzen Headhunter in die Lage, sich ein genaues Bild von der möglichen Zielperson zu machen. Die **Kontaktaufnahme** kann sodann problemlos über die Nachrichtensysteme der Netzwerke erfolgen bzw. telefonisch, wenn der Nutzer seine Kontaktdaten zugänglich gemacht hat. Sofern ein potenzieller Bewerber nicht ausdrücklich über die „Suchfunktion“ zum Ausdruck gebracht hat, dass er an einer solchen Kontaktaufnahme interessiert ist (was allerdings zu anderen Problemen führen kann[43]), wird diese im Regelfall als **unzulässiger „Spam“** anzusehen sein.

bb) Besondere Werkzeuge für Headhunter

59 Zudem bieten **XING** und **LinkedIn besondere Dienstleistungen für Personalberater.** XING bietet z.B. eine sog. **Recruiter-Mitgliedschaft** an. Diese besondere Mitgliedschaft ermöglicht die Nutzung zusätzlicher Suchfilter, die eine zielgerichtete Suche von Kandidaten nach bestimmten Qualifikationen oder räumlichen Kriterien

43 Vgl. nachstehend unter Rn 60.

ermöglicht. Der **Recruiter** erhält vom sozialen Netzwerk zudem eine detaillierte Ergebnisliste, die ihm ermöglicht, eine Vorauswahl zu tätigen, ohne das Nutzerprofil besuchen zu müssen. Auf diese Weise wird verhindert, dass der in Betracht gezogene Nutzer über die Option „Besucher meines Profils" von den Suchaktivitäten erfährt. Den so gefundenen Personen kann ein individueller Kandidatenstatus zugewiesen werden. Die Personen müssen dabei nicht Kontakte des Recruiters sein. Auf diese Weise können potenzielle Kandidaten im Blick behalten und durch eine Notizoption verwaltet werden.

c) Sonderproblem – Eigendarstellung wechselwilliger Arbeitnehmer

Oftmals ist in der Praxis zu beobachten, dass Arbeitnehmer auf ihren Profilseiten 60 offen darauf hinweisen, dass sie bereit sind, den Arbeitgeber zu wechseln („Ich suche neue Herausforderungen"). Dies führt zu einem Konflikt mit den **Loyalitätspflichten** gegenüber dem gegenwärtigen Arbeitgeber. Arbeitgeber sollten in diesem Fall mit dem Mitarbeiter klären, ob es sich um einen nicht gelöschten Hinweis aus der Zeit vor dem Antritt der gegenwärtigen Position handelt und auf die Löschung hinwirken. Auch wenn der Arbeitnehmer im Rahmen seiner **Berufsfreiheit** das Recht hat, jederzeit nach einer neuen Anstellung zu suchen, kann der Arbeitgeber aufgrund der **arbeitsvertraglichen Treuepflichten** verlangen, dass der Mitarbeiter dies nicht öffentlich im Rahmen seines Profils auf einer Social Media-Präsenz darstellt. Dies gilt insbesondere, wenn im Rahmen der Profildaten erkenntlich ist, welches Unternehmen der gegenwärtige Arbeitgeber ist.

d) Headhunting über Twitter

Twitter kann im Rahmen des **Headhuntings** vor allem für die Verbreitung von Stel- 61 lenangeboten genutzt werden. Headhunter, die (auch) in sozialen Netzwerken operieren, bieten ihren Kunden z.B. an, vakante Stellen über Twitter-Profile mit tausenden von Followern zu verbreiten. Die Kontaktaufnahme mit einem Kandidaten kann im Fall von Twitter auch über eine sog. **Direktnachricht** erfolgen, die jedoch ebenfalls unzulässig sein kann. Diese kann nur vom Empfänger gelesen werden. Direktnachrichten können ausschließlich an Follower geschickt werden. Der Kontakt mit einem Follower kann z.B. durch eine Stellenanzeige initiiert werden. Entschließt sich ein Twitter-Nutzer, dem Headhunter auf Twitter zu folgen, kann der Headhunter per Direktnachricht Kontakt aufnehmen.

Checkliste !

Unlautere Mittel bei der Mitarbeiterabwerbung über soziale Netzwerke:

- **Verleitung zum Vertragsbruch** durch Aufforderung zur Eigenkündigung;
- Versuch der Abwerbung durch **Herabwürdigung des gegenwärtigen Arbeitgebers;**

- nach Kontaktaufnahme über soziales Netzwerk: **Anruf am Arbeitsplatz,** wenn der Anrufende über eine bloße Kontaktaufnahme hinausgeht und das Gespräch über eine bloße Stellenbeschreibung ausdehnt; oder
- **Ausloben von Kopfprämien** für das Abwerben von Arbeitskollegen.

C. Arbeitnehmernutzung

62 Die Nutzung der sozialen Netzwerke durch Arbeitnehmer kann die unterschiedlichsten Gründe haben. So muss eine Nutzung der sozialen Netzwerke nicht zwangsläufig zum rein persönlichen „Amusement" erfolgen. Sie kann vielmehr auch für die berufliche Tätigkeit durchaus sinnvoll, manchmal sogar notwendig sein.

63 Nicht zuletzt aufgrund dieser vielgestaltigen Gemengelagen fällt es Arbeitgebern in der Praxis häufig sehr schwer, ihren Arbeitnehmern im Hinblick auf die Nutzung von Social Media-Präsenzen Regeln vorzugeben. Teilweise hat dies jedoch auch schlicht damit zu tun, dass Arbeitgeber noch unsicher sind, ob und inwieweit sie einer solchen Internetnutzung ihrer Arbeitnehmer überhaupt Grenzen setzen dürfen. Und in der Tat, die sich hier stellenden Fragen sind häufig nicht eindeutig zu beantworten, zum Teil auch deshalb, weil es an entsprechenden vorgreiflichen Entscheidungen der Arbeitsgerichte fehlt: Haben Arbeitnehmer einen Anspruch auf Zugang zu sozialen Netzwerken? Nur in der Freizeit oder auch während der Arbeitszeit? Nur auf dem privaten PC oder auch auf dem dienstlichen PC? Inwieweit dürfen vorgegebene Regelungen auch überwacht und kontrolliert werden, d.h., wo beginnt und endet die Privatsphäre des Arbeitnehmers und wo die „rein dienstliche", in der der Arbeitgeber „das Sagen hat"? Wie das Thema „Social Media" insgesamt, sind auch die meisten dieser Fragestellungen und deren Beantwortung aus rechtlicher Sicht noch im Fluss.

I. Möglicher Anspruch des Arbeitnehmers auf (private) Nutzung von Social Media-Foren

64 Rechtlich unproblematisch sind im Grunde nur zwei sich in diesem Zusammenhang ergebende Konstellationen:

- zum einen die **(rein) private Social Media-Nutzung** des Arbeitnehmers auf seinem eigenen privaten PC, sofern diese keinen Bezug zum Arbeitsverhältnis hat und der Arbeitnehmer durch die Art und Weise der Nutzung auch keinen solchen Bezug herstellt;[44]

44 Vgl. hierzu oben unter Rn 60.

– zum anderen die **(rein) berufliche Social Media-Nutzung** des Arbeitnehmers auf dem dienstlichen PC sowie mit Wissen und Wollen des Arbeitgebers zur Erfüllung arbeitsvertraglicher Verpflichtungen (z.B. im Rahmen des Recruiting).

Beide Nutzungen sind dem Arbeitnehmer selbstverständlich gestattet, wobei sich Vorgaben des Arbeitgebers im Hinblick auf die erstgenannte Konstellation naturgemäß von vornherein verbieten.

Zu Konflikten der arbeitsvertraglichen Parteien kommt es in der Regel erst 65 dann, wenn Arbeitnehmer ohne Kenntnis und Einverständnis ihres Arbeitgebers **Social Media-Präsenzen** im Betrieb des Arbeitgebers **zu privaten Zwecken** besuchen, insbesondere dann, wenn dies **während der Arbeitszeit** und entgegen eines Verbots privater IT-Nutzung erfolgt.[45] Darüber hinaus kann es zu arbeitsrechtsrelevanten Pflichtverletzungen aber auch und selbst dann kommen, wenn Arbeitnehmer im Rahmen ihrer Freizeit von dem privaten PC aus Social Media-Präsenzen nutzen, weil diese Nutzung einen **Bezug zum Arbeitsverhältnis** hat. Typische Fälle solcher Pflichtverletzungen sind etwa die Preisgabe von Betriebsgeheimnissen, Beleidigungen von Kollegen, Vorgesetzten und/oder Kunden sowie unzulässige Abwerbeversuche von Mitarbeitern anderer Unternehmen.

Einen konkreten Bezug zum Arbeitsverhältnis dürften stets auch solche Pflicht- 66 verletzungen haben, die im Rahmen eines **unternehmensinternen Social Media-Netzwerks** erfolgen. Hier handeln Arbeitnehmer auch dann nicht privat, wenn ein entsprechender Content während der Freizeit angefertigt und eingestellt wird.

Checkliste !

Typische Pflichtverletzungen von Arbeitnehmern bei der Nutzung von Social Media:
– **private Nutzung** von sozialen Netzwerken **im Betrieb** des Arbeitgebers ohne dessen Kenntnis und Einverständnis;
– Handeln/Unterlassen bei der Nutzung von sozialen Netzwerken in der Freizeit, sofern die Nutzung Bezug zum Arbeitsverhältnis hat;
– Handeln/Unterlassen bei der Nutzung von unternehmensinternen sozialen Netzwerken.

1. Private Nutzung von Social Media-Foren im betrieblichen Bereich

Die rechtliche Behandlung der **Privatnutzung von Social Media-Präsenzen** im 67 Betrieb des Arbeitgebers ist von **zwei Grundsätzen** maßgeblich geprägt.

Dies ist zum einen der Grundsatz, dass es keinen wie auch immer gearteten 68 **rechtlichen Anspruch** von Arbeitnehmern gibt, Social Media-Präsenzen privat auf

45 *Frings/Wahlers*, BB 2011, 3126, 3129.

dem PC des Arbeitgebers zu nutzen, und zwar weder in den Pausen, noch – erst recht – während der Arbeitszeit.[46] Zum anderen ist nach herrschender, vorzugswürdiger Meinung ohne entsprechende **betriebliche Regelung** zur Privatnutzung nicht etwa davon auszugehen, dass diese – in welchem Rahmen auch immer – gestattet ist, sondern im Gegenteil, dass die **Privatnutzung** sozialer Netzwerke **verboten** ist.[47] Dies gilt nur dann nicht, wenn die in den Räumlichkeiten des Arbeitgeberbetriebs erfolgende Privatnutzung auf eigener Hardware des Arbeitnehmers erfolgt (Bring Your Own Device), z.B. dessen privaten iPad oder Smartphone, und dies außerhalb der Arbeitszeit stattfindet, z.B. in den Pausen. Wie der Arbeitnehmer seine Pausen gestaltet, obliegt letztlich allein ihm. Etwas anderes gilt nur dann, wenn der Arbeitgeber die private Nutzung arbeitnehmereigener Hardware im Betrieb ganz untersagt hat, z.B. zum Zwecke des betrieblichen Geheimnisschutzes, wie dies speziell in größeren Unternehmen und/oder Unternehmen mit einem Forschungsschwerpunkt der Fall ist. Im Einzelnen:

a) Kein Anspruch auf Nutzung von Social Media-Präsenzen innerhalb des Betriebs

69 Arbeitnehmer haben zunächst weder einen **Anspruch** darauf, dass ihnen ein **Internetanschluss zur betrieblichen** und erst recht nicht **privaten Nutzung** seitens des Arbeitgebers zur Verfügung gestellt wird, noch dass sie soziale Netzwerke zu privaten Zwecken in den Räumlichkeiten des Arbeitgebers nutzen dürfen.[48] Letzteres gilt unproblematisch im Hinblick auf die IT-Infrastruktur des Arbeitgebers. Auch die Nutzung von privaten Geräten in den Räumlichkeiten des Arbeitgebers kann – und wird in der Praxis häufig – beschränkt oder gar ausgeschlossen werden.

70 Eine Ausnahme besteht lediglich **im Hinblick auf den Betriebsrat.** Diesbezüglich hat das BAG entschieden, dass der Betriebsrat die Einrichtung eines entsprechenden Internetzugangs gem. § 40 Abs. 2 BetrVG verlangen kann.[49] Nach dieser Vorschrift ist dem Betriebsrat im erforderlichen Umfang Informations- und Kommunikationstechnik zu stellen, sofern dies zur ordnungsgemäßen Wahrnehmung der ihm nach dem BetrVG obliegenden Aufgaben erforderlich ist. Nach Auffassung des BAG kann der Betriebsrat die zahlreichen im BetrVG vorgesehenen Aufgaben grundsätzlich nur sachgerecht wahrnehmen, wenn er über die erforderlichen rechtlichen und tatsächlichen Informationen verfügt.[50] Hierbei soll es nicht erforderlich sein,

---

46 LAG Hamm, Urt. v. 7.4.2006 – 10 TaBV 1/06 – MMR 2006, 700, 702.
47 BAG, Urt. v. 7.7.2005 – 2 AZR 581/04 – NJW 2006, 98, 100.
48 Bezüglich des fehlenden Anspruchs zur privaten Nutzung siehe auch LAG Hamm, Urt. v. 7.4.2006 – 6 10 TaBV 1/06 – MMR 2006, 700, 702; *Frings/Wahlers*, BB 2011, 3126, 3130.
49 BAG, Urt. v. 18.7.2012 – 7 ABR 23/11 – NZA 2013, 49, 51; BAG, Urt. v. 17.2.2010 – 7 ABR 81/09 – NZA-RR 2010, 413, 414.
50 BAG, Urt. v. 17.2.2010 – 7 ABR 81/09 – NZA-RR 2010, 413, 414.

dass der Betriebsrat **konkrete** im Betrieb anstehende Fragen darlegt, zu deren Erledigung er die bestimmten Informationen aus dem Internet benötigt;[51] ausreichend soll vielmehr sein, dass er **generell** in der Lage sein soll, auf das Internet zuzugreifen.

Für den Bereich des Zugriffs des Betriebsrats auf Social Media-Präsenzen kann 71
letztlich nichts anderes gelten. Auch darauf findet nachweislich nicht allein private Kommunikation statt, sondern wichtige Meinungsbildung im Ganzen. Dies kann etwa den Austausch mit Betriebsratsmitgliedern von anderen Unternehmen über Social Media-Präsenzen betreffen.

b) Ohne betriebliche Vorgaben vom Verbot der Privatnutzung ausgehen

Nach wie vor dürfte davon auszugehen sein, dass **ohne** entsprechende ausdrück- 72
liche **Erlaubnis** durch den Arbeitgeber, private IT-Nutzung, und damit auch die **private Nutzung** von **Social Media-Präsenzen,** auf einem vom Arbeitgeber zur Verfügung gestellten PC oder anderer vom Arbeitgeber zur Verfügung gestellter Infrastruktur (z.B. Smartphone oder WLAN-Anschluss) **unzulässig** ist.[52]

Die Gegenauffassung, wie sie insbesondere vom LAG Köln vertreten wird, 73
wonach der Arbeitnehmer ohne arbeitsvertragliche Regelung zur privaten Nutzung betrieblicher Kommunikationseinrichtungen in der Regel *„von der Duldung derartiger Handlungen in angemessenem Umfang ausgehen“*[53] können soll, ist ebenso wenig in der Praxis haltbar, wie rechtlich vertretbar. Der Begriff des „angemessenen Umfangs“ öffnet Tür und Tor für **Missbrauch.** Darüber hinaus beruht diese Auffassung auf einer Fiktion, da inzidenter unterstellt wird, dass zum einen der Arbeitgeber mit der Privatnutzung einverstanden ist, nur weil er es versäumt hat, entsprechende Vorgaben zu schaffen, sowie zum anderen der Arbeitnehmer mangels solcher Vorgaben von eben einem solchen Willen des Arbeitgebers ausgehen durfte. Dies ist jedoch gerade nicht der Fall. Auch wenn zuzugestehen ist, dass ein derartiges Verbot der Privatnutzung zumindest in bestimmten Berufsbildern praxisfremd erscheint[54] und im Zeitalter von E-Mail und Social Media die Trennlinie zwischen privater und betrieblicher Kommunikation

---

51 BAG, Urt. v. 17.2.2010 – 7 ABR 81/09 – NZA-RR 2010, 413, 414.

52 Vgl. nur *Ernst*, NZA 2002, 585; *Fülbier/Splittgerber*, NJW 2012, 1995, 1996 m.w.N.

53 LAG Köln, Urt. v. 11.2.2005 – 4 Sa 1018/04 – NZA 2006, 106; ähnlich: LAG Rheinland-Pfalz, Urt. v. 12.7.2004 – 7 Sa 1243/03 – NZA-RR 2005, 303, 305 (Internetnutzung während der Arbeitszeit sei inzwischen sozial adäquat).

54 Insbesondere dort, wo dienstliche Kommunikation jedenfalls überwiegend per E-Mail erfolgt und/oder das Internet beruflich genutzt werden muss. In diese Richtung geht *Holzner*, ZRP 2011, 12, 13 der vertritt, dass ein absolutes Verbot der Privatnutzung *„heute kaum mehr zu begründen“* sei. Ähnlich wohl auch *Lindemann/Simon*, BB 2001, 1950.

verwischt,[55] weil etwa E-Mail-Kommunikation unter Arbeitnehmern **auch private Inhalte** haben und umgekehrt private Social Media-Kontakte zu betrieblichen Kundenbeziehungen führen kann,[56] ist es nach wie vor allein die Entscheidung des Arbeitgebers, ob und in welchem Umfang er bereit ist, die private Nutzung von sozialen Netzwerken im betrieblichen Bereich zu gestatten. Auch die gerade von Seiten der Gewerkschaften immer häufiger geäußerte Auffassung, dass wegen der sozialen Relevanz des Internetgebrauchs und speziell der Social Media-Präsenzen von einer sog. **konkludenten Einwilligung** der Arbeitgeber auszugehen ist,[57] überzeugt daher nicht.

2. Nutzung von Social Media-Präsenzen außerhalb des Betriebs

74 **Außerhalb** der Räumlichkeiten **des Betriebs** des Arbeitgebers sind Arbeitnehmer naturgemäß vergleichsweise **frei, Social Media-Präsenzen zu nutzen.** Freilich muss auch hier zunächst unterschieden werden, ob die betreffende Nutzung über einen PC oder sonstige IT-Infrastruktur erfolgt, die der Arbeitgeber dem Arbeitnehmer zur Verfügung gestellt hat, oder eben über private Hardware.

a) Privatnutzung über dienstliche Hardware

75 Erfolgt die **Nutzung** über **dienstliche Hardware,** hat der Arbeitnehmer hierbei etwaige betriebliche Vorgaben des Arbeitgebers zu beachten. Hat dieser die Privatnutzung der zur Verfügung gestellten Infrastruktur insgesamt verboten, macht es keinen grundsätzlichen Unterschied, ob der Arbeitnehmer gegen diese Vorgabe dadurch verstößt, dass er den überlassenen PC, das überlassene Smartphone oder Tablett entgegen dieser Vorgabe privat in den Räumlichkeiten des Arbeitgebers oder zu Hause, beispielsweise über eine VPN-Verbindung oder einen eigenen WLAN-Anschluss, verwendet. Im letztgenannten Falle verstößt er zwar nicht gegen seine Hauptleistungspflicht aus dem Arbeitsverhältnis, namentlich der Verpflichtung zur Erbringung der Dienstleistung nach § 626 Abs. 1 BGB.[58] Eine **Pflichtverletzung** stellt diese Form der **Privatnutzung** entgegen eines entsprechenden Verbots aber gleichwohl dar. Hintergrund ist, dass Verbote zur privaten Nutzung von

---

55 Vgl. nur *Lützeler/Bissels*, ArbRAktuell 2011, 499 ff. sowie allgemein zum Social Media-Recht die detaillierten Ausführungen von *Frings/Wahlers*, BB 2011, 3126 ff.

56 Statistisch sind 10% aller Kontakte eines Facebook-Mitglieds dessen Kollegen, vgl. „An average day on Facebook", http://jess3.com/media/projects/185/JESS3_AverageDayonFacebook.jpg.

57 Dafür etwa: Hoeren/Sieber/*Elschner*, Teil 22.1 Rn 42; dagegen: *Bissels/Lützeler*, BB 2010, 2433; *Frings/Wahlers* BB 2011, 3126, 3130.

58 Anders wäre dies nur, wenn dem Arbeitnehmer die Befugnis eingeräumt worden wäre, von zu Hause aus (im sog. Home Office) tätig zu sein und hierbei konkrete Arbeitszeiten vereinbart worden wären. Die Praxis zeigt jedoch, dass dies grundsätzlich nicht der Fall sein wird.

dienstlichen Computern oder sonstiger dienstlicher Infrastruktur regelmäßig auch dem Zweck dienen, Störungen der betrieblichen IT, z.B. durch Infizierung eines betrieblichen PCs mit Viren wegen privaten Surfens auf entsprechenden Websites,[59] zu verhindern.

b) Privatnutzung über private Hardware

Im **rein privaten Bereich** des Arbeitnehmers ist das Mitspracherecht des Arbeitge- 76
bers naturgemäß begrenzt. Die **Nutzung von Social Media-Präsenzen** im rein privaten Bereich des Arbeitnehmers, d.h. in dessen Freizeit und auf dessen privater Hardware, hat regelmäßig keine Auswirkungen auf das Arbeitsverhältnis. Der Arbeitgeber darf daher grundsätzlich die Nutzung von Social Media durch Arbeitnehmer im rein privaten Bereich nicht beeinflussen.

Wie in jedem anderen Fall außerdienstlichen Verhaltens kann aber auch die 77
Nutzung von sozialen Netzwerken eine arbeitsrechtliche Relevanz erlangen, wenn die Nutzung die **geschützten Interessen des Arbeitgebers** berühren.[60] Dies ist etwa bei der **Verletzung von Betriebs- und Geschäftsgeheimnissen, Beleidigungen** von Kollegen, Vorgesetzten und/oder Kunden oder sonstiger (drohender) **Rufschädigung** der Fall.

Aus den USA wurde hierzu unlängst der Fall einer 23-jährigen Lehrerin an 78
einer High-School im US-Bundesstaat Colorado bekannt, die bei Twitter u.a. mehrere freizügige Fotos von sich veröffentlichte. Auf einem Foto steht sie mit nur wenig Stoff am Leib vor einem Spiegel und bewundert ihr Tattoo knapp über der Bikinizone. Eine andere Aufnahme zeigt sie nur im Höschen beim Handstand auf dem Bett.[61]

Hier spielt es grundsätzlich für die Rechtswidrigkeit des Handelns keine Rolle, 79
ob das Handeln des Arbeitnehmers privat erfolgt, da die diesbezüglich den Arbeitnehmer betreffenden Verpflichtungen, wie die Pflicht zur gegenseitigen Rücksichtnahme nach § 241 Abs. 2 BGB, im gleichen Maße gelten. Ob beispielsweise ein Betriebsgeheimnis des Arbeitgebers während oder außerhalb der Arbeitszeit auf XING oder Facebook veröffentlicht wird, ändert weder etwas an der Strafbarkeit nach § 17 UWG noch an der grundsätzlichen arbeitsrechtlichen Verantwortlichkeit. Hier werden berufliche und private Belange so vermengt, dass sie eine arbeitsrechtliche Relevanz haben.

---

59 Hinsichtlich des Versendens privater E-Mails: Ascheidt/Preis/Schmidt/*Dörner/Vossen*, § 626 BGB Rn 285k; BAG, Urt. v. 7.7.2005 – 2 AZR 581/04 – NZA 2006, 98, 99.

60 *Frings/Wahlers*, BB 2011, 3126, 3132; *Bissels/Lützeler/Wisskirchen*, BB 2010, 2433, 2434.

61 Vgl. http://www.sueddeutsche.de/bildung/schule-und-soziale-netzwerke-wann-facebook-fuer-lehrer-zum-problem-wird-1.1599649.

Beispiele

Beispiel 1:
Ein Arbeitnehmer twittert abends zu Hause über seinen privaten PC, dass die Geschäftsführung seines Arbeitgebers gerade mit einem potenziellen Investor aus dem Ausland über einen Verkauf des Unternehmens verhandelt.

Beispiel 2:
Der Mitarbeiter eines Unternehmens postet am Wochenende im offenen Facebook-Bereich und unter Angabe seines Arbeitgebers, dass sein Chef fachlich wie menschlich komplett unfähig ist und den Laden an die Wand fährt.

Beispiel 3:
Der Arbeitnehmer X chattet privat in einem sozialen Netzwerk mit Freunden und Arbeitskollegen und teilt mit, dass der Kunde Y bereits seit Monaten die Rechnungen seines Arbeitgebers nicht mehr zahle und offenkundig zahlungsunfähig sei.

Checkliste
Nutzung Arbeitnehmer

	Privat		Betrieblich	
✓ = AG hat Recht, zu beeinflussen	Während der Arbeitszeit	Außerhalb der Arbeitszeit	Während der Arbeitszeit	Außerhalb der Arbeitszeit
Infrastruktur AG	✓	✓	✓	✓
Infrastruktur AN	✓	Begrenzt	✓	Teilweise
	In den Pausen uneingeschränkt möglich auf privater Hardware. Bei dienstlicher Hardware ist grundsätzlich von einem Verbot auszugehen.	Dienstliche Hardware: Vorgaben des Arbeitgebers zu beachten. Private Hardware: mögliche arbeitsrechtliche Relevanz außerdienstlichen Verhaltens, § 241 Abs. 2 BGB.		

II. Möglichkeiten der Regulierung durch den Arbeitgeber

1. Regulierung der Privatnutzung kraft arbeitgeberseitiger Weisung

80 Es ist weitgehend anerkannt, dass Unternehmen ihren Mitarbeitern auch aufgrund **einseitiger Weisung** vorschreiben können, ob und wie sie ihren dienstlichen PC zu nutzen haben.[62] Eine solche Weisung kann auch **mündlich** erteilt werden, wobei

62 Vgl. § 106 GewO; siehe dazu nur *Fülbier/Splittgerber*, NJW 2012, 1995, 1996; *Kratz/Gubbels*, NZA 2009, 652, 652.

sich zum Zwecke der besseren Nachweisbarkeit einer solchen Weisung in einem möglichen Streitfall stets empfiehlt, diese schriftlich oder wenigstens in Textform (z.B. per E-Mail) auszusprechen. Hiervon umfasst ist das Recht des Arbeitgebers kraft einseitiger Weisung, seinen Arbeitnehmern die Privatnutzung im Betrieb des Arbeitgebers zu gestatten, zugleich aber auch Inhalt und Grenzen der Privatnutzung vorzugeben. Darüber hinaus verbleibt auch die Möglichkeit jeglicher weiterer Formen der Regulierung. So bleibt es Arbeitgeber und Arbeitnehmer unbenommen, diese Fragen einvernehmlich zu regeln, insbesondere im Rahmen des Arbeitsvertrages, einer **Ergänzungsvereinbarung zum Arbeitsvertrag** oder einer Betriebsvereinbarung, die mit dem Betriebsrat des Unternehmens ausgehandelt wird.[63]

Die konkrete Handlungsform, die der Arbeitgeber wählt, entscheidet auch über 81
die Frage, ob und inwieweit das einmal gewährte Privileg der erlaubten Privatnutzung einseitig vom Arbeitgeber wieder entzogen werden kann. Eine im Rahmen des **allgemeinen Direktionsrechts** nach § 106 GewO erteilte Weisung kann jederzeit auch einseitig wieder **zurückgenommen** werden. Vertragliche Abreden, die z.B. auch mündlich oder gar stillschweigend – etwa im Rahmen einer Gesamtzusage – getroffen werden können, können hingegen auch nur durch einvernehmlich vertragliche Abreden wieder aufgehoben werden. Da die Trennungslinie zwischen diesen Handlungsformen in der Praxis sehr dünn ist, ist Arbeitgebern dringend zu empfehlen, auch explizit auf die Handlungsform hinzuweisen. Anderenfalls besteht das Risiko, dass ein gewährtes Privileg auf private Nutzung des dienstlichen PCs zum Zwecke der Nutzung sozialer Netzwerke plötzlich nicht mehr ohne Zustimmung des Arbeitsnehmers wieder rückgängig gemacht werden kann. In der Praxis wird dies immer wieder verkannt.

Praxistipp !
Arbeitgeber sollten vor diesem Hintergrund dringend darauf achten, eine entsprechend einseitige Weisung des Arbeitgebers auch explizit als **„Weisung“** bzw. „Weisung i.S.v. § 106 GewO“ schriftlich auszuweisen, um einem entsprechenden **Einwand von Arbeitnehmern,** dass in Wahrheit ein Vertrag über den das **Privileg zur privaten Nutzung** eines dienstlichen PCs geschlossen wurde, entgegenzuwirken. Nur eine Weisung kann auch einseitig wieder zurückgenommen werden. Für eine Vertragsänderung ist die Zustimmung des Arbeitnehmers erforderlich.

2. Weisungsrecht des Arbeitgebers zur Unterlassung der Nutzung sozialer Netzwerke?

Angesichts der Risiken für den Arbeitgeber stellt sich die Frage, ob der Arbeitgeber 82
seinen Mitarbeitern die **Nutzung sozialer Netzwerke** insgesamt durch Weisung

63 Zur Frage der Mitbestimmung des Betriebsrats in diesem Bereich vgl. unten unter Rn 100.

untersagen kann.[64] Beispielsweise dienen vor allem soziale Netzwerke wie XING oder LinkedIn der Darstellung beruflicher Fähigkeiten und sind daher für Headhunter von hohem Nutzwert. Durch ein Verbot der Nutzung sozialer Netzwerke könnte die Gefahr von Abwerbeversuchen reduziert werden. Die **vollständige Nutzungsuntersagung** ist vom Weisungsrecht des Arbeitgebers jedoch nicht gedeckt.[65] Das **Grundrecht der Berufsfreiheit** garantiert das Recht eines Mitarbeiters, seine Kenntnisse und Fähigkeiten öffentlich darzustellen.[66] Zudem werden soziale Netzwerke meist auch privat genutzt und dienen dem außerberuflichen Austausch mit Freunden und Bekannten. Die Nutzung der sozialen Netzwerke ist somit auch ein Ausdruck der **allgemeinen Handlungsfreiheit** und des **Persönlichkeitsrechts** des Arbeitnehmers. Eine Einschränkung dieser grundgesetzlich garantierten Rechte des Arbeitnehmers zugunsten des Arbeitgebers aufgrund der latenten Gefahr einer **Abwerbung** durch andere Unternehmen ist nicht gerechtfertigt.[67] Arbeitgeber können allenfalls indirekt der Abwerbungsgefahr entgegenwirken, indem sie die Privatnutzung der betrieblichen IT-Angebote und die Nutzung von Social Media-Angeboten während der Arbeitszeit oder auf betrieblicher Infrastruktur untersagen.

3. Weisungsrecht zur Einrichtung eines (privaten) Social Media-Profils?

83 Während ein Teil der Unternehmen die Nutzung sozialer Netzwerke gerne untersagen würde, zielt ein anderer Teil darauf ab, dass möglichst alle Arbeitnehmer ein (privates) Profil auf einer Social Media-Präsenz anlegen. Dies kann z.B. dem Zweck dienen, nach außen eine moderne Belegschaft darzustellen oder die Bekanntheit des Unternehmens zu fördern. Arbeitgeber, die Wert auf eine Mitgliedschaft der Arbeitnehmer in sozialen Netzwerken legen, sollten dies **arbeitsvertraglich** vereinbaren. Ohne entsprechende Vereinbarungen kann der Arbeitgeber nur im Ausnahmefall die Einrichtung eines Profils anweisen, wie z.B. im Fall von Tätigkeiten, die einen Bezug zu sozialen Netzwerken aufweisen, oder im Hinblick auf die Mitgliedschaft in einer unternehmensinternen Plattform. Ansonsten kann der Arbeitgeber den Mitarbeiter nicht gegen seinen Willen zwingen, ein entsprechendes **privates Profil einzurichten.** Dies resultiert aus dem Umstand, dass die Einrichtung eines Profils zwingend erfordert, dass der Mitarbeiter personenbezogene Daten veröffentlicht.[68] Das **Weisungsrecht** des Arbeitgebers umfasst eine solche **öffentliche Preisgabe von personenbezogenen Daten** im Regelfall **nicht,** sodass Arbeitnehmer, die einer Social

---

64 *Oberwetter*, NJW 2011, 417, 418.
65 *Frings/Wahlers*, BB 2011, 3126, 3129.
66 *Frings/Wahlers*, BB 2011, 3126, 3129.
67 *Frings/Wahlers*, BB 2011, 3126, 3129; Ausnahme: tatsächliche Konkurrenztätigkeit bei „XING" oder ähnlichen berufsbezogenen Netzwerken LG Kassel, Urt. v. 24.8.2011 – 9 O 983/11 –.
68 *Byers/Mößner*, BB 2012, 1665, 1669.

Media-Nutzung abgeneigt sind, nicht dazu gezwungen werden können.[69] Ist die Nutzung sozialer Netzwerke weder vertraglich vereinbart noch vom Direktionsrecht umfasst, kann der Arbeitgeber versuchen, über eine **Änderungskündigung** die Nutzung zu erzwingen. Die für eine Änderungskündigung notwendigen dringenden betrieblichen Erfordernisse können z.B. gegeben sein, wenn der Arbeitgeber die unternehmerische Entscheidung getroffen hat, den Vertrieb von Produkten künftig auch über soziale Netzwerke zu betreiben. Ein **einseitiges Weisungsrecht** zur **Nutzung eines privaten Profils** bei einer **Social Media-Präsenz** für **Zwecke des Arbeitgebers** ist im Regelfall abzulehnen. Hier bedarf es einer vertraglichen Vereinbarung, z.B. wenn der Arbeitnehmer über ein privates Profil die Social Media-Aktivitäten des Arbeitgebers koordinieren soll. Nur wenn der arbeitsvertragliche Aufgabenbereich des Mitarbeiters die Nutzung eines privaten Profils zwingend erfordert, könnte überhaupt argumentiert werden, dass dem Arbeitgeber ein entsprechendes Weisungsrecht zukommt.

4. Weisungsrechte zur Art der Nutzung von Netzwerken?

Während die einseitige Weisung zur Errichtung eines privaten Social Media-Profils 84 in der Regel unzulässig sein wird, sind **Vorgaben** des Arbeitgebers **zur Nutzung sozialer Netzwerke** durchaus denkbar.

Dies ist zum einen der Fall, wenn ein Mitarbeiter seine arbeitsvertraglichen 85 Leistungen über soziale Netzwerke erbringt, da die Weisungen in diesem Fall den Inhalt der Arbeitsleistung betreffen. Erfolgt etwa der Vertrieb von Produkten (auch) über XING oder LinkedIn, so kann der Arbeitgeber dem Mitarbeiter Weisungen zur Durchführung dieser Tätigkeiten erteilen und z.B. vorgeben, dass nur bestimmte Produkte über soziale Netzwerke vertrieben werden.[70] Auch kann er in diesem Fall **konkrete Vorgaben** im Hinblick auf die **Art und Weise der Nutzung** seines privaten Profils machen, jedenfalls soweit die Nutzung seine **Vertriebstätigkeit** für den Arbeitgeber betrifft.

Zum anderen sind **einseitige Weisungen** hier aber auch denkbar, sofern der 86 Arbeitnehmer für die **Pflege der Social Media-Präsenz des Arbeitgebers** verantwortlich ist, insbesondere (mit oder ohne Rücksprache mit dem Arbeitgeber) von dem betreffenden sozialen Netzwerk sich die **Administratorenrechte** zur Pflege des Unternehmensprofils hat einräumen lassen, oder betriebsintern die Aufgabe hat, den Unternehmens-Blog mit Beiträgen zu füllen **(unternehmensinterner Social Media-Beauftragter).** Hier wirken Arbeitnehmer aktiv an der **Außendarstellung des Unternehmens** mit, sodass deren Tätigkeit nicht nur eine unmittelbare wirtschaftliche, sondern auch eine (haftungs-)rechtliche Bedeutung haben kann. Es

---

69 *Göpfert/Wilke*, NZA 2010, 1329, 1332.
70 *Lützeler/Bissels*, ArbRAktuell 2011, 499, 500.

liegt in der Natur der Sache, dass es allein dem Arbeitgeber obliegt, zu bestimmen, auf welche Art und Weise er in den „offiziellen" Unternehmensprofilen auf den Social Media-Präsenzen vertreten werden möchte. Selbst wenn Arbeitnehmer ohne Wissen des Arbeitgebers von dem Betreiber einer Social Media-Präsenz Administratorenrechte im Hinblick auf die Pflege erlangt haben, können sie diese Rechte nicht ohne Berücksichtigung der Interessen des Arbeitgebers ausüben. So ist zumindest nicht ausgeschlossen, dass auch das Unternehmen des Arbeitgebers gegenüber Dritten für Pflichtverletzungen haftet, die von einem seiner Arbeitnehmer, etwa dem Social Media-Beauftragten des Unternehmens, begangen werden. Gegenüber dem Rechtsverkehr erscheint das Handeln des Arbeitnehmers als Handeln des Unternehmens.

87 Hier ist es Arbeitgebern in besonderer Weise zu empfehlen, Mitarbeiter nicht nur ausreichend zu **schulen** und im Hinblick auf mögliche rechtliche Fallstricke zu **sensibilisieren,** sondern sie auch ausführlich über ihre eigenen Rechte und Pflichten sowie die diesbezüglichen **Rechte und Pflichten** des Unternehmens, etwa als Diensteanbieter im Sinne des Telemediengesetzes, aufzuklären. Anschließend sollte deren Tätigkeit **auch überwacht** werden.

Praxistipp

Es ist darauf zu achten, dass mit dem Mitarbeiter ausreichende Vereinbarungen getroffen werden, die sicherstellen, dass sämtliche ausschließlichen Nutzungsrechte an den von dem Mitarbeiter erstellten Inhalten auf den Arbeitgeber übergehen. Da solche Rechte ohne entsprechende Vereinbarung gemäß des urheberrechtlichen **Zweckübertragungsgrundsatzes** nach § 31 Abs. 5 UrhG grundsätzlich im Zweifel beim Urheber – mithin dem Mitarbeiter – verbleiben (vgl. jedoch §§ 43, 69b UrhG), sind gesonderte und detaillierte Regelungen zur umfassenden Rechteübertragung auf den Arbeitgeber angezeigt.

---

5. Weisungsrecht zur Übertragung von Administratorenrechten bezüglich eines Unternehmensprofils

88 Aus dem Vorgenannten folgt noch ein weiteres: **Unternehmensprofile** sind niemals nur einem einzelnen Mitarbeiter und Social Media-User zuzuordnen, selbst wenn dieser über die Administratorenrechte zur Anpassung und Änderung des Unternehmensprofils verfügt und die Änderungen über seinen eigenen privaten Nutzeraccount erfolgen müssen, sondern allein **dem Unternehmen selbst.** Daher kann das Unternehmen von seinem Mitarbeiter auch jederzeit die Aufgabe und Übertragung dieser Administratorenrechte auf eine andere Person verlangen. Es liegt im **Ermessen des Unternehmens,** ob es **die Pflege** des Unternehmensprofils „professionalisieren" oder einfach nur in die Hände einer anderen Person, z.B. einem anderen Mitarbeiter oder einer externen Agentur, geben möchte. Sofern hierzu die Herausgabe eigener Passwörter erforderlich ist, sind auch diese entsprechend dem Arbeitgeber preiszugeben.

Schwieriger ist die Frage, ob dies auch für die **Herausgabe des Hauptpasswort**s gilt, der zum Zugang des (gesamten) privaten Nutzerprofils berechtigt. Dies ist im Ergebnis abzulehnen, da das **Weisungsrecht** des Arbeitgebers allein auf den **betrieblichen Bereich beschränkt** ist und dort endet, wo Interessen des Arbeitgebers erkennbar nicht tangiert sind. Dies ist im Hinblick auf das private Nutzerprofil grundsätzlich der Fall. Das Anspruchsbegehren des Arbeitgebers hat sich daher allein auf die **Herausgabe der Administratorenrechte** zu richten. Dies muss im Regelfall im Zusammenspiel mit dem jeweiligen sozialen Netzwerk erfolgen, so wie etwa bei der Herausgabe einer Domain die Mitwirkung der DENIC erforderlich ist. 89

6. Korrekturanspruch bei falschen Arbeitnehmerangaben in sozialen Netzwerken

Nicht selten ändern Arbeitnehmer, die bereits aus dem Unternehmen ausgeschieden 90
sind, die Angaben zum gegenwärtigen Arbeitgeber nicht und erscheinen trotz ihres Ausscheidens immer noch als Mitarbeiter des früheren Arbeitgebers. Hinsichtlich solcher falscher Aussagen nach Beendigung des Arbeitsverhältnisses steht dem Arbeitgeber ein **Korrekturanspruch** zu. Dieser kann unter Verweis auf die aus §§ 611, 242 BGB resultierenden **nachvertraglichen Treuepflichten** sowie wegen möglicher **Verletzung des Rechts am eingerichteten und ausgeübten Gewerbebetrieb** über § 823 Abs. 1 BGB vor den Arbeitsgerichten durchgesetzt werden.

Im **laufenden Arbeitsverhältnis** kommt dem Arbeitgeber ein **Korrekturanspruch** aufgrund der vertraglichen Treuepflicht nach §§ 611, 242 BGB zu, wenn der Arbeitnehmer falsche Angaben in sozialen Netzwerken macht, z.B. wenn er eine falsche Jobbezeichnung verwendet. Hier kann der Arbeitgeber den Arbeitnehmer aber auch bereits über sein **Weisungsrecht** anweisen, diese zu korrigieren. 91

7. Empfehlung: Social Media-Policy

Entschließt sich ein Arbeitgeber dazu, die **private Nutzung** von dessen Social Media-Präsenzen zu erlauben, ist diesem zu empfehlen, eine entsprechende **Social Media-Richtlinie** einzuführen, die Inhalt und Umfang der privaten Nutzung von Social Media-Präsenzen detailliert regelt[71] (bei einem Verbot der privaten Nutzung reicht im Grunde ein einfaches „Nein“). Richtlinien dieser Art sollen Arbeitnehmer und Arbeitgeber vor rechtlichen Risiken und arbeitsrechtlichen Konsequenzen bewahren.[72] Sie dienen aber auch der Rechtsvereinheitlichung und schaffen eindeutige Vorgaben für die Belegschaft. Zuletzt stellt ein solches Regelungswerk sicher, 92

71 *Byers/Mößner*, BB 2012, 1665, 1666.

72 *Lelly*, CCZ 2010, 149150; *Melot de Beauregard/Gleich*, DB 2012, 2044, 2047. Diesbezüglich vgl. insbesondere unten unter Rn 252.

den allgemeinen **arbeitsrechtlichen Gleichbehandlungsgrundsatz** zu wahren und eine einheitliche Netzwerkumgebung zu implementieren.

93 Im Ergebnis versteht man unter einer solchen Social Media-Richtlinie nichts anderes als die **schriftliche Fixierung von Handlungsvorgaben** im Hinblick auf den **verantwortungsvollen Umgang mit Social Media.**[73] Ob die Social Media-Richtlinie letztlich als Weisung, Individualvereinbarung oder Betriebsvereinbarung implementiert wird, hängt allein vom Willen des Arbeitgebers sowie der Frage ab, ob der betreffende Betrieb des Arbeitgebers mitbestimmt ist.

8. Sonderproblem: Anspruch des Arbeitnehmers auf Nutzung aufgrund betrieblicher Übung

94 Es stellt ein typisches Problem der Praxis dar, dass Arbeitgeber mit ihren Mitarbeitern keine Abreden im Hinblick auf die **private Nutzung** von **Social Media-Präsenzen** getroffen haben, obwohl die Mitarbeiter die sozialen Netzwerke auch vom eigenen Arbeitsplatz aus nutzen. Nicht selten erfolgt diese Nutzung mit Wissen des Arbeitgebers. Hier stellt sich die Frage, ob aufgrund **betrieblicher Übung** ein **Anspruch auf Privatnutzung** begründet, und wenn ja, ob dieser Anspruch durch einseitige Weisung auch wieder beseitigt werden kann.

95 Nach der mittlerweile herrschenden Meinung **kann** eine **betriebliche Übung** in diesem Bereich durch bloß passives Verhalten des Arbeitgebers nicht entstehen.[74] Dies ist auch überzeugend: Unter einer betrieblichen Übung wird die regelmäßige Wiederholung bestimmter Verhaltensweisen des Arbeitgebers verstanden, aus denen der Arbeitnehmer schließen kann, dass ihm eine Leistung oder Vergünstigung auf Dauer gewährt sein soll. Aus dem Verhalten des Arbeitgebers wird konkludent auf eine Willenserklärung im Hinblick auf die Eingehung einer Rechtsbindung für die Zukunft geschlossen, die vom Arbeitnehmer gem. §151 BGB angenommen werden kann.[75] Auf einen **Verpflichtungswillen** des Arbeitgebers soll es dabei nicht ankommen.[76]

96 Auch nach Auffassung der Befürworter für die Entstehung einer betrieblichen Übung in diesem Bereich wäre daher zunächst erforderlich, dass der Arbeitgeber

73 *Melot de Beauregard/Gleich*, DB 2012, 2044, 2046.

74 Vgl. etwa Leupold/Glossner/*Hegewald*, Teil 7 Rn 54; *Koch*, NZA 2008, 911, 911, 912; *Schmidt*, BB 2009, 1295, 1297. A.A. etwa *Fleischmann*, NZA 2008, 1397, 1397; *Kratz/Gubbels*, NZA 2009, 652, 652, 653; *Lindemann/Simon*, BB 2001, 1950, 1953 („kraft Betriebsüblichkeit"). Zum Teil wird diese zumindest *„bei einer gewissen Dauer von wenigstens einem halben Jahr"* für möglich gehalten, ohne dass aber die dogmatische Herleitung erkennbar wäre, vgl. *Dickmann*, NZA 2003, 1009, 1010; *Barton*, NZA 2006, 460, 461; *Däubler*, Rn 177, 185.

75 BAG, Urt. v. 30.7.2008 – 10 AZR 606/07 – NZA 2008, 1173, 1175; Leupold/Glossner/*Hegewald*, Teil 7 Rn 53; *Waltermann*, NZA 2007, 529, 529; *Fülbier/Splittgerber*, NJW 2012, 1995, 1998.

76 *Hanau/Hoeren/Andres*, S. 22; *Fülbier/Splittgerber*, NJW 2012, 1995, 1998.

überhaupt und nachweislich – **positive** – **Kenntnis** von der **privaten IT-Nutzung** hat.[77] Selbst wenn es dem Arbeitnehmer ausnahmsweise gelingen sollte, nachzuweisen, dass sein Arbeitgeber Kenntnis von einer privaten Nutzung von sozialen Netzwerken hat und hiergegen nichts unternommen hat, so ist doch bereits fraglich, auf was sich diese Kenntnis beziehen muss. Kann man etwa bereits dann von „positiver Kenntnis“ im Sinne der Begründung einer betrieblichen Übung sprechen, wenn der Arbeitgeber Kenntnis davon hatte, dass der Arbeitgeber an einem Morgen fünf Minuten seine neuen Nachrichten auf „XING“ gelesen hat oder setzt die positive Kenntnis nicht vielmehr voraus, **umfassende Kenntnis** von der gesamten tatsächlichen Nutzungsdauer zu haben, also beispielsweise die Kenntnis von einem täglichen mehrstündigen Chat mit „Freunden“ auf Facebook?

Anders als etwa im Falle von **Geldzahlungen,** die die gerichtlichen Entschei- 97
dungen zur betrieblichen Übung überwiegend betreffen, wie etwa der mehrmaligen Zahlung einer Weihnachtsgratifikation, stellt die **bloße Duldung** einer bestimmten IT-Nutzungspraxis keine abgrenzbare Leistung dar, für die sich klare zeitliche Grenzen im Hinblick auf den maßgeblichen Entstehungszeitpunkt einer betrieblichen Übung finden ließen.[78] Gegenstand, Zeitpunkt und Dauer der Nutzung legt allein der Arbeitnehmer durch sein Verhalten fest, nicht aber der Arbeitgeber; hinsichtlich Art, Ausmaß, Anzahl und Dauer der Leistung liegt daher bereits keine dem Arbeitgeber zurechenbare Leistung vor.[79]

Hinzu kommt aber noch ein anderer Gesichtspunkt: Für die Entstehung eines 98
Anspruchs aufgrund betrieblicher Übung kommt es entscheidend darauf an, wie der Erklärungsempfänger die Erklärung oder das Verhalten des Arbeitgebers nach **Treu und Glauben** sowie unter **Berücksichtigung der Gesamtumstände** verstehen durfte.[80] Wie *Waltermann* zutreffend ausführt, wird diese Auslegung im Regelfall jedoch nicht ergeben, dass der Arbeitgeber selbst bei Duldung der **privaten IT-Nutzung** auch für die Zukunft **vertraglich gebunden** sein will.[81] Der bei positiver Kenntnis duldende Arbeitgeber wird vielmehr die Auffassung vertreten, dass er so lange nicht einschreitet, wie „es gut geht“ bzw. die Arbeitsqualität nicht unter der privaten E-Mail-Nutzung leidet. Das aber stellt keinen Verzicht dar, sondern im Gegenteil will der Arbeitgeber hinsichtlich dieser Problematik in seiner zukünftigen Vorgehensweise frei sein.[82] Anderenfalls wäre der Arbeitgeber, wenn ihm eine priva-

77 Hoeren/Sieber/*Elschner*, Teil 22.1 Rn 47.

78 So zutreffend auch *Koch*, NZA 2088, 911, 912.

79 *Bloesinger*, BB 2007, 2177, 2180.

80 Vgl. ErfK/*Preis*, § 611 BGB Rn 220a.

81 Vgl. *Waltermann*, NZA 2007, 529, 531. Zu Recht vertritt auch die Rechtsprechung, dass selbst durch den langjährigen Verzicht des Arbeitgebers auf die Ausübung seines Direktionsrechts nicht ohne Weiteres besonderes Vertrauen darauf begründet wird, dies auch künftig nicht zu tun, vgl. BAG, Urt. v. 11.2.1998 – 5 AZR 472/97 – NZA 1998, 647, 647.

82 So zutreffend auch *Waltermann*, NZA 2007, 529, 531.

te IT-Nutzung zur Kenntnis gelangen würde, auch zu unverzüglichem Handeln und ggf. der Verhängung von Sanktionen gezwungen, was weder den Interessen des Arbeitgebers noch des Arbeitnehmers dient.

99 In jedem Fall ist die Entstehung einer **betrieblichen Übung** im Hinblick auf die private Nutzung sozialer Netzwerke dann ausgeschlossen, wenn diese Nutzung zuvor **ausdrücklich verboten** wurde.[83]

! **Praxistipp**
Zur Verhinderung eines dauerhaften Anspruchs auf private IT-Nutzung empfiehlt sich die Aufnahme eines **Freiwilligkeitsvorbehalts** in die die **private Social Media-Nutzung erlaubende Erklärung,** die deutlich macht, dass der Arbeitgeber die Erlaubnis auch wieder zurücknehmen kann.

9. Mitbestimmungsrechte des Betriebsrats

100 Es steht im **alleinigen Ermessen des Arbeitgebers,** welche **Betriebsmittel** er seinen Arbeitnehmern zur Erledigung ihrer Arbeit zur Verfügung stellt. Der Arbeitnehmer hat auch **keinen Anspruch** darauf, Betriebsmittel **privat nutzen** zu dürfen.[84] Für die Kommunikationsmittel, einschließlich der privaten Nutzung des dienstlichen Internetzugangs und der darüber erfolgenden Nutzung von sozialen Netzwerken, gilt in dieser Hinsicht nichts anderes.[85]

101 Sowohl die grundsätzliche Frage der Zulassung der privaten Nutzung der betrieblichen Internet- und E-Mail-Einrichtung, einschließlich der Nutzung von Social Media, als auch deren Untersagung, stellen **keine mitbestimmungspflichtige Angelegenheiten** i.S.d. § 87 Abs. 1 Nr. 1 BetrVG dar.[86] Als konkrete Arbeitsanweisung an die Mitarbeiter im Hinblick auf deren Umgang mit den Betriebsmitteln des Arbeitgebers sowie als Gewährung einer freiwilligen Leistung betreffen diese allein das Arbeitsverhalten, nicht aber das sog. Ordnungsverhalten der Arbeitnehmer im Betrieb.[87] Allein Letzteres ist Gegenstand des Mitbestimmungsrechts nach § 87 Abs. 1 Nr. 1 BetrVG.

102 Etwas anderes gilt jedoch, wenn der Arbeitgeber über die Gestattung privater Internet- und Social Media-Nutzung hinaus nähere **Regelungen zur Ausgestaltung der Privatnutzung** erlassen will, also etwa zu genauen Zeitpunkten

83 Leupold/Glossner/*Hegewald*, Teil 7 Rn 56.
84 LAG Hamm, Urt. v. 7.4.2006 – 10 TaBV 1/06 – NZA-RR 2007, 20, 21.
85 *Lindemann/Simon*, BB 2001, 1950, 1953; LAG Hamm, Urt. v. 10.8.2006 – 8 Sa 68/06 – NZA-RR 2007, 20, 21.
86 LAG Hamm, Urt. v. 7.4.2006 – 10 TaBV 1/06 – NZA-RR 2007, 20, 21; *Fitting*, § 87 Rn 73; *Bloesinger*, BB 2007, 2177, 2178.
87 LAG Hamm, Urt. v. 7.4.2006 – 10 TaBV 1/06 – NZA-RR 2007, 20, 21.

und/oder -räumen oder bestimmten Orten der Nutzung (z.B. einem Pausenraum). Hier greift das Mitbestimmungsrecht des Betriebsrats ein.[88]

Gleiches dürfte für die Einführung unternehmensinterner sozialer Netzwerke gelten. Nach § 87 Abs. 1 Nr. 6 BetrVG unterliegt auch die **Einführung und Anwendung von technischen Einrichtungen,** die dazu bestimmt sind, das Verhalten oder die Leistung der Arbeitnehmer zu überwachen, der Mitbestimmung durch den Betriebsrat. Entgegen dem missverständlichen Wortlaut (dazu „bestimmt“) ist nicht erforderlich, dass die technische Einrichtung gerade die Überwachung des Arbeitnehmers zum Ziel hat. Vielmehr genügt es im Sinne des Schutzzwecks der Norm, wenn die Einrichtung aufgrund der technischen Gegebenheiten und ihres konkreten Einsatzes **objektiv zur Überwachung** der Arbeitnehmer **geeignet** ist.[89] Dies wird im Hinblick auf unternehmensinterne soziale Netzwerke in der Regel der Fall sein. 103

III. Mögliche Pflichtverletzungen des Arbeitnehmers und Sanktionierung durch den Arbeitgeber

1. Einleitung

Die intensive Nutzung sozialer Netzwerke und die immer noch steigende Nutzerzahl birgt die Gefahr verschiedener **Pflichtverletzungen durch Arbeitnehmer bei der Nutzung von Social Media-Angeboten.** Es hat sich gezeigt, dass ein großer Teil der Nutzer sozialer Netzwerke nicht nur ihr Privatleben, sondern auch ihr Berufsleben zumindest teilweise in soziale Netzwerke einbringt. Insbesondere bedenkliche berufsbezogene Beiträge in sozialen Netzwerken häufen sich. Die steigende Zahl **arbeitsgerichtlicher Auseinandersetzungen** mit Social Media-Bezug belegt die Praxisrelevanz. Die Rechtslehre und die Arbeitsgerichte entwickeln gegenwärtig verbindliche arbeitsrechtliche Grundsätze in diesem Bereich. In vielen Fällen kann auf hergebrachte arbeitsrechtliche Grundsätze zurückgegriffen werden. Teilweise ist es jedoch notwendig, insbesondere aufgrund der neuen technischen Herausforderungen im Zusammenhang mit Social Media-Angeboten neue Vorgaben und Leitlinien zu entwickeln, die den Umgang mit den Netzwerken im Zusammenspiel zwischen Arbeitgeber und Arbeitnehmer neu justieren. 104

88 Z.B. bei der Regelung der Zulassung von privater Internetnutzung nur während der Pausenzeiten an einem separaten PC, vgl. hierzu ArbG Düsseldorf, Urt. v. 29.10.2007 – 3 Ca 1455/07 – BeckRS 2008, 50725, oder der Beschränkung der Privatnutzung allein auf den Abruf von E-Mails.
89 *Fitting*, § 87 Rn 226.

2. Übersicht über häufige Pflichtverletzungen

a) Nutzung von Social Media-Angeboten am Arbeitsplatz trotz Verbots

105 Die Nutzung von Social Media-Angeboten über die betriebliche Infrastruktur trotz **Verbots** der Privatnutzung ist eine **arbeitsrechtliche Pflichtverletzung.**

aa) Rechtliche Grundlagen

106 Hier sind die hergebrachten **Grundsätze zur pflichtwidrigen Privatnutzung des betrieblichen Internets** anzuwenden.[90] Die Existenz einer Pflichtverletzung setzt voraus, dass dem Arbeitnehmer die private Internetnutzung über die betriebliche Netzwerkumgebung untersagt wurde und er hiergegen verstößt, indem er hierüber gleichwohl auf Social Media-Angebote zurückgreift.[91] Der **pflichtwidrige Zugriff** auf Social Media-Angebote über das **betriebliche Internet** kann sowohl über den betrieblichen PC des Arbeitnehmers wie auch über andere Devices, wie betriebliche Smartphones, erfolgen. Ungeachtet der konkret genutzten Komponenten der betrieblichen Infrastruktur nutzt der Arbeitnehmer betriebliche Ressourcen für nicht erlaubte Zwecke.

107 Ein solches Verbot gilt im Zweifel sowohl für den **Zeitraum der Arbeitszeit** wie auch für die **Freizeit.** Letzteres ist insbesondere bei der Nutzung betrieblicher Smartphones wichtig. Der Arbeitnehmer darf bei einem Verbot der Privatnutzung auch in seiner Freizeit das betriebliche iPhone oder Blackberry nicht für einen Zugriff auf Social Media-Angebote nutzen.[92]

108 Eine **fristlose Kündigung** ohne vorherige Abmahnung dürfte hier allerdings nur im Falle einer längeren exzessiven Privatnutzung während der Arbeitszeit angemessen sein.[93]

bb) Beispielsfälle aus der Rechtsprechung

109 Die Arbeitsgerichte haben **außerordentliche Kündigungen** als wirksam angesehen, wenn der Arbeitnehmer über einen längeren Zeitraum einen beachtlichen Teil der Arbeitszeit mit der **unerlaubten Privatnutzung des Internets** verbracht hat. Das LAG Niedersachen hat z.B. entschieden, dass ein Arbeitnehmer, der während eines Zeitraums von 7 Wochen arbeitstäglich jeweils mehrere Stunden mit dem Schreiben und Beantworten privater E-Mails verbracht hat, wirksam fristlos gekündigt werden kann.[94] Die private Internetnutzung für insgesamt 7 h und 28 min

---

90 *Frings/Wahlers*, BB 2011, 3126, 3130; *Bissels/Wisskirchen*, BB 2010, 2433, 2433.

91 BAG, Urt. v. 7.7.2005 – 2 AZR 581/04 – NZA 2006, 98, 100. Vgl. hierzu auch bereits ausführlich oben unter Rn 68.

92 *Frings/Wahlers*, BB 2011, 3126, 3129 sowie bereits oben unter Rn 75.

93 BAG, Urt. v. 31.5.2007 – 2 AZR 200/06 – MMR 2007, 782, 783; zum rechtssicheren Ausspruch einer Abmahnung siehe nachfolgend unter Rn 219.

94 LAG Niedersachsen, Urt. v. 31.5.2010 – 12 Sa 875/09 – MMR 2010, 639, 640.

über 10 Monate hinweg soll hingegen nicht zur fristlosen Kündigung berechtigen.[95]

cc) Empfohlenes Vorgehen für Arbeitgeber

Bei **fehlender Erlaubnis** der Privatnutzung ist der Arbeitgeber grundsätzlich berechtigt, die **Nutzung** des betrieblichen Internets durch die Mitarbeiter zu **kontrollieren.** Die Ergebnisse einer Überprüfung, z.B. die Protokolle der Log-Dateien, dürfen vom Arbeitgeber zur Kontrolle genutzt werden und sind auch gerichtlich verwertbar.[96] Der Arbeitgeber sollte daher bei Anhaltspunkten für die verbotswidrige Nutzung von Social Media-Angeboten das Nutzungsverhalten des Mitarbeiters überprüfen. Im Regelfall sollte bei einem vom Arbeitgeber festgestellten Verstoß zunächst eine **Abmahnung** ausgesprochen werden. Im Wiederholungsfall kann eine **verhaltensbedingte Kündigung** ausgesprochen werden. Allerdings ist in jedem Einzelfall zu prüfen, ob die Voraussetzungen für eine Kündigung auch wirklich bereits gegeben sind. Im Fall einer **Bagatellnutzung** von wenigen Minuten ist auch im Wiederholungsfall eine Kündigung sicherlich nicht verhältnismäßig. 110

Praxistipp 1 !

Hat der Arbeitgeber Anhaltspunkte für eine **unerlaubte Social Media-Nutzung,** ist es wichtig, den **Umfang der Pflichtverletzung** zu prüfen. Ist aufgrund exzessiver Nutzung eine fristlose Kündigung möglich, muss die Kündigung gem. § 626 Abs. 2 BGB binnen zwei Wochen nach Kenntnisnahme des Arbeitgebers von der Pflichtverletzung dem Arbeitnehmer zugehen, sonst ist die Kündigung unwirksam. Zu beachten ist bei Existenz eines Betriebsrats auch die Anhörungspflicht nach § 102 BetrVG.

Praxistipp 2 !

Das **Verbot der Social Media-Nutzung** über das betriebliche Internet sollte idealerweise durch eine entsprechende **IT-Konfiguration** durchgesetzt werden. Die IT-Administratoren können den Zugriff auf die Seiten sozialer Netzwerke sperren. Ebenso ist es technisch möglich, bei den meisten Smartphones die Installation von Social Media-Applikationen zu verhindern.

Checkliste !

Umstände, die eine **Kündigung** wegen **verbotener Social Media-Nutzung** begründen, können sein:

– zeitlich **exzessive Nutzung;** der Arbeitnehmer kann seinen arbeitsvertraglichen Leistungspflichten nicht mehr ausreichend nachkommen;

95 LAG Hamm, Urt. v. 18.1.2007 – 15 Sa 558/06 –.

96 Vgl. LAG Hamm, Urt. v. 10.7.2012 – 14 Sa 1711/10 – CCZ 2013, 115, 116 – selbst bei Verstoß gegen datenschutzrechtliche Regelungen kann der Arbeitgeber erlangte Informationen über die Computernutzung (hier Chatprotokolle) im Prozess zur Begründung einer Kündigung verwerten.

- Nutzung führt zu **finanziellem Schaden** für Gesellschaft; der Arbeitnehmer lädt z.B. urheberrechtlich geschützte Werke über die betriebliche IP-Adresse auf ein soziales Netzwerk, der Arbeitgeber wird kostenpflichtig abgemahnt; oder
- Nutzung am Arbeitsplatz führt zu **Ansehensverlust** für Arbeitgeber; Arbeitnehmer verbreitet über Social Media-Angebote rassistische oder pornographische Inhalte.

b) Exzessive Nutzung von Social Media-Angeboten bei grundsätzlich erlaubter Privatnutzung

111 Auch bei **erlaubter privater Nutzung** des betrieblichen Internets kann es durch **exzessive Nutzung** zu **Pflichtverletzungen** kommen.

aa) Rechtliche Grundlagen

112 Sofern der Arbeitgeber die Privatnutzung des Internets erlaubt hat, schließt dies die Nutzung von Social Media-Angeboten ein, sofern kein explizites Verbot der Social Media-Nutzung ausgesprochen wurde.[97] **Überschreitet** der Arbeitnehmer die **zeitlichen Vorgaben** zum **Umfang der Privatnutzung,** handelt er jedoch **pflichtwidrig.**

bb) Beispielsfall aus der Rechtsprechung

113 Für die **Kündigung** eines Arbeitnehmers wegen Überschreitung der Grenzen der erlaubten Privatnutzung bestehen allerdings erhebliche Hürden. Auch wenn noch keine spezifischen Entscheidungen zur **exzessiven Social Media-Nutzung** existieren, können die bisher von der Rechtsprechung zur allgemeinen Internetnutzung hierfür entschiedenen Fälle als Maßstab herangezogen werden.

Beispiel

LAG Köln, Urt. v. 18.7.2012 – 9 Sa 209/12 –:

„Eine fristlose Kündigung ist ohne vorherige Abmahnung unwirksam, wenn ein langjährig beanstandungsfrei beschäftigter Arbeitnehmer – bei erlaubter gelegentlicher privater Nutzung des Dienstcomputers im Beschäftigungsbetrieb – innerhalb eines Zeitraums von mehr als 6 Jahren von seinem Dienstcomputer aus

a. 2 Dateien mit pornographischen Bildern an einen Arbeitskollegen weitergeleitet hat,

b. 2-mal mit betriebsfremden Personen über 2 und 3 Stunden einen Email-Schriftwechsel mit eindeutig sexuellem Inhalt geführt hat,

c. in geringem Umfang Emails über den Verkauf und Ankauf verschiedener Gegenstände und sonstigem privaten Inhalt versandt hat."

97 *Frings/Wahlers*, BB 2011, 3126, 3132; *Oberwetter*, NJW 2011, 417, 418.

cc) Empfohlenes Vorgehen für den Arbeitgeber

Die Art der Sanktionierung **exzessiver Privatnutzung** ist im Einzelfall zu prüfen. 114
Die **fristlose Kündigung** wird nur im Ausnahmefall möglich sein, z.B. wenn der Arbeitnehmer während eines längeren Zeitraums derart exzessiv Social Media-Angebote genutzt hat, dass seine Arbeitsleistung erheblich eingeschränkt wurde.[98] Es gelten hier dieselben Fallgruppen wie im Bereich der Privatnutzung trotz Verbots. Im Regelfall ist daher zunächst die Abmahnung das adäquate Sanktionsmittel.[99] Im Wiederholungsfall kann eine Kündigung gerechtfertigt sein.

dd) Festlegung des Umfangs erlaubter Privatnutzung

Arbeitgeber sollten den **Umfang** der **zulässigen Privatnutzung** genau festlegen. 115
Idealerweise sollte mit der Erlaubnis zur Privatnutzung ein konkreter **zeitlicher Rahmen** vorgegeben werden. In Betracht kommt z.B., die Privatnutzung auf Pausenzeiten zu beschränken oder eine tägliche Obergrenze (z.B. 20 Minuten bei Vollzeitarbeitnehmern) vorzugeben.[100] Ansonsten kann eine Pflichtverletzung nur schwer begründet werden, da der Arbeitnehmer einwenden kann, die von ihm durchgeführte Privatnutzung sei noch gerechtfertigt.[101] Die Grenze des Zulässigen wird jedoch stets auch bei fehlenden Vorgaben des Arbeitgebers überschritten sein, wenn der Arbeitnehmer mit seinen Arbeitsleistungen ins Hintertreffen gerät.[102]

Praxistipp !

Festlegung des **Umfangs der Privatnutzung**

Der Arbeitnehmer sollte exakt vorgeben, wie lange ein Mitarbeiter arbeitstäglich privat in sozialen Netzwerken „surfen“ darf. Unbestimmte Begriffe wie „gelegentlich“ oder „nicht übermäßig“ sind zu vermeiden. Empfehlenswert sind Vorgaben wie z.B.:

> *„Der Arbeitnehmer kann arbeitstäglich bei Zugrundelegung einer Arbeitszeit von 8 Stunden bis zu 20 Minuten das betriebliche Internet für private Zwecke nutzen. Bei Teilzeitbeschäftigten ist dieser Zeitraum im Verhältnis zur täglichen Arbeitszeit entsprechend zu kürzen. Die Vorgaben zur Privatnutzung in der IT-Richtlinie/Betriebsvereinbarung sind zu beachten.“*

Alternativ kann die Privatnutzung auf Pausenzeiten beschränkt werden.

---

98 BAG, Urt. v. 27.4.2006 – 2 AZR 386/05 – NJW 2006, 2939, 2941.

99 *Frings/Wahlers*, BB 2011, 3126, 3131; vgl. oben unter Rn 75.

100 Kilian/Heussen/*Liedtke*, Teil 7, Computerleistungen als Gegenstand des Arbeitsvertrags, Rn 62a.

101 Zudem ist die Grenze zur „exzessiven Nutzung“ sehr weit gefasst, siehe dazu BAG, Urt. v. 30.9.2011 – 10 Sa 471/11 –.

102 Kilian/Heussen/*Liedtke*, Teil 7, Computerleistungen als Gegenstand des Arbeitsvertrags, Rn 62a.

ee) Einrichtung eines PCs speziell zur Social Media-Nutzung

116 Sofern der Arbeitgeber wünscht, den Zugriff auf Social Media-Angebote über das betriebliche Internet nicht völlig zu untersagen, kann auch ein **PC** allein zum Zwecke der **Nutzung von Social Media** von einem Arbeitgeber vorbereitet und, z.B. in den Pausen- oder Sozialräumen, zur Verfügung gestellt werden. So haben die Mitarbeiter die Möglichkeit, in den Pausenzeiten Social Media-Angebote über diesen PC zu nutzen, während der Zugriff auf entsprechende Seiten über sonstige betriebliche PCs oder Smartphones verboten bleibt. Auf diese Weise wird zudem verhindert, dass ein **Recht auf Privatnutzung** des PCs am Arbeitsplatz oder das Smartphone entsteht und dadurch die **Kontrollmöglichkeiten** des Arbeitgebers eingeschränkt werden.

c) „Prank-Videos"

117 Bei sog. **Prank-Videos** handelt es sich um Videos, die Arbeitnehmer in soziale Netzwerke eingebracht haben und die negative Aussagen über den Arbeitgeber bzw. Kunden des Arbeitgebers enthalten. Der bekannteste Fall ist die Veröffentlichung von Videos auf der Seite YouTube durch Mitarbeiter einer Pizzeria-Kette, die zeigen, wie Produkte des Unternehmens in der Küche von Mitarbeitern verunreinigt werden.[103] Das Video fand rasende Verbreitung und führte dazu, dass die Pizzeria-Kette einen erheblichen Imageverlust und Umsatzschaden erlitt.

118 Die **Veröffentlichung** entsprechender Videos in sozialen Netzwerken stellt einen **Unterfall der pflichtwidrigen Beleidigung des Arbeitgebers** bzw. von Kunden dar. Es handelt sich um eine schwerwiegende Pflichtverletzung, die aufgrund der potenziell schnellen Verbreitung solcher Videos zu erheblichen Schäden für das Unternehmen führen kann.[104] Die Grenze zur Pflichtwidrigkeit ist eindeutig überschritten, sofern das Video **Schmähkritik** oder **Beleidigungen** beinhaltet. Aber auch im Fall von sachlich-kritischen Darstellungen muss der Arbeitnehmer bedenken, dass ein Pflichtverstoß vorliegen kann. Der Arbeitgeber ist aufgrund seiner **arbeitsvertraglichen Treuepflichten** gehalten, im Fall von Missständen beim Arbeitgeber zunächst intern auf eine Klärung hinzuwirken und z.B. den Betriebsrat einzuschalten.[105] Eine Veröffentlichung von (möglichen) Missständen über soziale Netzwerke dürfte daher im Regelfall eine Pflichtverletzung darstellen.

119 Es ist dringend anzuraten, Mitarbeiter im Rahmen einer **Social Media Guideline** auf die Risiken solch unreflektierten Verhaltens hinzuweisen. Ansonsten drohen schwerwiegende arbeitsrechtliche Sanktionen. Im Fall der vorsätzlichen Veröffentlichung eines Videos, das den Arbeitgeber oder Kunden herabwürdigt, ist eine **au-**

---

103 Siehe http://www.youtube.com/watch?v=g-Z2x4SClaE.

104 *Frings/Wahlers*, BB 2011, 3126, 3131, 3132.

105 BAG, Urt. v. 3.7.2003 – 2 AZR 235/02 – NJW 2004, 1547, 1549, 1550.

ßerordentliche Kündigung in der Regel gerechtfertigt. Der Arbeitgeber hat zudem **Schadensersatzansprüche** gegen Mitarbeiter, die vorsätzlich Videos mit pflichtwidrigem Inhalt verbreiten. Allerdings sind die Arbeitsgerichte bei der Gewährung von Schadensersatzansprüchen zurückhaltend. Obwohl aufgrund der BAG-Rechtsprechung[106] bei vorsätzlichen Handlungen ein unbeschränkter Schadensersatzanspruch des Arbeitgebers infrage kommt, neigen die Instanzgerichte dazu, Schadensersatzansprüche auf ein bis drei Bruttomonatsgehälter zu beschränken.

d) Unzulässige Abwerbung über soziale Netzwerke

Soziale Netzwerke bieten geradezu ideale Möglichkeiten zur **Abwerbung** von Arbeitnehmern. Abwerbeversuche **über soziale Netzwerke** können zu arbeitsrechtlich relevanten **Pflichtverletzungen** führen und **Kündigungen** rechtfertigen. Hierbei ist zwischen verschiedenen Konstellationen zu unterscheiden. 120

aa) Rechtliche Grundlagen

Vereinzelt setzen Unternehmen eigene Arbeitnehmer ein, um geeignete Mitarbeiter von Konkurrenten abzuwerben. Soziale Netzwerke stellen dafür ein gutes Werkzeug dar. Es kann zudem vorkommen, dass Arbeitnehmer aus eigenem Antrieb und ohne vorherige Absprache mit ihrem Arbeitgeber versuchen, Mitarbeiter über soziale Netzwerke abzuwerben. 121

Der **Einsatz eigener Arbeitnehmer** zur **Abwerbung** von Mitarbeitern eines Konkurrenten birgt grundsätzlich erhebliche Risiken. Bei Abwerbeversuchen muss sichergestellt sein, dass die geltenden höchstrichterlichen Grundsätze zur Mitarbeiterabwerbung Beachtung finden. Das **Abwerben von Mitarbeitern** ist als Teil des freien Wettbewerbs **grundsätzlich zulässig.**[107] Dies gilt auch, wenn eigene Arbeitnehmer die Abwerbeaktivitäten entfalten. Die Grenze zur Rechtswidrigkeit ist jedoch überschritten, wenn wettbewerbsrechtlich **unlautere Begleitumstände** hinzukommen, §§ 3, 4 Nr. 10 UWG.[108] Insbesondere darf der gegenwärtige Arbeitgeber nicht herabgewürdigt oder der abzuwerbende Mitarbeiter zur Vertragsverletzung bewegt werden.[109] 122

---

106 BAG, Urt. v. 18 4.2002 – 8 AZR 348/01 – NJW 2003, 377, 380, 381.
107 BGH, Urt. v. 11.1.2007 – I ZR 96/04 – NJW 2007, 2999, 3000; Gloy/Loschelder/Erdmann/*Hasselblatt*, § 57 Rn 183.
108 BGH, Urt. v. 11.1.2007 – I ZR 96/04 – NJW 2007, 2999, 3000; Gloy/Loschelder/Erdmann/*Hasselblatt*, § 57 Rn 188; Harte-Bavendamm/Henning-Bodewig/*Omsels*, K. § 4 Nr. 10 Rn 26.
109 Die Grenzen der rechtmäßigen Abwerbung sind oben dargestellt unter Rn 50.

bb) Gerichtliche Entscheidungen zu sozialen Netzwerken

123 Die erste veröffentlichte Gerichtsentscheidung zu unlauteren Abwerbeversuchen über XING belegt, dass **aggressive Abwerbeversuche** von Mitarbeitern über soziale Netzwerke zu gerichtlichen Auseinandersetzungen führen können.

124 In dem entschiedenen Fall hatte ein Mitarbeiter versucht, Arbeitnehmer eines Konkurrenten mit Aussagen wie z.B. „Sie wissen ja hoffentlich, was Sie sich da angetan haben?" und „Sie wissen ja hoffentlich, in was für einem Unternehmen Sie gelandet sind?" abzuwerben. Das LG Heidelberg entschied, dass der bisherige Arbeitgeber durch die Bemerkungen herabgewürdigt wurde und somit ein nach § 4 Nr. 7 UWG **sittenwidriger Abwerbeversuch** vorlag.[110] Das Landgericht hat dabei erstmals gerichtlich festgestellt, dass Aktivitäten eines Arbeitnehmers, die über das Profil eines berufsbezogenen sozialen Netzwerks durchgeführt werden, eine **„geschäftliche Handlung"** des Arbeitgebers i.S.v. § 2 Abs. 1 Nr. 1 UWG darstellen können.[111] Dies ist von hoher Praxisrelevanz, da nur bei Vorliegen einer geschäftlichen Handlung die Regelungen des UWG zu unlauteren Geschäftspraktiken Anwendung finden.[112] **Private Handlungen** unterliegen demgegenüber nicht den Sanktionen des UWG und dürften auch keine arbeitsrechtlichen Pflichtverletzungen darstellen. Nach Auffassung des LG Heidelberg kann es für die Annahme einer geschäftlichen Handlung ausreichend sein, wenn der Nutzer in seinem Profil den Arbeitgeber und die Dienstleistungen, die er erbringen kann, aufführt.[113] Jedenfalls wenn der Arbeitgeber Kenntnis von den Handlungen des Arbeitnehmers hatte oder hätte haben müssen, droht die Gefahr, dass eine **eigenmächtige wettbewerbswidrige Handlung** eines Arbeitnehmers über XING oder LinkedIn dem Arbeitgeber zugerechnet wird, der sodann mit rechtlichen Konsequenzen zu rechnen hat.

cc) Handlungsempfehlungen für Arbeitgeber

125 Es ist daher dringend anzuraten, eigenen Mitarbeitern im Rahmen einer **Social Media Guideline** die **Abwerbung** von Mitarbeitern zu untersagen bzw. eine vorherige schriftliche Erlaubnis zur Voraussetzung von Abwerbeversuchen zu machen.[114] Arbeitgeber, die trotz der aufgezeigten Risiken Abwerbeversuche durch Mitarbeiter durchführen möchten, sollten diese zuvor unbedingt über die rechtlichen Grenzen aufklären.

---

110 LG Heidelberg, Urt. v. 23.5.2012 – 1 S 58/11 – MMR 2012, 607, 607.
111 Vgl. zur weiten Auslegung des Begriffs der „geschäftlichen Handlung": LG Hamburg, Urt. v. 24.4.2012 – 312 O 715/11 – NJW-RR 2012, 1001, 1002.
112 *Wahlers*, jurisPR-ITR 22/2012.
113 LG Heidelberg, Urt. v. 23.5.2012 – 1 S 58/11 – MMR 2012, 607, 607.
114 *Wahlers*, jurisPR-ITR 22/2012.

e) Sonderfall – Abwerbeversuche trotz nachvertraglichen Abwerbeverbots

Die Ausgestaltung sozialer Netzwerke bringt es mit sich, dass Mitarbeiter auch nach dem Ausscheiden aus dem Unternehmen mit ehemaligen Kollegen unproblematisch in Kontakt bleiben können, da diese Freunde oder Kontakte in sozialen Netzwerken sind. Dies wird nicht selten zum Anlass genommen, über ein soziales Netzwerk weitere Mitarbeiter des vormaligen Arbeitgebers zum Arbeitgeberwechsel zu bewegen. 126

aa) Rechtliche Grundlagen

Während des Arbeitsverhältnisses ist es dem Arbeitnehmer unproblematisch untersagt, Arbeitnehmer (für einen Dritten) abzuwerben. Dies ergibt sich bereits aus den **arbeitsvertraglichen Treuepflichten,** §§ 611, 242 BGB. 127

Mit dem Ende des Arbeitsverhältnisses entfällt diese Pflicht. Ohne ein **nachvertragliches Abwerbeverbot** ist es dem ausgeschiedenen Mitarbeiter daher grundsätzlich erlaubt, ehemalige Kollegen für andere Arbeitgeber abzuwerben, sofern der Abwerbende nicht gleichzeitig versucht, diese zum **Vertragsbruch** zu verleiten.[115] Der bloße Austausch über den neuen Arbeitsplatz und die Arbeitsumstände zwischen zwei Ex-Kollegen stellt dabei nicht einmal begrifflich eine Abwerbehandlung dar. 128

Der Arbeitgeber kann versuchen, durch entsprechende Ausgestaltung der Arbeitsverträge das Risiko nachvertraglicher Abwerbeversuche einzuschränken. Zwar liegen zur Wirksamkeit eines nachvertraglichen Abwerbeverbots noch keine gerichtlichen Entscheidungen vor. Die besseren Argumente dürften jedoch für eine Wirksamkeit entsprechender Klauseln sprechen.[116] 129

bb) Handlungsempfehlungen für Arbeitgeber

Die Aufnahme eines **nachvertraglichen Abwerbeverbots** in die **Standardarbeitsverträge** ist daher eine sinnvolle Maßnahme, um das Risiko der Abwerbung von eigenen Mitarbeitern zumindest zu reduzieren. 130

Anders als im Falle eines nachvertraglichen Wettbewerbsverbots ist es zudem möglich, ein entsprechendes nachvertragliches Abwerbeverbot so auszugestalten, dass der Arbeitgeber nicht verpflichtet ist, eine Karenzentschädigung an den ehemaligen Arbeitnehmer zu zahlen.[117] Dies setzt jedoch voraus, dass nur die **Abwerbung zugunsten von Dritten,** insbesondere eines neuen Arbeitgebers, nicht aber für eigene Zwecke (z.B. für ein vom ehemaligen Arbeitnehmer gegründetes Unter- 131

---

115 Siehe oben unter Rn 50.
116 *Bauer/Diller*, § 7 Rn 129.
117 *Bauer/Diller*, § 7 Rn 129.

nehmen) untersagt wird.[118] Ist diese Einschränkung nicht vorgesehen, handelt es sich um ein umfassendes Abwerbeverbot, das nur unter Vereinbarung einer Karenzentschädigung insgesamt wirksam ist.[119] Das nachvertragliche Abwerbeverbot sollte zusammen mit einer Vertragsstrafenregelung vereinbart werden, sodass der Arbeitgeber im Fall der Pflichtverletzung die Vertragsstrafe fordern kann und nicht einen aufwändigen Schadensnachweis führen muss.

! **Klauselmuster**
Klausel für nachvertragliches Abwerbeverbot:
„Dem Mitarbeiter ist es für einen Zeitraum von 12 Monaten nach dem Ende des Anstellungsvertrages untersagt, Personen, die in den letzten 12 Monaten vor Ausscheiden des Mitarbeiters bei der Gesellschaft angestellt waren oder sind, zugunsten Dritter abzuwerben. Für jede Handlung, durch die der Mitarbeiter das nachvertragliche Abwerbeverbot schuldhaft verletzt, hat er eine Vertragsstrafe in Höhe des letzten Bruttomonatsbasisgehalts zu zahlen."

---

f) Veröffentlichung von Betriebsgeheimnissen/Insiderwissen über soziale Netzwerke

132 Die **Veröffentlichung von Betriebsgeheimnissen** oder **Insiderwissen** über soziale Netzwerke ist eine **schwere Pflichtverletzung,** die gravierende Folgen sowohl für den Arbeitnehmer wie auch für den Arbeitgeber haben kann. Arbeitnehmern drohen Schadensersatzansprüche, einstweilige Verfügungen und arbeitsrechtliche Sanktionen bis hin zur außerordentlichen Kündigung des Arbeitsverhältnisses, Arbeitgebern wirtschaftliche Schäden in bedeutender Höhe.

aa) Rechtliche Grundlagen

133 Arbeitnehmer sind sowohl während wie auch nach dem Ende des Arbeitsverhältnisses verpflichtet, **Betriebs- und Geschäftsgeheimnisse** des Arbeitgebers vertraulich zu behandeln. Dies ergibt sich bereits aus den **vertraglichen Nebenpflichten** eines jeden Arbeitnehmers, im Regelfall zusätzlich aber auch noch aus den in Arbeitsverträgen regelmäßig standardisiert vorhandenen Geheimhaltungsklauseln. Geheimnisse im arbeitsrechtlichen Sinne sind Tatsachen, die im Zusammenhang mit einem Geschäftsbetrieb stehen, nicht offenkundig und nur einem eng begrenzten Personenkreis bekannt sind, nach dem Willen des Arbeitgebers geheim gehalten werden sollen und an deren Geheimhaltung der Arbeitgeber ein berechtigtes Interesse hat.[120] Unterschieden wird dabei zuweilen noch zwischen Betriebsgeheimnissen, die

---

118 Moll/*Melm*, § 9 Rn 31.
119 *Bauer/Diller*, § 7 Rn 129; *Schloßer*, BB 2003, 1382, 1387.
120 BAG, Urt. v. 16.3.1982 – 3 AZR 83/79 – NJW 1983, 134, 135.

sich auf den technischen Betriebsablauf, insbesondere Herstellung und Herstellungsverfahren, beziehen und Geschäftsgeheimnissen, die den allgemeinen Geschäftsverkehr des Unternehmens betreffen.[121]

Die **Veröffentlichung** entsprechender Geheimnisse **über soziale Netzwer-** 134
ke, z.B. über ein Posting bei Facebook oder einen Tweet über Twitter, stellt eine **schwerwiegende Pflichtverletzung** des Arbeitnehmers dar. Beispielhaft für einen besonders schwerwiegenden Geheimnisverrat wäre etwa die Veröffentlichung der bislang geheimen geplanten Abberufung von Geschäftsführern über Twitter.

Während des Arbeitsverhältnisses ist der Arbeitnehmer auch ohne explizite ar- 135
beitsvertragliche Vereinbarung aufgrund seiner **vertragsimmanenten Treuepflichten** gehalten, Betriebs- und Geschäftsgeheimnisse des Arbeitgebers vertraulich zu behandeln.[122] Aber auch nach Ende des Arbeitsverhältnisses unterliegt der Arbeitnehmer **weitgehenden Verschwiegenheitspflichten.**[123] Er ist verpflichtet, Betriebs- und Geschäftsgeheimnisse des ehemaligen Arbeitgebers weiterhin geheim zu halten.[124]

Die vertraglichen und nachvertraglichen Verschwiegenheitspflichten eines Mit- 136
arbeiters umfassen unproblematisch auch die Pflicht, Betriebs- und Geschäftsgeheimnisse nicht über soziale Netzwerke zu verbreiten. Es ist Arbeitnehmern daher z.B. untersagt, Lohn- oder Kundenlisten, vertrauliche Marketingpläne, Preiskalkulationen oder auch geplante und noch nicht veröffentlichte unternehmerische Maßnahmen über soziale Netzwerke zu verbreiten.

bb) Bislang entschiedene Gerichtsfälle

Bislang ist nur ein arbeitsgerichtliches Verfahren, das die Veröffentlichung vertrau- 137
licher Informationen über soziale Netzwerke zum Inhalt hatte, bekannt.

Beispiel

Geheime Maschine auf Facebook-Foto (ArbG Aachen, Gütetermin 10.7.2012 – AZ unbekannt –)
Ein Arbeitnehmer fotografiert am sog. Fettdonnerstag im Betrieb einen Kollegen, der mit Schottenrock und Perücke zur Arbeit gekommen war und lädt das Foto auf Facebook hoch. Das Foto zeigt im Hintergrund jedoch eine geheime Maschine des Arbeitgebers. Der Arbeitgeber kündigt fristlos wegen Verstoßes gegen Verschwiegenheitspflichten. Die Parteien schließen einen Vergleich: Das Arbeitsverhältnis endet mit einer Kündigungsfrist von einem Jahr.

---

121 BAG, Urt. v. 15.12.1987 – 3 AZR 474/86 – NJW 1988, 1686, 1687.

122 BAG, Urt. v. 25.8.1966 – 5 AZR 525/65 – NJW 1967, 125, 126; MüKo-BGB/*Henssler*, § 626 BGB Rn 194; ErfK/*Müller-Glöge*, § 626 BGB Rn 153.

123 BAG, Urt. v. 15.12.1987 – 3 AZR 474/86 – NJW 1988, 1686, 1687.

124 BAG, Urt. v. 15.12.1987 – 3 AZR 474/86 – NJW 1988, 1686, 1687.

cc) Handlungsempfehlungen für Arbeitgeber

138 Mitarbeiter sollten daher unbedingt darauf hingewiesen werden, dass die arbeitsvertraglichen Verschwiegenheits- und Loyalitätspflichten auch im Rahmen der Nutzung von sozialen Netzwerken fortgelten. Die in Art. 5 GG garantierte Meinungsfreiheit des Arbeitnehmers erfährt durch diese Pflichten Einschränkungen, die ein Arbeitnehmer bei der Nutzung sozialer Netzwerke unbedingt zu beachten hat.[125]

139 Kommt es **im laufenden Arbeitsverhältnis** zu **einer pflichtwidrigen Veröffentlichung** vertraulicher Informationen über ein soziales Netzwerk, muss der Arbeitgeber prüfen, welche arbeitsrechtliche Sanktion möglich und passend ist. Je nach Schwere des Vorfalls kann eine **Abmahnung,** aber auch eine **außerordentliche Kündigung** möglich sein. Zu berücksichtigen sind insbesondere die potenziellen Auswirkungen für den Arbeitgeber und die Größe des möglichen Empfängerkreises der vertraulichen Informationen. Kommt es zu einer Veröffentlichung, kann der Arbeitgeber den Arbeitnehmer im Rahmen seines Direktionsrechts anweisen, die Informationen – soweit noch möglich – aus dem sozialen Netzwerk zu entfernen. Notfalls muss der Arbeitgeber dabei einstweiligen Rechtsschutz vor den Arbeitsgerichten suchen und den Arbeitnehmer durch eine einstweilige Verfügung verpflichten, die Aussagen zu entfernen.

140 Da gegen ehemalige Mitarbeiter infolge der Beendigung des Arbeitsverhältnisses die in den sonstigen Fällen adäquaten Sanktionen der Abmahnung oder der (fristlosen) Kündigung nicht zur Verfügung stehen, muss der ehemalige Arbeitgeber den Arbeitnehmer **zivilrechtlich zur Unterlassung/Beseitigung** auffordern und dies ggf. gerichtlich durchsetzen.[126] Zuständig für entsprechende Klagen gegen Arbeitnehmer sind die Arbeitsgerichte, da es sich um eine aus dem Arbeitsverhältnis resultierende nachvertragliche Pflicht handelt.[127]

g) Verletzung von Betriebsgeheimnissen auch durch Weiternutzung eines Social Media-Accounts?

141 Nutzt ein Arbeitnehmer einen **XING-** oder **LinkedIn-Account** für berufliche Zwecke, stellt sich bei Beendigung des Arbeitsverhältnisses die Frage, ob der Arbeitnehmer verpflichtet ist, den **Account** oder **dort gespeicherte Informationen herauszugeben** bzw. zu löschen.[128] Diese Fragestellung ist untrennbar mit der – bislang noch ungelösten – Problematik verbunden, ob Kundendaten einschließlich etwaiger von Kunden erhaltener Nachrichten, die auf sozialen Netzwerken ge-

125 Vgl. *Bissels/Lützeler*, BB 2010, 2433, 2435; *Gabriel/Cornels*, MMR-Aktuell 2011, 316759.
126 BAG, Urt. v. 15.12.1987 – 3 AZR 474/86 – NJW 1988, 1686, 1687.
127 OLG Frankfurt/Main, Beschl. v. 23.9.2010 – 6 W 123/10 – NJOZ 2011, 384, 384.
128 *Oberwetter*, NJW 2011, 417, 420; *Ernst*, NJOZ 2011, 953, 957.

speichert sind, ebenfalls Betriebs- und Geschäftsgeheimnisse sind, für die die von der Rechtsprechung entwickelten Grundsätze zur Mitnahme von Kundenlisten Anwendung finden.

aa) Herausgabepflicht außerhalb des Social Media-Bereichs

Außerhalb des Bereichs der sozialen Netzwerke ist die Rechtslage eindeutig. Mitarbeiter sind **nach Beendigung des Arbeitsverhältnisses** verpflichtet, Kundendateien und ähnliche vertrauliche Dokumente **herauszugeben.**[129] Dies resultiert aus den vertragsimmanenten **Verschwiegenheits- und Loyalitätspflichten.** Ein Verstoß gegen diese Pflichten, etwa durch Mitnahme von Kundenlisten, kann sogar schwerwiegende strafrechtliche Konsequenzen haben, da der Tatbestand des Geheimnisverrats i.S.v. § 17 UWG erfüllt sein kann.[130] 142

bb) Übertragung der Grundsätze auf den Social Media-Bereich

Scheidet ein Mitarbeiter, der XING oder LinkedIn intensiv für berufliche Zwecke genutzt hat, aus dem Arbeitsverhältnis aus, bietet ihm sein Nutzerkonto im Regelfall Zugriff auf Kundendaten seines bisherigen Arbeitnehmers in Form der Kontaktinformationen der Ansprechpartner bei den Kunden. Speziell diese beiden Netzwerke sind erfahrungsgemäß eine besonders geeignete Plattform, um sich mit Personen zu „vernetzen", die man im Rahmen seiner beruflichen Tätigkeit kennengelernt hat. Druckt ein Mitarbeiter diese Liste bei Beendigung des Arbeitsverhältnisses aus, ähnelt dies durchaus der Konstellation, dass ein Mitarbeiter die Kundenliste aus dem Outlook seines dienstlich zur Verfügung gestellten PCs ausdruckt. Aber auch wenn die Kontakte nicht ausgedruckt werden, sondern die betreffenden Kontakte, die man im Rahmen einer bestimmten beruflichen Tätigkeit hinzugewonnen hat, nicht gelöscht und weitergenutzt werden, könnte eine rechtlich relevante Mitnahme von Geschäftsgeheimnissen gegeben sein. So wird etwa bei XING jede Aktualisierung der eigenen Profilinformationen zum „Arbeitgeber" automatisch in den Kontaktlisten der XING-Kontakte angezeigt und diese Kontakte damit weiterhin genutzt. Demgegenüber werden tendenziell eher berufsbezogene soziale Netzwerke heutzutage genauso für private Kontakte genutzt, sodass die **Herausgabe** des gesamten **Profils** kaum praxisgerecht erscheint. 143

---

129 Schaub/*Linck*, § 150 Rn 1; Moll/*Reinfeld*, § 31 Rn 31.

130 *Ernst*, NJOZ 2011, 417, 417; MüKo-StGB/*Janssen*/*Maluga*, § 17 UWG Rn 40.

cc) Kein Anspruch auf Herausgabe des Mitarbeiteraccounts

144 Im Ergebnis dürfte ein Arbeitgeber keinen **Anspruch auf Herausgabe** eines **Social Media-Accounts** eines **ausgeschiedenen Mitarbeiters** haben.[131] Dies resultiert schon daraus, dass ausweislich der AGB bzw. Nutzerbedingungen von XING und LinkedIn jeder Nutzer nur ein Profil haben darf. Dem ausscheidenden Arbeitnehmer wäre es bei Herausgabe seines Nutzerprofils somit nicht mehr möglich, ein Profil zu haben. Dies wäre angesichts der steigenden Wichtigkeit von Nutzerprofilen für die Suche nach einer Anstellung und die Ausübung von Tätigkeiten bei einem (neuen) Arbeitgeber eine **ungerechtfertigte Einschränkung der Berufsfreiheit.** Zudem finden sich regelmäßig auch Freunde unter den Kontakten bzw. es entwickeln sich über die berufliche Nutzung hinaus freundschaftliche Beziehungen zu den Ansprechpartnern bei Kunden oder Arbeitskollegen, die ebenfalls Kontakte im Netzwerk sind und kaum noch als rein berufliche Kontakte angesehen werden können. Eine Pflicht zur Herausgabe des Nutzerprofils führte somit auch zu einem **Eingriff** in die **Persönlichkeitsrechte** des Arbeitnehmers, der die Interessen des Arbeitgebers im Regelfall überwiegen dürfte.

dd) Einrichtung eines weiteren Accounts als Lösung?

145 Aufgrund des **Verbots des Vorhaltens mehrerer Nutzerprofile** scheitert auch der in der Praxis vereinzelt zu beobachtende Versuch von Unternehmen, die Mitarbeiter zur Einrichtung eines zweiten, nur auf die Tätigkeit für den Arbeitgeber bezogenen Profils zu verpflichten. Auf diese Weise soll durch eine entsprechende Vereinbarung für den Fall des Ausscheidens eine **Herausgabepflicht** begründet werden.[132] Allerdings ist eine solche Nutzung der sozialen Netzwerke aufgrund eines Verstoßes gegen die AGB bzw. Nutzerbedingungen unzulässig. Jeder Mitarbeiter darf nur ein Profil besitzen. Eine Alternative ist lediglich die **Anlegung eines Unternehmensprofils** und die dem Mitarbeiter auferlegte Verpflichtung, ausschließlich darüber dienstlich tätig zu werden.

ee) Löschungsanspruch

146 Arbeitgeber könnten jedoch bei Mitnahme von nachweislich beruflichen Kontakten nach Beendigung des Arbeitsverhältnisses entweder einen **Anspruch** auf **Unterlassung der Verwendung solcher Kontakte** oder auf **Löschung dieser Kontakte** aus dem Social Media-Profil geltend machen. Eine Plattform wie XING ergänzt herkömmliche Organisationsprogramme wie „Outlook", in denen Kontakte abgelegt und

131 *Oberwetter*, NJW 2011, 417, 420; a.A. *Byers/Mößner*, BB 2012, 1665, 1670.

132 *Oberwetter*, NJW 2011, 417, 420. Nach *Byers/Mößner*, BB 2012, 1665, 1670 soll die Rechtslage dann eindeutig sein – der Arbeitnehmer muss den Account „herausgeben".

Nachrichten versandt werden können und die einmal bestätigten Kontakte direkt über Neuerungen des jeweiligen Nutzers via Nachrichtenstrom informiert werden.

147 Schließt man sich der zutreffenden Auffassung an, dass die in den XING- oder LinkedIn-Kontakten enthaltenen Daten **Geschäftsgeheimnisse** des Arbeitgebers sind, wenn diese Kontakte nachweislich im Rahmen der beruflichen Tätigkeit des ausscheidenden Arbeitnehmers hinzugefügt wurden,[133] dürfte grundsätzlich bereits die fortwährende Bereithaltung der Kontakte im jeweiligen Nutzerprofil des ausgeschiedenen Mitarbeiters eine **unzulässige Verwertungshandlung** sein, die über § 17 Abs. 2 Nr. 2 UWG i.v.m. §§ 823 Abs. 2, 1004 BGB grundsätzlich untersagt werden kann. Allerdings trägt der Arbeitgeber die Beweislast dafür, dass die Kontaktaufnahme und Speicherung der betreffenden Kundendaten im jeweiligen Nutzerprofil des ausgeschiedenen Mitarbeiters auch im Rahmen von dessen geschäftlicher Tätigkeit erfolgt sind und somit gerade keine privaten Kontaktaufnahmen darstellen.[134] Dies ist Ausfluss seiner **originären Darlegungs- und Beweislast,** der er etwa durch Zeugenbeweis der betreffenden Kontakte genügen kann.[135]

ff) Vereinbarung einer Herausgabepflicht

148 Darüber hinaus kann ein **Herausgabeanspruch** bezüglich des gesamten **Social Media-Accounts** überhaupt nur dann in Betracht kommen, wenn das betreffende XING- oder LinkedIn-Profil erst und nur aufgrund einer gesonderten Vereinbarung zwischen Arbeitgeber und Arbeitnehmer angelegt und genutzt wird. Dies gilt insbesondere dann, wenn es sich um einen kostenpflichtigen Account handelt, den der Arbeitgeber bezahlt.[136]

Praxistipp !
Eine solche Vereinbarung sollte nicht nur genau die Herausgabe des betreffenden Mitarbeiteraccounts bestimmen, sondern hilfsweise auch die Löschung der im Rahmen der Tätigkeit für den Arbeitgeber aufgebauten Kundenkontakte.

149 Da eine Herausgabe des gesamten Accounts erheblichen rechtlichen Bedenken unterliegt, sollte im Falle der Nutzung des Profils für betriebliche Zwecke mit dem Arbeitnehmer vereinbart werden, dass die Kundenbeziehungen möglichst frühzeitig

133 So etwa *Wahlers*, juris PR-BTR 8/2013, Anm. 6; *Ernst*, NJOZ 2011, 953, 958.
134 ArbG Hamburg, Urt. v. 24.1.2013 – 29 Ga 1/13 – BeckRS 2013, 68150; *Wahlers*, juris PR-BTR 8/2013, Anm. 6.
135 Es leuchtet allerdings ein, dass Unternehmen die Einbeziehung von Kunden und Geschäftspartnern in eine „interne" Streitigkeit mit ausgeschiedenen Mitarbeitern scheuen werden. Dies ist ein sehr nachvollziehbarer Einwand, der rechtlich gleichwohl keine Relevanz hat.
136 Vgl. *Ernst*, NJOZ 2011, 953, 957.

aus dem sozialen Netzwerk herausgelöst werden. Sinnvoll ist z.B. eine Vereinbarung oder Weisung, durch XING oder LinkedIn akquirierte Kunden nach Herstellung des Kontakts außerhalb des sozialen Netzwerks auf Kommunikationswegen zu betreuen. In Betracht kommt z.B., dem Arbeitnehmer vorzugeben, nach dem Aufbau eines Kontakts den betreffenden Kontakt unverzüglich – im Rahmen des datenschutzrechtlich Zulässigen – in allgemeine Datenbanken des Unternehmens einzupflegen und den Abschluss von Geschäften nur über die Firmen-E-Mail oder Brief- bzw. Faxverkehr durchzuführen. Dies erleichtert nach dem Ausscheiden des Mitarbeiters die Fortsetzung des Kundenkontakts, da die Geschäftsabwicklung nicht über das Nutzerprofil des ausgeschiedenen Mitarbeiters erfolgt. In Betracht zu ziehen ist zudem die Verpflichtung für den Mitarbeiter, nach Herauslösung der Kundenbeziehung aus dem sozialen Netzwerk den Kunden aus seinen Kontakten zu löschen. Auf diese Weise steht dem Arbeitnehmer nach Ausscheiden aus dem Unternehmen nicht die gesamte Kundendatei des Arbeitgebers via XING oder LinkedIn zur Verfügung.

150 Auch ohne eine explizite Vereinbarung lässt sich grundsätzlich ein **Anspruch des Arbeitgebers auf Herausgabe der Kundeninformationen** herleiten.[137] Hier ist allerdings zu bedenken, dass der Arbeitnehmer durch den Verweis auf einen persönlichen Kontakt mit dem Kundenansprechpartner versuchen könnte, den rein geschäftlichen Charakter des betreffenden Kontakts – und damit auch den Charakter als Geschäfts- und Betriebsgeheimnis – abzustreiten.

gg) Besonderheiten bei Twitter

151 Im Hinblick auf beruflich genutzte **Twitter-Accounts** bestehen ähnliche rechtliche und tatsächliche Probleme wie bei XING. Twitter bietet Unternehmen die Möglichkeit, Neuigkeiten zu verbreiten, mit **„Followern"** in Austausch zu treten und zunehmend auch die Akquise von Kunden zu betreiben. Der Arbeitgeber kann dabei unter dem Unternehmensnamen ein Profil bei Twitter einrichten. Lässt der Arbeitgeber das **Unternehmensprofil** von einem Arbeitnehmer verwalten, so besteht nach Ende des Arbeitsverhältnisses ein **Herausgabeanspruch des Arbeitgebers.**[138]

152 Es ist jedoch dringend davon abzuraten, Mitarbeiter **für die Gesellschaft** über ihren **privaten Account** oder über einen Account, der „NAME DES MITARBEITERS – UNTERNEHMENSNAME" benannt ist, zu „twittern". Der Twitter-Account kann ohne Weiteres umbenannt werden, wobei aber die „Follower", d.h. die Nutzer, die den Nachrichtenstream abonniert haben, erhalten bleiben. Der ausgeschiedene Arbeitnehmer kann somit „seinen" Twitter-Account für den neuen Arbeitgeber, z.B.

137 *Ernst*, NJOZ 2011, 953, 958; *Bissels/Lützeler/Wisskirchen*, BB 2010, 2433, 2438.
138 *Ernst*, NJOZ 2011, 953, 957.

einen Wettbewerber, nutzen und alle „Follower", mitunter tausende potenzieller Kunden seines vorherigen Arbeitnehmers, mitnehmen. In den USA sind bereits Gerichtsverfahren wegen „mitgenommener" Twitter-Accounts anhängig.[139]

Die Frage der Herausgabe eines Twitter-Accounts **nach Arbeitgeberwechsel** bei Einrichtung eines Accounts auf den Arbeitnehmer ist hierzulande noch völlig offen. Sofern ein Arbeitnehmer seinen mitunter schon lange existenten persönlichen Twitter-Account für den Arbeitgeber genutzt hat, dürfte ein Herausgabeanspruch nach Ausscheiden im Regelfall scheitern. Arbeitgeber sollten daher einen von den gegenwärtigen Mitarbeitern unabhängigen Twitter-Account schaffen, dessen Name nicht auf einen Mitarbeiter verweist. Dieser Account sollte mit einer vom Unternehmen kontrollierten E-Mail-Adresse verknüpft werden. Die Betreuung dieses offiziellen Unternehmensaccounts sollte einem Mitarbeiter zugewiesen werden, wobei das Recht auf einen Entzug der Administratorenrechte explizit vorbehalten werden sollte. 153

Checkliste !

Verwaltung unternehmensbezogener Social Media-Accounts:
- Die Verwaltung von Twitter-Accounts des Unternehmens sollte nur über **E-Mail-Adressen des Unternehmens,** deren Verwaltung einem Arbeitnehmer temporär zugewiesen wird, erfolgen.
- Bei Nutzung von XING/LinkedIn-Profilen zu betrieblichen Zwecken sollte Arbeitnehmern vorgegeben werden, die Kunden nach dem **Kontaktaufbau außerhalb des Netzwerks** (über die Firmen-E-Mail) zu betreuen.
- Arbeitgeber und Arbeitnehmer sollten **schriftlich die Herausgabe und Löschung von Kundenkontakten** bei XING/LinkedIn im Falle des Ausscheidens aus dem Unternehmen **vereinbaren,** wenn das Profil auf den Arbeitnehmer registriert ist. In diesem Fall könnte gleich eine konkrete Sprachregelung gegenüber dem Kunden getroffen werden (z.B. „Die Löschung des Kontakts erfolgt wegen Arbeitsplatzwechsel. Bitte wenden Sie sich in Zukunft an XY.").

h) Beleidigung von Kollegen, Kunden und Vorgesetzten über soziale Netzwerke

154 Die Zahl der **arbeitsrechtlichen Auseinandersetzungen** wegen **Beleidigungen** über **soziale Netzwerke** steigt rapide an. Nahezu wöchentlich werden neue Fälle bekannt. Die Fallkonstellationen sind stets ähnlich: Ein Arbeitnehmer postet „im Freundeskreis" eine (möglicherweise) beleidigende Aussage über Arbeitskollegen, Vorgesetzte oder Kunden. Diese Beleidigung wird dem Arbeitgeber – nicht selten von einem „Freund" des Arbeitnehmers – zugespielt und führt zu einer – meist außerordentlichen – Kündigung.

139 United States District Court, Northern District of California, Urt. v. 30.1.2012 – 3:11-cv-03474-MEJ (Phone Dog vs. Noah Kravitz) –.

155 Im gerichtlichen Verfahren stellen sich regelmäßig zwei grundsätzliche Fragen: Stellt die Bemerkung eine **arbeitsrechtlich relevante Beleidigung** dar? Wenn ja, durfte der Arbeitgeber diese Aussage für eine Kündigung des Arbeitnehmers verwerten?

Beispiel

Fristlose Kündigung wegen Aussagen in sozialen Netzwerken – VGH München, Beschl. v. 29.2.2012 – 12 C 12.264 –:

Eine Mitarbeiterin, die von ihrem Arbeitgeber in der Filiale des Kunden O2 eingesetzt wird, postet auf Facebook:

> *„Boah kotzen die mich an von O2, da sperren sie einfach das Handy, obwohl schon man schon bezahlt hat...und dann behaupten die es wären keine Zahlungen da. Solche Penner...Naja ab nächsten Monat habe ich einen neuen Anbieter...“*

Binnen fünf Stunden hatte ein „Freund“ die Aussage an den Kunden weitergeleitet, der sich beim Arbeitgeber beschwerte. Dieser kündigte fristlos.[140]

---

aa) Rechtslage

156 Beleidigende Aussagen von Arbeitnehmern sind grundsätzlich geeignet, eine arbeitsrechtliche Sanktion bis hin zur **Kündigung** zu begründen.[141]

157 Vor der Sanktionierung sollte der Arbeitgeber zunächst prüfen, ob die betreffende Aussage vom Arbeitgeber für eine Sanktion verwendet werden kann oder das Persönlichkeitsrecht des Arbeitnehmers dem entgegensteht. Eine **Verletzung des Persönlichkeitsrechts** liegt vor, wenn es sich bei der Aussage des Arbeitnehmers um **„vertrauliche Kommunikation“** im Sinne der ständigen Rechtsprechung des BAG handelt.[142] Nach Rechtsprechung des BAG ist dies immer dann der Fall, wenn die Aussage im Rahmen eines vertraulichen Kollegengespräches im kleineren Kreis erfolgte und ein Teilnehmer die Vertraulichkeit durchbricht und dem Arbeitgeber über die Beleidigung berichtet.[143] Die Arbeitsgerichte wenden diese Grundsätze auch für den Fall der Beleidigung über soziale Netzwerke an. Im Fall der Beleidigung durch eine Aussage in einem sozialen Netzwerk ist daher zunächst zu untersuchen, unter welchen Umständen die Aussage erfolgte und wie viele Nutzer diese einsehen konnten.

158 Vorausgesetzt, die betreffende Aussage ist verwertbar, muss der Arbeitgeber sodann prüfen, ob es sich um eine pflichtwidrige Beleidigung handelt oder die Grenze des Zulässigen noch nicht überschritten ist. Hierbei ist zwischen der (noch) zu-

---

140 Vgl. auch *Wahlers*, jurisPR-ITR 8/2012, Anm. 2.
141 Vgl. ausführlich in Kap. 4 Rn 274.
142 BAG, Urt. v. 10.12.2009 – 2 AZR 534/08 – NZA 2010, 689, 699.
143 BAG, Urt. v. 10.12.2009 – 2 AZR 534/08 – NZA 2010, 689, 699.

lässigen **pointierten Kritik** und einer **pflichtwidrigen Beleidigung** bzw. **Schmähkritik** zu unterscheiden.[144]

159 Problematisch sind die Grenzfälle rüder Kritik ohne Verwendung von Schimpfwörtern. In diesen Fällen ist zu beachten, dass der Begriff der Schmähkritik eng auszulegen ist. Nach Rechtsprechung des BAG ist selbst bei Bejahung einer Beleidigung regelmäßig im Rahmen einer **Interessenabwägung** die Berücksichtigung von Anlass und Kontext der Äußerung erforderlich, um festzustellen, ob die Beleidigung eine **Kündigung rechtfertigt.**[145] In die Abwägung können Kriterien einfließen wie der betriebliche oder branchenübliche Umgangston, der Bildungsgrad und psychische Zustand eines Arbeitnehmers und die Gesprächssituation (Anwesenheit Dritter, Ernsthaftigkeit der beleidigenden Äußerung) sowie Ort und Zeitpunkt des Geschehens.[146] Zu prüfen ist auch, ob sich die Aussage des Arbeitnehmers pauschal gegen den Vorgesetzten oder den Arbeitgeber richtet oder ob der Arbeitnehmer auf ein möglicherweise pflichtwidriges Verhalten anderer eingeht.[147] Letzteres kann gegen eine Vorwerfbarkeit der Aussage sprechen, während auf der anderen Seite eine pauschale grundlose **Herabwürdigung von Vorgesetzen** oder **des gesamten Unternehmens** eindeutig für eine Beleidigung spricht.

160 Im Bereich Pflichtverstöße durch Social Media-Nutzung ist eine **außerordentliche Kündigung** in Fällen **schwerer Beleidigungen,** insbesondere bei Aussagen mit einem rassistischen oder sexistischen Hintergrund, gerechtfertigt.[148] Verletzt ein Mitarbeiter auf diese Weise die **Menschenwürde** von Kunden, Kollegen oder Vorgesetzten, ist es dem Arbeitgeber im Regelfall nicht zuzumuten, das Arbeitsverhältnis fortzusetzen. Eine **fristlose Kündigung** aufgrund beleidigender Aussagen in sozialen Netzwerken sollte hilfsweise als ordentliche Kündigung ausgesprochen werden.[149]

Checkliste !

Pflichtwidrigkeit einer **Mitarbeiteraussage** in einem sozialen Netzwerk:

- Auch **rüde Kritik** kann meist noch als von der Meinungsfreiheit gedeckt angesehen werden;
- das Verwenden von **Schimpfwörtern, Formalbeleidigungen** indiziert jedoch eine Pflichtwidrigkeit;
- in jedem Fall sind die konkreten Umstände der Äußerung zu prüfen; und

---

144 Vgl. hierzu bereits ausführlich in Kap. 4 Rn 274.

145 BAG, Urt. v. 24.11.2005 – 2 AZR 584/04 – NZA 2006, 650, 653.

146 Ascheid/Preis/Schmidt/*Dörner*/*Vossen*, § 1 KSchG Rn 296; LAG Schleswig-Holstein, Urt. v. 21.10.2009 – 3 Sa 224/09 – BeckRS 2010, 65445.

147 VGH München, Beschl. v. 29.2.2012 – 12 C 12.264 – NZA-RR 2012, 302, 304.

148 ArbG Duisburg, Urt. v. 26.9.2012 – 2 AZR 534/08 – NZA-RR 2013, 18, 19; ArbG Bochum, Urt. v. 29.3.2012 – 3 Ca 1283/11 – BeckRS 2012, 70844.

149 In einem gerichtlich entschiedenen Fall einer wirksamen Kündigung wegen Beleidigung über Facebook lehnte das Gericht die Wirksamkeit der fristlosen Kündigung ab, bejahte aber die Wirksamkeit der hilfsweise ausgesprochenen ordentlichen Kündigung, vgl. ArbG Hagen, Urt. v. 16.5.2012 – 3 Ca 2597/11 – BeckRS 2012, 71401.

– handelt es sich um eine **pauschale Herabwürdigung,** ist dies ein Indiz für eine sanktionierbare Handlung; ist die Aussage jedoch eine Reaktion auf vorwerfbares Verhalten seitens des Beleidigten, kann dies gegen eine Sanktion sprechen.

bb) Entschiedene Fälle in der Rechtsprechung

161 Es liegen bereits zahlreiche gerichtliche Entscheidungen zur Fallgruppe der Beleidigung durch Arbeitnehmer über soziale Netzwerke vor. Dabei zeigt sich, dass die Gerichte bei **eindeutigen** und **schwerwiegenden Beleidigungen** dazu tendieren, sogar eine **außerordentliche Kündigung** als wirksam anzusehen.

Beispiel 1
Wirksame außerordentliche Kündigung eines Auszubildenden wegen beleidigender Aussagen auf Facebook – LAG Hamm, Urt. v. 10.10.2012 – 3 Sa 644/12 –:

> *„Beschreibt ein Auszubildender auf seiner Facebook-Seite seinen Arbeitgeber als „Menschenschinder" und „Ausbeuter" und bezeichnet seine zu verrichtende Tätigkeit als „dämliche Scheiße", stellt dies massiv ehrverletzende Äußerungen dar, die zum Ausspruch einer außerordentlichen Kündigung des Berufsausbildungsverhältnisses geeignet sind."*

Beispiel 2
Wirksame ordentliche Kündigung wegen beleidigender Aussagen auf Facebook, ArbG Hagen, Urt. v. 16.5.2012 – 3 Ca 2597/11 –. Der Arbeitnehmer postete auf seinem Facebook-Profil:

> *„hi M1, mir geht's gut, und dir hoffe ich auch. Habe mich über diesen scheiss G1 geärgert hat mir zwei abmahnungen gegeben innerhalb von drei monaten wegen rauigkeit. Diesen kleinen scheisshaufen mache ich kaputt, werde mich beschweren über diesen wixxer bin 32jahre hier dabei und so ein faules schwein der noch nie gearbeitet hat in seinem scheissleben gibt mir zwei abmahnungen, da hat er sich im falschen verguckt diese drecksau naja sag mal bis bald"*

162 Allerdings ist zu beachten, dass die Gerichte über einen **erheblichen Ermessensspielraum** bei der Prüfung, ob ein zur fristlosen Kündigung berechtigender wichtiger Grund i.S.v. § 626 Abs. 1 BGB vorliegt, verfügen. Zudem ist gem. § 626 Abs. 1 BGB eine Interessenabwägung durchzuführen. Das Gericht kann dabei das Fehlen einer gleichartigen Abmahnung oder eine lange Betriebszugehörigkeit zugunsten des Arbeitnehmers werten und die Kündigung als unwirksam ansehen.

Beispiel
Unwirksame fristlose Kündigung wegen beleidigender Aussagen auf Facebook aufgrund fehlender vorheriger Abmahnung, ArbG Duisburg, Urt. v. 26.9.2012 – 5 Ca 949/12 –:
Der Arbeitnehmer postete auf seinem Facebook-Profil:

> *„Irgendwann mach ich mein mund auf und dann mal gucken wie doof die gucken alle manche arbeitskollegen haben nixs zu tun hinter mein rücken zu reden und lästern von bildern die ih*

hier rein tue bilder von januar nur weil paar kollegen von mir es haben wollten hab ihes drauf gemacht aber ein paar speckrollen die nicht mal jahre lang abnehmen können und manche die überstd brauchen meinen hinter mein rücken zu reden habt ihr keine freunde hattet ihr schlechten sex hat jemand euch ins gehirn geschissen oder so habt ihr keine andere hobbys statt zu lästern und arsch zu kriechen und auf ein klug scheißer tun als werd ihr besser ihr seit unnötig noch nicht mal irgednwas wert bin seit fünfjahren bzw mehr als fünf jahre nie krankenschein eingereicht und jetz wo ich innenminuskriss habe könnt ihr jetz lästern ihr fische denkt ihr ich bin froh darüber ihr heult doch immer wegen kleinigkeiten und drückt attest rein ihr könnt mich mal kreuzweise die jenigen wissen wen ich meine die sollen sich nur schämen wartet wenn ih ab Freitag ambulant bin und in zwei wochen raus komme!!!"

cc) Sonderfall – Arbeitnehmeraussagen in Bewertungsforen

Arbeitsrechtliche Konflikte können auch im Zusammenhang mit der Nutzung von Internetangeboten zur **Arbeitgeberbewertung** auftreten. Seiten wie kununu.com ermöglichen es sogar, **anonym** Arbeitgeber ohne Angabe der eigenen Identität zu bewerten. 163

Bewertungen eines Arbeitnehmers, die eine Beleidigung, üble Nachrede oder Verleumdung darstellen, sind **schwerwiegende Pflichtverletzungen,** die arbeitsrechtliche Sanktionen bis hin zur fristlosen Kündigung rechtfertigen. Dies setzt jedoch voraus, dass der Arbeitgeber die Urheber identifizieren kann, was nur im Ausnahmefall gelingen dürfte. 164

Aber auch außerhalb des aufgezeigten Bereichs evident pflichtwidriger Handlungen können **kritische Äußerungen** eines Arbeitnehmers pflichtwidrig sein. Die dem Arbeitnehmer zustehende Meinungsfreiheit ist durch seine **arbeitsvertraglichen Treue- und Loyalitätspflichten** beschränkt. Die **Darstellung von Missständen** ist vor dem Hintergrund der Whistleblower-Rechtsprechung des BAG bedenklich.[150] Demnach sind Arbeitnehmer gehalten, zunächst für eine interne Klärung zu sorgen, bevor entsprechende Sachverhalte an die Öffentlichkeit getragen werden.[151] Dem Arbeitnehmer kommt aufgrund der **Fürsorgepflichten des Arbeitgebers** ein Beschwerderecht bei Missständen zu.[152] Bei Existenz eines Betriebsrats besteht zudem das Recht, den Betriebsrat nach § 85 BetrVG einzuschalten. Dieser kann den Arbeitgeber auffordern, Abhilfe zu schaffen. Die kritische Darstellung von Arbeitgebern auf Bewertungsseiten ist somit in der Regel als unzulässig anzusehen.[153] 165

Arbeitgeber sollten Mitarbeiter auf die vorstehenden Zusammenhänge im Rahmen einer **Social Media Guideline** hinweisen. Stellt ein Arbeitgeber fest, dass 166

150 BAG, Urt. v. 3.7.2003 – 2 AZR 235/02 – NJW 2004, 1547, 1549.
151 BAG, Urt. v. 3.7.2003 – 2 AZR 235/02 – NJW 2004, 1547, 1549, 1550.
152 ErfK/*Kania*, § 84 BetrVG Rn 1.
153 *Wiese*, NZA 2012, 1, 5.

unrichtige oder verleumderische Aussagen in ein Bewertungsportal eingestellt wurden, bleibt – sofern der Arbeitnehmer nicht identifiziert werden kann – nur die Abmahnung und erforderlichenfalls die Beschreitung des Klagewegs vor den ordentlichen Gerichten gegen den Betreiber der Seite.

dd) Reaktionsmöglichkeiten des Arbeitgebers bei Beleidigungen über Social Media-Präsenzen

167 Erlangt der Arbeitgeber Kenntnis von **beleidigenden Aussagen** von Mitarbeitern **in Social Media-Präsenzen,** gilt es, schnell zu handeln. Der Arbeitgeber sollte kurzfristig prüfen, ob die Aussagen geeignet sind, einen zum Ausspruch einer außerordentlichen Kündigung berechtigenden wichtigen Grund i.S.v. § 626 Abs. 1 BGB darzustellen. Dies dürfte insbesondere bei **Schmähkritik** oder der Verwendung von **Fäkalausdrücken** zu bejahen sein. Sodann ist als zweiter Schritt zu prüfen, ob eine Interessenabwägung zugunsten des Arbeitgebers spricht und ob ihm nicht zuzumuten ist, das Arbeitsverhältnis fortzusetzen und bloß eine Abmahnung auszusprechen. Hier sind zugunsten des Arbeitnehmers Kriterien wie z.B. eine eventuelle lange Betriebszugehörigkeit zu berücksichtigen. Im Regelfall bedarf es anwaltlicher Unterstützung, um die Erfolgsaussichten einer möglichen außerordentlichen Kündigung zutreffend einzuschätzen. Sind die Voraussetzungen für eine außerordentliche Kündigung nicht gegeben, ist der Ausspruch einer ordentlichen verhaltensbedingten Kündigung oder einer Abmahnung zu prüfen.

! **Praxistipp**

Best practice bei Ausspruch einer **außerordentlichen Kündigung** in **Beleidigungsfällen:**
- Der Arbeitgeber sollte die Kündigung hilfsweise als **ordentliche verhaltensbedingte Kündigung** zum nächstmöglichen Zeitpunkt aussprechen.
- Die Kündigung muss innerhalb der **Zwei-Wochen-Frist** des § 626 Abs. 2 BGB ausgesprochen werden, d.h., die Kündigung muss innerhalb von zwei Wochen ausgesprochen werden, sobald der Arbeitgeber Kenntnis aller relevanten Umstände hat.
- Sieht das Arbeitsgericht die Voraussetzungen für eine außerordentliche Kündigung als nicht erfüllt an, kann sich der Arbeitgeber auf die **hilfsweise** ausgesprochene **ordentliche Kündigung** berufen und das Arbeitsverhältnis u.U. auf diese Weise beenden.

IV. Kontroll- und Überprüfungsrechte des Computers/der Logfiles durch den Arbeitgeber

1. Überprüfung von PC und Logdateien des Arbeitnehmers

168 Im Zusammenhang mit der **Sanktionierung rechtswidriger IT-Nutzung** im Allgemeinen und der **widerrechtlichen Nutzung von Social Media-Präsenzen** im Speziellen stellt sich nicht selten die wichtige (Vor-)Frage, ob und inwieweit Ar-

beitgeber den **dienstlichen PC** von Arbeitnehmern wegen möglicher Pflichtverletzungen überhaupt **überprüfen und kontrollieren können.** Diese Frage stellt sich nicht nur im Hinblick auf die Kontrolle von Arbeitnehmer-E-Mails,[154] sondern auch der sog. Logdateien, d.h. der automatisch aufgezeichneten Internetprotokolle, anhand derer der Arbeitgeber die Internetaktivitäten seiner Arbeitnehmer überprüfen kann. Mithilfe der Logdateien kann insbesondere leicht ermittelt werden, wann und wie lange ein bestimmter Internetnutzer auf welchen Websites „gesurft" hat.[155]

a) Neue Rechtsprechung des LAG Berlin-Brandenburg

Für die rechtliche Beurteilung der Möglichkeiten des Zugriffs und der Überprüfung 169
sowohl der E-Mail-, als auch der Internetnutzung von Arbeitnehmern durch den Arbeitgeber wurde noch bis in die jüngste Vergangenheit hinein in Rechtsprechung und Literatur vorwiegend danach unterschieden, ob der Arbeitgeber die **private Nutzung von Internet und E-Mail** (konsequent) **verboten** hat oder ob er seinen Mitarbeitern auch das **Recht einräumte,** den Arbeitsplatzrechner für private Zwecke zu nutzen.[156] Während im Hinblick auf den erstgenannten Fall Einigkeit darüber bestand, dass die schützenswerten Belange des Arbeitnehmers in der Regel zurücktreten werden,[157] vertrat die bis dahin wohl herrschende Auffassung in der Literatur bei der **erlaubten Privatnutzung,** dass der Arbeitgeber in dieser Situation als **Diensteanbieter** im Sinne des Telekommunikationsgesetzes („TKG") und des Telemediengesetzes („TMG") anzusehen sei und sich etwaige Kontrollmaßnahmen des Arbeitgebers (auch) an den deutlich strengeren Vorgaben dieser Gesetze messen lassen müssen.[158]

Zur Frage des Eingriffs des Arbeitgebers in den E-Mail-Verkehr seiner Arbeit- 170
nehmer hat sich zuletzt in einer wohl wegweisenden Entscheidung jedoch das LAG Berlin-Brandenburg auseinandergesetzt[159] und ist dabei zu dem Ergebnis gelangt, dass der Arbeitgeber ein **Zugriffsrecht** auf den dienstlichen E-Mail-Account des Arbeitnehmers auch dann haben kann, wenn dem Arbeitnehmer dessen **pri-**

154 Hierzu eingehend *Fülbier/Splittgerber*, NJW 2012, 1995ff.

155 Um dies zu verschleiern, gibt es sog. Anonymisierungssoftware. Wenn eine solche Software allerdings ohne das Einverständnis des Arbeitgebers von einem Arbeitnehmer auf dem dienstlichen PC installiert wird, kann dies jedenfalls eine ordentliche Kündigung rechtfertigen, vgl. BAG, Urt. v. 12.1.2006 – 2 AZR 179/05 – NZA 2600, 980, 984.

156 Vgl. nur *Hanau/Hoeren/Andres*, S. 19ff.; *de Wolf*, NZA 2010, 1206, 1207; *Bloesinger*, BB 2007, 2177; *Hoppe/Braun*, MMR 2010, 80ff.; *Beckschulze*, DB 2007, 1526, 1528f.; *Bier*, DuD 2004, 277, 278.

157 Besgen/Prinz/*Busse*, § 10 Rn 47.

158 So etwa *Feldmann*, NZA 2008, 1398; *Besgen/Prinz*, § 10 Rn 19; *Kömpf/Kunz*, NZA 2007, 1341, 1345; *Mengel*, BB 2004, 2014, 2015f.

159 LAG Berlin-Brandenburg, Urt. v. 16.2.2011 – 4 Sa 2132/10 – NZA-RR 2011, 342, 344.

vate Nutzung gestattet wurde.[160] Unter Verweis auf ein Urteil des LAG Niedersachsen vom 31.5.2010[161] entschied das LAG Berlin-Brandenburg, dass ein Arbeitgeber nicht automatisch zum Diensteanbieter i.S.v. § 3 Nr. 6 TKG werde, nur weil er seinen Arbeitnehmern die private Nutzung des dienstlichen E-Mail-Accounts erlaube.[162]

b) Anwendbarkeit der neuen Rechtsprechung auch auf die Überprüfung der Logdateien

171 Diese Feststellung dürfte **uneingeschränkt** auch für die **Kontrolle von Logdateien** gelten. Insbesondere die früher geltende Unterscheidung danach, ob der Arbeitgeber eine private Nutzung des Internets erlaubt hat oder nicht,[163] dürfte sich nicht zuletzt nach der Entscheidung des LAG Berlin-Brandenburg zunehmend überholen. Die **Zulässigkeit** der Einsichtnahme in die Logdateien von Arbeitnehmern richtet sich dann stets nach den Regelungen des TMG und des BDSG,[164] unabhängig davon, ob der Arbeitgeber nur die **dienstliche Nutzung** von Internet und Social Media-Präsenzen erlaubt hat oder auch die **Privatnutzung.** Dies erklärt sich vor dem Hintergrund, dass durch die Kontrolle und Überprüfung der Logdateien personenbezogene Daten i.S.d. § 3 Abs. 1 BDSG erhoben werden. Grundsätzlich sind sowohl Inhalts- als auch Verbindungsdaten[165] personenbezogene Daten. Bezogen auf die private Internetnutzung sind jedoch allein die **Verbindungsdaten** relevant, und zwar nicht nur die sog. äußeren Verbindungsdaten, wie Angaben über Tag, Uhrzeit, Beginn, Ende der Onlineverbindung,[166] sondern auch die Internetadressen der abgerufenen Websites. Über diese erlangt der Arbeitgeber im Ergebnis auch einen Überblick darüber, in welchem Umfang der Arbeitnehmer das Internet zu privaten Zwecken nutzt und welche Seiten der Mitarbeiter mittels seines dienstlichen PCs besucht.

---

160 Vgl. hierzu u.a. *Tiedemann*, ZD 2011, 45 ff.; *Wybitul*, BB 2011, 1 (Heft 37); *Wybitul*, ZD 2011, 69 ff.; *Mückenberger/Müller*, BB 2011, 2302 f.; *Fülbier/Splittgerber*, NJW 2012, 1995 ff.; a.A. *Jandt*, K&R 2011, 631 f.

161 LAG Niedersachsen, Urt. v. 31.5.2010 – 12 Sa 875/09 – NZA-RR 2010, 406 ff.

162 Vgl. zu alldem ausführlich *Fülbier/Splittgerber*, NJW 2012, 1995 ff.

163 Vgl. nur *Hanau/Hoeren/Andres*, S. 19 ff.; *de Wolf*, NZA 2010, 1206, 1207; *Bloesinger*, BB 2007, 2177, 2178, 2179; *Beckschulze*, DB 2007, 1526, 1528 f.; *Bier*, DuD 2004, 277, 278.

164 Vgl. *Lindemann/Simon*, BB 2001, 1950, 1951; *Kratz/Gubbels*, NZA 2009, 652, 653; *Hoppe/Braun*, MMR 2010, 80, 81; Spindler/Schuster/*Spindler/Nick*, § 11 TMG Rn 10.

165 Vgl. Moll/*Dendorfer*, § 35 Rn 198 f.; *Kömpf/Kunz*, NZA 2007, 1341, 1344.

166 Kilian/Heussen/*Liedtke*, Teil 7, Computerleistungen als Gegenstand des Arbeitsvertrags, Rn 62b.

c) Mögliche Ermächtigungsgrundlagen

Bereits vor dem Hintergrund des **Grundsatzes der Direkterhebung**[167] ist die naheliegendste **datenschutzrechtliche Ermächtigung** zunächst stets die Erteilung einer Einwilligung in die Erhebung und Nutzung der personenbezogenen Daten i.S.v. § 4a BDSG. Zur Legitimierung der Kontrolle und Überprüfung der Logdateien durch den Arbeitgeber wird diese jedoch in der Regel bereits deshalb nicht in Betracht kommen, weil eine **datenschutzrechtliche Einwilligung** stets „freiwillig" erteilt werden muss.[168] Genau an einer solchen **„freiwilligen" Erteilung** werden im Rahmen von Arbeitsverhältnissen regelmäßig Bedenken bestehen, weil für Arbeitsverhältnisse letztlich das Über- und Unterordnungsverhältnis von Arbeitgeber und Arbeitnehmer charakteristisch ist.[169] Hier ist im Einzelfall zu prüfen, ob der Arbeitnehmer eine tatsächliche Wahl hatte, die Einwilligung zu verweigern. Während dies im Rahmen der Begründung des Arbeitsverhältnisses in der Regel der Fall sein dürfte, dürfte dies während der Dauer des Arbeitsverhältnisses deutlich problematischer sein.[170] 172

Speziell im Zusammenhang mit der **Nutzung von Social Media-Plattformen** wird mittlerweile allerdings diskutiert, ob in der tatsächlichen Nutzung eine **stillschweigende Einwilligung des Arbeitnehmers** zur Einsichtnahme in die **Logdateien** durch den Arbeitgeber erblickt werden kann. Dies wird damit begründet, dass sich der Arbeitnehmer bei einer bewusst unerlaubten Privatnutzung damit einverstanden erkläre, dass seine private Internetnutzung wie eine dienstliche Nutzung behandelt werde.[171] 173

Der Arbeitgeber hat zudem zu beachten, dass eine datenschutzrechtliche **Einwilligung** grundsätzlich jederzeit **widerruflich** ist, sodass diese zumindest auch dann kaum hilfreich sein wird, wenn diese bereits bei Abschluss des Arbeitsvertrages im Hinblick auf irgendwelche in der Zukunft ggf. erfolgenden Untersuchungen eingefordert wird. Erfolgt ein solcher Widerruf, kann der Arbeitgeber jedoch ggf. einwenden, dass er willkürlich und unter Verstoß gegen den **Treu und Glauben-Grundsatz** erfolgte. Eine Einwilligung soll nach zutreffender Literaturauffassung nämlich nur dann zurückgenommen werden können, wenn die für ihre Erteilung maßgebenden Gründe entfallen sind, sich wesentlich geändert oder sich die tatsächlichen Voraussetzungen geändert haben.[172] 174

---

167 Vgl. hierzu bereits oben unter Rn 11.

168 Vgl. hierzu bereits in Kap. 3 Rn 86.

169 Vgl. z.B. Stellungnahme der Artikel-29-Datenschutzgruppe der EU, WP 48 zur Verarbeitung personenbezogener Daten von Beschäftigten, S. 3 oder WP 114 über eine gemeinsame Auslegung des Art. 26 Abs. 1 der RL 95/46/EG vom 24.10.1995, S. 13.

170 Vgl. zu alldem *Fülbier/Splittgerber*, NJW 2012, 1995, 1997 f.

171 Vgl. nur: Bundesbeauftragter für den Datenschutz und die Informationsfreiheit, Leitfaden „Internet am Arbeitsplatz", S. 3 sowie die gute Übersicht in Dornbusch/Fischermeier/Löwisch/*Scholz*, § 32 Rn 8.

172 Gola/Schomerus/*Gola/Schomerus*, § 4a Rn 38.

175 Daher ist die Zulässigkeit einer konkreten Einsichtnahme in die Logdateien von Arbeitnehmern grundsätzlich nach § 32 Abs. 1 BDSG oder nach § 28 Abs. 1 S. 1 Nr. 2 BDSG zu beurteilen.[173] Welche **Anspruchsgrundlage** im Einzelfall einschlägig ist, hängt dann von dem **Zweck** ab, den der Arbeitgeber mit der betreffenden **Einsichtnahme** verfolgt. So werden entsprechende Untersuchungen des Arbeitgebers bei Verdacht auf Vertrags- oder Rechtsverstöße des Arbeitnehmers typischerweise von § 32 BDSG gedeckt sein. Zweckbeispiele für § 28 Abs. 1 S. 1 Nr. 2 BDSG sind etwa die Untersuchung oder Behandlung von IT-Sicherheitsvorfällen, die Einsichtnahme in zurückliegende Geschäftsvorfälle (z.B. im Rahmen von Gerichtsverfahren) oder interne Ermittlungen, beispielsweise zu **Straftaten** anderer Arbeitnehmer.[174]

d) Kontrollbefugnisse des Arbeitgebers entscheiden sich mittels Gesamtabwägung sämtlicher Umstände des Einzelfalls

176 Die eigentliche datenschutzrechtliche Prüfung unterscheidet sich innerhalb der genannten Ermächtigungsgrundlagen nur unwesentlich. Sowohl im Rahmen von § 28 Abs. 1 S. 1 BDSG als auch im Rahmen von § 32 Abs. 1 S. 1 BDSG erfolgt eine **umfassende Abwägung** sämtlicher betroffener Interessen beider Parteien im Einzelfall, anhand derer sich die Zulässigkeit der erforderlichen Maßnahme im Ergebnis entscheidet.

177 Zugunsten des Arbeitnehmers sind dabei insbesondere die durch Art. 2, 1 GG geschützten **Rechte auf informationelle Selbstbestimmung** und des **allgemeinen Persönlichkeitsrechts** zu berücksichtigen, während aufseiten des Arbeitgebers das **Eigentumsrecht,** der **Schutz des eingerichteten und ausgeübten Gewerbebetriebs** sowie das Grundrecht auf **Berufsfreiheit** zu beachten sind. Darüber hinaus sind aber auch die **Grundsätze der Datenvermeidung und Datensparsamkeit** (§ 3a BDSG) sowie die übrigen datenschutzrechtlichen Verpflichtungen zu berücksichtigen, wie z.B. die Informationsrechte des Arbeitnehmers nach § 4 Abs. 3 und § 33 Abs. 1 BDSG. Sofern mit der Einsichtnahme ein besonderes Risiko für die Rechte des Betroffenen i.S.v. § 4d Abs. 5 BDSG verbunden ist, kann zudem eine **Vorabkontrolle** durch den Datenschutzbeauftragten erforderlich sein.[175]

---

173 Leupold/Glossner/*Hegewald*, Teil 7 Rn 74; *Hoppe/Braun*, MMR 2010, 80ff.; Gola/Schomerus/*Gola/Schomerus*, § 32 Rn 18. Einhellig vertreten wird, dass § 28 Abs. 1 S. 1 Nr. 1 BDSG von § 32 Abs. 1 BDSG verdrängt wird, vgl. z.B. *Gola/Jaspers*, RDV 2009, 212, 212.

174 *Fülbier/Splittgerber*, NJW 2012, 1995, 1997.

175 *Fülbier/Splittgerber*, NJW 2012, 1995, 1997.

Praxistipp
Schaffung von „Aktenlage“:
Arbeitgeber sollten anlässlich einer solchen Kontrolle der Logdateien Maßnahmen umsetzen, die die Interessenabwägung zu ihren Gunsten unterstützen, z.B. die als **„mildere Mittel“** identifizieren und anwenden, und diese im Hinblick auf ein späteres Gerichtsverfahren schriftlich protokollieren.

Eine sog. **Totalüberwachung** von Arbeitnehmern ist stets **unverhältnismäßig** und 178
damit unzulässig.[176] Die lediglich **stichprobenartige Kontrolle** der **Nutzung von sozialen Netzwerken,** selbst wenn diese regelmäßig erfolgt, dürfte bei verbotener privater Nutzung des Arbeitnehmers von sozialen Netzwerken oder des Internets insgesamt hingegen grundsätzlich zulässig sein, da der Arbeitgeber die Möglichkeit haben muss, die Einhaltung eines aufgestellten Verbots auch entsprechend zu überwachen.[177] In sämtlichen übrigen Konstellationen, d.h. bei erlaubter privater Nutzung von Social Media-Präsenzen, dürfte für eine Überprüfung stets ein **konkreter Anlass** erforderlich sein.

2. Überprüfung der Social Media-Profile durch den Arbeitgeber

Eine von der Kontrolle der bloßen Verbindungsdaten des Arbeitgebers losgelöste 179
Frage ist die **inhaltliche Kontrolle** der einzelnen **Social Media-Profile** seiner Arbeitnehmer (während der Dauer des Arbeitsverhältnisses) durch den Arbeitgeber.

a) Grundsätzliche Geltung der für den vorvertraglichen Bereich entwickelten Grundsätze

Hier kann letztlich nichts anderes gelten als für den vorvertraglichen Bereich, etwa 180
bei der Datenerhebung im Rahmen der Personalakquise oder des Background Screenings.[178] Maßgeblicher Anknüpfungspunkt dürfte auch hier die Frage der **öffentlichen Zugänglichkeit** der in den sozialen Netzwerken hinterlegten **Informationen** sein.

Die bereits **über Suchmaschinen** wie Google verfügbaren personenbezogenen 181
Daten dürften in jedem Fall als „allgemein zugänglich“ i.S.v. § 28 Abs. 1 Nr. 3 BDSG gelten und die Erhebung darüber gewonnener personenbezogener Daten daher im oben dargestellten Umfang[179] auch über diese gesetzliche Regelung zu legitimieren sein.

---

176 Vgl. nur: Bundesbeauftragter für den Datenschutz und die Informationsfreiheit, Leitfaden „Internet am Arbeitsplatz“, S. 2. Vgl. auch die gute Übersicht in Dornbusch/Fischermeier/Löwisch/*Scholz*, § 32 Rn 8.

177 Vgl. zu dieser Abwägung grundsätzlich *Wolf/Mulert*, BB 2008, 442, 446 f.

178 Vgl. oben unter Rn 5.

179 Vgl. oben unter Rn 25.

182 Vergleichbares dürfte aber auch für die **direkt in den sozialen Netzwerken erfolgte Erhebung** von personenbezogenen Daten gelten. Sowohl in den vermeintlich eher berufsbezogenen Netzwerken wie XING oder LinkedIn sowie den eher als freizeitbezogen geltenden sozialen Netzwerken wie Facebook oder studiVZ besteht die Möglichkeit, den **Kreis der Nutzer einzuschränken.** Wurde hiervon kein Gebrauch gemacht, ist dies allein dem Risikobereich des Arbeitnehmers zuzurechnen. Gibt ein Arbeitnehmer Informationen und personenbezogene Daten von sich **freiwillig und ohne entsprechende Einschränkung** in einem sozialen Netzwerk preis, nimmt er auch in Kauf, dass diese Informationen einer breiten **Öffentlichkeit** ungefiltert zuteil werden. Darin ist naturgemäß keine wirksame **datenschutzrechtliche Einwilligung** i.S.d. § 4a BDSG zu sehen. Der Arbeitnehmer ist in diesem Fall jedoch deutlich weniger schutzbedürftig. Eine Nutzung der personenbezogenen Daten kommt daher auch hier grundsätzlich über die Vorschrift des § 28 Abs. 1 Nr. 3 BDSG in Betracht.

b) Berücksichtigung vertraglicher Treuepflichten

183 Nicht zu verkennen ist hingegen, dass die Parteien des Arbeitsverhältnisses – anders als im vorvertraglichen Bereich – **vertraglichen Treuepflichten** unterliegen, insbesondere der Pflicht zur **gegenseitigen Rücksichtnahme** nach § 241 Abs. 2 BGB. Wegen des besonderen personellen Charakters des Arbeitsverhältnisses (vgl. § 613 BGB) sind die Treuepflichten im Arbeitsverhältnis sogar noch stärker als in anderen Vertragsverhältnissen.[180]

184 Bei der **Überprüfung von Social Media-Profilen** von Arbeitnehmern durch den Arbeitgeber dürften die vertraglichen Treuepflichten die Einzelabwägung i.S.d. § 28 BDSG bereits auf der ersten Stufe des **„legitimen Zwecks“** maßgeblich beeinflussen. Während beim Background Screening von Bewerbern hierfür bereits das berechtigte Interesse des Arbeitgebers daran ausreicht, zu erfahren, mit wem genau er es zu tun hat, reicht ein solches allgemeines Interesse für die Legitimation eines Eingriffs während des Arbeitsverhältnisses noch nicht aus. Damit könnte dann nämlich auch die regelmäßige und/oder routinemäßige Überwachung legitimiert werden, ggf. sogar die **gezielte „Suche“ nach Pflichtverstößen,** um einen missliebigen Arbeitnehmer „loszuwerden“.

185 Erforderlich ist hier vielmehr stets ein **konkreter Anlass** für die Überprüfung, wie insbesondere ein konkreter, nachweisbarer Verdacht auf eine begangene arbeitsrechtlich relevante Pflichtverletzung. Erst dies stellt einen legitimen Zweck für eine Überprüfung eines sozialen Netzwerks zum Zwecke der Überprüfung von personenbezogenen Daten eines Mitarbeiters dar. Die Anforderungen an einen solchen Verdacht sollten jedoch nicht überspannt werden:

---

180 Küttner/*Kreitner*, Stichwort „Treuepflicht“ Rn 1.

Weist ein Arbeitnehmer z.B. Fehlzeiten auf und es besteht der Verdacht, dass der Arbeitnehmer tatsächlich nicht erkrankt ist, kann der Arbeitgeber auf allgemein zugängliche Daten in Social Media-Präsenzen zugreifen, um zu prüfen, ob der Arbeitnehmer möglicherweise in den Urlaub gefahren ist oder andere Indizien für ein „Blau machen" vorhanden sind. 186

c) Verwertung von „Zufallsfunden"

Auch sog. **Zufallsfunde** können arbeitsrechtlich **sanktionierbar** und **verwertbar** sein. Wer seine arbeitsrechtlichen Pflichten verletzt und den dienstlichen Bereich auf diese Art und Weise bewusst in die Öffentlichkeit trägt, ist insofern nicht schutzbedürftig und darf selbst nicht darauf hoffen, dass der Arbeitgeber allein vertraulich damit umgeht.[181] 187

Beispiele
Ein Personalleiter aktualisiert sein eigenes Facebook-Profil und stößt dabei auf den Blog eines Kollegen, der sich grob beleidigend über seine Vorgesetzte äußert.
Abwandlung: Ein Arbeitskollege leitet den Ausdruck einer kompromittierenden Aussage aus dem geschlossenen Bereich einer Social Media-Präsenz an den Arbeitgeber weiter.

Dies gilt jedoch nicht, sofern es sich um **„vertrauliche Kommunikation"** im Sinne der BAG-Rechtsprechung handelt. Wird z.B. eine Beleidigung, die nur für wenige Nutzer einer Social Media-Präsenz sichtbar ist, von einem dieser Nutzer nach außen getragen, kann eine **Verletzung des Persönlichkeitsrechts** vorliegen, die einer Beweisverwertung vor Gericht entgegensteht.[182] 188

d) Pflichtverletzungen im engen Freundeskreis

Anders zu behandeln sein dürften daher auch die in den **nichtöffentlichen Bereichen** begangenen **Pflichtverletzungen** und **preisgegebenen Informationen,** d.h. die nur Freunden sichtbaren Blogs, die benutzerdefinierten Beiträge, die in geschlossenen oder geheimen Gruppen erfolgten Pflichtverletzungen sowie die Informationen, die lediglich einem anderen Nutzer mitgeteilt und von diesem (ohne Einverständnis des Arbeitnehmers) an Dritte weitergegeben wurden. Solche personenbezogenen Daten dürfen vom Arbeitgeber nicht für etwaige arbeitsrechtliche Sanktionen verwendet werden; hierfür kommt auch die Regelung des § 28 Abs. 1 Nr. 3 BDSG als Ermächtigungsgrundlage nicht in Betracht, weil es sich hierbei gerade nicht um „öffentlich zugängliche" Informationen handelt und die Interessen des 189

181 Vgl. hierzu im Folgenden aber auch bezüglich der Frage der Beweisverwertung unter Rn 198.
182 Siehe hierzu oben unter Rn 157 sowie nachstehend unter Rn 189 f.

Arbeitnehmers und dessen Vertrauen auf **„ein privat gesprochenes Wort"** im Einzelfall auch überwiegen.

190 Daran dürfte sich auch nichts ändern, wenn die die Pflichtverletzung selbst entdeckende Person aufseiten des Arbeitgebers, wie etwa ein Mitarbeiter der Personalabteilung oder eine Führungskraft des Unternehmens, zu den Personen zählt, der der Zugang zum nichtöffentlichen Bereich durch den Arbeitnehmer selbst eingeräumt worden war, z.B. durch eine entsprechende vorherige (bestätigte) **Freundschaftsanfrage** des Arbeitnehmers selbst. Dadurch wird der Bereich nicht automatisch zum „öffentlichen Bereich".

! **Checkliste**

Beispiele für grundsätzlich nicht verwertbare **Arbeitnehmerdaten** in **sozialen Netzwerken:**

- Informationen, die **nicht allen** Mitgliedern des Netzwerks **zugänglich** sind;
- **besondere personenbezogene Daten** (rassische und ethnische Herkunft, politische Meinungen, religiöse oder philosophische Überzeugungen, Gewerkschaftszugehörigkeit, Gesundheit, Sexualleben);
- **interne** (E-Mail-ähnliche) **Nachrichten** im sozialen Netzwerk, die an andere Adressaten gerichtet sind;
- Informationen, die **ohne Wissen des Bewerbers** von einem anderen Nutzer (z.B. einem Freund) weitergegeben werden;
- Informationen, die **offensichtlich irrtümlich allgemein zugänglich** veröffentlicht wurden; oder
- Arbeitnehmerdaten, die im Rahmen einer kontinuierlichen Überwachung **ohne jeglichen Anlass erhoben** werden.

---

e) Sonderproblem – Aufnahme von Informationen aus Social Media-Präsenzen in die Personalakte

191 Auch wenn der Arbeitgeber, wie ausgeführt, anlassbezogen allgemein zugängliche **Daten/Informationen** über Arbeitnehmer in **Social Media-Präsenzen** erheben darf, bedeutet dies gleichwohl nicht zwangsläufig, dass er diese Daten/Informationen auch in die **Personalakte aufnehmen** kann. Die **Speicherung** von Informationen aus sozialen Netzwerken bringt die Gefahr mit sich, dass unzutreffende oder unvollständige Informationen gespeichert werden, die dem Nutzer der Personalakte ein falsches Bild vom Arbeitnehmer aufzeigen. Eine Sammlung **allgemein zugänglicher Informationen** über den Arbeitnehmer in der Personalakte, die **keinen unmittelbaren Bezug** zum Arbeitsverhältnis aufweisen, ist unzulässig.

192 Die Speicherung von Informationen in der Personalakte ist von der Möglichkeit einer Kenntnisnahme von Arbeitnehmerinformationen auf Social Media-Präsenzen zu trennen. Auf diese Weise erlangte Informationen dürfen nur in der Personalakte gespeichert werden, wenn dies im Rahmen der **Durchführung des Arbeitsverhältnisses** erforderlich ist.

193 Auch wenn der Arbeitgeber gem. § 28 Abs. 1 S. 1 Nr. 3 BDSG im Regelfall nicht gehindert ist, allgemein zugängliche Daten über den Arbeitnehmer in sozialen

Netzwerken zu erheben, ist die Aufnahme solcher Daten in die Personalakte anhand der **allgemeinen arbeitsrechtlichen Grundsätze** zur **Führung einer Personalakte** zu messen.

Nach Rechtsprechung des BAG schützt das durch Art. 1 und 2 GG gewährleistete **allgemeine Persönlichkeitsrecht** den Arbeitnehmer nicht nur vor einer zu weit gehenden Kontrolle und Ausforschung seiner Persönlichkeit. Es umfasst ebenfalls den **Schutz vor der Offenlegung personenbezogener Daten,** und zwar auch solcher, von denen der Arbeitgeber in zulässiger Weise Kenntnis erlangt hat.[183] Eine solche Offenlegung droht, wenn – zulässig erhobene – allgemein zugängliche Daten über den Arbeitnehmer pauschal in seine Personalakte aufgenommen werden und dort mitunter jahrzehntelang für Personen, die in die Personalakte Einsicht nehmen, verfügbar sind. 194

Der Arbeitgeber muss aufgrund dieser Vorgaben in Anlehnung an § 32 Abs. 1 S. 1 BDSG prüfen, ob die **Speicherung der Daten erforderlich** ist und zudem die Wertungen des **Grundsatzes der Direkterhebung** nach § 4 Abs. 2 S. 1 BDSG beachten. Der Arbeitgeber muss darauf achten, dass die Personalakte ein wahrheitsgemäßes und sorgfältiges Bild des Arbeitnehmers zeichnet.[184] Die **Erforderlichkeit** der Speicherung von Daten ist anhand der Grundsätze des Fragerechts des Arbeitgebers zu prüfen. Der Arbeitgeber darf keine Informationen in die Personalakte aufnehmen, die keinen Bezug zum konkreten Arbeitsverhältnis haben.[185] Finden sich z.B. in einem sozialen Netzwerk allgemein zugängliche Informationen über die weltanschaulichen Auffassungen des Mitarbeiters oder außerdienstliche Aktivitäten ohne Bezug zu seiner Tätigkeit, ist eine Aufnahme der Informationen in die Personalakte unzulässig. Gleiches gilt bei Informationen über außerdienstliche Vorfälle, wie z.B. ein Strafurteil gegen den Arbeitnehmer wegen eines außerdienstlichen Verkehrsunfalls.[186] 195

Stets zulässig ist hingegen die **Aufnahme** von Informationen **über Pflichtverletzungen** des Arbeitnehmers im Arbeitsverhältnis. Auch wenn diese sich in **nicht allgemein zugänglichen Bereichen** von Social Media-Präsenzen befinden, können sie nach ständiger Rechtsprechung der Arbeitsgerichte gerichtlich gegen den Arbeitnehmer verwendet werden, sofern es sich im Einzelfall nicht um vertrauliche Kommunikation handelt.[187] Für die Aufnahme diesbezüglicher Umstände in die **Personalakte,** d.h. die Ergänzung der Personalakte eines Mitarbeiters um Informationen und Dokumentation, die einen solchen Pflichtenverstoß auf einer Social Media-Präsenz belegen, kann daher nichts anderes gelten. Datenschutzrechtliche 196

183 BAG, Urt. v. 6.6.1984 – 5 AZR 286/81 – NZA 1984, 321, 322.
184 BAG, Urt. v. 12.9.2006 – 9 AZR 271/06 – NJW 2007, 794, 795, 796.
185 SWK/*Feichtinger*, Personalakte Rn 43.
186 Vgl. BAG, Urt. v. 9.2.1977 – 5 AZR 2/76 – NJW 1978, 124, 125.
187 Siehe dazu unter Rn 199.

Bedenken müssen angesichts dieser in der arbeitsrechtlichen Rechtsprechung geprägten Grundsätze zurückstehen.

197 Jede Speicherung von Daten in der Personalakte ist nach § 33 Abs. 1 S. 1 BDSG dem Arbeitnehmer **mitzuteilen.**[188] Eine Ausnahme gilt nach § 33 Abs. 2 Nr. 7 lit. b) BDSG, wenn die Benachrichtigung die Geschäftszwecke der verantwortlichen Stelle **erheblich gefährden** würde, es sei denn, dass das Interesse an der Benachrichtigung die Gefährdung überwiegt. Übertragen auf das Arbeitsverhältnis bedeutet dies, dass der Arbeitgeber den Arbeitnehmer nicht benachrichtigen muss, wenn er allgemein zugängliches Beweismaterial über Pflichtverletzungen aus Social Media-Präsenzen speichert. Das berechtigte Interesse des Arbeitgebers an der Verfolgung von Pflichtverletzungen wäre gefährdet, wenn er den Arbeitnehmer über die Speicherung von Beweismaterialien in Kenntnis setzen müsste.

! **Checkliste**

Dos and Don‘ts bei der **Aufnahme von Informationen** aus **sozialen Netzwerken** in die **Personalakte:**

- Stets zu prüfen: Besteht ein **Zusammenhang zum Arbeitsverhältnis?** Kann der Arbeitgeber ein legitimes Interesse an der Aufnahme der Information in die Personalakte haben?
- Bei beschäftigungsbezogenen Pflichtverletzungen besteht ein **legitimes Interesse** an einer Aufnahme in die Personalakte.
- Keine Aufnahme von Informationen, die möglicherweise unzutreffend sind oder von Dritten in Social Media-Präsenzen eingebracht wurden.
- Nicht zulässig ist die **Aufnahme besonderer Arten personenbezogener Daten** (rassische und ethnische Herkunft, politische Meinungen, religiöse oder philosophische Überzeugungen, Gewerkschaftszugehörigkeit, Gesundheit, Sexualleben).
- Werden Informationen in die Personalakte aufgenommen, ist sicherzustellen, dass es nicht zu einer **inhaltlichen Verzerrung** kommt. Aussagen dürfen z.B. nicht aus dem Zusammenhang gerissen werden.

V. Arbeitsgerichtliche Beweisverwertung bei Beleidigungen über soziale Netzwerke

198 Im Hinblick auf die Fallgruppe der **beleidigenden,** über **Social Media** getätigten **Äußerungen** wird zudem lebhaft die Frage diskutiert, ob der Arbeitgeber solche Pflichtverletzungen auch entsprechend für **arbeitsrechtliche Sanktionen verwerten** darf. Erfolgte bereits die Erhebung der Daten im Einklang mit den Regelungen des BDSG, dürften an der Verwertung der gewonnenen Erkenntnisse kaum Zweifel bestehen. Wie etwa die Rechtsprechung des BAG zur Videoüberwachung zeigt,[189] gibt es diesen Automatismus in der arbeitsrechtlichen Judikatur im umgekehrten Fall nicht. Dort wurde etwa ausdrücklich bestimmt, dass selbst datenschutzwidrig

188 ErfK/*Wank*, § 33 BDSG Rn 1; Gola/Schomerus/*Gola*/*Schomerus*, § 33 Rn 2.
189 Vgl. etwa BAG, Urt. v. 21.6.2012 – 2 AZR 153/11 – NJW 2012, 3594, 3596, 3597.

erlangte Informationen im Einzelfall gleichwohl gerichtlich verwertet werden dürfen. Dogmatisch verankert hat das BAG diese Vorgehensweise in einer **Verhältnismäßigkeitsprüfung** der **betroffenen Grundrechtspositionen** von Arbeitgeber und Arbeitnehmer. Tatsächlich dahinter stehen dürfte (zumindest auch) der Gerechtigkeitsgedanke, dass nachweislich begangene Pflichtverletzungen von den Gerichten im Rahmen ihrer Entscheidungsfindung nicht ohne Weiteres ignoriert werden sollen.

1. Die Rechtslage

Das BAG hatte in der Vergangenheit in zahlreichen Fällen zu entscheiden, ob der **199** Arbeitgeber wegen einer Beleidigung kündigen darf, die der Mitarbeiter im Gespräch mit Kollegen geäußert hatte. Nach Rechtsprechung des BAG gilt dabei der Erfahrungssatz, dass **beleidigende Äußerungen** über Vorgesetzte, die **im – kleineren – Kollegenkreis** erfolgen, in der sicheren Erwartung geäußert werden, sie würden nicht über den Kreis der Gesprächsteilnehmer hinausdringen.[190] Hebt der Gesprächspartner später gegen den Willen des sich negativ äußernden Arbeitnehmers die Vertraulichkeit auf, sollen die im Vertrauen auf die Privatheit getätigten Äußerungen arbeitsrechtlich nicht gegen den Arbeitnehmer verwendet werden können. Dies gilt nur dann nicht, wenn der Arbeitnehmer die Vertraulichkeit der Situation selbst aufhebt,[191] also etwa dieselben Äußerungen in **„großer Runde“** noch einmal wiederholt.

Die **Grundsatzentscheidungen des BAG** zur vertraulichen Kommunikation **200** sollen ausdrücklich nicht gelten, wenn viele Personen bei der jeweiligen Äußerung zugegen sind. Hier könne sich der Arbeitnehmer nicht sicher sein, dass die Vertraulichkeit von sämtlichen anwesenden Personen gewahrt wird.[192] Dies zugrunde gelegt, gelangt das BAG dann – aber auch nur dann – zu einem **Verwertungsverbot** der betreffenden Aussage, wenn der Arbeitnehmer sicher davon ausgehen durfte, dass seine Kollegen die Äußerungen für sich behalten werden.[193]

Die hierzu vom BAG aufgestellten Grundsätze werden auch im Zusammenhang **201** mit beleidigenden Äußerungen auf sozialen Netzwerken zugrunde gelegt, zum Teil allerdings mit unterschiedlichem Ergebnis. Ein Teil der Gerichte geht pauschal davon aus, dass soziale Netzwerke keine vertrauliche Kommunikation im Sinne des

---

190 BAG, Urt. v. 10.12.2009 – 2 AZR 534/08 – NZA 2010, 698, 699.

191 BAG, Urt. v. 10.12.2009 – 2 AZR 534/08 – NZA 2010, 698, 700; *Wahlers*, jurisPR-ITR 8/2012, Anm. 2.

192 BAG, Urt. v. 17.2.2000 – 2 AZR 927/98 – BeckRS 2010, 69168; *Wahlers*, jurisPR-ITR 8/2012, Anm. 2.

193 BAG, Urt. v. 30.11.1972 – 2 AZR 79/72 – BB 1973, 428; LAG Köln, Urt. v. 16.1.1998 – 11 Sa 146/97 – NZA-RR 1998, 395, 396; *Wahlers*, jurisPR-ITR 8/2012, Anm. 2.

BAG darstellen.[194] Andere Gerichte sehen in bestimmten Fällen die Möglichkeit vertraulicher Kommunikation für gegeben an.[195]

2. Verwertung von Beiträgen auf Facebook

202 Im Falle von auf **Facebook** getätigten Äußerungen dürfte danach zu unterscheiden sein, im Rahmen welchen **Nutzerkreises** eine **bestimmte Äußerung** getätigt wurde, wobei auch die Aktivierung des Gefällt mir-Buttons letztlich eine Art der Meinungsäußerung darstellt, die eine eigene Kategorie bildet.

a) Äußerungen auf der privaten Pinnwand

203 Bei Postings auf Pinnwänden sind verschiedene Fallgruppen zu unterscheiden: Tätigt ein Nutzer eine **beleidigende Aussage** auf der **Pinnwand eines anderen Nutzers,** so muss er davon ausgehen, dass er die Kontrolle über den Adressatenkreis verloren hat, da neben den eigenen „Freunden" mindestens auch die „Freunde" des Pinnwandinhabers, eventuell sogar alle Facebook-Nutzer, die Aussage lesen können. Dies gilt deshalb, weil die Privacy-Einstellungen eines Dritten über die Verbreitung entscheiden. Der Bereich der vertraulichen Kommunikation wird damit verlassen.[196]

204 Auch bei Aussagen **auf der eigenen Pinnwand** des Mitarbeiters kann jedoch nur im Einzelfall von **vertraulicher Kommunikation** ausgegangen werden. Hat der Nutzer in den Einstellungen zur Privatsphäre sein Profil z.B. als „öffentlich" eingestellt, können alle Facebook-Nutzer weltweit die Pinnwandeinträge mitlesen. Auch hier besteht kein Schutzbedürfnis des Arbeitnehmers.[197] Gleiches gilt, wenn der Nutzer **„Freunde von Freunden"** mitlesen lässt, da auf diese Weise meist mehrere hundert, dem Nutzer zum Teil unbekannte Dritte Zugriff erlangen. Hat der Nutzer **nur „Freunden"** das Mitlesen gestattet, kann zumindest der Empfängerkreis der Aussage klar eingegrenzt werden. Es ist allerdings zu bezweifeln, ob der Arbeitnehmer im Sinne der Rechtsprechung des BAG noch sicher davon ausgehen durfte, dass die Empfänger die Äußerungen für sich behalten würden, wenn der Nutzer – was nicht selten ist – hunderte von Facebook-„Freunden" hat. Sofern der Nutzer in diesem Fall nicht über einen für Facebook eher untypischen kleinen Freundeskreis verfügt, kann eine vertrauliche Kommunikation daher nur bejaht werden, wenn der Arbeitnehmer die Möglichkeiten zur Einschränkung des Adressatenkreises eines Beitrags genutzt hat.[198]

---

194 Vgl. ArbG Dessau-Roßlau, Urt. v. 21.3.2012 – 1 Ca 148/11 – BeckRS 2012, 69099.

195 VGH München, Beschl. v. 29.2.2012 – 12 C 12.264 – NZA-RR 2012, 302, 304; ArbG Bochum, Urt. v. 9.2.2012 – 3 Ca 1203/11 – BeckRS 2012, 68181.

196 *Wahlers*, jurisPR-ITR 8/2012, Anm. 2.

197 *Wahlers*, jurisPR-ITR 8/2012, Anm. 2.

198 *Wahlers*, jurisPR-ITR 8/2012, Anm. 2.

Facebook bietet die Möglichkeit, Aussagen **benutzerdefiniert** zu tätigen, d.h., man kann handverlesene Adressatengruppen, wie z.B. „enge Freunde", bilden. Wenn ein solcher „enger Freund" als ein Mitglied einer eingeschränkten Adressatengruppe eine Aussage wider Erwarten weiterleitet, ist eine Verletzung der Vertraulichkeit der Kommunikation naheliegend.[199] 205

b) Aussagen in Facebook-Gruppen

Neben der privaten Pinnwand gibt es noch weitere Kommunikationsebenen auf Facebook. Es existieren z.B. tausende sog. **offener Facebook-Gruppen.** Dabei handelt es sich um Diskussionsseiten, auf denen – für alle derzeit ca. 1 Mrd. registrierten Facebook-Mitglieder grundsätzlich sichtbar – Themen diskutiert werden können. Im Falle von **beleidigenden Aussagen** auf solchen Seiten ist eine **Vertraulichkeit der Kommunikation** zweifellos abzulehnen. Anders sieht es wiederum bei **„geschlossenen"** oder **„geheimen" Facebook-Gruppen** aus, die nur von „Mitgliedern" der Gruppe eingesehen werden können. Hier muss ein Arbeitnehmer zumindest bei einer kleinen Mitgliederzahl im Zweifel nicht davon ausgehen, dass Aussagen nach außen getragen werden.[200] 206

c) Facebook-Nachrichten

Sog. **Facebook-Nachrichten,** d.h. E-Mail-ähnliche Mitteilungen, die zwischen einzelnen Nutzern versendet werden können, sind grundsätzlich als **vertrauliche Kommunikation** anzusehen. Der Versender einer Nachricht muss nicht davon ausgehen, dass der Empfänger diese an den Arbeitgeber weiterleitet.[201] Etwas anderes kann nur gelten, wenn der Mitarbeiter eine Facebook-Nachricht gleichzeitig an eine große Zahl von Adressaten versendet. 207

d) Betätigung des Gefällt mir-Buttons

Auch die **Betätigung des Gefällt mir-Buttons** kann eine **arbeitsrechtliche Pflichtverletzung** darstellen.[202] Durch die Aktivierung des Gefällt mir-Buttons macht sich der Facebook-Nutzer die in Bezug genommene Aussage zu Eigen. Dies kann insbesondere bei Aussagen, die Arbeitskollegen, Kunden oder Vorgesetze beleidigen, eine **Pflichtwidrigkeit** des Arbeitnehmers, dem die Aussage „gefällt", begründen. Nach 208

---

199 *Wahlers*, jurisPR-ITR 8/2012, Anm. 2.
200 *Wahlers*, jurisPR-ITR 8/2012, Anm. 2.
201 *Wahlers*, jurisPR-ITR 8/2012, Anm. 2.
202 ArbG Dessau-Roßlau, Urt. v. 21.3.2012 – 1 Ca 148/11 – BeckRS 2012, 69099; *Wahlers*, jurisPR-ITR 12/2012, Anm. 2.

Aktivierung des Gefällt mir-Buttons ist unmittelbar neben der betreffenden Aussage dauerhaft zu lesen, dass dem Arbeitnehmer die Aussage gefällt. Dabei wird der Profilname des Arbeitnehmers, d.h. in den meisten Fällen der Klarname, genannt und ein „Daumen hoch"-Symbol gezeigt. Die Aktivierung des Gefällt mir-Buttons kann daher als ein **Zu-Eigen-machen der Beleidigung** gewertet werden, da der Betreffende die beleidigende Aussage sozusagen „unterschreibt".[203]

209 Die **Aktivierung des Gefällt mir-Buttons** unterfällt nur in seltenen Ausnahmefällen dem Schutz der **vertraulichen Kommunikation** im Sinne der BAG-Rechtsprechung. Anders als bei sonstigen Aussagen im Netzwerk kann der Nutzer bei Aktivierung des Gefällt mir-Buttons nur in wenigen Ausnahmefällen sicher davon ausgehen, dass nur ein fest umrissener, kleiner Adressatenkreis die Aktivierung zur Kenntnis nimmt. Es ist nicht möglich, den Adressatenkreis des Gefällt mir-Buttons benutzerdefiniert zu beschränken. Die Sichtbarkeit des aktivierten Gefällt mir-Buttons auf dem Profil eines Dritten hängt z.B. davon ab, welche Privacy-Einstellungen für das Profil dieses Nutzers gelten.

210 Nur in seltenen Ausnahmefällen unterfällt der aktivierte Gefällt mir-Button daher dem Schutz der vertraulichen Kommunikation. Dies gilt z.B., wenn dem Nutzer eine (beleidigende) Aussage in einer geschlossenen Facebook-Gruppe mit wenigen Mitgliedern „gefällt" oder der Arbeitnehmer einen Kommentar zu einer Aussage, die nur „engen Freunden" oder einem benutzerdefiniert eingeschränkten Adressatenkreis zugänglich ist, mit einem „Gefällt mir" versieht.[204]

3. Aussagen auf XING

211 Auch das soziale Netzwerk **XING** bietet verschiedene Möglichkeiten, um Informationen auszutauschen oder Meinungen zu veröffentlichen. Im Fall der internen XING-Nachrichten zwischen zwei Mitgliedern ist von **„privater Kommunikation"** im Sinne der BAG-Rechtsprechung auszugehen. Wird z.B. vom Empfänger der Nachricht, die eine Beleidigung des Arbeitgebers enthält, diese an den Arbeitgeber weitergeleitet, kann dieser die Aussage in der Regel nicht für eine **arbeitsrechtliche Sanktion** nutzen. Es läge eine **Verletzung des Persönlichkeitsrechts** des Arbeitnehmers vor.

212 Anders sieht es bei **beleidigenden Aussagen** aus, die auf **dem Profil des Nutzers** getätigt werden. Die Option „Neuigkeiten" ermöglicht es Nutzern, die jeweiligen Kontakte über seine Befindlichkeit zu informieren. Kommt es an dieser Stelle zu Beleidigungen im Zusammenhang mit dem Arbeitsverhältnis, so kann der Arbeitgeber diese **verwerten,** solange sich die Zahl der Kontakte nicht auf sehr wenige be-

---

203 ArbG Dessau-Roßlau, Urt. v. 21.3.2012 – 1 Ca 148/11 – BeckRS 2012, 69099; *Wahlers*, jurisPR-ITR 12/2012, Anm. 2.

204 *Wahlers*, jurisPR-ITR 8/2012, Anm. 2.

schränkt. Bei mehr als zehn Kontakten dürfte das Privileg der **vertraulichen Kommunikation** nicht mehr gegeben sein, sodass der Arbeitgeber eine beleidigende Aussage vor Gericht verwerten könnte.

Gleiches gilt für Aussagen in **offenen XING-Gruppen,** die von jedem Mitglied 213
des Netzwerks gelesen werden können. Hier kann der **Schutz privater Kommunikation** nicht geltend gemacht werden.

In **geschlossenen Gruppen,** die nur von Mitgliedern der Gruppe eingesehen 214
werden können, kommt es auf die Mitgliederzahl an. Hat eine Gruppe nur wenige Mitglieder, kann der Autor einer beleidigenden Aussage gut argumentieren, dass der Arbeitgeber diese nicht gerichtlich gegen ihn verwenden kann.

4. Aussagen auf LinkedIn

Der Aufbau von **LinkedIn** ähnelt der oben dargestellten Struktur von **XING.** Es be- 215
steht die Möglichkeit, interne Nachrichten zu verschicken, Beiträge auf der eigenen Pinnwand zu verfassen oder in geschlossenen bzw. offenen Gruppen Beiträge einzustellen. Die oben dargestellten Wertungen für Aussagen im sozialen Netzwerk XING gelten im Fall von LinkedIn entsprechend.[205]

5. Aussagen auf Twitter

Auch im Fall von **Twitter** kommt es für die **gerichtliche Verwertbarkeit** von **be-** 216
leidigenden Aussagen darauf an, ob private Kommunikation im Sinne der BAG-Rechtsprechung vorliegt. Im Fall von **öffentlichen Tweets** mit beleidigendem Inhalt besteht eine uneingeschränkte Verwertbarkeit für den Arbeitgeber. Nur im Ausnahmefall, wenn der Arbeitnehmer einen **privaten Tweet** an eine geringe Empfängerzahl versendet, kann private Kommunikation vorliegen. In diesem Fall wäre es dem Arbeitgeber verwehrt, die Aussage arbeitsgerichtlich zur Begründung einer Kündigung zu verwenden.

VI. Möglicher Rechtsschutz für Arbeitgeber und Arbeitnehmer

Im Falle der **Feststellung von (verwertbaren) Pflichtwidrigkeiten** des Arbeit- 217
nehmers steht dem Arbeitgeber die gesamte Klaviatur arbeitsrechtlicher Sanktionen zur Verfügung. Je nach der Schwere der betreffenden Pflichtverletzung kann der Arbeitgeber den Arbeitnehmer **ermahnen, abmahnen** oder ihm **kündigen.** Je nach der Schwere des Verstoßes ist eine Kündigung ordentlich oder fristlos möglich.

---

205 Siehe oben unter Rn 211.

1. Ermahnung

218 Die **Ermahnung** stellt die **mildeste Reaktion** auf ein pflichtwidriges Verhalten des Arbeitnehmers dar, mit der der Arbeitgeber seine Missbilligung gegenüber der aus seiner Sicht begangenen Pflichtverletzung des Arbeitnehmers ausdrückt. Wie etwa der kollegiale Ratschlag, die Belehrung, Vorhaltung oder Verwarnung ist auch die Ermahnung eine **Vorstufe der Abmahnung,** die keine Kündigungsandrohung enthält und deshalb kündigungsrechtlich ohne Bedeutung ist.[206] Mit der Ermahnung rügt der Arbeitgeber den Arbeitnehmer und erinnert ihn an die Einhaltung seiner arbeitsvertraglichen Pflichten.[207] Eine Ermahnung bietet sich vor allem dann an, wenn eine **arbeitsrechtliche Sanktion** im Ergebnis **gerade nicht gewollt** ist und es dem Arbeitgeber in erster Linie darauf ankommt, dem Arbeitnehmer die Pflichtwidrigkeit seines Handelns vor Augen zu führen, er das gegenseitige Arbeitsklima aber nicht mit dem Ausspruch einer konkreten Sanktion belasten möchte. Gerade für Unternehmen, für die im Vordergrund steht, als grundsätzlich toleranter Arbeitgeber zu erscheinen und Problembewusstsein zu wecken, und die das Risiko scheuen, dem Betriebsklima durch arbeitsrechtliche Sanktionen im Bereich der Nutzung von Social Media Schaden zuzufügen, wird diese Art der Reaktion in Betracht kommen. Gar nicht auf Pflichtverletzungen zu reagieren, dürfte regelmäßig der falsche Weg sein.

2. Abmahnung

219 Eine **Abmahnung** ist eine **Beanstandung von Leistungsmängeln** durch den Arbeitgeber *„in einer für den Arbeitnehmer hinreichend deutlich erkennbaren Art und Weise verbunden mit dem Hinweis, dass der Arbeitnehmer im Wiederholungsfalle den Bestand des Arbeitsverhältnisses gefährdet.“*[208] Insbesondere **erstmalige Pflichtverletzungen** können im Wege der Abmahnung sanktioniert werden. Die Abmahnung wird **in die Personalakte** des Arbeitnehmers aufgenommen und dient als **Vorstufe zur Kündigung,** die im Fall einer wiederholten Pflichtverletzung folgen kann.

220 Im Gegensatz zur bloßen Ermahnung bringt der Arbeitgeber mit der Abmahnung nicht nur seine Missbilligung bezüglich eines bestimmten Verhaltens des Arbeitnehmers zum Ausdruck, sondern droht zugleich mit der **Kündigung** des Arbeitsverhältnisses im Wiederholungsfall. Charakteristisch für die Abmahnung ist insbesondere deren **Warnfunktion,** da der Arbeitnehmer durch sie nicht nur an seine vertraglichen Pflichten erinnert, sondern auch vor Konsequenzen für das Arbeitsverhältnis bei weiterem Fehlverhalten gewarnt wird.[209] Im Vordergrund der

206 Küttner/*Eisemann*, Stichwort „Abmahnung“ Rn 6.
207 *Kranz*, DB 1998, 1465ff.
208 BAG, Urt. v. 18.1.1980 – 7 AZR 75/78 – BB 1980, 1269, 1269.
209 Schaub/*Linck*, § 132 Rn 1.

Abmahnung steht nicht die Bestrafung, sondern die Aufforderung an den Arbeitnehmer, sich künftig vertragsgemäß zu verhalten.

Es gilt zu beachten, dass mit Aussprache der Abmahnung der Arbeitgeber **konkludent** auf sein **Kündigungsrecht** wegen der Gründe **verzichtet,** die Gegenstand der Abmahnung sind, sodass er sich bei einer etwaigen späteren Kündigung nicht alleine auf die abgemahnten Gründe stützen kann, sondern es eines neuen Pflichtverstoßes bedarf.[210] 221

Abmahnungen dürften die geeignete Sanktion im Falle eher **geringfügiger Pflichtverletzungen** sein, wie etwa bei der Preisgabe von Interna auf einer Plattform wie XING oder Twitter, die noch nicht die Schwelle zum Betriebs- oder Geschäftsgeheimnis erreichen. Tatsächlich dürfte die Abmahnung in der Praxis sogar der Regelfall im Bereich auf Social Media begangener Pflichtverletzungen sein. Dass eher die Kündigungsfälle zur Bekanntheit in der Presse und Fachliteratur erlangt haben, dürfte dem Umstand geschuldet sein, dass die viel üblichere Abmahnung deutlich weniger spektakulär ist. Sie führt auch eher im Ausnahmefall zu einer streitigen gerichtlichen Entscheidung, da sich die Parteien in diesen Fällen erfahrungsgemäß spätestens im Rahmen des Gerichtsverfahrens einigen. 222

Checkliste !

Bestandteile der Abmahnung:
- konkrete Darlegung des beanstandeten Verhaltens;
- präzise Rüge der begangenen Pflichtverletzung;
- eindringliche Aufforderung zu künftig vertragsgetreuem Verhalten;
- eindeutige Ankündigung arbeitsrechtlicher Konsequenzen für den Wiederholungsfall.

Praxistipp !

Besonderheiten der Abmahnung:
- Durch zu viele Abmahnungen kann ggf. stillschweigend auf eine Kündigung verzichtet werden. In der Regel sollte daher spätestens bei der dritten gleichgelagerten Pflichtverletzung eine Kündigung ausgesprochen werden;
- Abmahnungen können grundsätzlich **mündlich** erklärt werden. In diesem Fall ist jedoch die Hinzunahme von Zeugen zu empfehlen;
- **keine Fristbindung** der Abmahnung, die grundsätzlich auch erst Monate später ausgesprochen werden kann;
- **keine Beteiligung des Betriebsrats** erforderlich.

---

210 BAG, Urt. v. 10.11.1988 – 2 AZR 215/88 – NZA 1989, 633, 634.

Muster Abmahnung

„Betreff: Abmahnung

Sehr geehrte Frau ...,

bedauerlicherweise mussten wir feststellen, dass Sie in schwerwiegender Weise Ihre arbeitsvertraglichen Pflichten verletzt haben.

Wie Sie wissen, haben Sie am Donnerstag, den 27. November 2012, über die Internetplattform „Facebook“ Ihren Vorgesetzten, Herrn YYYY, mit den Worten

‚Mein Chef YYYY von der ZZZZ GmbH ist ein kleiner, inkompetenter, nichtsnutziger Wicht!‘

beleidigt. Dies stellt insbesondere eine Verletzung der gegenseitigen Rücksichtnahmepflicht nach § 241 Abs. 2 BGB dar, wonach die Parteien des Arbeitsverhältnisses gegenseitig Rücksichtnahme zu üben und Schaden von der jeweils anderen Partei abzuwenden haben.

Wir fordern Sie hiermit auf, dieses vertragswidrige Verhalten nicht noch einmal zu wiederholen und machen hiermit darauf aufmerksam, dass wir Fehlverhalten dieser Art nicht dulden. Weiter weisen wir Sie darauf hin, dass Sie im Falle einer erneuten Zuwiderhandlung gegen die vorstehend dargelegte vertragswidrige Verhaltensweise mit dem sofortigen Ausspruch einer (ordentlichen und-/oder außerordentlichen) Kündigung rechnen müssen.

Mit freundlichen Grüßen

gez. ...

Geschäftsführer der ZZZZ GmbH“

3. Ordentliche (verhaltensbedingte) Kündigung

223 Eine **ordentliche Kündigung** sanktioniert einen **konkreten Pflichtenverstoß** des Arbeitnehmers mit der Beendigung des Arbeitsverhältnisses **unter Einhaltung** der vertraglich vereinbarten oder gesetzlich anwendbaren **Kündigungsfrist.**

224 Außerhalb der Anwendung des Kündigungsschutzgesetzes, d.h. in Betrieben, in denen in der Regel zehn oder weniger Arbeitnehmer ausschließlich der zu ihrer Berufsbildung Beschäftigten beschäftigt werden (§ 23 Abs. 1 KSchG) sowie im Hinblick auf Arbeitsverhältnisse, die noch keine sechs Monate bestanden haben, § 1 Abs. 1 KSchG, bedarf es keines rechtlich anerkannten Kündigungsgrunds zur Aussprache einer ordentlichen Kündigung. Im Anwendungsbereich des Kündigungsschutzgesetzes hingegen wird im Hinblick auf die unter Rn. 104ff. genannten **Pflichtverstöße** in Zusammenhang mit der **Nutzung von Social Media-Präsenzen** eine ordentliche Kündigung aus Gründen, die im Verhalten des Arbeitnehmers liegen (sog. **verhaltensbedingte Kündigung**), in Betracht kommen. Ein die verhaltensbedingte Kündigung nach § 1 Abs. 2 KSchG rechtfertigender Grund liegt vor, wenn das dem Arbeitnehmer vorgeworfene Verhalten eine Vertragspflicht verletzt, das Arbeitsverhältnis dadurch konkret beeinträchtigt wird, keine zumutbare Möglichkeit anderweitiger Beschäftigung besteht und die Lösung des Arbeitsverhältnisses in Abwägung der Interessen beider Parteien billig und angemessen erscheint.[211]

---

211 BAG, Urt. v. 16.9.2004 – 2 AZR 406/03 – BB 2005, 716, 718.

Das Verhalten des Arbeitnehmers muss daher zunächst **„an sich geeignet“** sein, eine ordentliche Kündigung zu rechtfertigen.[212] Dies ist bei **schuldhaften Pflichtverletzungen** gegen die **Haupt- und Nebenpflichten** des Arbeitnehmers aus dem Arbeitsvertrag der Fall.[213] Da die verhaltensbedingte Kündigung **Ultima Ratio** sein muss, d.h. keine milderen Mittel einschlägig sein dürfen, ist stets zu prüfen, ob nicht im Einzelfall zunächst eine Abmahnung ausgesprochen werden muss. Wurde der Arbeitnehmer wegen vergleichbarer Pflichtverletzungen jedoch schon abgemahnt, stellt die ordentliche Kündigung im Regelfall auch das letzte Mittel für den Arbeitgeber dar, um die Vertragsverletzung abzustellen.[214] Einen allgemeinen Erfahrungssatz, wie viele Abmahnungen vor Ausspruch einer ordentlichen Kündigung ausgesprochen werden müssen, gibt es gleichwohl nicht. 225

Eine **Ausnahme von dem Abmahnerfordernis** besteht nur dann, wenn eine Änderung des Verhaltens in Zukunft selbst nach einer erfolgten Abmahnung nicht zu erwarten ist oder es sich um eine so schwere Pflichtverletzung handelt, dass eine **Hinnahme** durch den Arbeitgeber **offensichtlich ausgeschlossen** ist.[215] Zuletzt ist der Arbeitgeber verpflichtet, zu prüfen, ob unter Berücksichtigung der Gesamtumstände des Einzelfalls das Interesse des Arbeitgebers an der Beendigung des Arbeitsverhältnisses das des Arbeitnehmers an seiner Fortsetzung überwiegt.[216] Hier sind insbesondere auch die dem Arbeitgeber bekannten **Sozialdaten** des Arbeitnehmers zu berücksichtigen, namentlich Betriebszugehörigkeit, Alter, Schwerbehinderung und etwaige Unterhaltspflichten des Arbeitnehmers.[217] 226

In mitbestimmten Betrieben muss vor Ausspruch einer **ordentlichen Kündigung** stets der **Betriebsrat angehört** werden i.S.v. § 102 BetrVG. Eine bestimmte Frist, innerhalb derer die ordentliche Kündigung zwangsläufig ausgesprochen werden muss, gibt es – anders als bei der fristlosen Kündigung[218] – hingegen nicht. 227

Praxistipp !

Die **Kündigungserklärung** muss für den Arbeitnehmer erkennen lassen, zu welchem Zeitpunkt das Arbeitsverhältnis endet. Um zu verhindern, dass ein Rechenfehler bezüglich des letzten Arbeitstags die Wirksamkeit der Kündigung infrage stellt, ist zu empfehlen, dass die Kündigung stets **„zum nächstmöglichen Zeitpunkt“** ausgesprochen wird.
Es könnte noch mit in die Kündigung aufgenommen werden, wann von welchem Beendigungs. zeitpunkt der Arbeitgeber selbst ausgeht („Dies ist nach unserer Berechnung der 31. Oktober 2013.“)

---

212 BAG, Urt. v. 10.6.2010 – 2 AZR 541/09 – NZA 2010, 1227, 1229.
213 BAG, Urt. v. 21.5.1992 – 2 AZR 10/92 – NZA 1993, 115, 116.
214 BAG, Urt. v. 12.1.2006 – 2 AZR 179/05 – NZA 2006, 980, 984.
215 BAG, Urt. v. 9.6.2011 – 2 AZR 381/10 – NZA 2011, 1027, 1029.
216 BAG, Urt. v. 24.6.2004 – 2 AZR 63/03 – NZA 2005, 158, 161.
217 Küttner/*Eisemann*, Stichwort „Kündigung, verhaltensbedingte“ Rn 11.
218 Vgl. hierzu nachfolgend unter Rn 229.

Die Kündigung muss allerdings keine **Angaben zum Kündigungsgrund** enthalten, anders als bei der Abmahnung insbesondere keine präzise Darstellung einer etwaigen Pflichtverletzung.

Muster ordentliche Kündigung

„Betreff: Kündigung Ihres Arbeitsverhältnisses

Sehr geehrte Frau ...,

hiermit kündigen wir das zwischen Ihnen und der YYYY GmbH bestehende Arbeitsverhältnis ordentlich und fristgerecht zum nächstmöglichen Zeitpunkt.

Wir weisen Sie darauf hin, dass Sie zur Aufrechterhaltung ungekürzter Ansprüche auf Arbeitslosengeld verpflichtet sind, sich unverzüglich bei der für Sie zuständigen Agentur für Arbeit persönlich arbeitssuchend zu melden, um eine Kürzung eventueller Ansprüche auf Arbeitslosengeld zu vermeiden. Sie sind ferner verpflichtet, aktiv nach einer neuen Beschäftigung zu suchen.

Mit freundlichen Grüßen

gez. ZZZZ

Geschäftsführer der YYYY GmbH“

4. Fristlose Kündigung

228 Nach § 626 Abs. 1 BGB kann ein Arbeitsverhältnis von jedem Vertragsteil aus wichtigem Grund **ohne Einhaltung einer Kündigungsfrist** gekündigt werden, wenn Tatsachen vorliegen, aufgrund derer dem Kündigenden unter Berücksichtigung aller Umstände des Einzelfalls und unter Abwägung der Interessen beider Vertragsteile die **Fortsetzung des Arbeitsverhältnisses** bis zum Ablauf der ordentlichen Kündigungsfrist oder bis zu der vereinbarten Beendigung **nicht zugemutet** werden kann.

229 Laut § 626 Abs. 2 BGB kann die Kündigung nur innerhalb von zwei Wochen erfolgen, wobei die **Zwei-Wochen-Frist** mit dem Zeitpunkt beginnt, in dem der Kündigungsberechtigte von den für die Kündigung maßgebenden Tatsachen Kenntnis erlangt. **Kündigungsberechtigter** ist diejenige natürliche Person, der im gegebenen Fall das Recht zur Erklärung der außerordentlichen Kündigung zusteht.[219] Hierzu zählen der Arbeitgeber selbst, sein gesetzlicher oder rechtsgeschäftlicher Vertreter und die Personen, die eine ähnliche selbstständige Stellung wie ein gesetzlicher Vertreter haben.[220]

230 Zwischen ordentlicher und außerordentlicher Kündigung besteht lediglich ein graduelles Gefälle,[221] d.h., eine Pflichtwidrigkeit, die eine außerordentliche Kündigung rechtfertigt, begründet erst recht eine ordentliche Kündigung. Umgekehrt kann eine Pflichtwidrigkeit, deren Schwere für eine ordentliche Kündigung nicht ausreicht, niemals Grundlage einer fristlosen Kündigung sein. Welche Sanktion im Einzelfall die Richtige ist, ist allein anhand des **konkreten Pflichtenverstoßes** zu

219 BAG, Urt. v. 6.7.1972 – 2 AZR 386/71 – BB 1972, 1408, 1408.
220 ErfK/*Müller-Glöge*, § 626 Rn 205.
221 Staudinger/*Preis*, § 626 Rn 6.

entscheiden. Die **fristlose Kündigung** führt im Ergebnis jedenfalls dazu, dass das Arbeitsverhältnis **mit sofortiger Wirkung** beendet wird. Sie ist daher die schärfste arbeitsrechtliche Reaktion auf ein Fehlverhalten des Arbeitnehmers.

Auch im Bereich **sozialer Netzwerke** werden mit der **fristlosen Kündigung** lediglich **besonders schwerwiegende Pflichtverletzungen** geahndet. Voraussetzung einer jeden fristlosen Kündigung ist, dass es dem Arbeitgeber infolge der begangenen Pflichtverletzung praktisch unmöglich wird, auch nur einen Tag länger mit dem betreffenden Arbeitnehmer zusammenzuarbeiten. Dies setzt im Ergebnis voraus, dass das **Vertrauensverhältnis** zwischen Arbeitgeber und Arbeitnehmer nachhaltig und nahezu **irreparabel zerstört** ist, was grundsätzlich in sämtlichen der oben genannten Konstellationen[222] möglich sein kann. Tägliche Nutzung von sozialen Netzwerken während der Arbeitszeit, die Rufschädigung des Arbeitgebers durch Platzierung von Prank-Videos in Social Media, die Veröffentlichung von Betriebsgeheimnissen oder Beleidigungen auf sozialen Netzwerken – ab einer gewissen Intensität und einem bestimmten Ausmaß kommt in jedem der Fälle auch der Ausspruch einer fristlosen Kündigung in Betracht. Welche Sanktion die richtige ist, hängt letztlich von einer Gesamtbeurteilung sämtlicher Umstände des Einzelfalls ab. 231

Praxistipp !

- Als Alternative für eine fristlose verhaltensbedingte Kündigung kommt regelmäßig auch eine **ordentliche Kündigung mit sofortiger Freistellung** des Arbeitnehmers in Betracht.
- Für den Fall, dass ein Pflichtenverstoß zwar nicht für eine fristlose Kündigung reichen würde, wohl aber für eine ordentliche Kündigung, sollte diese stets **hilfsweise** mit ausgesprochen werden.

Muster fristlose Kündigung

„Betreff: Kündigung Ihres Arbeitsverhältnisses

Sehr geehrte Frau ...,

hiermit kündigen wir das bestehende Arbeitsverhältnis fristlos mit sofortiger Wirkung aus wichtigem Grund, hilfsweise ordentlich zum nächstmöglichen Zeitpunkt.

Wir weisen Sie darauf hin, dass Sie zur Aufrechterhaltung ungekürzter Ansprüche auf Arbeitslosengeld verpflichtet sind, sich unverzüglich bei der für Sie zuständigen Agentur für Arbeit persönlich arbeitssuchend zu melden, um eine Kürzung eventueller Ansprüche auf Arbeitslosengeld zu vermeiden. Sie sind ferner verpflichtet, aktiv nach einer neuen Beschäftigung zu suchen.

Mit freundlichen Grüßen

gez. YYYY

Geschäftsführer der ZZZZ GmbH“

---

222 Siehe oben unter Rn 104 ff.

5. Rechtsschutz des Arbeitnehmers

a) Rechtsschutz gegen Abmahnung

232 Die Abmahnung eines Mitarbeiters wird zu dessen Personalakte genommen. Hiergegen kann sich ein Mitarbeiter juristisch wehren.

aa) Gegendarstellung

233 Der Arbeitnehmer hat zunächst das Recht, eine **Gegendarstellung zur Abmahnung** zu erstellen. Diese ist vom Arbeitgeber in **die Personalakte aufzunehmen.** Besteht ein Betriebsrat, ist das Recht zur Gegendarstellung in § 83 Abs. 2 BetrVG **gesetzlich garantiert.** Die Gegendarstellung ist für den Arbeitnehmer wichtig, da er im Falle einer späteren Kündigung durch Bezugnahme auf die Gegendarstellung versuchen kann, die Wirksamkeit der ersten Abmahnung zu erschüttern. Gelingt dies, ist oftmals auch die Kündigung, die auf der Wirksamkeit der Abmahnung beruhte, unwirksam.

234 Im Rahmen der Gegendarstellung wird der Arbeitnehmer bemüht sein, den der Abmahnung zugrundeliegenden Sachverhalt klarzustellen, und insbesondere auf **Fehler in der Sachverhaltsdarstellung** der Abmahnung hinzuweisen.

bb) Entfernung der Abmahnung aus der Personalakte

235 Im Falle einer inhaltlich unzutreffenden und/oder den formellen Erfordernissen nicht genügenden Abmahnung kann ein **Anspruch auf Entfernung der Abmahnung aus der Personalakte** geltend gemacht werden.

236 Kommt der Arbeitgeber einer dahingehenden außergerichtlichen Aufforderung nicht nach, kann der Arbeitnehmer vor dem örtlich zuständigen Arbeitsgericht auf **Entfernung der Abmahnung** aus der Personalakte **klagen.** Eine entsprechende Klage auf Entfernung der Abmahnung aus der Personalakte hat insbesondere dann Erfolg, wenn die mit der Abmahnung vorgeworfene Pflichtverletzung gar kein Fehlverhalten des Arbeitnehmers darstellt oder statt eines konkret bezeichneten Fehlverhaltens beispielsweise nur pauschale Vorwürfe enthält.[223]

237 Stellt das Gericht fest, dass die **Abmahnung unwirksam** war, muss der Arbeitgeber sie aus der Personalakte entfernen. Der Anspruch auf Entfernung der Abmahnung unterliegt keinen vertraglichen oder tariflichen Ausschlussfristen. Allerdings kann er **verwirken.** Verzichtet der Arbeitnehmer auf rechtliche Schritte gegen die Abmahnung, kann er im Rahmen eines späteren Kündigungsschutzprozesses die Wirksamkeit der Abmahnung dennoch bestreiten. Die erfolgreiche Verteidigung dürfte aber leichter fallen, wenn sich eine Gegendarstellung in der Personalakte befindet.

---

223 BAG, Urt. v. 27.11.2008 – 2 AZR 675/07 – NZA 2009, 842, 843.

b) Rechtsschutz gegen Kündigungen

Sowohl gegen eine vom Arbeitgeber ausgesprochene **ordentliche** als auch **außerordentliche Kündigung** kann sich der Arbeitnehmer durch Erhebung einer **Klage auf Feststellung** wehren, dass das Arbeitsverhältnis durch die Kündigung nicht aufgelöst worden ist, § 4 S. 1 KSchG. Diese Klage muss innerhalb von drei Wochen nach Zugang der schriftlichen Kündigung beim zuständigen Arbeitsgericht erhoben werden, § 4 KSchG. Versäumt er die **Drei-Wochen-Frist**, so gilt die Kündigung aufgrund gesetzlicher Fiktion als wirksam. Ein Arbeitnehmer muss daher unmittelbar nach Erhalt der Kündigung entscheiden, ob er gerichtlich gegen die Kündigung vorgehen möchte. 238

Für die **Einlegung der Kündigungsschutzklage** ist es nicht erforderlich, einen Anwalt einzuschalten. Der Arbeitnehmer kann die Klage auch selbst einreichen. Es steht ihm dabei z.B. der Weg offen, bei der Geschäftsstelle des zuständigen Arbeitsgerichts eine Klage einzureichen. Im Regelfall bietet die Geschäftsstelle Unterstützung bei der Formulierung der Klage. Eine Zulassung verspäteter Klagen ist nur unter engen Voraussetzungen möglich, vgl. § 5 KSchG. 239

Örtlich zuständig für die Kündigungsschutzklage ist im Regelfall gem. § 48 Abs. 1a ArbGG das Arbeitsgericht, in dessen Bezirk der Arbeitnehmer gewöhnlich seine Arbeit verrichtet oder zuletzt gewöhnlich verrichtet hat. Ist ein entsprechender gewöhnlicher Arbeitsort nicht feststellbar, ist das Arbeitsgericht örtlich zuständig, von dessen Bezirk aus der Arbeitnehmer gewöhnlich seine Arbeit verrichtet oder zuletzt gewöhnlich verrichtet hat. Kommen mehrere Gerichtsstände in Betracht, hat der Arbeitnehmer gem. § 35 ZPO ein **Wahlrecht**, an welchem Gericht er die Klage einlegen möchte. Im Regelfall sollte der Arbeitnehmer die Klage an dem Ort, an dem der Arbeitgeber seinen Sitz hat, einlegen. Erhält ein Arbeitnehmer **mehrere Kündigungen** seines Arbeitgebers, ist der Mitarbeiter gezwungen, jede einzelne dieser Kündigungen vor dem Arbeitsgericht anzugreifen. Hier sollte in jedem Fall die Unterstützung eines Rechtsanwalts in Anspruch genommen werden. 240

Bietet der Arbeitgeber nach Ausspruch der Kündigung Verhandlungen über eine **Abwicklungsvereinbarung** an, muss der Arbeitnehmer beachten, dass bei Scheitern der Verhandlungen die Kündigung **nach drei Wochen** wirksam wird, sofern keine Kündigungsschutzklage eingelegt wird. Der Arbeitnehmer könnte dann den Arbeitgeber nicht mehr zwingen, eine **Abfindung** zu zahlen. 241

Ist die Kündigungsschutzklage form- und fristgemäß eingelegt, kommt es zunächst zu einem **Gütetermin,** in welchem das Gericht zusammen mit den Parteien erörtert, ob eine vergleichsweise Beilegung des Rechtsstreits möglich ist. Scheitert der Gütetermin, so wird ein weiterer Kammertermin angeordnet. Vor dem **Kammertermin** tragen beide Parteien schriftlich vor. Im Kammertermin ergeht dann eine Entscheidung, sofern sich die Parteien nicht vergleichen. 242

Gerade im Bereich der Pflichtverletzungen in und auf sozialen Netzwerken sind **Klagen**, die gegen **Kündigungen des Arbeitgebers wegen vermeintlicher Pflichtverletzungen auf Social Media-Präsenzen** erhoben werden, zum jetzigen Zeit- 243 punkt zumindest noch sehr erfolgsversprechend, weil eine gefestigte Rechtsprechung in diesem Bereich noch fehlt.

6. Vorgehen bei beleidigenden Aussagen in sozialen Netzwerken

244 **Beleidigt** ein (ehemaliger) Arbeitnehmer die Gesellschaft, Arbeitskollegen oder Vorgesetzte durch Aussagen **in einem sozialen Netzwerk,** so stellt sich für den Arbeitgeber die Frage nach einer **effektiven Durchsetzung von Unterlassungsansprüchen** gegen den jeweiligen Verfasser der Aussagen.

a) Außergerichtliches Aufforderungsschreiben

245 Zunächst bietet sich an, den Verfasser der betreffenden Aussagen durch **außergerichtliche Aufforderungsschreiben** zur **Löschung der Aussagen** zu bewegen. In Betracht kommt zudem die Aufforderung zur Unterzeichnung einer **strafbewehrten Unterlassungs- und Verpflichtungserklärung,** mit welcher der Mitarbeiter zusichert, entsprechende Aussagen in der Zukunft nicht zu wiederholen.

b) Beschreitung des Rechtswegs

246 **Verweigert** der Arbeitnehmer die **Unterzeichnung,** bleibt nur das **gerichtliche Vorgehen** gegen den Verfasser der Aussagen. Dabei muss der Arbeitgeber jedoch sorgfältig prüfen, ob er überhaupt befugt ist, eine entsprechende Klage geltend zu machen. Wird z.B. nicht die Gesellschaft direkt, sondern nur ein Vorgesetzter durch die Aussagen beleidigt, ist nach Rechtsprechung der Arbeitsgerichte oftmals nur der jeweils beleidigte Mitarbeiter, nicht aber die Gesellschaft an sich zur Klage berechtigt.[224] Zwar kommen einem Arbeitgeber **Schutzpflichten** gegenüber den beleidigten Mitarbeitern zu. Auf die Ausübung dieser Schutzpflichten kann sich der Arbeitgeber zumindest bei leitenden Angestellten jedoch nicht berufen.[225] Werden also **leitende Mitarbeiter** beleidigt, bleibt es diesen Mitarbeitern vorbehalten, eine **privatrechtliche Klage** gegen den beleidigenden Arbeitnehmer einzuleiten. Hierfür wären sodann die **ordentlichen Gerichte,** d.h. das Amts- oder Landgericht, zuständig. Bei Beleidigung sonstiger Mitarbeiter kann auch die Gesellschaft eine Klage vor dem Arbeitsgericht einlegen.

247 Liegt eine **unmittelbare Beleidigung** des Arbeitgebers vor, kann die Gesellschaft vor dem Arbeitsgericht auf **Unterlassung und Entfernung der Aussage** klagen. Verletzt ein Arbeitnehmer durch ehrverletzende Äußerungen das nach § 823

224 ArbG Herford, Urt. v. 12.11.2009 – 3 Ca 26/09 – NJOZ 2011, 669, 670; ArbG Bochum, Urt. v. 9.2.2012 – 3 Ca 1203/11 – BeckRS 2012, 68181.

225 ArbG Herford, Urt. v. 12.11.2009 – 3 Ca 26/09 – NJOZ 2011, 669, 670f.; ArbG Bochum, Urt. v. 9.2.2012 – 3 Ca 1203/11 – BeckRS 2012, 68181.

Abs. 1, 2 BGB geschützte Persönlichkeitsrecht eines anderen Arbeitnehmers oder des Arbeitgebers, kann dieser analog Art. 14 GG, § 1004 Abs. 1 BGB Unterlassung und Widerruf verlangen. Dabei muss jedoch die Gefahr wiederholter ehrverletzender Äußerungen bestehen. Ferner ist die Verletzung des **allgemeinen Persönlichkeitsrechts** durch die Aussagen erforderlich.[226] Die Grenze des Zulässigen wird jedoch regelmäßig nur überschritten, wenn es sich um sog. **Schmähkritik** handelt, die lediglich auf die Verunglimpfung abzielt und für die Meinungsbildung keine Rolle mehr spielt.[227]

Ferner ist bei der Geltendmachung von **Unterlassungsansprüchen** zu prüfen, 248
ob es sich bei den beleidigenden Aussagen um geschützte **vertrauliche Kommunikation** des jeweiligen Arbeitnehmers handelte. Hier sind wiederum die Grundsätze zur Verwertung von beleidigenden Aussagen im Rahmen von Kündigungen zugrunde zu legen. Liegt demnach vertrauliche Kommunikation vor, etwa wenn nur wenige Freunde die Aussage auf Facebook lesen konnten, so soll es sich um vertrauliche Kommunikation in der **Privatsphäre** handeln, die als Ausdruck der Persönlichkeit grundrechtlich gewährleistet ist.[228] Im Fall vertraulicher Kommunikation besteht somit die Gefahr, dass der Arbeitgeber mit der Unterlassungsklage nicht durchdringt. Etwas anderes gilt, wenn die Äußerungen **gegenüber Außenstehenden oder gegenüber der Öffentlichkeit** getätigt werden und wegen ihres ehrverletzenden Gehalts eindeutig **nicht schutzwürdig** sind.[229]

7. Vorgehen gegen wettbewerbswidrige Handlungen

Im Bereich Social Media können sich verschiedene arbeitsrechtliche Fallgestaltun- 249
gen ergeben, die ein Vorgehen gegen **wettbewerbswidrige Handlungen** von Einzelpersonen oder Unternehmen erforderlich machen.

In Betracht kommt insbesondere der Fall einer **wettbewerbswidrigen Herab-** 250
setzung von Mitbewerbern i.S.v. § 4 Nr. 7 UWG. Stellt eine Gesellschaft fest, dass ein Mitarbeiter eines Konkurrenzunternehmens **herabwürdigende Aussagen** über **soziale Netzwerke** tätigt, so kann das betroffene Unternehmen rechtliche Schritte sowohl gegen den Mitarbeiter wie auch gegen den Arbeitgeber desselben einleiten. Nach § 8 Abs. 2 werden die Zuwiderhandlungen eines Mitarbeiters gegen das UWG auch dem Arbeitgeber zugerechnet, sodass auch gegen diesen vorgegangen werden kann. Es empfiehlt sich in diesen Fällen zunächst ein außergerichtliches Vorgehen gegenüber dem Arbeitnehmer und/oder dessen Arbeitgeber. Das ge-

---

226 ArbG Herford, Urt. v. 12.11.2009 – 3 Ca 26/09 – NJOZ 2011, 669, 670f.; ArbG Bochum, Urt. v. 9.2.2012 – 3 Ca 1203/11 – BeckRS 2012, 68181.

227 ArbG Bochum, Urt. v. 9.2.2012 – 3 Ca 1203/11 – BeckRS 2012, 68181.

228 ArbG Bochum, Urt. v. 9.2.2012 – 3 Ca 1203/11 – BeckRS 2012, 68181.

229 ArbG Bochum, Urt. v. 9.2.2012 – 3 Ca 1203/11 – BeckRS 2012, 68181.

schädigte Unternehmen sollte die Unterzeichnung einer **strafbewehrten Unterlassungs- und Verpflichtungserklärung** verlangen. Wird diese nicht unterzeichnet, kann daraus ein Rechtschutzinteresse für ein Vorgehen im Wege der **einstweiligen Verfügung** resultieren. Zuständig sind hierfür nicht die Arbeitsgerichte, sondern die ordentlichen Gerichte. Dort kann der Urheber der unlauteren Handlung für mögliche Schäden in Anspruch genommen und zur Unterlassung verpflichtet werden.

251 Ein ähnliches Vorgehen bietet sich im Fall von **unlauteren Abwerbeversuchen** über **soziale Netzwerke** an. Der geschädigte Arbeitgeber, dessen Arbeitnehmer auf unlautere Weise abgeworben werden sollen, kann gegen den Abwerbenden bzw. dessen Arbeitgeber vorgehen. Dabei steht wiederum der Rechtsweg zu den ordentlichen Gerichten offen. Auch in diesem Fall macht es Sinn, zunächst durch Aufforderung zur Unterzeichnung einer **Unterlassungs- und Verpflichtungserklärung** die Gefahr der Wiederholung solcher Rechtsverletzungen auszuräumen. Gelingt dies nicht, können die Verantwortlichen vor den ordentlichen Gerichten auf **Unterlassung und Schadensersatz** verklagt werden. Im Falle eines Vorgehens sollte jedoch zunächst eine genaue Prüfung der Voraussetzungen für das Vorliegen einer unlauteren Handlung im Sinne des UWG vorgenommen werden.

D. Regelungspunkte einer Social Media Guideline

I. Allgemeines

252 Angesichts der zahlreichen potenziellen arbeitsrechtlichen Probleme im Zusammenhang mit der Nutzung von sozialen Netzwerken durch Arbeitnehmer ist Arbeitgebern dringend zu empfehlen, den Mitarbeitern verbindliche Regelungen oder zumindest Handlungsempfehlungen zur Nutzung von sozialen Netzwerken vorzugeben. Dies kann z.B. durch individuelle arbeitsvertragliche oder kollektive Regelungen, etwa im Rahmen einer als Social Media Guideline ausgestalteten Betriebsvereinbarung, erfolgen.[230]

253 **Ziel** einer solchen Regelung ist es, den Mitarbeitern potenzielle Risiken einer unbedachten Nutzung sozialer Netzwerke aufzuzeigen und auf diese Weise negative Auswirkungen für den Arbeitnehmer, den Arbeitgeber und dessen Kunden zu vermeiden. Dadurch werden auch **klare Vorgaben** geschaffen, die die Sanktionierung etwaiger Verstöße erleichtern und zudem sicherstellen, dass vergleichbare Sachverhalte auch identisch behandelt werden, was vor dem Hintergrund des zu beachtenden arbeitsrechtlichen **Gleichbehandlungsgrundsatzes** von Bedeutung ist.

---

230 Vgl. hierzu bereits eingehend oben unter Rn 93.

Die entsprechenden Handlungsempfehlungen und Vorgaben sollten auf **die berufsbezogene Social Media-Nutzung beschränkt** sein, d.h., der Arbeitgeber sollte sich auf Handlungsempfehlungen oder Regelungen beschränken, die sich auf Social Media-Aktivitäten mit einem Bezug zum Arbeitsverhältnis beziehen. Dem Arbeitgeber steht es nicht zu, die sonstige Social Media-Nutzung des Mitarbeiters, die keinerlei Bezug zum Arbeitsverhältnis aufweist, zu regeln oder zu beeinflussen. Allenfalls **allgemeine Hinweise** zum Verhalten in sozialen Netzwerken sind denkbar und durchaus nützlich. Es schadet z.B. nicht, wenn der Arbeitgeber noch einmal darauf hinweist, dass Äußerungen in sozialen Netzwerken grundsätzlich nur mit Bedacht und nach Prüfung möglicher Konsequenzen getätigt werden sollten. 254

II. Inhalt der Social Media Guideline

Die **Social Media Guideline** sollte **klare Vorgaben und Handlungsempfehlungen für die Mitarbeiter** hinsichtlich des Umgangs mit sozialen Netzwerken enthalten. Sie sollte sich grundsätzlich darauf beschränken, **betriebs- und arbeitsbezogene Aktivitäten** der Mitarbeiter zu erfassen. Die **Ausgestaltung** und vor allem die Wortwahl der Social Media Guideline sollte vom Adressaten abhängig gemacht werden. Ist die Social Media Guideline z.B. auch an junge Mitarbeiter und Arbeitnehmer mit einfacheren Tätigkeiten gerichtet, so empfiehlt es sich, die Regelungen mit anschaulichen Beispielen zu erläutern. Es bietet sich etwa an, ein sog. **Social Media Wiki** einzubauen, welches der Erläuterung der einzelnen Regelungen anhand von Praxisbeispielen dient. Tipps zur Anfertigung einer solchen Guideline hat auch der Bundesverband Informationswirtschaft, Telekommunikation und Neue Medien e.V. (BITKOM) veröffentlicht.[231] 255

1. Präambel

Die **Social Media Guideline** sollte durch eine **Präambel** eingeleitet werden. In dieser ist darauf hinzuweisen, dass die in der Guideline enthaltenen Vorgaben dazu dienen, Risiken bei der Nutzung sozialer Netzwerke für den Mitarbeiter, die Gesellschaft und deren Kunden zu minimieren. Gleichzeitig empfiehlt sich ein Hinweis darauf, dass die Gesellschaft nicht in das Privatleben des Mitarbeiters eingreifen möchte und sich der Inhalt der Guideline ausschließlich auf Aktivitäten in 256

---

231 Abrufbar unter https://www.sicher-im-netz.de/files/documents/unternehmen/BITKOM-SocialMediaGuidelines.pdf. Die Guidelines einiger Unternehmen sind auch im Internet abrufbar, vgl. etwa http://www.daimler.de/Projects/c2c/channel/documents/1895106_Social_Media_Leitfaden_Final.pdf.

sozialen Netzwerken beschränkt, die direkt oder indirekt eine Auswirkung für den Arbeitgeber und das Arbeitsverhältnis des Mitarbeiters haben können. Es empfiehlt sich zudem, darauf hinzuweisen, dass die Social Media Guideline regelmäßig bei Bedarf ergänzt werden kann. Letztlich können Kontaktpersonen benannt werden, die zur Lösung von Problemen und für die Beantwortung von Fragen zur Verfügung stehen.

2. Definitionen

257 Aufgrund der Komplexität der sozialen Netzwerke und des Umstands, dass ein Teil der Mitarbeiter nur eingeschränkte Kenntnisse solcher Web-Angebote haben wird, empfiehlt es sich in einem weiteren Teil der Guideline, **Definitionen** einzubringen. Es ist z.B. ratsam, im Rahmen der Definitionen die verschiedenen **Arten und gängigsten sozialen Netzwerke** aufzuführen und zu unterscheiden.

3. Anwendungsbereich

258 Die **Social Media Guideline** sollte einen **eindeutigen Anwendungsbereich** festlegen. Dies gilt sowohl in persönlicher, sachlicher und zeitlicher Hinsicht. Der **persönliche Anwendungsbereich** sollte sich auf sämtliche Mitarbeiter der Gesellschaft erstrecken. Hier ist darauf zu achten, dass im Fall eines mitbestimmten Betriebs die Social Media-Betriebsvereinbarung keine Anwendung auf leitende Angestellte findet. Der Arbeitgeber sollte in einem solchen Fall die leitenden Angestellten darauf hinweisen, dass die Regelungen zur Social Media-Nutzung auch für sie Anwendung finden. In **sachlicher Hinsicht** sollte die Richtlinie regeln, dass sie sich nur auf Aktivitäten von Mitarbeitern in sozialen Netzwerken bezieht, welche auch einen **Zusammenhang zum Arbeitsverhältnis** aufweisen. Ein entsprechender Bezug zum Arbeitsverhältnis ist insbesondere gegeben, wenn die Aktivitäten im Rahmen der Arbeitszeit, über dienstliche Geräte oder unter Nutzung betrieblicher Infrastruktur, wie z.B. dem betrieblichen WLAN erfolgen oder ein sonstiger inhaltlicher Bezug zum Arbeitsverhältnis besteht, etwa bei Aussagen in sozialen Netzwerken über Tätigkeiten, Kunden und das Arbeitsverhältnis an sich.

259 Letztlich ist hinsichtlich der **zeitlichen Geltung** der Guideline darauf hinzuweisen, dass sich die Pflichten auf den Zeitraum des Bestehens des Arbeitsverhältnisses beschränken, zum Teil aber auch **nachwirkende Pflichten** gegeben sein können, wie z.B. die nachvertragliche Verschwiegenheitspflicht, die auch das Verbot des Mitarbeiters umfasst, selbst nach dem Ende des Arbeitsverhältnisses Betriebsgeheimnisse über soziale Netzwerke zu verbreiten.

4. Regelung zur Anmeldung in sozialen Netzwerken

Die **Social Media Guideline** sollte festlegen, dass der Mitarbeiter sich nicht über **betriebliche E-Mail-Konten** bei sozialen Netzwerken **anmeldet.** Anderenfalls würden Benachrichtigungsmails im betrieblichen E-Mail-Verkehr auftreten. Zudem besteht bei verschiedenen sozialen Netzwerken die Möglichkeit, auf das Adressbuch des angegebenen E-Mail-Kontos zuzugreifen, was dazu führen kann, dass betriebliche Kontakte automatisierte Einladungsmails zu sozialen Netzwerken erhalten. Dies sollte in jedem Fall vermieden werden. 260

5. Regelung zur Social Media-Nutzung während und außerhalb der Arbeitszeit

Es empfiehlt sich, im Fall der **erlaubten Privatnutzung** am Arbeitsplatz darauf hinzuweisen, dass die Nutzung von Social Media-Angeboten während der Arbeitszeit auf Basis der ansonsten geltenden betrieblichen Regelungen zur privaten Internetnutzung am Arbeitsplatz erfolgt. Daher sollte explizit auf eine ggf. bereits **bestehende Richtlinie** oder **IT-Betriebsvereinbarung** verwiesen und sichergestellt werden, dass sich die Regelungen der Social Media Guideline nicht mit diesen inhaltlich widersprechen. An dieser Stelle empfiehlt sich ebenfalls ein Hinweis darauf, dass auch die Nutzung sozialer Netzwerke über **betriebliche Smartphones** oder über das **betriebliche WLAN-Netz** diesen Regelungen unterfällt sowie die Nutzung dieser Netzwerke über private Hardware während der Arbeitszeit. Sinnvoll ist ferner eine Regelung, welche den Zugriff auf soziale Netzwerke über private Geräte unter Nutzung des betrieblichen Internets, wie z.B. das WLAN-Netz, sowie die private Nutzung über den eigenen Mobilfunkanbieter während der Arbeitszeit untersagt. Ziel einer solchen Regelung ist es, eine **unkontrollierte Nutzung** von Privatgeräten am Arbeitsplatz einzuschränken oder gleichzeitig die Voraussetzung festzulegen, dass Privatgeräte, die betriebliche Systeme nutzen, zwingend in die IT-Sicherheitsstruktur des Unternehmens einzubinden sind. 261

6. Berufliche Nutzung sozialer Netzwerke

Entsprechende Regelungen sind erforderlich, wenn die Nutzung **sozialer Netzwerke** Teil der **Arbeitspflichten** des Mitarbeiters ist. Dies ist z.B. der Fall, wenn Arbeitnehmer **Kundenakquise** über berufsbezogene Netzwerke wie z.B. XING oder LinkedIn betreibt. Hier können je nach Bedarf der Gesellschaft Regelungen zum Vertragsabschluss über soziale Netzwerke vorgegeben werden. Der Mitarbeiter kann auch angewiesen werden, in sozialen Netzwerken akquirierte Kunden nach Abschluss der Akquisition über die betrieblichen E-Mail-Systeme zu betreuen, um der Gesellschaft einen Zugriff auf die Kundendaten und die Geschäftstätigkeit zu erleichtern. Ansonsten droht etwa im Fall eines Ausscheidens des Mitarbeiters, dass dieser wichtige Kundeninformationen auf seinem privaten Social Media-Account speichert. Abgesehen davon sollte im Rahmen der Social Media 262

Guideline vereinbart werden, dass sämtliche beruflichen Kontakte und berufliche Kommunikation, die während der Dauer des Arbeitsverhältnisses und im Rahmen der Tätigkeit für den Arbeitgeber entstanden, spätestens bei Beendigung des Arbeitsverhältnisses wieder an den Arbeitgeber herausgegeben oder gelöscht werden.

263 Sofern es einen **betrieblichen Social Media-Beauftragten** gibt, sollte ggf. auch auf diesen hingewiesen werden.

7. Verhalten im Netz

264 Ein wichtiger Punkt einer **Social Media Guideline** oder einer entsprechenden Betriebsvereinbarung sind Ausführungen zum **Verhalten in sozialen Netzwerken.** Hier ist wiederum zu beachten, dass der Arbeitgeber bzw. der Arbeitgeber und der Betriebsrat nicht berechtigt sind, außerbetriebliches Verhalten ohne jeglichen Bezug zum Arbeitsverhältnis zu regeln. Dessen ungeachtet sollte der Mitarbeiter in jedem Fall darauf hingewiesen werden, dass **Aussagen** mit einem **Bezug zum Arbeitsverhältnis** vom Mitarbeiter möglichst in sozialen Netzwerken zu unterlassen sind. Insbesondere kritische Bemerkungen zum Arbeitgeber, zu Kollegen oder zu Kunden sollten soweit möglich unterlassen werden. Insbesondere ist es jedoch untersagt, beleidigende Aussagen oder falsche Aussagen mit Bezug zum Arbeitsverhältnis zu tätigen oder Mitbewerber herabzuwürdigen. In diesen Regelungsbereich kann zudem vorgesehen werden, dass sich Mitarbeiter im Falle der Kenntniserlangung von Pflichtverletzungen, wie etwa Beleidigungen durch andere Arbeitnehmer, an Vertrauenspersonen der Gesellschaft wenden sollen. Hier könnte z.B. der Hinweis auf eine bestehende **Whistleblower-Betriebsvereinbarung** oder Regelung eingebaut werden. Die Aufnahme einer entsprechenden Regelung in die Social Media Guideline begründet jedoch ein **Mitbestimmungsrecht des Betriebsrats.**

8. Aussagen über die Gesellschaft, Betriebsgeheimnisse, Insiderinformationen, geistiges Eigentum

265 Die **Social Media Guideline** sollte den Mitarbeitern klar vor Augen führen, dass sie während der Nutzung sozialer Netzwerke innerhalb oder außerhalb der Arbeitszeit weiterhin an die arbeitsvertraglichen und gesetzlichen **Verschwiegenheits- und Treuepflichten** gebunden sind. Dies bedeutet insbesondere, dass die Veröffentlichung von vertraulichen Informationen oder Betriebsgeheimnissen strengstens zu unterlassen ist. Gleiches gilt für negative Aussagen über den Arbeitgeber, die nicht mit den **Loyalitätspflichten** im Einklang stehen. Der Arbeitgeber sollte zudem darauf hinweisen, dass einmal in sozialen Netzwerken getätigte Aussagen im Regelfall nicht oder nur sehr schwer wieder zu entfernen sind. An dieser Stelle ist auch darauf zu verweisen, dass personenbezogene Daten über andere Mitarbeiter in sozialen Netzwerken nicht zu veröffentlichen sind. Letztlich empfiehlt sich der Hinweis dar-

auf, dass die Bewertung geschäftlicher Vorgänge in sozialen Netzwerken unterbleiben sollte, sofern nicht der Vorgesetzte oder die Abteilung für Öffentlichkeitsarbeit im Vorhinein zugestimmt haben.

9. Werbung, Schleichwerbung, Astroturfing

Aussagen von Arbeitnehmern in Bezug auf den Arbeitgeber oder die Produkte des 266
Arbeitgebers können in sozialen Netzwerken dazu führen, dass der Tatbestand der **unlauteren verschleierten Werbung** im Sinne des UWG erfüllt ist. Dies gilt z.B., wenn Arbeitnehmer in sozialen Netzwerken die Produkte des Arbeitgebers loben, ohne offenzulegen, dass sie Mitarbeiter des Unternehmens sind. Entsprechende negative Aussagen können zu rechtlichen Konsequenzen für die Mitarbeiter aber auch für das Unternehmen führen. Daher sollten die Mitarbeiter im Rahmen einer **Social Media Guideline** darauf hingewiesen werden, dass sie Bewertungen von Produkten des Arbeitgebers im Internet und insbesondere in sozialen Netzwerken vermeiden sollten. Gleiches gilt für negative Aussagen über Konkurrenzprodukte, die ebenfalls dazu führen können, dass unlauterer Wettbewerb vorliegt.

10. Verbot des Hochladens urheberrechtlich geschützter Werke Dritter

Das **Hochladen urheberrechtlich geschützter Werke oder Dokumente** (Musik- 267
dateien, Videos, Fotos etc.) auf soziale Netzwerke unter Nutzung des von der Gesellschaft zur Verfügung gestellten Internetzugangs kann dazu führen, dass die Gesellschaft vom Rechteinhaber in Anspruch genommen wird, sofern es möglich ist, die IP-Adresse zurückzuverfolgen. Den Mitarbeitern sollte daher im Rahmen der Social Media Guideline untersagt werden, geschützte Werke über das betriebliche Internet auf soziale Netzwerke hochzuladen. Das Verbot sollte auch die Nutzung betrieblicher Smartphones für solche Aktivitäten umfassen.

11. Verhalten nach Ausscheiden aus der Gesellschaft

Die **Social Media Guideline** sollte zudem festlegen, dass bestimmte **Pflichten auch** 268
nach Beendigung des Arbeitsverhältnisses fortgelten. In diesem Zusammenhang ist insbesondere auf die Fortgeltung der **nachvertraglichen Verschwiegenheitspflichten** hinzuweisen. Außerdem hat sich als sinnvoll erwiesen, im Rahmen der Guideline darauf hinzuweisen, dass die Angaben über beruflichen Werdegang der Mitarbeiter in sozialen Netzwerken nach dem Ausscheiden entsprechend anzupassen sind. Durch eine solche Regelung kann insbesondere verhindert werden, dass Mitarbeiter nach dem Ausscheiden in berufsbezogenen Netzwerken weiterhin als Arbeitnehmer der Gesellschaft erscheinen.

12. Folgen von Verstößen gegen die Social Media Guideline

269 In einer abschließenden Regelung sollte darauf hingewiesen werden, dass **Verstöße** gegen die Regelungen der **Social Media Guideline** vom Arbeitgeber mit **Sanktionen** belegt werden können und dass die Mitarbeiter gehalten sind, die Vorgaben zu erfüllen.

Kapitel 8
FAQs in ausgewählten Jurisdiktionen (in englischer Sprache)

A. Introduction

Damit deutsche Unternehmen auch einschätzen können, wie (leicht) sie beim Betrieb einer Social Media-Präsenz auch mit anderen Rechtsordnungen in Berührung kommen, werden im Folgenden **sechs grundsätzliche Fragen** auf Basis des im Folgenden dargestellten Sachverhalts („Facts") für besonders relevante internationale Jurisdiktionen beantwortet. 1

I. Facts

A **German company** ("Operator of a Social Media Presence") operates and maintains a **social media presence** ("Social Media Presence") on a **third-party social media platform** (e.g., Facebook, Google+, or Twitter) or maintains social media elements on its **own corporate Web site** (e.g., a blog). 2

II. Questions

1. Do the local laws on the **protection of intellectual property** (trademarks, copyrights, trade secrets, or other relevant laws on the protection of IP) apply to the Social Media Presence? 3
2. Do the local laws on the **protection of the personality of individuals** (protection against defamation or other false statements) apply to the Social Media Presence?
3. Do the local laws on **spamming** apply to marketing acts performed by the Operator of a Social Media Presence through the Social Media Presence (e.g., posting on third parties' walls; inviting other users; Twitter messages with marketing content)?
4. Can the Operator of a Social Media Presence be held liable **for content posted** or uploaded by users of the Social Media Presence (e.g., in a blog) under the laws? What are the most important (max. three) things to do for the Operator of a Social Media Presence to avoid liability?
5. Do local **data privacy laws** apply to personal data processed or used on the Social Media Presence, for example personal data provided by local users?

6. How can – assuming the local laws apply – **employee participation** in social media be regulated by an employer regarding (i) private use of social media and (ii) work-related use of social media?

B. Answers

I. Answers for China[1]

1. Do the local laws of your jurisdiction on the protection of intellectual property (trademarks, copyrights, trade secrets, or other relevant laws on the protection of IP) apply to the Social Media Presence?

4 Yes, Chinese laws on the protection of intellectual property apply to the Social Media Presence.

a) Trademark and unfair competition

5 There are **no special laws** on protection of trademarks on social media presences. Reported cases show that general laws including the Trademark Law of the People's Republic of China and the Anti Unfair Competition Law of the People's Republic of China apply.

6 Pursuant to the Chinese Trademark Law, it constitutes a trademark infringement to use a mark identical or similar to a registered trademark in connection with identical or similar goods **without authorization from the owner** of the registered trademark. Protection rendered to a **well-known trademark registered in China** could be extended to dissimilar goods or services.

7 The Chinese Anti Unfair Competition Law provides that a commercial entity shall not:
- counterfeit another party's registered trademark;
- use a name, packaging, or decoration identical or similar to the particular name, packaging, or decoration of another party's famous good, resulting in confusion of the source of the goods among buyers, without authorization; or
- use another party's trade name or personal name, resulting in confusion of the source of the goods among buyers, without authorization.

8 However, due to the territorial nature of trademark rights, whether Chinese courts have jurisdiction over a German Social Media Presence and whether Chinese laws

1 The answers for China are a contribution by *Xiang Wang*, Attorney at Law, Orrick, Herrington & Sutcliffe LLP, Beijing and *Shelley Zhang*, Attorney at Law, Orrick, Herrington & Sutcliffe LLP, Beijing.

are applicable in a specific case largely **depends upon the German company's business exposure** to China through the Social Media Presence.

9 In the outlined scenario, if, through the Social Media Presence, an impression is created that the German company's goods or services are offered in China, it is likely that Chinese courts will have jurisdiction and **Chinese laws will be applicable**. However, a Facebook profile or a Twitter account may not be as risky now as both Web sites are **blocked** in China.

b) Copyright

10 A copyrightable work will be protected under the Copyright Law of the People's Republic of China if its author is a **national of a treaty country** (Berne Convention, Universal Copyright Convention, Geneva Act, Paris Act, TRIPS, and WIPO Copyright Treaty) or has its **habitual residence in a treaty country**, or the work is **first published in a treaty country**.

11 Copyright cases over the infringement of the right of dissemination through Internet networks are under the jurisdiction of Chinese courts at the **place where the law-infringing act was committed** or the **place where the defendant is domiciled.** The place where the law-infringing act was committed includes the place where the network servers, computer terminals, and other technical equipment used in committing the law-infringing act at issue are located. If the place where the law-infringing act was committed is outside China, the place where the computer terminal or other equipment on which the plaintiff discovered the law-infringing content may be deemed the place where the act of infringement was committed. Thus, a plaintiff could sue the German Operator of a Social Media Presence in a Chinese court for infringing copyright protected under Chinese law through a Social Media Presence if it is accessible in China.

c) Trade secrets

12 It is likely that Chinese laws on protection of trade secrets apply if the Social Media Presence **discloses trade secrets** that are protected under Chinese laws.

13 If an entity discloses a trade secret protectable under Chinese law on a Social Media Presence accessible in China, it is likely that a plaintiff can sue the German Operator of a Social Media Presence in a Chinese court and Chinese law will apply in analogy to the online infringement of copyright.[2] By disclosing the trade secret on a Social Media Presence accessible in China, the infringer essentially disclosed the trade secret in China and thus the **trade secret owner** would likely be found entitled to pursue an infringement claim against the infringer in China.

2 See above margin numbers 8 and 9.

2. Do the local laws of your jurisdiction on the protection of the personality of individuals (protection against defamation or other false statements) apply to the Social Media Presence?

14 Potentially, yes. There are no special Chinese laws regulating the protection of the personality of individuals on a Social Media Presence. However, there have been cases involving **defamation** and **invasion of privacy** through social media Web sites in China. Therefore, if the Social Media Presence infringes upon the personality of individuals protected under the Chinese laws, relevant Chinese laws will apply.

3. Do the local laws of your jurisdiction on spamming apply to marketing acts performed by the Operator of a Social Media Presence through the Social Media Presence (e.g., posting on third parties' walls; inviting other users; Twitter messages with marketing content)?

15 Whether Chinese laws on spamming apply to the Social Media Presence largely **depends on the location** from which the marketing acts are performed.

16 The Measures for Administration of E-Mail Service on Internet **regulates e-mail spam** in the territory of the People's Republic of China. It provides that no organization or individual shall:

- send e-mails by using another party's computer system without authorization, or
- use e-mail addresses of others that are obtained by automatic online collection, arbitrary alphabetical or digital combination, or other means for selling, sharing, or exchanging purposes, or sending e-mails to the e-mail addresses obtained by the aforementioned means.

17 In addition, no organization or individual shall, when sending e-mails by itself or by entrustment:

- intentionally conceal or forge e-mail envelope information;
- send e-mails containing commercial advertisements without clear consent of the recipient; or
- fail to indicate characters such as "广告" (advertisement) or "AD" at the beginning of the e-mail title information when sending e-mails containing commercial advertisements.

18 All Internet **BBS (Bulletin Board Service)** service providers with Web sites with .cn domain names and Web sites with servers located in China are required to **regulate users' acts on the Web sites.** It provides that electronic bulletin board services shall mean the activities of providing online users with information-publishing channels such as electronic bulletin boards, electronic whiteboards, electronic forums, network chat rooms, message boards, and other interactive means. So it seems a Social Media Presence would be classified as a kind of BBS service. In reality, Chinese BBS service providers are required to **review all users' content** before publishing it.

When **Chinese authorities** find that politically sensitive or law-infringing information (on sites such as Facebook, Twitter, and the Pirate Bay) is published on a foreign Web site, since they are unable to request that such Web sites remove the content, they **simply block them** in China, although Chinese users can still circumvent this by connecting to foreign servers. 19

As for civil actions, when marketing acts performed by the Operator of a Social Media Presence through the Social Media Presence are accessible in China, procedurally a Chinese plaintiff may be found entitled to a relief under the Chinese law by arguing that China shall be deemed the place where the tort was committed in such a scenario and that an analogy to copyright law[3] applies. However, practically, it would be rather difficult for Chinese plaintiffs to enforce such judgments and also it would be **difficult to establish damages** under Chinese law. 20

4. Can the Operator of a Social Media Presence be held liable for content posted or uploaded by users of the Social Media Presence (e.g., in a blog) under the laws of your local jurisdiction? What are the most important (max. three) things to do for the Operator of a Social Media Presence to avoid liability?

Under the Chinese laws, liability of the Operator of a Social Media Presence largely **depends upon the role the operator plays** – that of an Internet service provider or that of an Internet user. 21

- If the operator maintains social media elements on its own corporate Web site (e.g., a blog), it is likely to be regarded as an Internet service provider (ISP). An ISP can be held liable for content posted or uploaded by users if it fails to take appropriate action upon actual or assumed knowledge of any infringement committed by users.
- Under the **Tort Liability Law** of the People's Republic of China, when an Internet user commits tort online, rights owners may notify ISPs to take necessary actions such as removing, blocking, or disconnecting law-infringing content. ISPs shall be held jointly liable for additional damages caused to the rights owners resulting from their failure to take prompt action. This article also provides that where an ISP is aware that an Internet user is using its network service to infringe upon others' civil rights and interests, but fails to take necessary action to stop such infringement, it shall be held jointly liable with the Internet user.
- When the Social Media Presence is operated or maintained on a third-party social media platform (e.g., Facebook, Google+, or Twitter), it is likely the operator will be regarded as Internet user rather than ISP. There are no specific laws or

3 See above margin numbers 8 and 9.

regulations that define the liabilities of an Internet user for content posted or uploaded by other users. If the operator has certain power over the existence of other users' posted or uploaded content (i.e., if the operator has the power to remove, block, or disconnect other users' content on its blog), a liability similar to an ISP (see above) may well be imposed on the operator. In other cases, the operator shall not be held liable.

22 The most important to dos for the operator of a Social Media Presence are:

- promptly remove, block, or disconnect content posted or uploaded by users that may constitute tortious acts upon notification by rights owners or when the tortious nature is otherwise obvious; and
- alert users that they shall be liable for any torts they commit on the operator's presence.

5. Do local data privacy laws of your jurisdiction apply to personal data processed or used on the Social Media Presence, for example personal data provided by users with residence in your jurisdiction?

23 Likely no. Most Chinese data privacy regulations apply to Internet services provided in the territory of the People's Republic of China and, therefore, do not apply to the German Operator of a Social Media Presence.

24 The Provisions on the Administration of Electronic Bulletin Board Services on the Internet, the Several Provisions on Regulating Market Orders of Internet Information Services, the Decision of the Standing Committee of the National People's Congress on Strengthening Network Information Protection, and the Telecommunications and Internet User Individual Information Protection Regulations contain provisions on the protection of privacy and personal data, but **do not provide for their territorial scope of applicability**.

25 In a nutshell, these decisions and regulations provide that an BBS provider, including an Operator of a Social Media Presence, shall **keep confidential the personal information** of online users, and shall not disclose it to others without the consent of the users, except as otherwise specified in the laws.

26 Due to a lack of clear provisions on the territorial scope, it is likely that all these decisions and regulations **only apply to Chinese Web sites**, i.e., Web sites with .cn domain names and Web sites with servers located in China.

6. How can – assuming the local laws of your jurisdiction apply – employee participation in social media be regulated by an employer regarding (i) private use of social media and (ii) work-related use of social media?

27 There are **no special laws** or regulations regarding an employer's regulation of an employee's use of social media. Therefore, generally, an employer can regulate em-

ployee participation in social media through employment contract and/or internal policy, unless such regulation violates mandatory laws or regulations.

For example, it is **generally legal for employers to prohibit employees from private use of social media** during working hours or from disclosing certain information about their employers on social media. An employer could regulate an employee's work-related use of social media as part of the employee's scope of employment, provided that the work-related use is not illegal. Such regulation can usually be carried out by administration and approval process or guidelines on such use. 28

II. Answers for Germany

1. Do the local laws of your jurisdiction on the protection of intellectual property (trademarks, copyrights, trade secrets, or other relevant laws on the protection of IP) apply to the Social Media Presence?

Yes. Laws protecting intellectual property in Germany apply to the Internet and in particular to social media presences. 29

a) Trademarks

According to Article 8 of Rome II,[4] German trademark law will apply to a Social Media Presence, provided 30

- the protection against the illegal use of a trademark is claimed in Germany,
- the trademark is protected in Germany,
- the Social Media Presence is designated to be accessed from Germany, and
- the use has a commercial effect in Germany.

b) Copyrights

Copyrights are protected under the German Copyright Act if the **protected work is exploited on a Social Media Presence** that is designated to be accessed from Germany, regardless of the author's origin.[5] 31

c) Trade secrets

Trade secrets are protected by several laws and legal provisions, above all by the German Act Against Unfair Competition. German law will apply if a posting on the 32

4 Regulation (EC) No. 864/2007 of the European Parliament and of the Council of July 11, 2007 on the law applicable to non-contractual obligations ("Rome II").

5 See Chapter 4 margin numbers 216 et seq. for details.

Social Media Presence will or is likely to affect the collective interest of consumers or competitive relations in Germany and the Social Media Presence is **intended to reach a certain number of the population**. If only one competitor is affected by a breach of a trade secret, German law applies if the damage occurred in Germany.[6]

2. Do the local laws of your jurisdiction on the protection of the personality of individuals (protection against defamation or other false statements) apply to the Social Media Presence?

33 Yes, if either the statement has been made in Germany or if the harm arose in Germany. The latter is likely if a person out of the sphere of the defamed party is based in Germany and may take notice of the defamation.[7] In terms of social media, German law applies if the Social Media Presence is **designated to be accessed from Germany** and someone such as a relative, friend, or colleague of the injured party will likely take notice of the defamation or false statement.

3. Do the local laws of your jurisdiction on spamming apply to marketing acts performed by the Operator of a Social Media Presence through the Social Media Presence (e.g., posting on third parties' walls; inviting other users; Twitter messages with marketing content)?

34 Yes. German spamming laws (above all the Act Against Unfair Competition and the Telemedia Act) apply to e-marketing messages sent to a recipient based in Germany.[8]

4. Can the Operator of a Social Media Presence be held liable for content posted or uploaded by users of the Social Media Presence (e.g., in a blog) under the laws of your local jurisdiction? What are the most important (max. three) things to do for the Operator of a Social Media Presence to avoid liability?

35 Yes, if the law-infringing content posted or uploaded by users appears as the operator's own content or – in case of third party content – if the operator has not sufficiently minimized the risks of infringement.[9] Note, however, that there is **no general duty of operators** of a Social Media Presence to control or review content uploaded by users.

6 See Chapter 4 margin numbers 234 et seq. for details.
7 See Chapter 4 margin numbers 230 et seq. for details.
8 See Chapter 4 margin numbers 234 et seq. for details.
9 See Chapter 4 margin numbers 301 et seq. for details.

The most important to dos for Operators of a Social Media Presence to **avoid liability** are: 36

- To distance oneself from content posted on the Social Media Presence by users and not to claim broad IP rights on this content;
- to mark user-generated content as such, only allow registered users to post content, and to display the (user)name of the author; and
- to offer a tool to enable potentially offended users to report content that infringes their rights.

5. Do local data privacy laws of your jurisdiction apply to personal data processed or used on the Social Media Presence, for example personal data provided by users with residence in your jurisdiction?

Yes. German data protection laws (above all the Federal Data Protection Act and 37 the Telemedia Act) apply if the Operator of the Social Media Presence is **established in Germany** and **collects, processes, or uses personal data in Germany.** In addition the German laws apply in social media scenarios above if the Operator of the Social Media Presence is established outside the EU/EEA but, for the purpose of processing personal data, makes use of equipment, automated or otherwise, situated in Germany to collect, process, or use personal data. Such equipment may be a server or even cookies residing on computer equipment of German citizens.[10]

6. How can – assuming the local laws of your jurisdiction apply – employee participation in social media be regulated by an employer regarding (i) private use of social media and (ii) work-related use of social media?

a) Private use of social media

Under German law, employers can set certain rules for private use of social media by 38 employees during working time through **guidelines**. If no guidelines are in place, use of social media for private purposes is **not permitted at all** during working hours.[11] Private use of social media outside of working time can generally not be influenced by the employer at all.

b) Work-related use of social media

Any work-related use of social media by employees (e.g., marketing, headhunting, 39 HR) may be subject to **specific rules set by the employer**, e.g., ordering the em-

10 See Chapter 3 margin numbers 3 et seq and Chapter 4 margin numbers 234 et seq. for details.
11 See Chapter 7 margin numbers 67 et seq. for details.

ployee to create a professional social media profile or setting certain rules for content uploaded onto the Social Media Presence.[12]

III. Answers for Hong Kong[13]

1. Do the local laws of your jurisdiction on the protection of intellectual property (trademarks, copyrights, trade secrets, or other relevant laws on the protection of IP) apply to the Social Media Presence?

40 Yes. Generally, the protection of intellectual property rights applies to the Operator of a Social Media Presence.

41 Although not specifically related to social media, **legislation on the protection of intellectual property rights**, which includes the Copyright Ordinance (Chapter 528, Laws of Hong Kong), the Trade Marks Ordinance (Chapter 559, Laws of Hong Kong), and the Patents Ordinance (Chapter 514, Laws of Hong Kong), apply to a Social Media Presence. Some intellectual property rights are also protected under common law. For example, unregistered trademarks are protected under the law of passing off and trade secrets are protected by an action for breach of confidence.

42 As an example, under the Copyright Ordinance, an offense is committed if a user copies a copyrighted work, or issues, rents, or makes available its copies to the public without the authorization of the copyright owner (primary infringement). While there has not been a case yet where the Hong Kong court has ruled against an operator of a social media platform for violation of copyright,[14] an operator of a social media platform **may be liable** for **"making available"** copyright-infringing copies on the social media platform.

43 Given the protection of copyright in Hong Kong is territorial, the applicability of the Copyright Ordinance is **limited to copyrights in Hong Kong** and to situations where the infringement has occurred in Hong Kong.[15] Therefore, Hong Kong copyright law would apply to a German Social Media Presence if any work in which copyright subsists under the Copyright Ordinance is made available, so that members of the public in Hong Kong or elsewhere may access the work. The same principles apply correspondingly to the other laws protecting intellectual property in Hong Kong mentioned above.

---

12 See Chapter 7 margin numbers 83 et seq.

13 The answers for Hong Kong are a contribution by *Erica Chong*, Attorney at Law, Orrick, Herrington & Sutcliffe LLP, Hong Kong, *Andrew J. Dale*, Attorney at Law, Orrick, Herrington & Sutcliffe LLP, Hong Kong, and *Lisa Siu*, Attorney at Law, Orrick, Herrington & Sutcliffe LLP, Hong Kong.

14 However, the Court of Final Appeal did convict an individual who uploaded and distributed infringed copyright works via BitTorrent. See Chan Nai Ming v HKSAR (2007) – 10 HKCFAR 273 –.

15 Golden Bright Manufacturer Ltd v Sunlight Electronic Toys Manufacturing Co Ltd & Anor (2007) – 2 HKC 357 –.

2. Do the local laws of your jurisdiction on the protection of the personality of individuals (protection against defamation or other false statements) apply to the Social Media Presence?

Yes. The defamation law in Hong Kong, although not specifically related to social media, applies to a Social Media Presence. The law is found in the Defamation Ordinance (Chapter 21, Laws of Hong Kong) and in common law. 44

The **essential elements** of the tort of defamation are: 45

- there is a defamatory statement;
- the statement is published;
- the statement concerns a particular person; and
- the statement is conveyed to a third party.

Although the word **"defamatory" is not defined** in the Defamation Ordinance or common law, a statement is defamatory if it tends to lower a person in the estimation of right-thinking members of society generally or exposes him/her to public hatred, contempt, or ridicule, or causes him/her to be shunned or avoided. Posting a message on a social media platform would constitute a publication. 46

In summary, a social media platform user who posts a defamatory statement will be liable just as any other defamatory statement maker. As regards the operator, while it does not have to be monitoring every single posting, **should be alert when it receives a complaint** and **should react promptly** to avoid liability. 47

Hong Kong defamation law will apply to the German operator of a Social Media Presence in instances where the publication of a defamation is considered to have **occurred in Hong Kong**, i.e., where a defamatory statement is **seen or received in Hong Kong**, or, in the case of material on the Internet, the material is **downloaded in Hong Kong.**[16] 48

3. Do the local laws of your jurisdiction on spamming apply to marketing acts performed by the Operator of a Social Media Presence through the Social Media Presence (e.g., posting on third parties' walls; inviting other users; Twitter messages with marketing content)?

Yes. Although there is no specific anti-spam legislation in Hong Kong that relates to social media, the Unsolicited Electronic Messages Ordinance (the **"UEMO"**; Chapter 593, Laws of Hong Kong) applies to certain marketing acts performed by the Operator of a Social Media Presence through the Social Media Presence. 49

Under the UEMO, senders of commercial electronic messages are required to provide an unsubscribe facility for recipients and honor unsubscribe requests 50

16 Emperor (China Concept) Investments Ltd v SBI E-2 Capital Securities (2006) – 1 HKC 266 –; Dow Jones & Company Inc v Gutnick (2002) – HCA 56 –.

within ten working days. Other requirements that senders are required to comply with include providing accurate sender information and not sending commercial electronic messages to an electronic address listed in any do-not-call register. The authorities may serve an **enforcement notice** on any person who contravenes such requirements. Failure to comply with an enforcement notice is an offense and is punishable by a **fine and imprisonment**. Any person who misuses information obtained in an unsubscribe request or a do-not-call register commits an offense and is liable to a fine and imprisonment.

51 The UEMO covers **electronic messages in any form** sent over a public telecommunication service to an electronic address for the purposes of advertising, promoting, or offering commercial goods or services ("commercial electronic message") with a "**Hong Kong link**". Electronic messages include, but are not limited to, prerecorded voice messages sent to telephones, text messages, faxes, e-mails, and other nonconventional electronic means. Given the technology-neutral approach of the regulator, if the spam marketing material is an electronic message to offer, advertise, or promote goods or services, and it is delivered to, transferred to, or made to appear on a social media platform by way of "sending," it is likely the UEMO would apply. A message has a "Hong Kong link" if it originates in Hong Kong, is sent to or from a Hong Kong telephone number, is accessed using a telecommunications device located in Hong Kong, or is sent to or from an individual physically present in Hong Kong or an organization carrying out business or activities in Hong Kong.

52 In this scope, the UEMO **also applies to foreign senders**, including the German Operator of a Social Media Presence.

4. Can the Operator of a Social Media Presence be held liable for content posted or uploaded by users of the Social Media Presence (e.g., in a blog) under the laws of your local jurisdiction? What are the most important (max. three) things to do for the Operator of a Social Media Presence to avoid liability?

53 Yes. Depending on the nature of the infringing act, the Operator of a Social Media Presence may be held liable for content posted by third-party users.

a) Examples of rights infringements

54 In general, Hong Kong, as other common law jurisdictions, recognizes that persons may be involved as intermediaries in the publication of defamatory material simply as mere conduits and do no more than fulfill the **role of a passive medium for communication**, e.g., telephone carriers or postal services.[17] However,

17 Oriental Press v Inmediahk.net (2012) – 2 HKLRD 1004 –; Oriental Press v Fevaworks (2012) – 1 HKLRD 848 –.

the operator of a social media platform or presence in Hong Kong could be held liable for defamatory content posted by platform users if, as a subordinate distributor, the operator fails to establish the common law defense of innocent dissemination.[18]

According to the Copyright Ordinance,[19] an operator of a social media platform or presence shall be liable if it is considered to have made copyright-protected copies of works available to the public[20] or if it is considered to have provided means for making copies by exposing the works for sale or hire.[21] However, it is unclear whether the copyright-infringing acts of a user of the platform will convince the court that the operator itself is *"making copies available to the public"* or *"exposing the works for sale/hire."* For example, an Operator of a Social Media Presence would not be held liable for damages or other pecuniary remedy in respect of copyright infringement if it **has taken reasonable steps to limit or stop the infringement** as soon as practicable after the following: 55

- the Operator of a Social Media Presence received a notice of alleged infringement, or became aware of the infringement;
- the Operator of a Social Media Presence has not received and is not receiving any financial benefit directly attributable to the infringement;
- it accommodates and does not interfere with standard technical measures used by copyright owners to identify or protect their copyright works; and
- it designates an agent to receive notices of alleged infringements.

b) To dos

In order to avoid liability for content posted or uploaded by users, an Operator of a Social Media Presence is recommended to consider the following: 56

- include terms of use or a disclaimer on the Social Media Presence. Although disclaimers are not the full answer, as a court may have them invalidated, the application of terms of use and disclaimers do, nevertheless, provide some level of comfort and protection;
- cover any infringement and liability costs associated with Internet publishing by its insurance policies; and
- regularly monitor the Social Media Presence so as to allow the Operator to detect any inappropriate content for infringing activities.

---

18 Oriental Press v Inmediahk.net (2012) – 2 HKLRD 1004 –; Oriental Press v Fevaworks (2012) – 1 HKLRD 848 –; Section 25, Defamation Ordinance.

19 Section 25, Defamation Ordinance.

20 Section 26, Copyright Ordinance.

21 Section 32, Copyright Ordinance.

5. Do local data privacy laws of your jurisdiction apply to personal data processed or used on the Social Media Presence, for example personal data provided by users with residence in your jurisdiction?

57 Yes, the privacy law in Hong Kong applies to personal data processed or used on a Social Media Presence.

58 The Personal Data (Privacy) Ordinance (the **"PD(P)O"**; Chapter 486, Laws of Hong Kong) is the main privacy law in Hong Kong. The purpose of the PD(P)O is to protect the privacy interests of individuals by regulating the handling of personal data. It applies to any person, either alone or jointly or in common with other persons, that collects, holds, processes, or uses personal data (a "data user").

59 Although it remains uncertain whether the PD(P)O has extraterritorial application, the **Hong Kong Commissioner**, who plays the **role of an enforcer**, may refuse to carry out an investigation into a complaint when the case has no connection with Hong Kong.[22] Specifically, under the PD(P)O, the Commissioner may exercise his/her discretion not to investigate if the complainant was not resident in Hong Kong, the data user was not able to control the collection, holding, processing, or use of the personal data concerned in or from Hong Kong, and the complainant was not physically in Hong Kong, at the time the act was passed, and if in his/her opinion, the act will not prejudice the enforcement of the complainant's rights accrued in Hong Kong.

60 Accordingly, the application of the PD(P)O to the German Operator of a Social Media Presence may be limited if the presence does not address Hong Kong users.

6. How can – assuming the local laws of your jurisdiction apply – employee participation in social media be regulated by an employer regarding (i) private use of social media and (ii) work-related use of social media?

61 There are no specific local laws that govern employee monitoring or employee participation in social media. However, the local employment and privacy laws apply in the social media context.

a) Employee monitoring in the workplace

62 When employee monitoring results in the collection of the personal data of employees, employers should ensure that the collection and management of such data complies with the **data protection principles** under the PD(P)O.

---

22 Section 39(1)(d), PD(P)O.

Prior to introducing employee monitoring, employers should **balance their legitimate business interests against the personal data privacy rights** of employees. In so doing, it is recommended that the employers: 63
- establish the purpose(s) that employee monitoring seeks to fulfill;
- assess the likely adverse impact of monitoring employees on the personal data privacy of employees;
- determine whether the undertaking of employee monitoring can be justified as reasonable and fair in the circumstances; and
- consider alternatives to employee monitoring that may be equally effective and practical, yet less privacy-intrusive.

Employers are also encouraged to consider whether there are pragmatic alternatives to monitoring employees at work. For example, **filter software** may be installed to prevent unauthorized access to social media Web sites, which is considerably less intrusive but has the same effect. 64

b) Employee monitoring policy

Employers who decide to monitor employees at work should ensure that a **comprehensive privacy policy** on employee monitoring has been implemented, practical steps have been taken to communicate the policy to employees, and that privacy complaint measures are developed to protect the personal data that may be collected during the course of monitoring. 65

An employee monitoring policy should explicitly refer to the following: 66
- the business purpose(s) that the employee monitoring seeks to fulfill;
- the circumstances under which monitoring may take place and the manner in which monitoring may be conducted;
- the kinds of personal data that may be collected in the course of monitoring; and
- the purpose(s) for which the personal data collected in monitoring records may be used.

Specifically, in relation to Internet monitoring, the policy may, among other matters, specify whether employees are permitted to use the Internet for personal purposes unrelated to work. 67

c) Social media policy

Employers may also formulate a social media policy to **set out details** of what constitutes acceptable use of social media presences and the consequences of violation. This social media policy can be incorporated into an employee monitoring policy or used as a stand-alone document. 68

IV. Answers for Japan[23]

1. Do the local laws of your jurisdiction on the protection of intellectual property (trademarks, copyrights, trade secrets, or other relevant laws on the protection of IP) apply to the Social Media Presence?

69 Yes. Among Japanese IP laws, the Trademark Act, Copyright Act, and Unfair Competition Prevention Act provide the basis for various remedial measures including injunction, compensation for damage, and measures for restoration of honor. More specifically:

a) Trademark

70 The Trademark Act **protects registered trademarks**. For instance, displaying advertisement materials to which a registered trademark (or a trademark similar to the registered trademark) is affixed without the authorization of the trademark holder on a Social Media Presence would be an infringement of the trademark right.

b) Copyright

71 The Copyright Act **protects all "works"**, including language, music, pictures, drawings, movies, programs, and software. Registration is not required for such protection. Although the Copyright Act does not have general fair-use doctrine, it provides a limitation of copyright protection. In this context, generally speaking, uploading another's copyrighted work on a Social Media Presence would not be regarded as "Reproduction for private use" as one of the limitations of copyright protection (Art. 30, cl 1 of Copyright Act), and would constitute a copyright infringement.

c) Unfair competition

72 The Unfair Competition Prevention Act protects, among others, an indication of goods that is **domestically eminent or well-known** and **confusingly similar** to others, regardless of whether it is registered as a trademark or not, and trade secrets. Under the Unfair Competition Prevention Act, for example, displaying goods bearing such an indication of goods without authorization and/or disclosing trade secrets on a Social Media Presence could be subject to the remedies mentioned above.

23 The answers for Japan are a contribution by *Shinsuke Yakura*, LL.M, Attorney at Law, Orrick, Herrington & Sutcliffe LLP, Tokyo and *Nobuhiro Kawanaka*, Attorney at Law, K&L Gates, Tokyo.

d) Application of these principles to a German Social Media Presence

Due to rapid improvements in Internet technology and cloud computing, there is **no definitive court precedent or scholarly opinion** as to what law should be applied to the cases involving a German Social Media Presence described in cases (a) through (c) above, especially if the subject cases involve cross-border aspects. Thus, it is difficult to clearly predict what laws a Japanese court would apply in such cases. However, there are legal theories to be considered: 73

(a) the rules for tort claims would also be applied to a demand for an injunction and claims for damages based on IP; thus the law of the jurisdiction where the injury occurred would be applied, pursuant to Article 17 of the Act on General Rules for Application of Laws ("Act on Application of Laws"), providing principal rules for tort claims;
(b) based on a similar idea as (a), the laws of the jurisdiction with which the act is closely connected would be applied, pursuant to Article 20 of the Act on Application of Laws, providing exceptional rules for tort claims;
(c) given an understanding that the Act on Application of Laws does not contain a direct provision governing IP issues, the laws of the jurisdiction with which the act is most closely connected would be applied based on the general principal of jori ("*jori*" is one of the sources of law in Japan); and
(d) based on the market impact theory, the laws of the marketplace where the actor proactively intended to act and the result of the wrongful act occurred would be applied.

For instance, in the case where an actor and an IP owner are located in Japan, even if the Social Media Presence is operated with a server in Germany, Japanese law **would be likely to be applied** because (a) the place where the injury occurred, (b) and (c) the place with which the act is closely connected, and (d) the marketplace where the actor intended to act are all Japan. Conversely, in the case where the actor and the IP owner are located outside Japan and the Social Media Presence is focused on the market outside Japan, Japanese law would not be likely to be applied. 74

In terms of criminal laws, based on the **territorial principle**, if part or all of requirements under the criminal act (e.g., the act or result) occur in Japan, it is possible that a criminal penalty will be upheld in Japan. 75

2. Do the local laws of your jurisdiction on the protection of the personality of individuals (protection against defamation or other false statements) apply to the Social Media Presence?

Generally, yes. 76

Defamation or other false statements on a Social Media Presence would be regarded as torts under the Civil Code, which triggers a remedy for damages. While the amount of damages from defamation would generally be low, in an exceptional 77 case, a court could grant an **injunctive relief**, which is not generally permitted based on torts. Defamation and insult could also be criminally punishable.

78 With respect to the torts and criminal liability above, according to the relevant court cases or Art. 230-2, cl 1 of the Penal Code, the civil liability and/or criminal penalty as a result from defamation **could be overturned** if all the following conditions are proved;

- the act is related to matters of public interest;
- the act is solely for the benefit of the public; and
- the fact disclosed is true (or there is reasonable ground to misconceive it as truth).

79 Also, under the Unfair Competition Prevention Act, an **announcement or a dissemination of a falsehood** would trigger a series of remedies including injunction and recovery from damages if such falsehood is regarding its competitor (Art. 2, cl 1, item 14 of the Unfair Competition Prevention Act).

80 Article 19 of the Act on Application of Laws, which specifically provides for those types of cases, sets forth that the laws of the **victim's habitual residence** would govern. In the event that the habitual residence of the victim of defamation or other false statements is Japan, in principle, Japanese laws would be likely to be applied.

3. Do the local laws of your jurisdiction on spamming apply to marketing acts performed by the Operator of a Social Media Presence through the Social Media Presence (e.g., posting on third parties' walls; inviting other users; Twitter messages with marketing content)?

81 Yes, to a certain extent.

82 The Japanese Amended Act on Specified Commercial Transactions is mainly focused on advertisements where an advertiser would be subject to relevant regulations including a prohibition of advertisement without prior consent of recipients and an obligation to indicate on the advertisement matters designated by said Act. The Amended Act on Specified Commercial Transactions applies to **data transfer to computing devices** and **data transfer to mobile devices** using mobile phone numbers (Art. 11-2 of the Ordinance of Enforcement of Act on Specified Commercial Transactions), which could also apply to marketing acts on a Social Media Presence.

83 The Amended Act does not apply to data transfers to persons residing outside Japan, but applies to **data transfers from outside Japan to persons residing in Japan**. Therefore, the Act could apply to the German Operator of a Social Media Presence sending marketing messages to Japanese users.

84 The Act on Regulation of Transmission of Specified Electronic Mail covers **e-mail transmissions** and also provides regulations on **spamming**. It **prohibits e-mail advertisements** without the prior consent of the recipient and provides for

an obligation to indicate on the e-mail certain information designated by said Act. Currently, the Act on Regulation of Transmission of Specified Electronic Mail would apply only to an e-mail transmission using simple mail transfer protocol (SMTP) or mobile phone numbers (Ministerial Ordnance Providing Transmission Methods under Article 2, item a of the Act on Regulation of Transmission of Specified Electronic Mail). Therefore, e-mails or posts through a Social Media Presence will be subject to such law only as long as they utilize such technologies.

This Act will apply to both persons sending e-mails from Japan and persons out- 85
side of Japan sending an e-mail to Japan.

4. Can the Operator of a Social Media Presence be held liable for content posted or uploaded by users of the Social Media Presence (e.g., in a blog) under the laws of your local jurisdiction? What are the most important (max. three) things to do for the Operator of a Social Media Presence to avoid liability?

Based on present court precedents, it is possible that the Operator of a Social 86
Media Presence is held liable either to IP right-holders or users of the platform.

(i) The most important to do is to investigate promptly whether there is an in- 87
fringement on others' legitimate rights after the operator receives an indication of infringement. The reason is that a recent court judgment[24] addressing liabilities of an Internet shopping site states that an IT service operator could be liable for trademark infringement if it **fails to do adequate investigation.** While this case was dealing with trademark infringement, it could be reasonably expected that such logic would be used in cases where other IP rights are concerned.

(ii) The second important to do is to **delete law-infringing materials** within a 88
reasonable period after (a) the operator acknowledges the infringement and (b) the operator acknowledges a reasonable ground to find that the operator could know about the infringement. The reasons are:

- According to the Act on the Limitation of Liability for Damages of Specified Telecommunications Service Providers and the Right to Demand Disclosure of Identification Information of the Senders, an IT service operator who fails to delete the infringement will be liable for such failure only in the above (a) and (b) cases.
- According to the court judgment described in (i) above, an IT service operator could be liable for the infringement by the user if the operator fails to remove the law-infringing content within a reasonable period after either of (a) or (b) above has occured.

24 Intellectual Property High Court Judgment dated February 14, 2012, case 10076 (ne) 2010.

- In addition, to avoid liability based on the operator's inappropriate deletion of content posted by users, the operator can opt to remove posts if the operator has not received objection from the user seven days after the operator sends an inquiry to the user regarding the removal request made by a rights holder, because the above Act states that an IT service operator who removed content will not be liable for the deletion in such cases.

89 (iii) The third important to do is to **prepare an internal policy** to respond to a notice of infringement from rights holders and implement such policy in an appropriate way.

5. Do local data privacy laws of your jurisdiction apply to personal data processed or used on the Social Media Presence, for example personal data provided by users with residence in your jurisdiction?

90 Yes, but only in limited cases. The Act on the Protection of Personal Information could apply to the Operator of a Social Media Presence and if such law applies, the **operator shall exercise obligations** under the Act on the Protection of Personal Information.

91 Examples of such obligations are:

- to disclose the purpose of utilization of all retained personal information;
- not to utilize personal information for purposes other than already disclosed purposes without prior consent by the information provider; and
- not to provide personal data to third parties without prior consent by the information provider.

92 It is construed that the Act on the Protection of Personal Information does not apply to the Social Media Presence if the foreign operator has **no office in Japan** and does not handle personal information in Japan.

6. How can – assuming the local laws of your jurisdiction apply – employee participation in social media be regulated by an employer regarding (i) private use of social media and (ii) work-related use of social media?

93 (i) Regarding private use of social media, because employees are under a duty of devotion to service, generally speaking, it is regarded that an **employer is able to prohibit** its employees from private use of the Internet, including social media, during working hours by providing relevant rules of employment. On the other hand, it is more difficult for an employer to prohibit private use of social media outside of working hours. In addition, employees are obliged not to disclose trade secrets on social media due to their confidentiality obligation.

94 (ii) Regarding work-related use of social media, considering that an employer has the right to direct its employees to be devoted to their work, it is generally pos-

sible that an employer would be able to **control work-related use** of social media by its employees.

95 (iii) However, in both cases in (i) and (ii) above, if the employer takes disciplinary action against employees based on the employees' incompliance with rules of employment, the validity of such disciplinary action would depend on various factors, including what **kind of disciplinary action** was taken and the **level of incompliance**.

V. Answers for Russia[25]

1. Do laws on the protection of intellectual property (trademarks, copyrights, trade secrets, or other relevant laws on the protection of IP) apply to the Social Media Presence?

96 Yes. While there is as yet no published court practice on the applicability of Russian IP law on social media presences, it appears likely that Russian courts apply protection in cases that have a **close relationship** to the Russian Federation.

a) Overview of the legal regime

97 Russian IP law is based on the **territorial principle**, which has the following implications:

- IP rights are recognized and protected within the state in which such IP rights originally arose; and
- the conditions and means of protection of IP rights are determined by the laws of the state in which the protection is requested.

98 In Russia, the main legal source regulating the application and protection of IP rights is **Part IV of the Civil Code** of the Russian Federation, which was enacted on January 1, 2008, and incorporates rules on copyright, trademarks, know-how, etc. Currently, the Russian State Duma is in the process of discussing amendments to Part IV of the Civil Code, which shall clarify certain questions in connection with the protection of IP rights against violations committed on the Internet.[26]

---

25 The answers for Russia are a contribution by *Elena Homeister*, Attorney at Law, Orrick, Herrington & Sutcliffe LLP, Berlin.

26 Draft Law No. 47538-6 "On amendments to the 1st, 2nd, 3rd, and 4th parts of the Civil Code of the Russian Federation and to other legislative acts."

b) Copyright

99 Under Russian law, copyright **does not require registration or fulfillment** of any formality in order to occur and be protected.

100 The protectable objects of copyrights include, inter alia, literary works, musical works, audiovisual works, works of architecture, photographic works, and computer programs.[27] Posts on the Internet or tweets may be protected if they are the **result of creative work**, including compilations or arrangements of materials.[28]

101 Databases are specifically protected.[29] An entire **blog** may be regarded as a database in this context. If the operator of a Web site uses an object that is subject to copyright protection under Russian laws (e.g. a map hosted by a Russian Web site) without legal grounds, the operator may be held liable for such infringement.[30] While there is yet no court practice on the specific situation of an infringement of a Russian copyright on a foreign Social Media Presence, based on these general principles, Russian courts will likely provide protection against such infringement if there is **sufficient link to Russia.**

c) Secrets of production (know-how)

102 Secrets of production (know-how) comprise **information of any type** (e.g., production, technical, economic, or organizational knowledge), without restriction as to its subject matter.[31]

103 Generally, if know-how is infringed by a disclosure on a German Social Media Presence, Russian courts may apply **protection measures** that could potentially be enforced against Russian assets of the Operator of the Social Media Presence. In the absence of court practice, it is likely that protection requires a link to the Russian Federation, i.e., infringement of know-how that is protected in Russia.

d) Trademarks and service marks

104 The placement of a trademark that is registered in Russia on a Web site is generally considered as use of said trademark.[32] Registration of the trademark in Russia is necessary and, in the absence of court practice, would also appear to be a suffi-

27 Articles 1255 and 1259 of the Civil Code.
28 Article 1259 (2) of the Civil Code.
29 Article 1334 of the Civil Code.
30 Resolution of the Federal Commercial Court of the Volga-Vyatsky District, October 20, 2008 – A43-4663/2008-7-119 –.
31 Article 1465 of the Civil Code.
32 Article 1484 (2) no. 5 of the Civil Code.

cient link to the Russian Federation. Accordingly, use of a Russian registered trademark on a German Social Media Presence may be **subject to sanctions in Russia.**

2. Do laws on the protection of the personality of individuals (protection against defamation or other false statements) apply to the Social Media Presence?

Yes, if the infringer foresaw or could have foreseen that the infringement would 105
cause damage in the Russian Federation.

a) Civil liability

According to Article 152 of the Civil Code, a person is entitled to demand in court 106
the **refutation of information** discrediting honor, dignity, or business reputation, unless the person who distributed such information proves that such information is true. The Supreme Court of the Russian Federation confirmed that, although not directly provided for by statutory law, distribution of information on the Internet can trigger the application of the rules and remedies against discrediting of honor, dignity, and business reputation and that refutation shall take place through the Internet site on which the false information was initially distributed.[33] Under general rules, if the infringement was committed on a foreign Social Media Presence, Russian law can be applied if the infringer foresaw or could have foreseen that the infringement would cause damage in the Russian Federation.[34]

b) Administrative liability

According to Article 5.60 of the Administrative Offenses Code, defamation is defined 107
as the **distribution of false statements** (that are known to be false in advance) discrediting the honor, dignity, or reputation of a person and constitutes an administrative offense.

Due to the recent enactment of the changes to the Administrative Offenses Code, 108
whether or not a Social Media Presence of a German company will (as one would assume) actually be **treated as a publicly available source** still needs to be established by court practice.

33 Paragraph 7 of the Resolution of the Plenum of the Supreme Court of the Russian Federation No. 3 dated February 24, 2005.
34 Article 1219 (1) of the Civil Code.

3. Do local spamming laws apply to marketing acts performed by the Operator of a Social Media Presence through the Social Media Presence (e.g., posting on third parties' walls; inviting other users; Twitter messages with marketing content)?

109 Yes.

a) Law on Advertisement

110 If the information located on a Web site can be qualified as an advertisement under Federal Law No. 38-FZ, dated March 13, 2006, "On Advertisement" ("**Law on Advertisement**"), then the Law on Advertisement may be applied.

111 The Law on Advertisement provides for the "**opt-in principle**", i.e., the necessity to obtain the prior consent of the addressee of the advertisement, as well as a presumption of the failure to obtain such consent, unless the advertiser can prove to have obtained the consent. Therefore, an operator of a Social Media Presence should distribute advertisements only to such users who actually gave their consent to receive advertisements (e.g., by opting in for such advertisements when registering to the Social Media Presence).

112 Besides this, the Law on Advertisement does not address many of the specific problems that arise in connection with social media, including the territorial scope of this law.

b) Competition law

113 If the content of a Web site does not comply with the requirements of the Law on Advertisement, it could also trigger noncompliance with antimonopoly legislation, since unfair advertisement under the Advertisement Law may constitute **unfair competition** under the Federal Law No. 135-FZ, dated October 26, 2006 "On Competition Protection" (the "**Antimonopoly Law**").

114 If concrete actions (including distribution of mass advertisements) on the German Social Media Presence of the Company are aimed at obtaining an advantage against other competitors in Russia, they may be considered as unfair competition, which may entail a prohibition of such actions[35] or administrative fines. If the unfair competition practices entailed nonadmission or restriction of competition, they may qualify as **criminal actions** that can be punished by monetary fines, mandatory work, or detention for up to three years (five years in qualified circumstances).[36]

35 Article 14 of the Antimonopoly Law.

36 Article 178 of the Criminal Code.

4. Can the Operator of a Social Media Presence be held liable for content posted or uploaded by users of the Social Media Presence (e.g., in a blog) under the laws of your local jurisdiction? What are the most important (max. three) things to do for the Operator of a Social Media Presence to avoid liability?

Yes, to a limited extent. Article 17 (3) of the Federal Law No. 149-FZ "On Information, Information Technology, and Protection of Information" (the "**Information Law**") provides that there is no civil liability for infringement of IP rights of a person or entity that provides services 115

- for transmission of information provided by another person, if such information is transmitted without changes or corrections; and
- for storage of, and provision of access to, information, if the person providing the services could not know about the illegality of the distribution of such information.

The prevailing and more recent court practice seems, however, to **acknowledge the liability of such providers** if the provider could have taken measures to prevent IP right infringements, e.g., by installing moderator control over the content posted by third-party users. The same applies to operators of a social media platform or social media presence. Also, the Information Law does not cover criminal or administrative liability. 116

To **reduce liability risks** for German Operators of a Social Media Presence, it is, therefore, advisable to consider the following measures: 117

- create sensitivity for information that could be unlawful (e.g., by establishing rules aiming to avoid placement of unlawful content), remove illegal information immediately on demand of the rights holders;
- provide for due identification of users of the presence at the stage of registration and gaining access to the presence; and
- installation of systems of control, e.g., a moderator who will analyze the content and, if necessary, remove unlawful information.

5. Do local data privacy laws apply to personal data processed or used on the Social Media Presence, for example personal data provided by users in your jurisdiction?

Yes. 118

Article 7 of the Personal Data Law[37] prescribes the **confidentiality** of the personal data, unless 119

37 Federal Law No. 152-FZ dated July 27, 2006 "On Personal Data."

- such data is already publicly available or
- such data is not personalized (i.e., if it is impossible to identify a specific person to which the relevant information refers).

120 The confidentiality of personal data is **obligatory** for the operators of Web sites and other persons who obtain access to personal data. The distribution of personal data on the Internet, including on social media presences, also falls under the Personal Data Law.

121 The above laws do not contain any explicit rules regarding the **territory of application**. In general, it would however appear that the law on protection of subjects of personal data must be applied regardless of the location of the data controllers, if there is a link to the Russian Federation (e.g., personal data of Russian citizens and/or residents).

6. How can – assuming the local laws of your jurisdiction apply – employee participation in social media be regulated by an employer regarding (i) private use of social media and (ii) work-related use of social media?

122 Generally speaking, the fact itself that the employee spends its paid working time for personal purposes (such as telephone calls, Internet surfing, social media activities, personal correspondence) **contradicts the provisions of Russian labor law**.

123 According to Art. 94 (1) of the Labor Code of the Russian Federation, "working time" is defined as the time during which an employee has to **fulfill its duties** under the employment agreement and internal working regulations.

124 Failure by the employee to fulfill its duties can result in a **warning**, and even in **dismissal** if repeated. However, it must be documented by the employer that the employee actually had a task that it did not fulfill because of private activity (e.g., on social media) during the working time. If the employee in the particular situation had a justification not to work (e.g., no customers in a travel agency on Monday morning), the Russian courts will likely judge in favor of employees and invalidate disciplinary measures.

125 In order to prevent relevant disputes, the employer can **prohibit the private use** of social media (or the use of the Internet as a whole) in internal working regulations or in the employment contract. In this case, the simple act of Internet surfing would constitute a reason to reprimand, and for dismissal if repeated. In practice, some Russian employers also just block social media access at work.

126 If, however, the employer does not fully block the employee's access to social media, it should be taken into account that the Labor Code of the Russian Federation requires that the employer may obtain access to the personal data of the em-

ployee only upon the employee's written consent.[38] Therefore, the employer should **clearly regulate** in the employment agreement that the employee consents to the employer's monitoring of all Internet activity, as otherwise any interference into the private sphere of the employee may theoretically lead to criminal liability of the employer. In practice, there have, however, been very few cases of such criminal liability of the employer.

VI. Answers for the UK[39]

1. Do the local laws of your jurisdiction on the protection of intellectual property (trademarks, copyrights, trade secrets, or other relevant laws on the protection of IP) apply to the Social Media Presence?

Yes, under certain circumstances. Generally, UK laws relating to the protection of intellectual property rights can be enforced in the UK courts if Web sites based outside of the UK direct their activities at UK users. 127

a) Trademarks

UK law has a system of registered and unregistered trademarks. 128

Any person may register a UK trademark and benefit from the rights conferred on a UK registered trademark owner. **Any infringement** of a UK registered or unregistered trademark by the Operator of a Social Media Presence may be actionable in the UK in certain circumstances. 129

UK courts have held that the use of any UK-protected trademarks on the Internet may be in breach of UK trademark law if such Web sites are directed at UK users.[40] A court will consider a **number of factors** in determining whether or not a Web site is directed at UK users, including the **overall appearance of the Web site**, whether or not the Web site was **provided in English**, whether advertising on the Web site was **directed at UK users**, and any other evidence of the Web site owner's intention. In the context of an Operator of a Social Media Presence, further factors considered by UK courts may include whether or not the Operator of a Social Media Presence sponsors events in the UK, has relationships with UK advertisers, or engages in public relations activities in the UK. 130

---

38 Article 86 (4) of the Labor Code.

39 The answers for the UK are a contribution by *Kolvin Stone*, Attorney at Law, Orrick, Herrington & Sutcliffe LLP, London, *James Drury-Smith*, Attorney at Law, Orrick, Herrington & Sutcliffe LLP, London, and *Dan Barry*, Attorney at Law, Orrick, Herrington & Sutcliffe LLP, London.

40 See, e.g.: Dearlove v Combs – [2007] EWHC 375 (Ch) – and Euromarket Designs Inc v Peters and Crate & Barrel Ltd – [2001] FSR 20 –.

b) Copyright

131 Under UK law, the Copyright, Designs and Patents Act 1977[41] ("the CDPA") grants copyright protection to, inter alia, original literary, dramatic, musical, or artistic works. Copyright protection is also afforded to sound recordings, films, and broadcasts and the typographical arrangements of published editions.

132 If copyright in a work that qualifies for copyright protection under UK law is infringed by the Operator of the Social Media Presence, the copyright owner may take action to protect his copyright in the UK courts in **certain circumstances**.

133 As with trademarks, it is likely that in order for copyright infringement either
- by the Operator of the Social Media Presence or
- by users of the Social Media Presence to be actionable in the UK,

the activities of the Social Media Presence **must be directed at UK users**. Factors determining whether or not the Social Media Presence was directed at UK users would include targeting content at UK users, making sales to UK users, or targeting advertising at UK users.

c) Trade secrets

134 UK law protects trade secrets. A trade secret is generally considered to be information
- that is used in a trade or business;
- which, if disclosed to a competitor, would be likely to cause real or significant damage to the owner; and
- the dissemination of which was limited by the employer, or, at least, its dissemination must not have been encouraged or permitted on a widespread basis.[42]

135 If the owner of any trade secrets suffers damage in the UK as a result of the actions of the Operator of the Social Media Presence, the owner of such trade secrets may take action in the UK courts **in certain circumstances**.

136 As with trademark and copyright infringement, it is likely that in order for the infringement of trade secrets either
- by the Operator of the Social Media Presence or
- by users of the Social Media Presence to be actionable in the UK,

the activities of the Social Media Presence **must be directed at UK users**. While there is no established case law on this matter, the factors that a court would con-

41 Part IX.
42 See, e.g.: Lansing Linde Ltd v Kerr – [1991] 1 All E.R. 418 –.

sider are likely to include similar factors to those considered in the context of trademark or copyright infringement.

2. Do the local laws of your jurisdiction on the protection of the personality of individuals (protection against defamation or other false statements) apply to the Social Media Presence?

Yes, in general, UK defamation law applies to **content posted online**. Defamation law may apply to the publication of defamatory statements on a German Social Media Presence. 137

There are two main types of defamation under UK law: libel and slander. **Libel** is the publication in permanent form of a defamatory statement. **Slander** is its publication in transitory form. Libel is actionable per se, while proof of damage is required in order for a claimant to sue for slander. 138

While it had been generally accepted that defamatory statements on Web pages are to be regarded as libel, the High Court has classified chat on an Internet bulletin board as more akin to slander than to libel.[43] Whether or not publication of a defamatory statement on a social media platform is libelous or slanderous is likely to **depend on the circumstances of the publication**. Nevertheless, successful libel cases have been brought for defamatory tweets, even where it was accepted that a small number of people read the defamatory tweet.[44] As such, defamatory statements will be actionable in the UK to the extent that the statements have been read in the UK by an appropriate number of UK-based users. What is appropriate will depend on the circumstances of the case. 139

Whether or not the German Operator of the Social Media Presence can be sued in the UK will **depend on certain factors**, including:[45] 140

- the extent of the claimant's reputation in the UK;
- the extent of the publication in the UK compared to the publication abroad; and
- the location of the parties and witnesses.

However, provided the claimant can show publication has occurred in the UK and the claimant has a reputation in the UK, UK courts are **unlikely to decline jurisdiction**, even if publication has occurred to a much greater extent or the claimant has a stronger reputation in another jurisdiction.[46] 141

43 Smith v ADVFN Plc and others – [2008] EWHC 1797 –.
44 Cairns v Modi – [2012] EWHC 756 –. Approximately 65 people read the tweet in issue.
45 Spiliada Maritime Corp v Cansulex Ltd – [1986] UKHL 10 –.
46 See, e.g.: King v Lewis & others – [2004] EWCA Civ 1329 –.

3. Do the local laws of your jurisdiction on spamming apply to marketing acts performed by the Operator of a Social Media Presence through the Social Media Presence (e.g., posting on third parties' walls; inviting other users; Twitter messages with marketing content)?

142 Yes, UK laws relating to direct marketing are **generally capable** of applying to a German Social Media Presence.

143 The Privacy and Electronic Communications (EC Directive) Regulations 2003[47] (the "PECRs"; as amended in 2011)[48] prohibit the sending of electronic messages such as text, voice, sound, or image messages over public electronic communications networks without the consent of the recipient[49] (save in certain situations[50]). This is **likely to include messages using social media**. While general content made available on social media is unlikely to be considered to be covered by these regulations, specific messages targeted at a user of these services may fall under their remit. In this case, the consent of the Social Media Presence user should be obtained before the communication is sent. The PECRs are not limited in jurisdictional scope by reference to the location of the sender of the communication. It has to be assumed, therefore, that PECR also applies to messages sent by a German Operator of a Social Media Presence.

144 Similarly, the Consumer Protection from Unfair Trading Regulations 2008[51] (the "CPUTR") make it an offence for a trader to make *"persistent and unwanted solicitations by (...) remote media."*[52] While the term "remote media" has not been defined in these regulations, it is likely to include **all forms of social media**. A "trader" is a person who, in relation to a commercial practice, is acting for purposes relating to their business, together with anyone acting in their name or on their behalf.[53] As with the PECRs, there is **no jurisdictional limit** to the CPUTR based on the location of the sender.

47 S.I. 2426/2003, as amended.
48 Privacy and Electronic Communications (EC Directive) (Amendment) Regulations 2011 – S.I. 1208/2011 –.
49 Reg. 22(2).
50 Reg. 22(3).
51 S.I. 1277/2008, implementing Directive 2005/29/EC concerning unfair business to consumer commercial practices.
52 S.I. 1277/2008, Reg. 12 and Sch. 1, para 26. The terms "trader" and "commercial practice" are very widely defined.
53 S.I. 1277/2008, Reg. 2(1).

4. Can the Operator of a Social Media Presence be held liable for content posted or uploaded by users of the Social Media Presence (e.g. in a blog) under the laws of your local jurisdiction? What are the most important (max. three) things to do for the Operator of a Social Media Presence to avoid liability?

Generally, under UK law, the Operator of a Social Media Presence could be held liable for the content that they or users post on their presence (in respect to defamatory or unlawful statements) or joint tortfeasor (i.e., jointly liable for intellectual property infringement). 145

There exist rules on liability of intermediaries in special situations, such as the Defamation Act 1996, which provides a **defense to protect intermediaries** (such as a Web site owner providing comment facilities on a blog) who would otherwise be liable for publishing a defamatory statement on the Internet. 146

The Electronic Commerce (EC Directive) Regulations 2002 (the "E-Commerce Regulations"; SI 2002/2013)[54] provide for a general rule and set out a **number of defenses** for activities carried out by information society service ("ISS") providers. It is likely that the Operator of the Social Media Presence is an ISS provider as the term is widely defined.[55] 147

The most common defense an ISS provider is likely to rely on, in the event that a user of the Social Media Presence uploads content, is the **"hosting" defense.**[56] This defense provides that an ISS provider will not be liable for damages or any pecuniary remedy or for any criminal sanction for material posted on their Web site, provided that it either: 148

- has no actual knowledge that the illegal content has been posted onto the Web site; or
- upon obtaining such knowledge, acts expeditiously to remove or to disable access to the statement.

In order to **mitigate the risk of liability** being attached to the Operator of the Social Media Presence, it is recommended that: 149

- the Operator of the Social Media Presence establishes an acceptable-use policy to effectively regulate users;
- the Operator of the Social Media Presence implements a clear notice-and-takedown policy and process accessible from its Web site; and
- the Operator of the Social Media Presence acts expeditiously to suspend or remove any content that draws complaint.

---

54 Implementing Directive 2000/31/EC.

55 E-Commerce Regulations, Reg. 2(1).

56 E-Commerce Regulations, Reg. 19.

5. Do local data privacy laws of your jurisdiction apply to personal data processed or used on the Social Media Presence, for example personal data provided by users with residence in your jurisdiction?

150 Generally, no, unless the Operator of the Social Media Presence processes the personal data collected through the Social Media Presence in the context of a branch or subsidiary in the UK. However, **sectoral data privacy laws** apply if the Operator of the Social Media Presence sends electronic messages for direct marketing purposes to individuals in the UK or places cookies on end user devices in the UK.

151 In the UK, the Data Protection Act 1998 ("DPA") applies to data controllers established in the UK where personal data is processed in the context of that establishment.[57] Establishment is widely defined to **include not only UK-registered companies**, but also non-UK-registered companies with an office, branch, or agency in the UK.[58] Further, the DPA applies to parties that use equipment in the UK for the processing of data but are neither established in the UK nor the EEA.

152 In the present context, the rules outlined above mean that, as the Social Media Presence is controlled by a German company with no presence in the UK, it **will not have to comply with the DPA.**[59] This is in contrast to a situation where the German company operating the Social Media Presence has a UK subsidiary or branch that controls personal data on the Social Media Presence. In that case, the UK subsidiary would be subject to the DPA in respect to its use of personal data on the Social Media Presence.

153 The PECRs, which contain rules regarding the sending of electronic messages for direct marketing purposes or the **placing of cookies** (and similar technologies) on a user's device, are silent in respect of any jurisdictional limiting scope. The German company is likely to be subject to PECRs, even though it has no presence in the UK, if it places cookies on the device of a Social Media Presence user in the UK or sends electronic marketing messages directly to individuals in the UK.

6. How can – assuming the local laws of your jurisdiction apply – employee participation in social media be regulated by an employer regarding (i) private use of social media and (ii) work-related use of social media?

154 In the UK, employers will typically regulate employee use of social media by adopting a social media policy. The **social media policy** should set out the company's requirements in respect to acceptable use and expected standards of behavior from employees when using social media, both for work-related purposes and private use.

---

57 Data Protection Act 1998, s 5.

58 Data Protection Act 1998, s 5(3).

59 This is in accordance with the Article 29 Working Party's opinion 8/2010 on applicable law – WP 179, available at http://ec.europa.eu/justice/policies/privacy/docs/wpdocs/2010/wp179_en.pdf.

A social media policy will usually address: 155
- use of company IT to access social media (including whether social media access is prohibited, limited, or encouraged);
- use of company and third-party confidential materials and intellectual property on social media;
- prohibition of harassment, bullying, and discrimination; and
- prohibition of negative comments about the company, its employees, business contacts, or competitors.

The social media policy will also remind employees that misuse of social media could lead to **disciplinary action** and in some cases **dismissal**. 156

Employers will not usually make the social media policy a direct part of an employee's contract. This allows the employer to amend the policy without seeking agreement from the employees. The employer will seek to enforce the policy through **general requirements in the employee's contract** to comply with the employer's policies that are in place from time to time. Employees are also under a general duty to follow lawful and reasonable instructions from their employer. 157

Before monitoring employee use of social media, the proposed monitoring activity should be subject to a privacy impact assessment and considered against relevant legislation including the DPA, the Regulation of Investigatory Powers Act 2000, and the Human Rights Act 1998. Generally, these laws place **restrictions on monitoring and accessing employee communications**. They also require that monitoring is proportionate, respects an individual's right to privacy, and that employees are informed monitoring will take place. Covert monitoring and monitoring of private use of social media should be **very limited**. 158

VII. Answers for the US[60]

1. Do the local laws of your jurisdiction on the protection of intellectual property (trademarks, copyrights, trade secrets, or other relevant laws on the protection of IP) apply to the Social Media Presence?

Yes. US laws regarding protection of intellectual property rights will apply to a Social Media Presence operated by German companies. US courts may assert personal jurisdiction over foreign Web sites that have **operations in the US** (including presence of servers, registration of US domains). Personal jurisdiction may also exist for Web sites that **permit US consumer interactivity**, such as allowing US consumers to register for an account and/or enter into a contract (such as assenting to accep- 159

60 The answers for the US are a contribution by *Eulonda Skyles*, Attorney at Law, Orrick, Herrington & Sutcliffe LLP, Washington DC.

tance of a site's terms and conditions or terms of use), or if there is evidence of other interactivity, such as number of clicks or the repeated transmission of data or files to the consumer through the Web site.[61] Passive online activity, such as merely posted information that US citizens may read, is generally insufficient to confer US jurisdiction over a German Social Media Presence. Finally, personal jurisdiction in some US courts may be established if the German Social Media Presence **engages in unlawful or law-infringing conduct** that is targeted to, and has a substantial effect on, a US plaintiff.[62]

a) Copyright

160 US copyright law will apply to the German Social Media Presence if personal jurisdiction can be established, by virtue of the Web site's interactivity or by applying the "substantial effects" test. Note that there are **several important defenses and immunities** that can reduce or limit potential liability and damages. Under United States law, the Federal Copyright Act of 1976 (as amended)[63] extends to original works of authorship that are fixed in tangible medium of expression. Copyright infringement may occur on social media sites by, among other things: users uploading copyright-infringing videos, Web sites that allow distribution and/or retransmission of copyrighted photos or other images, and uploading and distribution of copyright-infringing music.

b) Trade secrets

161 US trade secret law is applicable to a German Social Media Presence. A trade secret is generally defined as a business technique, process, idea, or concept that is maintained as confidential and therefore not readily ascertainable to the public, and which provides some economic or competitive advantage.[64] Protection for trade se-

---

61 See Zippo Mfg. Co v Zippo Dot Com, Inc. – 952 F. Supp. 1119 (W.D. Pa. 1997) – (*"If the defendant enters into contracts with residents of a foreign jurisdiction that involve the knowing and repeated transmission of computer files over the Internet, personal jurisdiction is proper."*). See also Fed. R. Civ. P. 4(k)(2) along with the Advisory Committee Notes to 1993 Amendments to the Fed. R. Civ. P. (providing that a foreign defendant may be sued anywhere in the United States, even in the absence of general jurisdiction, if the defendant's contacts with the United States are sufficient to satisfy the requirements of due process under the United States Constitution).

62 Calder v Jones – U.S. 783 (1984) –; Dole Food Co. v Watts – 303 F.3d 1104, 1112-13 (9th Cir. 2002) –; Brayton Purcell LLP v Recordon & Recordon – 606 F.3d 1124, 1131 (9th Cir. 2010) – (effects test met where a defendant causes *"harm in the foreign state that the defendant knew was likely to be suffered in that state."*)

63 17 U.S.C. § 102 et seq.

64 See Uniform Trade Secrets Act with 1985 Amendments.

cret misappropriation is available in the United States under a **variety of state laws**, as well as the Economic Espionage Act of 1996, which federally criminalizes the theft or misappropriation of trade secrets.[65]

Trade secret misappropriation may occur when **third parties obtain unauthorized access** to US trade secrets and post them on social media sites. A German Social Media Presence may have liability if this misappropriation is directed at, or has a substantial effect upon, a US person or entity who owns those trade secrets. Therefore, it is important for foreign operators of a Social Media Presence to **disable or remove such information** posted by its users promptly, if there is a good-faith or reasonable belief that that user has engaged in trade secret theft or misappropriation. 162

c) Trademarks

US trademark law will apply to activities of a German Social Media Presence. 163

The Lanham Act is the federal statute governing trademark infringement. To establish a claim of trademark infringement against a Social Media Presence, a **plaintiff must show**: 164

- ownership of a protectable US mark;
- likelihood of confusion, mistake, or deception with respect to the original affiliation or sponsorship of a product or service; and
- use of the trademark in commerce.[66]

Additional statutory rights under the Lanham Act for trademark owners include causes of action for **trademark dilution** (tarnishment and blurring),[67] and unfair trade practices and related claims.[68] 165

Trademark infringement may occur on a German Social Media Presence through the improper use of US trademarks in connection with the sale of goods and services without the trademark owner's consent. Such trademark-infringing conduct may occur on **auction sites** (sale of counterfeit goods) or on **microblogging sites** where unauthorized, infringing use of a trademark occurs. 166

---

65 18 U.S.C. §§ 1831–1839.

66 15 U.S.C. § 1125(a); 1-800 Contacts, Inc. v WhenU.com, Inc. – 414 F.3d 400, 406-07 (2d. Cir.) – cert. denied – 546 U.S. 1033 (2005) –.

67 15 U.S.C. § 1125(c).

68 15 U.S.C. § 1125(a); Dastar Corp. v Twentieth Century Fox Film Corp. – 539 U.S. 23, 28-29 (2003) –.

2. Do the local laws of your jurisdiction on the protection of the personality of individuals (protection against defamation or other false statements) apply to the Social Media Presence?

167 Yes, if the person to be protected is **located in the United States**, state laws in the US afford protection against defamation (intentional false statement that harms a person's reputation), invasion of privacy (intrusion into privacy of another, without just cause), and false light (statements that place a person in a false light, in a manner that would be highly offensive to a reasonable person) that occurs on or through a Social Media Presence. Applicable legal standards are **identical to those that exist in the offline world**. In addition, the federal Lanham Act "*permits celebrities to vindicate property rights in their identity against allegedly misleading commercial uses by others.*"[69]

168 Under US law, the operator of a Social Media Presence is **immunized from defamation claims** (as well as other forms of tort or contract claims) by virtue of the Communications Decency Act ("CDA").[70] The CDA expressly overrides inconsistent state laws.[71] The CDA immunity does not override federal criminal laws or intellectual property laws.[72] In order for a Web site operator with a Social Media Presence to avail themself of the CDA's protections, they must take care to **not edit, authorize, or modify** the content posted or created by its users, such that the contribution does not render the Web site operator a "content provider" not entitled to CDA immunity.[73]

3. Do the local laws of your jurisdiction on spamming apply to marketing acts performed by the Operator of a Social Media Presence through the Social Media Presence (e.g., posting on third parties' walls; inviting other users; Twitter messages with marketing content)?

169 Yes, a Web site with a Social Media Presence will be subject to US laws on sending unsolicited commercial e-mails to US consumers (also known as "spam"). The Controlling the Assault of Non-Solicited Pornography and Marketing Act of 2003 ("the

---

69 Parks v LaFace Records – 329 F.3d 437, 445 (6th Cir. 2003) –.

70 47 U.S.C. § 230(c)(1).

71 See 47 U.S.C. § 230(e)(3).

72 "*Nothing in [Section 230] shall be construed to limit or expand any law pertaining to intellectual property.*" (Section 230(e)(2)); "*Nothing in this section shall be construed to impair the enforcement of section 223 or 231 of this title, chapter 71 (relating to obscenity) or 110 (relating to sexual exploitation of children) of title 18, or any other Federal criminal statute.*" (47 U.S.C. § 230(e)(1)).

73 See Fair Housing Council v Roommate.com – LLC, 521 F.3d 1157 (9th Cir. 2008) – (en banc; Roommate.com's creation of a questionnaire for subscribers that forced users to provide answers rendered it a content provider who could claim no immunity under the CDA for inducing third parties to violate fair housing laws).

CAN-SPAM Act") regulates and in some instances **criminalizes prohibited conduct** associated with the distribution of commercial electronic mail messages.[74] The statute generally requires the senders of unsolicited commercial e-mail messages to allow users to opt out of the messages, and prohibits the use of false header and subject lines. CAN-SPAM **applies to both senders and initiators** of commercial e-mails.[75] Thus, e-mails sent via social media by the operator of a platform or presence would be subject to CAN-SPAM requirements if the platform/presence sends the e-mails directly or procures a third party to send the e-mails, thereby becoming an initiator of the e-mails.

Moreover, there is **liability under CAN-SPAM** if the operator of a Social Media 170
Presence provides "forward to a friend" e-mails to its users for consideration (i.e., forward this e-mail to your friends in exchange for money or something of value). In such cases, the operator will be deemed to be a sender of the e-mail and subject to CAN-SPAM for inducing another to initiate a commercial e-mail.[76]

4. Can the Operator of a Social Media Presence be held liable for content posted or uploaded by users of the Social Media Presence (e.g. in a blog) under the laws of your local jurisdiction? What are the most important (max. three) things to do for the Operator of a Social Media Presence to avoid liability?

Yes, in certain cases. 171

Operators are typically **immune from liability** for content posted or uploaded 172
by users. However, a few exceptions exist. Specifically, federal criminal statutes and intellectual property claims are excluded.

The Digital Millennium Copyright Act (DMCA) also provides a limited safe har- 173
bor from damages and attorney fees for copyright claims asserted against a Social Media Presence.[77] In order to receive the protections of the DMCA, it is essential for the Social Media Presence to implement a "notice-and-takedown" process that allows the Web site operator to **disable access** to or **remove copyright-infringing content** posted at the direction of a user in response to a valid notice of copyright infringement. The requirements of a notice-and-takedown process are as follows:

- Designate an agent to respond to and disable access to or remove material posted by a user in response to a valid (or substantially compliant) copyright notification by filing a form with the U.S. Copyright Office, and publicize the contact information for the designated agent on the operator's Web site.

---

74 15 U.S.C. §§ 7701–7713.

75 15 U.S.C. § 7702(16).

76 See Definitions and Implementation under CAN-SPAM Act, 73 Fed. Reg. 29654, 29670-71 n. 192 (May 21, 2008).

77 See 17 U.S.C. § 512 et seq.

- Respond promptly to any notice of copyright infringement by disabling access to or removing allegedly infringing material posted by a user (and proactively disable or remove content that is known to be infringing or raises a "red flag" even absent a notice of infringement).
- If the accused infringer submits a counter-notice of copyright infringement, the Web site operator must promptly provide the original complainant with a copy of the counter-notice and inform him/her that the Web site will restore the removed content (or re-enable access to it) within ten (10) business days unless the original complainant files suit within the ten-day period to obtain an order restraining the user/subscriber from engaging in the asserted copyright-infringing activity.[78]

174 For copyright and trademarks, **specific protections** exist for operators of a Social Media Presence.

175 The most important to dos are:

- Register a Digital Millennium Copyright Act ("DMCA") agent with the United States Copyright Office and adopt a DMCA policy consistent with the law (as discussed earlier in this section);
- provide an online tool to allow users to report abusive behavior that may occur on the site; and
- do not add or modify content posted by users, unless content is inconsistent with applicable policies.

5. Do local data privacy laws of your jurisdiction apply to personal data processed or used on the Social Media Presence, for example personal data provided by users with residence in your jurisdiction?

176 Yes, the data privacy laws apply insofar as United States users are affected or targeted by a Social Media Presence. The privacy protections are currently **highly uncertain**.

177 There are **strict federal laws** governing the use of data privacy in certain regulated industries, such as personal health information, personal financial information, information collected from children, and individual references services.

178 Companies with a Social Media Presence would be well-served by following the FTC's recent **"Privacy by Design" guidance** to mitigate against the risk of consumer litigation or federal enforcement actions based on privacy rights.[79]

---

78 See 17 U.S.C. §§ 512(c), § 512(g).

79 FTC Report, Protecting Consumer Privacy in an Era of Rapid Change: Recommendations for Businesses and Policymakers (March 26, 2012), available at http://ftc.gov/os/2012/03/120326privacyreport.pdf.

6. How can – assuming the local laws of your jurisdiction apply – employee participation in social media be regulated by an employer regarding (i) private use of social media and (ii) work-related use of social media?

The privacy protections for employees who are participating in social media while at work are currently highly uncertain. The legal inquiry under US law ordinarily begins with whether the US employee has a **reasonable expectation of privacy.**[80] It is therefore imperative for companies who employ US workers to disclose a policy related to computer usage and to make it part of an employee training program. If the employer discloses the policy, educates employees about the policy, and enforces the policy, the prevailing view in the US is that the employer can regulate employee behavior (including participation on social media sites) during work hours. The prevailing view is that the employer **cannot regulate behavior outside of the office** during non-work hours when the social media usage does not use employer resources. **179**

In addition, certain states in the US have sharply circumscribed the extent to which an employer can access an employee's social networking information, even when the employee used employer-owned equipment to access their social network accounts. **California** and **Maryland** have enacted laws prohibiting employers from accessing **social network accounts** of employees, including demanding that the employees supply their employer with the usernames and passwords for their social network accounts.[81] **180**

80 See Ontario v Quon – 130 S.Ct. 2619, 2828 (2010) – (stating that *"where an employee has a legitimate privacy expectation, an employer's intrusion on that expectation for 'non-investigatory, work-related purposes, as well as for investigations of work-related misconduct,' should be judged by the standard of reasonableness under all circumstances."*).

81 Md. Labor & Employment Code § 3-712(b)(2); Cal. Labor Code § 980(c).

Stichwortverzeichnis

Die Zahlen und Buchstaben in Fettdruck beziehen sich auf die Kapitel des Werkes, die Ziffern beziehen sich auf die Randnummern innerhalb der Kapitel.

E

G

S

T

U

X

Printed and bound by CPI Group (UK) Ltd, Croydon, CR0 4YY

30/09/2026

14973063-0006